开福年鉴

KAIFU YEARBOOK

2021

《开福年鉴》编纂委员会
开 福 区 档 案 馆
编

方志出版社
Publishing House of Local Records

图书在版编目（CIP）数据

开福年鉴. 2021 /《开福年鉴》编纂委员会，开福区档案馆编. —北京：方志出版社，2021.12
ISBN 978-7-5144-5095-8

Ⅰ.①开… Ⅱ.①开… ②开… Ⅲ.①区（城市）—长沙—2021—年鉴 Ⅳ.①Z526.44
中国版本图书馆CIP数据核字（2021）第275379号

开福年鉴（2021）

编　　者：《开福年鉴》编纂委员会
开福区档案馆
责任编辑：齐　笑
出 版 者：方志出版社
地址　北京市朝阳区潘家园东里 9 号（国家方志馆 4 层）
邮编　100021
网址　http://www.zgfzcb.cn
发　　行：方志出版社图书营销中心
电话（010）67110500
经　　销：各地新华书店
印　　刷：湖南立信彩印有限公司
开　　本：889 × 1194　　1/16
印　　张：25.5
字　　数：450 千字
版　　次：2021 年 12 月第 1 版　2021 年 12 月第 1 次印刷
印　　数：001~550 册
ISBN　978-7-5144-5095-8　　定价：258.00 元

《开福年鉴》编纂委员会

《开福年鉴》编辑部

编 辑 说 明

一、《开福年鉴》以马克思列宁主义、毛泽东思想、邓小平理论、“三个代表”重要思想、科学发展观、习近平新时代中国特色社会主义思想为指导，坚持辩证唯物主义和历史唯物主义的立场、观点和方法，记述全区自然、政治、经济、文化、社会等方面概貌和发展情况。

二、《开福年鉴（2021）》采用分类编辑法，设类目、分目、条目3个层次。正文采用语体文记述形式，照片、图表分类作为必要的补充。以条目为主体，书中插排彩色专版，全书设有28个类目。

三、《开福年鉴（2021）》对框架结构进行适当调整：增设“应急管理”类目，下设“应急管理”“消防救援”2个分目；将“城市建设与管理”类目中的“城乡建设投资”“金霞发展集团”2个分目合并为“城建企业发展”分目；将“财税·金融”类目更名为“金融”。

四、《开福年鉴（2021）》所载内容均由各部门、各单位专人撰写、领导审核，年鉴编辑部工作人员加工整理后再反馈原单位核对，最后由年鉴编纂委员会和出版社审核定稿。记述时限为2020年1月1日至12月31日。

五、《开福年鉴（2021）》统计数据由区统计局提供，个别单位有些数据由于统计口径和统计时间等原因，与统计公布的数据不完全一致，引用时请以开福统计公报为准。

六、《开福年鉴（2021）》所列机构领导名录包括各街镇、区直机关、事业单位副科级以上（含副科级）实职领导干部，部分单位内设二级机构、民主党派负责人，均以2020年12月31日前任职为准，有任免的分别予以注明，名录最终由开福区委组织部审定。

七、《开福年鉴（2021）》中插排的图片均由区委宣传部和各相关部门提供并审核。

开福区行政区划图

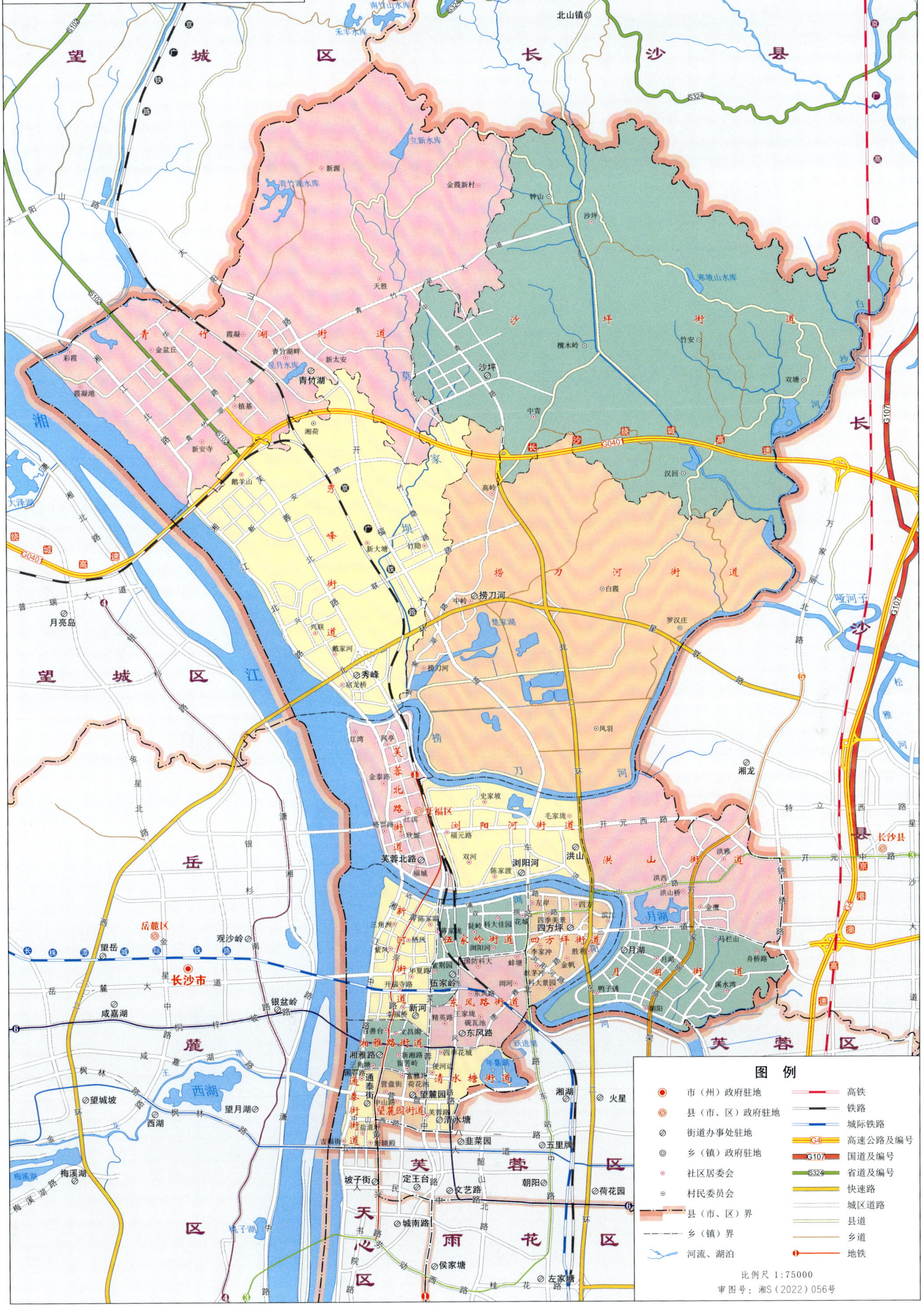

望城区
长沙县
青竹湖街道
沙坪街道
秀峰街道
捞刀河街道
芙蓉北路街道
浏阳河街道
洪山街道
新河街道
伍家岭街道
四方坪街道
月湖街道
东风路街道
湘雅路街道
清水塘街道
通泰街街道
望麓园街道
开福区
长沙市
岳麓区
芙蓉区
天心区
雨花区
长沙县
湘江
浏阳河
捞刀河
北山镇
青竹湖
沙坪
捞刀河
秀峰
洪山
浏阳河
四方坪
月湖
伍家岭
新河
东风路
芙蓉北路
湘雅路
望麓园
湘龙
月亮岛
观沙岭
望岳
银盆岭
咸嘉湖
望月湖
西湖
望城坡
梅溪湖
坡子街
定王台
文艺路
韭菜园
五里牌
朝阳
荷花园
火星
湘湖
城南路
侯家塘
左家塘
北山水库
南竹山水库
禾丰水库
杀冲塘水库
立新水库
青竹湖水库
寒坡山水库
新源
金霞新村
钟山
沙坪
天胜
竹安
檀木岭
双塘
中青
汉回
高岭
白霞
罗汉庄
凤羽
金盆丘
彩霞
霞凝
霞凝港
青竹湖畔
新太安
植基
新安寺
湘荷
鹅羊山
新大塘
竹隐
兴联
戴家河
中岭
捞刀河
福元路
史家坡
毛家垅
双河
陈家渡
福城
江湾
凤亭
金泰路
晓胜路
伍家岭
四方坪
马栏山
舟桥路
溪水湾
鸭子铺
朝阳
京港澳高速
长沙绕城高速
G0401
G107
S324
S102
京广铁路
京广高铁
长株潭城际铁路
图例
市（州）政府驻地
县（市、区）政府驻地
街道办事处驻地
乡（镇）政府驻地
社区居委会
村民委员会
县（市、区）界
乡（镇）界
河流、湖泊
高铁
铁路
城际铁路
高速公路及编号
国道及编号
省道及编号
快速路
城区道路
县道
乡道
地铁
比例尺 1:75000
审图号：湘S（2022）056号

疫情防控

2020年3月17日，开福区防疫专业技术骨干驻守黄花国际机场
（区卫健局　供图）

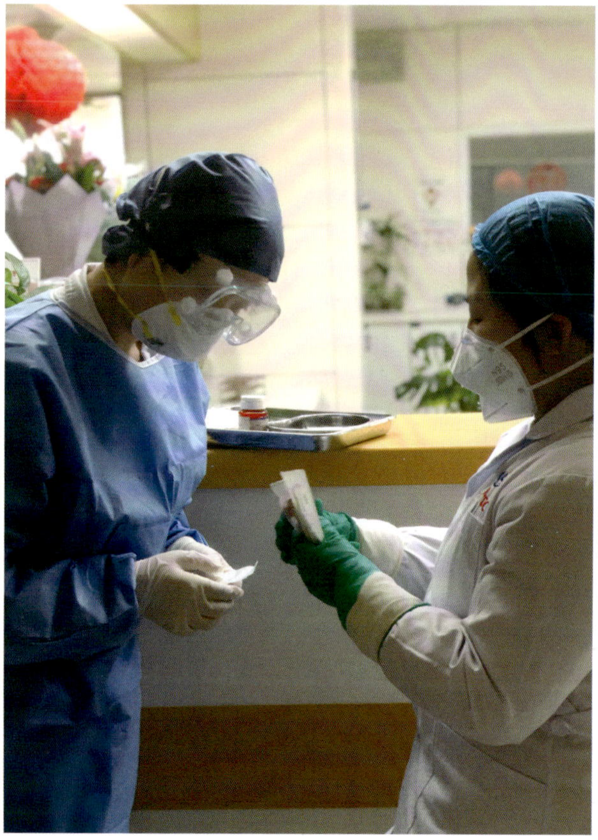

2020年1月27日，区医护人员在湘雅医院核对样本
（区卫健局　供图）

2020年2月26日，医护人员在开展流调工作
（区卫健局　供图）

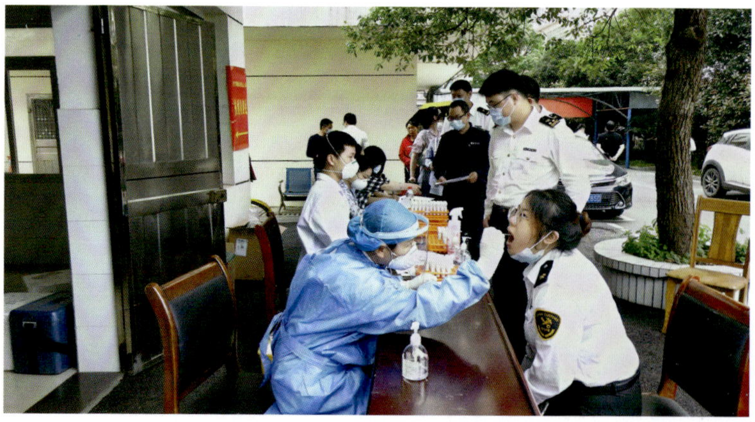

2020年5月26日，防疫人员对区口岸和边防检查人员进行核酸检测，确保口岸防疫安全
（区口岸办　供图）

2020年1月29日，开福交警大队民警与身为医务工作者的妻子携手抗疫，相逢在抗疫一线

（区交警大队　供图）

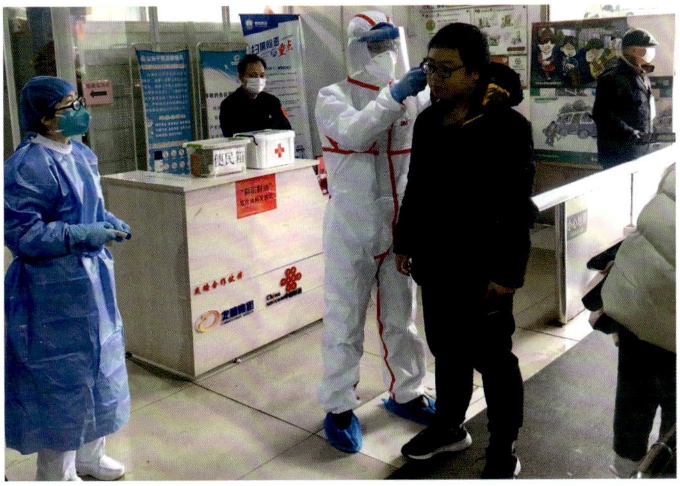

2020年1月23日，区卫生防疫工作人员在汽车北站为旅客做体温检测　（区卫健局　供图）

2020年1月30日，抗疫工作人员在绕城公路出入口对过往车辆进行消毒　（区交警大队　供图）

2020年2月4日，通泰街街道湘春路社区志愿者在路口为进入小区居民测体温，筑牢无物业小区疫情防控第一道防线　（通泰街街道　供图）

2020年3月10日，街道城管办、各物业公司对辖区公共区域进行全面喷杀消毒　（芙蓉北路街道　供图）

2020年2月8日，开福区市场监管局四方坪市场监管所工作人员在麦德龙商场检查食品安全

（区市场监督管理局　供图）

2020年2月20日，为保障疫情防控期间市民的“菜篮子”，区委、区政府加强对市场的监管督查

（区委宣传部　供图）

2020年3月17日，湖南平安集团向开福区捐赠抗疫物资

（区委宣传部　供图）

2020年3月22日，区委、区政府慰问战斗在疫情防控一线的医护人员

（区委宣传部　供图）

复工复产

2020年9月6日，开福区金霞发展集团第一个地产项目——湘一书香里举办对外开放活动

（区金霞发展集团　供图）

2020年2月11日，为推动企业复工复产，开福区市场监督管理局金霞市场监管所疫情防控期间安排专人在线值班，随时为企业答疑解惑　（区市场监督管理局　供图）

2020年4月28日，区政协牵头组织开展“助力433攻坚，推进复工复产”政银企对接活动，图为邮储银行开福支行与益阳商会现场签约　（区工商联　供图）

2020年3月20日，开福区“相约春天 开启幸福”2020开福消费季助力复工复产公益活动启动

（区市场监督管理局　供图）

2020年3月28日，举办“春天有约 幸福向北 畅游开福”汽车美食文旅消费节

（区商务局　供图）

2020年3月28日，举办“春天有约 幸福向北 畅游开福”汽车美食文旅消费节

（区商务局　供图）

2020年9月30日，为拉动消费助力复工复产，开福区举办消费狂欢季活动　（区委宣传部　供图）

2020年11月7日，举办“幸福城北 福满金霞”2020开福区香江高岭家居建材消费节　（区委宣传部　供图）

项目攻坚

2020年3月16日，湖南恒昌医药总部大厦奠基仪式在金霞经开区举行　（区委宣传部　供图）

2020年3月31日，5G高新视频多场景应用国家广电总局重点实验室落户马栏山（马栏山视频文创产业园　供图）

2020年4月29日，疫情防控期间，中欧班列（长沙）运行稳定，基本保持每天1列发运频次（区委宣传部　供图）

2020年9月5日，区委书记曹再兴在项目现场为长沙（金霞）消费电子产业集聚区1·1期项目建设大会战周冠军授旗（区金霞集团　供图）

2020年12月14日，“长沙向北　‘商商’不息”——2020年开福区金融商贸产业推介暨集中签约仪式举行

（区委宣传部　供图）

2020年6月23日，开福区总工会从全区基层企业一线职工中择优评选10名开福区第二届劳动模范，举办表彰大会，弘扬劳模工匠精神。开展“创新引领 助力攻坚”职工劳动技能技术创新大赛，为从业者搭建展示技能的平台（区总工会 供图）

环境保护

2020年5月6日，市容环境维护中心洒水车在开福大道上进行冲洗降尘作业　　（区委宣传部　供图）

2020年3月14日，机关工作人员及市民志愿者开展义务植树活动　　（区委宣传部　供图）

2020年6月4日，开福区苏托垸污水处理厂一期工程通水，日处理规模10万立方米　　（区档案馆　供图）

2020年10月21日，采用“一户三池一温地”技术进行生态治理后，青竹湖街道新源社区实现清流绕村、水清景美　　（区农业水利局　供图）

2020年7月21日，开福区创客环保小卫士训练营开营，通过专家讲座、垃圾分类飞行棋、套圈游戏、有奖问答等系列活动，教孩子们科学分类和处理垃圾　　（区教育局　供图）

2020年8月5日，开福区通过首例经过磋商签订赔偿协议的生态环境损害赔偿案件

（区生态环境局　供图）

2020年9月8日，打赢蓝天保卫战，加强扬尘治理和臭氧防治，抑尘车在城市道路降尘作业

（区市容环卫维护中心　供图）

民生福祉

2020年11月10日，开福区举办“相约开福 戏韵名城”戏曲进乡村活动（区文旅体局 供图）

2020年3月25日，开福区加强市场监管，营造公平有序的市场环境和安心放心的消费环境

（区委宣传部 供图）

2020年5月27日，开福区建成首个24小时自助服务区，设置14台自助终端方便市民办理社保查询、缴费等1000余项事项（区政务服务中心 供图）

2020年6月5日，大学毕业生招聘专场，开福区连续五年开展“大学生就业在开福”系列活动（区委宣传部 供图）

2020年12月16日，开福区清水塘绿地小学签约暨开工典礼举行

（区委宣传部 供图）

2020年7月，开展“幸福向北2020”全民健身活动。图为气排球比赛现场

（区文旅体局　供图）

2020年11月，开福区举办丰富多彩的节庆活动，群众热情参与　（区文旅体局　供图）

2020年11月，开福区举办丰富多彩的节庆活动，群众热情参与　（区文旅体局　供图）

2020年12月22日，浏阳河街道举办“就要你红”居民才艺秀大赛　（浏阳河街道　供图）

目录

Contents

中国共产党长沙市开福区纪律检查委员会
中国人民政治协商会议长沙市开福区委员会
长沙市开福区人民政府
欢度春节
长沙市开福区人民代表大会常务委员会
中国共产党长沙市开福区委员会

特　载

开福区“433产业攻坚”工作纪实

2020年7月30日，开福区召开“433产业攻坚”项目建设大会战动员大会，并成立领导小组办公室，由区委副书记担任办公室主任，统筹调度推进市、区34个重大产业项目建设。开福区“433产业攻坚”，即围绕视频文创、现代物流、金融商贸、智能制造四大支柱产业，持续推进30余个打基础、利长远的重大产业项目建设，用三年时间打造3个以上500亿元到1000亿元产业集群。2020年年末，开福区将“433产业攻坚”项目建设大会战原有的34个重点产业项目进行部分动态调整，并新增20个公共服务和重大基础设施项目。同时，成立视频文创、智能制造、现代物流、金融、商贸、建安和房地产、软件和信息技术服务等7条产业链，成立产业链办公室，“433产业攻坚”项目建设大会战领导小组办公室在原有的重大产业项目“指挥部”职能的基础上，新增产业链“总链办”的职责定位。

一、顶层设计科学，部署调度有力。2020年，开福区委、开福区人民政府高度重视，印发《“433产业攻坚”项目建设大会战工作方案》《关于加快推进重点产业链发展的实施方案》《关于在全区开展“抬高坐标、争创一流”攻坚行动的实施方案》，成立领导小组，主要领导亲自联点，并建立定期调度机制，区委、区政府领导一月一调度，产业链链长半月一调度，链办一周一调度。同时加强人员力量，“433产业攻坚”项目建设大会战领导小组办公室下设综合协调、项目推进、督查督办、考核考评、宣传报道5个工作组，其中综合协调组从区直部门和街道抽调6人，在624会议室集中办公；产业链办公室由区委常委或副区长担任链长，相关职能部门主要负责人任办公室主任，同时从全区抽调专业人员充实产业链办公室队伍。“433产业攻坚”项目建设大会战领导小组办公室理顺工作机制，固定每周三走访项目，跟进解决项目问题，每周下发专报，通报项目进展，每月发函给予问题交办，全年编制“433产业攻坚”项目建设大会战专报33期、日报103期，发放提示函、交办函97份；各链办每月就产业链进行分析，撰写分析报告，编制“两图两库两池两报告”（两图：各产业链发展的全景图和现状图；两库：各产业链招商库和在建、新建项目库；两池：各产业链引进和准备引进的人才池，以及现在投入和可争取的资金池；两报告：各产业链每年提交发展报告和招商报告）和“五张清单”（项目清单、进度清单、问题清单、责任清单、流程清单）。

二、产业功能升级，优势产业赋能。2020年，开福区以《“433产业攻坚”项目建设大会战工作方案》《关于加快推进重点产业链发展的实施方案》《关于在全区开展“抬高坐标、争创一流”攻坚行动的实施方案》为指挥棒，项目建设疏通项目痛点、堵点，各链办按月推进十项重点工作、十个重大工程、六大攻坚行动，细化指标任务，聚焦支柱产业，解决具体困难和问题。夯实发展重点。围绕全区视频文创、智能制造、现代物流等七大产业链，制定产业链指标体系，梳理产业链企业项目库，各链长主动认领任务，聚焦《招商清单》，牵头带领引进行业龙头企业、总部企业，聚焦延链补链强链，培育专精特新“小巨人”企业、独角兽企业；同时，注重项目质效，精准选商留商，带动主导产业进一步集聚发展。倒排工作时序。以产业链建设为抓手，强化项目的前期、建设、投产达效的全过程管理，与园区、区直部门共同努力，强化要素保障，以周保月、以月保季、以季保年，环环相扣，实现前期项目的开工、在建项目的竣工投产。2020年，全区“433产业攻坚”项目建设36个产业项目完成固定资产投资224亿元，为年度计划的113%。

三、常态闭环管理，基础台账扎实。2020年，开福区“433产业攻坚”项目建设大会战领导小组办公室按照“人人联链、人人进链”的原则，调整内部工作人员职责分工，按照一项目一档案的要求，做实项目台账，完善项目大事记，确保工作统筹调度更加有效、项目督办更加有为、宣传报道更加有力。做精专题培训。建立产业链专家人才库，加大产业链工作培训，邀请专家学者和本领域权威人士就产业链工作进行培训，对江苏省、浙江省等地“链长制”先进经验连载推送，提升全区干部抓产业的能力，全年举办专题培训4期。浓厚建设氛围。梳理全区“34+20”个重点项目，在34个产业攻坚重大项目基础上，新增20个公共服务、基础设施项目，每天编发项目会战日报，定期编发专报，并加大“433”产业项目日常推进和考评考核力度，纳入绩效考核，占10分比重；持续推进项目建设宣传报道，全年在中央、省、市新闻媒体报道200余次。

（开福区委办公室）

开福区新冠肺炎疫情防控工作纪实

2020年，开福区全年报告本地新冠肺炎确诊病例50例，治愈出院49例，死亡1例（其中2020年2月14日以后，开福区再无本地新发新冠肺炎病例报告）。

一、建立机制，一体防控，筑起牢固的指挥防线。2020年1月24日，开福区启动突发重大公共卫生事件一级响应，成立新型冠状病毒感染的肺炎防控指挥部，建立联防联控机制，明确职能职责，各街道、部门均成立对应疫情防控领导小组。区委书记曹再兴，区委副书记、区长谢伟峰等区领导一线指挥，亲自调度，落实早发现、早报告、早隔离、早治疗要求，坚决遏制疫情蔓延势头，打赢疫情防控阻击战。进入常态化疫情防控阶段后，根据疫情形势变化，适时调整指挥部构架体系，坚持“两防三不”（两防：防外部输入、防内部反弹；三不：思想不松、机制不变、队伍不散）原则，健全及时发现、快速处置、精准管控、有效救治常态化防控机制，严防疫情输入，守住不发生本地病例报告底线。

二、外防输入，内防扩散，落实落细各项防控措施。2020年，开福区强化新冠肺炎疫情风险排查，坚持把高风险人群的摸排作为重中之重，应急响应后累计摸排境外来长沙市4000余人，中高风险地区来长沙市3万余人。筛查发现的疑似症状人员均及时转运至发热门诊排查。加强汽车北站、城际铁路站、高速出口等重点区域的值守监测，排查可疑症状人员。支持救治医院建设。从高岭、顺天、筑家园等多家建筑企业抽调400余人，完成长沙市第一医院北院3栋总面积1.4万平方米旧楼修缮改建工程，72小时交付使用。仅用8个昼夜完成救治中心备用医院（沙坪医院）改造建设，将6500平方米的毛坯建筑装修改造为设施设备齐全、功能先进的现代化隔离救治医院。落实重点人员隔离管控措施。以大数据为支撑，筑牢社区第一道防线，对密切接触者以及重点人员实施集中医学观察，累计转运并定点隔离人员2000余人，居家医学观察1.8万余人。完成圣彼得堡和内罗毕境外航班5批次962人的接待保障任务。保障防控物资。新冠肺炎疫情期间，全区配发一次性口罩138.7万只、N95口罩4.1万只、防护服和隔离服5.1万件、酒精和消毒液等其他消毒物资12.5吨，累计采购或接受捐赠疫情防护用品170.6万余件，保障一线防疫工作人员防护、企业复工复产、重点环境消毒等需求。提升核酸检测能力。全面开展核酸检测采样培训，培育第三方检测机构核酸检测能力，累计培训采样人员800人，全区核酸检测最大日均检测量1.3万人份，按照1：10的比例混检，每天可检测13万份，5天可实现区域人群检测全覆盖。2020年年底，全区加快推进重点人员新冠肺炎疫苗紧急接种工作。

三、双线统筹，一手抓疫情防控，一手抓产业服务保障。2020年，开福区加强重点人群筛查检测，完成全区8类重点人员核酸检测，累计完成重点人员核酸检测4.8万余人次。从2020年12月开始，对辖区高中风险岗位人员进行精确摸底，设置14个采样点，建立财政资金兜底制度，累计完成高中风险人员免费核酸检测6000余人份，未发现阳性，确保重点人员“应采尽采”“应检尽检”。强化产业服务保障。全力保障湖南广电、湖南国际会展中心、马栏山文创园等场所各类重大活动和展会平安有序开展。加强防疫工作精准指导。选派区疾控中心和社区卫生服务中心医护人员深入各类企业、学校和会展机构，对复工复产复学中的防疫工作给予全方位指导，在全省率先建立中小学卫健副校长制度，择优选派56名医护人员兼职63所中小学校的卫健健康副校长，指导学校有序复学和常态化疫情防控。强化群防群控。聚焦基层疫情防控任务繁重、防控力量不足等实际难题，连续选派64个区直部门疫情防控网格员，下沉一线，进社区、进小区、进企业，织密小区楼栋“防疫网”。通过公开信、公开通告、微信等多种形式宣传，引导企业和居民群众增强防控意识、学习防控技能。

四、关口前移，科学施策，严防输入性疫情。2020年，开福区以大数据分析和社区摸排为主，全面掌握有境外旅居史的人员信息。落实管控措施。区指挥部明确专班专人驻点黄花机场，安排车辆及时将入境人员转运至集中隔离点，开展核酸检测筛查。开展外环境采样检测。自2020年6月起，全区加强进口食品冷链环节监测工作，全面加强进口冷链环境消杀工作。全年完成冷库、超市和农贸市场的冷链食品、从业人员和环境采样3715份，未发现阳性。

（开福区卫生健康局）

开福区对口扶贫工作纪实

2020年，是脱贫攻坚的决战决胜之年，也是脱贫攻坚的收官之年。长沙市开福区携手奔小康单位湖南省邵阳市城步苗族自治县，对口帮扶单位湖南省湘西土家族苗族自治州龙山县内溪乡、长沙县路口镇上杉市村全部脱贫摘帽。其中，城步苗族自治县全县累计脱贫14320户、56040人；龙山县内溪乡全乡累计脱贫1228户、5086人，9个贫困村全部退出贫困行列；上杉市村累计脱贫79户、228人，实现贫困户清零。

一、开福区携手城步苗族自治县奔小康工作

根据湖南省委、湖南省人民政府的统一安排部署，开福区对口湖南省城步苗族自治县开展“携手奔小康”行动。2018年5月，开福区研究出台并全面实施《开福区支持深度贫困县城步苗族自治县脱贫攻坚实施方案（2018—2020年）》，全区始终遵循“五带工作法则”，带着责任、带着办法、带着资金、带着项目、带着感情推进城步苗族自治县产业、劳务、教育、医疗、基础设施建设等帮扶工作，取得良好成效。

（一）城步县基本情况。湖南省城步苗族自治县地处湘西南边陲，是国务院实施扶贫开发战略的发源地，也是国家扶贫工作重点县、商务部对口扶贫县和湖南省11个深度贫困县之一。全县总面积2647平方千米，辖13个乡镇场、188个行政村（居），总人口30万人，有87个贫困村（其中深度贫困村6个），建档立卡贫困人口12366户、48177人。通过开福区3年的对口帮扶工作，城步苗族自治县提前1年（2019年）实现脱贫摘帽，在全省脱贫攻坚考核中多次获得先进。

（二）扶贫工作成效。强化组织保障。开福区成立以区委书记任组长，区委副书记、区长任副组长的帮扶工作领导小组，选派1名副县级领导到城步苗族自治县扶贫指挥部挂职，统筹开展帮扶工作，完善帮扶机制，明确各单位帮扶责任，下达考核指标，确保扶贫工作顺利推进。精化攻坚举措。开福区坚持把城步苗族自治县人民之所盼作为开福区帮扶工作之所为，精准施策，精准发力，明确“五大项目”：产业帮扶项目、人才建设项目、民生实事项目、消费帮扶项目、土地增减挂钩项目。优化长效机制。开福区落实优化拓宽资金投入、构建多级帮扶、建立帮扶评估“三大机制”。城步苗族自治县产业得到长足发展，基础设施条件明显改善，社会事业全面进步，基本公共服务均等化水平不断提高，贫困群众收入稳定增加，基本实现“两不愁、三保障”（不愁吃、不愁穿，义务教育、基本医疗、住房安全有保障）。具体来说：贫困人口大幅减少。87个贫困村全部退出贫困村行列，所有贫困人口均实现脱贫，累计脱贫14320户、56040人。农民收入大幅增加。农民人均纯收入由2018年初的4687元增加到2020年末的8216元，年均增长12.5%，增速14.7%，居湖南省前列。群众生产生活条件大为改善。全面加强水、电、路、房、网等基础设施建设，2018—2020年，城步苗族自治县完成农村公路提质改造220.7千米，自然村通水泥路146.6千米，行政村通畅率、通客车率、25户100人以上自然村通达率均为100%。实施农村饮水安全工程179处，解决3万余人的饮水安全问题。所有行政村全部完成电网升级改造，实现安全用电、同价用电全覆盖。实施易地扶贫搬迁1366户、6006人，农村危房改造8868户。实现行政村宽带“村村通”，4G网络全覆盖。新建或维修改造农村综合服务平台175个，村级文化中心168个，村级卫生室167个，公共服务设施不断完善，城乡面貌发生翻天覆地的变化。

（三）扶贫工作举措。注重人才队伍培育建设。2018年帮扶工作开展以来，开福区致力于加强人才培育和劳动就业推动扶贫工作，通过人员互派、劳务帮扶协作、培训交流、院校结对帮扶等方面加大力度，提升贫困地区内生动力。助推人才交流。根据城步苗族自治县人才薄弱点，着重强化教育、医疗、基层干部的人才交流，通过选派挂职、联合培训、现场教学等形式，提高人才队伍素质。2018—2020年，组织城步苗族自治县党政扶贫干部赴厦门大学、中山大学、浙江大学开展脱贫攻坚专题培训3期，参加培训120余人次；人才交流类活动5次，参加人数106人，提升城步苗族自治县本地干部、专业人才在学校教育、基本医疗、脱贫攻坚、为民服务、队伍建设等方面的能力和水平。助推劳务协作。遵循“培训一人、就业一人、脱贫一家”的扶贫思路，深化贫困劳动力劳务协作关系，开福区人社部门组织区内68家优质企业到城步苗族自治县举办现场招聘活动3

次，提供招聘岗位6100余个，现场达成就业意向6000余人，其中三人行物流、宇晶、蓝思科技等9家企业在开福区的组织下，与城步苗族自治县签订劳务协作战略协议，有效解决县内就业岗位不足的问题；组织培训团队，开展贫困劳动力培训，累计组织贫困劳动力种养殖技能培训班6期，培训贫困劳动力400人。助推结对帮扶。为使专业领域对口帮扶工作取得实效，开福区力求形成互帮互带机制共同发展，区卫健局、区教育局、区工信局就学校、医院、村企结对工作分别制定帮扶方案，签订结对协议。截至2020年年底，开福区与城步苗族自治县建立结对关系的学校14所，综合型医院4家，基层医疗组织4个，并与36户建档立卡户开展医疗结对帮扶，上门巡诊；动员社会各方力量参与扶贫助学，捐赠20万元，资助200名建档立卡贫困学生。发挥扶贫资金杠杆作用。2018—2020年，开福区拨付对口城步苗族自治县帮扶资金5041.3万元，完成援助项目33个，其中修建道路7条，新建自来水厂1个，新改建卫生院3个，如金紫乡卫生院医疗综合楼援建项目可为当地2200名贫困人口就近就医提供便利，援助县中医院医疗设备，增强城步苗族自治县中医院放射科诊断水平。结合当地优势资源、发展需要和群众脱贫增收实际，重点扶持南山牧场产业、蒋坊乡猕猴桃基地、金紫乡奶山羊养殖基地等项目，当地受益贫困人口8000人。聚焦消费扶贫“造血”功能。2018—2020年，开福区在对城步苗族自治县贫困地区“输血”的同时，用新的视角和新的思维提升其“造血”功能；让山货出深山，助力收成变收入，谋求长远发展。龙头企业代销。整理贫困地区主要产业扶贫项目、电商扶贫特产名录、药材种植大户名单等信息，精确掌握贫困地区产业发展基本情况；实地走访辖区龙头企业，组织典型企业召开扶贫工作恳谈会，就如何拓宽贫困地区农特产品销售渠道等问题进行洽商，鼓励企业采取“以购代捐”“以买代帮”等方式采购贫困地区产品和服务，帮助贫困人口增收脱贫。宣传推介展销。结合非物质文化遗产宣传和“舌尖上的中国”湖南站巡展活动，组织举办“开福区对口扶贫专场活动”，对城步苗族自治县农特产品及旅游项目进行宣传推介，促进本地企业与贫困地区企业的沟通和合作，拓宽贫困地区企业的销售渠道，扩大社会影响力，提高群众参与率。线上平台网销。制定《开福区电商扶贫专项工作活动方案》，推广“公司+电商平台+合作社+基地+农户”的经营模式，通过入股分红、入社劳作等与贫困户建立利益联合机制，以互联网为平台、通过线上线下一体化经营实现产销无缝对接，让贫困山区群众增收脱贫。建立“村播学院”村播小组，让网红主播将直播室开进田野，和网友们讲“土味情话”卖土特产；培育示范网店，在淘宝、京东、搜农坊、友阿云商等国内知名电商平台上申办城步特产（扶贫）馆，助推扶贫土特产热卖。截至2020年年底，电商交易额突破3亿元，网销农特产品2500万元，累计带动创业就业1300人，带动脱贫800余人。社会动员广销。动员社会各界扩大贫困地区产品和服务的消费，将消费扶贫纳入“户帮户、亲帮亲、互助脱贫奔小康”工作内容和“万企帮万村”精准扶贫行动，动员和引导行政机关、事业单位、学校、医院、社会组织以及爱心人士等参与消费扶贫，优先购买贫困地区农畜产品，并逐步建立长期定向采购合作机制。截至2020年年底，帮助城步苗族自治县龙头企业南山牧业销售牛奶300万元。

二、开福区对口帮扶龙山县内溪乡脱贫工作

（一）内溪乡基本情况。湖南省湘西州龙山县内溪乡总面积84.6平方千米，辖12个行政村，3400余户、1.4万余人。2017年，长沙市开福区对口帮扶内溪乡，从基础设施、民生事业、产业发展等方面进行帮扶，截至2020年年底，开福区累计投入帮扶资金4400万元，实施帮扶项目65个。2017年，湖南省龙山县内溪乡有贫困村9个，经济薄弱村3个，有建档立卡贫困户1299户、5300人，其中兜底户78户、194人。截至2020年年底，内溪乡所有贫困村摘帽，贫困发生率由2017年的35.65%下降到零。

（二）帮扶工作实效。开福区严格按照贫困村脱贫

由开福区政府投资援建的南山牧业清溪牛场草料库及产业道路　　（区委宣传部　供图）

基础设施配套建设标准要求，逐村确定项目，投入3000万元启动水、电、路及道路安保等基础设施建设项目，全面解决各村基础设施建设方面存在的问题。完成所有建档立卡贫困户的产业和劳务对接，帮助建档立卡户发展生产和转移就业。完成易地搬迁户和农村危房改造户建设任务和问题整改工作。12个村级综合服务平台建设全部完成并入驻。落实外出务工人员信息采集和动态管理，做好职业技能培训。加大教育基础设施投入力度，实施贫困生资助全覆盖。严格落实退耕还林政策，加强转岗护林员管理，支持发展林业特色产业，推进生态村建设。落实建档立卡贫困人口医疗保险个人缴费部分实行财政全额补贴，做好政策宣传等工作。落实保障兜底对象扶助政策，确保实现应兜尽兜、应扶尽扶。

（三）帮扶工作举措。2017年以来，开福区始终把对口帮扶内溪乡作为头等大事来抓，始终把内溪乡当作开福区下属的一个乡镇来对待。开福区从扶产业、扶民生、扶基础的角度，投入大量人力、物力、财力，解决内溪乡长期想解决又无法解决的难题。2017—2020年4年来，开福区两批帮扶工作队始终坚守扶贫阵地，从调查研究到项目确定，从项目实施到项目成效，从基础、民生项目到产业发展，都离不开他们的辛勤工作。为让基础设施建设项目顺利推进，帮扶工作队加强与开福区、龙山县相关职能部门对接，解决项目建设的难题。帮扶工作队充分发挥开福区在政策、资金、人才、信息方面优势，将开福区优势资源、要素资源引入内溪乡。同时，动员爱心人士与贫困对象建立长期帮扶、一对一帮扶、定向帮扶，切实解决当地贫困百姓的实际困难。开福区累计投入帮扶资金4400万元，重点支持内溪乡产业发展、民生改善、基础设施等重大项目，全力助推内溪乡打赢精准脱贫攻坚战。富民产业方面：投入860万元产业帮扶基金，重点用于支持五官村、岩力村、双树村特色产业发展，兼顾其他有发展特色产业的村。截至2020年年底，各村均成立相应的村集体合作社，与长沙慧日生物技术有限公司签订20公顷迷迭香药材种植合同，与湘西自治州摆手堂药材开发有限公司签订15.67公顷吴茱萸药材种植合同。按照“农户+合作社+村委会+公司”的运营模式，分类种植迷迭香（20公顷）和吴茱萸（15.67公顷）两种中药材，由合作公司保价收购，合作社实行股份制，每股定价100元，以配股和土地入股的方式入股，全村所有贫困户户均收入大幅增加。民生事业方面：内溪乡敬老院升级改造完工、内溪乡九年制义务教育学校附属设施完工、内溪乡幼儿园食堂建设完成。开福区政协、开福区委组织部、开福区团委、湘雅路街道、沙坪街道、清水塘二小、沙坪建筑、“德行天下”公益组织等部门、企业开展爱心捐赠活动，为内溪乡九年制学校捐赠书籍、校服、电脑等价值400万元，捐款200万元，帮助困难学生100余人。基础设施方面：投资新建的五官、岩力、双树、吴家4个村级综合服务平台及附属设施建设全面完成并投入使用，投资新修的集镇自来水升级改造及五官、双树的水渠和岩力村山塘整修全部完成，投资新建的集镇垃圾处理工程全面竣工。

三、开福区对口帮扶上杉市村脱贫工作

（一）上杉市村基本情况。上杉市村位于长沙县北部。全村土地面积15.4平方千米，其中耕地面积333.33公顷、林地560公顷，农户1460余户，人口4680余人，40个村民小组。其中建档立卡贫困户79户、228人。2014年，上杉市村被确定为省级贫困村，由长沙市委统战部、长沙市税务局、长沙市开福区3家单位进行联村帮扶。2016年年底，上杉市村通过湖南省扶贫办验收，实现贫困村出列。

（二）帮扶工作措施和成效。2014—2020年6年来，开福区主要领导累计调研走访该村20余次，开展各类帮扶活动10余次，为上杉市村精准扶贫工作摸脉、定方向。开福区作为牵头后盾单位，累计选派4名科级干部脱产驻村帮扶，并明确对口联络部门和人员，确保扶贫工作高效开展。开福区组织慰问困难群众金额10万元，区工会和金霞经开区食堂长期帮助销售农产品等，得到群众普遍好评。开福区政府累计对上杉市村投入帮扶项目资金390万元，工作经费30万元，修建村组公路20余条，实现贫困户入户路硬化，改造山塘10口、水渠8处，修建党员活动中心1座，扶持众邦种养专业合作社，带动全体贫困户发展产业。截至2020年年底，上杉市村村、组级公路实现水泥路全覆盖，水利基础设施得到改善，人居环境得到提升。

（开福区农业农村局）

大事记

1月

3日 开福区委五届十五次全体会议暨经济工作会议召开。

7日 “433”攻坚开始实施。培育视频文创、现代物流、金融商贸、智能制造4大支柱产业，推进30个重大产业项目、打造3个以上500亿元到1000亿元产业集群。

9日 谢伟峰被提名为开福区人民政府区长人选。

9日 开福区公安、城管、消防、交警、市场监管、应急等15个部门对四方坪旧货市场进行整治，收缴氧气瓶、液化气罐等易燃易爆物品8车，拆除乱接乱搭电线25处、多合一场所27处，打通消防通道6条。

10日 2020智慧医疗物流供应链管理峰会暨长沙金霞经济开发区招商推介会召开。

10日 “不忘初心、牢记使命”主题教育总结会议召开。

11日 政协长沙市开福区第五届委员会第五次全体会议开幕，395人参会。

12日 开福区第五届人民代表大会第五次会议开幕。应到代表216人，实到代表202人。

13日 开福区万家园公租房小区摇号选房工作结束，395户住房困难户搬进新房。

13日 吉利汽车长沙港水陆联运出口项目正式启动，750辆吉利汽车启航出口沙特阿拉伯。

14日 谢伟峰当选为开福区人民政府区长。

14日 开福区五届人大第五次会议第四次全体会议召开，选举杨赞为开福区人民检察院检察长，刘小鸥、李少林、张华、陈殷、周砾为开福区第五届人民代表大会常务委员会委员。

14日 举行宪法宣誓仪式。新当选的开福区人民政府区长谢伟峰和区人大常委会委员，各专门委员会委员、副主任委员、委员向宪法宣誓。

14日 中央文明办有关负责人到开福区走访慰问第二届全国道德模范任菲莉。

15日 开福区教育系统总结大会暨“2019年开福区十大教育新闻”和“开福区教育系统十大新闻人物”颁奖活动在省政府举行。

17日 湖南广播影视集团节目生产基地项目演播厅结构封顶。

17日 “我们的中国梦——文化进万家”2020幸福开福过大年文化惠民活动举行。

23日 省委常委、市委书记胡衡华到市第一医院、荷花池社区，现场调度检查新冠肺炎疫情防控工作。

23日 开福区委召开新冠肺炎疫情防控工作紧急调度会议。

23日 开福区农业农村局召开新冠肺炎疫情防控工作会议，部署做好陆生野生动物疫病疫源监测、封控隔离所有人工繁育场所的野生动物，严禁猎杀野生动物、严禁运输野生动物、严禁交易野生动物，严禁展演野生动物等工作。

2月

10日 全区新冠肺炎疫情防控工作调度会召开，贯彻落实全省防控新冠肺炎阻击战动员大会会议精神。

10日 开福区委书记曹再兴率队检查督导复工复产企业的疫情防控工作，走访九州通医药集团股份有限公司和老百姓大药房连锁股份有限公司。

10日 开福区委副书记、区长谢伟峰率队到万达广场、绿地中心、富兴世界金融中心等金融商贸区重点楼宇走访，了解楼宇项目疫情防控与企业复工情况。

同日，谢伟峰采取“四不两直”的方式到新河街道栖凤社区和伍家岭街道浏阳河社区调研指导疫情防控工作，了解社区第二次全面摸排情况及企业复工登记情况，抓好返回长沙人员、出租屋、门店、企业复工复产的防控管理，保障企业复工安全有序。

11日 省委第一指导组一行督导疫情防控及企业复工复产工作，察看浏阳河街道福元路社区和金霞经开区老百姓大药房集团总部。

14日 金霞经开区跨境电商企业有棵树电子商务有限公司、海豚跨境科技（香港）有限公司从南非采购价值约370万元防疫捐赠物资，从香港经港澳直通车运抵金霞保税物流中心园区，捐赠仪式在金霞经开区举行。

18日 开福区政府领导带队到普亲养老机构暗访督查疫情防控工作，强调提高思想认识，落实养老机构疫情防控指南，严格封闭式管理，杜绝隐患，确保老年人身体安全。

19日 开福区委、区政府组织召开全区企业（项目）复工工作推进会。并走访企业，了解企业疫情防控工作和防疫物资储备情况。

21日 市委副书记、代市长、湖南湘江新区党工委书记郑建新到马栏山视频文创产业园督导检查疫情防控及复工复产工作。

21日　开福区物流与口岸服务中心联合市邮政管理局、开福区卫健局、第三方检测公司，对区内14家快递企业1553名快递服务人员进行免费核酸检测。

25日　开福区项目集中签约、开工暨产业集聚区征拆动员活动举行，签约项目10个，总投资382亿元。

25日　开福区人民法院首次使用互联网庭审系统开庭审理保险纠纷案件。

3月

4日　2020年第1期银企对接会召开，医药物流、高新技术、食品加工等行业的11家企业和7家金融机构达成融资意向约7亿元。

4日　开福区委、区政府领导到区疾控中心看望、慰问卫健系统防疫工作人员、一线医护人员及家属代表。

5日　开福寺、铁炉寺、城北堂等宗教场所代表向开福区慈善会捐赠现金64800元，助力疫情防控。

10日　尼日利亚李氏集团向开福区新冠肺炎防控指挥部捐赠越南产四层一次性医用防护口罩7万只，价值26万元。

10日　副省长陈飞到金霞经开区人和未来生物科技有限公司调研。

10日　省妇联党组书记、主席姜欣到湘雅路街道留芳岭社区慰问社区防疫一线工作人员、志愿者和省妇联驻社区联络组工作人员，走访泊富地产和华润万家超市。

11日　开福区政府义务植树活动启动，在风帆广场、湘江风光带（福元路至浏阳河桥段）、滨河路、绿叶女广场、植基塔社区公园5个植保点，累计栽植灌木20余万株、乔木262株，草皮复绿3200平方米。

17日　平安产险湖南分公司捐资募集价值16.5万余元物资，慰问防疫一线工作人员。

19日　省商务厅党组书记、厅长徐湘平率队调研金霞经开区开放型经济及跨境电商工作情况。

20日　“相约春天 开启幸福”2020开福消费季助力复工复产公益活动启动。

24日　省委常委、统战部部长黄兰香一行到开福区开展“万企大走访、同心促发展”专题活动，察看湖南省福建总商会、湖南跨境电商生态产业园和火车货运北站，在老百姓大药房集团总部进行座谈。

27日　开福区委书记曹再兴率队赴邵阳市城步苗族自治县调研“携手奔小康”脱贫攻坚工作。

28日　2020开福汽车文旅美食消费节在长沙园林生态园启动。

31日　5G高新视频多场景应用国家广播电视总局重点实验室在马栏山视频文创产业园举行挂牌仪式。

4月

1日　开福区政府召开2020年教育复学工作会议，要求强化防控措施，确保学校复学安全有序平稳。

3日　省委常委、政法委书记李殿勋一行调研督导矛盾纠纷多元化解工作。

8日　“中国梦 福汇新河”2020长沙第七届琼花艺术节暨新河街道“凤凰海”消费节启动仪式在紫凤公园举行。

13日　全区打击传销全面清零行动在月湖街道启动，摸底清查出租屋709户，捣毁涉传窝点37个，查获涉传人员171人，查封涉传出租屋64户。

15日　全市“隔代家庭教育”启动仪式在开福区老干部大学北辰校区举行。

17日　团省委书记汤立斌一行到马栏山创智园联合团支部调研基层团组织建设、复工复产工作。

18日　长沙开福软件产业园在凯乐微谷挂牌成立。

20日　省关工委主任杨泰波、市关工委主任董学生一行到开福区调研隔代家庭教育工作。

23日　“长沙先进制造业5G云VR公共服务平台”在马栏山视频文创园月湖文创小镇正式发布，为长沙智能制造转型升级添新助力。

27日　开福公安分局破获湖南省督办“2020-3”号特大贩毒案。

30日　2020开福区特色乡村旅游节暨“网红地标”打卡推荐活动启动。

30日　“畅领百万消费券 开启幸福小长假”之春天有约·开福区美食餐饮消费节活动举行。

5月

9日　省人大常委会副主任杨维刚率队调研城镇老旧小区改造工作，走访潮宗街、西园北里、人造板厂小区等改造项目。

11日 《长沙市金霞城市副中心规划论证报告》专家评审会召开。

12日 湖南省2020年“5·12”全国防灾减灾日集中宣传演练活动在开福区举办。

13日 衡阳市委常委、耒阳市委书记罗琼率耒阳市党政代表团到开福区考察学习，察看潮宗街老城区有机更新项目和江湾社区智慧社区建设情况。

14日 金霞经济开发区商会成立大会暨第一届会员大会第一次会议举行，171家会员单位参加。

17日 2020年公开选调招聘事业单位工作人员考试举行，报名考生共5740人，设4个考点，考场218间。

20日 “医卫强区、健康护苗”开福区中小学卫生健康副校长（兼职）聘任仪式举行，向56名受聘的兼职卫生健康副校长颁发聘书。

20日 “夏季有礼 大爱开福”开福区“5·20”消费节活动在万达广场举行。

22日 2020中国制冷新零售高峰论坛暨“中国冷博会湖南路演”活动举行。

22日 金霞跨境电商9610出口业务首次单日突破32万单，由中外运承运的9个集装箱顺利通关，搭乘5月23日的中欧班列驰往欧洲各国。

27日 开福区24小时政务自助服务区正式开通启用，实现政务服务从8小时之内向“全天候”延伸。

27日 由开福区委宣传部、区直机关工委、开福区档案馆共同主办的“弘扬党史文化，传承红色基因，坚定理想信念”红色文化宣讲比赛举行。

27日 为期6天的湖南（首届）“5·27”嗦粉节在富兴时代广场开幕，14个市州的50余家老字号参会。

28日 开福区教育局与湖南师范大学附属中学合作举办湖南师大附中植基中学签约仪式举行。

28日 中办来湘挂职干部到开福区考察。

29日 全市首个区级物业管理行业党委正式成立。

30日 “夏季有礼——火人节点燃开福夜生活”启动仪式在世界之窗举行，以电音狂欢、火舞表演、特色美食等形式点燃开福夜生活，打造文旅消费新地标。

6月

1日 长沙市未成年人“扣好人生第一粒扣子”主题教育实践活动——“我有一个梦想、传递爱与希望”庆祝“六一”儿童节主题活动在开福区第一小学举行。

5日 “聚产引航 助企前行”——2020开福区专业特色楼宇授牌暨政企服务站启动仪式举行，对4栋专业特色楼宇以及8栋产业引导商务星级楼宇进行授牌，“开福区楼宇政企服务站”同时启动。

6日 2020年公开选调（招聘）事业单位工作人员面试举行。30个岗位招考89人，应考考生257名。

9日 开福区档案馆组织开展“档案见证小康路，聚焦扶贫决胜期”国际档案日活动，展示对口帮扶龙山县、城步县脱贫的相关档案图片和资料。

9日 浏阳河街道海棠湾社区揭牌。

10日 省委党校（湖南行政学院）省直机关处级干部进修班一行54人到开福区教学调研司法行政工作，观摩社区矫正、公共法律服务中心并召开座谈会。

11日 国家信息中心信息化和产业发展部信息化发展政策处相关负责人一行到开福区走访调研智慧城市建设、网格化管理、智慧社区建设情况。

15—16日 开福区农业农村局组织森防队伍，对青竹湖、沙坪等街道松林地实施无人机防治松褐天牛工作，飞防面积12000余亩，喷洒低毒高效无公害绿色威雷杀虫剂1.3吨。

18日 由湖南省新社会阶层人士联合会、省文学艺术界联合会、市委统战部联合主办的《舒勇每日一画致敬战“疫”英雄主题作品展》开幕式在省博物馆举行。

20日 2020大屏幕显示“百家讲坛”全球巡讲巡展长沙站论坛在新亚胜光电股份有限公司举行。

20日 “幸福大城北 家装大优惠”香江高岭建材家居补贴购物节暨开福区汽车新房交易专场活动在高岭国际商贸城启动，联袂商家推出230余万元让利，吸引市民上门买房、装修、购车，安家圆梦。

23日 “创新引领 助力攻坚”——2020年开福区职工劳动技能技术创新大赛暨第二届劳动模范表彰大会举行。

24日 省商务厅党组书记、厅长徐湘平一行到开福区调研金霞跨境电商工作并召开座谈会。

28日 马栏山视频文创产业园举行重大项目集中开工、签约仪式。马栏山动漫影视游戏总部基地、金色马栏山数字经济产业总部基地、光芒空间智能时尚科技平台等23个项目集中开工或签约，总投资125.8亿元。

28—29日 开福区政协党组书记、主席熊建伟率主席会议成员和部分政协委员，分别赴龙山县内溪乡小学、高级中学、茨岩塘中学开展扶贫助学活动，共捐赠助学金17万元，帮扶贫困学生115名。

7月

8日　省疾控中心新址项目开工仪式在捞刀河街道举行。

9日　青竹湖曦园配套小学、幼儿园正式开工建设，规划小学班级18个、幼儿园班级9个，学位近1100个。

10日　民盟（湖南）传统教育基地挂牌仪式暨清水塘“同心共治”社区联建中期推进活动举行。

21日　中国V链数字资产交易中心在马栏山视频文创产业园启动。

24日　市人大常委会党组书记、主任谢卫东率市人大常委会组成人员到开福区调研马栏山视频文创产业园建设管理情况。

27日　市交通运输综合行政执法局开福执法大队揭牌仪式暨“治超”工作再动员活动举行。

28日　长沙市公安局开福分局新河派出所人口与出入境大队揭牌。

31日　2020青春芒果节暨湖南省第九届网络文化节在湖南国际会展中心开幕，面积2万平方米的线下实景互动乐园“青春芒果城”开门营业。

8月

3日　为期7天的开福区污染防治攻坚综合能力提升班在新加坡国立大学苏州研究院开班。

12日　开福区教育局与长沙宏达威爱信息科技有限公司合作建设“互联网+”沉浸式智慧教育创新应用项目战略合作协议签约仪式举行。

14日　秋冬季新型冠状病毒肺炎疫情防控卫生应急现场演练暨专题培训活动举行。

18日　中国·长沙大健康产业金霞峰会暨第四届岳麓论坛在金霞经开区举行。

25日　副省长、省公安厅厅长许显辉到开福公安分局调研。

26日　开福区科技活动周主会场活动及“科技引领创新开福”开福区科技创新奖励及创新项目路演主题活动举行，现场兑现发放了2020年开福区科技创新奖励，奖励获奖单位107个，1530万元。

27日　省发改委（省优化办）、各市州人民政府联合优化营商环境工作的副秘书长、优化办主任和业务骨干60余人到开福区考察24小时政务自助服务区，了解体验自助服务功能及政务服务有关情况。

28日　“‘青’听V创之声——与书记共进午餐（第二期）”活动在中国网络文学小镇举行。

9月

1日　长沙金霞保税物流中心首单跨境电商B2B9710/9810业务试单成功。

4日　“悦涌江潮 向光而生”2020年大悦城控股华中区域商业战略发布会暨长沙北辰三角洲大悦城、武汉大悦城招商启动会在长沙北辰洲际酒店召开。

7日　为期7天的扶贫干部培训班在厦门大学开班，开福区、城步县、龙山县三地扶贫干部参加培训。

8日　首届“马栏山杯”国际音视频算法优化大赛颁奖盛典暨高峰论坛在长沙马栏山视频文创产业园举行。

11日　省委常委、省委政法委书记李殿勋一行到马栏山视频文创园调研法治化营商环境工作。

17—18日　北海市海城区和广州市番禺区政协分别到开福区考察学习楼宇经济和城市有机更新工作，参观泊富国际广场、华尔街中心、西园北里历史步道等地。

21日　庆祝人民政协成立71周年暨开福区委政协工作会议召开。

19日　德荣医疗智慧物流产业园奠基仪式在金霞经开区举行。

23日　中国网络文学小镇区级同心基地授牌仪式举行。

23日　长沙市开福区东风路街道诉源治理工作站挂牌成立，该工作站为开福区设立的首家诉源治理工作站。

24日　市公安系统“弘扬英模精神筑牢忠诚警魂”主题巡回宣讲活动在开福区举行。

26日　“幸福城北 福满金霞”2020开福区高岭金秋家居建材消费节在香江红星美凯龙家博中心正式启动。

27日　省人大代表长沙市第二代表小组到开福区开展代表活动，视察老百姓大药房总部、长沙货运北站（中欧班列），并召开座谈会。

29日　2020年湖南省未成年人“我和我的祖国”主题教育活动（全省示范场）在清水塘实验学校举行。

30日　湖南省社会各界向烈士敬献花篮仪式在湖南烈士公园举行。

30日 开福消费狂欢季启动仪式暨开福区商业综合体联盟成立大会举行。

10月

10日 长沙农村商业银行文创园支行在马栏山视频文创产业园正式开业。

12日 开福区家庭国防教育大课堂暨国防教育进家庭系列活动表彰大会在周南中学举行。100个“家庭国防知识竞赛优秀家庭”受到表彰；彭达等12人获“开福区家庭国防教育先进个人”称号；望麓园街道办事处等12家单位获“开福区家庭国防教育先进单位”。

16日 开福寺历史陈列馆开馆揭牌仪式暨开福区宗教界第二届诗词大会在开福寺举行。

19日 开福区非公企业负责人高级研修班开班仪式在新加坡国立大学苏州研究院举行。

21—22日 开福区委书记曹再兴带队赴上海、苏州开展招商活动。

22日 全国政协民族和宗教委驻会副主任杨小波一行到开福区就“贯彻十九届四中全会精神，推进宗教事务治理现代化”进行专题调研。

25日 万科轨道文昌阁项目开工奠基，该项目总建筑面积约32万平方米，规划建造高100米、200米两栋塔楼，形成文昌阁片区新的城市文化地标。

28日 省委副秘书长唐恒忠率省委督查调研组到马栏山视频文创产业园就贯彻落实习近平总书记视察湖南重要讲话指示精神开展督查调研。

11月

2日 省生态环境保护第一督察组到开福区开展督察“回头看”，走访联合餐厨垃圾处理有限公司和第一垃圾中转站，对区落实环境治理工作的具体现状进行督查。

3日 购车“油”礼开启幸福——开福区汽车油品消费节启动仪式在四方坪街道湖南永通丰田4S店拉开帷幕。

6日 开福区第五届人大常委会第二十八次会议召开。会议表决通过有关人事任免事项，任命邹畅为开福区财政局局长，陈朝晖为区民政局局长，王艳为区人力资源和社会保障局局长，陈迎为区文化旅游体育局局长，张澜为区退役军人事务局局长，郑雄健为青竹湖街道人大工委主任，莫琳为望麓园街道人大工委主任，曹宇为湘雅路街道人大工委主任，王湘虹为区人大常委会预算工委副主任，谭银花为区人大常委会办公室副主任，杨俊为区人民法院审判员。

7日 “幸福城北 福满金霞”2020开福区香江高岭家居建材消费节暨长沙中升丰田（高岭店）开业庆典在高岭商贸城举行。

7日 “美丽乡村·畅游沙坪”2020年首届沙坪街道乡村旅游节启动。

10日 开福区“升级消费狂欢季粉丝抽奖暨泊富双十一活动”启动仪式举行。

11日 开福区首张“一业一照”行业综合许可证问世。

12日 开福区委书记曹再兴率党政代表团赴珠三角地区考察学习。

13日 开福区“119”消防宣传月启动暨潮宗街小型消防站驻勤挂牌。

13日 公安部教育整顿试点工作第五驻点指导组组长常红一行到开福区反馈开福公安分局教育整顿试点工作意见仪式举行。

15日 “同心圆梦、爱满星城”2020年长沙市关爱地贫儿童公益活动开福站启动仪式举行。

15日 中国侨联副主席隋军带队到开福区调研基层侨联工作与“侨胞之家”建设。

18日 开福区委副书记、区长谢伟峰率党政代表团赴重庆考察学习。

18日 在“2020中国楼宇经济全球合作大会暨中国楼宇经济博览会”上，开福获“2020中国楼宇经济领军发展城区”称号。

19日 2020中国新媒体大会在开福区召开。

30日 乐田智作视频文创产业基地项目奠基仪式在马栏山视频文创园举行。

12月

3日 “数字跨境 金霞领航”跨境电商第三城发布暨重大项目签约活动在万达文华酒店举行。

7日 长沙正大有限公司开业庆典活动举行。长沙正大有限公司2019年迁址金霞经开区，项目总面积7.77公顷，总投资3亿元。

8日 湖南省侨联主办的“海外侨胞故乡行”活动走进开福区。120余名海外侨胞返湘参观马栏山创智园省

2020年12月30日，长沙市举行全市项目建设观摩现场会，观摩团参观开福区“433产业攻坚”项目建设情况
（区委宣传部　供图）

新侨“双创”基地及聚恒集团、新浪湖南等企业。

9日　全省隔代家庭教育工作现场观摩活动在开福区举行。

9日　中央、省、市三级统战部门到开福区调研新的社会阶层人士统战工作，实地走访马栏山众创园。

10日　上海电影（集团）有限公司负责人一行到马栏山视频文创园、芒果TV等地学习交流。

14日　“长沙向北　‘商商’不息”——2020年开福区金融商贸产业推介暨集中签约仪式举行。

16日　清水塘绿地小学签约暨开工奠基仪式举行。

16日　省委党校93期厅干班50余位学员到马栏山创智园展厅、园区涉侨企业银河酷娱、V谷V咖考察。

17日　编纂历时7年，23篇、81章、300节100余万字的《长沙市开福区志（1989—2012）》正式发行。

23日　开福区2020年度“最美退役军人”评选结果发布会举行，10名“最美退役军人”获奖。

25日　高岭建设集团抗击新冠肺炎疫情表彰大会在沙坪街道办事处召开，对在疫情防控过程中表现优异的3名抗疫英雄、3名优秀党员志愿者、26名先进个人和8个先进集体、7个优秀材料供应商、5个爱心单位进行表彰。

25日　“长沙市新的社会阶层人士实践创新基地”授牌仪式在中国网络文学小镇举行，12位大神网络作家、206位知名网络作家、8家主流文创企业入驻。

29日　长沙市开福生态环境监测站挂牌成立。

29日　全省新的社会阶层人士统战工作实践创新基地建设交流会成员现场观摩新媒体示范点“马栏山众创园”e星实践创新基地，并授予该基地“湖南省新的社会阶层人士统战工作实践创新基地”称号。

29—30日　长沙举行全市项目建设流动观摩现场会。长沙市项目建设流动观摩现场会观摩团一行走进开福区，观摩长沙（金霞）消费电子产业集聚区项目建设情况。

30日　湖南省新侨创新创业基地授牌仪式在金霞经开区湖南省跨境电商生态产业园举行。

（张晓阳）

开福概览

自然地理

【区域位置】长沙市开福区是国家长株潭城市群“两型社会”建设试点的重要地区，也是长沙推进“大城北”战略的核心区域。它位于长沙市北部，傍湘江下游东岸，处浏阳河、捞刀河汇合之东南部。地域范围为北纬28° 11'55"~ 28° 23'35"，东经112° 54'07"~113° 04'39"。东部由北向南，与长沙市长沙县、芙蓉区相邻；南部由东向西，依次与长沙市芙蓉区、天心区接壤；西部濒湘江，由南向北，依次与长沙市岳麓区、望城区隔江遥对；北部由西向东，依次与长沙市望城区、长沙县搭界。区人民政府驻长沙市芙蓉北路1段588号，电话区号0731，邮政编码410008。距长沙市人民政府驻地5.7千米。辖区东西直线距离17.2千米，南北直线距离21.5千米。2020年，全区总面积188.3平方千米，其中陆地面积162.3平方千米，占86%；水域面积26平方千米，占14%。农村面积85平方千米，建城区面积103.3平方千米。耕地面积2794.47公顷，林地面积3363.6公顷，森林面积3005公顷，森林绿化率36.7%。

【地形地貌】开福区总体地质特征是：地层出露齐全，花岗岩、变质岩、红岩、红土广布，地质构造复杂。各个地质历史时期的地层与其所属的长沙市及相邻搭界的区县地层紧密相关，最古老的地层形成于元古代约10亿年前。开福区总体地貌特征是：地势较为平缓，地貌有岗地、丘陵、平原三大类型，地表水系发达。开福区处于湘中丘陵向洞庭湖平原过渡地带，西濒湘江，地势南高北低，由东南向西北倾斜。地形岗丘绵延、谷地起伏，丘陵、丘地与农田相间，地形破碎，切割强烈。东北部为平原岗地，地势平缓，高差小。丘陵分布于捞刀河街道、秀峰街道一带，平原主要分布于浏阳河、捞刀河及其支流两岸。境内最高峰三宫殿，位于青竹湖街道新源社区，海拔234.8米；最低点山窑潭西北，位于捞刀河街道凤羽村，海拔28米。

【水文·气候】开福区境内河道属长江流域。境内最大的河流为湘江，从南至北流经境内通泰街街道、湘雅路街道、新河街道、芙蓉北路街道、秀峰街道、青竹湖街道，流域面积180平方千米，主要支流有浏阳河、捞刀河、沙河、白沙河。主要河道有一级河湘江，流经开福区长度19.67千米；二级河浏阳河、捞刀河、沙河3条，流经开福区总长度29.7千米；三级河白沙河，流经开福区长度11.29千米。全区河流总长度60.66千米，河网密度0.32千米/平方千米，水域总面积23.5平方千米。境内河涧纵横、湖塘密布，有年嘉湖、青竹湖、楚家湖、月湖等10个湖，最大为年嘉湖，面积47.85公顷。山塘4600处，水面积513万平方米。开福区境内防洪大堤75千米，有千亩以上堤垸10个，其中万亩堤垸3个。

开福区属亚热带季风性湿润气候，其特点是气候温和、四季分明、热量充足、雨水集中、春温多变、严寒期短、暑热期长。主要气象灾害有洪涝、高温、干旱、低温阴雨、以及冰雹、大风、寒潮、雷暴等。2020年，平均气温18.9℃，年内最高气温38.9℃，最低气温-3℃，年均降水量1646.8毫米。

【自然资源】开福区境内地下矿藏主要有非金属矿磷和石英砂。磷矿储量未探明，矿区位于青竹湖街道金霞新村；石英砂，主要分布于沙河流域一带。区域内土壤成土母质多样，以第四纪红土、河流冲积物为主；土壤种类多样，以红壤、水稻土为主。土壤多属酸性或中性，土质疏松肥沃，适宜多种农作物生长。区域内动物属亚热带林灌、草地—农田动物群，野生动物多为适应耕地和居民点的类群，林栖鸟类较为少见，田间捕食昆虫、鼠类和两栖爬行动物丰富。植被以亚热带常绿阔叶林为主，区域内有树种资源80科、421种，新培育的绿化树种有36科、80余种。主要林木有松、杉、香樟、楠木、茶、油茶、柑橘、桂、银杏、玉兰等。

历史文化

【传统文化】开福区因千年古刹开福寺而得名，是“楚汉名城”和湖湘文化重要发祥地，也是中国四大名绣之一——湘绣的发源地。境内主要以湘菜为主，过汉族的所有节日。开福寺每年都举行新春祈福庙会，市民和游客能在开福寺庙会看戏、赏灯、猜灯谜、舞龙狮、品美食、玩杂耍。汉回村回族民俗文化是开福区境内一大特色，它是长沙市唯一汉族和回族老百姓混居的自然村落，有数百年历史，形成了特殊的“村落文化”，其回族的文化特征依然鲜明。回族人结婚一般要经过做媒、订婚、结婚、回门4个程序，要对“八字”，不办酒席，不收礼金，不择吉日。结婚仪式，必须男女双方自愿，父母不得包办。回族有开斋节、古尔邦节、圣纪节三大节日。开斋节又名尔德节，伊斯兰教教历每年9月封斋，时间为30天，斋戒期满，即为开斋节；古尔邦节又叫宰牲节或忠孝节，时间从开斋节之日算起，往后推70天。湘绣起源于民间刺绣，吸取苏绣和粤绣的优点发展起来，拥有2000多年历史。湘绣针法以参针为特色，着色富于层次，绣品若画，可表现物象的立体形态和晕染效果。全球湘绣作品《伟人毛泽东》《中国第二次载人航天飞行标志》《中国航天员中心标志》《福》搭乘“神六”，伊飞湘绣作品《飞天绣》搭乘“神九”，伊飞湘绣作品《伟人的梦想》搭乘“神十”宇宙飞船飞天并顺利返回。

【史迹遗存】开福区历史悠久，文物古迹众多。截至2020年年底，开福区有不可移动文物点124处，其中全国重点文物保护单位2个6处、湖南省文物保护单位14处、长沙市文物保护单位44处，一般不可移动文物60处。具有代表性的有开福寺、湘雅医院早期建筑群、朝宗古街、船山学社、清水塘中共湘区委员会旧址等。

【风景名胜】开福区是文化旅游大区，风景名胜较多。2020年，全区有A级景区7家、星级酒店8家、星级农庄7家、旅行社80多家。其中国家AAAA级旅游景区（世界之窗、海底世界、湖南省博物馆、滨江文化园）4家，国家AAA级旅游景区（长沙园林生态园、沙坪湘绣小镇、汉回景区）3家；五星级酒店（圣爵菲斯、运达喜来登、潇湘华天）3家，四星级酒店（延年世纪、黄金海岸、华悦）3家，三星级酒店（留芳、随园）2家；五星级农庄（和道源、大明、河村非洲文化园、良家庄、海天、园林生态园、山鹰潭）7家。

湖南省博物馆是湖南省最大的综合性历史艺术博物馆，湖南省AAAA级景点，陈列着长沙马王堆汉墓出土的被称为“世界第八大奇观”的西汉女尸。长沙世界之窗是华中地区最大的文化主题公园，也是首批全国AAAA级旅游景区之一。长沙海底世界集观赏、休闲、娱乐、科普于一体，是国家AAAA级旅游景区。清水塘中共湘区委员会旧址暨毛泽东、杨开慧故居，1921年10月，毛泽东在此建立中共湖南支部。1922年5月，成立中共湘区委员会，是国家红色旅游经典景区之一。

建置·区划

【建置沿革】1951年9月，成立城北区人民政府。1960年，全市实行人民公社化，北区改称清水塘人民公社。辖上大垅、炮队坪、三公里、红色及伍黑路分社。1961年，复名城北区。1968年，改为区革命委员会，各街道相应改为革命领导小组。1980年11月，恢复区人民政府。截至1995年年底，北区面积14.3平方千米，辖民主东街、望麓园、清水塘、北站路、上大垅、伍家岭、新河、黑石渡8个街道办事处及胜利村，114个居民委员会。1996年4月，长沙市区划调整，在原北区基础上，划入长沙县、原望城县、原郊区所属的大片农村地区及原西区所属的部分街道，成立开福区人民政府，面积扩至188.3平方千米。全区辖11个街道142个居民委员会、1个镇和2个乡48个村、2个农（渔）场11个分场。

【行政区域】1998年4月，福安乡、红色渔场合并为四方坪街道。1999年3月，马厂分场从综合农场划出，设置为金霞路街道。2000年9月，霞凝乡更名为新港镇，撤销如意街、西长街2个街道合并设置西长街街道。2003年6月，捞刀河镇划出5个村，新港镇划出2个村，设置青竹湖镇。2006年3月，长沙国营综合农场划入原黑石渡街道2个居民组，更名为洪山街道。2006年9月，撤并西长街、通泰街新成立通泰街街道办事处；撤并民主东街、望麓园新成立望麓园街道办事处；撤并上大垅、黑石渡新成立东风路街道办事处。本次区划调整后，开福区辖10个街道、3个镇。2013年9月，原捞刀河镇撤销，新成立捞刀河街道和沙坪街道；原新港镇撤销，新成立新港街道和秀峰街道；原洪山街道析置为洪山、浏阳河、月湖3个街道。本次区划调整后，开福区辖16个街道、1个镇。2015年11月，开福区乡镇区划调整，撤销青竹湖镇和新港街道，合并成立青竹湖街道。截至2020年年底，开福区辖2区3园1局1中心（金霞经济开发区、开福高新技术产业开发区、马栏山视频文化产业园、青竹湖生态科技产业园、长沙园林生态园、洪山管理局、金霞保税物流中心）16个街道，包括望麓园、清水塘、湘雅路、伍家岭、新河、东风路、通泰街、四方坪、芙蓉北路、洪山、月湖、浏阳河、秀峰、捞刀河、沙坪、青竹湖街道。各街道辖社区居委会98个、村民委员会9个。

人口·民族

【人口】2020年，全区年末常住人口为69.08万人，其中城镇人口67.67万人，占总人口比重（常住人口城镇化率）为97.8%。年末户籍人口总数51.5万人，比上年末增加9400人，增长1.86%。其中男性人口24.7万人，占

47.96%，女性人口26.8万人，占52.04%。2020年，出生人口5374人，人口自然增长率为5.01‰，出生婴儿男女性别比为108：100。

【民族】开福区境内人口，以汉族为主，有土家族、苗族、回族、侗族、瑶族、满族、白族、蒙古族、维吾尔族、土族、壮族、布依族、佤族、朝鲜族、彝族、畲族、黎族、拉祜族、藏族、傣族、仡佬族、锡伯族、普米族、高山族、纳西族、达斡尔族、赫哲族、哈尼族、哈萨克族、羌族、独龙族、撒拉族32个少数民族；超过300人的有土家族、苗族、回族、侗族、瑶族5个少数民族。

【方言】开福区地处长沙城区北部及北郊，境内使用方言属长沙方言。长沙方言是汉语七大方言之一的湘方言中的次方言新湘方言的代表。与现代汉语普通话比较，语言方面有着自己独成系统的声母、韵母和声调系统，其主要特点是有阴平、阳平、上声、阴去、阳去、入声6个声调。词汇和语法方面也有着自己的特点。

经济社会发展

【综述】2020年，全区实现地区生产总值1041亿元，同比增长3.5%。在地区生产总值中，第一产业实现增加值1.2亿元，同比下降0.7%；第二产业实现增加值152.8亿元，同比增长4.4%；第三产业实现增加值887亿元，同比增长3.3%。全区三次产业结构为0.1：14.7：85.2；在地区生产总值累计增幅中，第一、二、三次产业分别拉动零个、0.6个、2.9个百分点；三次产业对地区生产总值增长的贡献率分别为零、18.8%、81.2%。全区完成一般公共预算收入132.8亿元，同比增长2.2%。其中税收收入完成114.8亿元，同比增长1.6%，税收占一般公共预算收入的比重为86.4%。完成地方一般公共预算收入60.5亿元，同比增长6.6%。其中，区级税收42.4亿元，同比增长6.8%；非税收入18亿元，同比增长6.1%，区级税收占地方一般公共预算收入的比重为70.2%。全社会固定资产投资同比增长7.3%，社会消费品零售总额同比下降3.2%，居民人均可支配收入61075元。2020年，新增市场主体1.68万户，全区市场主体总量10.94万户；新增“四上”企业130家。10家企业被纳入省市拟上市（挂牌）企业。2020年，开福区位列高质量发展全国百强区第28名，获得全市唯一“湖南省2020年度真抓实干促进就业工作先进县市区”，连续16年被评为全省“平安区县”。被评为国家知识产权强县工程试点区，作为长沙样本接受国家发改委营商环境测评；开福区入选2019年城区综合竞争力百强区。

【农业和农村经济】2020年，全区完成农林牧渔总产值2.5亿元，同比下降10.8%。其中，完成农业产值1.3亿元，同比下降9.3%；完成牧业产值8000万元，同比增长13.7%；完成渔业产值1900万元，同比增长47.8%。全年粮食种植面积1388公顷，粮食总产量9736吨。生猪出栏2.5万头，家禽出笼14.6万羽。

【工业和建筑业】2020年，全区规模以上工业总产值同比增长9.6%，较2019年同期上升2.8个百分点；规模以上工业增加值同比增长6.9%。龙头企业支撑作用明显，全年工业总产值过亿元的企业27家，完成工业总产值87.4亿元，占全部规模工业总产值的27.6%。股份制经济占据主导地位，全年股份制企业完成工业总产值76.2亿元，占全部规模工业总产值67.6%。全年新增规模工业企业10家。

全区具有资质以上等级的总承包和专业承包建筑企业90家，完成建筑业总产值419.3亿元，同比增长7.5%；实现建筑业增加值104亿元，同比增长6.9%；房屋施工面积1837.7万平方米，同比增长28.7%；房屋竣工面积394.8万平方米，同比下降19.4%。

【固定资产投资】2020年，全区固定资产投资同比增长7.3%，增速同比回落3个百分点。其中，产业投资211.5亿元，同比增长9.9%，占固定资产投资比重30.5%。全区完成房地产开发投资217.2亿元，同比增长16.4%；实现商品房销售面积166.4万平方米，同比增长12.5%，其中住宅销售面积143.9万平方米，同比增长31.7%；商品房销售额189.8亿元，同比增长13.5%。

【国内贸易】2020年，全区完成社会消费品零售总额511.4亿元，同比下降3.2%，增速同比下降13.2个百分点。其中限额以上企业零售额224.3亿元，同比增长3.4%。全区限额以上批发零售企业累计实现零售额居前四的类别为石油及制品类、汽车类、中西药品类、粮油食品类，分别实现零售额77.1亿元、29.8亿元、36.5亿元和33.6亿元，分别增长-14.2%、37.1%、28%、18%。中西药品销售、粮油销售、网络汽车销售成为开福区的行业特色。

【对外经济和旅游】2020年，全区全年进出口总额（海关口径）32.27亿美元，同比增长26%，全年实施内联引资项目101个，其中新投产项目78个。全年实际到位省外境内资金196.7亿元，同比增长21.5%；实际利用外资到位资金9.3亿美元，同比增长14.3%，外商直接投资实际到位资金2384万美元。

全年接待国内外旅游者1805.2万人次，同比增长14.3%；完成旅游总收入196.3亿元，同比增长2.9%。其中接待国内旅游者1804.4万人次，同比增长15.2%，国内旅游收入196亿元，同比增长5.3%；接待入境旅游者7400人次，同比下降94.75%，入境旅游收入2200万元，同比下降95.19%。

【金融】2020年，全区金融业实现增加值137.5亿元，同比增长8.6%，完成金融业税收18.2亿元，同比增长3.9%，占全区税收总收入比重17.4%。全区引进6家全国性和省级金融总部，截至2020年年底，汇聚金融总部机构70余家，税收规模50万元以上的金融机构85家。涵盖银行、保险、证券、期货、基金、融资租赁、融资担保、小额贷款、资产管理、企业集团财务、金融中介服务、消费金融等10余种金融业态。

【教育和科学技术】2020年，全区有中学8所，在校学生8707人，九年一贯制学校2所，在校学生4352人；小学51所，在校学生4.28万人；幼儿园166所，其中公办园39所，局属公办园28所，在园幼儿3.66万人。小学适龄儿童入学率100%，小学升初中入学率100%。全区投入学生免费入学和资助经费7522.5万元，全区所有义务教育阶段12.49万人次学生全部享受“一费制”（含课本费、教辅资料费和作业本费）全免入学。全年接收外来务工人员子女10633名，占全区中小学生人数的15.2%，全部享受免杂费、免“一费制”入学。全年补助86人次农村家庭经济困难寄宿学生生活费。全年新建和启动新建学校5所（其中楼盘配套学校4所），扩建学校3所、农村学校附属幼儿园1所，并对58所中小学厕所进行维修改造。

全区实现高新技术增加值201亿元，占GDP比重19.3%；人均科普经费1.8元。全年专利申请总数2947件，同比增长48.99%；专利授权2947件，同比增长48.99%，其中发明专利授权981件，同比增长24.81%。

【文化、体育和卫生】2020年，全区拥有群众艺术表演团队90个，文化馆1个，街道文化站16个，标准化社区（村）综合文化服务中心84个，公共图书馆20个。有晨练晚练场所79处，全年开展全民健身项目100余次，全民健身运动参加人数20余万人。

全区有各类医疗卫生机构467个，新增51个，其中一级及以上医院31个，疾病预防控制机构3个。

【环境保护和安全生产】2020年，全年空气质量优良率为74.8%。湘江饮用水源保护区水质稳定达标，2个国控、2个省控地表水监测断面地表水达标率100%。区域环境噪声稳定达标。

全年发生安全生产事故14起，各类安全生产事故死亡14人，其中工矿商贸事故死亡2人、经营性道路交通事故死亡12人。亿元GDP生产安全事故死亡率0.0134人。

【人民生活和社会保障】2020年，全区居民人均可支配收入61075元，同比增长4.7%。居民人均消费支出35875元，同比增长5.7%。在居民消费分类中，食品烟酒类人均消费11326元，同比增长2.3%；衣着人均消费2256元，同比增长4.6%；居住人均消费7036元，同比增长5.7%；生活用品及服务人均消费2334元，同比增长4.3%；交通通信人均消费2616元，同比增长2.5%；教育文化娱乐人均消费6442元，同比增长5.8%；医疗保健人均消费3447元，同比增长3.1%；其他用品和服务人均消费417元，同比增长11.1%。

全年新增城镇就业人员8284人，失业人员再就业7517人，就业困难人员就业2803人，新增农村劳动力转移就业230人；城镇零就业家庭实现动态就业援助率100%。参加企业职工基本养老保险人数15.8万人，基本养老金社会化发放率100%；参加城乡居民养老保险人数4.55万人。

拥有各类社区服务设施114个。全年发放城乡居民最低生活保障金3.2亿元，居民得到政府最低生活保障7.44万人次，其中城市居民最低生活保障5.32万人次，农村居民最低生活保障2.12万人次。城市和农村低保对象月人均发放保障金分别为511.4元和433.5元。

（易厚德）

中共开福区委员会

综　述

【概况】2020年，中共长沙市开福区委员会团结带领全区各级党组织和广大党员干部，认真贯彻落实中央和省市决策部署，坚持稳中求进工作总基调，以战时的力度、战时的速度、战时的强度，统筹推进疫情防控和经济社会发展，做好“六稳”工作，全面落实“六保”任务。全年地区生产总值增长4%，地方一般公共预算收入增长6.6%，社会消费品零售总额增速与省市持平，规模以上工业增加值增长6.7%，固定资产投资增长9%，新增市场主体1.68万户、增长8.7%，总数突破11万户，新增“四上”企业130家，新增上市企业1家，全区各项事业取得显著成效。2020年，习近平总书记视察湖南期间，亲临马栏山视频文创园考察指导，为开福区发展指明新方向、锚定新坐标、描绘新蓝图，区委常委会召开会议传达学习，并通过区委理论学习中心组、集中宣讲等形式，掀起学习热潮，出台《贯彻落实习近平总书记视察湖南重要讲话指示精神责任分工清单》《大力支持马栏山视频文创园高质量发展的实施意见》，推动习近平总书记视察湖南重要讲话指示精神在开福区的落实工作。

【疫情防控】2020年，新冠肺炎疫情发生后，区委坚持把人民群众生命健康放在首位，迅速启动一级响应，第一时间成立防控工作领导小组及疫情防控指挥部。在疫情最严峻的时刻，仅用72小时完成市一医院北院修缮改造、5天时间完成沙坪医院改扩建，发动医药企业为防疫一线人员提供物资保障，为全省全市防疫工作做出重大贡献。区委做好常态化疫情防控，首创“卫健副校长”机制，完成圣彼得堡、内罗毕境外航班5批次962名入境到长沙人员的接待任务，组织对重点人员开展核酸检测。在抓好疫情防控的同时，第一时间推进复工复产，制定“惠企十六条”、助企纾困“九件实事”，选派344名机关干部驻企帮扶，兑现资金6100万余元，为企业减税降费10.5亿元。

【经济建设】2020年，开福区开展“433产业攻坚”项目建设大会战，系统梳理打基础、利长远的重大项目36个，完成投资224亿元、完成进度113%。全年引进重点产业项目47个、总投资340亿元，其中过10亿元项目2个、过20亿元项目3个、过200亿元项目1个。金霞产业集聚区和夸特纳斯2个项目成功入选全市制造业标志性重点项目，消费类电子项目1·1期配套企业生产车间和“三纵一横”道路竣工。马栏山视频文创园引进爱奇艺、字节跳动等企业793家，实现营业收入430亿元、增长16%。医药物流领跑三湘，实现营业收入300亿元。引进金融总部机构7家，长沙银行金融产业基地签约落地，全区完成金融业增加值142亿元、增长10%，税收过亿元楼宇12栋。挂牌成立开福软件产业园，引进以飞腾技术有限公司为代表的软件企业1000余家、实现营业收入104亿元。“航天之星”启动运营，商飞研究院成功入驻，草莓V视被评为国家级众创空间。陆港型国家物流枢纽加快建设，中欧班列跻身全国前列，湘粤非中非班列试运行，跨境电商第三城启动建设。全年完成征收项目签约清零20个、腾地27.87公顷，征地项目签约清零103个、腾地630.47公顷。

【社会建设】2020年，开福区投入民生资金66.1亿元，占一般公共预算支出85.7%。城镇登记失业率保持在4%以内。开展城市特困群体“五帮扶”和结对帮扶。启动优质教育资源聚集区建设和学校建设新三年行动计划，新建、改扩建中小学校4所、新增优质学位2070个。加快“健康开福”建设，实施基层医疗卫生机构规范化建设三年行动计划，完成区公卫大楼主体建设，新改建街道社区卫生服务中心8个，新建提质社区（村）文化服务中心5个。推进“文明开福”建设，文明创建工作走在全市前列，清水塘社区获评全国最佳志愿服务社区，科大佳园社区获评全国文明单位，“厚德开福”深入人心；圆满完成全国公安机关教育整顿试点，纵深推进新时代县域警务工作，持续推进扫黑除恶专项斗争，办理涉黑涉恶案件23起，破获刑事案件244起，连续16年被评为全省“平安区县”，全省安全生产和消防工作优秀单位。

【生态建设】2020年，开福区推进“一圈两场三道”（“一圈”即15分钟生活圈；“两场”即停车场、农贸市场；“三道”即人行道、自行车道、历史文化步道）建设，打造“15分钟生活圈”32个；提质老旧小区10个，农村生活垃圾分类减量实现全覆盖。持续打好“蓝天碧水净土”保卫战，站点空气质量优良率名列全市内六区第一，浏阳河、捞刀河水质稳定在Ⅲ类以上，

2020年1月10日，开福区“不忘初心、牢记使命”主题教育总结会议召开
（区委宣传部　供图）

浏阳河获评全国首批示范河湖。推进吉祥巷环境整治，基本完成潮宗街片区有机更新和西长街两厢融合提质，加快望麓园、吉祥巷片区有机更新，建成历史步道10条、1073米。

【党的建设】2020年，开福区持续深化政治巡察，实现区直单位、村级党组织巡察全覆盖。深入推进党员分类管理试点，整顿软弱涣散党组织3个。严格落实意识形态工作责任制，意识形态领域整体安全有序。树立正确选人用人导向，在疫情防控一线提拔优秀干部3人、火线入党19人，从急难险重一线提拔干部59人，占比85.5%。始终把纪律规矩挺在前面，大力整治形式主义、官僚主义，持续打好“红包礼金”“提篮子”“打牌子”问题攻坚战，查处违反中央八项规定精神问题13起，给予党纪政务处分25人；保持反腐高压态势，全年立案141件，给予党纪政务处分116人。

存在的不足。2020年，开福区产业链体系不完备，产业基础薄弱，产业结构不优，支柱产业不强，亩均税收不高，缺少龙头企业和大项目引领，长效财源培育存在短板；创新主体、创新平台、创新要素不多，价值链高端供给不足，综合竞争实力与发达地区差距较大；区域发展不平衡，城北配套不足、人气不旺，产城融合存在差距；党的建设存在薄弱环节，形式主义、官僚主义不同程度存在，部分干部抓经济、抓产业的能力有待提升。

重要会议

【区委常委会议】2020年，区委召开常委会议30次。

1月9日，审议开福区重点工作总结讲评及“433产业攻坚”推进大会方案、2019年度开福区重点工作考核结果评定方案，听取生态环境保护工作情况汇报，审议《开福区2020年春节走访慰问活动方案（送审稿）》，审议2019年绩效考核奖金方案并听取2019年财税目标管理考核情况的汇报，审议《政府工作报告（审议稿）》，研究干部人事工作。

1月15日，听取区人大常委会、政府、政协、法院、检察院党组工作情况汇报，审议开福区重点工作考核结果评定方案。

1月21日，传达学习省、市“两会”精神，传达全市冬春传染病防控工作调度会会议精神，研究干部人事工作。

1月26日，传达市委常委会会议精神，研究部署新冠肺炎防控工作。

2月1日，传达学习中共中央总书记习近平对新冠肺炎疫情防控工作重要批示精神和省、市相关重要文件及会议精神，研究部署下阶段疫情防控工作。

2月26日，传达学习贯彻习近平总书记在统筹推进新冠肺炎疫情防控和经济社会发展工作部署会议上的重要讲话精神及有关上级文件精神，并做工作部署，审议《中共长沙市开福区委常委会2020年工作要点》，研究公务员职级晋升工作，研究干部人事工作。

3月11日，传达学习全市“大干一百天，实现双过半”竞赛活动动员部署视频会议精神并作工作安排部署，研究全区农业农村工作，听取党务部门工作情况汇报（区委办、区委组织部、区委宣传部、区委统战部、区委政法委），传达学习《纪检监察机关处理检举控告工作规则》并提请审议《区纪委五次全会工作报告（送审稿）》及《区纪委五次全会会议方案（送审稿）》，研究干部人事工作。

3月24日，传达学习省、市重要文件、会议精神，传达学习省、市信访工作电视电话会议精神并听取信访工作情况汇报，听取污染防治攻坚工作情况汇报，传达学习长沙市委组织部、长沙市人力资源和社会保障局、长沙警备区动员处关于贯彻落实湖南省委组织部、湖南省人力资源和社会保障厅、湖南省军区动员局《关于在全省开展基层人武部全面建设星级达标活动》的通知文件精神，研究公务员职级晋升工作。

4月8日，传达学习中央、省委、市委全面依法治国、治省、治市会议精神并听取全面依法治区工作情况汇报，传达学习湖南省纪委《关于3名省管干部违建别墅问题的通报》文件精神（湘纪通〔2020〕3号），听取开福区创建全省基层统战工作示范区相关情况汇报，审议区委全面深化改革委员会2020年工作要点，研究区政协委员及常务委员人选。

4月17日，学习习近平总书记全面从严治党和巡视工作重要论述，学习《中国共产党巡视工作条例》和《中国共产党廉洁自律准则》，研究《关于配合省委第六巡视组巡视开福区有关工作实施方案》。

4月23日，学习中共中央办公厅印发《党委（党组）落实全面从严治党主体责任规定》，研究配合湖南省委巡视安排部署相关工作，传达学习湖南省委常委、长沙市委书记胡衡华调研开福区讲话精神并研究贯彻落实意见，研究开福区打造“优质教育资源聚集区规划方案”，听取质量强区暨创建国家食品安全示范城市工作情况汇报，审议开福区第二届劳动模范人选。

5月9日，传达学习中共湖南省委书记杜家毫调研马栏山讲话精神，传达学习全市“大干一百天，实现双过半”竞赛活动讲评会议精神，传达市委统一战线工作领导小组2020年第1次全体会议精神，研究“矛盾化解攻坚年”活动方案、领导公开接访、全国“两会”信访维稳工作方案，听取湖南省委巡视组交办信访件办理情况汇报，审议开福区2019年度绩效考核结果，听取党员分类管理试点工作情况汇报。

5月22日，传达学习习近平总书记近期在中央政治局常务会议上的讲话精神，传达学习巡视工作有关会议精神及《中共长沙市纪委办公厅关于学习贯彻省纪委〈党风政风监督工作简报〉（以案促改专刊第2期）的通知》文件精神，传达全市信访维稳工作调度会议精神，研究扫黑除恶工作，审议《开福区经济发展奖励暂行办法》，通报2020年一季度市绩效考核区及园区相关指标完成情况，汇报巡视交办问题整改情况，研究人事工作。

6月1日，研究干部人事工作。

6月5日，传达学习习近平总书记重要讲话精神，传达学习上级文件精神，传达学习全国“两会”精神，传达学习湖南省军区有关文件精神，听取关于加强新时代县域警务工作的汇报，审议《关于深化区纪委监委派驻机构改革的实施意见》《区纪委监委派驻机构改革方案（审议稿）》。

6月17日，传达学习全市“大干一百天，实现双过半”竞赛活动制造业标志性项目现场推进会议精神并研究贯彻落实意见，听取金霞经开区重大产业项目招商情况汇报，审议开福区第二届劳动模范候选人名单，审议《关于长沙市开福区监察委员会向街道派出监察办公室的工作方案（审议稿）》，研究干部人事工作。

7月10日，传达学习习近平总书记有关讲话精神，传达学习7月2日市州委书记视频会议精神，传达有关违法案件通报，听取全区财政及“三保”工作情况汇报，审议《中共长沙市开福区委书记、副书记、常委分工（讨论稿）》及《关于调整完善各类议事协调机构的通知（送审稿）》，研究2020年开福区社区党组织书记招聘事业编人选，研究开福区脱贫攻坚优秀干部建议人选。

7月21日，研究干部人事工作。

7月31日，研究湖南省委第六巡视组巡视长沙市开福区情况反馈整改落实工作。

8月18日，传达学习习近平总书记有关讲话精神，传达学习湖南省委常委、长沙市委书记胡衡华专题调研马栏山视频文创园讲话精神，研究湖南省委巡视反馈意见整改方案，传达学习湖南省财政厅印发《关于进一步明确财税收入征管绩效奖励奖金不得用于人员奖励的补充通知》，传达学习中央军委国防动员部有关文件精神，传达学习中共湖南省委办公厅有关文件精神，听取全区扫黑除恶专项斗争工作情况汇报，研究竞争性选拔区教育局副局长实施方案，研究开福区自然保护地整合优化工作，研究区第五届政协增补委员建议人选，审定相关案件。

9月3日，传达学习习近平总书记在经济社会领域专家座谈会上的讲话精神，传达学习市委十三届十次全会精神并研究部署相关工作，传达学习全市精神文明建设表彰暨深化文明创建工作推进会会议精神，并研究全区迎接全国文明城市年度测评相关工作，听取长沙市公安局开福分局教育整顿试点工作情况汇报，传达湖南省委巡视组关于认真开好巡视整改专题民主生活会相关精神，审议区委常委班子巡视整改专题民主生活会对照检查材料，审议中国共产党长沙市开福区第五届委员会第十八次全体会议方案及工作报告。

9月20日，传达学习习近平总书记（在湖南调研），湖南省委书记杜家毫，湖南省委常委、长沙市委书记胡衡华讲话精神，听取信访工作汇报，研究开福区长沙流域重点水域禁捕退捕工作，听取全区食品安全工作情况汇报。

9月23日，研究干部人事工作。

10月15日，传达学习习近平总书记在中央党校（国家行政学院）中青年干部培训班开班式上的重要讲话精神，传达学习《中国共产党湖南省第十一届委员会第十一次全体会议决议》，传达学习习近平总书记关于全面从严治党的重要论述，传达学习湖南省委书记杜家毫在中国（湖南）自由贸易试验区揭牌仪式暨建设动员大会上的讲话精神，传达学习湖南省纪委书记监委主任傅奎在全省纪检监察系统领导干部培训班开班式上的讲话精神，听取党校工作情况汇报，研究干部人事工作。

10月29日，听取《深入学习贯彻习近平总书记重要讲话精神推动马栏山视频文创园高质量发展三年行动方案》汇报，审议《长沙市开福区引进软件信息业中初级人才暂行办法》（审议稿），听取2020年预算调整相关工作情况汇报，研究干部人事工作。

11月11日，传达学习习近平总书记重要讲话精神，听取开福区“十四五”跨境电商专项发展规划纲要行动方案及政策专题汇报，听取省级生态环境保护督察“回头看”工作情况汇报。

12月3日，传达学习习近平总书记在全面推动长江经济带发展座谈会和中央全面依法治国工作会议上的重要讲话精神，传达学习省委十一届十二次全会精神及11月24日全市领导干部会议精神，听取关于全区村（社区）“两委”换届工作有关情况的汇报，研究安全生产和应急管理工作。

2020年3月21日，区委书记曹再兴（左三）调研捞刀河街道产业建设
（区委宣传部　供图）

12月18日，传达学习上级有关文件精神，听取区人大、政协“两会”相关筹备工作情况汇报，听取信访工作情况汇报，审议《开福区2021年度信访工作责任追究办法》，审议《开福区加强物业管理提升物业服务水平三年行动计划（2021—2023年）》，审议村（社区）党组织书记候选人预备人选名单，听取开福区与长沙银行金融产业基地项目合作情况汇报，听取开福区委党史及党史联络工作情况汇报，审议《贯彻落实习近平总书记视察湖南重要讲话指示精神责任分工清单》《大力支持马栏山视频文创园高质量发展的实施意见》，审议《长沙（金霞）消费电子产业集聚区2021年度开发建设计划》。

12月31日，传达学习习近平总书记有关讲话精神，传达学习全市重大产业项目流动观摩会精神，听取区人大常委会、政府、政协、法院、检察院党组工作情况汇报及工作报告，听取2021年财政预算编制工作情况汇报，审议《开福区2020年国民经济和社会发展计划执行情况与2021年国民经济和社会发展计划（草案）的报告》（征求意见稿），审议《开福区国民经济与社会发展第十四个五年规划纲要》《中共长沙市开福区委关于制定开福区国民经济和社会发展第十四个五年规划及二〇三五年远景目标的建议（送审稿）》，审议《开福区2021年重大项目投资计划（送审稿）》，审议《中共长沙市开福区委五届二十次全体会议暨经济工作会议方案》《中共长沙市开福区委五届二十次全体会议暨经济工作报告（审议稿）》。

区委办公室

【概况】2020年，区委办公室围绕产业发展等中心工作深入调研，《让基层治理活起来》在《瞭望》杂志发表，《以“四增两减”为导向聚力民生发展》等文稿获市委主要领导批示肯定。收办区本级单位签呈464份，文件精简26.6%；办理区委会议52场，会议精简13.33%。办理区委主要领导交办事项14批次130余个，刊发督查通报15期。全年完成各类接待任务73批次4860余人次，其中中央、省部级领导接待17批次423人次，市级领导接待9批次155人次，其他县市区到开福区考察学习8批次323人次。完成改革任务26项，“吹哨报到”机制在全市做经验介绍，“共享停车”模式入选“湖南省基层改革探索100例”。2020年，开福区委办公室被评为全市保密工作先进单位、省市党委信息工作先进单位、全市红网网民留言办理工作先进单位。

【政研工作】2020年，开福区委办公室科学谋划起草区委“十四五”规划及二〇三五年远景目标建议，牵头起草《贯彻落实习近平总书记视察湖南重要讲话指示精神责任分工清单》《大力推动产业高质量发展的实施方案》《支持马栏山高质量发展实施意见》等重要文件。围绕产业发展等中心工作深入调研，《让基层治理活起来》在《瞭望》杂志发表，《以“四增两减”为导向聚力民生发展》等文稿获市委主要领导批示肯定。

【秘书工作】2020年，开福区委办公室提升办文办会质量，狠抓精文减会，全年收办上级公文522份（其中密件133份）、传真81份、电文614份，收办区本级单位签呈464份，文件精简26.6%；办理区委会议52场，会议精简13.33%。

【督查工作】2020年，开福区委办公室制定《督查检查考核事项清单》，对15项督查考核事项实行计划管理，归口办理区委主要领导交办事项14批次130余个，到期办结率和满意率均为100%，做到事事有回音、件件有落实。抓区委领导指示、批示精神的督办落实，定期跟踪梳理工作进度和落实效果，刊发督查通报15期。

【保密工作】2020年，开福区委办公室加强密码及密码电报使用管理，无一起泄密事件；完成协同办公平台试点、信创工作推进、党委视频会议系统升级改造等任务；组织“4·15”全民国家安全教育日、《中华人民共和国密码法》、《中华人民共和国保密法》、“双先”（争创建设社会主义精神文明先进单位和先进个人）事迹宣传活动；开展全区性保密培训2次，邀请省、市保密战线资深专家集中授课4次，提升保密意识和常识。

【接待工作】2020年，开福区委办公室以“三精”（精心谋划、精准安排、精细服务）服务理念指导工作实践，全年完成各类接待任务73批次4860余人次，其中中央、省部级领导接待17批次423人次，市级领导接待9批次155人次，其他县市区到开福区考察学习8批次323人次。完成习近平总书记亲临马栏山考察指导等重大活动接待保障，做好到长沙外籍人员疫情防控，做好韩国驻武汉总领事馆总领事等外宾接待工作。

【机关党建】2020年，开福区委办公室组织区直机关55个基层党组织、2056名党员干部广泛学习和宣讲中共十九届五中全会精神和习近平总书记考察湖南重要讲话精神，组织开展开福区“弘扬党史文化，传承红色基因，坚定理想信念”红色文化宣讲比赛，并推选两组选手参加市级比赛，获得全市优秀组织奖；组织60名区直机关党（总）支部书记、60多名党建专干、90余名入党积极分子和入党申请人分别进行培训，全年发展新党员21名，办理预备党员转正20名，收缴党费约61万元。

【对台工作】2020年，开福区委办公室抓好宣传教育、面对面服务、学习交流等工作，协助做好疫情期间企业复工复产，为3家台资企业送去防疫物资。帮助罗莎蛋糕、统一集团公司、花之林餐饮等9家台资企业妥善解决问题14个，走访慰问困难台属10人，解决台胞子女就学问题5个。

【档案管理】2020年，开福区委办公室推动档案管理工作信息化、标准化、规范化建设，全年入档进馆档案7306卷，接待群众查阅档案2658人次、卷宗3846卷次。截至

2020年年底，开福区馆藏档案全宗115个，档案10.7万卷（盒），档案管理系统数据库条目95万条，全文扫描数据274万幅。完成《沈家大屋的历史性贡献》课题调研、区志修订、年鉴编撰及省市年鉴组稿等工作。

【改革工作】2020年，开福区委办公室完成改革任务26项，“吹哨报到”机制在全市做经验介绍，“共享停车”模式入选“湖南省基层改革探索100例”。做好湖南省委巡视组巡视开福区统筹协调工作，牵头制定巡视整改方案，统筹做好全区巡视整改“回头看”。牵头整治形式主义、官僚主义，重点整治“指尖上的形式主义”，及时纠正防疫表格过多、多头报送等问题。统筹推进项目大会战，统筹做好综合协调、项目推进、督查督办、考核考评、宣传报道五个小组工作。

（王盛林）

组　织

【概况】2020年，开福区新建小区党组织33个，全区成立小区党组织251个，建成小区邻里中心73家、零距离服务点65个。新建“两新”党组织（新经济组织、新社会组织）28个，建成楼宇商圈党委（党总支）10个，打造社会组织“三基”（党建基地、卵乳化基地、服务基地）基地4个。推行社区“365天开放服务”，组建“帮代办”队伍812人，配套“全岗通”服务窗口272个，基层公共服务（一门式）覆盖率98%。建立先锋工作室76家，选派32名区级党建指导员联系指导116家“两新”组织、小区和网格党支部，推动逐级选派党建指导员266名，实现联系指导全覆盖。全年调整干部5批次234人，提拔69人。

【基层党建】2020年，开福区委组织部加强党支部标准化规范化建设，开展党支部“五化”（支部设置标准化、组织生活正常化、管理服务精细化、工作制度体系化、阵地建设规范化）建设集中认定，实现全区党支部“五化”全面达标。扩大小区党组织覆盖，2020年，新建小区党组织33个，全区成立小区党组织251个，建成小区邻里中心73家、零距离服务点65个。建立健全联席会议、居民议事等制度，引导优秀党员按程序进入小区业委会、监事会，小区业委会党员占50.1%。打造华盛新外滩、金色比华利等一批小区党建示范点。加强新兴领域党组织建设，组建区级物业行业、法律服务行业党委，新建“两新”党组织28个，建成楼宇商圈党委（党总支）10个，打造社会组织“三基”（党建基地、孵化基地、服务基地）基地4个。创新基层治理体制机制。全面推行“街道吹哨、部门报到”工作，明晰街道社区“吹哨”、区直部门“应哨”的权责范围、工作流程和考评机制，推动重心下移、力量下沉。2020年，全区各街道社区“吹哨”1200余次，其中“攻坚哨”134个，先后统筹协调50个区直部门“应哨”，解决湘江世纪城交通微循环、西长街水产畜禽市场搬迁、四方坪旧货市场整治等基层治理难题82个，解决左岸春天小区房产证办理、百善台小区天然气入户、清水塘省公路局小区水压不够等重点民生诉求200余件。推动服务体系优化升级。推行社区“365天开放服务”，组建“帮代办”队伍812人，配套“全岗通”服务窗口272个，基层公共服务（一门式）覆盖率98%，打造为民服务“15分钟办事圈”。紧扣优化营商环境工作主线，建成楼宇商圈党群服务中心11家，创新开展“新声”“党建联盟”特色活动，凝聚楼宇服务力量，引导泊富、富兴、新湖南大厦等楼宇与湘雅医院、省妇幼保健院共享停车资源，治理经验在全市推广。加强基层基础保障。建强党务骨干队伍，加强社区党组织书记县级备案管理，面向优秀社区党组织书记考聘事业编人员5名，面向社区（村）“两委”招考公务员1名。稳步推进社区（村）“两委”换届选举前期准备工作，力争全面实现社区（村）书记、主任“一肩挑”。创新党员分类管理机制，社区党员“五分类法”得到省委组织部肯定，并纳入全市党员分类管理措施，在全市推广。建立先锋工作室76家，选派32名区级党建指导员联系指导116家“两新”组织、小区和网格党支部，推动逐级选派党建指导员266名，实现联系指导全覆盖。连续6年公开招聘专职党务工作者，队伍规模保持在100人左右，并从中培育社区主职5名、副职24名。开展社区（村）党组织书记、党务工作者、党员骨干等各级各类培训125期，培训11330人次。

【干部管理】2020年，开福区委组织部按照湖南省委巡视组和选人用人专项检查组的要求，做好相关人员的抽借调工作，及时提供相关检查资料，对反馈的选人用人23个问题制定整改方案并向长沙市委组织部进行报告，完成巡视检查整改任务。严格贯彻落实新时期好干部标准，坚持把政治标准放在首位，坚持在产业攻坚等急难险重一线培养和选拔干部，充分运用2019年急难险重一线优秀干部调研结果，全年调整干部5批次234人，提拔69人，其中从急难险重一线提拔59人，占提拔干部数量的85.5%；提拔35岁以下年轻干部23人，占提拔干部数量的33.3%，提拔30岁以下正科职干部2名，科级班子年龄结构持续优化。统筹全区职级职数，在职数范围之内晋升干部职级286人，街道党工委书记晋升或套转为四级调研员12人。服务中心大局，做好干部选派培养工作。2020年，按照省、市、区选派驻企业防疫联络员工作要求，成立32个驻街防疫联络组，选派344名党员干部到企业、社区、楼宇担任驻企联络员，其中安排123名科级干部联系145家重点企业。出台《进一步激励关爱疫情防控一线工作人员的若干措施》，向上级组织部门推荐16名疫情防控一线表现优秀的干部，在疫情防控一线提拔干部3名，交流科级干部1名。做好长沙县路口镇上杉市村、湘西州龙山县内溪乡、邵阳市城步县脱贫攻坚队员选派，党政领导干部互派以及专业技术人员支援等工作，发动“五老”（老干部、老战士、老专家、老教师、老模范）助学队等社会力量参与扶贫。2020年，区级累计投入资金4000万元开展精准扶贫工作，配合湖南省委组织部考察组做好脱贫攻坚一线干部的考察工作，向省、市委组织部推荐优秀干部8名，其中1人提拔为区（县）副职。先后选派100余名干部到产业攻坚、征地拆迁、巡视巡察等急难险重一线工作。做好干部选拔会前请示报告和会后备案工作，抓好领导干部重大事项即时报告工作，做实干部提醒函询诫勉工作，做好“12380”举报受理和查核工作。出台《开福区综合运用干部监督信息从严管理干部暂行办法》，强化干部监督联席会议效果。严格领导干部出国（境）审批程序，开展登记备案人员“一人多证”专项清理工作，完成1531名备案人员信息核对和更新，对违反因私出国（境）管理规定的反馈对象1人移交区纪委给予党内严重警告处分，1人给予诫勉处理，13人进行提醒谈话。开展多渠道全覆盖的干部培训，组织中青年干部培训班27期；组织赴国内知名高校、培训基地举办能力素质提高班10期，培训600余人次，培训涵盖优化营商环境、应急管理、污染防治等方面内容。全年办理公务员登记54人，办理调任手续17人。完成2020年3名招录公务员的资格审查及考察工作，做好2020年选调生接收及2019年考录公务员转正及定级工作，完成全区公务员信息采集和统计工作，做好全区公务员的年度考核工作，做好全区公务员的工资管理工作。出台《开福区进一步加强和规范干部人事档案管理工作实施办法》，规范干部档案管理。

【绩效考核】2020年，开福区委组织部结合省考、市考任务和开福区特色工作，完善区绩效考核指标体系，明确全区95个单位的绩效考核责任。围绕绩效考核重点、节点、难点等方面，采取收集部门工作情况、召开座谈会、单独听取意见和实地走访了解等方式广泛调研，对相关指标预警分析。全年组织专题调度单项指标20余次，组织区内督查2次，开展农贸市场督查2次。举办市对区社会公认评估工作业务培训会，做好社会公认评估工作。结合全区“大干一百天，实现双过半”专项行动，制定并下发《竞赛活动考评办法》。对全区66个区属单位的工作任务进行分解，制定工作任务清单，严格按月考核，推动形成比学赶超的浓厚氛围，评选优秀单位42个。围绕“433产业攻坚”项目建设大会战，制定《开福区“433产业攻坚”项目建设大会战考评办法》，对接项目推进组、综合协调组，汇总各项目完成情况。

【人才工作】2020年，开福区委组织部重点加强对马栏山视频文创园、金霞经开区人才引进力度，发布《开福区2020年人才需求目录》，组织开展开福区“长沙人才新政”暨中小企业融资宣讲会、开福区创新创业大赛。湖南卫视、《湖南日报》、《长沙组工通讯》等媒体对开福区人才工作进行专题报道。制定《长沙市开福区引进软件信息业中初级人才暂行办法》，举办软件信息产业和文创视频产业人才专场招聘会10余场，开展专业化引才。全年认定各类高层次人才119人，入选高精尖人才领跑工程5人，市级紧缺急需人才4人。兑现奖励补贴，全年发放高校毕业生租房和生活补贴1014万元、留学归国人员租房和生活补贴87万元；兑现人才交流、培训补贴101万元。设立区人才服务窗口，为各类人才办理各项业务，确保“一次性告知、‘一站式’受理、一窗口送达”。组织辖区内高层次人才和部分企业高管赴深圳大学参加创新创业研修学习班。推进面积1.8万平方米的人才公寓建设。

【老干部及关协工作】2020年，开福区老干部大学在疫情特殊时期采取网课形式进行教学，全年录制网课179堂，结合线下教学，创新适合老年人教学方式，撰写《新时期老年教育规范化办学改革创新的几点思考》和《疫情防控背景下网课建设的实践与思考》，参与长沙市老干部大学组织的2020年度教研征文。2020年，开福区委组织部坚持一街一特色，一社区一品牌，开展“课后来吧”“科普大篷车”“卢爹帮帮团”“夕阳红护校队”“小荷开心课堂”“五老”（老干部、老战士、老专家、老教师、老模范）助学队等特色活动，为青少年开设菜单式课堂，进行家庭式辅导，推进儿童友好城市创建。通过争取上级支持、社会募捐、“一对一”帮扶等多种方式帮扶特困儿童家庭，截至2020年年底，累计捐资260万元，扶助困难青少年5000余人次。

【党员分类管理试点】2020年，开福区创新城市基层党建体制机制，开展社区党员分类管理试点，制定《开福区社区党员分类管理措施（试行）》。社区党员分类管理试行以党员履行义务的时间和精力作为社区党员类别划分依据，分为社工、居家、从业、年龄、身体健康状况、流动党员5个类别。成立区委书记任组长的区党员分类管理试点领导小组，召开区委常委会专题研究调度，召开专题工作推进会，建立强有力的推进机制。开福区党员教育管理工作经验在《人民日报》专题推介，社区党员类别划分及分类管理措施得到省、市认可。

【“两新”党组织建设】2020年，开福区新建“两新”（新经济组织、新社会组织）党组织28个，建成楼宇商圈党委（党总支）10个。在全市成立首个区级物业行业党委，下辖16个物业服务企业党组织，建立物业企业联席会议制度，通过党建引领协同推动“红色物业”联动体系创建和物业管理标准化建设。成立区法律服务行业党委，建立开福区首家区属律所党支部、首家区属法律服务所党支部，在册正式党员22名，以党建工作带动法律服务行业队伍建设。探索在互联网、民办医疗机构等多个行业建立区级行业党委，发挥政治引领和桥梁纽带功能，实现党的建设与行业指导监督职能相互融合、互动互促。

【“新声”党建声音传播平台】2020年，开福区依托“红色摇篮”党建声音馆，结合党员学习教育，创新打造没有时空地域限制的党建声音传播平台“新声”。从全区“两新”党组织中选派2批次43名党员作为“新声”宣讲员，通过专业指导，录制宣讲音频。线下，以二维码的形式，在全区11个楼宇商圈党群服务中心设置“声音墙”；线上，在“红色摇篮”党建声音馆公众号、喜马拉雅FM等新媒体平台开设“新声”专栏。截至2020年年底，“新声”推出英烈事迹、改革先锋、先进典型等红色音频故事40余期，听众10万余人次。

【驻企业联络帮扶工作推进会】2月24日，开福区召开驻企业联络员帮扶工作推进会，推进开福区疫情防控期间企业复工复产。开福区抽调344名干部（含市级下派30名）担任疫情防控联络员，按照“重点楼宇、商业综合体、酒店、工地、农贸市场以及小微企业联络服务全覆盖”要求，对全区154栋5000平方米以上楼宇进行全覆盖，重点围绕13个重点楼宇项目、2400余家小微企业指导复工复产后的疫情防控工作。会议对企业复工复产情况、驻企联络员工作开展情况、企业存在的困难问题进行专题研讨。区委书记曹再兴充分肯定驻企业联络员工作，强调要正确研判形势，继续坚持疫情防控和项目复工“两手抓、两手硬”，不获全胜决不轻言成功；继续围绕“433产业攻坚”，加快复工复产步伐，提高复工复产质量。

【全省隔代家庭教育工作现场观摩活动在区举行】12月9日，湖南省隔代家庭教育工作现场观摩活动在开福区举行。湖南省委常委、宣传部部长张宏森，长沙市委常委、组织部部长张宏益，区领导曹再兴、晏成方、易文斌及省、市相关单位负责人70余人参加现场观摩活动。活动通过现场讲解、展板、PPT演示、文艺表演等方式，展现隔代家庭教育成果。2020年，开福区关工委组建由21名专家组成的隔代家庭教育讲师团，深入社区、学校开展演讲70余场，线下听众6000余人次，线上听众100万人次；创作《隔代家庭教育顺口溜》，翻印《隔代家庭教育36计》，制作微课系列动画作为辅导资料，打造“一中心、一基地、八个试点社区学校”，开展隔代教育演讲、沙龙座谈、社会实践等活动，转变祖辈家长的教育观念，提升祖辈的科学育儿水平。

（黄　婷）

宣　传

【概况】2020年，开福区宣传工作围绕区委“实施433产业攻坚，推动产业高质量发展”、落实“六稳、六保”（“六稳”指稳就业、稳金融、稳外贸、稳外资、稳投资、稳预期，“六保”指保居民就业、保基本民生、保市场主体、保粮食能源安全、保产业供应链稳定、保基层过转）任务等中心工作，立足理论武装、意识形态、新闻宣传、文明创建、出版版权、文化文艺各项本职工作，广泛聚力，强力发声，为开福区高质量发展提供强大精神动力和舆论支持。全年承办省市宣讲活动5场，拍摄理论微宣讲视频26个，开设各类微理论微宣讲专栏6个，上传制作各类微理论微宣讲文章、视频110余个。全年在中央、省、市媒体上稿6000余篇，其中央媒283篇，在湖南卫视《湖南新闻联播》推出单条报道66条，《湖南日报》推出1篇头版头条《开福区 产业攻坚马蹄疾》，市州版头条1篇，在《长沙晚报》推出头版头条2篇，在省市各主要媒体推出专题报道23个。2020年，4人荣登“湖南好人”榜，10人荣登“长沙好人”榜，获得市级“新时代好少年”7人、省级“新时代好少年”1人。全年办理出版物经营许可证65本，印刷经营许可证7本，工商管理平台出版物办证（43证合一）21本；“一网通办”录入信息46条，完成出版物年检117家、印刷企业年检122家、电影院年检14家。

【意识形态工作】2020年，区委宣传部稳步推进全区意识形态工作专项检查。全年组织4轮意识形态专项检查，深入7个街道26个部门47个社区检查。配合湖南省委巡视组进行意识形态专项检查工作，针对巡视反馈的5类12个具体问题，制定整改方案，细化整改措施、规定整改责任人，明确责任单位，压实整改责任。开设意识形态专题主体培训班，培训200人次。举办防范化解网络意识形态风险培训班2期，印发业务资料500余册。开展“扫黄打非”“三考静音”等专项整治10次，检查文化经营场所1642家次，办理行政处罚案件1起。

【理论教育】2020年，区委宣传部以习近平新时代中国特色社会主义思想和中共十九大精神为主题，举办中心组学习15次，发放各类理论书籍3万余册，打造“开福区升级发展大讲堂”学习品牌，开福区中心组学习工作在全市理论教育培训会上作典型推介。开展“百人宣讲团百场巡讲”活动，成立10支宣讲队宣讲300余场次，听众2万余人次；开设“开福声音”专栏，推动网上宣讲。在学习强国省级平台上稿290余篇，国家总平台上稿14篇，总平台上稿情况全市内六区排名第一。区委理论学习中心组成员撰写调研文章50余篇，举办区委中心组（扩大）学习报告会10次，征订发放理论学习书籍3.2万余册。启动“就认这个理”理论微宣讲活动，开设“新思想你来讲，开福开讲”抖音话题；打造网红宣讲员；开展新思想进基层巡讲活动；开辟“开福云讲坛”；组织开展全国“两会”精神主题微宣讲6大类主题活动。全年承办省市宣讲活动5场，拍摄理论微宣讲视频26个，开设各类微理论微宣讲专栏6个，上传制作各类微理论微宣讲文章、视频110余个。

【新闻宣传】2020年，区委宣传部依托融媒体中心平台，充分发挥其主阵地作用，全年在中央、省、市媒体上稿6000余篇，较2019年有

2020年11月25日，区委宣传部组织区委中心组深入学习贯彻党的十九届五中全会精神
（区委宣传部　供图）

大幅增长。其中央媒283篇，在湖南卫视《湖南新闻联播》推出单条报道66条，《湖南日报》推出1篇头版头条《开福区 产业攻坚马蹄疾》，市州版头条1篇，在《长沙晚报》推出头版头条2篇，在省市各主要媒体推出专题报道23个。《瞭望》《人民日报》推出区委书记署名文章《充分激发基层党组织生机活力》；中央电视台报道开福区疫情防控和复工复产10次，其中报道“德国大叔无声西点屋”2次。围绕“433产业攻坚”“大干一百天，实现双过半”竞赛等区委、区政府中心工作，在《湖南日报》《长沙晚报》相继推出《滚石上山 逆流勇进》《八大“年中字”，读懂百日蝶变新开福》等整版报道，浓厚“争当项目建设排头兵”氛围。疫情防控期间，融媒体中心推出原创稿件1200余条，由“微开福”首发的《开福人，这份通告请转发支持》，当天获得320万次的点击量。《新闻联播》《朝闻天下》《新闻直播间》等栏目推出《湖南战疫情 长沙市公共卫生救治中心改造完成》《湖南长沙：抢农时忙春耕，如何保障“菜篮子”》《湖南长沙记者探访湖南最大小区周边门店复工情况》《湖南长沙20个项目集中签约开工》等系列稿件。加强区融媒体中心建设，引进采编视频专业人员3名，通过湖南省委宣传部验收。区融媒体中心策划原创专题20余个，制作短视频、动画等融媒体产品30余个，其中《细节让城市更文明》被中央、省、市媒体及“学习强国”全国平台采用。

2020年7月28日，望麓园街道在荷花池生鲜市场举行新时代文明实践基地“十星商户”评选表彰活动 （望麓园街道 供图）

【文明创建】2020年，区委宣传部根据《开福区迎接全国文明城市年度测评工作督查方案》，区领导带队督查16次，下发督查通报60余期，通报问题4000余个，全面完成迎国检的各项目标任务。推进主题活动，组织全区16个街道开展“我们的节日”“四季同行·雷锋家乡学雷锋”“新文明餐桌”“讲好人学好人做好人”等系列主题活动，全面提质区域文明创建水平，创文明城市建设示范城区，好人之城效应凸显，全区“中国好人”30人。深化“厚德开福”品牌，落实中共中央、国务院印发《新时代公民道德建设实施纲要》《新时代爱国主义教育实施纲要》，不断加强公民道德建设和爱国主义教育，实现新时代文明实践全覆盖，全区提质新时代文明实践所、站16个。挖掘建设“厚德开福”中的典型事迹人物，2020年，推荐4人荣登“湖南好人”榜，10人荣登“长沙好人”榜。开福好人馆全年开展青少年假期社会实践100场次。“潇湘家书开福篇活动”累计收集家书759篇，选录推送120余篇。推动未成年人思想道德建设，联动部门、街道形成合力，建立健全家庭、学校、政府、社会相结合的未成年人思想道德教育体系，开展“童心共绘，抗击疫情”“清明祭英烈”“阳光成长”“新时代好少年”等系列活动，承办2020年湖南省未成年人“我和我的祖国”教育实践活动（全省示范场）、长沙市“扣好人生第一粒扣子”活动，开福好人馆全年开展青少年假期社会实践100场次。2020年，开福区获得市级“新时代好少年”7人、省级“新时代好少年”1人。

【文化产业】2020年，区委宣传部牵头制定《长沙市开福区经济发展奖励暂行办法》，组织全区文化企业申报《长沙市开福区文化产业扶植奖励办法（试行）》政策，并进行严格审核，有63家企业获批，兑现帮扶资金563.5万元。组织和推荐文化企业参加文博会展、对外交流等活动，2家企业入围“全国文化企业30强”。疫情防控期间，不定期走访文化企业，及时了解企业经营发展情况，收集企业诉求，为其纾困解难。2020年，指导区文创协会换届，协会队伍进一步壮大。组织和推荐文化企业参加文博会展、对外交流等活动。在以“云上博览会”形式开展的第十六届中国（深圳）国际文化产业博览交易会上，湖南日报社、世界之窗、善禧文化等多家开福区企业参展；芒果超媒股份有限公司、中南出版传媒集团股份有限公司2家企业进入第十二届“全国文化企业30强”行列。辖区马栏山创智园、神幻九州、快乐阳光、知行动力、新亚胜5家园区及企业获得2020年度长沙市媒体艺术示范园区、示范企业称号。

【文化事业】2020年，区委宣传部坚持抓早抓小、引导引领、提质提档扶持文艺精品创作，“五个一工程奖”配套奖励纳入区经济发展奖励办法，优化文艺精品创作环境。在第十三届精神文明建设“五个一工程”表彰中，开福区委有1部作品获得湖南省“五个一工程奖”，5部作品获得长沙市“五个一工程奖”，开福区委宣传部获得组织工作奖。开福区文联曲艺家协会创作出顺口溜、双簧、小品、快板等一系列抗疫作品。张杰创作的长沙快板《真爱不隔离》当日点击量上万次，同时创作的《一起“罩”顾长沙城》发布到“学习强国”湖南学习平台。开福区美术家协会和书法家协会组织“同心抗疫”主题书法作品网络展。区文联组织艺术家走进江滨社区开展“致敬抗疫一线医务和社区工作者”书法慰问活动，在秀峰街道开展“致敬援鄂英雄·情系诗意端午”公益创作书法赠援鄂医护人员活动；在沙坪街道竹安村开展“艺术进乡村”主题活动。关公文化促进会在长沙园林生态园开展“忠义载道 厚德开福”——首届开福·关公文化旅游节。陈毅华在2019年湖南省文艺人才扶持“三百工程”的项目成果结项，在长沙图书馆开展“浩然正气”历代歌颂中华民族英雄人物的诗文选录——陈毅华书法作品展，并入选湖南省首批新文艺群体领军人才。甘敏求获得“2018—2019长沙文艺新人”提名奖。代碧武在湖南省画院美术馆举办“畅怀”——代碧武国画作品展。

【新闻出版】2020年，开福区出台16条政策措施，向印刷、电影等实体行业转拨扶持资金243.2万元，支持企业渡过新冠肺炎疫情难关，区新闻出版局全年办理出版物经营许可证65本，印刷经营许可证7本，工商管理平台出版物办证（43证合一）21本；“一网通办”录入信息46条，完成出版物年检117家、印刷企业年检122家、电影院年检14家。协助区蓝天办、区工信局做好印刷行业VOCs专项治理。联合区网信办、区公安分局、区文化执法队开展“剑网行动”，摸清网络盗版线索，从源头进行及时制止，全年暂未发现一例盗版案件线索。牵头成立软件正版化工作联席会议小组，有序推进全区软件正版化工作开展。实施“全民阅读”和农家书屋建设，组织全区31个农家书屋开展“新时代乡村阅读季活动”“示范性农家书屋及十佳书香民营企业”评比、“我爱读书”个人榜样、优秀组织奖评选以及农家书屋的星级评定等工作。

【习近平视察长沙市马栏山文创园】9月16—18日，中共中央总书记、国家主席、中央军委主席习近平到湖南视察。17日，习近平到马栏山视频文创园，视察园区企业党建、文创产品、技术研发、人才培养等，并同青年从业人员亲切交流。马栏山视频文创产业园以数字视频创意为龙头，汇集各类文创企业3000余家。习近平指出，文化和科技融合，既催生新的文化业态、延伸文化产业链，又集聚大量创新人才，是朝阳产业，大有前途。谋划“十四五”规划时期发展，要高度重视发展文化产业。要坚持把社会效益放在首位，牢牢把握正确导向，守正创新，大力弘扬和培育社会主义核心价值观，努力实现社会效益和经济效益有机统一，确保文化产业持续健康发展。

【首届开福关公文化旅游节】7月3日，由开福区文学艺术界联合会、开福区关公文化促进会主办，长沙市园林生态园、捞刀河街道支持，湖南捞刀河偃月刀剪制造有限公司冠名的“忠义载道，厚德开福”——首届开福关公文化旅游节在长沙园林生态园开幕，来自海内外关公机构代表、湖南省商协会代表及企业家代表300余人参加活动。首届开福关公文化旅游节以“爱”

为主题、以“忠义载道，厚德开福”为宗旨，旨在纪念关公的忠勇仁义精神，祈求国家风调雨顺、国泰民安，促进世界各地关公文化的交流，打造“开福·关公文化”。通过丰富多彩的民间文化活动，让老百姓更加熟悉关公文化、关公精神的内涵，深入了解关公文化与中华民族精神，传承关公文化的时代意义。

【中宣部、中央文明办到湖南慰问全国道德模范】1月14日，中宣部、中央文明办慰问组一行到开福区走访慰问全国道德模范任菲莉。任菲莉始终陪伴着患有“痉挛型重度脑瘫”的双胞胎女儿，为她们辛勤付出。同时，她还加入全国最美志愿服务项目“好人大本营”，常态化做社会公益。慰问组一行特别嘱咐街道、社区，要在日常生活中全方位给予先进模范关心关爱和帮助帮扶，要让他们过上更有尊严、更体面的生活。

【开福区融媒体中心通过省委宣传部专家组验收】9月27日，湖南省委宣传部专家组到开福区开展区级融媒体中心验收。通过听取汇报、查阅资料、观看现场演示，专家组成员对区融媒体中心工作情况给予充分肯定，认为区委、区政府高度重视，区融媒体中心围绕中心、服务大局、整合资源，推出大量引起中央、省、市媒体良好反响的新闻稿件，为助推区域各项工作开展发挥积极作用，并就下一步工作给出指导意见。开福区融媒体中心于2019年10月28日挂牌运营，成立一年以来，刊发原创新闻稿件、短视频、H5动画等原创产品4000余条（平均每天10条以上），推出“德国大叔的无声西点屋”“城市驿站舒民心”“老年餐桌便民用餐”“楼道小蜕变，幸福大升级”“城市有机更新：让老街看得见乡愁，让幸福在家门口升级”等系列稿件，得到中央电视台、《人民日报》客户端、新华社客户端、湖南卫视等中央、省、市媒体的关注和报道。

2020年1月14日，中宣部、中央文明办走访慰问全国道德模范任菲莉（左二）
（区委宣传部 供图）

【湖南省未成年人主题教育实践活动在区举行】9月29日，湖南省未成年人“我和我的祖国”主题教育实践活动（全省示范场）在长沙市开福区清水塘实验学校举行。活动分为“国旗下讲话”和“我和我的祖国”两个主题部分，湖南省委宣传部副部长、文明办主任肖凌之出席活动并讲话，他提出，2020年是具有里程碑意义的一年，作为青少年既是实现第一个百年奋斗目标的经历者、见证者，更是实现第二个百年奋斗目标、建设社会主义现代化强国的生力军。希望广大青少年在湖南这片红色热土上传承红色基因，传承湖湘精神，不负青春韶华，做德智体美劳全面发展的社会主义建设者和接班人。

【6部作品获得“五个一工程”奖】10月15日，在长沙市第十三届精神文明建设“五个一工程”表彰暨文艺精品创作推进会上，开福区委宣传部获得组织工作奖，并有《正正的世界》《少年毛泽东》等6部作品获得优秀作品奖，涉及电影、戏剧、广播剧、歌曲等多个类别。《正正的世界》讲述家境贫寒且患有先天性肌肉型斜颈的留守儿童正正，被抛弃之后，想尽一切办法要治好自己的歪脖子，在历经挫折与磨难下，得到多方帮助，最终成为一个满怀爱心、充满正能量的少年的故事。2020年年初，区委宣传部通过摸底调查，收集24个作

品，建立2020—2021年文艺精品创作重点项目库。

【全民终身学习活动周启动】11月18日，由中共开福区委、开福区人民政府主办，区教育局、区文明办、区社区学院 、望麓园街道社区学校承办的开福区2020年“全民终身学习活动周”启动仪式举行。该学年活动周的主题为“全民智学，助力幸福开福”。开福区委副书记、马栏山（长沙）视频文创园党工委书记、区委党校校长邹犇淼，长沙市广播电视大学党委书记、市社区大学副校长林涛，长沙市广播电视大学校长陶旅枫，区委常委、宣传部部长舒全球等领导出席活动。活动周期间，各街道、社区学习中心将通过丰富多彩的学习活动，大力宣传终身教育，有效提高市民素质，努力加快学习型城区建设，提升整体的物质文明、精神文明、生态文明和政治文化水平，助力开福高质量发展，为开福区从“北富”迈向“北强”贡献力量。

【“费里尼百年诞辰纪念放映”长沙影展举办】12月4日，费德里科·费里尼（意大利电影导演、编剧、制作人）百年诞辰纪念放映长沙影展活动在保利影城富兴店正式启动。中国电影资料馆馆长、中国电影艺术研究中心主任孙向辉女士出席活动并讲话，意大利共和国驻广州总领事馆副总领事戴伟德先生发言，中共长沙市委常委、宣传部部长陈刚同志致欢迎辞，湖南省委宣传部二级巡视员刘力峰主持活动。2020年是中意建交50周年，在国家电影局的支持下，费德里科·费里尼百年诞辰纪念放映长沙影展由中国电影资料馆、湖南省电影局主办，中共长沙市委宣传部、马栏山视频文创产业园承办，意大利共和国驻广州总领事馆、意大利驻华使馆文化中心、意大利国家电影资料馆、博洛尼亚电影资料馆、罗马电影城支持，湖南省电影行业协会、湖南电影频道、975摩登音乐台、中共长沙市开福区委宣传部、长沙市电影业协会、保利影城富兴店协办。12月4—10日，在保利影院富兴店放映6部12场费德里科·费里尼的作品。

【长沙市学雷锋志愿服务文化节启幕】12月15日，为纪念中国志愿服务先驱者雷锋80周年诞辰，由长沙市委宣传部指导，长沙市志愿服务联合会、长沙市学雷锋志愿服务基金会联合主办，开福区委宣传部（区文明办）承办的“弘扬志愿文化 争做雷锋志愿者”长沙市学雷锋志愿服务文化节开幕式暨全市学雷锋志愿服务优秀项目展示活动在长沙学院启幕。开福区委常委、区委宣传部部长舒全球致欢迎辞，长沙市学雷锋志愿服务基金会理事长、原长沙市人大常委会副主任刘新程为“雷锋志愿者之家”授牌，长沙市人民政府副市长刘明理和全市8位优秀学雷锋志愿者代表共同点亮主火炬，揭开该次学雷锋志愿服务文化节的大幕。

（黄美荣）

精神文明建设

【概况】2020年，开福区始终把精神文明建设工作摆在全区工作的重要位置，持续以创建更高水准文明城市为主线，以“厚德开福”建设为主要目标，培育和践行社会主义核心价值观，全面巩固提升文明创建成果，较好地完成全市文明指数测评和全国文明城市迎检工作。全年主（承）办省、市重大创建活动220场次，开展各类区级创建活动820场次。全年4人荣登“湖南好人”榜，10人荣登“长沙好人”榜，1人获得省级“新时代好少年”，7人获得市级“新时代好少年”。清水塘社区被评为全国最美志愿服务社区，马玲、邓学东被评为湖南省最美疫情防控志愿者。

【夯实创建基础】2020年，开福区做好全国文明城市年度测评各项工作，国检期间，测评组入住辖区世纪金源酒店，全区7个项目、10个申报点接受测评，均圆满完成测评任务。区文明委制定《开福区迎接全国文明城市年度测评工作督查方案》，区领导带队督查16次，下发督查通报60余期，通报问题4000余个，投入1000万元推动创建。组织全区16个街道开展“阳台整治”行动，整治阳台8000余户。整治市容环境秩序，集中整治无序停放、人行道违停等顽瘴痼疾。整治婚丧陋习，累计成立红白理事会109个，居民自治协会140个，签订移风易俗承诺书8万余份。2020年，科大佳园社区获评全国文明单位，区行政审批局获评省级文明标兵单位，区交警大队、望麓园街道被评为省级文明单位。

【新时代文明实践】2020年，开福区推动新时代文明实践阵地建设，

2020年11月17日，芙蓉北路街道盛世路社区组织颐美幼儿园家委会亲子成员前往开福区禁毒教育基地参观学习　　（芙蓉北路街道　供图）

在全区16个街道均建立新时代文明实践所，在社区建立新时代文明实践站和基地，开展“我们的节日”系列活动。2020年5月，在湘雅路街道三角塘社区召开全区新时代文明实践现场交流会，对全区新时代文明实践所、站进行培训。培育志愿服务队伍，组建区好人文化传承发展中心，发展会员45人。在社区建立专职雷锋志愿者队伍，统筹管理，统一购买保险，集中培训，定期考核。开展志愿服务活动，为群众提供多种服务项目。疫情期间，全区党员志愿者成立“党员防疫志愿服务队”100个，“党员防疫先锋岗”1000余个，在基层开展志愿服务。各级身边好人协助社区开展防控宣传、便民服务、站点值守等志愿服务，累计走访5000余户，服务小区居民3万余人次。好人大本营进驻荷花池生鲜市场开展志愿服务，进入社区、单位、学校等开展“讲好人、学好人、做好人”活动，累计巡讲20余场次。深化“文明排队礼让”志愿服务品牌，全年累计发动志愿者5000余人参与文明排队礼让劝导。承办湖南省2020年志愿服务文化节开幕式，清水塘社区被评为全国最美志愿服务社区，马玲、邓学东被评为湖南省最美疫情防控志愿者。

【厚德开福建设】2020年，开福区围绕《公民道德建设实施纲要》的目标要求，制定《开福区公民道德建设实施纲要（草案）》，开展“立厚德、行厚道、积厚福”主题调研。挖掘建设厚德开福中的典型事迹人物，全年推荐4人荣登“湖南好人榜”，10人荣登“长沙好人榜”。开展“潇湘家书开福篇活动”，全年收集家书900余篇，精选录制家书178篇。

【未成年人思想道德建设】2020年，开福区围绕立德树人，推进未成年人思想道德建设，制定《开福区未成年人思想道德建设协调领导小组工作制度》，召开开福区未成年人思想道德建设工作联席会议。开展“童心共绘，抗击疫情”未成年人防疫书画作品征集活动、“清明祭英烈”线上主题活动，发动全区未成年人创作书画、音频和视频作品礼赞英雄，开展“阳光成长”未成年人心理健康服务进社区活动，将开福区心理辅导中心、双河社区心理辅导站打造成全市未成年人心理健康辅导示范点，挖掘荷花池社区“小荷开心课堂”、周南秀峰学校“律盾”法律社团、清水塘溪泉湾小学“创新升旗仪式”等优秀的未成年人思想道德建设创新案例。开展“新时代好少年”学习宣传活动，全年开福区被评为市级“新时代好少年”7人、省级“新时代好少年”1人。承办2020年湖南省未成年人“我和我的祖国”主题教育实践活动（全省示范场）、长沙市“扣好人生第一粒扣子”主题教育实践活动。

（张　昱）

统　战

【概况】2020年，开福区委统战工作探索创建基层统战工作示范区“一套机制、四大基地”模式，获得湖南省委常委、统战部部长黄兰香的肯定和专门批示。全区统一战线抗击新冠肺炎疫情累计捐款捐物价值305万余元；助力企业复工复产，收集和解决企业问题129个；围绕全区中心工作担当作为、资政献策，组织民主党派和党外知联会开展专题调研，编辑《调研报告汇编》得到区委书记高度评价和重点批示。2020年，中央统战部研究室到开福区考察调研基层统战工作2次，其他省、市、区统战系统单位到开福区交流学习30余次。经验文章《长沙：散作满天星，聚是一团火》被中央统战部官网、学习强国等官媒转载。马栏山众创园E星实践创新基地和中国网络文学小镇获得首批“湖南省新的社会阶层人士统战工作实践创新基地”奖牌；马栏山直播产业基地获得全市“长沙市网络人士统战工作实践创新基地”唯一奖牌；清水塘社区获得“省级同心社区”。清水塘“侨胞之家”被评为“全国侨联系统优秀‘侨胞之家’”，湖南省博物馆被评为“中国华侨国际文化交流基地”，湖南省沙坪湘绣博物馆被评为“湖南省华侨文化交流基地”。

【多党合作】2020年，区委统战部坚持政治引领，引导各民主党派、无党派人士开展主题教育活动，发动参与新冠肺炎疫情防控工作，累计捐款捐物价值305万余元；开展党派（团体）成员单位大走访，了解生产经营现状和听取意见、建议；组织党外代表人士赴红色文化和统战文化教育基地进行交心谈心。积极参政议政。组织民主党派、团体专题议政，并撰写高质量调研报告，联合区数据资源中心开发“智慧统战”云应用平台，为统战成员内部沟通联系提供信息支撑；依托开福“红色摇篮”党建声音馆开发“同心故事”有声读物，以李济深、袁隆平等知名党外代表人士先进事迹为素材发布“同心故事”8期。开展社会服务。以基层统战工作示范区创建为契机，深化“同心圆梦”社会服务平台建设，组织各民主党派和党外代表人士深入同心社区网格参与社区自治；举办“同心圆梦 爱满星城”——2020年长沙市关爱地贫儿童公益活动；在建湘新村“同心健康社区”为300余名80岁以上高龄老人提供免费健康服务；联合沙坪社区开展“凤凰欲飞”同心项目，结合特色湘绣产业对贫困学生进行助学与就业帮扶；打造“同心圆桌议事会”进行基层民主协商，开展《湖南省电动自行车管理办法（草案）》基层立法协商；搭建清水塘“同心学习教育基地”，民盟（湖南）传统教育基地在清水塘“中共湘区委员会旧址”挂牌。

【经济统战】2020年，区委统战部创建“服务经济发展示范基地”，成立民营经济服务中心，构建“一卡一哨”精准服务体系，完善政企沟通、企业家素质提升、企业权益维护三大平台，打造老百姓大药房新医药健康产业园民营企业健康发展示范点、打造金霞园区商会改革样板；打造“北辰新侨创客市级同心基地”，搭建企业交流和创新人才展示平台；优化营商环境，通过民企大走访、政企座谈会等活动解决企业难题300余个，通过政银企对接会促成银企授信4亿余元。聚焦“433产业攻坚”。发动统一战线围绕全区支柱产业牵线搭桥、推介服务，全年招商引资项目13个；开展党派与异地商会“同心结对”，邀请8家异地商会参加开福区金融商贸产业推介暨集中签约仪式等活动；成立大悦城项目服务协调工作组，将14个相关区直部门、街道纳入成员单位，制定责任清单，精准调度，协调解决项目推进中的问题，在区“433”重点产业推进评议会上，大悦城项目服务保障工作得到区委肯定。

2020年12月11日，区委统战部召开创建基层统战工作示范区座谈会
（区委统战部　供图）

【民族宗教】2020年，区委统战部坚持党对民族工作的领导，深入开展民族团结进步创建活动，营造良好氛围。组织开展以“中华民族一家亲，民宗法规入人心”为主题的民族宗教法规政策进街道、进社区宣传活动，组织相关街道社区到兄弟区县学习民族团结进步创建优秀经验，指导开福寺路社区成功创建“市级民族团结进步示范社区”。全年为全区101名少数民族高考考生审核民族成分。推动宗教中国化实践基地创建。开福寺历史陈列馆和洪山寺书画馆全面建成并开放展览，天主堂和城北堂将歌唱祖国纳入唱诗班内容，各宗教场所重大节假日升国旗唱国歌、政治理论学习等成为教务活动常态。组织开展第二届爱国诗词大会，基督教城北堂被评为湖南省宗教界“五进五好”示范宗教场所，铁炉寺、北正街教堂和潮宗街聚会点被评为长沙市宗教界“五进五好”五星级宗教活动场所。

【海外统战】2020年，区委统战部外联内引助推发展。湖南省博物馆获评“中国华侨国际文化交流基地”，湖南省沙坪湘绣博物馆被评为“湖南省华侨文化交流基地”，马栏山智创园和湖南省跨境电商生态产业园被评为“湖南省新侨创新创业基地”。开展“2020海外侨胞看长沙”“海外侨胞故乡行”活动，邀请40个国家和地区的150余名海外侨胞侨商到基地参观考察，以基地为服务和交流平台，引进智力人才资源，助推产业和经济发展。搭建桥梁服务侨胞。清水塘社区“侨胞之家”被评为全国侨联系统典型单位，盛世路社区“侨胞之家”和甜蜜荟“侨胞之家”建成省级“侨胞之家”。清水塘“侨胞之家”和甜蜜荟“侨胞之家”作为全市基层侨联工作典型，接受中国侨联副主席隋军的调研并获得高度评价。全年在侨胞之家和侨联工作示范社区举办各类活动30余场，惠及约2000人次。

【新社会阶层人士统战工作】2020年，区委统战部推进新社会阶层代表人士队伍建设。余小海作为全市新社会阶层人士唯一代表参加2020年度长沙市委统战部谈心谈话活动。在中国网络文学小镇入驻网络作家中，引导培养省新社会阶层联谊会、市“百人会”成员10人。开展“村播计划”延续活动——“湘品出湘”公益直播周活动，72小时持续直播，吸引观众3000万余人次，实现成交总额破1000万余元。实践创新基地建设。马栏山直播产业基地获得全市“长沙市网络人士统战工作实践创新基地”唯一奖牌，马栏山众创园E星实践创新基地、中国网络文学小镇统战工作实践创新基地获得首批15家“湖南省新的社会阶层人士统战工作实践创新基地”奖牌。基地先后代表省市新阶工作接待中央统战部、杭州市委统战部等部门的调研学习。经验文章《长沙：散作满天星，聚是一团火》被中央统战部官网、学习强国等官媒转载。

【统战信息宣传调研】2020年，区委统战部报送动态、建议类信息196条，中央统战部采用信息1条，湖南省委统战部采用信息4条，长沙市委统战部采用信息14条。民主党派和党外知联会上报信息73条，其中建言献策类信息63条。全年在各类媒体报道典型活动50余次，在《湖南日报》、湖南卫视、《长沙晚报》、长沙新闻频道等主流媒体上稿9次，在《长沙统一战线》上稿4篇，分别为《打好“四字”组合拳激活统战“新”力量》《抗“疫”人物采访亲历记》《以侨搭桥增强活力，延伸统战工作触手》《推进“四金工程”，打造合作共事“金名片”》。完成长沙市统一战线重点课题委托项目《基于网络治理视角的宗教事务管理创新》，获得长沙市委统战部高度评价，并作为经验典型申报省级统战理论政策研究创新成果奖。

【党外知联会】2020年，开福区党外知识分子联谊会有理事72名（新发展理事3人），其中市人大代表5人、区人大代表1人、区政协委员17人。开福区党外知识分子联谊会开展结对联谊，关心理事发展。与长沙市福建商会交流，了解商会运营情况及需求；走访普奇勘测设计院等理事单位，为深入开展结对联谊及服务工作打基础。作为开福区第七届琼花艺术节主办方之一，开福区党外知识分子联谊会的企业家理事代表们提供企业“礼包”，慰问援鄂医务工作者。围绕“开福区公共卫生体系建设运行情况及思考”课题开展重点调研，并形成专题报告。新冠肺炎疫情防控期间，知联会理事们深入一线协助防控测温排查等疫情防控工作，提供免费在线义诊服务与法律服务，对接全市15个一线防疫单位进行物资援助，累

2020年9月2日，开福区直机关工委召开“投身大会战，争当新先锋”主题实践活动动员大会
（区直机关工委　供图）

计捐资捐物价值30万余元。

（王夏卉）

机关党建

【概况】2020年，开福区直机关工委管理基层党组织55个，其中机关党委4个、党总支部4个、党支部42个、直属退休党支部5个，有党员2065人。全年发展新党员21人。

【理论学习教育】2020年，区直机关工委将政治建设摆在首位，教育和引导区直机关基层党组织和广大党员增强“四个意识”，坚定“四个自信”，做到“两个维护”。组织区直机关55个基层党组织、2065名党员干部将政治建设摆在首位，认真学习贯彻中共十九届二中、三中、四中、五中全会精神和习近平新时代中国特色社会主义思想、习近平总书记考察湖南重要讲话精神，采取学习教育、检视反思、整改落实的方法，开展党员学习教育和意识形态工作，坚定理想信念，增强历史使命感。

【机关文化建设】2020年，区直机关工委以“先锋大课堂”“学习强国”“银发讲堂”等为载体，加强对党员干部和退休党员的政治思想教育和意识形态培训。不断增强党性修养。立足全区丰富的红色资源，讲好党史、新中国史、改革开放史故事，传承红色基因，组织开展开福区“弘扬党史文化，传承红色基因，坚定理想信念”红色文化宣讲比赛，推选两组选手参加市级比赛，荣获全市优秀组织奖；组织区直机关基层党组织结合“观影铸魂”电影党课活动，开展爱国主义教育，传承红色基因，组织区直机关退休党员观看爱国主义题材的主旋律电影《半条被子》；将社会主义核心价值观的教育、廉政教育、“平安开福”“扫黑除恶”等融入党员干部的日常学习教育内容，将廉政文化、家风家训、普法教育融入机关文化建设。

【基层党组织建设】2020年，区直机关工委加强队伍建设和业务培训。组织60名区直机关党（总）支部书记在区委党校进行区直机关基层党组织负责人机关党建能力提升培训，组织60余名党建专干、90余名入党积极分子进行系统培训，以工作调度会、部署会、工作调研等形式加强对机关党建工作的业务指导和培训，提高区直机关党建工作质量，发挥机关党建“服务中心，建设队伍，服务群众”的作用，推动机关党的建设高质量发展。认真落实《中国共产党支部工作条例（试行）》，夯实支部工作基础，推进支部“五化”建设，指导基层党组织对照“五化”建设标准，因地制宜完成党建阵地建设，完善相关工作制度，加强党支部全面建设。截至2020年年底，区直机关基层党组织全部达到“五化”党支部标准。抓实机关党建基础工作。做好党员组织关系转接，发出换届提醒通知，指导基层党组织进行换届选举，强化基层党组织建设。加强工作调研督促支部做实基础工作，推行党员积分管理督促党员增强组织观念，落实主题党日活动制度提升党性教育效果，强化党建督查提升党建工作水平。全年发展新党员21名，其中疫情期间一线发展新党员4名，办理预备党员转正20名，收缴党费61万元。

【机关党员帮扶】2020年，区直机关工委坚持党建引领，组织和指导区直机关基层党组织和党员干部积极参与新冠肺炎疫情防控、文明创建、综治维稳、污染防治、垃圾分类等志愿服务活动；在疫情期间，在本职岗位全面做好疫情防控和深入社区（村）、企业做好疫情防控服务工作的同时，为保障全市新冠肺炎疫情防控期间临床用血需求，组织区直机关142名党员干部开展“抗疫情、捐热血”无偿献血志愿服务活动；在疫情期间组织1990名区直机关党员干部自愿捐款22万余元用于支持新冠肺炎疫情防控工作。扶持机关书画、太极兴趣小组定期开展丰富多彩的学习活动。结合春节等重大节日对110名机关困难党员干部职工以及退休党员进行走访慰问；为机关699名在职女性干部职工、1085名未成年子女购买保险。

【“投身大会战，争当新先锋”主题实践活动】9月2日，长沙市开福区直机关工委召开“投身大会战，争当新先锋”主题实践活动动员大会。会上，全体与会人员学习区委办、区政府办印发的《“433产业攻坚”项目建设大会战工作方案》，详细了解全区“433产业攻坚”项目建设工作情况。相关部门负责人对区直机关基层党组织和党员开展“投身大会战、争当新先锋”主题实践活动进行部署，并向区直机关基层党组织和广大党员发出倡议。该主题实践活动从9月持续到12月，分为宣传发动、组织实施、总结讲评三个阶段，通过动员会、倡议书、座谈交流、征文比赛等多种形式，推进主题实践活动的开展，以发挥区直机关基层党组织和党员干部在“433产业攻坚”项目建设大会战中战斗堡垒作用和先锋模范作用，助力全区经济社会发展。主题实践活动实施过程中，区直机关基层党组织设立党员先锋岗22个、攻坚组23个、先锋队17个、突击队17个、推进组6个，为产业攻坚项目建设解决各类问题204个，协助街道完成拆迁任务5户，服务全区“433产业攻坚”项目建设大会战取得实效。

（廖　柯）

机构编制

【概况】2020年，区委编办适应新形势新要求，重新定位机构编制工作，由管理审批为主转向服务监督为主，全年召开编委会2次，优化调整机构30余个，调剂划转编制700余名（含教职工编制），办理事业单位设立变更150余家，办理事业单位年审160余家，完成法人信用代码变更20余个。

【贯彻条例】2020年，区委常委会、区委中心组学习（扩大）会、区委编委会学习《中国共产党机构编制工作条例》3次，区委党校培训授课1批次，发放《中国共产党机构编制工作条例》及相关书籍300余册。区委组织部、区委巡察办、区审计局将贯彻落实《中国共产党机构编制工作条例》纳入党建、巡察监督、领导干部经济责任审计范围。湖南省委巡视组反馈的24个机构编制问题线索，全部完成销号。通过巡视整改，完善归口区委组织部管理的制度机制，坚持重要事项及时请示、重要政策提前协商、重要业务加强对接，将归口管理的体制优势和组织优势转化为工作优势。以巡视整改为契机，做好机构改革“后半篇文章”。通过“超权限设置机构”“混编混岗”“调离不下编”“机构名称设置不规范”等专项整治，解决各类问题10余个，包括老年病医院违规更名等历史遗留问题。在全市率先出台《开福区人才编制池管理暂行办法》《开福区关于进一步规范机关事业单位人员流动调配工作的办法》等规范性文件，夯实工作基础，用好用活机构编制资源，健全机构编制管理长效机制。

【编制管理】2020年，开福区坚持机构编制资源优先向基层倾斜，优先向教育、卫生、文化等民生领域倾斜。保持教师队伍稳定，向市委编办争取教师编制604名并全部分配到校（园）；充实一线教学力量，招聘在编教师222名，设立中小学2所、公办幼儿园13所，其中创新幼儿园管理，利用国有资产举办事业单位登记幼儿园7所。公开招聘基层医疗卫生机构工作人员34名，从社区卫生服务中心择优竞聘工作人员46名，增强全区公共卫生安全工作力量。结合文化市场综合执法改革，核增区文旅体局行政和二级事业单位事业编制各1名，保障区文化市场综合执法局整体上收后文化领域工作力量。全区16个街道核增事业编制73名，各街道编制总数由机构改革前平均44名增至平均50名。激发基层社区工作人员干事创业的热情，面向社区书记、主任公开考录事业编制人员5名。

【人才引进】2020年，区委编办配合区委组织部、区人社局开展人才引进储备三年行动，计划2020—

2022年引进215名机关事业单位工作人员。2020年，通过公开招聘、选调引才等方式引进人才112名；接收军转干部14名（含5名团职以上干部）、转业士官18名、随军随调12名。开展“引才高校行”活动，意向签约24人。

【机构改革】2020年，区委编办深化街道机构改革，厘清部门与街道的职责关系，实施街道权责清单（159项）和实施清单（238项）制度。组建基层市场监管所17个，作为区市场监管局的派出机构，负责基础性监管工作。整合市容环境卫生管理所8个，成立街道市容环境卫生维护所，提升环卫日常维护作业效率。推进综合行政执法改革，完成市级层面生态环保、文化市场、交通运输、农业4个领域的整体（职责）上收。基本完成区级层面市场监管领域执法改革，区市场监管局加挂“区市场监管执法大队”牌子，实行“局队合一”体制，局长兼大队长，执法大队人员编制相对独立。健全退役军人管理体制机制，区、街道、社区（村）三级125个退役军人服务中心（站）全部挂牌成立和组建到位，核定事业编制50名，形成完整的“横向到底、纵向到边、覆盖全员、专业规范”的三级退役军人服务保障体系。

（黄　意）

党校教育

【概况】2020年，党校教育（行政学校）围绕《2018—2022年全国干部教育培训规划》（以下简称《规划》）及《中国共产党党校工作条例》（以下简称《条例》）相关要求，结合全区发展战略，把服务大局、服务基层、服务党员干部作为开展教学培训工作的根本要求，做好党员干部教育培训、学员管理与服务、理论宣讲等各项工作。2020年，开福区委党校被评为长沙市党校系统科研工作先进单位。

2020年10月19日，区委常委、武装部部长张贻龙（右一）在区委党校为中青班学员讲授《当前国际形势浅析》
（区委党校　供图）

【干部教育培训】2020年，开福区委党校举办各级各类培训班45期，培训党员干部、基层党员、发展对象、入党积极分子4500余人次，完成区委干部教育领导小组下达的全年培训任务。分别开办入党积极分子培训班、发展对象培训班、“两新”党组织书记培训班、新招录及专职党务工作者培训班、妇联系统干部培训班、人社系统干部培训班、民宗系统培训班、教育系统党组织书记培训班、骨干党员轮训班、区直机关工委支部书记培训班、小区（网格）支部书记培训班、宣传部意识形态工作责任制专题培训班、中青年干部培训班等13个类别培训班。

【送课下基层】2020年，开福区委党校在办好主体班的同时，选派骨干教师60人次，开展送党课“进社区、进机关、进企业、进学校、进车间、进拆迁一线”的“六进”活动，教育培训党员4000余人次，全面覆盖全区基层党员。其中中共十九届四中、五中全会精神专题15场次，宣讲的专题主要有《学习习近平新时代中国特色社会主义思想》《开启全面建设中国特色社会主义现代化国家新征程》《学习习近平总书记考察湖南重要讲话精神》《十九届五中全会精神专题解读》《学习党史 坚定信念》《总书记最牵挂的人 总书记最牵挂的事》《从国歌中汲取奋进的力量》《如何理解不忘初心》《如何记住入党誓词》《向蒙汉同志学习》等。

【教学科研】2020年，开福区委党校聚焦党委和政府重大决策部署、社会热点难点问题，围绕全区中心工作开展教学科研。全年完成省级课题1项、市级课题2项，其中《马栏山视频文创产业园产业发展研究》在湖南省委党校系统社科课题项目结项，《推进老城区有机更新的调查与思考》《开福区社会工作人才队伍建设研究》在长沙市情研究会课题项目结项。区委党校教师全年撰写调研报告、论文11篇，其中获得湖南省委党校系统理论研讨会论文二等奖1篇、获得长沙市委党校理论研讨会论文二等奖1篇。区委党校被评为“全市党校（行政学院）系统2020年度科研工作先进单位”。全年编印《党校视窗》4期。

【分校工作】2020年，开福区委党校万达商圈分校根据非公企业特点，组织党员开展“不忘初心、牢记使命”主题教育巡讲10余场，为党员讲述革命先烈、无私奉献老党员守护初心的鲜活、感人故事，落实主题教育全覆盖。通过实践活动坚定党员信念，要求加强党性修养，提高党员服务意识，发挥党员先锋模范作用。区委党校沙坪分校全年开展习近平重要讲话、中共十九大精神主题教育集中学习10余次，提升党员党性修为与政治觉悟。区委党校东风路教学点立足校情，结合实际，2020年，开展各类教育培训10次，参加培训人数500余人次。

【意识形态工作】2020年，开福区委党校全面贯彻“党校姓党”的根本原则，发挥党校作为意识形态工作主阵地作用，明确1名副校长负责分管意识形态工作，并安排1名专干，负责相关资料的收集整理，由办公室定期抽查。制定《开福区委党校意识形态工作整改方案》，完善修订《新课试讲制度》《集体备课制度》《外出授课管理规定》《外请教师管理办法》等，严格参照执行，把好意识形态工作“入口关”。

（王鹏飞）

网络安全和信息化

【概况】2020年，全区有新媒体网络平台188个，其中政务类新媒体68个（包括网站、微信公众号、微博、头条号、抖音、企鹅号、荔枝FM号等），非政务类120个（微信公众号为主）；ICP备案网站6960个，其中公安、工信双备案网站887个，非交互式网站610个。从地域来看，网站注册地主要分布在芙蓉路、车站北路、三一大道等主干道及万达广场、北辰三角洲等主要商圈；从行业来看，主要分布在医药、制造、网络游戏、文创产业等实体和网络经济领域。以马栏山众创园为代表的驻区新媒体企业68家，视频文创人才1200余人，综艺娱乐类“网红”200余人。纳入2020净网行动的关键信息基础设施重点排查单位，集中在医疗、教育、传媒等行业。2020年，区网信办制作的《网络安全，长沙·开福在行动》获得全省网络安全公益微视频网络评选二等奖，区网信办获得2020年“长沙市青年文明号”称号。

【网络安全和信息化】2020年，区委网信办在全市率先对全区网站进行摸排，将缺漏的联系人、联系电话、所属街道等数据补全，将存在跳链、被侵占等网站集中归置。建立网络安全监测预警平台。对开福区重点网站进行月度网站安全检测，采用网站安全监测平台和人工扫描验证相结合的方法，检测网站是否存在安全漏洞及风险，并下发风险告知函进行整改。开展网络直播行业专项整治和规范管理、未成年人暑期网络环境专项整治、规范网络直播带货工作、优化算法推荐机制相关治理等行动，督促35家网站处置53篇不当文章，指导6个网站运营主体依法注销网站备案，约谈8个网站的负责人，向违法和不良信息举报中心举报16次。对37个微信小程序按标准开展审核工作。参与湖南省委网信办组织的2020年“湖湘杯”网络安全应急演练，顺利通过开福区政府门户网站及业务系统进行为期10天的网络安全测试，保障开福区门户网站和业务系统的安全。

【网络宣传】2020年，区委网信办聚焦主流舆论方向，全年组织各单位在人民网、中新网、新湖南、掌上长沙等中央、省、市主流网媒推送全区经济社会重点稿件3200余篇。策划“在这里CUE一下你的幸福”系列短视频，围绕强盛、精美、幸福、厚德在学习强国平台4集连播，全域展现开福高质量发展的“幸福密码”。首开邀约文化名人描绘老街新景先河，邀请知名作家何立伟重游开福老街，并刊发其撰文《收拾金瓯一片——开福老城区记游》，凤凰网、新湖南、新浪、腾讯等网媒转发，引发网民热议。创新推出科普动漫《滚蛋吧，

2020年9月17日，区委网信办举办网络安全进园区主题沙龙，论道网络安全 （区委网信办 供图）

谣言菌》、微视频《网络安全，长沙·开福在行动》，获得湖南省战“疫”优秀新媒体作品、湖南省网络安全微视频网络评选活动二等奖。围绕疫情防控、复工复产、“433产业攻坚”项目建设大会战等中心工作，开设“2019年湖南政务V影响力（开福）峰会”“V福私访记”“开福硬核防疫”等3个微博话题，发动经济学家“@余丰慧”等20余位网络“大V”为开福区高质量发展代言，综合点击量超3.7亿次。围绕习近平新时代中国特色社会主义思想网上宣传、贯彻落实习近平总书记视察湖南重要讲话指示精神等重点议题，推出《曹再兴：充分激发基层党组织生机活力》《中国有个马栏山》等评论综述文章，转发跟评、发布图文、短视频、Vlog等1.2万余条。

【网络共建】2020年，区委网信办依托马栏山搭建与网络影响力群体的交流服务平台，联合红网、中国网络文学小镇组织“开启幸福键，共筑同心圆”2020开福网信工作交流分享会，加强与人民网等驻湘央媒负责人、知名网络作家、红网等主流网媒编辑的沟通联系。探索建立线上听取群众声音、线下协调各部门处理推进、回头查看处置实效的闭环工作机制。2020年，开福区委网信办联合各有关单位，探索建立网上网下齐抓共管的工作格局，协调处置一批网民投诉问题。如区农业农村局联合市场监管、捞刀河街道等单位依法查处网上反映的黑冻肉作坊；区园林中心接到网上“关于湘江风光带护栏破损存在安全隐患”信息后，迅速对风光带护栏进行整体排查加固；捞刀河街道迅速处置“某务工人员工资被恶意拖欠”网上投诉后，收到网友在红网发布的“为不知姓名的长沙开福区工作人员点赞”的感谢帖等。国家安全宣传周期间，举办网络安全进园区主题沙龙，联合区文明办、区教育局发布网络安全知识在线答题，联动开福网安大队进行文明上网网络安全校园专题宣传，开展网络安全调查问卷，在全区重点院校、主次干道电子显示屏上滚动播放网络安全主题海报和开福网络安全倡议。通过线上线下齐发力，推动网络安全宣传触角向机关、社区、农村、企业、校园、网站六大重点板块纵深地带延伸。

（张萃纯）

开福区人民代表大会

综述

【概况】开福区有人大代表219人，常委组成人员27人，市人大代表开福区联络组48人，省人大代表开福区小组8人。2020年，区人大常委会履行宪法和法律赋予的各项法定职权，全年组织召开区人民代表大会1次，常委会议6次，主任会议22次；听取和审议“一府两院”专项工作报告26项；作出决议、决定6项；组织常委会组成人员和人大代表开展考察、调研22次，依法补选区五届人大代表12名。

2020年6月16日，区人大常委会主任会议成员调研全区医药产业发展情况（区人大　供图）

【把政治建设摆在首位】常委会把政治学习、理论武装放在首位，提高政治站位，增强政治定力。学习贯彻习近平关于坚持和完善人民代表大会制度的重要思想、关于做好地方人大及其常委会工作的重要指示精神，推动学习成果转化为做好新时代人大工作的强劲动力。

【把党的领导贯穿始终】围绕贯彻区委决策部署，发挥人民代表大会制度优势，统筹安排监督、决定、任免、代表等工作；坚持重大问题和重要事项向区委请示报告制度，就人民代表大会的召开、年度监督工作计划的确定、代表学习培训、市人大代表补选等重要事项向区委请示报告，全年请示报告工作16次；发挥常委会党组把方向、管大局、保落实的重要作用，确保区人大及其常委会在党的领导下依法有效履职。

【把服务大局化作行动】坚持在大局下定位人大工作，着眼全局战略，立足“433产业攻坚”，常委会领导班子成员及机关干部主动融入金霞产业集聚区征拆、秀峰商圈建设、高岭商贸城盘活、四方坪旧货市场关停等中心工作，着力破解发展中的难题，推动区委决策落实落地。尤其是金霞产业集聚区项目征拆，常委会主任以及3名副主任在金霞片区指挥部担任政委、指挥长等职务，与所在街道及相关部门共同努力，实现389户2207亩土地全部签约清零，创造“开福速度”，为项目招商落地争得先机，为开福新发展赢得主动。

【把抗疫责任扛在肩上】面对新冠疫情，落实区委指令，投身疫情防控和复工复产。全体领导班子到所联系街道靠前指挥、会商调度，诠释抗疫担当。参与企业复工复产行动，遍访辖区内代表所办企业，帮助解决难题。

【把履职行权落到实处】坚持把重大事项决定权的行使作为推动区域经济社会发展的重要抓手，确保区委的主张通过法定程序变为全区人民的共同意志和行动，全年围绕审查批准计划和预算、加强民主法治建设等重大举措依法作出决议决定。坚持党管干部与人大依法选举任免有机统一，领会和把握区委人事意图，严格任命程序。

重要会议

【区第五届人大第五次会议】2020年1月12日至14日，区五届人大第五次会议举行，会议听取和审查开福区人民政府工作报告；审查和批准开福区人民政府关于2019年国民经济和社会发展计划执行情况与2020年国民经济和社会发展计划（草案）的报告；批准开福区2020年国民经济和社会发展计划；审查和批准开福区人民政府关于2019年财政预算执行情况和2020年财政预算（草案）的报告；批准开福区2020年财政预算；听取和审查开福区人民代表大会常务委员会工作报告；听取和审查开福区人民法院工作报告；听取和审查开福区人民检察院工作报告；补选开福区人民政府区长；补选开福区人民检察院检察长；补选开福区第五届人民代表大会常务委员会委员；决定开福区第五届人民代表大会有关专门委员会的设立，并通过各专门委员会主任委员、副主任委员、委员名单。

【区第五届人大常委会第二十三次会议】2020年1月10日，区第五届人大常委会第二十三次会议举行。表决通过有关人事任免事项，任命谢伟峰为开福区人民政府副区长，并决定其为代区长。听取和审议《关于提请审议决定接受郭德斌等同志辞去开福区第五届人民代表大会代表职务的议案》《关于2019年国民经济和社会发展计划执行情况与2020年计划草案的报告》《区五届人大代表异动、补选代表的资格审查报告》，审议通过《关于表彰“成就北富我要给力，厚德开福向我看齐——人大代表在行动”主题活动“十佳”人大代表的决定（草案）》。区委书记曹再兴应邀出席并讲话。

【区第五届人大常委会第二十四次会议】2020年3月31日，区第五届人大常委会第二十四次会议举行。表决通过有关人事任免事项，决定任命陈新为区工业和信息化局局长、胡海飞为区统计局局长、龙舟为区商务局局长、杨夏女为通泰街街道人大工委主任，并对区人大常委会部分工作机构副主任职务进行任命。听取和审议区人民政府关于新冠肺炎疫情防控情况的专项工作报告、重大项目投资计划和重大产业项目计划情况的专项工作报告。

【区第五届人大常委会第二十五次会议】2020年4月23日，区第五届人大常委会第二十五次会议举行。会议补选区委副书记、区长谢伟峰为长沙市第十五届人大代表，表决通过有关人事任免事项，决定任命文继光、谌晓宇、周舟为开福区人民法院副院长、审判委员会委员、审判员，黄中玮、简绍恒为开福区人民检察院副检察长、检察委员会委员、检察员，同时任命部分区人民法院副庭长职务。会议还听取和审议区人民政府关于全区集体土地安置情况的专项工作报告。

【区第五届人大常委会第二十六次会议】2020年7月22日，区第五届人大常委会第二十六次会议举行。区人民检察院检察长杨赞进行宪法宣誓。会议表决通过《关于同意开福区人民法院选任人民陪审员的决定（草案）》，听取和审议区人民政府关于国有资产管理综合情况的报告以及行政事业单位经营性资产管理情况的专项工作报告、关于防范化解政府债务风险工作情况的报告以及关于“强力实施‘433’攻坚，推进产业高质量发展”工作情况的报告。

【区第五届人大常委会第二十七次会议】2020年9月4日，区第五届人大常委会第二十七次会议举行。任命胡珊珊为区人民政府副区长；听取和审议区人大常委会主任会议《关于提请审议决定接受于文韬等辞去开福区第五届人民代表大会代表职务的议案》《关于提请审议决定补选开福区第五届人民代表大会代表的议案》；听取和审议区人民政府关于2020年上半年财政预算执行情况的专项工作报告、关于2019年财政预算执行情况的审计工作报告，审查和批准2019年财政决算（草案）；听取和审议法、检、公依法保护民营企业健康发展情况的专项工作报告；审议2019年庭审评议情况专项工作报告、2019年被专题询问单位问题整改落实情况的报告。

【区第五届人大常委会第二十八次会议】2020年11月6日，区第五届人大常委会第二十八次会议举行。表决通过有关人事任免事项，任命5名政府工作部门局长、5名人大系统干部以及1名区人民法院审判员。会议决定任命邹畅为区财政局局长，陈朝晖为区民政局局长，王艳为区人力资源和社会保障局局长，陈迎为区文化旅游体育局局长，张澜为区退役军人事务局局长，郑雄健为青竹湖街道人大工委主任，莫琳为望麓园街道人大工委主任，曹宇为湘雅路街道人大工委主任，王湘虹为区人大常委会预算工委副主任，谭银花为区人大常委会办公室副主任，杨俊为区人民法院审判员。会议审查和批准区人民政府关于2020年预算调整方案，听取和审议区人大常委会主任会议有关代表辞去区五届人大代表职务的议案以及决定补选区五届人大代表的议案，听取和审议区人民政府关于环境状况和环境保护目标完成情况的专项工作报告。

【区第五届人大常委会第二十九次会议】2020年12月23日，区第五届人大常委会第二十九次会议举行。围绕提升全区物业管理水平，对区人民政府及相关部门开展专题询问。

【区五届人大常委会（扩大）会议】2020年9月2日,区五届人大常委会召开常委会（扩大）会议，由“一府两院”向市、区人大代表通报上半年工作情况。区委书记曹再兴出席会议并讲话，区委副书记、区长谢伟峰代表区人民政府通报工作。曹再兴对“一府两院”上半年工作取得的成绩给予肯定。就做好下一阶段工作提出要求。

依法履职

【建议办理】2020年，开福区人大收到建议62件，其中五届人大五次会议期间收到建议61件，闭会期间收到建议1件。涉及城市建设方面（含规划、建设、棚改、征拆）17件，城市管理方面（含市政、园林、环卫、交通、交警）16件，民本民生方面（含教育、医疗、社保、民政、农林水利）11件，经济建设方面（含产业发展、片区开发、招商引资）10件，其他方面8件。由区政府分别交由23个部门、1个街道办事处负责办理；办复率100%，见面率100%，代表满意率100%；办结落实的25件（A类），占总数40.3%，开展或纳入计划办的29件（B类），占总数46.8%，暂不具备条件件办的8件（C类），占总数12.9%。

【服务代表履职】2020年，区人大夯实代表履职保障。用好管好代表活动室，提升代表履职网络功效，推进代表工作平台实体和网络融合、线上与线下互动。切实保障代表工作经费，将各街道人大代表团活动经费纳入同级财政预算。多维度提升代表履职能力，分别在南京大学、湖南大学举办履职培训班，定期为代表寄送学习资料，通过长沙市人大网站、开福人大微信公众号等媒介，及时向代表推送学习内容、工作动态。深化代表履职内容。2020年年初，新冠肺炎疫情发生，全区经济发展遭受严重冲击。全区人大代表坚持以“三讲三做当表率”，与人民大众休戚与共，为全区经济社会发展献计出力、添砖加瓦。参加各类抗疫志愿活动，克服各种困难、全力组织和投入复工复产，用实际行动践行“人大代表为人民”的誓言。畅通代表履职渠道。丰富代表闭会期间活动，组织全国、省、市三级人大代表集中视察金霞消费电子产业项目，组织省代表集中视察老百姓大药房总部、长沙货运北站，借助代表力量推进开福区有质效发展。邀请代表列席区人大常委会会议，参加视察调研、执法检查、专题询问等活动，扩大代表对常委会工作参与的广度与深度，全年组织126名全国、省、市、区人大代表参加常委会组织的各项工作和活动。改进半年度“一府两院”工作情况通报会方式，组织召开区人大常委会（扩大）会议，集中通报全区经济社会发展中的重大事项，进一步拓展知情知政渠道，凝聚发展力量。激发代表履职热情。常委会将办理代表建议作为尊重代表权利、支持代表行使职权、激发代表履职热情的重要内容，对区五届人大三次会议作出的《关于推进桃花溪流域绿色发展的决定》进行持续跟踪督办。听取和审议区人民政府关于代表建议、批评和意见办理情况的报告，要求强化办理责任，完善办理机制，提高办理实效。区五届人大第五次会议期间收到的61件建议、批评和意见，闭会期间收到的1件建议，均得到较好办理。

2020年4月8日，长沙市人大常委会主任谢卫东（前右三）调研社区矫正工作
（区人大　供图）

【人事任免】2020年，区人大常委会坚持党管干部和人大依法任免相结合的原则，完善人事任免程序，健全人事任免制度。坚持任前法律考试、任时拟任发言、任后颁发任命书等制度。全年对区人民政府副区长、政府工作部门局长、人大常

委会工作机构及街道人大工委主任36人次进行任免，对区人民法院庭长、副庭长，区人民检察院检察委员会委员及部分担任法律职务人员24人次进行任免，对80名人民陪审员进行任命。

依法监督

【经济运行监督】2020年，区人大护航经济稳健运行。聚焦疫情对区域经济运行带来的冲击和影响，听取和审议区人民政府关于重大项目投资计划、重大产业项目计划、“433产业攻坚”工作情况报告，对涉及的经济指标和安排的重点项目开展视察、调研，支持帮助政府克服疫情影响，全面完成年度任务；针对疫情造成的生产力不足、市场需求不够等因素，走访医药产业企业、智能制造企业，调研物流与口岸管理工作，听取和审议法、检、公依法保护民营企业健康发展情况报告，对审议意见进行交办，把监督重点放在推动经济加速回暖和平稳健康发展上。推动预算计划执行。加强财政预算审查监督，听取和审议财政预算、预算执行、预算调整、决算等报告，提升预算管理约束力；围绕建设现代财政体系，推进预算联网审查监督系统建设，完善预算审查监督机制；推动审计问题整改落实，听取和审议审计查出问题整改情况的报告，紧盯查出问题的跟踪督办，保障审计成果能真正得到运用；立足“打赢防范化解重大风险攻坚战”，围绕政府债务化解开展监督，督促政府及财政部门进一步增强风险意识，规范举债行为；落实中央关于加强人大对国有资产监督的部署要求，听取和审议国有资产管理情况报告，督促政府摸清家底、强化监管、盘活“三资”，确保国有资产保值增值，更好发挥效益、造福人民。紧扣高质量发展要求，听取和审议“十四五”规划纲要编制情况报告，为规划编制建言献策、汇智聚力。

【社会治理监督】聚焦疫情防控工作中的薄弱环节，紧盯住宅小区物业管理这一群众身边的“关键小事”，由区人大常委会领导班子成员带队，各委室成员、部分区人大代表以及第三方专家参加，开展调研和执法检查，形成调研报告供区委、政府决策参考。走访16个街道的69个小区，召开主任会议研究6次、各层次座谈会50余次，并在全区发放网络调查问卷3000余份。按照区委主要领导指示，抓好调研成果转化，梳理出9个突出问题开展专题询问，推动物业管理中“急、难、愁”问题的解决，助力《开福区加强住宅小区物业管理，提升物业服务水平三年行动计划》的出台和落实。关切民生福祉改善。常委会贯彻以人民为中心的发展思想，密切关注民生问题，持续放大监督效应，让人民群众有更多的幸福感、获得感。围绕打赢疫情防控阻击战，及时调整2020年工作计划，增加听取和审议区人民政府关于新冠肺炎疫情防控工作情况报告，切实加强对公共卫生突发事件处置工作的监督。

【民生保障监督】集中视察民生事业发展情况，实地查看拆迁安置、农村公路建设、新型村级集体经济建设等民生发展成果，听取医疗保障、集体土地安置、环境状况和环境保护目标完成情况工作报告，推动政府着力办好民生实事，不断满足人民对美好生活的向往。

【法治政府建设监督】深化法治开福建设。加强对司法活动的监督，围绕认罪认罚从宽、“一站式”多元解纷和诉讼服务机制建设、行政复议与应诉工作开展集中视察和调研。坚持开展庭审评议，组织主任会议成员旁听全市重大案件王忠和涉黑系列案庭审，促进司法监督创新加力、逐步深入。深化规范性文件备案审查，做到有件必备、有件必审、有错必纠。常委会领导坚持公开接访制度，依法处理群众来信来访，群众的合理诉求得到较好解决。组织开展《宗教事务条例》执法检查，配合市人大做好“坚决打赢蓝天保卫战”三年行动计划专项评议检查、《长沙市生活垃圾管理条例（草案）》立法调研以及《长沙市养犬管理条例》《传染病防治法》《食品安全法》《野生动物保护法》《突发公共卫生事件应急条例》《台湾同胞投资保护法》等法律法规贯彻实施情况执法检查。

【工作调研】4月8日，长沙市人大常委会主任谢卫东一行到开福区进行工作调研，实地走访国药控股湖南有限公司、开福区社会矫正工作管理局以及江湾社区代表活动室，并召开座谈会，了解全区企业疫情防控、复工复产、基层社会治理以及人大工作开展等情况。2020年，区人大常委会在区委的领导下，坚持以习近平新时代中国特色社会主义思想为指导，以习近平总书记关于坚持和完善人民代表大会制度的重要思想为根本遵循，牢牢把握党领导下的政治机关本色，做区委领导地位的维护者，聚焦“433产业攻坚”，做全区中心工作的参与者，围绕依法履职行权，做区域事业发展的推动者，突出代表机关定位，做凝聚代表力量的服务者，切实加强自身建设，做弘扬制度优势的践行者，为全区经济社会高质量发展担当作为，做出积极贡献。

【市“一府两院”向市人大代表开福联组通报上半年工作】8月4日，长沙市“一府两院”半年度工作通报会召开，向市人大代表开福联组通报上半年工作情况。长沙市人民政府党组成员、副市长唐向阳代表长沙市人民政府向长沙市十五届人大代表开福联组通报2020年上半年全市经济社会发展情况，长沙市中级人民法院、长沙市人民检察院书面通报工作情况。2020年，长沙市人民政府坚持以习近平新时代中国特色社会主义思想为指导，做好“六稳”工作，落实“六保”任务，以“大干一百天，实现双过半”竞赛活动为总抓手，统筹推进疫情防控和经济社会发展，全市疫情防控形势持续向好，复工复产复商复市有力有效，经济运行企稳回升，基本民生保障良好。区委副书记、区长谢伟峰代表开福区委、区政府，就市领导和市人大代表对开福区经济社会发展的关心和支持表示感谢。他表示，2020年上半年，全区统筹抓好疫情防控和复工复产，疫情防控贡献开福担当，产业建设有新动作，促进消费有成效，

2020年5月9日，省人大常委会副主任杨维刚（前左二）率队到开福区调研城镇老旧小区改造工作　（区人大　供图）

三资盘活有新突破，惠企帮企有真投入，希望各方进一步重视和支持开福发展。唐向阳对代表们提出的意见进行一一回应，并表示将始终坚持以人民为中心的执政理念、持之以恒优化营商环境、以问题为导向做好各项工作。长沙市中级人民法院、长沙市人民检察院也对代表提出的建议进行回应。

【省人大代表到开福区开展代表活动】9月27日，湖南省人大代表长沙市第二代表小组到开福区开展代表活动。该次活动以“推动重大产业项目和基础设施建设，促进经济平稳增长”为主题，代表们视察位于开福区的老百姓大药房总部、长沙货运北站（中欧班列），并在长沙金霞经开区管委会召开座谈会。会上，开福区委书记曹再兴代表开福区对省代表莅临开福区调研指导表示欢迎和感谢，并汇报开福区经济社会发展情况以及项目建设情况，金霞经济开发区党工委书记李国军汇报金霞经开区有关工作情况，与会代表围绕活动主题进行发言。湖南省人民政府副省长陈文浩充分肯定开福区近年来经济社会发展所取得的成绩，认为中欧班列对物流产业有巨大促进作用、金霞消费电子产业集聚区的建设符合先进制造业发展方向、马栏山视频文创园将为开福发展集聚更多能量。希望开福区继续贯彻落实好习近平总书记在湖南考察调研时的重要讲话精神，按照“三高四新”要求，在新发展格局中展现新作为，在发展内循环中做大做强，在长江经济带的生态环保方面彰显新担当；保持发展定力、与时俱进，坚持一张蓝图画到底，用战略眼光，系统谋划，久久为功；金霞经济开发区要聚焦一主一特产业，继续做大做强物流产业，进一步做出特色。

（谭银花）

开福区人民政府

综　述

【概况】2020年，长沙市开福区人民政府贯彻中共十九大、十九届二中、三中、四中、五中全会精神和习近平总书记考察湖南重要讲话指示精神，扎实做好“六稳”工作、全面落实“六保”任务，统筹推进疫情防控和经济社会发展，迎难而上、克难奋进，在不平凡的年份创造不平凡的业绩。全区地区生产总值增长4%，地方一般公共预算收入增长6.6%，社会消费品零售总额增速与省市持平，规模以上工业增加值增长6.7%，固定资产投资增长9%，金霞消费类电子产业集聚区、荷兰夸特纳斯项目入选全市首批17个制造业标志性项目，“433产业攻坚”成效显著，开福区位列高质量发展全国百强区第28名。金霞经开区纳入湖南自贸区联动发展区，并被评为全国优秀物流园区。全市首推“老年助餐”服务模式，获全市唯一“湖南省2020年度真抓实干促进就业工作先进县市区”，连续16年获评全省“平安区县”。

【疫情防控】2020年，开福区实施“大数据分析+网格化排查”，16个分指挥部、27个成员单位条块联动，1246个党组织、2.6万多名党员、3.1万余名志愿者齐心协力，累计摸排返长返岗人员27.8万人，在最短时间内遏制疫情。全省首创的中小学卫健副校长机制受到各界肯定，荷花池社区群防群治模式在全市推介，2个集体、4名个人获省级表彰。在疫情最危急的时刻，用最短时间高质量完成市公共卫生救治中心、沙坪医院提质装修改造，打造长沙版“小汤山”；完成医疗机构、食品冷链等重点场所、重点环境核酸检测5.5万人次；完成5批次962人临时入境航班接待任务。开展“大干一百天，实现双过半”竞赛活动，出台“惠企十六条”，办好助企纾困“九件实事”，开展精准促销活动42场，选派344名机关干部担任驻企联络员进行“面对面”帮扶，兑现资金6100万余元，减税降费10.5亿元。

【经济发展】2020年，开福区视频文创业，引进爱奇艺、创梦天地等企业793家，实现营收430亿元、增长16%。现代物流业引进湖南医药集团等过亿元项目5个，实现营业收入605亿元、增长5%，其中医药物流业营业收入近300亿元。引进长沙银行金融产业基地、天安财险等金融总部机构7个，实现金融业增加值142亿元、增长10%，税收过亿元楼宇12栋。引进消费类电子产业龙头企业、中国商飞等重大产业项目12个，金霞消费类电子产业集聚区1・1期配套企业生产车间和“三纵一横”道路竣工。全年新增上市企业1家、“四上”企业130家，市场主体突破11万户、增长8.7%。2020年，开福区实施“433产业攻坚”，36个重大产业项目超额完成年度任务，万科华升智慧物流园一期、城际科技等项目建成投产，湖南创意设计总部大厦、北辰国际会议中心等项目加速推进，全年实施重大项目227个，投资超360亿元。关公湖、广胜统征地等103个集体土地项目拆迁清零、腾地630.47公顷，天祥日杂、花鸟虫鱼市场等20个国有土地征收项目签约清零、腾地27.87公顷。

【生态环境】2020年，开福区完成省级环保督察反馈问题、“回头看”交办问题整改到位，投诉案件数量较上轮减少51件，下降47.7 %。推进大气污染防治专项行动，整治污染源2150个，完成大气污染防治项目14个，全区空气质量优良天数314天，较2019年增加41天。“一江三河”综合治理深入实施，苏托垸污水处理厂建成使用，开福污水处理厂提标扩建，长江流域重点水域禁捕退捕任务提前完成，重点水体水质稳定保持在Ⅲ类以上。交通、工地、社会生活等噪声污染有效整治，全区土壤环境质量总体稳定。

【城市品质】2020年，开福区实施城市“规划提升、风貌严控、特色塑造、形象提质”四大工程，推动金霞组团规划升级为城市副中心，金霞新城被列入全市四大产业新城建设规划。新建“15分钟生活圈”12个，老旧小区加装电梯200台。整治道路交通问题顽瘴痼疾，清理无牌共享电单车5.5万余台。规范市容秩序，打造精品夜市街区2个，整治“脏乱差”等问题348个。推进生活垃圾分类，厨余垃圾质量达标率超过99.5%。推进“厚德开福”建设，市民文明素质和文明程度不断提升，科大佳园社区被评为全国文明单位，清水塘社区被评为全国最美志愿服务社区。改造无害化厕所1272座，打造市级小微水体管护片区1个，完成农村违法用地整治32宗，农村垃圾分类减量实现全覆盖。完成“多规合一”村庄规划修编5个，新改建“四好”农村路24.9千米，建成市级美丽屋场2个。

【民生保障】2020年，开福区新增

就业8284人，零就业家庭保持动态清零，城镇登记失业率控制在4%以内。新建居家养老服务中心12家，完成老旧房屋功能性改造560户，建成竹隐、天井保障性住房1153套，中岭景苑、滨河嘉园等项目实现分房，1862户拆迁群众实现安居。新建、改扩建中小学4所，新增优质学位2070个，被评为全省“平安校园建设先进县市区”。区公卫大楼建成使用，新改建街道社区卫生服务中心8个，组建家庭医生服务团队110个、重点人群签约覆盖率达66.4%，健康开福稳步推进。提质社区（村）综合文化服务中心5个，新建健身驿站（点）80个，推出红色经典游等文旅线路5条，举办旅游消费节等文旅活动4场。

【社会治理】2020年，开福区完成全国公安机关教育整顿试点，纵深推进新时代县域警务工作。抓好扫黑除恶、集打斗争等专项整治行动，刑事案件发案数持续下降，降幅居全市前列。落实安全生产责任制，创新“区领导+专家+执法人员”模式，16个重大隐患整改到位，全省首个小型站潮宗街消防站建成执勤，被评为全省安全生产和消防工作优秀单位。全省首个阿里云智慧食安街区北正街开街运营，获评全省网络食品安全示范街。

2020年，开福区经济总量不大、产业龙头不强、产业链条韧性不足，发展质效需进一步提高。市场有效需求仍显疲弱，企业生产经营面临不少压力，营商环境与沿海发达地区相比还有较大提升空间。产城融合水平不高，城市功能仍需完善，城乡品质有待进一步提升。优质公共服务供给相对不足，应急体系不够健全，社会民生事业发展还不能充分满足群众期盼。政府治理效能、干部履职能力、政事服务效率与治理体系现代化的要求仍有差距。生态文明建设任重道远，安全生产、矛盾化解等方面还存在不少隐患。

重要会议

【区政府常务会议】2020年，开福区人民政府召开常务会议16次。

1月16日，审议《收购长沙畅通物流有限公司优质资产实施方案（送审稿）》。

2月28日，传达贯彻习近平总书记在统筹推进新冠肺炎疫情防控和经济社会发展工作部署会议上的讲话精神、习近平总书记对全国春季农业生产工作的重要指示精神研究安全生产工作；听取河长制工作汇报；研究教育工作；审议《长沙市开福区人民政府·湖南省外国企业服务有限公司合作协议》；听取湘特跨境电商项目、有棵树跨境电商金霞项目、环金科技运营总部项目的情况汇报；听取开福城投集团班子成员薪酬的情况汇报；研究开福区违法使用土地整治工作；研究违建别墅清查整治工作。

3月6日，审议湖南金霞发展集团有限公司（以下简称金霞发展集团）与长沙城市发展集团有限公司（以下简称市城发集团）合作协议。

3月19日，研究全区污染防治攻坚战工作；研究全区防汛抗旱工作；传达贯彻习近平总书记在决战决胜脱贫攻坚会议上的重要讲话精神，研究全区精准脱贫攻坚战工作；研究区政府合同履行与管理工作；审议《关于加快推进开福区软件和信息服务业高质量发展的若干措施（草案）》；研究全区防范化解重大风险攻坚战工作。

4月22日，研究质量强区暨创建国家食品安全示范城市有关工作；研究犬只留检场所和犬患治理专业执法队伍建设有关工作；审议《长沙市开福区人民政府·湖南中化医疗科技有限公司合作协议》及《委托招商引资协议》；审议《开福区打造“优质教育资源聚集区”规划方案（2020—2022）》；审议《长沙市开福区人民政府与湖南日报传媒中心有限公司合作协议》；研究金霞经济开发区外贸资金有关工作；听取关于投资友谊工程咨询有限公司（以下简称友谊咨询）股权问题的汇报；审议《关于区政府系统持续深入开展大调研活动的通知》。

5月21日，研究开福区教育局与湖南师大附中合作举办植基中学有关工作；审议《关于引进天安财产保险股份有限公司湖南省分公司等四家公司的奖励协议》；审议《长沙银行金融产业基地项目意向协议》；研究“630”电力埋管工作；研究禁毒工作；研究退役军人事务有关工作；研究全区打击非法传销工作；审议《开福区经济发展奖励暂行办法》；审议《〈关于有效应对疫情支持企业健康发展的若干措施〉拟奖励兑现名单（第二批）》。

6月4日，研究泰和医院个人股权转让税收奖励有关工作；听取加强新时代县域警务工作的汇报；审议《湖南金霞发展集团有限公司薪酬管理办法（送审稿）》；审议《开福区促进建筑业发展三年（2020—2022）行动方案（送审稿）》；审议《小型政府投资项目施工及中介服务委托实施办法（送审稿）》；听取统计工作汇报；研究全区疫情防控常态化管理工作。

6月16日，研究全区疫情防控常态化管理工作；研究2020年度重点民生实事工作；听取金霞经开区重大产业项目招商情况汇报；听取金霞跨境电商产业发展基金成立工作情况汇报。

7月16日，传达学习全市半年度经济形势分析会议精神；研究安全生产工作；研究2019年经济发展奖励兑现（第二批）有关工作；研究关于道路物探异点检测项目相关工作；研究湖南沙坪新农村建设投资有限公司股权转让有关工作；研究青竹湖街道植基路以东农民安置房等项目集中立项有关工作；研究湖南财盛国际贸易有限公司项目、骏德国际美酒美食现代物流中心项目有关工作。

8月21日，听取街道财税收入组织工作情况汇报；听取湖南省高速公路集团和快乐阳光公司人才奖励情况汇报；审议2019年经济发展奖励兑现情况（第三批）；审议《新型基础设施建设战略合作框架协议（送审稿）》；研究区智能制造和软件信息服务业有关工作；研究对友谊国际工程咨询有限公司增资扩股有关工作；审议《长沙市开福区人民政府·湖南正大零售有限公司合作协议（送审稿）》《长沙市开福区人民政府·长沙钱大妈生鲜食品有限公司合作协议（送审稿）》。

9月14日，审议《区政府系统落实区委五届十八次全会报告任务分解表（征求意见稿）》；传达学习习近平总书记关于安全生产重要论述及指示批示精神，审议《长沙市开福区突发事件总体应急预案（修订·送审稿）》；听取食品安全及创建工作情况汇报，审议《长沙市开福区党政领导干部食品安全工作责任清单（送审稿）》；研究开福区长江流域重点水域禁捕退捕工作；研究给予中信银行长沙分行个税返还有关工作；研究2020年开福区城管品质提质行动和城管系统项目建设有关工作；审议《长沙（金霞）消费电子产业集聚区合作开发补充协议》；研究城镇老旧小区改造有关工作；研究教育工作（与长沙市第一中学第二轮合作办学事宜、全区中小学卫生厕所提质改造工作）；审议《中石化销售股份有限公司湖南石油分公司营销管理中心项目商务合作补充协议》；审议《关于对新华人寿保险股份有限公司湖南分公司的奖励协议（送审稿）》；研究湘春路至开福寺路重要历史建筑节点提质工程建设有关工作。

10月23日，研究开福区“两安”用地及“两保”用地规划调整涉及教育配套有关工作；审议《长沙市开福区建筑垃圾资源化利用特许经营实施方案（送审稿）》；研究捞刀河、沙坪街道析置成立新社区（村）有关工作；审议《区人民政府与湖南善孝堂养老服务有限公司签订湖南省城企联动普惠养老专项行动战略合作协议书（送审稿）》；审议《长沙市开福区引进软件信息业中初级人才暂行办法（送审稿）》；审议《“137”项目合作开发框架协议（送审稿）》；研究调整史家坡学校项目建设投资估算有关工作；审议《长沙市开福区人民政府·阿里巴巴（中国）有限公司合作备忘录（送审稿）》《长沙市开福区人民政府·湖南富兴置业发展有限公司共同引进阿里巴巴湖南区域总部的合作协议（送审稿）》；听取关于长沙市湘泽置业有限公司奖励情况的汇报。

10月28日，审议《开福区“十四五”跨境电商专项发展规划纲要（送审稿）》《开福区“十四五”跨境电商发展五年行动方案（2021—2025年）（送审稿）》《开福区“十四五”跨境电商专项发展产业扶植奖励办法（送审稿）》；审议《长沙市通邮物流科技有限公司入园协议书（送审稿）》；研究2020年预算调整相关工作；关于人保财险湖南分公司奖励的情况汇报。

11月24日，传达学习全市领导干部会议精神；审议《长沙（金霞）消费电子产业集聚区2021年度开发建设计划》；研究安全生产和应急管理工作；审议《开福区不达标水体水质提升三年行动计划（2020—2022年）》；审议《开福区公路“路长制”实施方案》；听取2020年全区开放型经济指标任务及奖励资金情况汇报；研究白霞、中岭撇洪渠末端截污至北二环干管临时工程及沅丰坝、楚家湖污水处理厂污水改接至北二环干管临时工程总投资估算问题；听取生态环境保护督察“回头看”工作情况汇报。

12月17日，审议《政府工作报告（讨论稿）》；审议《开福区加强住宅小区物业管理提升物业服务水平三年行动计划（2021—2023）》；研究捞刀河街道、秀峰街道析置成立新社区工作；审议《长沙银行金融产业基地项目合作协议》；审议《关于有效应对疫情支持企业健康发展若干措施》第三批拟兑现资金情况；研究对湖南高速集团2020年度奖励事宜；听取天泽信息总部、聪石跨境电商项目情况汇报；审议《开福区残疾人联合会改革方案（送审稿）》。

12月28日，审议《开福区2021年重大项目投资计划表（送审稿）》；审议《开福区2020年国民经济和社会发展计划执行情况与2021年国民经济和社会发展计划（草案）》《开福区国民经济与社会发展第十四个五年规划纲要（送审稿）》；研究社区卫生服务中心退休人员福利待遇问题；研究2021年预算编制工作；听取星光路（嘉华路—锦绣路）提质工程主要建设内容及总投资估算的情况汇报。

政研·督查

【概况】2020年，区政府办公室围绕全区中心工作，持续推进政府系统大调研活动，形成调研报告131篇，完成领导讲话等重要文稿300余篇，报送政府信息300条（篇）。全年组织召开政府常务会议16次，组织开展专项督查30余次，督办领导批示件895件次。

【调查研究】2020年，开福区政府办公室持续推进政府系统大调研活动，形成调研报告131篇，推动“先调研后决策”成为工作常态。高质量完成领导讲话、调研报告等重要文稿300余篇，《加快老旧小区改造，提升群众获得感》等4篇文章在《决策咨询》刊发。深入开展疫情经济形势分析、机构改革区街联动等专题调研，为科学决策提供参考。2020年，完善信息采集、编制、报送制度，保障信息质量。全年报送信息300条（篇），130余条（篇）信息被上级采用，政务信息排名全市内六区第一，《开福区以智能化改造推动24小时“不打烊”服务》等信息被省《政务要情与交流》专刊报道。

【政务督查】2020年，对174项《政府工作报告》目标任务，135条市、区两级会议议定事项，895件区政府主要领导批示件开展督办，对新冠肺炎疫情防控、省委巡视整改、“433”产业项目建设等重点工作开展专项督查30余次，推动区委、区政府各项决策部署落实落地。

【其他重点工作】2020年，统筹抓好产业发展、项目建设、重点民生实事、优化营商环境、交通顽瘴痼疾整治、禁毒等重点工作，40个省市重点民生实事考核指标全部提前完成；三季度污水涉毒成分监测指数同比下降90.06%，降幅居全市第一；149项建议、提案完成办理，整体办复率、态度满意率100%。

（杨　杰）

人　事

【概况】2020年，创新人才服务机制，落实青年人才筑梦工程和区人才新政11条，兑现各类补贴1275.15万元，惠及21家区内企业和3252名青年人才。全年城镇新增就业8284人，再就业和转移就业11604人，培训人数16420人，城镇登记失业率稳控在3.6%。发放灵活就业社保补贴资金2574.81万元，失业保险金2798.98万元，失业补助金1165.49万元，实现居民养老保险覆盖率100%。全年办理各类劳动案件1488件，为4000余人次农民工追回拖欠工资3500万余元，各项案件时效内办结率100%，全区无一起因欠薪引发的重大负面舆情。

【人才队伍建设】2020年，区人社局树立“抓人才就是抓发展，兴人才就是兴开福”的理念，优化人才发展。创新人才引进模式，首次在北京公开招聘高校毕业生24人，其中博士4人，硕士19人，双一流大学占比87.5%，考生学历层次和综合素质均为历年之最。公开选调（招聘）事业单位工作人员85人，完成新招聘在编教师235名、备案制教师41名和基层医疗机构工作人员80名的审批与聘用工作。创新人才管理方式，推进公务员和事业单位工作人员分开管理改革，梳理事业单位编制和人员情况，建立在岗在编干部信息库，实现人才信息大数据管理。创新人才服务机制，落实青年人才筑梦工程和区人才新政11条，兑现各类补贴1275.15万元，惠及21家区内企业和3252名青年人才，有效减轻企业人力运营成本，增强全区人才集聚效应。

【就业创业】2020年，克服新冠肺炎疫情和经济下行的影响，稳定和扩大就业，全年城镇新增就业8284人，再就业和转移就业11604人，培训人数16420人，城镇登记失业率稳控在3.6%。实施就业创业并举，稳住广大居民就业基本盘。组织5支服务小分队实地走访区内重点企业100余家，了解疫期用工缺口及疫后就业服务需求，到湖南省石门县、龙山县、城步县等地招工，助力脱贫攻坚。升级“开福就业”招聘平台，实现疫情防控期间“网上招聘不停歇，就业服务不打烊”。推动新兴行业就业，开展“练摊”“直

2020年11月13日，梦想启航 扬帆开福 2020年长沙市开福区人社局政校企洽谈会暨合作签约仪式 （区人社局 供图）

播带货”等创业培训，选送的“无接触式UWB雷达生命体征监测”项目，获得第四届“中国创翼”创业创新大赛创新组二等奖，为全市唯一获奖项目。连续五年开展“大学生就业在开福”系列活动，围绕重点人群就业“点亮万家灯火”。

【社会保障】2020年，全年为1.26万家企业减免基本养老、失业、工伤保险单位缴费部分4.32亿元，为企业纾困，帮企业解难。援企稳岗保市场主体，以企业税费“减法”换就业岗位“加法”，发放稳岗稳就业资金450万元，公益性岗位补贴和社保补贴62.56万元，企业吸纳贫困劳动力就业岗位补贴和社保补贴18.12万元，小微企业招用高校毕业生社保补贴3.37万元，见习补贴91.63万元，有效缓解企业生产经营困境，保住市场主体和就业岗位。紧盯待遇保基本民生，发放灵活就业社保补贴资金2574.81万元，失业保险金2798.98万元，失业补助金1165.49万元，实现居民养老保险覆盖率100%。完善监管保基金安全，健全完善政策、经办、信息、监督“四位一体”的风险防控体系，确保社保基金安全完整。

【劳动监察与仲裁】2020年，依法行政，治理防范并重，全年办理各类劳动案件1488件，为4000余人次农民工追回拖欠工资3500万余元，各项案件时效内办结率100%，全区无一起因欠薪引发的重大负面舆情。建立劳动关系风险监测点，健全疫情期间劳动关系风险防控和预警机制。开展根治欠薪冬季攻坚“五大行动”，推进建筑工地项目“七项制度”落地落实，2020年，全区新开工项目保证金覆盖率100%，专用账户覆盖率100%。应对疫情期间劳动人事争议案件增多的实际，创新开展每月一次“裁审衔接”沙龙活动，开辟“农民工绿色维权通道”，启用“一步到庭”简易程序，实现调解仲裁案件快立、快办、快结。

【“梦想启航，扬帆开福”政校企活动】11月13日，由长沙市开福区人民政府主办、长沙市开福区人力资源和社会保障局承办、金霞经开区产业发展局和马栏山众创园协办的“梦想启航，扬帆开福 2020年政校企洽谈会暨合作签约仪式”在马栏山众创园举办。签约仪式上，开福区人民政府与湖南省岳阳市5所高校签订政校人才合作协议，同时，开福区辖区内友谊咨询、草莓V视等15家重点企业分别与高校签订校企合作框架协议，达成人才培育共识。组织企业到岳阳市高校现场招聘，提供岗位1087个。

（郑文榜）

行政审批服务

【概况】2020年，开福区“一件事一次办”改革工作瞄准企业和群众办事的痛点、堵点、难点，实现办事“找最少的部门”“交最少的材料”“跑最少的路”“花最少的时间”。2020年，开福区推进行政权力承接和下放，发布区本级行政权力清单、公共服务事项清单、权责清单、中介服务事项清单等。开设“一件事一次办”跨域通办专窗，区级权限套餐均上线市门户网站实现跨域通办、智能导办。推进工程建设项目审批制度改革，确定并对外公布区级权限工程建设项目审批事项。2020年，开福区“12345”热线平台受理工单，满意率为97.19%。2020年，区本级政务大厅接待办事群众29.31万人次，办结事项24.83万件，24小时自助服务区办理业务2.16万件。区行政审批服务局被评为“长沙市青年文明号”，通过“省级文明标兵单位”复检。

【“一件事一次办”改革】2020年，开福区推进行政权力承接和下放，发布区本级行政权力清单3471

项，公共服务事项清单547项，权责清单2654项，中介服务事项清单62项。落实《湖南省赋予乡镇（街道）经济社会管理权限指导目录》《湖南省乡镇权力清单和责任清单》《长沙市社区（村）高频政务服务事项指导目录（2020版）》相关文件精神，形成开福区社区（村）基层公共服务事项清单47项，梳理形成街道行政权力清单160项，公共服务清单80项，“就近办”清单199项，权责清单158项；社区（村）公共服务清单70项，“就近办”清单54项。根据《长沙市政务服务事项动态管理办法》和《长沙市行政权力下放、承接和运行管理暂行办法》对政务服务事项实行动态调整。29个部门1149个事项进驻区政务大厅，25个部门明确首席审批代表，实现“应进尽进”。按照“就近办、自助办、一次办、马上办”理念，建成开福区首个24小时自助服务区，设置14台自助终端，可全天候办理社保缴费证明、政策兑现申报等100余项高频事项和享受11大类1000余项政务服务。开设复工复产政策兑现“一件事一次办”专窗，受理相关咨询办理需求415件，惠及244家企业。开设“一件事一次办”跨域通办专窗，197个区级权限套餐均上线市门户网站实现跨域通办、智能导办。推进工程建设项目审批制度改革，确定并对外公布区级权限工程建设项目审批事项23项。出台《开福区2020年政务公开工作要点》，公开20余次区政府常务会议信息，141件区级各部门规范性文件，5个领域的公共企事业单位信息，全年受理并答复政府信息依申请公开104件。下发《开福区全面推进基层政务公开标准化规范化工作实施方案》，同步编制区和街道的基层政务公开标准化规范化事项目录清单。在开福区政府门户网站搭建基层政务公开专栏，截至2020年年底，公开26个试点领域的基层政务公开事项目录清单，公布事项信息3983条。建立区和街道两级政务公开专区，设置公开资料展示架和政务公开查询电脑，公众可直接查询相应信息和申请政府信息公开。

【“12345”政务服务热线】2020年，开福区“12345”热线平台受理工单4.28万件，满意率为97.19%，超过考核标准值1.19个百分点。根据长沙市行政效能电子监察系统的统计，区级办件总量28.56万件，办结量28.16万件，办结率98.58%，黄牌数128件，红牌数486件。好差评收到评价数38.73万条，其中好评数38.72万余条，差评数47条，全年平均分6.98分，在全市内六区排名第一。

【政务服务中心管理】2020年，开福区出台《开福区行政审批服务局窗口工作人员考核办法》，开展“优服务，亮身份，争先锋”活动，组织全体窗口工作人员开展应急救护知识培训、沟通技巧培训、工间操比赛等，提高窗口工作人员的整体素质和团结凝聚力。2020年，区本级政务大厅接待办事群众29.31万人次，办结事项24.83万件，24小时自助服务区办理业务2.16万件；为企业提供免费刻章6307套；评选服务明星151人次，收到群众书面表扬138次，电话回访满意率99%。为老年人、残疾人、军人、消防救援人员、孕妇及带小孩的办事群众开辟“绿色通道”。优化窗口设置、统一大厅标识标牌，建立学雷锋便民服务站、引入多功能引导系统；增设AED急救设备、免费计生用品发放机，提升办事群众的体验感。加强联防联控，积极制定疫情防控期间推进企业复工复产政务服务便民利企工作措施。建立企业复工复产诉求部门响应机制，市场监管、医保、人社等部门推行“不见面办延期办预约办”措施。政务大厅增设热成像仪、空气消毒机、口罩免费领取机等防疫设备，确保疫情防控到位。

（兰　斌）

2020年4月29日，开福区政府区长谢伟峰（右三）调研政务服务中心升级工作
（区委宣传部　供图）

国有资产管理

【国有资产管理】2020年，对管辖范围内的办公用房、城区宿舍等非经营性资产进行清查摸底，清查自管国有资产12处。加强开福区非经营性国有资产监督管理，推动资产管理与财务管理相结合，规范全区行政事业单位、区属国有企业国有资产管理，完善国有资产管理制度。将原开福区地方税务局霞凝税务所房产维修改造后调剂给青竹湖街道霞凝港社区使用，区人居环境局原6处办公用房清理腾空后调剂给区妇联、区住建局等6家单位使用；完成区纪委区监委、区巡察办等8家单位办公用房调配。做好调拨资产的审核把关，全年调拨资产385批次，累计金额948万元；完成政府采购项目33批次，金额2473.8万元。

【公务用车管理】2020年，加强公务用车平台管理建设，全面启用电子调派系统，提高车辆调度效率；全年调派公务出行1.44万余次，实现派车零误差，用车单位满意度100%。按照湖南省委第八轮巡视整改意见，坚持立行立改，从严从紧抓用车经费，抓违规公务用车、派遣公车、未喷涂“公务用车”标识等问题。全年报废处置公务车辆8台，划转处置25台，降低公务车辆运行经费92.4万元，无公车私用等违纪情况发生。修订完善《开福区公务用车管理实施细则（试行）》，对车辆保障范围、用车条件要求进一步细化，确保全区公务出行规范有序。

【开福区24小时政务服务自助区启用】5月27日，长沙市开福区24小时政务服务自助区正式启用，实现政务服务从8小时之内向“全天候”延伸，满足企业和群众下班后及节假日的业务办理需求。开福区24小时政务服务自助区位于芙蓉北路开福区政务服务中心，服务区总面积47平方米，设有18台自助终端，服务内容涵盖企业登记、税务、社保、交管、工商证照、水电气等多个领域，企业和群众可以通过人脸识别或有效证件，在自助服务区办理11大类业务1000余项服务，充分满足企业和群众“就近办、自助办、一次办、马上办”需求。

（杜　琼）

数据资源

【概况】2020年，完成区级人口、法人、实有房屋、经济运行等主题数据库建设，采集录入人口数据74.64万条、法人数据13.29万条、实有房屋数据3.35万条。截至2020年年底，智慧开福综合服务云平台收到上报事件81.81万条，办结81.73万条，记录网格员民情日志88.68万篇。开福区政府门户网站全年发布各类信息2.25万条（篇），“我的开福”微信公众号发布信息825条（篇），区长信箱受理信件227件，群众满意率100%。2020年，区数据资源中心被评为开福区优化营商工作先进集体。

【网格化治理】2020年，提升网格化多元社会治理能力。完善网格化工作管理办法，梳理网格工作流程制度，明确标准。精细配置工作力量，组建网格化社会管理标准化服务团队，基本形成以基层党组织为核心，网格化社会服务管理工作机制为基础，行政力量、各类社会组织和群众力量为重点的基层网格化多元治理体系。科学划分网格类型，根据每个网格管理的难易程度、压力大小，安排全区、各个街道调配工作力量到重点网格。探索打造标准化服务阵地，以清水塘街道为试点，依托党建活动阵地、邻里中心、政务服务代办点、零距离服务点等多种场所，建设32个网格综合服务点，逐步形成“区—街道—社区—网格—楼栋”的五级管理体系。开发“开福区网格微治理”微信小程序，通过微信提供实时网格服务，包含网格导航、信息公示、居民群众问题沟通与反馈等功能，网格员和居民发现问题后可以随手拍、随时报，引导居民群众参与网格小微治理，提升社会治理共建、共治、共享水平。

【智慧开福平台建设】2020年，区数据资源中心智慧开福综合服务云平台完成三期升级，整合智慧安监、智慧电梯、环保油烟监控、区“12345”热线、区城管环保数字化、政协“微建议”、“残联小助手”等7个子平台的数据，对重要卡口视频进行视频智能分析。完成区级人口、法人、实有房屋、经济运行等主题数据库建设，采集录入人口数据74.64万条、法人数据13.29万条、实有房屋数据3.35万条。截至2020年年底，智慧开福综合服务云平台收到上报事件81.81万条，办结81.73万条，记录网格员民情日志88.68万篇。结合“街道吹哨、部门报到”工作机制，在平台中定制相关工作流程，为其提供数据支撑；推进统战力量进网格工作，开发“智慧统战”云应用平台，把“同

2020年10月15日，“潮起湘江 福满开福”大数据服务美好生活·我的长沙系列宣传推广活动启动

（区数据资源中心　供图）

心圆桌议事会”基层协商民主模式纳入基层治理创新工作；整合政协“微建议”平台，将“政协云”上的民生建议等流转集成到平台中，将有代表性的事件转化为提案和社情民意；对接长沙市“12345”热线系统、长沙市数字化城管系统等数据，将多个平台事件统一归集到智慧服务管理平台，实现事项统一派遣、统一结案，避免同一事件重复交办、重复结案。

【信息化项目建设】2020年，统筹推进全区政府投资信息化项目的规划、计划、评审和验收等相关技术性、服务性工作，完成各部门提交的30个信息化项目技术审查，核减预算经费346万元，提出优化建议26条，为全区政府投资信息化项目提供有力支撑和保障。启动“开福区经济运行大数据分析平台”建设，平台功能主要包括财政收入分析、纳税企业分析、财源建设分析、涉税主题分析、可视化平台等，项目正式上线运行，为实时掌握全区经济运行情况、助力全区经济分析决策提供有力支撑。

【智慧城市规划编制】2020年，启动《开福区智慧城市信息化“十四五”区域规划》编制工作，摸清开福区信息化建设现状、掌握各部门信息化建设诉求，对标先进地区新型智慧城市信息化建设模式和主要建设内容及特色亮点，学习吸取各地智慧城市先进做法，确定开福区新型智慧城市建设中长期目标。围绕“113+N”发展战略，即以建设“1个区城市运行管理分中心”，部署“1套新型基础设施”，支撑“3大领域创新应用”，推动“N项智慧城市信息化发展专项”，构建善政惠民兴业、服务社会的智慧开福，将开福区打造成为“中部示范区，开福智慧城”。

【网站建设管理】2020年，区数据资源中心加强网站常态化监测和运维服务，保障网站平稳、有序运行。制定区政府门户网站内容保障方案和考核细则，专人负责区门户网站信息更新维护等工作。对全区53个单位在门户网站上的信息保障情况进行监测和统计，保证内容规范、更新及时。全年下发网站日常监测情况通报12期。开福区政府门户网站发布各类信息2.25万条（篇），“我的开福”微信公众号发布信息825条（篇），区长信箱受理信件227件，群众满意率100%。开设“政务公开工作要点”“‘不忘初心、牢记使命’主题教育”“优化营商环境”“公共机构生活垃圾分类”“扫黑除恶”5个特色专栏，对相关工作进展、政策依据、实施成果等及时、准确地予以公开；整合省、市、区关于优化营商环境、招商引资等相关工作的最新政策，便于企业及时了解，不断提升政府网站服务性。

【网络安全防护】2020年，区数据资源中心健全网络运维机制，建立机房管理制度，规范各部门网络资源申请流程，实现痕迹化管理。对全区网络进行监控，做到及时发现故障、处理故障，保障各项工作的顺利开展。开展网络安全风险检查，针对发现的各部门自有信息系统存在的漏洞风险，督促落实整改，保证全区信息系统环境安全。保障核心服务器区域网络环境稳定运行，限制服务器非法外链，防火墙新增69条安全策略，开展“湖湘杯”网络安全应急演练，强化网络安全自查和整改工作。2020年，处理各类运维事件805次，开展机房巡检216次，确保全区整体网络安全状况良好。

【政务服务优化】2020年，助推开福区24小时自助服务区建设，提供长沙市“互联网+政务服务”一体化平台政府服务终端4台，采购安装户外LED大屏幕显示系统，整理规范户外空中飞线，完成税务、社保、交管、市场监管等10台自助终端设备搬迁调试及箱体制作工作。推进“互联网+政务服务”一体化平台建设，夯实政务服务平台建设项目基础，实现业务融合、技术融合和数据融合。事项接入率100%，好差评动态二维码配置128项，电子证照制证配置及套打配置完成20种，发放电子印章363枚，实现13家单位、35类电子证照在一体化平台使用。2020年，全区录入政务服务办件量33.53万件。

【大数据精准防疫】2020年，区数据资源中心落实区新冠肺炎疫情防控指挥部工作部署，成立数据分析组，负责对上和对内衔接与数据报送、统计、录入工作，协调建立数据共享机制，根据疫情防控需求，对接收集长沙市数据资源部门、区卫健局、区疾控中心、区公安分局、通信管理部门数据，为全区疫情防控提供数据分析决策支持。完成微信小程序“防疫小助手”开发，为社区涉疫人员管控提供有效工具。在流行病学调查中，及时协调市级数据部门、公安部门提供确诊病例轨迹、同行人员、乘车记录、密切接触者数据2620条，为疾控部门分析传染源及时采取有效措施防控重点人员提供保障。牵头撰写疫情数据分析报告2篇，为全区的防疫决策提供参考。

（唐喆颖）

信　访

【概况】2020年，开福区全年接待群众1388批2860人次，办理网上平台信访件1641件，复查复核信访件32件，网上信访率61%，群众满意率99%。受理湖南省委第六巡视组交办信访问题7批291件，均按要求办结。信访反映的主要内容是国有土地上房屋征收、集体土地上房屋拆迁、教育、劳动保障、环境保护、交通运输等问题。

【网络信访建设】2020年，开福区信访局按照省、市“阳光信访”的要求，完善视频信访系统，实现接访工作视频化。组织全区各街道、各部门开展信访基础工作“百佳业务规范单位”、“百佳业务能手”“三无”县（市、区）、“三无”街道创建工作，取得较好效果。开福区创建长沙市“三无”（无重复上访、无集体上访、无信访积累）街道5个。开展《中华人民共和国信访条例》修订15周年宣传活动、“法治宣传月”活动，引导信访人多走基层渠道反映诉求，依法维权、理性上访，形成“多上网少走访”的信访环境。规范网上信访、信件受理、答复程序，形成“双向规范”氛围，及时就地解决群众合理诉求。

2020年10月27日，区委书记曹再兴（左三）在区人民来访接待中心接待来访群众　　（区信访局　供图）

【信访积案化解】2020年，开福区信访局开展“领导接访下访推动矛盾化解”攻坚年活动，市交办区信访积案58件，其中25件“四重攻坚”类信访问题全部化解。继续落实周议访调度机制、积案化解定期通报、畅通情报信息、强化依法治访、通报约谈问责机制，指导督促各级各部门化解信访积案，帮助解决化解过程中出现的困难和问题。区财政投入信访救助资金156万余元，帮扶困难信访群众44户；按2017年“百日攻坚”模式化解突出信访问题56件。

【领导公开接访】2020年，开福区信访局制定“开福区2020年县级领导公开接访安排表”，区委、区政府、人大、政协班子成员轮流在人民来访接待中心公开接访，及时处理解决辖区群众反映的信访问题，建立健全接访档案，做到有记录、有图片、有追踪、有落实。全年县级领导公开接访656批2011人次。

（孙万海）

政协开福区委员会

综 述

【概况】2020年政协开福区第五届委员会有委员214人，设28个界别：中共界12人，民革界6人，民盟界7人，民建界6人，民进界6人，农工党界6人，致公党界6人，九三学社界6人，工商联界20人，无党派人士界17人，工会界2人，共青团界1人，妇联界3人，侨联界2人，经济界33人，农林界5人，科技界5人，民族界1人，宗教界2人，文化艺术界6人，教育界10人，医卫界10人，体育界1人，新闻出版界6人，社会科学界1人，社会福利界6人，特邀界28人。委员的学历构成：研究生44人、大学本科133人、专科31人、中专以下6人。委员年龄：小于35岁25人，36~45岁86人，46~54岁76人，55~60岁24人，60岁以上3人，平均年龄45岁。

【服务大局】2020年，开福区政协坚持“区委有号召、政协有行动，区委有部署、政协有落实”，争当夺取疫情防控和经济社会发展“双胜利”的拥护者、践行者和推动者。新冠肺炎疫情防控。全区各级政协干部职工，按照区委统一部署，深入街道和社区，一线调度、一线督查、一线值守；政协委员及委员单位积极响应、倾情奉献，大家团结一心、凝心聚力，助力区委打好疫情防控阻击战。区政协委员及委员单位在疫情期间捐赠现金50万余元，捐赠防疫物资折合人民币240万余元。纾困解难。面对新冠肺炎疫情影响，政协主席会议成员上半年走访委员单位80余次，送政策上门，协助解决委员单位在复工复产中存在的停车场建设、道路建设、消防通道堵塞等实际困难110余个；邀请湖南大学杨胜刚教授为全体委员作《新冠疫情后中国经济与湖南中小企业的生存发展》专题讲座，提升委员企业应对疫情影响的能力。开展“助力433攻坚，推进复工复产”政银企对接活动，开展金融服务活动达成共识，形成常态化机制，构筑政银企信任、合作、互利的顺畅关系。“433产业攻坚”。区政协贯彻落实区委“433产业攻坚”决策部署，攻坚重大产业项目。组织56个省、市、区相关单位，调度47次，协调解决华润置地电力杆线下地、土方外运、地铁口联通等重大问题7个，家家红冷链物流基地湘通路建设、电力杆迁，以及兴旺科技总部基地、北辰A2写字楼项目中制约建设进度的关键问题，保障项目年度目标完成。落实区委要求，完成征地拆迁、闲置土地支帮促、信访包案、安全生产、文明创建等重要工作任务。

2020 年 3 月 10 日，区政协主席会议成员走访委员企业家家红冷链物流基地项目建设情况，助力区委“433 产业攻坚”，帮助企业复工复产　　（区政协　供图）

【为民履职】2020年215名委员到街道和社区值班走访，收集民生问题700余条，推动解决基层群众关注的民生诉求。委员牵头开展主体履职活动355次。打造“一专委会一品牌”特色委员工作室。全省64个县区级示范委员工作室中占有2个。在全区16个街道开展基层协商，汇聚委员、部门、基层等多方力量，解决群众民生问题32个。开展“双百帮扶”“爱心助学”等精准扶贫活动，全年区政协委员捐助善款38.17万元，为全区100户困难家庭和100名困难学生送温暖、送爱心；组织委员赴龙山县内溪乡、茨岩塘镇和长沙县路口镇上杉市村开展扶贫帮困，帮扶贫困学生130人、群众54户。

【强基固本】2020年，政协开福区委抓好机关作风建设。落实区委全面从严治党主体责任集体约谈会议精神，自查自纠，立行立改，将作风建设融入日常工作，要求机关干部牢固树立履职尽责，担当作为，创新思路举措；保持“严、细、深、实、快”的工作标准，推动政协工作全面提速、提质、提效；修订完善委员履职管理与考核办法，落实委员奖励和进出机制，用量化考核来增强委员主体责任意识，提升委员履职能力和实效。全年辞免委员13名，增补委员20名。

重要会议

【政协开福区第五届七次全体会议】2021年1月11—13日，政协开福区第五届委员会第七次全体会议召开。会议讨论区委书记曹再兴的讲话，讨论和协商政协开福区第五届委员会常务委员会工作报告、提案工作报告、提案审查情况报告、“一府两院”、区国民经济和社会发展第十四个五年规划纲要、区人民政府关于2020年国民经济和社会发展计划执行情况与2021年国民经济和社会发展计划草案报告及其他有关报告。对开福经济、政治、文化、社会和生态文明建设中的重大问题，协商议政，提出建设性的意见和建议。大会通过《政协长沙市开福区第五届委员会第七次全体会议关于常务委员会工作报告的决议》《政协长沙市开福区第五届委员会第七次全体会议关于提案工作情况报告的决议》《政协长沙市开福区第五届委员会第七次全体会议政治决议（草案）》。

【重点履职工作动员大会】2020年4月9—10日，政协开福区五届六次全体会议暨重点履职工作动员大会召开。区政协党组书记、主席熊建伟就2020年度需要重点推进的几项工作进行全面动员；民主评议被评议单位、重点提案承办单位、民主监督被监督单位、参与课题调研的委员等6位代表做表态发言；区委常委、常务副区长蔡冰代表区人民政府讲话；补选开福区政协五届委员会秘书长于文韬和政协常委周鸿胜。

【区政协第十八次常委会议】4月9日，政协开福区第五届常务委员会第十八次会议召开。传达学习省、市政协会议精神，协商通过《区政协2020年重点履职工作方案》、区政协五届第六次全体会议暨2020年重点履职工作动员及委员学习培训会议相关事项、委员人事异动。

【区政协第十九次常委会议】4月10日，政协开福区第五届委员会常务委员会第十九次会议召开。听取各组协商区政协秘书长、常务委员候选人建议名单的意见，协商《选举办法（草案）》，协商总监票人、监票人、总计票人、计票人建议名单。

【区政协第二十次常委会议】7月31日，政协开福区第五届委员会常务委员会第二十次会议召开。听取上半年区政府工作情况通报及上半年财政预算执行情况通报，听取上半年“两院”工作情况通报，与会常委发表意见、建议。协商通过区政协有关委员人事异动事项。

【区政协第二十一次常委会议】11月11日，政协长沙市开福区第五届委员会常务委员会第二十一次会议召开。听取民主评议医药物流产业发展规划和招商策略落实情况、民主评议区住建局“回头看”工作情况、区市场监督管理局民主监督情况及测评，协商人事异动等相关事宜。区委副书记、区长谢伟峰参会并讲话。

【区政协第二十二次常委会议】12月30日，政协开福区第五届委员会常务委员会第二十二次会议召开。会议就提案办理协商第三方评估情况及重点提案办理工作情况、委员履职情况通报、区政协五届七次全会有关事项、协商人事异动等议题进行协商。

政治协商

【概况】2020年，政协开福区委员会落实区委五届十八次全会精神，坚持与党政中心工作同频共振，紧扣党政工作大事、民生改善实事和社会治理难事开展协商视察，协商议政。全年组织开展2次专题协商、2次对口协商和5次主席会议视察，以及“全区应急管理工作”“退役军人事务工作”等专题视察，向区委、政府提出意见、建议153条。助力开福区经济实现“双过半”，区政协按照湖南省政协“双助双行动”（“助推新发展、建设新湖南”“助力脱贫攻坚、全面建成小康社会”）工作要求，在全体委员中开展“建言献策促发展”活动，突出以经济社会发展为重点，广泛汇聚民情民意民智，引导委员针对疫情防控中出现的新技术、新业态、商业新模式，以及互联网行业与实体经济融合发展等方面建言献策。全年收到政协委员撰写的社情民意信息283篇，上报162篇。其中，被全国政协采用7篇，被湖南省政协采用16篇，被长沙市政协采用12篇，采用数据全省125个县（市、区）第一，连续八年蝉联全市第一。

【专题协商】2020年，开福区政协组织开展“加大社会治理，让被征地农民安居乐业，促进城乡融合发展”“老旧城区有机更新”2个专题

2020 年 7 月 31 日，区政协党组书记、主席熊建伟（左二）在湘雅路街道上麻园岭社区走访慰问退役军人
（区政协 供图）

协商，“加强综合性社区居家养老服务”“文昌阁片区有机更新与文物保护”2次对口协商。开福区政协撰写的《加大社会治理，让被征地农民安居乐业，促进城乡融合发展》获得湖南省政协调研报告二等奖。

【基层协商】2020年，开福区政协结合区委“街道吹哨、部门报到”工作机制开展基层协商，推动协商民主向基层延伸。2020年，在全区16个街道开展基层协商，汇聚委员、部门、基层等多方力量，解决群众“急难愁盼”民生问题32个。区政协组织召开全区基层协商现场观摩推进会，现场观摩科大佳园北苑协商案例，规范基层协商的模式和流程，总结形成可持续的开福经验。

【主席会议视察】2020年，开福区政协根据年度工作安排，先后组织开展“法院执行工作”“生活垃圾分类”“城郊接合部学校安全用水”“医药健康产业园发展”“社区卫生服务中心建设”5次主席会议视察，汇聚政协委员、民主党派成员、区直部门等多方智慧和力量，为推动相关工作落实献计出力，为开福区经济社会发展建有用之言、献务实之策。

民主监督

【概况】2020年，开福区政协加大对涉及医疗、住房、食品等人民群众反映强烈问题的民主监督力度，重点打造“协商监督一体化”，让民主监督更实、作用更好。联合区纪委、监委，组织开展医药物流产业发展规划及招商策略落实情况民主评议，对区住建局开展民主评议工作“回头看”，对区市场监督管理局进行民主监督，在政协第二十一次常委会上组织现场测评。“医药物流产业发展规划和招商策略的落实情况”涉及的金霞经开区、区发改局、区商务局、区工信局、区资规分局5家主要单位，以及区住建局和区市场监督管理局满意率均在90%以上。

【民主评议医药物流产业发展规划及招商策略落实情况】2020年，开福区政协组织对区委2019年第二十一次常委会审议的《长沙金霞经济开发区医药物流产业发展规划及招商情况报告》落实情况进行民主评议，首次对一个具体事项进行评议，评议对象涉及区直部门和单位13家，企业40余家。为此区政协成立领导小组，下设医疗物流产业发展规划实施情况、重大产业项目推进情况和招商政策落实情况3个评议组，历时8个月，召开走访调研座谈会25次、评议组内部研讨会13次，发放调查问卷300余份，收集意见、建议80余条，确保评议结果客观、真实、有效。经分析论证，最终向区委、区政府提出助推全区医药物流产业高质量发展的建议12条。

建言献策

【概况】2020年，开福区政协收到委员提交提案113件，经合并、审核后立案60件，全部办复，其中有41件提案被评为A案，A案率68.3%；B案14件，B案率23.3%；C案5件，C案率8.3%。政协委员提案紧扣中心、着眼大局、内容丰富、质量高、针对性强，开福区政协创新性地将提案办理纳入“协商监督一体化”中，对提案办理情况进行民主监督；首次对3件提案办理效果落实第三方评估等举措，解决提案办理中“落实率不高、委员被满意”等问题，促进全区经济稳增长、民生得改善、社会大稳定。

【提案办理】区政协针对提案工作采取党政领导领办重点提案、主席会议两轮督办、提案办理效果第三方评估、协商监督一体化等机制，发挥提案推动党政重大决策部署、助力全区发展改革大局、增进人民福祉作用。全年收到提案117件，通过合并、审查后立案57件，其中44件办理为A案，A案率77.2%，为历年来最高，有6件重点提案由区领导领衔督办，提案建议得到加速办理，提案成果得到广泛运用。区政协为提高微建议的办复率和满意率，采取多方联动、层层压实责任、纳入绩效考核等有效举措，通过区内平台，转交给“12345”市民服务热线，按责任划分派给相关区直部门和街道，由区绩效办根据情况进行考核，畅通办理渠道。全年收到委员微建议168条，经热线办合并、审核后办理42条，全部按时办结回复，办复率和满意率均为100%。

【重点提案办理】2020年，开福区政协围绕群众最关心、最直接、最现实的热点问题，精选6件重点提案，报请区委同意，由区委、区政府领导领办，经过区委、区政府领导领办和区政协主席会议两轮督办，6件重点提案全部办理成A案。

【社情民意信息工作】2020年，开福区政协通过发动，领导带头，引领委员积极撰稿；集体研修，深入探讨，凝聚委员集体智慧；严格考核，评先评优，提高委员履职实效等有效举措，发挥社情民意信息工作桥梁、纽带和献计献策的作用，把社情民意工作做成关注民情、倾听民声、传递民意、体察民忧、广集民智、凝聚民心的智慧工程。区政协主席熊建伟和政协委员欧金成《关于应对“归国难”问题的建议》、政协委员谷任光《莫让专利年费成为创新型国家建设的绊脚石》、政协委员曾洁《关于强化中学生法治教育的建议》、政协委员钟文科《室内动物园成为抗击疫情的死角亟待重视》、秘书长于文韬《加强食品安全监管，促进外卖行业健康发展》和调研员李劲松《补齐高新尖产业链核心环节短板的建议》等7篇被全国政协采用；政协委员刘洋《建议最高人民法院尽快出台〈关于审理涉及新冠肺炎疫情纠纷案件若干问题的指导意见〉》、区政协主席熊建伟和政协委员谢江岸《关于加快实行全国统一健康通行码的建议》、政协委员黎飞仙《共享员工潮需加强规范引导》等16篇被湖南省政协采用，政协委员释增慧《紧急呼吁撤除城市道路中央的强光灯》等12篇被长沙市政协采用。

2020年11月5日，区政协主席会议成员视察医药物流产业园发展，现场察看德荣医疗项目建设情况
（区政协　供图）

重大活动

【区政协委员和优秀党外人士代表综合能力研修班】7月18—25日，为激发政协委员和党外人士的智慧和力量，调动委员履职的积极性和创造性，开福区政协联合区委统战部，由区政协党组书记、主席熊建伟，区委常委、统战部部长何惠风带队，80名政协委员和优秀党外人士代表参加在新加坡国立大学苏州研究院举办为期8天的综合能力研修班。

【政银企对接活动】4月28日，开福区召开“助力区委433攻坚、推进企业复工复产”政银企对接会。区政协党组书记、主席熊建伟，区委常委、统战部部长何惠风出席，相关区直部门负责人及区内160余家企业和商会代表参加会议。邮储银行开福支行，为区内中小微企业量身定做个性化金融产品，分别与区人社局、卓尔智能制造产业示范园、长沙医药健康产业园、益阳商会等11家单位签署战略合作框架协议，授信额度超4亿元。对接活动帮助中小微企业引入金融活水，助力企业走出复工复产难关，活动被人民网、新华网、《湖南日报》、《湘声报》等新闻媒体报道。全年中国邮储银行开福支行为区内中小微企业量身定做个性化金融产品，发放贷款138.92亿元。

（康万强）

区纪委·区监委

纪律检查与行政监察

【概况】2020年，中共长沙市开福区纪律检查委员会开福区监察委员会（以下简称区纪委区监委）对20名党员干部和1家单位党组织进行问责处理；对78名新提拔使用干部进行任前廉政谈话和廉政考试，出具党风廉政意见回复4188人次。接受业务内群众信访举报81件次，同比下降19.8%。查处违反中央八项规定精神问题13起，给予党纪政务处分25人。开展各类专项监督检查93批次、检查项目27个，立行立改问题50个，核查比对民生资金5700万元，查处问题8起，处理11人，追缴清退资金25.41万元。2020年，立案141件，结案132件，涉及科级干部18人，给予党纪政务处分116人，移送检察机关9人，挽回经济损失5242万元。推进扫黑除恶专项斗争“六清”（线索清仓、逃犯清零、案件清结、伞网清除、黑财清底、行业清源）行动，复核涉黑涉恶案件20件，处理11人。

【政治监督】2020年，区纪委区监委围绕中心大局强化监督。聚焦疫情防控、决胜全面小康、防范化解风险、接受省委巡视等中心工作加强日常监督和专项检查，督促各级各部门履职尽责。开展疫情防控专项督查30多轮次，发布《全区疫情防控督查通报》14期，查处2起疫情防控工作履职不力典型案例，处理5人，并在全区通报。落实区委书记曹再兴在4月28日全区“大干一百天，实现双过半”竞赛工作调度会上的指示精神，压实竞赛考核和八大专项行动责任，启动专项监督检查。聚焦重点环节，采取看现场、听汇报等方式进行监督检查，督促相关单位抓好责任落实，助力“大干一百天，实现双过半”竞赛和“433产业攻坚”大会战。推进政治监督具体化常态化。重点加强对各级各部门学习贯彻习近平新时代中国特色社会主义思想、贯彻落实习近平总书记的重要指示批示精神和党的十九届五中全会精神的监督，坚持党中央和省委、市委、区委决策部署到哪里，监督检查就跟进到哪里。推进《党委（党组）落实全面从严治党主体责任规定》贯彻落实，用准用好“开福区政治生态建设系统”，明晰主体责任的重点、边界和工作清单，新增通过“黄灯、橙灯、红灯”自动向有关单位进行预警的功能，推动各级党组织做到真管真严、敢管敢严、长管长严。对20名党员干部和1家单位党组织进行问责处理。

【信访举报】2020年，区纪委区监委压实基层党组织责任。坚持以压实责任为着力点，区委主要负责人率先垂范，在省级媒体公开发表《以高质量信访举报工作推动高质量发展》的署名文章，以上率下层层压实各级党组织抓好纪检监察办信处访工作责任。按照省市纪委制定的“时间表”和“路线图”，完成检举举报平台建设任务。健全落实领导干部定期公开接访制度和包案制度，针对捞刀河街道信访量大、重复访多的问题，区纪委区监委班子成员带队现场督办和指导，要求街道党工委及班子成员对信访举报件亲自过问、牵头办理，将矛盾和问题解决在基层。落实首办责任制。对于初信初访件，区纪委区监委要求承办单位严格按照检举控告工作规则，把以人民为中心贯彻在各个环节，主动进行化解，不得推诿敷衍、拖延不办。坚持履行两告知程序，及时向群众反馈受理情况和处理结果，做好群众息访“后半篇文章”，以一案的查处办理，带动一类问题的有效解决。针对反映学校老师校外补课的问题，通过严肃查办，杜绝类似问题的发生。2020年，全年接受业务内群众信访举报81件次，同比下降19.8%。做好省委巡视组交办件办理。制定《省委第六巡视组交办纪检监察信访举报件办理工作方案》，明确巡视组交办的信访件均由区纪委区监委班子成员包案，做到“当天接收，当天呈报，当天交办”，各承办单位5日内向区纪委区监委报送办理情况和办理结果，由区纪委区监委统一向湖南省委巡视组汇报反馈，做到“件件有着落，事事有回音”。全年收到湖南省委巡视组交办件16件，全部办结。

【作风建设】2020年，区纪委区监委强力纠“四风”、转作风、树新风。根据省委巡视组反馈意见，对区发展和改革局涉嫌虚列加班用餐的2名干部进行立案调查，对相关责任人予以问责处理；对四方坪街道9个社区存在的加班用餐未列具体用餐名单的问题进行调查核实，对4名相关责任人员进行批评教育。贯彻落实中央、省、市整治形式主义、官僚主义部署要求，采取以上率下、精准整治、监督问责等措施，集中整治各类形式主义、官僚主义。整治奢靡之风和享乐主义问题，结合节庆等重要时间节点就落实中央八项规定及实施细则精神开展明察暗访。全年查处违反中央

2020年1月28日，区纪监委负责人到区疫情防控指挥部、芙蓉北路街道社区卫生服务中心和福城社区督查疫情防控工作 （区纪监委 供图）

八项规定精神问题13起，给予党纪政务处分25人。整治群众身边的腐败和作风问题。制定《开福区2020年巩固拓展“一季一专题”集中治理工作实施方案》，聚焦扶贫、民生、建设三大领域，对教育、医疗、低保、住房保障、农村基础设施等9个问题相对集中的领域进行整治，明确治理要点、具体举措、责任部门和完成时限，建立健全沟通联系机制和问题线索移送交办机制。探索创新监督方式。加强与审计、财政等部门沟通协作，统筹整合各类监督力量，探索管用实用的监督方法。全年开展监督检查93批次、检查项目27个，立行立改问题50个，核查比对民生资金5700万元，查处问题8起，处理11人，追缴清退资金25.41万元。开展重点领域和关键环节专项治理。开展集中清理干部持有多个居民身份证工作，联合公安机关组织全区1900余名科级及以上领导干部持有居民身份证情况进行自查自纠和比对核查工作。区纪委区监委成立全区人防领域腐败问题专项治理工作领导小组，组织区财政局、区审计局、区发改局等部门，围绕人防主管部门履职尽责、行政审批、工程建设、行业市场管理、设备采购（招投标）、人防资产管理等方面，深入查找并重点整治履行主体责任不力、人防执法过程中滥用职权与以权谋私等8类具体问题，对2013年以来受理、处置的涉及人防系统的信访举报、问题线索和查办的腐败案件进行核查，对全区20个人防工程项目、11处口部房管理情况逐笔“筛查”，对存在问题建立台账，提出整改意见并督促落实。制定《开福区建设领域招投标突出问题专项整治工作方案》，对6家投标单位业绩造假的问题进行行政处罚，对3家投标单位造假进行记录处理。组织全区16个街道、4个片区指挥部、2个区属国有企业开展驻区单位工作经费补助情况的专项治理。

【巡察监督】2020年，区纪委区监委配合做好省委巡视工作。明确由主要负责人牵头成立领导小组，专题向省委巡视组汇报纪检监察工作，主动配合做好相关会议筹备、调阅资料、个别谈话、组织座谈、深入了解等工作。按照区委统一部署要求，坚持把落实省委巡视整改工作作为一项重大政治任务和政治责任，全面部署、扎实推进，强力推进巡视整改，针对省委巡视组反馈意见中指出涉纪检监察方面的重点问题梳理出7个具体问题，细化任务16项，以深入开展专项治理工作为抓手，对整改问题实行清单制、销号式管理，全部整改完成。强化全区巡视整改督查，制定《关于省委第六巡视组反馈意见整改工作的督查方案》，聚焦交账销号，联合区委区政府“两办”、区委组织部等组建4个督查组，采取听汇报、查资料、实地走访的方式进行持续督查，定期或不定期召开专题督查工作会议，发布督查通报3期，确保整改工作取得实效。深化政治巡察。全面把握政治巡察内涵和方向，坚持发现问题、形成震慑不动摇，深入抓好《关于对全市村级党组织巡察全覆盖的意见》和《开福区委巡察工作规划（2018—2021）》的落实，在巡察中把常规巡、机动巡、专项巡、交叉巡有机结合起来，破解熟人社会监督难题，让老百姓能在“家门口”反映问题。2020年，全区完成4轮常规巡察和1批次对26家单位的巡察整改督查，巡察部门单位27家（完成全覆盖任务）、社区党组织47个（完成全覆盖任务）。巡察发现问题365个，移交问题线索35条，交办立行立改问题38个，提出工作建议145条。对区委第五轮至第八轮26家被巡察单位落实区委巡察整改情况进行专项督查检查，推动各单位完善制度144项，清退、上缴违规发放资金69.8万元，追回多结算资金57.47万元。

【监督执纪与审查调查】2020年，区纪委区监委严格监督执纪问责。建立并完善副科职以上领导干部廉政档案，加强对党员领导干部监督管理。严把选人用人政治关、作风关、廉洁关，对78名新提拔使用干部进行任前廉政谈话和廉政考试，出具党风廉政意见回复4188人次。履行监督首责。2020年，全年实践运用“四种形态”515人次，其中第一、二、三、四种形态占比分别为75.3%、17.5%、5.2%、1.9%。出台《开福区纪委监委日常监督检查实施办法（试行）》，制定并落实日常监督专题调研方案，形成专题调研报告。零容忍惩治腐败。坚持无禁区、全覆盖，坚决查处政治问题和经济问题交织、中共十八大以来不收敛不收手及中共十九大以后不敬畏不在乎的腐败问题，特别是对国有企业、国有资产管理、公共资源交易、选人用人、执法司法、金融、财政资金管理使用、农村“三资”管理等领域的腐败行为进行重点查处。2020年，立案141件，结案132件，涉及科级干部18人，给予党纪政务处分116人，移送检察机关9人，挽回经济损失5242万元。推进扫黑除恶专项斗争“六清”行动，做好线索清仓、案件清结、网伞清除、逃犯清零、黑财清底、行业清源工作，按要求全部办结中央督导组、“12337”平台、省市扫黑办交办的问题线索。通过调取案卷、提审相关犯罪嫌疑人等方式认真开展深挖彻查核查工作，全年复核涉黑涉恶案件20件，处理11人。2020年，抽调干部9人次到中纪委等上级纪委参与各类案件查处工作。

【廉政文化宣传教育】2020年，区纪委区监委坚持以案释纪。将正面教育与警示教育相结合，督促发案单位以案促改，做好典型案例通报曝光，让党员干部知敬畏、存戒惧、守底线。组织区直各部门、各街道观看廉政警示教育片《警醒》，以身边事教育身边人，充分发挥案件查办治本作用。开展主题宣传活动。开展疫情抗击显担当、推动复工复产、多方保障推动复学、抵制餐饮浪费等专项宣传活动。以“国际家庭日”为契机，联合区妇联开展“树清廉家风　建文明家庭”廉政文化活动；联合团区委举行“青年干部廉政文化教育暨‘433产业攻坚’助推”等一系列廉政文化活动。打造廉政文化阵地。巩固提升“六廉”（专家讲廉、企业评廉、读书养廉、警语示廉、家庭助廉、现身说廉）教育体系，弘扬“为国尽忠、为职尽责、为家尽孝”的厚德开福精神。建设并完善通泰街西园北里廉政文化公园、浏阳河廉政文化公园等廉政文化阵地及遍布各街道的廉政文化微景观。在长沙电视台推出《再监督、再检查，长沙市各级纪检监察机关精准护航复学复课》7期节目，在湖南经视推出《无障碍家庭改造验收，纪委监督检查》3期节目，在三湘风纪网、长沙廉政网等平台发表宣传报道100余篇。

（谈　丹）

巡　察

【概况】开福区委巡察工作由区纪委、区委组织部共同负责实施。2020年，全区开展4轮巡察，其中巡察部门单位27家、社区（村）党组织47个，并对26家单位开展巡察整改督查，完成巡察任务全覆盖。巡察发现问题365个，移交问题线索35条，交办立行立改问题38个，受理来信来电来访41次，提出工作建议145条。2020年，开福区接受湖南省委第六巡视组全面“政治体检”和巡察工作专项检查，对巡察专项检查反馈的5个方面12项具体问题完成整改，8个问题需长期坚持。

【组织领导】2020年，开福区委认真履行巡察工作主体责任，加强组织领导和统筹调度，定期研究巡察工作。全年区委常委会议学习、研究巡察工作5次，书记专题会议专题研究巡察工作4次，区委巡察工作领导小组会议专题调度巡察工作8次。区委书记认真履行管党治党第一责任人职责，把巡察工作作为分内要务、应尽之责，加强对全区巡察工作的谋划指导。每轮巡察开始前，区委书记均亲自审定巡察工作方案；巡察结束后，坚持逐组听取巡察情况汇报。区委巡察工作领导小组组长、副组长坚持每轮巡察亲自动员部署，每轮听取工作汇报2次以上，巡察中安排巡察领导小组成员和巡察办全面下沉督导，高标准、严要求推进巡察工作。

【完善机制】2020年，区委巡察工作坚持“领导小组组长反馈”机制。巡察结束后由区委巡察工作领导小组组长逐一与被巡察单位主要负责人以及分管区领导就巡察发现的重要问题进行沟通约谈，压实整改责任。每轮巡察反馈会后，分别将反馈情况抄送联点或分管被巡察单位的县级领导、区纪委监委相关纪检监察室和组织部门。全年约谈部门单位主要负责人87人次、相关县级领导64人次。建立党建和意识形态领域专项检查机制。由区委组织部、区委宣传部分别组建党建和意识形态领域检查组参与巡察工作，配合巡察组对被巡察单位党建和意识形态工作开展检查，相关问题写入巡察报告，由巡察组统一进行反馈和成果运用。2020年，开展意识形态领域专项检查7轮、基层党建领域专项检查3轮。健全人员抽调管理和保密工作制度。制定《开福区委巡察抽调人员暂行管理办法》和《开福区委巡察机构保密工作规定（试行）》，对巡察抽调人员进行严格审核和管理，杜绝临聘人员和非党员参与巡察工作现象；巡察结束后，由巡察办、巡察组为抽调人员巡察期间工作情况出具书面鉴定意见，明确抽调时间半年以上人员的年度考核在巡察机构进行，抽调时间半年以下人员由原单位考核，并充分参考巡察鉴定意见。

2020年9月23日，区委巡察一组巡察区政府办党组工作动员会上，全体参会干部投票对党组班子及成员进行民主测评　　（区委巡察办　供图）

【基层巡察】2020年，开福区完成巡察全覆盖任务。完成社区（村）级巡察全覆盖。全区有社区（村）党组织107个，通过常规巡、交叉巡、专项巡、延伸巡等方式全部巡察到位，在全市率先实现社区（村）级党组织巡察全覆盖。截至2020年年底，社区（村）级巡察发现问题362个，移交问题线索46条，推动解决群众身边腐败问题11个，立案23人，党纪政务处分16人（其中村居“两委”主要负责人9人），移送司法2人，组织处理38人，督促退缴资金15.87万元，督促追回欠缴资金33.6万元，督促有关部门建立健全规章制度19项。推进“巡视巡察上下联动”。4月20日至6月19日，湖南省委第六巡视组对开福区开展为期2个月的常规巡视，反馈开福区委巡察工作中存在5个方面12项具体问题，整改工作有序推进，严格对照整改清单，逐条研究整改举措，逐项督促整改到位，成效明显。

【巡察整改】2020年，区委巡察工作规范巡察反馈、压实整改责任。区委巡察工作领导小组发文明确被巡察党组织承担整改主体责任，党组织书记为第一责任人，明确整改时限和整改要求；明确纪检监察机关和组织部门从反馈之日起负责巡察整改日常监督；建立分管区领导参与巡察反馈机制。及时处置问题线索。对巡察移送的问题线索及时分办、交办、督办，从严从实办理巡察线索，确保“件件有着落、事事有回音”。全年巡察移交问题线索35条，办理30条，办结率85.7%，立案18人，给予党纪政务处分10人，组织处理28人。强化巡察整改督查。由区委巡察办牵头，会同区委巡察组、区纪委监委纪检监察室和派驻纪检监察组抽调人员成立12个专项督查小组，对区委第五轮至第八轮26家被巡察单位落实区委巡察整改情况进行专项督查检查。督查反馈问题441个，完成整改425个，整改落实率为96.4%；推动各单位制定出台相关制度144项，清退、上缴违规发放资金69.8万余元，追回多结算资金57.47万元，谈话、批评教育85人次，党纪政务处分10人，辞退吸毒人员2人。强化巡察成果运用。2020年，开展社区党组织交叉巡察，对309名社区工作人员进行民主测评，对个别有异议的社区“两委”班子成员分别向区委组织部和街道党工委移交线索，在区委面向社区（村）党组织书记招聘事业编制人员中有效运用。

（苏迎青）

民主党派·工商联

民革开福区工委

【概况】2020年，民革开福区工委有支部4个，党员132人，其中区人大代表1人，区政协委员5人。

【参政议政】2020年，民革开福区工委报送社情民意信息55篇，被湖南省政协采纳2篇，民革中央采纳3篇，民革湖南省委采纳12篇。参与调研课题3个，宋娜主委执笔的《建设金霞城市副中心，不能少了湘雅国际医院》的调研，在政协开福区第五届七次全会上作为发言课题。民革开福区工委在区委统战部的专题调研中，撰写的《长沙金霞片区打造中部现代医药物流产业集群》的报告，获得一等奖。

【社会服务】2020年，民革开福区工委在全体党员中发出倡议，捐赠特殊党费，购置急需的防疫物资，慰问长沙市第一医院和“同心创建”江湾社区一线工作人员。创新打造“一分钟说法”疫期普法短视频20期，促进企业复工复产。推出“一分钟说民法典”系列短视频60期，民革省委、市委、区工委参与拍摄，点击量10万余次，民革中央、省、市推荐报道。

【协商民主】2020年，民革开福区工委依托同心法律工作站、法润江湾委员工作室，对省级规章《湖南省电动自行车管理办法》进行立法协商研讨，归纳整理四个方面30条建议报民革市委、民革省委、湖南省司法厅，有三个方面18条建议获得立法采纳。根据《开福区创建基层统战工作示范区工作方案》和《开福区民主党派、党外知联会参与“同心共治社区”网格化治理创新实施方案》的要求，民革开福区工委主动担当作为，参与开福区创建基层统战工作示范区工作，开发建设智慧统战平台，探索汇聚党派力量助力国家治理体系和治理能力现代化在基层的实践创新。

（王夏卉）

2020年9月，民革开福区工委组织拍摄“一分钟说民法典”宣传小视频
（区委统战部　供图）

民盟开福区工委

【概况】2020年，民盟开福区工委有支部9个，盟员364人，其中省政协委员1人，市、区人大代表各1人，区政协委员8人。

【同心创建】2020年，民盟开福区工委参与区委统战工作示范区创建活动，联合清水塘社区共建省级“同心共治社区”，重点围绕同心学习教育基地、同心共议室、同心志愿者服务联盟三大板块，组织盟员法律、心理、环保等方面专家参与基层协商民主邻里共治、垃圾分类精准实施、疫情期间青少年心理引导等活动。在长沙市党史馆加挂“民盟长沙市委传统教育基地”牌子，依托民盟省委、民盟市委讲师团，开展党史、盟史以及民盟传统教育，提升盟员统战理论素养，增进政治共识。组织盟员开展志愿服务活动，向群众普及安全、教育、健康、环保等知识。2020年，清水塘社区被评为2020年度省级同心社区。

【社会服务】2020年，民盟开福区工委汇聚盟内法律、心理等专业人才优势，疫情期间第一时间推出线上法律咨询、情绪疏导、排忧解难工作，号召各支部盟员通过书法、绘画等艺术形式，致敬抗疫英雄，传播抗疫正能量。组织盟员向社区、学校、敬老院、市容环卫中心捐赠口罩、消毒粉等防疫物资。2020年，民盟开福工委联合芒果V基金在清水塘街道开展“关爱地贫儿童”活动，募集善款164.7万元用于帮助、救治患儿，其中民盟开福区工委捐赠现金3万元。“关爱地贫儿童”活动持续10年，汇聚社会各

2020年11月，民盟区工委开展“关爱地贫儿童”公益活动（区委统战部　供图）

界的爱心，帮助困难家庭500余户。组织盟员企业家赴湖南省平江县、吉首市、龙山县等地参与精准扶贫和乡村振兴活动，向龙山高级中学捐赠助学金1.2万元，向失独困难家庭及进行骨髓移植的患儿捐赠现金2.6万元，慰问一线环卫工人物资价值6万元。

（王夏卉）

民建开福区工委

【概况】2020年，民建开福区工委辖7个支部，有会员153人。

【参政议政】2020年，民建开福区工委发挥民主党派参政议政职能，齐心建言献策，为区域发展科学献计。民建开福区工委完成《以夜之名，开启幸福——来自开福区夜经济发展的调研与思考》的调研报告，并以党派名义参与政协重点专题协商课题“老旧小区有机更新”，获得区政府主要领导的好评。二支部市政协委员刘敏撰写《建议尽快取消疫情期间基层时间任务“双过半”考核要求》的社情民意，被民建中央采用；《优化营商环境设置市场监管保护期的建议》的社情民意被全国政协采用。完成民建省委重点调研课题《大力发展新兴消费，助推湖南经济高质量发展》，并作为湖南省“两会”发言材料；《关于积极争取国际性消费中心城市试点的提案》，获得长沙市委书记胡衡华批示；《应防止困难群众因疫情返贫》的社情民意，获得长沙市政协主席文树勋批示；完成民建市委重点调研课题《长沙市体育经济高质量发展报告》，并作为向长沙市委四大家汇报材料。民建长沙学院支部提交提案《诠释节日文化，助力文化自信》《关于挖掘特色文化讲好“长沙故事”的提案》《关于适度放松紧缺人才购房资格的限定》《关于优化新媒体人才供需关系的建议》，并申报湖南省民建调研课题《湖南省国家和省级非物质文化遗产传承人现状调研》，长沙市民建调研课题《后疫情时代在线经济赋能旅游产业发展研究》。

【社会服务】2020年，民建开福区工委在疫情期间组织全区民建会员捐赠抗疫物资价值20万余元，帮助会员企业复工复产。持续5年开展“同心助残”公益活动，全年开展4次“同心助残”活动，为残障人士提供个性化及全方面的服务。民建开福区工委联合望麓园街道营盘街社区、开福区梦想家园社会工作服务中心举行“同心同力、有爱无碍”暨第29个国际残疾人日大型公益活动，《长沙晚报》、新湖南等媒体报道。民建一支部会员单位段和段律师事务所与伍家岭小学联合开展“送法进校园”公益普法活动，联合成立“青少年法治教育实践基地”，全方位、多层次、多形式开展校园法治宣传教育活动，获得学校师生及家长们一致好评。

（王夏卉）

民进开福区工委

【概况】2020年，民进开福区工委有支部10个，会员197人（新发展会员8人），其中市人大代表1人，市政协委员1人，区人大代表1人，区政协委员10人。2020年，民进开福区工委多位教师会员获得“三十年教育贡献奖”“特殊贡献奖”“优秀教学工作者”“优秀德育工作者”“优秀科研工作者”。周南支部教师高节良被评为全国空军青少年航校优秀教师，并成立周南中学高节良化学名师工作室。民进开福区工委副主委唐志加入中国美术家协会。长师支部会员易国栋获得全国第六届青年文化艺术节绘画组银奖，会员唐志、李莹波、易国栋、陈雪苗、宋立军、王宗雪、袁红松作品入选“纪念民进成立75周年全国决胜脱贫攻坚暨长沙开明书画院成立书画摄影作品展”。

【建言献策】2020年，民进开福区工委多次参加开福区委、区政府召开的协商会、征求意见会、情况通报会，对政府工作报告、涉及经济社会发展的重大问题进行协商讨论，建净言、献良策，积极为地方发展做贡献。课题调研方面。民进开福区工委就马栏山视频文创产业园发展提出《构建视频建制基地生态圈，促进文化产业创新升级》的调研报告，并在区政协全会上发言。民进开福区工委参与区政协“加强综合性社区居家养老服务”课题调研，通过实地走访、召开座谈会、问卷调查等方式开展调查研究，形成《关于加强综合性社区居家养老服务的调研报告》，并参加开福区政协居家养老服务的对口协商活动。会员蒋玲丽参加并主持“长沙民办教育的现状问题及建议”“长沙市中小学生心理健康教育状况”“精美长沙：从细节处彰显城市的人文品质”等课题调研；长沙师范支部会员唐鸣主持校级课题《大学生创新创业课程资源整合、研究与实践》。周南支部会员高节良参与省级重点课题《构建“一鼎三足”校本教研促进新时代农村高中教师专业成长的研究与实践》并结题。周南支部会员雷丹参与湖南省教育科学“十三五”规划中小学教师发展研究专项课题《基于长沙农村工作站提升乡村教师教育教学能力的行动研究》。提案建议方面。民进长沙大学支部副主委刘煜作为长沙市政协委员向市政协上报提案2篇，参与联名提案6篇，其中《关于鼓励中小学三点半课后服务开展创客教育的提案》被选为市优秀提案。在区政协全会上，民进四支部副主委罗靓，就《打造开福区品牌夜食经济的建议》进行发言；民进二支部主委张静撰写的《关于解决植秀路验收使用及设置单向通行的建议》被采纳，并由区政协组织开展基层协商；民进周南支部主委陈敏撰写的提案《建议中小学校逐步推广使用水溶性无尘粉笔》被采纳，由区教育局负责牵头办理。特约人员方面。刘煜为长沙市科学技术局、张静为开福区卫健局民主监督员，认真参加民主监督工作。

【社会服务】2020年，民进开福区工委各支部组织多种多样的社会服务活动，提高工委的社会服务能力，增强会员的社会责任感。区工委委员黄华龙的企业佳一阀门制造有限公司成立佳一爱心基金，助学困难学生、慰问敬老院老人、为浏阳市人民医院捐赠医疗物资等。校长蒋玲丽和周南支部会员、长沙市杨捷英语名师工作室首席名师杨捷参加民进长沙市委组织的“名师同心讲坛，助教洞口教育”教师培训活动，为湖南省洞口县高三骨干教师指导高考备考；蒋玲丽参加民进湖南省委会2020“文化惠民·同心共进”石门（湖南省石门县）行名师同心讲坛。长沙市一中支部会员陈丹慧受湖南省营养师工作学会派遣，到株洲中小学校进行三天食品营养与安全的宣讲。长沙市一中广雅中学支部举办“关爱贫困学子，助力健康成长”爱心助学暨名师讲坛活动，募集9万元帮助30位贫困学生。区工委副主委唐志带领团队开展的自闭症儿童美术干预活动，入围共青团湖南省委2020年“雷锋杯”青年志愿服务项目品牌100强。民进区工委联合民进市委会在同心社区科大景园社区开展“孝老爱亲育新风，同心同德乐重阳”活动，慰问社区孤寡贫病老人，宣传《中华人民共和国民法典》。四支部联合开福区疾病预防控制中心、辖区社区卫生服务中心的工作人员到润苗康复中心进行复学指导，联合爱尔眼科为润苗康复中心儿童进行眼科义诊；四支部联合支部委员会员单位凌国平口腔门诊部在东风路街道开展“关爱老年口腔健康，义诊走进社区”活动。二支部委员张超组织专家学者到邵阳的新宁和武冈进行基层帮扶活动，并组织专家到社区进行用药宣教和赠药活动。疫情期间，民进区工委组织会员捐款3.22万元。

【社情民意】2020年，民进开福区工委组织广大会员发挥自身特色，撰写社情民意。长沙大学支部副主委刘煜在《长沙民进》发表统战学术论文《在新形势下提高政协委员履职能力的思考》。长沙师范学院支部会员唐鸣在《黄河之声》发表《音乐游戏对乡村留守儿童安全感缺失的干预研究以及策略》。截至2020年年底，民进开福区工委报送社情民意45篇，其中区工委主委彭超撰写的《关于切实加强宗教界人士身心健康的建议》和二支部委员张超撰写的《关于加快我国药品说明书更新速度的建议》被民进中央采纳，另有多篇被长沙市政协采纳。

（王夏卉）

农工党开福区工委

【概况】农工党开福区工委下设长沙市第一医院总支、市开福区医卫支部、市文化产业支部、市教育一支部、市开福区药业支部、市直属二支部等6个支部（总支）。截至2020年年底，农工党开福区工委有党员203人（发展新党员10人），其中区人大代表2人、区政协委员7人。

【参政建言】2020年，农工党开福区工委成立专题调研小组，通过走访、专题座谈会和问卷调查等形式，开展专题调研，形成《开福区社区（村）基层组织能力建设专题调研报告》，为开福区委、区政府提供决策参考。2020年，全区农工党员提交建议、提案10篇，其中省人大代表王爱民、市人大代表叶婷、区人大代表肖乐、李奕等党员提交建议8篇，党员王爱民的《关于省市共建传染病救治中心的建议》被湖南省人大常委会副主任王柯敏列入“提升重大传染病防治能力”类重点处理建议牵头督办。长沙市政协委员唐红宇、开福区政协委员谷任光、范雯、朱翔、何利君等党员提交提案9篇；谷任光、唐红宇、裴德先、肖欢等13名党员报送社情民意信息24篇，其中全国政协采用1篇、长沙市政协采用3篇，切实履行民主党派参政议政的职能职责。农工党开福区工委推荐的党派特约人员范雯、李奕、王香云、彭令分等党员，对相关单位认真履行行风监督和民主监督工作。

【社会服务】2020年，农工党开福区工委整合资源优势，开展社会服务活动。农工党长沙市第一医院总支的党员们主动请缨，战斗在新冠肺炎疫情防控第一线；呼吸内科副主任医师邓洁参与长沙市第一例新型冠状病毒肺炎病人的确诊工作；副主任护师邓君红放弃春节休假，承担发热门诊工作重任。医卫支部党员王清波、肖欢、邓学峰、杨玉辉、邓梅聪舍小家、为大家投身抗疫一线，支部发起捐款5000元。药业支部党员彭奕、吴青云发动阳光社区服务中心社工协助社区、医院、福利院开展疫情防控工作；药业支部党员彭令分抗疫期间个人捐赠防疫物资价值60多万元，带领家乡商会捐赠爱心防疫物资价值5万元。直属二支部党员徐江向浏阳市援鄂医护人员捐赠价值10万元的15台集成灶。王香云、王清波、邓逢喜、肖欢、易军、彭令分等党员获得农工党湖南省委“新冠肺炎疫情防控工作先进个人”荣誉称号。农工党开福区工委与伍家岭街道建湘新村联合创建“同心健康社区”，制定《农工党开福区工委参与建湘新村“同心健康”社区网格化治理创新实施方案》，举办“2020年环境与健康宣传周”活动，推出“家庭医生签约”“同心议事会”、健康义诊、养生健康咨询、环境与健康宣传等主题活动。长沙市第一医院总支开展健康义诊5次，在东风路街道、捞刀河街道名医工作站及社区卫生医疗机构开展指导帮扶；医卫支部开展健康讲座5次，培训1000余人次，送医送药及义诊6次，惠及群众1600余人，参与湖南省城步县健康扶贫。直属二支部党员徐江资助浏阳市张坊镇20名贫困学生，共计2.8万元。

（王夏卉）

2020年6月，农工党开福区工委在伍家岭街道建湘新村社区举办“农工党2020年环境与健康宣传周——家庭医生签约”活动（区委统战部 供图）

致公党开福区工委

【概况】2020年，致公党开福区工委有支部6个，党员131名，其中区人大代表3人，区政协委员8人。

【参政议政】2020年，致公党开福区工委全年提交社情民意信息40余篇，其中《关于应对“归国难”问题的建议》被全国政协和湖南省政协采用并得到副省长谢建辉批示；《警惕农产品供给事件，保障市场

2020年9月，致公党开福区工委启动“凤凰欲飞”同心项目（区委统战部　供图）

供需稳定》被长沙市政协采用；杨春生撰写的关于《打造集运输、物流、信息建设为一体的卫健产业枢纽》被全国政协微信公众号转发。2020年，致公党开福区工委对湖南广电系企业发展情况进行调研，形成《湖南广电系企业发展情况》调研报告，该报告得到开福区委书记的批示。工委副主委杨春生、欧金成，牵头开展《构建“全球智慧产权交易平台”，铸造“科技马栏山”世界名片》的课题调研。区工委撰写的以《建设城北城市副中心，不能少了湘雅国际医院》为课题的调研报告，被纳入区政协全会发言材料。委员钟七林提交的《关于政府部门进校园活动精减》的提案被开福区列为重点督办提案。委员杨儒森提交的《关于将烈士公园宿舍区纳入开福区老旧社区改造项目范围的建议》被开福区政协列为重点基层协商课题。完成对区市场监督管理局的民主监督和测评工作。党员胡海飞所在的沙坪社区政协委员工作室被评为省级示范工作室。

【社会服务】2020年，致公党开福区工委在新冠肺炎疫情期间，组织党员捐款捐物价值34.3万元。其中党员杨春生企业湖南科德信息咨询有限公司捐款5万元，党员霍全林企业金牛角王捐款及物资价值5万元，党员彭光颖企业捐款4万元。党员冯忠深入疫情防控一线采访、撰写一批统战人士参加抗疫斗争的新闻故事。党员谢谦创作抗疫歌曲《别怕，我们等你》。开展“同心创建”，巩固水风井“同心科普社区”的精品工程。在沙坪社区启动“凤凰欲飞”同心项目。依托“凤凰欲飞”公益助学中心和三和社工服务中心等社会组织，在沙坪社区打造了致公党开福区工委同心助学基地，与沙坪中学签订了同心助学协议书，每年安排5万元奖学金用于奖励品学兼优的学生20名和优秀老师5名。开展沙坪湘绣传承保护志愿活动，助力湘绣的宣传推广和沙坪本土湘绣企业的产品销售。开展“消除事故隐患，筑牢安全防线”消防安全知识培训，提高居民群众的消防安全意识，增强应急处理能力。2020年，“凤凰欲飞”同心项目被中共开福区委统战部评为区级同心项目。

党员罗祖红获得第十二届中国青年志愿者优秀个人荣誉称号；党员陈碧莎参与“湖南企业社会责任报告综合评估（2020）”项目，其所带领的团队获得第十届全国大学生电子商务“创新、创意及创业”挑战赛湖南赛区二等奖；党员刘静璇获得“外研社·国才杯”全国英语阅读大赛省级复赛（湖南赛区）指导一等奖；党员鄢艳入选2020年湖湘青年英才。

【对外联络】2020年，致公党开福区工委党员杨春生、蔡文佳积极参与“海归论坛”活动，为论坛的成功举办献计出力。党员朱沈辉利用侨海资源，在新冠疫情初期，采购大量紧缺的医疗物资。党员万立创作的作品《中日同文·温故创新》版画在日本驻华使馆官邸内长期展示；其油画作品《王仁和菟道稚郎子》作为礼物，赠送给日本前首相福田康夫；其油画作品《文明互鉴：儒家文化与欧洲文明》参加“欧洲文化路线中国巡展”。持续对接浙江商会。2020年，引入湖南城际科技有限公司、浙商企业麒麟软件（长沙）有限公司。

（王夏卉）

九三学社开福区工委

【概况】2020年，九三学社开福区工委有支社5个，社员154人。其中区人大代表1人，区政协委员13人；市人大代表1人，市政协委员1人；省人大代表1人，省政协委员1人。

【参政议政】2020年，九三学社开福区工委围绕“开福区智慧物流发展的对策建议”等课题进行重点调研，组织和动员广大社员广泛参与，发挥好社员中人大代表和政协委员在参政议政工作中的表率作用，形成论证充分、建议合理的调研报告。湖南省人大代表、区工委副主任李茂在湖南省第十三届人民代表大会第三次会议上提交建议2篇，分别为《关于加强全省食品检查队伍专业化职业化建设的建议》《关于加强全省农村饮用水卫生监督执法机构能力建设的建议》。湖南省政协委员、区工委副主任羿莎提交提案2篇，《关于课后服务的建议》得到湖南省教育厅、湖南省发改委回复，并通过会议审核；《关于完善湖南省选调生的提案》得到湖南省委组织部回复。九三学社开福区工委全年向区政协提交提案20余篇、微建议30余条，谢江岸提交《夯实要素基础助推金霞城市副中心建设的建议》《关于疫情期间“停课不停学”的几点建议》《关于应对微软操作系统停止服务的建议》等建议提案，其中《关于加快实行全国统一健康通行码的建议》社情民意被全国政协采用，获湖南省政协主席李微微批示。

【社会服务】2020年，九三学社开福区工委组织“以诗歌之名，承诗圣之魂，画同心之圆”的抗疫诗词征集活动，收到全国各地作品500余篇，编委会收录200余篇诗词编辑成册，并评选出优秀创作者12人。活动还向在抗击新冠肺炎疫情当中表现突出的九三学社一线社员代表——长沙市疾病预防控制中心微生物检验科副主任技师苏良、长沙市疾病预防控制中心办公室副主任单飞、湖南泰和医院急诊科副主任何清等，赠送“致敬抗疫英雄，情系诗圣杜甫”公益创作书法、诗词作品集，表达对全体医护人员的敬意。该活动被九三学社湖南省委员会及华声湘播等媒体报道。九三学社开福区工委联合长沙学院举办“同心抗疫，健康中国”大学生健康讲座，邀请长沙市疾控中心传染病防治科科长张恒为学校学子释疑解惑。讲座采用线上线下方式同步进行，长沙学院全体2020级新生3000余人通过腾讯课堂收看讲座直播。九三学社开福区工委到联点洪山桥社区开展调查研究，将统战优势特色资源与社区网格实际需求精准对接，在学府华庭小区召开“同心圆桌”议事会，针对学府华庭小区提出的小区3栋外墙脱落启动维修基金、垃圾站改建、小区消防安全设施、地下车库管理权被开发商侵占等问题，组织发动九三学社的省市区人大代表、政协委员、律师等力量，通过“同心圆桌”议事会方式协调解决，取得良好效果。

2020年11月，九三学社开福区工委开展“同心抗疫，诗圣传承”抗疫诗词征集颁奖发布活动
（区委统战部　供图）

【招商引资】2020年，九三学社开福区工委推进中共长沙市开福区委、区政府主办的湖南省异地商会会长“同心结对”开福行活动，主动跟结对商会湖南省广州商会对接，鼓励会员单位到开福区投资兴业。2020年，引进企业3家，分别为湖南运佳医疗器械有限公司、长沙世联达科技有限公司、湖南省铭仕医疗器械有限公司。

（王夏卉）

开福区工商联合会

【概况】2020年，开福区工商联合会（以下简称区工商联）第六届领导班子中有专职领导4名（主席兼会长1名、党组书记1名、专职副主席2名），兼职副主席5名，兼职副会长11名，特聘名誉副会长9名，常委55名，执委193名。全区有工商联有会员1200人，基层商会28个，其中16个街道商会，另有长沙市金霞经济开发区商会、直属商会、女企业家商会、纸业商会、佛文化用品商会、建材行业商会、藏珑商会、金满地小商品商会、万达联合商会、钓鱼协会、青年企业家商会、潇湘装饰行业协会等12个行业商（协）

会。商会会员行业主要涉及建筑建材、智能制造、视频文创、金融商贸、现代物流、房地产、批发零售、住宿和餐饮等。

2020 年 5 月 14 日，区工商联组织成立金霞商会，服务经济发展
（区工商联　供图）

【服务经济发展】2020年，区工商联积极参与统战工作示范区创建，为服务经济发展，打造示范基地。成立民营经济服务中心，开展政务服务、法律维权、教育培训、经济咨询、联谊联络、活动策划、宣传推介等服务，及时受理企业咨询、投诉、建议等，建立健全服务企业联席会议制度，提供零距离、全链条、精准式服务，精准服务助推民营企业发展。构建"一卡一哨"两个精准服务体系。完善企业家"福卡"制度。凡持"福卡"的企业家和高级人才，在区内可享受政务、入学、就医等管家式服务，使他们安心谋发展。对民营企业的问题实行"企业吹哨、部门报到"精准服务机制。构建发现（收集）—分类交办—限期办理—反馈评价"一站式"全链条问题闭环处理机制，破解难点、堵点，动态清零企业存在的问题。完善三大服务平台。搭建政企沟通平台。推进区领导联点企业、重点企业派驻专门联络员的沟通交流机制。2020年，召开优化营商环境暨民营企业发展座谈会1次，收集意见和建议22条；召开银企对接会5次，为会员定制金融产品，达成战略合作及授信额度4亿元。建立素质提升平台，提升企业家能力素质。举办民营企业家苏州高级研修班，57名会员参加。区工商联连续7年举办民营企业负责人高级研修班。完善企业权益维护平台。加强法律服务，推进民营企业"法律风险体检"，保护民营企业家人身安全和财产安全。

2020 年 4 月 28 日，区工商联服务经济发展，召开"助力 433 攻坚 推进复工复产"政银企对接会
（区工商联　供图）

【基层商会】2020年，区工商联加强对基层商会、行业商会的指导、引导、服务，促进基层商会改革发展，推进商会规范化运行和管理，探索基层商会之间的有效合作机制，发挥好商会职能作用，为会员企业提供更好的服务，争创"四好"（班子建设好、团队教育好、服务发展好、自律规范好）商会。经常性开展会员活动。加强会员之间的联络交流，组织开展基层秘书长业务培训、观摩学习2次，开展座谈、宣讲、文体等各类活动20余场次。加强会员队伍建设。做好新会员的吸纳工作，优化会员结构，发展会员体现代表性，注重广泛性，做到会员发展数量与质量并重。2020年，新发展会员86名。推进商会改革。突出思想政治引领、创新经济服务、强化守法诚信和社会责任。2020年5月，成立长沙市金霞经济开发区商会，并成立党支部，会员企业签订诚信自律、互信合作倡议书。以金霞园区商会为样

板，推进区属基层商会健全法人治理体系、强化党建引领作用、规范商会自身建设、服务经济发展。2020年，新冠肺炎疫情对企业生产经营产生明显不利影响，企业自身作为，政府精准帮扶，减税降费、降低企业融资成本、扩大国内市场有效需求等方面的举措落到实处，众多企业实现高质量发展，取得很好的成绩。老百姓大药房、湖南高岭建设集团股份有限公司、湖南顺天建设集团有限公司、湖南沙坪建设集团有限公司再次荣登“2020湖南企业100强”；友谊国际工程咨询有限公司获得第六届“湖南省省长质量奖提名奖”；湖南兴旺建设有限公司承建的工程获得“湖南省建设工程芙蓉奖”“湖南省优质工程奖”；中共湖南金色地标房地产开发有限公司支部委员会被评为“2020年开福区两新党组织年度考核优秀党组织”，董事长蒋辉被评为“开福区第二届劳动模范”。

【疫情防控和复工复产】2020年，区工商联在新冠肺炎疫情最严重的时候，班子成员带队深入企业、车间、工地走访慰问会员，走访企业100余家，送上防疫物资，发放《应对疫情支持企业发展政策汇编》500余本，传达区委、区政府为有效应对疫情支持企业健康发展的“16条”政策措施。解决企业存在的困难和问题，促进企业复工复产。在

2020年6月30日，区政协携工商联会员赴龙山县内溪乡开展精准助学结对帮扶回访活动
（区工商联　供图）

防疫物资紧缺的情况下，区工商联协调有关部门为会员企业团购口罩20万余只，采购一批测温枪，免费提供给复工复产企业使用。区工商联发动广大会员企业在做好自身防疫的同时，最大限度调用自身资源，为抗疫捐款捐物。截至2020年5月，区工商联会员企业通过各种途径，向抗疫一线捐赠现金73.4万元，捐赠各类物资价值435万元。湖南高岭建设集团股份有限公司、湖南顺天建设集团有限公司、湖南沙坪建设集团有限公司等企业放弃春节休假，在3天内完成长沙市公共卫生救治中心改建，湖南高岭建设集团股份有限公司5天内完成沙坪卫生服务中心改造。湖南高岭建设集团党委获得“湖南省抗击新冠肺炎疫情先进集体”和“湖南省先进基层党组织”称号。

【公益事业】2020年，区工商联会员龙友军、陈静平、陈武、刘志军、陈坚、刘洋、王心亮等再次赴龙山县开展扶贫助学活动，捐赠助学金17万元，对115名贫困学生开展精准助学。湖南新亚胜光电股份有限公司开展义务献血活动。区工商联界别的所有人大代表和政协委员，都积极投身光彩事业活动，通过参加不同形式的活动进行扶贫帮困、捐资助学等，为构建和谐社会做贡献，获得良好的社会效应。

（傅　曦）

群众团体

开福区总工会

【概况】截至2020年年底，开福区总工会有下属2个系统（教育、卫计）工会联合会、16个街道工会联合会、90个社区工会联合会，有3247个基层工会，涵盖法人单位4749家，会员13.73万人，其中农民工会员5.94万人。有劳模、先进工作者91人，其中全国劳模6人，省级劳模19人，市级劳模48人，区级劳模18人；享受区劳模待遇的开福工匠10人。省市模范职工之家50家，全国职工书屋3家，市级以上职工书屋16家。2020年，区总工会被评为湖南省先进县级工会、湖南省工会系统县级工会财务资产管理先进单位、湖南省“潇湘家书”活动优秀组织单位、长沙市文明单位、开福区防疫先进集体。

【组织建设】2020年，开福区新建工会组织269个，新增会员10399人，申报省市模范职工之（小）家5家、全市工会“EAP”（员工帮助计划）示范单位1家、长沙市级楼宇商圈工会示范单位1家，新建母婴室2家。获得2020 年长沙市级职工书屋示范点1家、长沙市职工阅读学习活动优秀项目1个、长沙市级职工书屋示范点宣传典型1家、长沙市示范女校1家、长沙市儿童友好型企业1家、长沙市示范母婴室1家。投入资金50万元，创建“开福智慧工会云服务平台”，为工会组织信息化、智慧化转型提供支持。在湖南聚恒集团总部基地成立开福区首个重点工程项目工会。将项目上的300名农民工纳入工会组织，助推开福区“433产业攻坚”项目又好又快建设。在项目工会开展高温“送清凉”慰问活动，慰问物资价值7万余元；开展“防风险、除隐患、遏事故”安全宣讲，提升职工对工会组织的获得感和认同感。同时，在项目工会班组之间开展劳动技能比拼，主要内容包括比安全、比进度、比形象、比质量、比创新，激发职工干事创业的信心。成立“马栏山省级大数据行业工会”。作为全省规模最大的大数据产业基地，马栏山视频文创园注册大数据、人工智能企业1000余家，入驻企业近300家。通过上门宣传工会福利政策、成立工会的好处，下发工会组建宣传手册1000份，推进聚恒文化、七维动力等文创企业纳入行业工会，并指导园区48家企业成立工会。

【培训宣传】2020年，区总工会开展中共十九届五中全会精神、社会主义核心价值观进基层宣讲活动，传播正确主流价值导向，深化爱国主义教育，团结带领职工群众听党话、跟党走。开展工人阶级宣传月活动，在辖区营造出浓厚的宣传氛围。组织各基层工会干部到西安交通大学培训学习，开拓视野，提升工会服务水平。

【劳动竞赛】2020年，区总工会开展劳模大讲坛暨“疫情防控践初心、严峻斗争担使命”党日活动。从全区基层企业一线优秀职工、基层社区书记和卫健、教育系统专技人员中择优评选开福区第二届劳动模范10名，并进行表彰。投身区委“大干一百天，实现双过半”竞赛和推进“433产业攻坚”，立足省重点文化产业基地——马栏山视频文创园，开展“创新引领 助力攻坚”——2020年开福区职工劳动技能技术创新大赛。大赛区别于以往传统车钳刨铣为主的劳动技能竞赛，为新兴行业从业者搭建展示技能的平台，把“创新”融入职工实践，推动技术创新竞赛“全覆盖”，参赛者通过多媒体演示、现

2020 年 6 月 23 日，开福区总工会举行“创新引领 助力攻坚”——2020 年开福区职工劳动技能技术创新大赛，13 支队伍进行劳动技能技术创新大比拼

（区总工会　供图）

场讲解、原创作品模型展示等多种形式展示创新技能，得到《工人日报》、《湖南工人报》、长沙新闻频道等新闻媒体报道。

【维权帮扶】2020年，区总工会开展春送岗位、夏送清凉、金秋助学、冬送温暖、万名工会干部进企入户等活动，全区的困难职工全面解困脱困。开展电工、叉车工等“一户一产业工人”培训班。完成医疗互助、女职工特殊疾病、消费扶贫任务。指导企业与职工签订工资集体协议，评选工资集体协商典型企业。做好新冠肺炎疫情防控，全区下拨新冠疫情防控特别慰问消费券225.81万元，7527人受益。累计投入防疫资金、物资价值52万余元；全区359家工会，11000人购买消费券1999.74万元，助力复工复产。开展“平安企业”评选暨平安知识竞赛、万名职工射箭公开赛、“培育好家风——女职工在行动”主题实践活动。全年举办单身联谊会3场，在欧波港湾职工之家举办女职工舞蹈培训班。

【职工劳动技能技术创新大赛】6月23日，“创新引领 助力攻坚”——2020年开福区职工劳动技能技术创新大赛暨第二届劳动模范表彰大会举行。湖南七维文化传媒等13支队伍运用媒体演示、现场演讲、原创作品模型展示等形式进行劳动技能技术创新比武，各参赛队伍将创新创作才能运用到展示公司形象、传播企业文化等方面。经过比拼，长沙传化公路港物流有限公司代表队获得特等奖，湖南长重机器股份有限公司、湖南沙坪建设集团有限公司、开福区清水塘江湾小学三支代表队获得一等奖。在颁奖仪式上，龙宇文、蒋辉、张艳、张娟英、陈慧、董国生、黄家延、曾硕林、周剑波、任江春等10人获得开福区第二届劳动模范。该活动由开福区委、区政府主办，区总工会承办，马栏山（长沙）视频文创园工会委员会、区科技局、区工信局、长沙金霞经济开发区产业发展局协办。

2020年9月18日，长沙市开福区举行“平安企业”授牌仪式，现场颁奖领导给10家“平安企业”进行授牌（区总工会 供图）

【职工射箭公开赛】11月28日，长沙市开福区职工射箭公开赛在三能集成房屋股份有限公司体育馆举行。该次比赛有71支队伍近800人参加，他们来自开福区各区直机关、街道以及企事业单位，是经过各单位组织选拔赛和开福区总工会聘请教练统一集中专业培训后脱颖而出的精英选手。比赛项目分为团体、个人排位赛以及个人淘汰赛。经过比赛，长沙园林生态园代表队获得冠军，湖南善孝堂养老服务有限公司代表队获得亚军，青竹湖街道办事处代表队、区市场监督管理局代表队获得季军；长沙园林生态园张晗获得个人冠军，浏阳河街道办事处樊义荣获得个人亚军，区城市管理综合执法大队聂斌、湖南拓沃重工科技有限公司凌晨获得季军。

【“平安企业”授牌仪式暨平安知识竞赛活动】9月18日，长沙市开福区“平安企业”授牌仪式暨平安知识竞赛活动在三能集成房屋股份有限公司举行。全区企业代表200余人参加活动。开福区委常委、政法委书记张春雄致辞，区总工会党组书记、主席王辉君宣读《致开福职工的一封平安信》。湖南长燃物业发展有限公司等10家企业获得“平安企业”授牌。“平安企业”是根据开福区平安建设领导小组办公室《关于进一步深化行业单位平安创建活动的通知》精神评选产生。在平安知识竞赛中，经过必答题和抢答题两轮答题环节的比赛，清水塘街道代表队获得一等奖，沙坪街道代表队、秀峰街道代表队、芙蓉北路代表队获得二等奖。该活动由区委政法委主办，区平安建设领导小组办公室、区总工会承办，区应急管理局、区禁毒委员会办公室、三能集成房屋股份有限公司协办。

（何巧梅）

中国共产主义青年团开福区委会员

【概况】2020年，开福区有青少年（6~28岁）10.6 万人，其中14~28周岁青年6.2 万人，开福区共青团员6335人，团青比例为10%。中国共产主义青年团开福区委（以下简称共青团开福区委）有团级组织454个，其中团委35个（含街道团委16个），团工委16个，团总支1个，团支部335个，学校毕业生团组织66个，待接转团支部1个。学校领域有团支部170 个，教师支部9个，混合型支部7个，小学支部36个。全区有“青年之家”20个，其中省级“青年之家”3个（科大佳园社区、富雅坪社区、戴家河社区），市级“青年之家”6个（厚德志愿者之家、江湾社区、洪雅社区雅乐小站、青竹湖畔社区、荷花池社区、湘民社区），区级“青年之家”11个（彭家巷社区、上麻园岭社区、双河社区、溪水湾社区、德雅路社区、沙坪社区、花城社区、栖凤社区、清水塘社区、胜利社区、马栏山创智园）。2020年，新发展团员520名。

【从严治团】2020年，共青团开福区委通过主题团日活动、专题团课、网上宣讲等形式，开展“学习总书记讲话，做合格共青团员”系列活动100余场，带领全区各级团组织深入学习贯彻习近平总书记到湖南考察调研重要讲话精神，区教育局组织1022个中队学习中共十九届五中全会精神。承接长沙市青年讲师团宣传5场，组织各界别讲师团深入学校、社区开展宣讲150余场，推动“青年大学习”常态化、制度化，推出系列打卡奖励活动，全区团员青年学习率稳定在50%以上。组织参与共青团长沙市委“青年担当，于斯为盛”征文活动，区住建局谷莎《生长吧，青年》获得三等奖。创新“党建+团建+队建”深度融合模式，荣获全国“双有”活动特殊贡献奖、全国优秀集体奖。开展“青春建功433”专题宣讲及展演活动，选树区级青年岗位能手15名，区级青年文明号10个，激发全区青年干事创业的热情。开福区全年获得市级青年岗位能手6名，市级青年文明号5个，重点项目队伍获得市级青年突击队3支，马栏山视频文创园鄢艳获得“湖湘青年英才”荣誉称号。做强“开福里手”官方微信，以青年人喜闻乐见的话语体系传播开福区发展战略机遇，增强青年认同感、参与感，官微“圈粉”超过3.7万，同比增长20%。抗疫期间发送正能量微博、抖音作品200余条，阅读量30.8万人次。

【志愿服务】2020年，共青团开福区委汇集青年才智，立足岗位，开拓创新，推进开福区高质量发展。新冠肺炎疫情发生后，第一时间向全区各级团组织发出号召，发动2万名志愿者，组织开展卡点执勤、医护关爱等各类志愿活动2000余次。为各街道社区筹集发放口罩4000余只，消毒液50千克，医用手套2万余双。通过“青年之声”综合服务平台建立心理专家志愿服务队，开通24小时服务热线，为辖区内居民心理健康保驾护航。响应区委“433产业攻坚”和共青团长沙市委的号召，以“实现双过半·青年勇担当”为目标，号召全区广大青年投身干事创业。在聚恒集团总部基地、湖南创意设计总部大厦项目、夸特纳斯水系项目等12个产业项目中，成立20支青年突击队，发挥广大青年在急难险重一线生力军作用。在马栏山视频文创园创新推出“与书记共进午餐”活动，全年开展5期，邀请26位党政领导和40位园区企业家、青年人才代表，以一月一会的形式，围绕文创、科技、

2020年11月17日，共青团开福区委汇集青年才智开展青春志愿行动，贡献青春力量和智慧
（区团委　供图）

人才新政等青年群体关注的话题，为产业发展团结青年力量，贡献青春智慧。以“3·5”学雷锋日、“6·26”国际禁毒日、“12·5”国际志愿者日等重要节点为契机，推广“志愿汇”App，开展禁毒宣传、减压送考、春运暖冬行动等多项志愿服务活动，赢得社会广泛好评。推动青年志愿服务品牌化运作，探索校地共建新模式，联合长沙学院团委推出“厚德有我”大学生志愿服务项目，签约20个项目落地10个社区，开展形式多样的志愿服务，打造“一家一项目，一街一品牌”的志愿服务格局，为基层社会治理贡献青年力量。以“青年之声”“青年之家”平台为主阵地，开展系列志愿服务活动300余场，线上线下同步为开福青年做好服务。

2020年11月26日，共青团开福区委组织开展“廉洁初心永坚守 产业攻坚有作为”主题活动（区团委 供图）

【基层团组织建设】2020年，共青团开福区委依托“党建带团建、团建促党建”，健全党领导下共青团主导的青年组织体系，出台《进一步加强基层团组织规范化建设工作的实施方案》，树立大抓基层的鲜明导向。建立新兴领域青年的日常联系制度，推动党组织的非公企业建团，突出园区、楼宇企业、商业街区、互联网行业等重点领域建团，扩大团对基层青年特别是新兴领域和新兴群体青年的有效覆盖，完成新建团组织94个，其中两新领域新建55个。落实基层团组织规范化建设三年计划，打造“五有”基层团组织，认真开展对标定级，全区216个团（总）支部全部完成自评工作，其中五星团支部56个。破解学生团员“毕业即失联”“口袋团员”等问题，完成转接团员1508人，“学社衔接”率95.4%。严控团员发展数量和比例，推优入党团员35名，新发展团员520名。新建“青年之家”3个，开展活动422场，辐射青年7000余人。2020年，开展各类团干培训80余场，提升团干的业务素质和综合水平。连续九年开展“最美共青团员”“最美共青团干”评选活动，推树先锋少年12名、优秀团员6名、优秀团干6名、优秀团支部3个、优秀团委3个、“我最满意共青团”4个工作。

【困难帮扶】2020年，共青团开福区委联合沙坪建设等社会力量，开展“开福内溪手拉手，实现山区‘微心愿’”活动。通过捐赠校服、搭建爱心书屋、暖心小屋等方式，改善对口帮扶龙山县内溪乡学子们的就学环境，帮助山区孩子实现“微心愿”，青年党员代表为内溪的农户面对面教授如何直播带货，拓宽药材和农产品的销售渠道。配合区人社局在汽车北站、万达广场、长沙学院等地，开展“春风行动”暨专项援助就业活动，为待业青年推荐岗位信息，主要涉及视频文创、医药物流、智能制造等50个行业，达成就业意向300余人。定期开展联点社区困难青年儿童群体帮扶活动，坚持做到“三个一”，每月了解生活情况1次；每季度上门走访1次；每年解决实际问题1个，全年累计送上慰问金及物资价值5.3万余元。在全区广泛发动青基会希望工程“一元捐”项目，累计收到捐款6.3万余元。维护好青少年合法权益，为未成年人审讯环节提供志愿到场监督、协助帮扶、长期跟踪等服务。购买孙喜峰未成年人法律工作室“送法进基层，服务零距离”青少年法治教育巡讲服务，全年开展法治巡讲20场，累计服务1200余人次。探索将全省唯一一家实体化“青年之声”平台与“青年之家”深度融合，推出“青春有约”项目三年行动计划。该计划分三年推进：2019年全面铺开，在全区推进14个精品项目落地；2020年纵深推进，全年重点推进、扶持5个项目；2021年示范引领，重点打造3个示范街道，3个精品项目。截至2020年年底，“青春有约”项目三年行动计划开展活动1300余场，服务青少年5万余人，多个项目获得青少年群体点赞。在网上云平台发布活动421场，参与青少年16426人。

（尹增明）

开福区妇女联合会

【概况】2020年，开福区妇女联合会（以下简称区妇联）在企事业单位、社会组织中新建妇女组织50个，延伸妇女工作触角，发挥妇联组织联系妇女群众的桥梁纽带作用。全年接待来电来访76件，其中家庭权益类60件，劳动权益类3件，人身权益类4件，财产权益类6件，其他类3件，信访受理率100%。2020年，区妇联被评为“2020年度湖南省妇联舆论宣传阵地建设表现突出单位”。

【宣传工作】2020年，区妇联做好“女”字文章。向全区各级妇联组织和广大妇女发出倡议，号召大家齐心协力，积极投身抗疫工作。在线上发布志愿招募公告，给每个社区送去“巾帼志愿者”的小红帽、红袖章。在疫情关键时刻，各级妇联组织和广大妇女踊跃投身一线，立足岗位，邹琦玥等3位女性被评为2020年度长沙市“三八红旗手”，区疾病预防控制中心等2家单位被评为长沙市“三八红旗单位”。联合区人社局就业服务中心启动“2020春风行动暨就业援助月主场线上招聘会”“春风行动暨就业援助月金霞专场招聘会”等22场线上专场招聘活动，涵盖智能制造、生活服务等多种行业。倡议全区妇女参与垃圾分类、扫黑除恶、蓝天保护、文明创建、安全生产、禁毒扫毒等中心工作，引领广大妇女为开福区“433产业攻坚”贡献巾帼力量。举办全区妇联系统干部培训班，75人参加。做好“儿”字文章。结合春节、“5·15”国际家庭日、“六一”国际儿童节等节日，在全区开展关爱困难家庭和困境儿童慰问活动，慰问困难家庭40户，困境儿童63名。通过摸底排查，争取1名贫困妇女纳入省级贫困妇女“两癌”救助之列。指导开福区家庭教育综合服务中心工作人员到宁乡市星苑儿童康复中心看望、慰问特教孩子，为孩子们送上100余双新鞋、100本《家庭教育读本》及爱心捐赠物资。开展“战疫情护母婴”发放孕妇裤公益活动，为基层一线孕妇工作者发放孕妇裤100条。开展“科学育儿·孕育新生”——长沙市飞鹤公益行活动，帮扶贫困家庭50户。做好“家”字文章。推荐邓学东等8户家庭被评为2020年度长沙市疫情防控“最美家庭”，开展“开福区第四届文明家庭”评选活动，评比表彰爱国守法、敬业奉献、孝老爱亲、公益志愿、书香和睦家庭15户。开展“树清廉家风·建文明家庭”——“5·15”国际家庭日廉洁清风进万家活动，通过观看廉政警示教育片、签署廉洁承诺书、赠送廉政书籍、聆听廉政教育课等多种形式鼓励党员干部及家属从中领会“廉”的深刻内涵。在8个社区开辟10个亲子读书会，通过亲子共读、每周一课的读书方式，受益群众超2万人次。“线上家庭教育直播课”累计开展100余场，超10万人次观看。5月开始，线下亲子读书会活动陆续复课，累计开展线下“开福读书会”60余场。长沙隔代家庭教育试点在开福区启动，聘请国防科大教授彭忠秋、徐佐林和“中国好人”邓学东等组成隔代家庭教育讲师团，针对家庭中的隔代长辈，进行以历史文化、家风家教、思想品德等为主题的授课，弥补隔代教育的不足，帮助孩子全面健康发展。

【维权工作】2020年，区妇联开展线上普法宣传。通过微信公众号、QQ群、朋友圈等网络渠道广泛宣传《中华人民共和国反家庭暴力法》。邀请湖南云天律师事务所副主任、湖南省律师协会婚姻家庭专

2020年10月21日至10月23日，区妇联举办2020年妇联系统干部培训班

（区妇联　供图）

业委员会主任万薇开展《“三八”国际妇女节——反家暴普法公益讲座》线上普法“云”课堂活动，直播在线观看人数2049人次。利用“3·1”《反家庭暴力法》立法纪念日、“三八”维权周、“6·26”国际禁毒日、“11·25”国际反家暴宣传日、“12·4”全国法制宣传日，深入社区、学校、楼宇、商场开展法治宣传教育活动，引导妇女学法、知法、守法、用法，增强依法维护自身权益的意识和能力。开展线上心理咨询。疫情期间，开福区鑫晨妇女儿童公益发展中心组织10余名专业心理咨询师，开通心理咨询热线，为有需要的妇女儿童和家庭提供线上心理咨询服务。开展“法治开福·巾帼在行动”活动。利用妇女儿童之家在周末或者假期为街道社区送课20场，内容涵盖溺水、消防、禁毒、保护女童、反家暴等内容。畅通“12338”妇女维权热线，全年接待来电来访76件，其中家庭权益类60件，劳动权益类3件，人身权益类4件，财产权益类6件，其他类3件，信访受理率100%。开展“妈妈禁毒联盟进社区入家庭”禁毒宣传活动，组建“妈妈禁毒联盟”志愿者小分队67个，全年开展禁毒宣传活动77场次。发挥社会组织作用，精准服务妇女儿童和家庭。引入开福区鑫晨婚姻家庭综合服务、开福区鑫晨公益发展中心、开福区家庭教育服务中心、铭翰星教育咨询有限公司等社会组织，建立涵盖女性维权、心理健康、家庭教育、创业就业等领域的妇女儿童和家庭服务体系。

【服务工作】2020年，区妇联在疫情期间，开展“暖心慰问”活动，慰问一线医护人员及家属。扶持示范基地，助力乡村振兴。和道源龙猫玫瑰园、细莫电子商务实训基地分别被评为2020年度长沙市“巾帼现代农业科技示范基地”和“巾帼双创示范基地”，为企业争取专项资金支持，引导妇女走产业化、专业化、组织化的发展道路，带动农村妇女增收致富。发挥巾帼示范作用。青竹湖街道霞凝港社区、四方坪街道科大景园社区分别被评为2020年度长沙市“巾帼文明岗”和“巾帼建功先进集体”，清水塘街道办事处主任文琬莹被评为2020年度长沙市“巾帼建功标兵”。以全面实施妇女儿童发展规划为主线，整合资源，创新服务，在妇女儿童合法权益上实现新突破。在全区广泛开展“户帮户亲帮亲、互助脱贫奔小康”活动，鼓励各级妇联执委开展扶贫帮困活动。开展“巾帼之花，美丽绽放”妇女职业技能培训，100余人参加。邀请夏杨色彩化妆职业学校校长夏杨为创业妇女开展“女性自身魅力提升”职业技能培训，推进“湘女素质提升工程”实施。

【“把爱带回家”寒假特别行动】1月10日，开福区妇联在浏阳河小学举行“把爱带回家”双百万（100万名各类志愿者，与100万名留守儿童、困境儿童结对过大年）结对寒假特别行动启动仪式暨“书香润童心，亲子共成长”开福读书会新春联谊活动。开福读书会志愿者老师、读书会家委会成员、读书会学员500余人参加活动。活动现场，为开福读书会家委会成员、读书会志愿者老师颁发荣誉证书，开福读书会家委会成员代表、读书会志愿者老师代表分享亲子阅读的体会和感悟。科大佳园社区、江滨社区、建湘新村社区等6个社区读书会以及浏阳河小学、科大附小、一师二附小、《长沙晚报》小记者等孩子们表演书香节目，展示读书学习成果。区妇联购买开福读书会公益服务项目，通过走进社区“妇女儿童之家”开展亲子阅读、人文游学等活动，实施“把爱带回家”双百万结对寒假特别行动。

【廉洁清风进万家】5月13日，开福区纪委监委联合开福区妇联举办“树清廉家风·建文明家庭”——开福区“5·15”国际家庭日廉洁清风进万家活动。活动主题以家庭为单位，引导正确价值追求和精神取向，加强廉政文化建设，营造清风正气的政治生态，让廉洁之风吹进千家万户，构筑拒腐防变家庭防线。活动现场，播放一部廉政警示片，以最直观的视角诠释廉洁，以廉修身；宣读一封廉洁倡议书，以身作则，以廉明志；签署一份廉洁承诺书，把党员干部的初心和信仰写在诺言里；赠送一本廉洁书籍，增强党员干部的廉洁意识。国防科技大学教授徐佐林讲授廉政课，以家庭腐败的典型案例教育党员干部，为家庭助廉。2020年，全区组织开展廉政文化活动210余场，加强清廉家风、文明家庭建设。

（王熙琳）

开福区归国华侨联合会

【概况】2020年，开福区有海外侨胞及留学人员1.73万人，归侨侨眷2.13万人，归国留学人员500余人，侨资企业100余家。

【创新创业】2020年，开福区归国华侨联合会（以下简称区侨联）团结带领广大侨胞服务大局，聚焦产业项目建设和营商环境优化，紧扣省、市委统战部和区委创建全国基层统战工作示范区指示精神，打造北辰文创园新侨创客同心基地暨湖南（省直）留学人员创业园北辰文创基地，创新“1+3”工作模式，即创建一套运行机制，其中包括多部门联动机制，“一站式”服务机制，政府与企业、海归人才互动机制；协同多部门为园区企业及海归留学生人才提供“一站式”服务、开展新侨“同根海联”公益活动、举办“爱植栖木·有凤来仪”青年联谊会和企业知识产权管理体系专题讲座等一系列活动搭建交流展示平台，凝聚海归留学生人才和园区企业，助力北辰文创园扩大规模、提升档次，打造全省人才创新高地，同时也为包括海归留学生人才在内的新侨群体在开福区落地生根搭建优良的创新创业平台。

【参政议政】2020年，区侨联发挥侨界人大代表、政协委员参政议政职能，建有用之言、献务实之策，为维护侨界合法权益和经济社会发展献计出力。全区侨界有省政协委员1名，区人大代表2名，区政协委员4名。2020年，提出《关于解决我省农村中小学》等国家级提案及社情民意2件，《关于加强我省各级各类学校心理老师能力提升和有效管理的建议》省级提案4件，市级12件，区级22件，从学龄儿童心理教育、防疫、城市管理等方面提出意见和建议，为社会发展贡献侨智。

【善行义举】2020年，区侨联面对疫情防控主动作为，发动全区侨胞募集捐款24.5万元以及价值2.5万元的医用口罩，帮助侨企复工复产。区侨联兼职副主席魏玛丽参与湖南省委共青团“抗击疫情，从心开始”心理援助项目，通过微课、网络平台为民众，特别是一线医护人员和社区工作人员提供防疫抗疫心理科普教育和心理咨询服务，服务对象1万余人次。区侨联法律顾问李屹参加防疫复工自愿法律援助工作，协助开福区总工会工作人员监督企业不得侵犯职工合法权益。区侨联委员冯忠撰写一批湖南、湖北统一战线的民主党派、侨海、民宗人士参加抗疫斗争的新闻和故事，在人民政协网、《湖南致公》、《正法眼》（省佛教协会会刊）、《三湘都市报》、星辰头条、《长沙统一战线》等10余家省、市级刊物上发表。联合民盟长沙市委、中共开福区委统战部、芒果TV举办“同心圆梦、爱满星城”2020年长沙市关爱地贫儿童公益活动开福站启动仪式，为14户地贫家庭现场捐赠善款18万元。

【为侨服务】2020年，区侨联突出服务大局的工作主线和服务侨胞的生命线，结合“五进”工作要求，为区内侨胞、侨企，新侨、老侨做好服务。为印尼归侨张安娜处理人瑞居养老集团违约一事，追讨被拖欠合同款项5万元；协调解决澳大利亚华侨张永新反映湘雅路过江通道征收问题。2020年，组织区老侨活动中心开展老归侨重阳节活动，走访慰问全区困侨80余人，发放慰问金、物资等价值3万元。全年开展侨联“五进”活动37场。水风井、科大佳园、江湾3个侨联工作示范社区，清水塘社区侨联，甜蜜荟、清水塘社区“侨胞之家”，万达侨联为老侨举办重阳节慰问、牙科健康讲座、端午节联谊等活动30余场，惠及2000人次。全年走访园区、企业、楼宇侨企20余家，为微医集团、中康精神病院等侨资企业对接解决困难和问题5个。

【提质扩面】2020年，区侨联开展涉侨人员及侨企摸底，新统计涉侨人员40余人，涉侨企业20余家，新增长沙市侨商会会员企业9家。2020年，湖南省博物馆获批中国华侨文化交流基地，湖南省沙坪湘绣博物

2020年11月18日，中华全国归国华侨联合会国党组成员、副主席隋军（右二）在清水塘“侨胞之家”调研
（区侨联　供图）

馆获批湖南省华侨文化交流基地，马栏山智创园获批湖南省新侨双创基地。清水塘社区“侨胞之家”被评为全国侨联系统典型单位，甜蜜荟、盛世路社区创建省级“侨胞之家”。清水塘“侨胞之家”、甜蜜荟“侨胞之家”作为全市基层侨联工作典型，接受中国侨联调研。北辰新侨创客同心基地暨湖南（省直）留学人员创业园北辰文创基地多次接待省、市委统战部、侨联及省侨青委、海外及省外侨胞侨眷代表调研。开福区基层侨联紧扣中心工作，发挥服务联系侨界群众桥梁纽带作用，推动侨务工作与社区建设相结合，引导归侨侨眷参与社区治理，服务社区建设等方面工作得到国家及省、市侨联好评。

（王夏卉）

开福区残疾人联合会

【概况】截至2020年年底，开福区有持证残疾人8081人。2020年，开福区残疾人联合会（以下简称区残联）为34户被征收的困难残疾人申请拆迁补助资金50万余元；为3642人落实残疾人“两项补贴”814.7万元，为全区219名残疾学生和贫困残疾人子女发放助学补贴66.5万元。全年完成白内障、胬肉、低视力手术153例。2020年，“生活小秘书”服务项目实现全区全覆盖，对全区16个街道320名低保重度残疾人家庭提供上门家政服务和社工服务，服务时长3.84万小时，服务满意率100%。全年组织招聘会提供岗位200余个，服务残疾人求职者100余名，实现成功就业39人。

【惠残民生工程】2020年，区残联设身处地为残疾人排忧解难，筹措资金实施电动轮椅适配，为18名下肢重度残疾的贫困残疾人发放电动轮椅。为34户被征收的困难残疾人申请拆迁补助资金50万余元；为3642人落实残疾人“两项补贴”814.7万元；为全区219名残疾学生和贫困残疾人子女发放助学补贴66.5万元；为湖南省龙山县内溪乡15名残疾学生和困难残疾人子女发放扶残助学经费4.5万元。

2020年9月9日，在“呵护折翼天使 爱心托起希望”爱心公益项目启动仪式上，开福区星苑儿童康复中心的孩子表演音乐律动操《蹦踏踏蹦踏》 （区残联 供图）

【残疾人合法权益】2020年，办理残疾人爱心公交卡133张，为138名肢体残疾人申请机动车燃油补贴。整合各方力量，协调长沙泰和医院、长沙市精神病医院为16名低保、行动不便的“疑似残疾人”提供上门评残服务；为70户贫困残疾人家庭和2个社区实施无障碍改造。

【残疾人康复】2020年，为全区337名自闭症、脑瘫、智力障碍、听力障碍的残疾儿童提供康复训练，经过10个月的康复训练，有效率、完成率和满意率均为100%。并为11名残疾儿童提供康复救助。落实“辅助器具进家庭”工作。区残联在全区范围内进行全面摸底，为有辅助器具需求的残疾人免费适配，2020年，为451名残疾人适配辅助器具594件。为有需求的残疾人适配义肢，全年为8名缺肢残疾人适配适应个性化需求的假肢，全部装配到位。推进“光明·关爱”项目。全年完成白内障、胬肉、低视力手术153例。2020年，“生活小秘书”服务项目实现全区全覆盖，对全区16个街道320名低保重度残疾人家庭提供上门家政服务和社工服务，服务时长3.84万小时，服务满意率100%。

【残疾人就业】2020年，拓宽残疾人就业渠道，帮扶贫困残疾人就业。全年组织招聘会提供岗位200余个，服务残疾人求职者100余名，实现成功就业39人。提升残疾人就业能力，开展残疾人职业技能培训。培训由线下面授培训+线上远程教育培训相结合的方式进行，面授培训电子商务专业和远程培训，培训残疾人30人。推进残疾人自主创业，做好残疾人创业扶持工作。2020年，有5人申报残疾人创业扶持资金，发放扶持资金4.24万元；为34户个体残疾人创业者申请疫情房租补贴6.8万元；为4家盲人按摩机构申请盲人按摩补贴11万元。加大机构监管力度，打造特色品牌托养服务。规范全区6家日间照料托养机构的管理，为251名智力、精神和重度肢体残疾人提供日间照料服务，为120名智力、精神和重度肢体残疾人提供居家托养服务。

【帮扶贫困残疾人】2020年，规范和强化残疾人专职服务队伍建设，全区有84名残疾人专职委员通过考核，持证上岗。精准化了解需求，推进残疾人动态更新工作。区残联结合工作实际，科学筹划部署，层层分解任务，严格落实责任，上下联动落实，广泛动员多方力量将工作做细、做实，确保动态更新数据科学、准确、及时。2020年，动态更新登记对象8057人，动态更新录入率100%，入户率97.12%，手机App录入率100%。慰问贫困残疾人家庭，推动精准扶贫。帮扶受新冠肺炎疫情影响的贫困残疾人渡过难关，勉励残疾人发扬自尊、自信、自强、自立精神，克服困难，打赢贫困残疾人脱贫攻坚战。区残联以第三十次“全国助残日”为契机，慰问贫困残疾人家庭107户，表彰扶残助残先进个人32人。

【法律知识宣传活动】9月30日，长沙市开福区残疾人联合会在月湖公园文化广场举办主题为“学好用好残疾人保障法·维护残疾人合法权益”的法律知识宣传活动。全区16个街道、18家爱心单位和爱心机构负责人、残疾人志愿服务工作者及残疾人代表300人参加活动。

（吴宏兵）

开福区红十字会

【概况】2020年，开福区完成无偿献血4288人次，为长沙市安排任务数119.1%。

【抗疫工作】2020年，区红十字会动员红十字志愿者参与新冠肺炎疫情防控、款物募捐、科普知识宣传。动员爱心企业、爱心人士募捐，募集款物价值100万余元。组织爱心企业慰问一线医务工作者和一线工作人员。

【“三献”工作】2020年，区红十字会加强无偿献血、捐献造血干细胞、遗体器官捐献的科普知识宣传。新冠肺炎疫情最严重的阶段，广泛动员、科学组织，完成献血3256人次，献血量110万余毫升，缓解临床用血紧张。全年完成无偿献血4288人次，为长沙市安排任务数3600人次的119.1%，在全市区县中居前列。造血干细胞捐献、遗体器官捐献志愿者登记人数逐年增多。

【应急救护】2020年，发挥上级红十字会和区委区政府高度关注“三救”的政策优势。人道救助方面，为1名白血病幼儿争取3万元小天使基金救助，为8个困难家庭申请湖南省红十字会人道救助基金救助（救助金5000元至几万元不等），为70个困难家庭申请长沙市红十字会友阿公益基金救助（每户1000元救助金）。救护救灾方面，为所有街道、社区、学校配备心肺复苏模型、AED（体外自动除颤仪）训练机；争取长沙市红十字会支持，在区政务中心、长沙市党史馆、湖南省博物馆、滨江公园安放AED，并组织工作人员进行使用培训。2020年，新培训红十字会救护师3名，与湖南省人民医院合作，通过线上和线下对全区基层医务工作者进行现场救护知识技能专题培训1次。全区各街道利用“世界红十字日”“急救日”，开展应急救护知识技能宣传和推广，群众急救意识日益增强。全年培训红十字救护员154人，CPR+AED专题培训200余人，普及培训10万人次。

（李　青）

区红十字会慰问新冠肺炎疫情防控一线工作人员　　（区卫健局　供图）

法　治

政法委与综治

【概况】2020年，开福区政法工作坚持以习近平新时代中国特色社会主义思想为指引，贯彻落实中共十九大和中共十九届二中、三中、四中、五中全会精神、习近平总书记对政法工作重要指示精神以及中央、湖南省委、长沙市委政法工作会议精神，围绕区委“433产业攻坚”大会战工作主线，履行维护国家政治安全、确保社会大局稳定、促进社会公平正义、保障人民安居乐业“四大职责”，完成各项任务。开福区连续2年获得长沙市扫黑除恶工作先进区县、连续16年获得湖南省“平安区县”称号。

【维护稳定】2020年，开福区政法工作坚持“稳”字为先，树立以“大概率思维应对小概率事件”思想，严守社会稳定“五个不发生”。以防范化解重大风险为目标，关口前移，严防不稳定事件发生。成立全区政治安全和社会稳定风险防控工作领导小组，立足区情，按照8个风险类别、23个风险维度对全区所有社区（村）进行社会稳定风险评估、分类管控、动态监测。2020年，摸排不稳定问题110起，及时组织化解86起；处置群体性事件20起。以“领导接访下访推动矛盾化解”攻坚年活动为抓手，巩固信访工作成果。全年化解信访积案54件，区领导公开接访214批575人次，运用信访救助资金帮扶困难信访群众40名。湖南省委第六巡视组巡视开福区期间，交办信访问题7批291件，推动化解12件，其他件均按要求办结。以全力开展疫情防控工作为命令，彰显政法干警担当。新冠肺炎疫情发生后，开福区迅速组建7×24小时运行工作专班，累计收集、核实、研判疫情防控信息、数据5万余条；检查车辆7200余辆，检查人员1.4万余人；对1家省市级定点救治医院、4家发热门诊、3家定点隔离酒店实行24小时驻点安保；整治医院、酒店及其周边乱源30余处，调解纠纷40起；依法从严从快办理涉疫案件，批准逮捕涉疫刑事犯罪4件4人、提起公诉2件2人。开福区首例口罩诈骗案，实现当日受理、当日审查、当日批捕。

【扫黑除恶】2020年，开福区政法工作围绕扫黑除恶“三年目标”，依法重拳出击，连续2年被评为长沙市扫黑除恶工作先进区县。全年收到中央督导组交办线索144条，核查办结144条。全区打掉黑社会性质组织1个、涉恶集团6个、涉恶团伙8个、涉恶个案2起，破获案件202起，刑事拘留175人，扣押、冻结涉案资金4566.17万元、查封别墅等不动产59处、扣押涉案车辆34辆，判处财产刑1423.65万元，生效案件财产刑1396.23万元，执行到位352.77万元。因涉黑涉恶腐败和“保护伞”问题被区纪委监委立案审查调查15人，移送司法机关6人。排查整治软弱涣散基层党组织18个，查处违纪违法和涉黑涉恶问题村干部33人。开展万达商圈专项整治、“三贷三霸”（“三贷”即套路贷、校园贷、非法高利放贷，“三霸”即村霸、市霸、行霸）专项整治、打击传销专项整治等重点地区和重点行业、领域突出问题一系列综合治理行动，全年发出监察建议书1份、检察建议书2份、公安机关提示函11份，强化行业整治，堵塞管理漏洞。2020年，万达商圈新增金融犯罪立案数同比下降91.7%，最大限度挤压黑恶势力滋生空间。全年对月湖大市场等涉传销重点区域开展打击传销专项行动135次，捣毁传销窝点1129个，劝返遣散传销人员3574名。针对中央督导组“回头看”反馈的问题，立行立改、边改边治、边治边建，5大项17个具体问题均完成整改，取得阶段性成效。出台《开福区涉黑涉恶问题线索移送反馈试行办法》《开福区涉黑涉恶问题线索管理规定》《开福区涉黑涉恶问题线索核查认定办结工作规定》《开福区关于建立重大复杂黑恶案件会商机制的意见》等制度文件，建立健全机制，推进扫黑除恶工作常态长效。

【平安建设】2020年，开福区政法工作坚持以“互联网+群防群治”为手段，主动对接融入全市市域社会治理现代化建设，推动建立共建共治共享的社会治理格局，连续16年获得全省“平安区县”称号。推广新时代“枫桥经验”，充分结合网格化管理、“街道吹哨、部门报到”、联防联控、诉源治理等工作机制，专群结合排查化解社会矛盾、开展治安防控。2020年，全区各调解组织调处矛盾纠纷1072起，其中疑难复杂41起，涉及金额4516万元。引导群众参与社会治理，完善基层治理服务组织架构，依托全区建立的172个小区党组织、36个邻里中心和65个零距离服务点，充分发挥小区党组织引领作用，统筹小区居民、物业等多元治理力量，建立健全联席会议、居民议事等制度，常态化收集民生诉求。提升政法系统科技化、信息化、智慧化水平。开福区法院强化信息技术应用，通过“云庭”开庭391件，网上立案2665件，办理跨域立案43件，运用“闪信+”送达文书1.76万次，运用调解平台发起视频调解1615次，让信息多跑路、群众少跑腿。开福区检察院依托运用“智慧检务”成果，通过远程提讯、云视频会议、移动检务办公平台等手段，保证批捕、起诉、律师阅卷、群众接访等日常工作顺利开展。开福区司法局利用“智慧矫正”平台，开展线上直播疫情防控心理辅导《四管理、五法则，助您度过疫情期》，在线观看者6099人，得到司法部社区矫正管理局充分肯定。开展法治开福建设工作，落实“七五”普法迎检验收工作，区政府常务会议开展政府规范性文件合法性审查12次，审查重要涉法事务24件。建立完善职责清晰、运行高效的执法司法体系，全年刑事立案4551起，破案1409起，破案率30.96%，八类恶性案件立案29起，发案率同比下降9.37%，命案发案4起、破案4起，破案率100%；受理审查逮捕案件418件657人，批准逮捕340件532人；受理审查起诉案件775件1229人，提起公诉680件1093人；审限内结案率100%，当庭宣判率59.97%，一审服判息诉率89.52%。

【服务中心工作】2020年，开福区政法工作全力护航全区“433产业攻坚”项目建设大会战，项目建设推进到哪里，政法保障就延伸到哪里。服务项目建设。立足于提前介入，主动服务黄兴北路、火车北站、金鹰、金霞四大片区指挥部项目建设及金霞、马栏山园区项目建设，全年累计开展项目施工环境整治专项行动57场次，出动警力500余人次，有效维护“四方坪旧货市场”“金马美食城”等全区重点项目施工秩序，确保项目顺利推进。提供法治保障。把牢项目建设法治关口，全年审查各征收项目的房屋征收补偿决定、征收补偿方案和权利告知书117份，代理征拆复议、诉讼案件应诉131件，提请、参与行政司法互动40余次，代理政府复议及诉讼案件99件，收到行政复议申请17件，作出行政复议决定13件，正在审理4件，法定时间内结案率100%。加快对涉征拆案件的审理、审查、执行进度，推进行政案件裁执分离，受理行政非诉审查案件60件，审结58件。优化营商环境。推进疫情期间企业复工复产，走访高岭商贸城、香江悦中心、华创等企业，帮助解决企业发展和项目建设难题。组建“V谷”警务室、检察联络室，全方位服务马栏山视频文创园建设。建立涉企案件“快立、快审、快结”绿色通道，审慎处理各类涉企民事案件6534件，为诉讼企业提供高效便捷司法服务。依法慎重采取财产保全、行为保全等强制措施，最大限度减少对企业正常生产经营活动的不利影响。审慎使用司法强制措施，坚持“可捕可不捕的不捕、可诉可不诉的不诉”，对涉案民营企业人员不批捕3人、不起诉52人。

（郭　宁）

公　安

【概况】2020年，长沙市公安局开福分局（以下简称开福公安分局）有14个派出所。全年组织干警参加各类培训班44期，参训人员840人次；组织参加湖南省公安厅、长沙市公安局全警实战大练兵考核，射击、理论考核达标率100%。5名实战教官获得长沙市公安局兼职教官等级评定。全年80余位民、辅警获得公安记功或嘉奖。全年开展慰问帮扶328人次；办理民（辅）警正当权益遭侵害维权案（事）件9起，抓获犯罪嫌疑人9人，申请抚慰9人，申请维权抚慰金1.8万元。在公安内网、“双微”、抖音等平台发布警情警讯660余篇，核查回复舆情指令86条，处置舆情信息21条，组织网评联动5次，编发舆情通报4期，“1·26”涉疫谣言舆情应对被公安部作为典型案例推介。《开福分局“学查改”抓整改强主业》《开福分局“学查改”一体化，高效推进教育整顿》等试点经验获《人民公安报》、公安部简报、《法制日报》、新湖南等媒体推介。

【从严治警】2020年，开福公安分局坚持日常督察与专项督察相结合，全年开展各类现场专项督察200余次，出动督察警力180余人次，网上视频巡查点位3500余个，编发督查通报33期。通报批评单位147家次，通报批评民（辅）警139人次，执行禁闭2人次。严格按照《中国共产党纪律检查机关监督执纪工作规则》和长沙市公安局《强化监督执纪工作八条规定》，核查办理信访线索45条、案件线索14条，处置内部线索10条，向外部移送线索8条，交心谈话127人次，警告及以上处分5人次，立案审查7人，采取刑事强制措施1人。

【刑侦工作】2020年，开福公安分

局坚持线索核查"严"字当头，严格落实"三长负责制"（公安局局长、分管刑侦副局长、刑警队队长），办理中央督导组、公安部、省、市等各级扫黑办交办线索554条，办结率100%。落实"依法严惩"方针，整合政法资源，明确部门责任，形成打击合力，全区办理涉黑涉恶案件22起，破获刑事案件262起，刑事拘留307人，扣押、冻结涉案资金4596.29万余元，查封别墅等不动产59处，扣押涉案车辆34辆，形成打击涉黑涉恶违法犯罪的高压态势。

【经侦工作】2020年，开福区公安分局成立"开福区打击套路贷、涉传涉非、涉黑涉恶违法活动驻万达广场工作站"，对万达广场及鸿达、泊富、华创等芙蓉路沿线重点楼宇的涉传、非法集资、套路贷等违法金融活动企业开展全方位、常态化楼宇清查，摸排企业3296家，约谈企业法人201人次，整顿搬离164家。万达"扫楼"工作模式在全省经侦涉众经济风险防控工作现场会上做典型推介。组建治理涉众案件顽瘴痼疾攻坚突击专班，采取"所队联合"工作模式，精准化解涉众型经济犯罪顽瘴痼疾，破获涉众型经济犯罪案件13起，抓获犯罪嫌疑人49人，追赃挽损100万余元；对九如城、和盛园、广西尧帝等非法吸收案件进行收网，刑拘涉嫌非法吸收公众存款案犯罪嫌疑人43人，取保候审33人，监视居住2人，逮捕33人，移送起诉24人。2020年，全区电信网络诈骗犯罪发案1700起，同比上升28.69%，占刑事发案总数的35.55%。刑拘电信网络诈骗犯罪嫌疑人199人，起诉案件215起。探索打击全链条犯罪新模式，为打击公司化运营诈骗窝点累积经验，累计收到公安部下发线索326条，办结率100%，打击77人，惩戒35人。开展反电诈宣传，设计宣传海报、标语，制作反诈宣传彩铃，发放宣传手册1万册。

【治安工作】2020年，开福公安分局持续开展专案打击，形成禁毒严打的高压态势，查处涉毒嫌疑人475人，刑事拘留200人，移送起诉207人，强制隔离225人，居全市内六区排名第一。严厉查处涉黄涉赌违法犯罪，全年出动警力1000余人次，对辖区75家休闲娱乐场所开展全面摸排，侦办黄赌案件122起，抓获黄赌违法犯罪嫌疑人400余人，查扣涉案资金200万余元。开展打击整治"发卡招嫖"专项行动，清查场所400余家次，侦办涉嫌"发卡招嫖"类刑事案件4起、刑事拘留14人，行政案件15起、行政处罚26人，收缴清理涉黄小卡片3万余张，报送通信部门封号涉黄电话73个。

2020年12月15日，全省经侦涉众经济风险防控工作现场会在开福区召开。图为参会代表现场参观开福区"万达工作站"　　（区公安局　供图）

【县域警务工作】2020年，开福区在全省新时代县域警务工作会议后，成立县域警务工作领导小组，抽调精兵强将组建工作专班，建立"区委书记挂帅、政法委书记牵头、分管副区长主抓"的工作机制，统筹协调党委政府多部门，将属地责任落实到街道，把风险点（源）细化到社区（村）。对标省、市分析评估方法，按照"下沉两级"工作要求，从8个类别、26个维度对开福区107个社区（村）的政治安全和社会稳定风险进行梳理排查，形成紧贴实际、实操性强的《风险报告》。围绕"以一类风险区标准，创建二类风险区示范"工作目标，坚持"四个大抓"（大抓教育和管理、大抓主责和主业、大抓改革和科技、大抓基层和基础）警务战略，紧扣"县域风险防控"这一关键点，强化以大数据为重点的科技保障、以派出所为重点的基础保障、以城乡警务为重点的改革保障、以警力资源为重点的警务保障，加强公安队伍建设，落实舆情应对、区域维稳、打击突出犯罪等方面的部门协作，实现风险联防联控、有效管控。

【基础设施建设】2020年，开福公

2020 年 11 月 12 日，公安局开福分局举行刑侦业务大楼开工奠基仪式
（区公安局　供图）

安分局加强派出所基础设施建设，提前超额完成派出所三年建设行动计划，新河派出所、人口出入境大队乔迁新址，东风路派出所、望麓园派出所办公场地改造、通泰街派出所接待窗口扩容改造等项目有序推进，刑技楼项目开工建设，分局综合楼外立面改造顺利完工。坚持民意警意导向，争取党委、政府支持，解决“星城快警”平台冲锋车采购经费104万元、公安民警基金会专项经费50万元纳入财政预算，优先为基层所队配发7辆警务用车、80台电脑、117套执法记录仪。

【社会治理创新】2020年，开福公安分局有序引导长沙电信、移动、联通三大运营商等市场力量和居民群众参与平安乡村、平安智慧视频建设，推进全区社会治安防控体系建设，安装视频6500余户。探索多元合作共建、租赁购买服务等社会化、市场化建设模式，推进小区居民电动车、摩托车购买保险，安装物联网防盗芯片150辆次，预防和减少各类案件发生，提升治安防控水平。加大“星城园丁”App宣传推广力度，新增下载注册47193人，推广小区出租屋安装“大钥匙”智能门锁3620把，建设群防群治站256个，完成巡逻里程49.46万千米。

【人口服务管理】2020年，开福公安分局依托“96111”便民服务桥、“星城园丁”App等线上平台，打通服务群众“最后一公里”，创新推出“周六休息日窗口办事”工作制度，最大限度方便群众，工作经验获长沙市公安局县域警务工作专刊推介，人口出入境大队被评为“全市派出所基础工作先进单位”。全年受理出国（境）证照申请1.7万余人次，办理身份证3.5万余人次，临时身份证935人次，第二代居民身份证指纹补采完成10.9万余人，办理户口业务11.4万余人次，新增登记流动人口8.2万余人，新增出租屋信息1.8万余条。

【警保卫工作】2020年，开福公安分局严格按照工作预案“零疏漏”、工作部署“零缺陷”、执行过程“零偏差”、执行结果“零失误”的要求，完成领导视察、中国新媒体大会、马栏山视频文创园项目签约仪式、2020青春芒果节等各类警保卫活动530余场次，出动警力1.2万余人次，确保绝对安全，做到万无一失。

【打击传销“脱牌摘帽”攻坚战】2020年，开福公安分局联合相关职能部门制定《严厉打击异地聚集式传销“脱帽摘牌”攻坚战役工作方案》，按照“打防结合、预防为主、部门联动、重心下移、群众参与”的工作原则，抽调300余名精干力量，组建11个行动小组，对芙蓉北路、洪山桥月湖片区等区域开展打击传销攻坚战。全年开展专项行动135次，侦破“5·17”专案、“4·08”专案等重特大案件，捣毁传销窝点1129个，教育劝返遣散传销人员3574人，解救误入传销人员97人，刑拘涉嫌组织、领导传销活动犯罪嫌疑人38人，传销举报数同比下降90%，传销举报和传销活动基本清零。建立打击传销教育转化基地，对查获的初次误入传销人员，以在基地观看教育短片、聘请教师上课、邀请打传联盟现身说教等形式进行教育转化。全区“无传销社区”创建率98%。

【省督办“2020-3”号特大贩毒案告破】2019年9月，开福公安分局禁毒大队在工作中发现周某、罗某等人贩卖毒品的重要线索，该团伙贩卖的毒品量巨大、涉及人员众多，贩卖的网络遍及长沙市内六区。鉴于案情重大，开福公安分局迅速抽调精干警力成立专案组，将案件上报湖南省禁毒总队后，升格为湖南省督办“2020-3”号毒品目标案件。经过半年多的专案运作，全面摸清犯罪团伙的组织结构和人员情况，掌握犯罪事实，收网条件成熟。2020年4月27日凌晨，专案组牵头组织洪山桥、湘雅路、望麓园等9个派出所，在长沙、邵阳两地开展集中收网行动，省督办“2020-3”号特大贩毒案告破，抓获吸毒、贩毒人员50人，刑拘17人，强戒17人，行政处罚36人，缴获毒品1542.88克，收缴毒资5.99万元。

【“云剑-2020”专项行动】2020年，开福公安分局“云剑-2020”专项行动，充分发挥刑侦牵头警种，联合技侦、图侦、情报等多种侦查手段，对历年命案积案开展集中攻坚。经过半年时间的不懈努力，先后抓获2000年谭某被杀案在逃犯罪嫌疑人廖某、1999年持枪杀人案在逃犯罪嫌疑人张某、2012年酒店爆炸杀人案在逃犯罪嫌疑人陈某，超额完成命案积案侦破任务。成立民族资产解冻专案侦破研判小组，在长沙市刑侦支队、长沙市网技支队支持下，成功捣毁一个虚造五行数字平台，实施民族资产解冻诈骗团伙，抓获犯罪嫌疑人12人，查扣追缴涉案资金2616万元。

（李晓阳）

检 察

【概况】2020年，区检察院被评为“2020年度全国检察宣传先进单位”，继续保持“全国检察机关文明接待示范窗口”“长沙市文明标兵单位”等荣誉，集体和个人获得区级以上表彰70余次。贺雨佳获得“全国检察机关办理维护妇女儿童权益案例优秀法律文书”奖；孙帷韬获得检察机关“法治进校园”全国巡讲活动表现突出个人奖；谢庆芬被评为“2020年度全国检察宣传先进个人”；贾忠军承办的湖南长沙湘江违章建筑行政公益诉讼案件，入选最高人民检察院《遥感空间信息技术应用案例选编》。

【疫情防控】2020年，依法打击涉疫犯罪，全年批准逮捕涉疫刑事犯罪4件4人、提起公诉2件2人。游某利用口罩诈骗企业177.5万元，经区检察院批捕起诉后，被判处有期徒刑12年，处罚金10万元。优化疫情期间办案模式，运用远程提讯、移动检务平台等科技手段，防止因疫情影响办案。

【扫黑除恶】2020年，按照“依法严惩、标本兼治”总要求，深入开展扫黑除恶决胜阶段“六清”行动。推进“线索清仓、逃犯清零、案件清结”，批捕涉黑恶犯罪27人、起诉90人，纠正漏捕3人、漏诉9人、漏罪75条，督促侦查机关网上追逃18人。推进“黑财清底、伞网清除”，引导侦查机关扣押、冻结涉黑恶财产4000万余元，查封不动产55套2万余平方米；移送“保护伞”线索32条，其中2人被追究政务责任，1人被监察机关留置调查，1人被追究刑事责任。推进“行业清源”，对发现的监管缺位、行业乱象等问题发出检察建议7份，均被采纳并整改到位。区检察院办理的王忠和家族涉黑案件，该案系中央扫黑除恶督导组关注、湖南省检察院和湖南省公安厅挂牌督办的案件，涉案人数多、时间跨度长、适用法律复杂，区检察院专案组攻坚克难，历时14个月，反复审查卷宗材料270册，提出侦查取证意见80余条，审查违法犯罪事实43起，完成审查报告30万余字，并以组织、领导、参加黑社会性质组织罪等多项罪名批捕、起诉23人，追加起诉被告单位3个，王忠和等人一审被法院判处有期徒刑1年至23年。区检察院办理的刘琴等17人恶势力犯罪集团“套路贷”案件被评为湖南省检察机关“优秀案件”。

【优化营商环境】2020年，依法打

2020年12月18日，“4·3”涉黑专案在区人民法院宣判 （区人民检察院 供图）

击各类侵犯民营企业和企业家权益的犯罪，批捕87人，起诉143人。办理的周某职务侵占案，帮助企业挽回经济损失50万余元，使疫情期间经营困难的小微企业渡过难关。坚持“少捕慎诉少羁押”，释放最大司法善意，对涉案民营企业人员不批捕15人、不起诉69人，变更强制措施1人，建议适用缓刑71人。依法对王某平等6名企业负责人串通投标案作出不起诉决定，避免“案件办了、企业垮了”。依托马栏山视频文创园和金霞经济开发区检察联络室，为园区企业提供点对点服务，签订检企共建协议5份，开展普法讲座11次，提供完善企业管理检察建议5条。在办理刘某等2人侵犯园区重点企业湖南广播电视台商业秘密一案时，区检察院充分听取被害企业意见，促成刑事和解，保护企业知识产权。

【三大攻坚战】2020年，为金融安全护航。批捕金融诈骗、破坏金融管理秩序、非法集资等犯罪87人、起诉63人，挽回经济损失3000万余元，有效维护区域金融安全和社会稳定。对4名“因案致贫”刑事案件被害人发放司法救助金7万元；紧盯拖欠农民工工资问题，支持起诉维权2件，依法帮助24名农民工追回劳动报酬33万余元。参与“蓝天碧水净土”保卫战，办理生态环境领域公益诉讼案件122件。在办理非法填埋湘江河道岸线案中，发出诉前检察建议，清理污染和非法占用河道4000米，清理被污染水域面积1.81公顷，督促关停和整治造成环境污染的企业27家，该案入选最高人民检察院《服务保障长江经济带发展检察白皮书》。

2020 年 9 月 25 日，向阳法治巡讲团成员在周南秀峰学校开展法治讲座
（区人民检察院　供图）

【批捕起诉】2020年，依法履行批捕起诉职责，受理审查逮捕案件607件919人，批准逮捕496件752人；受理审查起诉案件1136件1715人，提起公诉986件1520人，通过有效打击刑事犯罪，确保社会大局稳定。突出打击严重危害群众安全的故意杀人、抢劫、强奸等暴力犯罪，批准逮捕34人，提起公诉34人。重点打击群众反映强烈的电信网络诈骗、“套路贷”和入户盗窃等侵财犯罪，批准逮捕223人，提起公诉363人，如林某中等27人非法买卖“对公账户”，为电信诈骗提供洗钱工具，区检察院依法批捕起诉后，27人均被判处有期徒刑。突出打击社会广泛关注的“黄赌毒”犯罪，批准逮捕188人，提起公诉295人。注重准确打击新型犯罪，依法严惩侵犯公民个人信息犯罪，批准逮捕21人，提起公诉22人，如付某有等14人靠骗取并售卖他人微信账号获利，区检察院以涉嫌侵犯公民个人信息罪批捕起诉，保护公民个人信息安全。

【打击职务犯罪与反贪污贿赂】2020年，制定《关于办理职务犯罪案件强制措施操作规程》，规范办案流程，提升办案效率。全年受理区监察委移送的职务犯罪案件8件11人，经审查决定逮捕4件5人，提起公诉8件11人（含积案），法院作出生效判决6件8人，协助配合监察机关追缴赃款1118万元。批准逮捕和提起公诉的长沙市城投集团基础设施建设项目管理有限公司原董事长李垚受贿案，其被依法判处有期徒刑14年，处罚金100万元。根据长沙市检察院指定管辖，区检察院立案查办警务人员梁波滥用职权案，该案系监察体制改革后，全市首例由检察机关直接受理侦查的案件。

【未成年人权益保护】2020年，依法严惩侵害未成年人的犯罪，批捕8人，起诉12人；挽救涉罪未成年人，对轻微犯罪并有悔罪表现的未成年人，不批捕9人、不起诉2人、附条件不起诉14人，15名涉罪未成年人经帮教后正常回归社会。推进未成年人刑事检察品牌建设，建成400平方米的“向阳护未站”，组建“向阳法治巡讲团”，与区教育局共同推进“一号检察建议”落地生效，14名检察官担任辖区中小学法治副校长，开展法治讲座14场，为6000余名学生上好开学法治第一课。重视对未成年人综合保护，与公安、民政、教育、医疗、团委等10个单位建立侵害未成年人案件强制报告制度。探索未成年人刑事、民事、行政、公益诉讼检察业务集中办理机制，开展湖南省首例旅馆业行政检察监督，促进开福区建立旅馆接待未成年人“两确认两报告”制度，保障未成年人的人身安全。办理的刘某武故意伤害案，被评为全国检察机关维护妇女儿童权益案例优秀法律文书。

【社会治理】2020年，执行“群众来信件件有回复”制度，完善检察长接待、律师参与矛盾化解等机制，受理各类举报、控告、申诉等来信来访49件500余人次，办理过程和结果答复率100%，连续多年未发生赴省进京的涉检信访事件。举行“民有所呼、我有所应——群众信访件件有回复”检察开放日活动，成功化解信访积案1起。坚持个案办理向深层治理延伸，发出综合治理检察建议104份，均收到整改回复。针对金融放贷领域的犯罪多发现象，区检察院建议加强对金融机构、楼宇经济的规范管理，相关单位立行立改，“套路贷”“非法集资”等金融乱象得到有效遏制。推行社会公益服务考察机制，要求90名涉嫌轻微犯罪人员参与社会公益服务，并将考察结果作为不起诉或从轻量刑建议的重要依据，促使其认罪悔过、接受惩处教育。

【刑事诉讼监督】2020年，强化刑事立案，紧盯有案不立和不当立案等问题，监督侦查机关立案25件，监督撤案5件。强化侦查活动监督，对应当逮捕而未提请逮捕、应当起诉而未移送起诉的，依法追捕53人、追诉21人；提前介入重大疑难案件70件，对侦查活动违法提出纠正违法意见15件。强化审判监督，提出纠正违法意见2件。加强刑罚执行监督，开展社区矫正专项检察，对执行机关发送纠正违法通知书4份，建议撤销缓刑、假释收监执行2人；开展未收押未收监专项检察活动，清理并监督收押20人、收监执行罪犯40人，实现辖区未收押未收监对象清零。办理的胡某、莫某羁押必要性审查案件被市检察院评为“优秀案件”。

【民事行政监督】2020年，全年受理民事和行政监督案件74件，对2件认为确有错误的生效民事案件提出再审检察建议。如在履职中发现北京某中学和中智创投公司纠纷案系虚假诉讼，区检察院依法发出再审检察建议，该案重启审判程序。推动监督工作从裁判结果向诉讼过程延伸，从实体违法向程序违法拓展，办理民事行政执行监督和审判行为违法监督案件11件，发出检察建议6件，均被采纳。办理督促行政机关依法履职案件12件，发出检察建议12份，全部得到采纳。

【公益诉讼】2020年，办理行政公益诉讼案件187件，民事公益诉讼案件9件。优化公益诉讼诉前程序，发出诉前检察建议83件，回复整改率100%，督促主管机关对19家医疗诊所违法行为立案调查整改。围绕人民群众关注的热点领域，探索办理“等”外领域公益诉讼案件7件。区检察院办理的全国首例交通运输领域行政公益诉讼案，推动在全市开展交通痼疾整治行动，让市民出行更安全更放心，该案被评为湖南省公益诉讼十大典型案件。

【检察制度改革】2020年，推进检察机关内设机构改革，87%的人力资源配置到办案一线，设立民事行政、公益诉讼检察部门，推动解决“重刑轻民”问题。全面实施“捕诉一体”办案机制，同一案件由同一办案组织、同一检察官负责到底，批捕起诉案件办案周期平均缩短20天，司法办案能力、效率和效果进一步提高。落实司法责任制要求，院领导直接办理重大疑难复杂案件244件。引入“案件比”质效评估新指标，对129项检察业务进行数据考核，探索司法资源投入与办案效果最优配比。落实好彰显人民意愿、体现时代需求的认罪认罚从宽制度，全年适用认罪认罚从宽制度办理刑事案件1096件1554人，认罪认罚适用率92.7%，量刑建议采纳率98.6%，居全市第一。

【检务公开】2020年，依托“12309”检察服务中心热线电话，推进阳光检务工程，打造实体、网上、掌上“三位一体”检务公开新平台。加强检律互动，接待律师阅卷368次，主动听取律师意见107次，保障律师的执业权利。开展以案释法工作，在《检察日报》等重要媒体发表稿件200余篇，公开案件程序性信息1773条、法律文书1192份、重要案件信息135条，提高检察工作的透明度和公信力。

（胡 玲）

法　院

【概况】2020年，开福区人民法院全年受理各类案件23755件，办结22917件，结案率96.47%，员额法官人均办案402件。2020年，开福区人民法院被最高人民法院评为“2020年全国法院财务统计优秀报表”单位，被中国法院网评为“优秀直播法院”，被湖南省财政厅评为“2019年度省直非税收入执收工作先进单位”，开福区人民法院经办的“衡阳市人民检察院诉彭寿保、郑会林、彭志、张佐新环境污染责任纠纷公益诉讼案”入选2020年度长沙市“以案释法”十大优秀司法执法案例。

【刑事审判】2020年，以“扫黑除恶”专项斗争为重点，从严惩处各类犯罪，全年审结涉黑、涉恶案件13件76人。克服新冠肺炎疫情期间刑事被告人提押困难，灵活运用“线上+线下”审判方式，审结刑事案件955件。保持对危害社会治安、群众生命财产安全犯罪高压态势，审理“两抢一盗”案件235件，侵犯公民人身权利案件76件，危险驾驶、交通肇事案件303件。保护人民群众“钱袋子”和“舌尖上”的安全，依法审理集资诈骗、非法吸收公众存款、电信网络诈骗、食品药品等犯罪案件124件。审理毒品案件128件251人。发挥刑罚的教育感化挽救功能，审理未成年人犯罪案件17件32人。严惩贪污贿赂等腐败犯罪。加强与区纪委监委、区检察机关工作衔接，审理贪污贿赂、渎职等案件11件。

2020年8月31日，长沙市开福区人民法院调解一起机动车事故责任纠纷案件，中央电视台社会与法频道《现场》栏目等76家媒体同步直播（区人民法院　供图）

【行政审判】2020年，受理行政非诉审查案件69件，审结69件。服务重点项目建设，主动参与重大疑难问题、群体纠纷、历史遗留问题的协调处置，提供司法指导，保障东风二村、潮宗街等重点项目建设。推进行政案件裁执分离工作，对区政府组织实施的行政强制执行案件，发出《强制执行注意事项告知书》，形成司法行政良好互动，促进法治政府建设。优化营商环境，开辟“绿色通道”，快立、快审、快执涉企案件9472件，依法保护民营经济健康发展，促进诚实守信、公平竞争。审慎适用强制措施，禁止超范围查封扣押冻结涉案财物。选派法官担任“驻企防疫联络员”，助力企业复工复产。坚持善意文明执行理念，对暂时经营困难、尚有发展潜力的民营企业，适当给予一定期限，积极促成和解，帮助200余家中小微企业走出疫情困境。稳妥推进破产、清算案件的审理，及时启动“执转破”程序，促进企业优胜劣汰和债权人权益平等保护。

【民商事审判】2020年，受理民商事案件11698件，审结11101件。妥善审理因疫情冲击引发的民商事案件，依法准确适用不可抗力等法律规则，引导各方共担风险、共克时艰。快速高效办理世纪金源购物中心居然之家租赁合同批案，保障100余租赁户的合法权益。解决群众“急难愁盼”问题，妥善审理御景龙城小区业主“办证难”、金帆小区邻里房屋漏水、培恩索教育公司课程退费等民生领域案件1706件，其中物业纠纷案件759件。落实新修订的《最高人民法院关于审理民间借贷案件适用法律若干问题的规定》，审理民间借贷纠纷1419件，认定湖南黄花典当有限公司、深圳前海亿博盛融资租赁有限公司等一批无放贷资格的企业为职业放贷人，促进民间借贷平稳健康发展。保障劳动者合法权益，定期与区劳动仲裁委开展裁审衔接沙龙，审理劳动争议案件870件。

【执行工作】2020年，受理执行案件10689件，执结10491件，执行到位金额13.88亿元。强化执行威慑，定期开展小额民生、金融借贷案件专项执行行动，综合运用拘留、搜查、罚款等措施，兑现当事人胜诉权益。全年纳入失信名单4955人次、限制高消费6478人次，司法拘留60人次，罚款358.5万元，以拒执罪追究刑事责任1人。加强网络司法拍卖工作，成交标的物350件，成交金额5.09亿元。

【诉讼服务】2020年，推进“一站式”多元解纷和诉讼服务体系建设。坚持把非诉讼纠纷解决机制挺在前面，参与区政府诉源治理工作，挂牌成立街道诉源治理工作站16个，将华湘公证处、星城公证处驻法院司法辅助中心等10个机构纳入特邀调解组织，聘请34名特邀调解员，全年调解案件3092件，调解成功率53.28%，民事收案数通过诉源治理同比下降11.72%。提质改造800平方米诉讼服务大厅，合理划分立案服务区、调解速裁区等功能区域，推进智能诉讼应用，网上立案3326件，办理跨域立案60件，“云间法庭”审理433件，“闪信+”送达文书27394次，视频调解2449次，实现让信息多跑路、群众少跑腿。加强生态环境保护力度，服务打好“蓝天碧水净土”保卫战。审理全市首例由民间环保组织提起的、两级检察机关共同支持起诉的民事公益诉讼案件，被告赵某某捕猎4只野生斑鸠被判支付相应赔偿及义务参加野生动物保护宣传活动3次，取得警示教育作用。落实禁渔规定，审理非法捕捞水产品案件5件，让非法捕捞者承担刑事责任，并购置5000余尾鱼苗放流湘江。全年办理环境资源行政案件7件，依法维护行政机关环境执法权力。运用法治方式，促进社会主义核心价值观建设。依法审理李某某重婚案，对其判处有期徒刑6个月；审理“4000个微信号被改绑”一案，对侵犯公民信息犯罪“亮剑”；审理多起“丈夫给情人买房、转款”案件，依法判令赠与行为无效；审理“微信转账转错人”一案，让不当得利者返还所得；依法对“误以为民警抓赌跳窗摔伤向牌友索赔案”作出驳回，坚决杜绝谁闹谁有理、谁受伤谁有理现象。严厉打击虚假诉讼，对伪造证据的某酒店管理有限公司罚款20万元。审结婚姻家庭案件410件，对家暴受害者发出人身安全保护令，让家暴受害者得到保护。审理未成年子女要求抚养费、老人要求赡养费案件27件，弘扬尊老爱幼传统美德。

【司法宣传】2020年，开福区人民法院加强审判流程、裁判文书、执行信息、庭审活动四大公开平台建设，在中国裁判文书网公开文书22933份，中国庭审公开网直播庭审7010件。落实“谁执法谁普法”要求，在风帆广场、欣城、福城社区等地开展《中华人民共和国宪法》《中华人民共和国民法典》宣传活动。注重微博、微信公众号、今日头条等宣传阵地建设，加大以案释法力度，微信公众号普法推送58期，微博微信公众号影响力长期稳居全省法院前列，在中央、省、市级媒体上稿200余篇次，如中央电视台及国内75家媒体同步直播开福区人民法院“一站解纷争”工作，《人民日报》、澎湃新闻报道开福区人民法院“扫黑除恶”工作，起到较好的法制宣传效果。

【司法改革】2020年，开福区人民法院推进司法责任制改革。完善审判权力运行体系，制定《法官及辅助人员职责和权限清单（试行）》，明确各类司法人员职责和权限。强化审判监督，加强对“四类案件”（扰乱公共秩序类，妨害公共安全类，侵犯人身权利、财产权利类，妨害社会管理类）监督管理，发挥刑、民、商、执行等4个专业法官会议作用，更好地实现“让审理者裁判，由裁判者负责”。推进院长、庭长办案制度，院长、庭长带头办理重大疑难复杂案件，全年入额院长、庭长办结11595件，占全院办案总数的50.6%。推进审判工作机制改革。优化司法资源配置机制，深化案件繁简分流、轻重分离、快慢分道，制定民商事案件分案表，案件按案由分配到相应审判团队，做到类案同审、多案连审，实现类案同判。组建物业、交通事故、婚姻家事、金融借款纠纷4个速裁团队，速裁团队办理案件7095件，占民事案件的63.96%。推进疑难复杂案件庭前会议常态化，推进刑事案件律师辩护全覆盖，落实认罪认罚制度，该严则严，当宽则宽，罚当其罪，简易程序适用率76.35%。推进案件质效管理。以“审判质量、效率和公信力巩固年”为抓手，分解司法绩效任务、统筹调度，日提醒、周通报、月抽查、季讲评，案件质效得到提升，全年审限内结案率100%，案件平均审理周期同比减少8.6天，当庭宣判率56.78%。严格审限管理，实行不同等级分级预警督办机制，推进积案专项清理。定期开展案件常规抽查、专项评查活动，每月抽查案件不少于100件，对评查中发现的问题及时整改，不断提升案件质量，案件服判息诉率90.13%，同比增长4.34%。

【司法监督】2020年，开福区人民法院开展审务督察和司法作风巡查，严格落实“一岗双责”，层层压实党风廉政建设责任。开展“以案释德、以案释纪、以案释法”等警示教育活动，全面清查违规过问案件、违反任职回避、亲友隐名代理等影响司法廉洁的突出问题。选派干警参加上级法院组织的民商事审判、立案信访等业务培训150人次，视频培训300人次，邀请法学专家学者解读《中华人民共和国民法典》，提高法官业务水平。开展优秀庭审、优秀裁判文书评比等岗位技能练兵活动，提升业务能力。主动接受人大监督，向人大汇报工作，提请人事任免17人次、选任人民陪审员80名，邀请代表视察法院、旁听庭审、见证执行、参与调解，增进代表对法院工作的了解。虚心接受政协民主监督，认真听取意见。支持配合监察机关对法院工作人员监督，促进公正廉洁司法。依法接受检察机关诉讼监督，共同维护司法公正。接受社会监督，加强与新闻媒体互动，畅通民意沟通渠道。

【互联网庭审开庭】2月25日，首次使用互联网庭审系统开庭审理一起保险纠纷案件。法官、书记员在线，双方当事人的委托代理人分别在辽宁（原告）、湖南（被告）的家中参加庭审，三方通过互联网庭审实现一场无接触的特殊庭审。新冠肺炎疫情防控期间，开福区人民法院网上立案3326件，办理跨域立案60件，“云间法庭”审理433件，

2020年9月23日，开福区伍家岭街道诉源治理工作站挂牌成立

（区人民法院　供图）

视频调解2449次，让更多的当事人足不出户就能办理诉讼事项，减轻当事人诉累。

【口罩诈骗案“云庭审”】2020年1—2月，被告人李某某、胡某发布虚假口罩出售信息，以收取口罩定金、货款为由，分别诈骗账款14.6万元、5.9万元。受疫情影响，传统庭审方式受限，8月3—4日，开福区人民法院通过“云庭审”方式审理这两起口罩诈骗案件。两被告分别被判诈骗罪并处罚金。

【湘江“地笼网”捕鱼被判刑】11月23日，开福区人民法院湘江环境资源法庭组成7人合议庭，依法公开审理并宣判3起用“地笼网”在湘江非法捕捞水产品刑事附带民事公益诉讼案件。被告人张某某、蒋某某、刘某某犯非法捕捞水产品罪，分别被判处拘役2个月至4个月，缓刑2个月至4个月不等；承担破坏渔业生态环境和渔业资源修复责任，分别从市级以上鱼类原良种场购置10厘米以上滤食性鱼类苗种（鲢500~1000尾、鳙500~1000尾）放流湘江水域及浏阳河水域，并在市级新闻媒体上公开赔礼道歉。

【王忠和涉黑案一审宣判】12月18日，开福区人民法院对被告人王忠和等23人、3家被告单位涉黑案作出一审判决。被告人王忠和犯组织及领导黑社会性质组织罪、敲诈勒索罪、寻衅滋事罪、聚众扰乱社会秩序罪、故意伤害罪、非法占用农用地罪、非法拘禁罪、强迫交易罪、伪证罪、串通投标罪、非法侵入住宅罪，数罪并罚，决定执行有期徒刑23年，剥夺政治权利5年，没收个人全部财产；其他被告人分别被判处14年至1年不等的有期徒刑，并处相应财产刑；3家被告单位被判处罚金人民币400万至3000万元。经过7天6晚庭审，一个涉及25起犯罪活动、16起违法活动的黑社会性质组织覆灭。

（王必杰）

司法行政

【概况】2020年，开福区下辖16个街道司法所，1个公共法律服务中心。全区有5个区直律师事务所、7个法律服务所，从业律师44人，法律工作者51人，专职人民调解员28人。做好法律援助案件受理、调处各类矛盾纠纷、接收社区服刑、解除矫正人员工作。审查重要涉法事务47件，审查制定政府规范性文件1件，备案审查部门规范性文件3件。评查14家执法单位案卷111本。2020年，邹小华、袁剑分别被评为“全国社区矫正先进个人”“全国模范人民调解员”，区公共法律服务中心被评为全省文明窗口单位，区行政复议案例被评为2020全市“以案释法”优秀典型案例。

【法律援助】2020年，开福区全面推行“公共法律服务领导接待日”制度，建设全区线上线下、覆盖全域的立体化公共法律服务平台，创建“互联网+公共法律服务”新模式，建设“指尖上”的微服务、“掌心上”的公共法律服务体系，成立行业性党委、律师联合党支部和法律服务所联合党支部，组建法理民兵队伍公共法律服务志愿者入社区（村）为居民和群众提供法律宣传、法律咨询、法律援助、法律代理等服务。截至2020年年底，全区受理法律援助案件331件，其中民事案件156件，刑事案件175件。接待各类法律咨询2400人次。开通农民工欠薪求助“绿色通道”，办理农民工讨薪专项案件20件。

【社区矫正】2020年，成立社区矫正委员会，学习、宣传、贯彻《中华人民共和国社区矫正法》。指导胜利社区、宿龙桥社区依法做好社区矫正工作试点，规范社区矫正管理，定期组织入矫、解矫培训，组织集中公益劳动，落实点训制度，开展走访帮扶活动和“一对一”心理辅导。推进社区矫正规范化、信息化、社会化和刑罚一体化建设，推广“智慧矫正”品牌，全区累计接收社区服刑人员2549人，解除矫正2249人。

【人民调解】2020年，区司法局联合区民政局制定《关于开展村规民约和居民公约法制审核工作的通知》，开展人民陪审员选任，推进村规民约和居民公约法制审核工作。开展“查隐患、解纠纷、护稳定、促发展”专项活动，全年调处各类矛盾纠纷1844起，涉及金额7000万元，调解成功率100%。组织专职调解员骨干业务工作培训9期，指导16个司法所开展社区（村）专、兼职调解员培训，参学人数400余人次。

【普法宣传】2020年，开展“七五”普法检查验收，争创全省“七五”普法先进单位，落实“谁执法谁普法”责任制。组织学法用法考试，全区参考率、合格率100%。开展“落实普法责任，助力依法防疫”法治宣传活动，编发《疫情防控法律知识简明读本》3万册。与中国移动签订云MAS业务协议，采取集团彩信发送的方式，宣传《中华人民共和国社区矫正法》《中华人民共和国民法典》，举办农村法治宣传月、青少年法治宣传周和“12·4”国家宪法日等主题活动。

【法治政府建设】2020年，区政府常务会议专题研究法治工作，固定列席区政府常务会议15次，审查重要涉法事务47件，全面清理全区规范性文件，审查制定政府规范性文件1件，备案审查部门规范性文件3件。举行全区行政执法“三项制度”（行政执法公示制度、行政执法全过程记录制度、重大执法决定法制审核制度）工作部署暨法治专

2020年4月3日，省委常委、政法委书记李殿勋（前中）调研开福区司法局东风路司法所工作
（区司法局　供图）

题讲座培训，开展常态化行政执法案卷评查，评查14家执法单位案卷111本。承办《长沙市生活垃圾管理条例》《长沙市养老服务条例》立法调研。推动助企纾困“柔性执法”，出台《关于规范轻微违法行为不予行政处罚的实施意见》，指导制定不予处罚清单，让企业和群众在每一件执法案件中感受到公平正义。

【全省法治政府建设示范单位创建】区司法局自2019年3月重新组建以来，把法治政府建设工作融入司法行政职能中，以法治方式服务社会，把法治政府建设推向纵深。区委召开全面依法治区委员会会议，开展法治政府建设示范创建，被长沙市推荐参加全省创建测评。9月11日，湖南省委常委、政法委书记、湖南省委依法治省办公室主任李殿勋到开福区调研，对开福区法治营商环境给予高度评价，《法制周报》推出系列报道。

（唐云梦）

劳动仲裁

【概况】2020年，全区监察受理投诉立案300件，协调处理农民工投诉案件120件，巡查用人单位100余家，现场接待投诉人员2000余人，“12333”接受咨询投诉电话4000余次。处理劳动争议案件1068起，涉及职工1068人，涉及金额1500万余元。

【“治欠保支”】8月4日，省、市人社部门一行6人到开福区现场督导在建项目迎接国务院考核评比工作。督查组对辖区鸿邦国际、绿城青竹园、万家丽路220千伏电力隧道3个在建项目进行实地检查，查看“治欠保支”七项制度落实情况，现场通报有关问题，提出明确要求。对于督查过程中发现的问题，区劳动保障监察大队指派专人跟踪整改，对照工作任务清单、工作流程，对A类项目再排查、再梳理，确保全区根治欠薪保“A”目标。

2020年10月30日，区人社局联合区司法局开展劳动人事争议案件裁审衔接沙龙活动
（区人社局　供图）

【根治欠薪冬季专项攻坚行动】2020年，开福区劳动保障监察大队为贯彻落实国务院、省、市和区根治欠薪冬季攻坚专项行动部署，开展根治欠薪冬季攻坚“以案释法”宣传周、“维权无忧”渠道通、“标准化无欠薪项目”创建月、问题线索“两清零”、根治欠薪问题“回头看”五大行动。发放宣传手册500余份，排查在建工程项目136个，下达法律文书10份，以区根治拖欠农民工工资工作领导小组名义下发督办函5份。受理投诉立案32件，涉及324人，金额658.64万元，并联合相关部门进行集中攻坚，保障劳动者合法权益，维护社会稳定。

【劳动人事争议案件裁审衔接沙龙】10月30日，开福区劳动人事争议仲裁院和开福区人民法院联合组织“劳动人事争议案件裁审衔接沙龙”活动。沙龙围绕“开福区诉源治理、预防用工风险进企业”这一主题，结合自身工作实践，从不同视角就劳动人事争议案件的程序、实体、审理、举证、裁判等各个环节，展开讨论。开福区劳动人事争议仲裁院收集整理大家意见，审改后形成最终成果，指导裁审工作。开展劳动人事争议案件裁审衔接沙龙，有利于审判机关和仲裁机构合力化解矛盾纠纷，提高仲裁员办案水平，有利于劳动人事关系和谐，营造良好的营商环境。

（平芳敏）

军　事

人民武装

【概况】2020年，开福区人民武装部（以下简称区人武部）以习近平新时代中国特色社会主义思想和强军思想为指引，贯彻落实湖南省军区、长沙警备区党委全会精神和区委年度工作部署，以"学习教育求深度、政治建设上高度、军事训练增强度、安全管理加力度、正规建设赶进度、党管武装拓宽度"的思路，做好年度全面工作。

【政治建设】2020年，区人武部认真组织学习习近平重要讲话精神，按照上级政治学习教育部署，研究制订部机关和全区民兵组织政治理论学习、政治思想教育计划。部党委委员参加警备区党委中心组各专题理论学习辅导，与全体干部职工分享学习成果，并参加湖南省军区"学习大讲堂"学习。对上级巡视巡察反馈问题积极整改，增强听党指挥自觉性。部机关干部按计划轮流备课示教，为全区民兵上政治课。创新民兵思想教育工作，举办第二届"传承红色基因，争当优秀民兵"集中点验仪式，赋予新的教育内容，邀请加入民兵组织的湖南卫视新闻主播魏哲浩为开福区民兵代言，营造浓厚的"我当民兵，我光荣"氛围。湖南蓝天救援队等10余个单位参编民兵组织，湖南广电等众多媒体工作人员和湘雅医院援鄂战"疫"医护人员主动申请加入民兵组织，报名人数远超指标。全年在各级各类媒体上稿236篇，其中《中国国防报》头版头条2篇，中央级媒体72篇，位于湖南省前列；要讯上稿17篇，其中中央军委《军情摘报》1篇、中央军委国防动员部要讯3篇，排名长沙市内六区第二。

【民兵整改】2020年，区人武部高度重视民兵调整改革工作，工作责任分解压实到区直各单位和各街道。区人武部领导带队深入湖南广电、湖南省粮食集团、长沙新港等企事业单位调研，在民兵新质力量建设上下功夫，与编兵单位面对面搞协调、手把手传经验、"一对一"抓落实，逐个过关。编建水上搜索救援连、智能通信连、无人机侦察救援排等民兵新质力量队伍。组建全国首支基干民兵新媒体大队，被《中国国防报》头版头条、中央电视台国防军事频道（CCTV-7）等媒体报道。区民兵调整改革工作，经长沙市军地联合工作组检查考评，排名全市内六区第一。区人武部实施民兵干部考核任免。推进民兵荣誉体系建设，担负省、市民兵荣誉体系建设试点任务。制定《开福区民兵优惠优待暂行办法（草案）》。

【军事训练】2020年，区人武部以战备训练为中心，组织修订完善各类战备、处突、抢险等方案，完善作战室、作战值班室、战备装备器材库、军事职业教育室、轻武器射击综合训练场等建设。开展区民兵值班分队实战化全要素拉动演练。完成军事课题研究作业。组织民兵操舟机骨干、应急连、特种情报侦察分队等训练10期，训练完成率101%，经军委军事训练监察，获得好评。区人武部组织区民兵防汛抗洪分队参加"5·12"湖南省防灾减灾联合演练和湖南省2020年抗洪抢险应急演练，组织全区县级领导干部和编兵单位领导开展"军事日"活动。选派基层武装部部长参加省军区集训，3人被评为优秀学员。选派基干民兵参加湖南省"军事日"活动，1人被评为"优秀射击教练员"。选派新质力量民兵参加湖南省军区比武竞赛，均取得较好成绩。

2020年5月8日，开福区人武部在浏阳河畔组织全区民兵集中点验。湖南省军区为民兵新媒体大队成立授牌　（区人武部　供图）

【新兵征集】2020年，区人武部按照征兵工作改革要求，把兵役登记作为加强征兵宣传和强化国防意识的重要环节，结合疫情防控采取分片包干、包户到人等措施，兵役登记率100%。加强征兵工作宣传，在传统宣传方式基础上，给应征青年发送政策解读信息，在抖音、微信等新媒体上开展征兵宣传，在湖南机电职院开展征兵宣传网络直播，面对面答疑解惑。部领导多次到各高校与大学生座谈，进行思想发动。选定长沙市第一医院作为征兵体检医院，选调体检医护人员，高标准做好体检工作。聘请廉洁征兵监督员，发放聘书，落实“零报告”制度。全年没有发生任何举报和“微腐败”现象。

【国防教育】2020年，区人武部开拓国防教育工作，在清水塘二小等学校开展国防教育进校园、进网络活动。按照湖南省国防教育办公室通知要求，组织国防教育进家庭试点，开展家庭国防教育系列活动，其中网上直播“‘八一’荣光”节目、家庭国防知识竞赛等活动，收看人数达1000万余人次，累计有上亿人次点击。开福区国防教育工作被湖南省国防教育委员会评为全省先进。

【退役军人服务】2020年，区人武部做好退役军人工作，采取网络直播形式，与有关部门联合开展退役军人适应性培训，被《中国退役军人》报道。开福区与太平洋保险公司签订协议，落实退役军人医疗保险，为重点优抚对象解决看病负担重问题；设立“老兵接访室”和“法律援助室”，被《中国退役军人》向全国推介；成立首个退役军人就业创业导师团队，出台12条促进退役军人就业创业优惠政策；实行“一站式”医疗服务；评选开福区“最美退役军人”；组织好退役士兵返乡欢迎活动，“请兵哥哥嗦返乡后的第一碗粉”等做法获得好评。

2020年8月18日，区人武部与浏阳河街道、福元路社区、开一小学等单位举行“家庭军事日”活动 （区人武部 供图）

【防汛抗洪应急救援演练】4月28日，区人武部联合区农业农村局、区市政设施维护管理中心、区自然资源与规划分局、浏阳河街道、秀峰街道，在开福区捞刀河边组织防汛抗洪应急救援演练，有200余人参加。演练以受强降水影响，开福区多地出现河堤洪水漫溢、溃堤、管涌等洪涝险情为背景，区人武部组织指挥民兵先锋突击连紧急出动，筑堤堵涌，营救受困群众，充分发挥抢险救援主力军作用。演练历时1个小时，完成管涌处置、防涝排渍、人员转移、山体崩塌应对等六大科目。演练动用排涝泵车13辆、救灾指挥车1辆、冲锋舟5艘及各种抢险照明设备、医疗救护设备，砂卵石40立方米、编织袋600条、编织布200平方米及块石、救生衣、救生圈等各种应急抢险物资。演练过程环环相扣，井然有序，有效提升开福区应急抢险救援能力。

【家庭国防教育大课堂暨家庭国防教育表彰大会】10月12日，长沙市开福区家庭国防教育大课堂暨开福区家庭国防教育表彰大会举行。会上为100个“家庭国防知识竞赛优秀家庭”颁奖。家庭国防教育“开福模式”，为全省乃至全国提供可复制、可推广的有益借鉴。

2020年，开福区人武部在开展全民国防教育过程中，创新“家庭国防教育”模式，整合各种国防教育资源，自6月起，每月开展一次由40户家庭成员参加的“家庭国防教育日”活动。截至2020年年底，“家庭国防教育日”开展“家庭国防知识学习、竞赛”“家庭军事技能学习、比武”“以史为鉴、共享荣光”“致敬开福军人”“家庭国防教育大讲堂”等10余场内容丰富、形式多样、生动有趣的家庭国防主题教育活动。“八一”建军节，区人武部邀请国家首位宇航员杨利伟，及战疫英雄等，联合区内清水塘小学等学校，完成40分钟《八一荣光》家庭国防教育专题网课创作，专题网课开播时，湖南省1000万余名师生和家长同步收看，一个月内网课点击量破亿次，互动留言9000余条。

（郑　正）

人民防空

【概况】2020年，开福区人民防空办公室认真贯彻“长期准备、重点建设、平战结合”的方针，在全市率先探索开发智慧人防全景管控系统，建立全区人防数据电子化档案。开展“防灾减灾日”和“普法宣传周”宣传教育活动，全年发放《现代防空防灾》《人防小博士》《人防科普知识手册》《湖南省人民防空工程建设与维护管理规定》8000余册。

【人防设施监管】2020年，开福区人民防空办公室认真贯彻“长期准备、重点建设、平战结合”的方针，在全市率先探索开发智慧人防全景管控系统，建立全区人防数据电子化档案。组织开展第一批早期人防工程结构安全性鉴定，填埋早期人防地道，避免发生垮塌险情。

【人防宣传】2020年，区人民防空办公室在富兴广场开展“防灾减灾日”和“普法宣传周”宣传教育活动。结合防灾减灾活动日、“11·1”防空警报试鸣日，开展爱国主义教育、人防教育和普法教育，引导广大人民群众树立国家安全观念，提升安全知识水平。在长雅中学、长沙师范创远小学组织开展人防疏散演练，锻炼学生应对空袭逃生避险的能力，检验人防组织指挥能力。全年发放《现代防空防灾》《人防小博士》《人防科普知识手册》《湖南省人民防空工程建设与维护管理规定》8000余册。

【防灾减灾宣传周活动】5月13日，开福区住建局（区人民防空办公室）在精英路社区富兴时代广场开展防灾减灾宣传周集中宣传活动。2020年“防灾减灾日”活动主题是“提升基层应急能力，筑牢防灾减灾救灾的人民防线”，目的是通过普及防灾减灾知识，吸引全社会重视参与防灾减灾事业，提升自然灾害防治能力。宣传现场设立防灾减灾、普法宣传、应急救援等7个咨询台，并悬挂宣传横幅、陈列宣传展板、展示应急救援装备。同时，富兴时代广场户外电子屏幕24小时滚动播放人防宣传标语，志愿者通过发放宣传资料、现场讲解防灾减灾知识等形式，使大家能够熟悉避灾自救基本常识、专业知识和技能技巧，增强市民的人防意识和国防观念。活动现场发放《现代防空防灾》《人防小博士》《人防科普知识手册》《湖南省人民防空工程建设与维护管理规定》等2000余册。

（陈红艳）

经济管理与监督

发展和改革

【概况】2020年，开福区全年铺排重大项目227个，年度计划投资363.6亿元。全年审批政府投资项目318个，批复金额149亿元；企业投资项目备案141项，备案金额491亿元。修订《开福区经济发展奖励暂行办法》，分3批次兑现奖励金额6103.59万元，惠及企业单位300余家。2020年，区发展和改革局获得开福区项目建设、营商环境、污染防治、安全生产、平安建设先进集体（单位）。2020年3月，开福区工业和信息化局的电力工作移交至区发展和改革局。

【“十四五”规划编制】2020年，围绕区委、区政府提出的“北强”奋斗目标和“长沙向北发展”战略谋篇布局，吸收专项规划精髓，对标对表国家、省、市规划，联合湖南省社科院，采取明确思路、制定方案、调研、正式编制、征求意见、精心打磨，编制《开福区国民经济与社会发展第十四个五年规划纲要（草案）》。纲要（草案）明确“践行三高四新、奋力迈向北强”发展主题，强化“产业立区、教育强区、人才兴区、品质城区”理念，深耕“四大产业”（农业、工业、服务业、文化产业），加速打造“一高地三中心”（“一高地”即依托马栏山视频文创产业园，建成全国领先、具有国际影响力的视频文创产业创新高地；“三中心”即建设以新型消费类电子产业为主，食品加工、工程机械、建筑工业、智能制造共同发展的先进特色制造业中心；以医药物流、医药器械为代表的全国一流的现代物流中心；以金融商贸、软件信息、消费购物、休闲娱乐为特色的中部地区高端现代服务业中心），加快推进治理体系和治理能力现代化，建设“强盛、精美、幸福、厚德”的现代化新开福。围绕经济发展、创新驱动、民生福祉、绿色转型、安全保障等，科学设置5大类25项具体指标。

【疫情防控】2020年，坚持统筹兼顾，统筹推进疫情防控和经济发展。根据区疫情防控指挥部工作部署，抽调精干力量组成复工协调组工作专班，科学研判形势，做到“两手抓、两不误”。联合区相关部门和街道加强企业指导帮扶，引导企业安全有序复工复产，会同行业主管部门发布复工复产疫情防控指引，保障重点企业、重点项目疫情防控物资需求，帮助解决企业和重点项目产能恢复、供应链配套等问题。发放口罩21万只、额温枪780支，惠及600家企业及建筑工地。协助企业申报投融资、贴息、就业、减税降费等优惠政策，助推全区重点企业、项目复工复产和产能恢复走在省市前列。

【宏观调控】2020年，区发展和改革局发挥部门宏观统筹协调职能，科学抓好规划调控，在准确把握区情基础上，全面深入分析研究疫情对经济社会发展的影响，编制全区2020年度的经济和社会发展预期目标。紧盯指标任务运行，动态跟踪数据报送，强化指标形势预警，及时监测研判区域经济运行情况，指出科学调控建议措施，为区委、区政府决策提供可靠依据。全年固定资产投资、服务业实现预期目标；新增“四上”单位13家。

【项目建设】2020年，坚持项目为王战略，以区“433产业攻坚”为指引，抓强抓实项目建设。全年铺排重大项目227个，年度计划投资363.6亿元。推进项目建设，区“433产业攻坚”项目34个，年度计划投资198.6亿元，全年实现固定资产投资202亿元，完成年度目标投资101.7%；长沙市重大项目80个，年度计划投资195亿元，全年实现固定资产投资398.4亿元，为年度计划的204.3%；湖南省重点项目2个，全年实现投资33.55亿元，为年度计划的134.2%。争取项目资金，组织27大类项目申报，获得中央及省预算

2020年2月25日，开福区十大项目集中签约，十大项目开工建设，迎来复工复产高潮 （区发展和改革局 供图）

2020年6月6日，开福区为一批专业特色楼宇授牌，同时"开福区楼宇政企服务站"正式启动 （区发展和改革局　供图）

内资金1.1亿元；为企业解决融资贷款15.7亿元。重大项目建设年度考核全市内六区排名第一。牵头开展全区"大干一百天，实现双过半"竞赛活动，落实日调度、周分析、月讲评机制，举办项目集中开工签约活动3次，项目建设观摩1次，全市盘活"三资"现场会1次。及时总结开福区服务业消费活动、惠企政策落地及驻企联络帮扶等特色工作经验；长沙市"大干一百天，实现双过半"竞赛办刊用活动信息30篇、专刊信息2篇，整理编印《百日竞赛专报》120期，《长沙晚报》以《列阵"433"决胜百日竞赛》《暖男开福，晒奋斗实绩表逐梦激情》为题，报道开福区"大干一百天，实现双过半"竞赛取得的成果。

【电力"630攻坚"】2020年，围绕电网"630攻坚"（"630攻坚"是指湖南电力在2018年至2020年之间，每年的6月30日前建成一批、开工一批、储备一批电网建设项目）任务，推进包括项目立项、设计定标、设计交付、施工定标、施工进场、路由交付等全区电力项目126项建设基本完成；有序铺排"专改公"项目19个，完成前期调研，现场踏勘，协调参与方案设计及图纸审查等；积极协调调度，联合长沙市城北供电公司，完成全区16场次大型考试及商展会演活动的保电工作，为2020年长沙市高考、学考、中考及评卷，覆盖教育考试中心1个、高考考点2个、学考考点2个、中考考点5个，全区全年保电持续安全可靠。

【营商环境优化】2020年，狠抓投资审批优化，推行区属投资项目"多规合一"在线审批平台，持续优化审批环节，简化审批流程。全年审批政府投资项目318个，批复金额149亿元；企业投资项目备案141项，备案金额491亿元。加强网站信用查询、信息公示、联合惩戒栏目建设，充实丰富信用数据库，累计报送信用数据19万条，优化完善"信用开福"网站，开展信用修复及政务失信记录清零等活动。强化服务保障产业发展，突出政策激励引导作用，修订《开福区经济发展奖励暂行办法》，分3批次兑现奖励金额6103.59万元，惠及企业单位300余家。

【行业服务】2020年，坚持行业特点和服务群众宗旨，抓好优化价格管理服务，为27家物业企业和学校做好价费核定、审批及备案等工作。价格监测及市场巡查。完善麦德龙等5家价格监测点的建设，配齐配好价格信息员，对粮油食品、口罩、消毒液等人民生活防疫物资价格实时监测及上报。推进"两型"（资源节约型、环境友好型）节能工作，推广清洁低碳产业技术，完成市对区能源"双控"年度考核指标任务，全年验收新能源充电桩项目143个，光伏屋顶发电项目30个；开展"两型"宣传活动，全面统筹、指导全区"两型"示范创建，推荐申报示范单位2家和创建单位3家。抓好燃煤巡查整治和污染防治，治理改造油烟净化器1.1万户。推进"河长制"工作，浏阳河创建全国示范河湖。抓好油气管道安全生产、事业单位公车改革、公共机构垃圾分类和妥善处置遗留问题等各项工作，推进民生福祉获得新发展。

【推行"社会共治水 同巡浏阳河"河长巡河制】9月24日，主题为"社会共治水。同巡浏阳河"2020年浏阳河企业河长、民间河长聘用仪式暨同巡浏阳河活动举行。热心公益环保事业，志愿参与浏阳河保护的30位企业河长、民间河长接受区政府颁发的荣誉证书。随后，政府河长、企业河长、民间河长一道乘船

2020年8月10日，区委、区政府召开长沙（金霞）消费电子产业聚集区项目建设大竞赛动员会

（区委宣传部　供图）

同巡浏阳河。30位河长中，既有普通居民、餐饮企业经营者，也有工业企业负责人。该活动激发沿线企业、居民共同参与浏阳河治理保护的积极性和主动性，形成政府和社会共同维护浏阳河“水清、河畅、岸绿、景美”良好生态环境合力。

【项目建设观摩】6月19日，长沙市开福区开展项目建设观摩暨“433产业攻坚”推进活动。区委书记曹再兴，区委副书记、区长谢伟峰率区四大家班子、园区党政领导、相关部门以及街道负责人到浏阳市、长沙县考察学习外区项目建设经验做法，并观摩区内项目，对标找差距，梳理提升自身工作成果。观摩团一行参观作为湖南省“五个100”工程重大产业项目——浏阳经开区的惠科第8.6代超高清新型显示器件生产线项目、长沙经开区蓝思科技视窗触控玻璃面板生产、三一智联重卡等项目以及中广天择总部基地、湖南创意设计总部大厦等区内项目。

（杨通平）

财　政

【概况】2020年，全区完成地方收入90.07亿元，同比增长5.51%，为长沙市人民政府年度考核任务的100.29%；其中税收收入完成72.03亿元，同比增长5.35%，税收占地方一般公共预算收入的比重为70.16%。局领导班子带头调研，形成一系列调研报告，从财税角度对全区产业发展、财源建设等方面提出切实可行的建议和措施，其中《开福区金融机构招商引税的建议》《关于软件和信息服务业的调研与思考》得到区委主要领导的肯定和批示，《抢抓机遇、细分市场、培植龙头——发展我区医疗器械产业的路径思考》获得2020年度区政府系统大调研一等奖。

【财税收入组织】2020年，区财政局根据收入形势的变化，对财源建设考核办法进行修改，引导各收入组织单位狠抓税源培育和企业引进，调动街道招税引财和服务企业的积极性。对全区重点税源项目进行全面摸底，掌握所有重大项目的投资、销售及缴税预测情况，做到收入组织有的放矢。

【税源培植】2020年，区财政局对湖南高速集团、芒果TV、沙坪建设、湖南日报等重点税源企业进行走访，掌握企业实有税源情况，帮助企业解决经营困难，力促芒果TV、沙坪建设等重点企业同比实现税收增长10%以上。做好疫情防控资金保障工作，确保疫情防控资金及时到位，指导企业奖补政策申报、兑现“疫情助企16条”奖补、帮扶资金。按照“严格奖励兑现，建设信用政府，提升招商魅力”的原则，根据区招商引资政策及政府批示的相关规定对重点税源企业进行扶持，兑现企业奖励资金2.14亿元。落实“放管服”要求，开通微信、和包缴费等非税便民缴费渠道；落实《关于优化营商环境、加快项目评审的工作建议》，优化财政评审流程，简化变更流程，减少过程控制，提升财政评审效能。加强与税务部门联动，建立减税降费跨部门协作机制，坚持普惠性与结构性减税并重，累计为全区企业减税降费10.5亿元。

【非税收入征管】2020年，区财政局按照湖南省委巡视整改的要求，规范非税收入征收范围，做实非税收入。全面清理非税收入项目库，公开收费目录清单，确保非税收入征缴到位；盘活沉淀资产，以国有资源和资产有偿使用收入为切入点，进一步摸清底子、规范管理。2020年，完成非税收入18.04亿元。

【预算管理】2020年，区财政局完

成一般公共预算支出77.12亿元，民生支出66.11亿元，占一般公共预算支出的85.72%。压缩非刚性、非重点支出和一般性支出，从严从紧核定“三公”经费。优化预算编制，打破专项资金“基数+增长”模式，取消项目25个。

【资金调度和监管】2020年，区财政局严格管理，清理财政往来款项。加大对暂存款、暂付款和预拨经费的清理处置力度，清理收回拆借资金4.8亿元。全面摸底全区国有资产处置情况，加快指挥部处置资产未支付部分的入库，加强租金收入的按时缴纳，做到应收尽收，缓解国库资金的紧张。完善专项资金管理办法，加大专项资金整合力度，对省、市下达的专项转移支付资金与同类资金统筹考虑。做好直达资金监管，确保资金“快、准、足”直达基层、直拨企业、直接惠企利民。加强“互联网+监督”录入资金监管，强化基建项目预算管理。

【社会保障】2020年，区财政局集中可用财力，重点保障政府改革、惠及民生的各项支出和全区重点项目支出。推进为民办实事，促进教育公平和教育事业健康发展，加强城乡基本养老保险、最低生活保障和基层医疗体系建设，推动民生事业稳步发展。按“量入为出、突出重点、统筹兼顾”的原则，支付重点工程项目资金6.26亿元，确保重点工程项目顺利推进。区财政局被评为开福区2020年度“433产业攻坚”（项目建设）工作先进集体。

【绩效评价】2020年，区财政局对全区83家预算单位的项目支出和整体支出绩效目标进行全面审核，涉及项目530个，涉及资金18.2亿元。对全区20个财政支出项目（其中包括部门整体支出6个）进行重点绩效评价，重点评价金额4.8亿元，评价范围涵盖城管、卫健、发改、街道、社区等部门。开福区预算绩效管理工作获得“湖南省2019年度县市区财政部门预算绩效管理先进单位”。

【内控管理】2020年，区财政局完成全区2019年度行政事业单位内部控制报告的编报工作。全区行政事业单位内部控制报告数177家，内部控制情况总体评价“优”的20家、评价“良”的102家、评价“中”的55家。全年纳入全区工资统发单位162个，其中区直单位62个、教育系统84个、街道16个；工资统发人数4572人，其中区直机关1545人、教育系统2259人、街道768人。

【财政评审】2020年，区财政局落实三审复核制，优化财政评审流程，及时处理评审过程中因书证与物证不符、评审资料缺失、被评审单位履职不力等情况，完成249个项目的预算评审，审减率2.11%。完成286个项目的结算评审，审减率13.09%。合同会签856个，二类、三类变更预算程序性审核348个，完成490个中介结算费用审核。组织对完成财务决算并进窗的项目进行财务决算评审，完成对机关大院提质改造项目、凤舞路、栖凤路、秋月路项目的财务决算评审。

【国有资产管理】2020年，区财政局开展全区资产清查，涉及87个区直部门（含二级机构）和16个街道、98个社区，清查资产2211处，其中系统内资产1108处、系统外资产1103处。

【国库集中支付】2020年，区财政局落实保密承诺制、岗位轮换制，规范国库集中支付行为；加强预算单位财务人员培训，开展业务培训4次。深化街道国库集中支付改革，做好支付电子化改革前期准备工作，全年集中支付财政资金59.59亿元，其中直接支付占比95.76%。

【政府采购监管】2020年，区财政局加强“互联网+采购”监督，运用开福区公务用车管理平台和长沙市公共用品商城加强监管，实现全区所有采购项目全程电子化操作，采购环节痕迹化管理，采购信息全面公开。

【会计管理】2020年，区财政局贯彻执行《中华人民共和国会计法》，提高会计信息质量，全年办结21家会计代理记账机构审批工作，并颁发代理记账许可证书。对开福区辖区内10余家会计代理记账机构进行专项检查，根据《代理记账管理办法》，对不符合规定的机构督促办理变更或注销手续。做好全区会计人员信息管理，审核通过10086人。

【债务管理】2020年，区财政局按照《开福区防范化解地方政府隐性债务风险实施方案》有序化解存量，累计隐性债务偿还率超过100%，政府债务风险实现降级。根据湖南省财政厅通报，全区债务风险等级2019年度为二类地区，2020年度为风险提示地区，隐性债务风险等级均为绿色，风险可控。

【街道财务管理】2020年，区财政局全面推进“互联网+监督”村级财务公开，要求所有社区（村级）财务处理都在“互联网+监督”平台上完成，实现社区（村）财务数据公开全覆盖。督促预算单位在规定时间内，在政府门户网站依法、主动公开街道部门预决算，接受社会监督。

【财政监督检查】2020年，区财政局认真贯彻相关法规条例，加强对财政内部监督和财政资金监管，对年初预算的执行实行全程监控，确保财政资金的使用安全和效率。强化制度规范，建立健全预算编制、执行、监督、绩效考评“四位一体”的财政资金管理模式；加强日常检查，建立健全事前审核、事中监控、事后检查的全过程的动态监督机制。强化资金绩效管理，在保障资金安全的基础上，加强对资金使用效益的监督检查。

【“三资”工作】6月23日，长沙市“三资”盘活及财税工作推进会在开福区举行，大悦城、金霞“1094”地块项目作为盘活社会资产和盘活国有资产的典范，被集中观摩。坚持盘活存量与做优增量相结合。全面摸清“三资”家底。2019年年底，成立全区“三资”盘活工作小组，建立定期调度机制，压实工作责任；将盘活工作任务细化为推进征拆扫尾进度、开展闲置土地支帮促、盘活闲置楼宇资源、清收财政资金等8个方面16条细化指标，确保“三资”盘活工作“一盘棋”推进；区财政局领导班子成员分组带队，深入街道、社区、平台公司，对闲置土地、闲置楼宇、闲置资产、沉淀资金等情况反复摸排核实。全面落实工作责任。抓闲置土地支帮促，针对土地闲置成因，一地一策精准盘活；抓闲置楼宇去化，实行区领导联点工作机制，协调解决物业、招商等具体问题。全面盘活存量资金。清理结余资金，有效消化和压减存量资金规模，建立结余结转资金定期清理机制；做好开源节流，压减一般支出，压缩非刚性、非重点项目支出。坚持扩大总量与提升质量相结合。拓宽盘活空间。立足区域经济发展大局，扩大统计摸底范围，在兼顾区属资产收益及社会资产运营效益的同时，在全市率先将市级平台公司土地资源、闲置土地资源、闲置商务楼宇等项目纳入“三资”盘活范围统筹推进。提升收入质量。完善财税考核办法，调动街道招税引财和服务企业的积极性。加强税源分析力度，每月定期编制《财政专报》，总结收入组织过程中的特点，发现存在的问题，提出后段收入组织的措施，为领导决策提供参考依据。坚持挖潜增收与抗击疫情相结合。内部挖潜增收。在宏观经济全面下滑的情况下，充分挖掘内部增收潜力；加强房地产企业税收征管力度、加强楼宇企业清理力度。积极稳定市场。落实“六稳”“六保”措施，最大限度发挥政策推动全区经济社会发展的重大作用；落实长沙市开福区人民政府办公室《关于有效应对疫情支持企业健康发展的若干措施》，支持中小企业渡过难关。助企复工复产。实地了解企业的困难和需求，帮助企业排忧解难，在全市率先为全区1582家企业购买复工复产保险，其中重点企业22家、小微企业1560家。

（郑和堂）

税　务

【概况】国家税务总局长沙市开福区税务局设有5个税务分局、7个税务所，负责所辖区域内各项税收、

2020年3月6日，开福区税务局干部为纳税人解读疫情期间税收优惠政策

（区税务局　供图）

社会保险费和有关非税收入征收管理。2020年，全年完成税收收入114.8亿元，同比增长1.28%，其中地方税收73亿元，增长5.34%；完成入库各项社保费9.6亿元；完成非税收入11.3亿元。2020年，开福区税务局被评为开福区“‘433’产业项目建设先进单位”“组织收入先进单位”“优化营商工作先进集体”；第一税务所获得“长沙市青年文明号”“开福区杰出青年文明号”称号，捞刀河税务所获得“长沙市2020年模范职工小家”称号。

2020 年 3 月 13 日，开福区税务局捞刀河税务所深入企业问计问需、增进理解、凝聚共识 （区税务局 供图）

【减税降费】2020年，开福区税务局梳理9类税费政策指引，实行“线上”“点对点”推送，新增减税降费9.15亿元，服务“六稳”“六保”大局。调研文章《聚焦“三个持续发力”，为实体经济发展添劲助力》得到区长肯定批示。助力企业复工复产。组成12支税政服务小分队，持续开展“用心用力用真情全员全程全覆盖”送政策服务。2020年，房产税、土地使用税因新冠肺炎疫情影响减免2085万元；344户次单位享受研发费用加计扣除企业所得税优惠政策，金额7446万元；办理出口退税882笔，金额3.52亿元。

【组织税费收入】2020年，开福区税务局科学把控新冠肺炎疫情和减税降费的双重压力，既不折不扣把该减的减到位，又依法依规把该收的收上来。全年完成税收收入114.8亿元，同比增长1.28%，其中地方税收73亿元，增长5.34%；完成入库各项社保费9.6亿元；完成非税收入11.3亿元。完成市局和区委区政府年度收入预期目标。

【依法治税】2020年，开福区税务局坚持依法治税，突出优化环境，税收治理规范有序。推进法治建设。组织学习宣传《中华人民共和国宪法》《中华人民共和国民法典》等法律法规，推行行政执法“三项制度”（行政执法公示制度，行政执法全过程记录制度，重大执法决定法制审校制度），严格执行税务行政处罚裁量权，全年实施简易处罚3429件，一般处罚13件。严格税务监管。运用内控监督平台确认执法过错行为219个；通过风险管理系统平台完成风险管理提示提醒、税务核查和纳税评估任务100批次、5275户次，入库税款6867.14万元，入库滞纳金及罚款150.81万元。夯实征管基础。与街道、社区协调配合，摸查辖区内纳税人房产情况。通过数据质量监控管理平台，处理税务登记信息缺失、税费种认定不一致等39项绩效考核指标，涉及异常数据1.04万条。

【纳税服务】2020年，开福区税务局开展便民办税春风行动，实现178个办税事项“最多跑一次”，166个涉税事项全程网上办理。推广“非接触式”办税，建立微信、QQ工作群，实现电子税务局远程辅导全覆盖，确保区内电子税务局注册率100%。强化纳税信用体系建设，评出A级纳税人1500户。2020年全省纳税人满意度调查，开福区税务局在全市内六区排名第一。

【规范管理】2020年，开福区税务局坚持税制改革、突出税种管理，征收管理提档升级。个税首次汇算平稳有序。高效推进全员全额明细申报、扣缴申报异常数据清理、专项附加扣除信息核验等工作，全年完成12.13万人汇缴申报，补税3802.56万元，退税4181.98万元。社保费和非税收入推进有力。落实落细各项改革政策，划转项目征收平稳有序，涉企社保费和职业年金顺利划转，水土保持补偿费等“4+2”项非税收入划转按表推进。全年企业社保缴费1.3万户，机关事业单位337户，社保入库9.05亿元；城居养老缴费2.3万人，入库1240万元；城居医疗缴费15万人，入库4330万元。税种管理规范有效。开展发票风险信息清查，组织28375户开展企业所得税汇算清缴，入库27.02亿元，申报率98.51%。做好非居民税收管理、反避税工作，统一土地增值税清算政策口径，清算审核23个项目，增加税款6.13亿元。

【“非接触式”办税模式】2020年，开福区税务局持续推广“非接触式”办税模式，优化业务分类，落实预约办、延时办、容缺办、发票邮寄、简化优惠办理程序等10余项服务举措。全年“非接触式”申领发票比例提升至70%，月平均办件1.13万笔，办税时间整体提速30%以上。推广无纸化退税，企业办理出口退税的平均时间由2019年度的10天缩短到6天。落实“责任包干、分户到人”的税政网格化服务，按照“一户一策”要求，针对企业政策需求，采取微信、QQ、电话等非接触方式“点对点”精准推送，帮扶企业。加强政策落实情况的监督检查，确保各项税收优惠政策不折不扣落实到位。针对辖区内不同类型企业复工复产存在的问题，依托税收大数据，精准定位企业复工堵点和复产难点，推行“政务沟通、案头分析、供应链匹配、反馈改进”的模式，主动为上下游企业牵线搭桥，帮扶企业打通产销链、资金链。

（高川惠）

审　计

【概况】2020年，开福区完成审计项目21个，查出违规金额2.21亿元，上缴财政579.84万元，审计促进拨付资金到位1.83亿元，审减并追回资金341万元，移送案件线索8起。2020年，区审计局继续保持“长沙市文明标兵单位”称号，并获得全省审计机关优秀审计项目二等奖，被中国时代经济杂志出版社、《中国审计》评为审计通联宣传先进单位。

【跟踪审计】2020年，加大对重大政策措施贯彻落实情况跟踪审计力度。紧扣“六稳”“六保”重大决策部署，开展新冠肺炎疫情防控资金和捐赠款物专项审计，促进减税降费、优化营商环境等重大政策措施贯彻落实，为打赢新冠肺炎疫情防控阻击战提供审计监督。

【经济责任审计】2020年，区审计局对区统计局、区工信局、金霞发展集团、保税物流中心和洪山街道等5家单位的8名领导干部开展经济责任审计，聚焦权力运行和责任落实，重点关注重大经济事项决策、重大政策落实、重大改革事项推进等方面存在的问题。指导洪山街道办事处下属4个社区开展内部审计，规范社区资金管理。

【重大项目审计】2020年，区审计局对区财评2019年10月至2020年9月结算评审项目质量情况开展抽查审计，对“一圈两场三道”建设、金霞发展集团2017—2019年度新建市政项目等开展专项审计调查。审计发现部分项目建设程序不规范、建设质量不合规、结算工程量不实等问题100余个，审减并追回资金341万元，收回存量资金620万元，涉及其他问题资金2877万元，有效促进建设单位加强管理，保证财政资金安全。

【环境资源审计】2020年，紧扣污染防治攻坚战，推进生态文明建设的重大部署，对洪山街道原主要负责人实施自然资源资产审计，促进街道对资源节约集约循环利用和环境保护政策落实，推动绿色发展。

【审计管理创新】2020年，对区本级和金霞经开区、区财政局、区统计局、区工信局等部门单位重点审计。通过大数据审计方式，对全区72个一级预算单位进行审计全覆盖，审计效率大幅提升。

【审计成果运用】2020年，建立健全审计整改跟踪督办机制，实行审计发现问题整改“一本账”逐一销号。2020年，审计发现问题356个，截至2020年年底，达到整改期限问题241个，其中基本完成整改163个，正在整改78个。2020年，区审计局牵头做好湖南省委第六巡视组巡视开福区以及上级审计机关发现涉及开福区问题的审计整改工作，派出1名审计干部协助省委第六巡视组工作，并对巡视期间各个审计项目的整改工作严格把关，确保审计整改成效；派出2人次参加十一届湖南省委第九轮、第十轮巡视；做好审计署开展省长经济责任审计中涉及开福区的联络工作。将近三年审计发现的主要问题形成汇报材料，向区委、区政府主要领导汇报，为领导决策提供参考。

（邹　婧）

统　计

【概况】2020年，编印《统计法规宣传资料》，组织区直相关部门、街道、社区及“四上”单位统计人员统计法规知识培训20场次，参加人员3000人次。对规模以上企业开展“双随机”（随机抽取检查对象、随机选派检查人员）执法检查，抽选5个街道、8家企业进行统计巡察。2020年，开福区第七次全国人口普查工作有序推进，全区登记户数44万户，登记人口100万人。开展全区统计员备案管理工作，加强统计工作监督考核，评选市级一类统计站2个，二类统计站3个，连续两年推选优秀街道统计站接受全市优秀统计站观摩活动。

【统计服务】2020年，做好统计服务，发挥参谋助手作用。编印反映地区经济发展的《开福区统计提要》《统计要情》《指标通报》等多种刊物。加强经济运行跟踪监测和分析研究。撰写统计分析文章，得到区领导的批示和高度评价。服务社会树形象。通过开福区政务信息网站发布统计信息、统计数据，扩大统计宣传等途径，全方位、多层次地满足社会各界对统计信息的需求。服务部门有地位。明确部门统计工作内容和要求，加强与各经济管理部门的协调合作，形成分工合理、管理规范、信息共享的统计体系。开展“双基”（基层统计网络、基础工作）达标建设。落实长沙市委办公厅、长沙市政府办公厅联合下发的《关于进一步加强乡镇街道统计工作的通知》文件精神，开展全区统计员备案管理工作，加强统计工作监督考核，评选市级一类统计站2个，二类统计站3个，连续两年推选优秀街道统计站接受全市优秀统计站观摩活动。

【依法治统】2020年，依法行政，法制建设规范化。结合“第七次全国人口普查”业务培训和统计年报会，编印《统计法规宣传资料》，组织区直相关部门、街道、社区及“四上”单位统计人员统计法规知识培训20场次，参加人员3000人次。在万达广场和富兴广场等公共场所举办统计法宣传活动，以多种形式宣传《中华人民共和国统计法》。配合长沙市统计局对规模以上企业开展“双随机”（随机抽取检查对象、随机选派检查人员）执法检查，抽选5个街道、8家企业进行统计巡察。依据《国家统计局关于全面清理纠正违反统计法精神文件和做法的通知》，开展统计工作“五查五看”专项行动，全面清理纠正把统计机构作为地方目标完成责任单位的文件和做法，全面清理纠正要求下级机构或调查对象按一定幅度报送数据的文件和做法，全面清理纠正为各项评比、资格认定提供个体统计资料的文件和做法。根据“五查五看”专项行动的开展成果，编制“五查五看”资料汇编。

【部门联动】2020年，加强与商务、发改、工商、税务等部门联动，实现部门信息互惠共享。充分利用楼宇经济摸底成果，动态掌握入驻企业情况，为名录库更新提供基础资料。定期与区工信局、区发改局、区商务局、区农业农村局等部门进行协调论证，以防止“数出多门”。利用平时重点单位核查信息资料，筛选出达到“四上”规模的单位，建立本辖区“准四上”单位名录库。

【制度建设】2020年，建立和完善统计规章制度。根据《长沙市乡镇、街道统计工作规范化建设标准》及其实施细则，区、街道建立健全统计规章制度并张贴上墙，以规章制度管人、管事、管数据，做到各项工作有章可循。完善信息

2020年9月20日，开福区举办“中国统计开放日”暨全国人口普查宣传主题活动　（区统计局　供图）

2020年10月24日，区委书记曹再兴（左二）带队督查指导辖区人口普查摸底工作 （区统计局 供图）

化建设制度。以省、市统计直报网络和统计内网为平台，加强统计信息化建设，实现统计数据处理微机化、统计数据传输网络化、统计数据保存电子化和办公自动化。辖区内单位均通过“企业一套表”平台进行网上直报，联网直报率100%。加强与下属单位的网络联系。为便于统计工作的开展，街道统计站均建立统计工作QQ群、统计微信群，提高统计工作质量。加强统计基层基础工作，规范统计工作规程，改进统计方法，提高统计数据质量。对照长沙市基层统计工作考评体系，结合开福区实际，制定《开福区街道、镇统计站目标管理综合考评细则》，使街道统计站对加强自身建设有更为明晰、操作性更强的对照依据。

【基层建设】2020年，出台《关于加强统计基层基础工作的实施意见》，从机构、队伍、经费等方面提出规范性要求。要求各街、镇要配强配优统计人员，凡街、镇统计人员调整要报区统计局备案，以高标准、严要求为目标，培养和打造政治、业务和作风过硬的统计队伍。全区16个街道均设立统计站，配备2名及以上专职统计人员，区、街两级统计人员均从事统计工作在5年以上；区统计局对全区16个街道107个社区（村），近700家驻区报表单位的三级统计人员实行在册登记、动态管理。开福区建立区统计局、街道（镇）、社区（村）、驻街单位四级统计网络，按照“一盘棋”的工作模式和“网格化”管理的要求，在全区建立以村（社区）为单元的到位、到点、到人的统计数据质量网格化管理体系。完善社区统计平台建设，各社区将统计调查服务纳入公共服务中心，每个社区均在政务服务大厅设立统计服务窗口。弘扬“求真、务实、团结、创新”的统计精神，激发全统计人开拓创新、积极向上的精神风貌，增强统计队伍的凝聚力和战斗力。形成较为完备的逐级培训体系，即区培训街道，街道培训社区和统计单位。每年区对街道培训不少于4次，对全区各调查单位的直接培训不少于2次；街道对社区和统计单位培训不少于2次；按照区委、区政府要求，强化“四上”单位申报业务工作培训。不定期召开座谈会、经验交流会，为街道统计员之间，同一行业不同单位统计员之间相互交流创造平台。

【人口普查】2020年，开福区第七次全国人口普查工作顺利完成。全区登记户数约44万户，登记人口约100万人。全区成立以常务副区长任组长，25个相关职能部门为成员单位的开福区第七次全国人口普查工作领导小组。全区各街道、各社区均相应成立第七次全国人口普查工作领导小组及办公室，形成完整的普查体系。在全区范围内选聘普查指导员、普查员“两员”3000名，组织“两员”培训100余次。按照“区不漏房、房不漏户、户不漏人、人不漏项”的原则，开展户籍清查、入户摸底、正式登记、长表抽样等系列工作。9月1日开始，区人普办会同街道、社区通过制订工作计划表，推进入户摸底、入户登记工作。强化普查宣传，营造良好氛围。制定并下发《开福区第七次全国人口普查宣传工作方案》，在全区范围内通过区政务信息网动态要闻专栏，发放至普查对象的一封信和人口普查宣传用品等多种形式进行宣传，取得较好的宣传效果。创新开展普查进课堂、演讲比赛等特色宣传活动，浓厚普查氛围。做好不同阶段普查质量验收，聘请第三方调查公司对普查质量进行总体评估，全区普查质量超过国家验收标准，确保普查工作高质、高效。

（杨 亮）

市场监督

【概况】2020年，全区存续市场主体10.94万户（企业4.99万户，个体5.95万户）。其中，重点监管的学校幼儿园194家，食品及食品相关产品生产企业132家；食品流通、餐饮单位、药店、医疗器械、化妆品经营单位近2万家（食品流通9012家，餐饮单位8217家，零售药店415家，一类医疗器械生产企业14家，医疗器械经营企业1231家，医疗机构421家，主营化妆品经营企业386家）；在册特种设备1.35万台（套），重点质量监控的计量器具、检测机构、标准化试点单位、生产企业480家；电视媒体19家、报纸杂志24家、交易型网站118家、非交易型网站2811家、网店（第三方平台）645家。

【优化营商环境】2020年，开福区深入开展“优化营商环境年”活动，大幅度减少企业非经营性制度成本，促进创业创新。全区新增“四上”单位46家，同比增长100%；全年新登记市场主体16616户，存续市场主体10.94万户，居市内六区首位，开福区代表长沙市接受国家营商环境测评，取得优异成绩。加大“证照分离”“证照联办”改革力度，实现“37证合一”，食品流通和餐饮服务许可实现“两证合一”，企业开办申请材料压缩至5件，开办环节压缩至3个，开办全程4小时完成，把市场准入门槛降到最低。全面推行“一业一证”“一业一照”等行业综合许可登记改革，实现食品经营许可证可与营业执照联办。打造“放管服”改革的“开福”模式。创新容缺受理、免费帮代办、“领照即开业”、企业简易注销等举措，优化“一窗受理、并行办理”流程。推行企业开办全程电子化业务，开通特种设备行政审批全程网办系统，疫情期间，为四川合能起重设备有限公司等10多家外省企业开展全程网办许可业务，节省企业时间成本和经济成本。推进各食安委成员单位开展“双随机、一公开”（随机抽取检查对象，随机选派执法检查人员，抽查情况及查处结果及时向社会公开）督查，构建联合监管、联合惩戒机制，全区列入严重违法失信名单企业1004家，清理“僵尸企业”2064家。建立“政府主导、部门负责、第三方参与评估”机制，开展转供电电价大排查大整治行动，发出“提醒告诫书”1220份，抽查转供电单位240家，责令物业退还企业电费22万元，实现公平竞争审查区县政府全覆盖，获得长沙市市场监管局肯定。

2020 年 2 月 22 日，开福区市场监管局深入生产企业，指导开展复工复产

（区市场监管局　供图）

【新冠疫情防控】2020年，在新冠疫情期间，每天出动执法检查人员300余人次，累计检查集（农）贸市场、超市、餐饮单位、旅游景点各类市场主体3.5万家次，立足市场监管职能稳市场、保价格、保质量、保供应。联合相关部门落实“1110”措施，即一日一清洗、一日一消毒、一日一巡查、野生动物和活禽零交易，查处野生动物销售、野味加工制作等食品安全举报157起，责令整改34起。发挥好牵头单位作用，督促冷链企业认真履行食品安全和疫情防控主体责任，检查冷冻冷藏仓库、商场超市2500家次，对进口冷链食品产品出入库严格把控，做到“四证”（通关证、检验检疫证、核酸检测报告和消杀证明）齐全；严格做好索证索票工作，对全区冷链相关企业和人员开展核酸检测1847批次，其中食品677批次，环境524批次，人员646批次，检测结果全部阴性。严厉打击重点防疫物资和重要民生商品领域哄抬物价、囤积居奇等违法行为，受理价格投诉举报632件，查处违规涨价、制假售假等违法行为为16起。开展制售假冒伪劣、“三无”口罩违法行为集中整治行动，重点查处

湖南国殷文化和国殷生物科技涉嫌生产销售假冒注册商标及冒用欧盟CE认证口罩案（涉案货值2660余万元，已上报公安部）。区委、区政府制定《关于支持企业发展助企纾困的“九件实事”的若干措施》，区市场监管局指导银洲米粉等生活龙头企业做好复产前的清理整顿，协调解决企业防疫物资紧缺的问题，提供口罩、酒精、84消毒液等防疫物资购买渠道；牵头启动为期3个月的“相约春天·开启幸福”开福消费季公益活动，持续引导饿了么、美团等平台提供运营支持，推出佣金减免、佣金返还等一系列让利活动超1000万元，多措并举助力企业复工复产。

2020年8月31日，开福区市场监管局、秀峰市场监管所工作人员到周南秀峰学校，对学校食堂进行监督检查，对食品进行检测　　（区市场监管局　供图）

【质量强区】2020年，开福区实施质量强区、品牌强区、知识产权强区战略。加大知识产权保护力度，突出专利增量提质。坚持强化“数量布局、质量取胜”的专利申请政策导向，加强产业、区域、科技政策与知识产权政策的衔接。2020年，全区专利申请3029件，其中发明专利申请1425件；专利授权1739件，其中发明专利授权594件，万人有效发明专利拥有量59.39件，位居全市前列，全区专利结构和专利质量实现双提升。推进标准化建设，持续推进质量提升工程。开展质量奖培育活动，培树质量奖典型。全区有30家企业被列入培育梯次名单，芒果TV等3家企业入围2020年的省长质量奖，湖南快乐阳光互动娱乐、友谊国际工程2家单位获得省长质量奖，湖南粮食集团获得市长质量奖。实施“标准化战略”，长沙保利音乐厅等5家单位获得2020年省级服务业标准化试点单位，湘江涂料等3家单位获得长沙市标准创新奖励。扶持产业发展壮大，创新推进银洲等企业豆制品米粉湿面集中生产、冷链配送、冷藏销售，引导火宫殿、杨裕兴、南北特、凯雪、沙利文等老字号企业在开福区发展，强化产业集聚效应。

【市场监管】2020年，加强市场监管，筑牢市场安全底线，切实维护人民群众的合法权益，营造公平有序的市场环境和安心放心的消费环境。全年办案645起，罚没款540万元。多领域强化专项整治。食品安全方面，围绕与民生相关的重点行业、重点领域、重点地区，开展“年关守护”、“食品安全大排查大整治百日行动”、“护苗”、“护老”及网络餐饮等专项整治。严惩食品安全违法行为，结案355起（长沙市市场监管局任务数258起），其中省级督办案件3起，移刑案件3起，罚没款345万元，入选国家市场监管局典型案例1起、湖南省市场监管局典型案例3起。打击传销方面，坚持铁腕行动，开展为期3个月的集中打击传销专项行动，查处传销窝点162个，教育遣返涉传人员662人，批捕传销人员58人，刑拘39人。药械化方面，开展城乡接合部药械使用、特殊药品专管药品、中药饮片专项整治行动，立案32起。特种设备方面，按照“一单四制”（隐患清单，交办制、台账制、销号制、通报制）要求，开展特种设备安全风险隐患排查治理以及“强执法防事故”、“打非治违”等专项检查，全年开展各类日常、专项检查20次，排查隐患1220条，下达监察指令83份，重大事故隐患治理15起，封停设备253台，立案11起，罚没款18万元。知识产权方面，受理商标专利投诉举报41起，查处假冒专利、商标侵权违法案件47起，移送公安3起。全区商标注册和专利申请连续9年保持10%以上的高增长。假冒侵权、虚假宣传方面，围绕“网剑行动”、网络食品“清网”、“长江禁渔”、房地产、投融资、旅游服务等重点民生敏感问题，积极作为，重拳出击，监测电商平台1225个，依法依规处理网络监测平台涉嫌违法广告1778条次，约谈广告经营单位9次，查处涉嫌违法医疗广告978条，责令停播可能造成严重后果的医药广告48次。多维度保障民生民利。统筹推进“三小”（食品小作坊、小食杂店、小餐饮店）提质升级、餐饮业“明厨亮灶”工程、农贸市场规范管理、果蔬垃圾回收处理站建设等民生项目。通过政府采购方式，将沙湖桥和通泰街吉睿2家农贸市场纳入果蔬垃圾资源无害化处置项目，2020年年底投入使用。发挥智慧监管示范作用，试行“互联网+”食品安全监管，与阿里平台合作，在北正街和清水塘路试点建设全省首个阿里云智慧食安街区，湖南省市场监管局授予北正街阿里云智慧食安街区“湖南省网络餐饮食品安全示范街”荣誉称号。多方位维护消费者权益，畅通“12315”消费维权热线。截至2020年年底，受理“12315”投诉举报、“12345”下发工单、市长信箱、区政府办、区网信办等部门转发工单1.58万件。开通“12315”互联网二期平台，引导消费者通过微信、支付宝小程序等手机App直接投诉，实现消费维权投诉来访、电话、信件、网络和手机终端的全覆盖。

【捣毁涉嫌销售假酒窝点】1月13日，开福区市场监管局捞刀河市场监管所接到举报，称辖区内有人涉嫌勾兑假酒，以次充好销入市场。接举报后，捞刀河市场监管所、区市场监管局稽查大队执法人员立即赶赴现场核实情况。经查，现场发现有记载收购酒瓶的明细账本、大量成件的各类高档空酒瓶，运输的涉嫌车辆，执法人员依法查扣，包括贵州茅台酒、五粮液、剑南春等多个知名品牌在内的高档假酒，及用于造假的包装材料、防伪标识、制酒原料。

【创建北正街“湖南省网络餐饮食品安全示范街”】2020年9月，开福区市场监管局发挥智慧监管示范作用，试行“互联网+”食品安全监管，与阿里平台合作，在北正街和清水塘路试点建设全省首个阿里云智慧食安街区，通过线上平台和大数据技术，消费者可以在云端实时监控查看餐厅后厨操作及食材制作配送全流程，将店内的卫生条件、食材加工晒在“阳光”下，处于网络的动态监管之中。同时，这些监控信息接入市场监管所、街道食安办电脑，让基层监管手段更先进。湖南省市场监管局授予北正街“湖南省网络餐饮食品安全示范街”称号。

【农产品质量安全行宣传活动】10月28日，开福区2020年农产品质量安全行宣传活动在捞刀河街道罗汉庄村举行。活动现场通过搭建农产品安全系列主题知识板报宣传墙、发放相关主题宣传单、文艺汇演、有奖答题等形式，宣讲实行合格证制度对于保障农产品质量安全、保障消费者权益等方面的积极作用，鼓励消费者参与和监督；通过设立答疑展台、现场开展快速检测等方式提高民众对农产品安全基本的甄别能力，让农产品源头可追溯、流向可跟踪、信息可查询、责任可追究。截至2020年年底，开福区食用农产品样品抽检1189批次，其中合格1157批次，不合格32批次。全区28家快检室进行食用农产品快速检测3.55万批次，发现阳性问题30批次，均进行有效、及时处置；开展农药残留快检2.28万批次，发现阳性问题14批次；开展兽药残留快检7839批次，发现阳性问题14批次；开展非法添加物快检4863批次，发现阳性问题2批次。

【食品安全应急演练】11月6日，2020年开福区食品安全事故应急演练活动在区少年宫举行。区人民政府副区长胡珊珊，全区食安委各成员单位、各街道办事处相关负责同志等300余人观摩演练。该次演练按事故报告、应急响应、应急处置、舆情处置、响应终止、善后处理6个科目进行处置，活动旨在进一步提升全区食品安全事故应急处置能力与水平，更好地掌握食品安全事故应急处置流程与要点，确保食品安全突发事件能够及时、有效地处置。该次演练很好地检验开福区突发食品安全事件后应急处置和组织协同能力，积累演练救援的实战经验，展示开福区食品安全应急工作水平、能力和应急队伍风貌。

【开福区首张“一业一照”行业综合许可证问世】11月11日，开福区首张“一业一照”行业综合许可证问世，长沙集食行乐食品科技有限公司的负责人领取该张特殊的营业执照。长沙集食行乐食品科技有限公司涉及预包装食品、散装食品、保健食品的销售，开业需分别申领营业执照、食品经营许可证。2020年10月起，长沙市全面推行“一业一证”和“一业一照”等行业综合许可登记改革，食品经营许可证可与营业执照实行联办，只需要提交一次材料，领取一张涵盖有食品经营许可证信息的营业执照即可。

2020年11月11日，开福区首张“一业一照”行业综合许可证问世

（区市场监管局　供图）

“一业一照”是对药品经营、食品经营（销售）、小餐饮三个行业涉及的各个经营许可、经营备案和市场主体登记事项合并办理，统一核发加载许可备案信息的营业执照。“一业一证”和“一业一照”改革，既是在“一件事一次办”改革的基础上，全面提升市场准入的便利度，又是在“食品经营许可告知承诺制”的基础上，扩大简政放权的适用范围。广大市场主体既可享受减免各项申报材料、少跑腿带来的便利，又可享受开业筹备周期缩短所带来的成本降低、收益增长。

【开福区2家企业获评湖南省第六届省长质量奖】11月16日，湖南省质量大会在长沙召开，开福区湖南快乐阳光互动娱乐传媒有限公司获得第六届省长质量奖，友谊国际工程咨询有限公司获得省长质量奖提名奖。省长质量奖每三年颁发一次，是湖南省政府设立的最高质量荣誉奖。开福区大力推进质量建设，重视质量强区、品牌培育，积极对接并极力帮扶推荐企业申报省长质量奖与市长质量奖等，助推树立行业标杆，打造质量强区。截至2020年年底，全区获得省长质量奖、省长质量奖提名奖企业各1家；获得市长质量奖企业1家，纳入长沙市企业质量品牌发展培育库企业30家；湘绣（沙坪产区）被评为国家地理标志保护产品，14家湘绣企业获准使用国家地理保护专用标志；长沙保利音乐厅等5家单位被批准为2020年省级服务业标准化试点单位。

（陶　金）

物流与口岸服务

【概况】长沙市开福区物流与口岸服务中心（以下简称区物流口岸中心）是区政府正科级直属事业单位。2020年，长沙铁路口岸累计发运中欧班列（长沙）528列（出口420列，进口108列），同比增长28.47%，全国排名第五。长沙新港水运口岸完成货物吞吐量1114.73万吨，同比增长16%。区物流口岸中心调研医药物流、（食品）冷链物流、物流服务三大板块运营现状和存在问题，形成《开福区物流产业研究报告（征求意见稿）》和《开福区冷链物流产业研究报告（征求意见稿）》。完成《开福区“十四五”物流产业规划（初稿）》。

【铁路口岸】2020年，长沙铁路口岸累计发运中欧班列（长沙）528列（出口420列，进口108列），同比增长28.47%，全国排名第五。其中发运标箱46410TEU，同比增长27.7%；发运吨位37.03万吨，同比减少4.44%；货值 20.61亿美元，同比增长98.55%。2020年，长沙新港水运口岸完成货物吞吐量1114.73万吨，同比增长16%，长沙新港迈入“千万吨”级港口。其中集装箱吞吐145026标箱，同比减少12.26%；杂散货吞吐824.68万吨，同比增长35.05%。

【产业发展】2020年，区物流口岸中心坚持以推动高质量发展为主题，以供应链创新与应用为路径，以国家陆港型物流枢纽建设为抓手，推进陆港型国家物流枢纽软硬件提质升级，畅通国内国际物流通道，助推金霞经开区申报湖南自贸区创新联动区，助推中欧班列（长沙）申报集结中心，致力于打造物流业与制造业融合的新样本，建设高质量现代化物流产业增长引擎。2020年，全区物流产业规模超600亿元。

【通道建设】2020年，长沙新港实现全省60%以上的集装箱发运，中欧班列（长沙）稳居全国第一方阵。尤其是疫情期间，在航班停飞、海运停运的情况下，中欧班列（长沙）逆势上扬，成为全国四个“天班”城市之一，被中央电视台多次报道。4月29日，“三一班列”首发，三一重工股份有限公司制造的工程机械设备搭乘中欧班列前往中亚，总货值150万美元。10月16日，中欧班列（长沙）首列“吉利专列”搭载吉利汽车成套散件从长沙发往白俄罗斯。中欧班列（长沙）全年开行制造业定制化班列26列。2020年，港口、铁路两大集团铁路、水路联运业务合作初步达成意向，中欧班列（长沙）集结中心正在申报中。

2020年长沙新港水运口岸完成货物吞吐量1115万吨，迈入“千万吨”级港口
（区口岸办　供图）

【产业研究】2020年，区物流口岸中心完成全区物流产业摸底，建立全区“物流企业名录库”。区物流口岸中心调研医药物流、（食品）冷链物流、物流服务三大板块运营现状和存在问题，形成《开福区物流产业研究报告（征求意见稿）》和《开福区冷链物流产业研究报告（征求意见稿）》。开福区打造医药物流、食品冷链物流产业集聚区，推进陆港型物流枢纽建设，完成《开福区“十四五”物流产业规划（初稿）》。

【口岸防疫】2020年，区物流口岸中心坚持口岸通道常态化新冠肺炎疫情防控。2月，全区开展免费核酸检测筛查快递服务人员1554人。5月，组织口岸检疫和边防检查重点人群进行核酸检测，实现一线口岸工作人员100%全覆盖。利用信息化手段，借助星沙海关对班列进出口货物提供的“绿色通道”，缩短疫情期间货物查验时间。结合冷链食品相关企业和农贸（集贸）市场新冠病毒监测工作，每半月对冷库及冷链食品经营单位开展日常检查，确保口岸防疫安全。

（符　毅）

农 业

综 述

【概况】2020年，开福区完成1388公顷粮食生产任务，粮食总产值9736万吨，发放各类惠农补贴资金639.4万元。全年实现农产品加工产值122亿元；休闲农业与乡村旅游业经营收入1.5亿元，同比增长12%。2020年，全区实现林业总产值6.6亿元，其中第一产业0.55亿元，第二产业3.1亿元，第三产业2.95亿元。全年生猪出栏2.5万头。全年总投资3240万元，铺排区级重点水利建设项目4个。全年区、街、社区（村）三级河长巡河6000余次，全区区级河长召开调度会议33次，区级下发交办函55个，完成上级交办任务19个。2020年，区农业农村局被评为开福区污染防治先进集体、开福区重大项目建设先进集体、开福区政协提案优秀承办单位、开福区党支部“五化”建设示范单位。

种植业

【概况】开福区行政面积188.3平方千米，有青竹湖街道、沙坪街道、捞刀河街道和秀峰街道4个涉农街道，9个村，19个涉农社区，农村总面积85平方千米，农村常住人口7.3万余人，耕地面积2794.47公顷。

【乡村振兴】2020年，区农业农村局立足区情农情，实施乡村振兴战略，推动农业升级、农村进步、农民发展。做好重金属污染耕地修复治理工作。根据省、市《种植结构调整及休耕治理2018—2020年实施方案》文件精神，2018年以来开福区按照“一年调整、两年巩固、三年稳定”的要求，坚持以“稳面积、优结构、提质量、创机制、增效益”为路径，完成省、市下达的42个点位420公顷种植结构调整任务；2020年划定开福区208.2公顷受污染耕地安全利用区，区农业农村局开展受污染地块入户详查，登记造册，全面掌握受污染地块种植情况，安排铺洒石灰进行土壤改良，通过所种植农产品抽样检测，合格率100%，完成省、市受污染耕地安全利用率91%以上的目标任务。按照区政府年初工作铺排和市政府相关工作要求，以支持农业产业发展为重点，抓实产业项目基础设施建设、农村阵地建设、农村人居环境整治、屋场项目建设。全年投入资金1700万元，铺排项目34个，完成沙坪街道汉回村乌溪片区、双塘村双湖片区2个区级乡村振兴示范片区和沙坪街道汉回村响荷塘团结屋场、双塘村双湖兴旺屋场2个市级四星美丽屋场建设。发展壮大农村集体经济。2020年，全区28个涉农村（社区）经营性收入1841.79万元，同比增长5.45%。农村集体产权制度改革。全面完成集体资产清产核资、成员身份确认、股权配置、制定章程、合作社注册登记赋码等工作，全区认定农村集体经济组织成员76338人，统一印制股权证3万本，陆续发放到户。农产品质量安全。联合开福区市场监督管理局印发《开福区食用农产品合格证制度实施方案（试行）》，纳入试行主体8家，其中生产企业7家、专业合作社1家。截至2020年年底，开具合格证2203张，附带上市的农产品148吨。以试行食用农产品合格证制度为契机，推进产地准出与市场准入有效衔接，强化农产品“从农田到餐桌”的全程监管。全年开展宣传活动2次，发放禁限用农药名单、农药经营者须知等宣传资料2000余份。完成农产品定性快速检测5170批次，其中种植业2000批次、畜禽产品“瘦肉精”3000批次、水产品170批次，合格率均为100%。开展各类专项整治行动22次，检查种植企业18家次，养殖企业35家次，农资经营企业28家次。农村人居环境整治。完成农村户厕改造1272户，全区无害化厕化覆盖率95%；创建

2020年2月20日，区政府领导调研农业农村工作　　（区农水局　供图）

市级农村垃圾分类减量村3个，实现农村垃圾分类减量覆盖率100%。农业生产工作。完成1646.67公顷粮食生产任务，粮食年产量1.37万吨，发放各类惠农补贴资金639.4万元。乡村产业发展工作。利用多层次市场，引导和道源农庄、河村山庄等休闲经营主体进一步规范，完成股改进入资本市场融资发展，构建企业、村级集体组织、农民利益联结体，形成荷花种植、龙虾养殖、金丝皇菊和蔬菜种植的农业产业链；发挥金霞经开区物流平台优势，瞄准精深加工，鼓励和支持湖南粮食集团、统一企业、银洲米粉等重点农产品加工企业进行技改升级，全区农业产业化龙头企业9家，全年实现农产品加工产值122亿元；整合全区乡村文旅资源，推出美丽乡村生态之旅、欢乐亲子探险之旅、非洲文化之旅、自然科学大课堂等多条精品线路，区域内休闲农业与乡村旅游业经营收入1.5亿元，同比增长12%。安全生产工作。开展拖拉机安全顽瘴痼疾专项整治，摸排并整改存在问题拖拉机124台，注销变型拖拉机272台，整改率100%。推进秸秆禁烧工作，实现“不点一把火，不冒一股烟”禁烧目标，碎草还田率98%，秸秆综合利用率100%。

林　业

【概况】开福区林地面积3363.3公顷，活立木蓄积量为46.46万立方米，森林覆盖率36.7%。全区市级公益林709.98公顷。全区有省级林业产业化龙头企业2个，分别为湖南地宝龙装饰材料有限公司、湖南顺天园林绿化工程有限公司；国家级林业产业化龙头企业1个，为湖南九九慢城杜仲产业集团有限公司。2020年，全区实现林业总产值6.6亿元，其中第一产业0.55亿元，第二产业3.1亿元，第三产业2.95亿元。

2020年5月14日，开福区政府区长（左四）调研农业农村工作
（区农水局　供图）

【林业生态】2020年，区农业农村局加强林业生态工程建设，推进林业改革与发展。抓好人工繁育主体退养工作，制定下发《禁食野生动物人工繁育主体退出补偿及动物处置工作方案》，全区退出野生动物人工繁育养殖主体签订补偿协议4份，处置蛇类2300余千克、骨顶鸡430余只、孔雀63只、灰雁4只，拨付补偿资金34.26万元。加强《中华人民共和国森林法》等林业法律、法规政策的宣传，规范林权流转、坚持依法行政、严格执法。推进2020年森林督查暨森林资源管理“一张图”年度更新和天然林专项补充调查工作，落实专项工作经费20.35万元。开展打击各类违法占用林地行为专项执法行动，对2019年森林督查问题图斑整改情况开展“回头看”，整改2020年度森林督查问题图斑，完成13个违法图斑立案或查处，问题图斑整改到位率92.85%。坚持“预防为主，积极消灭”的方针，全年实现无重特大森林火灾事故、无人员伤亡事故。调整区森林防灭火指挥部及办公室相关机构设置，明确区应急管理部门承担防灭火指挥部日常管理职能。坚持领导带班24小时值班制，严格执行火情报告制度，专职消防队24小时备勤。开展森林防火宣传。全年出动宣传车500台次，悬挂宣传标语800条，发放宣传资料8000余份。对森林防火相关机构和单位推广和启用“防火码”，提高森林防火现代化管理水平。抓好野外火源管控。每村（社区）护林巡山人员不少于1~2名，做到每个村组、山场、地块都有专人管理。林业有害生物防控。加强松材线虫病监测和防控，开展松材线虫病秋季普查工作，制定《开福区2020年松材线虫病除治工作实施方案》，落实专项经费280万余元，完成2个街道发生的秋季普查松材线虫病疫情治理。清除枯死松树7534株，总面积

453.33公顷，枯死木清除率100%；开展无人机防治天牛2次，作业面积1333.33公顷。推进自然保护地整合优化。全年落实工作经费35万元，明确相关技术支撑单位，做好青竹湖省级森林公园摸底调查、空缺分析、整合优化等工作，整合预案经省级专家评审初步通过。抓好省级绿色示范村庄创建，完成沙坪街道竹安村、沙坪街道钟山村、捞刀河街道罗汉庄村、沙坪街道双塘村4个行政村年度创建工作任务。

【加强疫情防控】全面落实封控措施。制定《开福区农业农村局防控新型冠状病毒应急预案》，对辖区内野生动物人工繁育场所、展演场所、餐饮场所、农贸市场等单位开展巡查、检查、宣传，督促相关单位全面落实禁食、禁演野生动物，落实日常消毒措施。全年出动执法车辆45台次，执法人员173人次，封控人工繁育场所8家，巡查人工繁育、农贸市场、餐饮单位场所245次，发放或张贴各类宣传资料800余份。

水 利

【概况】2020年，开福区防洪大堤75千米，有10个千亩以上堤垸，其中万亩堤垸3个，区内有小（2）型以上水库19座，其中小（1）型水库2座。全区水面面积2000公顷，涵闸27处（其中市管11处，区管16处），排渍泵站27座（其中市管11座，区管16座），总装机容量3.65万千瓦，其中市管泵站装机容量1.78万千瓦，区管泵站装机容量1.87万千瓦。

【项目建设】2020年，总投资3240万元，铺排区级重点水利建设项目4个。完成秀峰街道戴家河、四方坪街道社家桥、浏阳河街道筒车坝泵站加装事故闸门项目；完成立新水库、青竹湖水库等16座水库的大坝安全鉴定工作，根据鉴定意见进行除险加固；开展沙坪街道沙坪社区、青竹湖街道新源社区、捞刀河街道大星村小微水体管护示范片区创建工作，建设三格化粪池、隔油池、堆沤池、小型湿地等；按照湖南省水利厅对捞刀河苏托垸大堤（廖家渡桥至甘咀坨段）3.54千米堤防达标工程的初步设计批复，启动项目建设；推进堤防达标、移民村建设、民办公助等中小水利建设，完成金竹河下游楚家湖段水环境整治工程管理续建项目、白霞撇洪渠水环境整治工作及苏托垸北干渠（开福大道—污水处理厂）排污口整治工程；完成沙坪河流域治理工作，对沙坪街道乌溪、双湖村进行水利基础设施建设、村容村貌整治、环境绿化美化、水环境综合治理。强化河湖水域管理，完成湘江、浏阳河、捞刀河、沙河、金竹河河湖划界立桩、水利工程管理和保护范围划界工作，划定水域管理蓝线，明确河湖保护范围，推动水域岸线管护；开展河湖综合整治，整改金竹河下游新大塘、戴家河段岸线种菜问题2处。

【水资源管理】强化水资源管理和水土保持监管，加强水资源管理，联合长沙市水政执法支队对湘江2个非法取水单位进行查处，劝导其按要求办理相关手续，在2019年核查登记取水工程（设施）基础上进行全面整改，要求取水单位办理手续，按时缴纳水资源费。2020年，区农业农村局办理取水许可行政审批9件，收取水资源费5万元，取水工程设施通过水利部现场核查，水利行业单位节水型机关建设通过上级水利部门验收。加强水土保持监管，完成管理范围内的资料收集、现场复核工作。加强涉水项目建设和防洪影响评价工作，推进马栏山文创园、苏托垸污水处理厂、滨河北路延长线等19处重点建筑工

2020年6月5日，水利部长江委河湖局领导检查开福区鸿源物流码头整改情况（区农水局 供图）

程、城建基础设施等项目建设，完成全年既定防汛目标。抓好规划编制，委托有资质单位实施开福区水安全保障规划、水利基础设施空间布局规划、“十四五”水利项目建设规划和“十四五”移民规划的编制工作。推行河长制，2020年，开福区围绕“洞庭清波”专项行动，推进河湖综合治理，开展“一江三河”干流及主要支流截污“回头看”工作，集中解决水资源、水环境、水生态、水域岸线等方面存在的突出问题。2020年，区、街、社区（村）三级河长巡河6000余次，全区区级河长召开调度会议33次，区级下发交办函55个，完成上级交办任务19个，有效解决鸿源物流非法设置码头建设问题，推动苏托垸污水处理厂配套管网建设，推进浏阳河全国示范河流创建，整改捞刀河不达标水质问题。“一江三河”年度水质稳定在Ⅲ类以上，湘江、捞刀河年度水质为Ⅱ类，浏阳河、沙河年度水质为Ⅲ类，全年没有出现Ⅴ类、劣Ⅴ类水质。2020年，长沙市对区河长制湖长制进行考核，开福区排名第一。完成苏托垸污水处理厂纳污干管主管全线建设及验收移交工作，实现正式通水。创建浏阳河全国示范河流，每月调度一次，及时解决流域相关问题，重点抓好开福、金霞两座污水处理厂扩容提标工作。加强水污染防治，以健全城市污水处理设施、提高污水处理能力、减少入河污染物为目标，推进污水处理厂建设或提标、排水管网建设或改造、雨污分流改造、农业污染防治。开展水环境治理，对整治黑臭水体河湖长名单进行公示，制定巩固黑臭水体整治效果三年（2020—2022）行动计划，加强对黑臭水体监管，组织“回头看”，严防“返黑返臭”。启动湘江流域入河排污口排查整治，对湘捞路排口、汤家湖路排口、浏正码头泵站排口、双湾国际周边排口、苏托垸北干渠（开福大道—污水处理厂）排污口进行整治。全面加强河道保洁工作，针对汛期垃圾漂浮物增加、高温天气滋生蓝藻等问题，适时启动应急机制，采取措施进行处理。开展水生态修复。强化小微水体日常管护和生态治理，对捞刀河流域支流沙坪河、白沙河下游小微水体进行生活污水治理、养殖废水治理、沟渠疏通、生态塘修复，重点打造捞刀河支流金竹河上游新源社区小微水体管护示范片区。完成省定、市定森林禁伐、封山育林等绿色生态屏障建设年度目标任务，改善河湖水体质量。落实省、市要求，开展“一江三河”干流及主要支流截污“回头看”工作，排查涉及排口整治、截污纳管、雨污分流改造、岸线整治、保洁等问题20个，完成整改13个，其余7个均制定整改方案，按计划有序推进。

畜牧业

【概况】2020年，聚焦监管执法，督促养殖产业健康发展，全面防控“非洲猪瘟”等重大动物疫情。制定下发《开福区2020年动物防疫工作要点》《关于切实加强当前高致病性禽流感等重大动物疫病防控工作的通知》《开福区冬春季非洲猪瘟等重大动物疫病“大清洗、大消毒”专项行动实施方案》，结合新型冠状病毒肺炎疫情的防控形势，对全年工作重点进行安排部署，确保疫情防控全面展开，新设立陆生动物和水生动物疫情监测点2个。开展春、秋两季动物集中免疫，全区新城疫、猪瘟、高致病性猪蓝耳病等强制免疫率100%，抗体合格

为全面防控动物疫情，农技人员对河道动物尸体进行集中收集和处理

（区农水局　供图）

率70%以上。加强养殖、流通环节禽流感病原监测，组织实施家畜血吸虫病筛查。组织“大清洗、大消毒”专项行动，筹集消毒药品23吨，无害化处理动物尸体595头（只），19.78吨，不合格动物产品和退养野生动物30.29吨。全年开展监督检查230次，其中动物诊疗场所107次、兽药GSP23次、兽药经营使用环节90次、动物产品冷藏场所10次，整改问题7个。产地检疫生猪394头，犬猫55只，动物产品685吨，对宠物收容场所进行全面排查，督促经营主体隔离饲养犬180只，落实防疫措施。进行紧急免疫。开展执法行动2次，移交违法案件2件。加强养殖环节的防疫保障和检疫服务，组织专业技术人员对养殖数量较多的养殖户提供消毒药品、技术服务、免疫服务和无害化处理服务，将动物尸体收集无害化处理服务范围扩展到动物诊疗等各个环节，降低诊疗行业运营成本；稳定生猪养殖存栏，全年生猪出栏1.6万头；试行在犬猫检测点提供检疫出证服务，实现检测出证“一站式”办理。

渔 业

【概况】2020年，区农业农村局开展湘江流域重点水域禁捕退捕。成立开福区湘江流域重点水域禁捕退捕工作领导小组，对开福区湘江、浏阳河、捞刀河、沙河、白沙河流域开展不间断巡查。根据湖南省长江流域重点水域禁捕退捕工作领导小组办公室《关于印发〈全省涉渔“三无”船舶处置方案〉的通知》要求，街道、社区组织对辖区“三无”船舶进行全面排查，入户核查确认，逐船登记（包括材质、大小、机械等内容），一船一照片，全区登记造册涉渔“三无”船舶83艘，并进行相关处置。开展渔业增殖放流。贯彻生态优先、绿色发展理念，补充和恢复天然水域水生生物资源，改进水质和水域生态环境，推进渔业高质量发展，开福区结合“6·6”全国放鱼日，在湘江流域放流鱼苗520万尾。水政渔政累计回复处理“12345”涉水工单43次，对湘江、浏阳河、捞刀河、沙河、白沙河流域开展巡查782次，与长沙市渔政部门及相关街道开展联动执法8次，出动执法人员2656人次，发现非法捕捞75起，没收背包机1套，收缴渔网74副、地笼网4副、拦河网5副，销毁掷网2副，收缴可视锚鱼3根，扣押渔船2条、皮划艇1条。

2020 年 11 月 30 日，区政府副区长李杨赴城步调研对口帮扶工作
（区农业局 供图）

扶贫开发

【概况】2020年，全区铺排帮扶项目30个，投入帮扶资金3870万元，派出7名扶贫干部、4名专技人员任职交流，组织举办厦门大学脱贫攻坚专题培训班，组织区内11所中小学、2个卫生院进行结对帮扶，开展各类教研教学20余次、交流培训18次，参与人数1600余人次。通过线上线下方式采购农特产品价值300余万元，社会爱心捐赠170万元。组织区内10余家企业到当地进行结对帮扶，通过村企产业合作试点，带动200余户贫困户增收60万余元。举办贫困劳动力技能培训班2期，培训人员200名，组织开展就业招聘会2次，帮助1078名劳动力实现就近或外出转移就业。

（瞿思佳）

工业与信息化建设

综　述

【概况】2020年，开福区有规模以上工业企业88家，完成规模工业总产值110亿元，同比增长9.6%；完成规模工业增加值25亿元，同比增长6.9%。全年新增规模工业企业10家，新增省级高新技术企业16家，总数51家。全区实现制造业产值128亿元，税收5.5亿元。全区新增存续软件企业1000家，存续总数4236家。全区软件产业实现营业收入111.3亿元，同比增长14.3%。

2020年3月2日，开福区召开推进软件与信息服务业发展座谈会
（区工业信息局　供图）

【工业经济指标】2020年，开福区有规模以上工业企业88家，全年完成规模工业总产值110亿元，同比增长9.6%；完成规模工业增加值25亿元，同比增长6.9%。全年新增规模工业企业10家。工业创新转型升级加快，湖南普菲克生物科技有限公司新型安全畜用缓控释丁酸钠制剂研制与产业化项目、湖南超能机器人技术有限公司智能家庭服务机器人研发及产业化项目，被列为湖南省“100个重大产品创新”项目。罗莎食品、超能机器人等企业申报为2020年工业品牌培育试点企业，长重机器申报为2020年“湖南省工业领域知识产权运用标杆企业”，德荣医疗申报为2020年制造业与互联网融合发展试点示范项目。

【高新技术产业】2020年，开福区新增省级高新技术企业16家，总数51家。戎腾科技成功研制高速分流器，打破国外对同类型产品的禁运；超能机器人的晨检机器人，获得中央级媒体报道；明湘科技的人防工程高性能活性纳米无机复合材料性能及应用研究被列入国家人防办发布的《人民防空科研成果目录》。“航天之星”创新研究院项目落地运营，平台项目采用“4+1”组织运行模式（创新院+成果转化公司+产业运营平台+产业园+产业基金），3~5年内经济规模超50亿元，将带动形成100亿元规模产业集群。

【智能制造】2020年，开福区推进“433产业攻坚”，打造智能制造产业集群，引入发展消费类电子产品制造业头部企业，改造提升传统制造业。金霞产业集聚区消费类电子产业和夸特纳斯项目成功入选全市17个制造业标志性项目，智能制造全面赋能，发展实现重大突破。截至2020年年底，湖南德荣医疗健康产业有限公司、长沙银洲食品有限公司等9家企业成功获批市级智能制造企业，湖南金津乐粮油有限责任公司、湖南天泽餐饮管理有限责任公司等7家企业申报成功“食品产业转型升级”专项项目。成立开福区智能制造与绿色发展促进会。2020年，全区实现制造业产值128亿元，税收5.5亿元。

【软件产业】2020年，开福区根据《长沙市软件和信息技术服务业发展三年（2020—2022）行动计划》安排部署，推进开福“软件产业再出发”。成立领导机构，出台扶持政策，以“两园两楼”为平台，挂牌成立“开福软件产业园”，承办以“数字引领，软件赋能”为主题的2020湖南软件产业高质量发展论坛、以“科技+文化”为主题的长沙·中国1024程序员节，新引进飞腾技术（长沙）有限公司，投入5.4亿元建设飞腾长沙总部大楼，湖南快乐阳光互动娱乐传媒有限公司成功入围“2020年度软件和信息技术服务竞争力前百家企业”，以龙头骨干企业为核心的产业链逐步完善，产业生态加快优化，全区产业发展氛围浓厚、势头强劲。2020年，全区新增存续软件企业1000家，存续总数4236家。全区软件产业实现营业收入111.3亿元，同比增长14.3%。

【惠民实事工程】2020年，开福区工业转型升级加速。推广使用低挥发性原辅材料，部署实施错峰生产，开展“散、乱、污”企业专项整治，清退“散、乱、污”企业14家。落实散装水泥推广应用监督管理责任，定期对辖区预拌砂浆生产企业的数据进行采集。争取政策支持，组织推荐29家企业申报制造强省专项资金、省绿色工厂、新能源汽车推广应用省级产业发展奖补、市工业企业技术改造贷款贴息、工业企业技术改造税收增量奖补资金等10类项目，兑现拨付省、市专项资金2377.16万元。惠企服务持续升温。打造开福区企业发展促进中心综合服务平台，全年累计向2万余家企业推送政策信息5万余条。推进工业企业参与用电直接交易，为辖区54家工业企业争取政策红利，节约电费436万元。持续抓好“破零倍增”“上云上平台”活动，15家“破零倍增”重点企业产生发明专利8个；举办3场“设备上云”培训，惠及企业120家次。5G基建成效显著。印发《开福区推进第五代移动通信技术网络建设工作方案》，建立协调议事机构，成立区推进5G网络基础设施建设协调指挥部，累计下发7批问题交办函，交办问题130个，协调解决5G网络基础设施建设物业进场、不合理收费、阻工等问题122个。全年完成5G基站建设3592个，超额完成市政府下达的目标任务。做好国企退休人员社会化管理工作。编印下发国有企业退休人员社会化管理政策文件200余册，及时答疑解惑，确保按照“接得住、交得稳、管得好”的工作要求推进。全年与国有中央企业98家、省属企业27家签订退休人员移交协议125份，涉及接管退休人员8216名，按照时间节点要求，开福区国有企业退休人员管理协议签订率、退休人员接管率、退休党员接管率均为100%。

【企业复工复产】2020年，区工信局根据区委、区政府统一部署，承担新冠肺炎疫情防疫物资保障职能，筹措各类联调物资5万件（套），推动企业复工复产。贯彻落实“惠企十六条”，办好“助企纾困”9件实事，全年为企业解决困难问题80余个，申请发放帮扶资金1594.34万元，其中为4家防疫物资生产企业申报补贴40万元；为16家防疫物资保障企业申领专项补贴1071万元；为95家企业申请贷款贴息483.34万元。

【开福软件产业园挂牌成立】4月18日，开福区在凯乐微谷挂牌成立开福软件产业园。随着开福软件产业园落户凯乐微谷，开福区形成以金霞经开区、马栏山视频文创产业园、富兴世界金融中心、凯乐微谷组成的“两园两楼”软件产业集群。开福区将抢抓窗口期，打造产业链，力争到2022年软件业实现营业收入300亿元。2020年，开福软件产业园入驻软件企业1000家，实现产值170亿元。

【航天科技一院创新研究院项目签约仪式】4月24日，在湖南航空航天产业座谈会上，长沙市人民政府与航天科技一院签订战略合作协议，共建“航天之星”长沙创新研究院。根据合作协议，长沙市开福区作为项目具体承办方，将与航天科技一院共同组建市场主体，就商业航天、“智能+”等整机领域和关键分系统领域进行开发、拓展，推进建设“湖南航空航天产业基地”，推动湖南省创新引领开放崛起战略的实施。

【产业扶贫对接活动】9月23—25日，开福区人民政府组织区委农办、区工信局、区商务局等部门以及湖南金瓯农业科技有限公司、湖南一品佳餐饮管理有限公司、湖南益企播科技有限公司等企业到湖南省城步苗族自治县开展产业扶贫对接活动。产业扶贫工作组实地考察金瓯农业城步龙虾产业扶贫示范项目基地、兰蓉甲里猕猴桃种植专业合作社、兰蓉报木坪村苗乡梨怡发水果种植专业合作社和江头司金童山村马皮冲及马皮冲颖锦家庭农场土鸡养殖基地。一品佳餐饮公司、益企播科技公司分别与合作社签订产品供销协议、直播帮扶协议及产品供销合同。

重点行业发展情况

【工程机械】2020年，开福区大明、沙坪、高岭一带分布全区30余家工程机械配套产业，它们是20世纪80—90年代外协加工服务发展成为省、内外各类工程机械主机提供配套服务的中小企业。以中立机械、长重机械、一鸣机械、湘伍重工为“领头羊”的工程机械配套产业带动和辐射着周边规模较小工程机械配套企业的成长和发展，企业主要为三一重工、中联重科、山河智能等加工生产配套产品。以中立机械为例，其配套的业务量发展到2020年8亿元的销售总额，该企业将供不应求的业务发包给周边的企业加工配套，在周边不断地培植和孵化一个又一个工程机械配套企业，它们紧跟着长沙工程机械产业快速发展的步伐，抢抓发展商机，使全区的工程机械配套产业做大、做强、做多。2020年，全区20家规模以上工程机械企业，全年实现产值22亿元，同比增长14.52%。

【食品加工】2020年，开福区食品行业实现产值18.2亿元。食品企业集中分布在沙坪、青竹湖等外城区街道。产值最大的为长沙统一企业，主要经营饮料、方便面，2020年年产值12.09亿元，同比增长10.59%。产值较大的有米、面、粮油制造企业，年产值3亿元，主要代表有金健米业股份有限公司、金津乐粮油有限责任公司。佳海工业园是规模食品企业集中地，重点企业有过师傅、火宫殿、银洲食品、乐莎食品、溢华斋食品（规模以下企业）等，主要经营餐饮食品生产、冷冻食品加工、休闲食品制造、米粉生产等，年产值1.5亿元。其中银洲米粉是长沙市最大的米粉生产企业。

【智能制造】2020年，开福区制造业实现产值128亿元，税收5.5亿元。金霞产业集聚区消费类电子产业和夸特纳斯项目成功入选全市17个制造业标志性项目；普菲克生物科技和超能机器人2个项目被列为湖南省“100个重大产品创新”项目；6家企业申报成功首台（套）重大技术装备认定及奖励项目。2020年，全区有省、市级智能制造试点企业28家（其中2020年申报成功9家），省级工程技术研究中心2家。

【软件信息】2020年，开福区根据

2020年4月24日，市政府举办航天科技一院创新研究院项目落户开福签约仪式（区工信局　供图）

全市统一决策部署，推进开福“软件产业再出发”，成立领导机构，出台扶持政策，以“两园两楼”为平台，挂牌成立“开福软件产业园”。全年新增软件企业1000家，存续总数4236家；新增软件龙头骨干企业6家，规模以上软件企业22家。2020年，全区软件产业实现营业收入111.3亿元，同比增长14.3%。

重点企业

【湖南快乐阳光互动娱乐传媒有限公司】湖南快乐阳光互动娱乐传媒有限公司（以下简称快乐阳光）系湖南广播电视台全力发展网络视频业务的新媒体机构，成立于2006年5月。芒果TV作为湖南广电旗下唯一互联网视频平台，由快乐阳光负责具体运营。在“2019年中国互联网企业100强榜单”中，芒果TV跃升至第20位，是排名第一的国有控股企业，连续5年在湖南省互联网企业中排名第一，连续12年被商务部评为“重点文化出口企业”，连续5年跻身“世界媒体500强”。截至2020年年底，芒果TV手机App下载安装激活量超8.59亿次，全平台日活量突破7966万次，有效会员突破1800万，OTT终端激活用户数1.6亿人，IPTV运营商覆盖用户1.48亿人，整体稳居视频行业前四。

【湖南仁和环保科技有限公司】湖南仁和环保科技有限公司（以下简称仁和公司）成立于2004年，位于长沙市开福区东二环三段198号，占地面积13.33公顷，员工300余人，其中生活垃圾处理工程师及相关技术人员60余人。仁和公司是一家专业从事城市生活垃圾处理和资源化利用的高新技术企业，拥有生活垃圾无害化处理和资源化利用核心技术与丰富的运营管理经验，是一家生活垃圾分类利用与收转运处理系统的投资建设运营提供商。仁和公司不断探索和发展生活垃圾处理新技术、新工艺及相关配套项目，在做好环境保护的同时，充分利用生活垃圾资源，致力于生活垃圾分类和资源化回收利用，生活垃圾压缩收转运处理系统等，形成生活垃圾处理的整套工艺技术方案和成熟的运营管理模式。2018年，完成工业总产值2.78亿元，税收1.05亿元。2019年，完成工业总产值3.53亿元，税收1亿元。2020年，完成工业总产值3.93亿元，税收7700万元。

【湖南普菲克生物科技有限公司】湖南普菲克生物科技有限公司（以下简称普菲克公司）成立于2005年11月，总部设在湖南省长沙市金霞经济开发区。普菲克公司经过10余年的发展，成为一家集研发、生产、销售于一体的综合性集团公司，拥有湖南中联生物技术有限公司、湖南省希母生物科技有限公司等5家控股子公司。普菲克公司致力于饲料添加剂、功能性能量与蛋白原料、动物保健品等产品的开发、生产与销售，是应用现代生物技术进行生产研发的高新技术企业，拥有占地4.67公顷的研发生产综合工业园。2016年，普菲克公司投资超1.2亿元，新建拥有中美近百项专利的先进发酵生产线，融入多项独创技术的包膜乳化脂肪酸生产线及缓控释制剂生产线，均达到国内领先水平。普菲克公司拥有微生物发酵技术、油脂微囊化技术、精准营养技术、功能性添加剂技术等数个研发团队，研发中心有高级工程师2名，博士6名，硕士13名，研发助理12名。普菲克公司与湖南农业大学签订战略合作协议，与中科院、湖南省畜牧兽医研究所、长沙大学等建立产学研合作关系，共同研发创新性产品。截至2020年年底，普菲克公司获得国家授权专利11项；2020年，申请发明专利9项，实用新型专利10项。

【长沙市雅高彩印有限公司】长沙市雅高彩印有限公司（以下简称雅高彩印公司）成立于2004年11月，位于开福区中青路深国际物流园，是一家集营销、生产、物流、研发于一体的综合性商业印刷企业。雅高彩印公司系湖南省印刷协会副会长单位、湖南省高新技术企业、长沙市智能制造试点企业、长沙市工业互联网协会理事单位，拥有多项专利及软件著作权，连续数年被省、市工商局评定为“重合同守信用企业”，被省、市印协评定为“诚信示范单位”。2011年取得“雅高”注册商标；2009年通过ISO9000质量体系认证，并于2015年被认证为“安全生产标准化三级企业”；在2016年1月通过绿色印刷认证，并取得中国环境标志产品认证证书。

【长沙市紫荆花涂料有限公司】长沙市紫荆花涂料有限公司成立于2002年，位于佳海工业园区内。紫荆花涂料有限公司是一家专业从事水性石感涂料研发、生产、销售、涂装服务为一体的高新技术企业，拥有2万平方米的现代化办公楼、生产车间、仓储配套设施，年产5万吨的涂料自动化生产设备。截至2020年年底，紫荆花涂料有限公司拥有专利10余项，优质工程案例1000余万平方米、市场专卖店200余家，发展成为中国涂料行业的骨干企业。

【长沙强华信息科技有限公司】长沙强华信息科技有限公司（以下简称强华信息公司）成立于 2001 年，注册资本2000万元人民币。强华信息公司是一家拥有行业期刊、行业会展和行业电子商务平台的专为制冷空调行业流通环节提供服务的高新技术企业。强华信息公司依托《制冷商情》月刊、中国冷博会以及www.hvacr.cn（制冷大市场）致力于为制冷空调产品的广大买家，打造专业制冷采购信息平台。2014年，强华信息公司投资 1.2 亿元，在长沙经济技术开发区成立中国制冷品牌中心，通过电子商务和信息平台吸纳 200 家以上的中小微型生产型企业入户，2000 家贸易型企业加盟。2018 年，强华信息公司被评为国家高新技术企业；“基于协同创新理念的制冷产业链生产能力互联网共享平台”被评为湖南省 2018 年移动互联网产业发展专项资金项目。2019年，强华信息公司被评为湖南省互联网企业 50 强并被认定为电子商务支撑企业。

（邹海平）

商　贸

商 贸

【概况】2020年，开福区实现过会、签约、摘牌或入驻的重点产业项目47个，投资额340亿元，较2019年增长89%；全年完成外贸进出口总额32.27亿美元，同比增长26%；完成实际利用外资到位资金9.3亿美元，同比增长14.3%；完成外商直接投资实际到位资金2384亿美元；完成实际利用省外境内资金196.7亿元，同比增长21.5%。持续开展区级和街道促消费活动40多场次，全年完成社会消费品零售总额511.4亿元，其中，完成限额以上企业零售额224.3亿元，同比增长3.4%。

【抗疫保供】2020年，区商务局牵头组织出台区级《关于有效应对疫情支持企业健康发展的若干措施》，组织集中兑现扶持资金6170.14万元，惠及企业600余家。第一时间发布《致企业家朋友的公开信》，通过联点服务、线上对接、实地走访等形式，调研重点招商企业、外贸外资、保供企业100余家，全方位掌握企业疫情防控情况，确保全区商务领域企业新冠肺炎疫情零发生。对接医药企业100余家，为区卫健局、长沙市第一医院和全区大型商业超市、重点企业提供防疫物资采购渠道和急需物资30余批次，为保供单位和商务企业发放口罩3万余只。组织大型商业超市、农贸市场保供稳价，春节期间，全区8家大型商超均正常营业，26家农贸市场和大型生鲜超市于2月8日开业率100%。组织全区40多家餐饮食品企业和快乐购平台对接，帮扶企业通过开发线上销售、线上直播等新型营销手段走出经营困境。

【招商引资】2020年，全区招商系统实施“433产业攻坚”，聚焦四大支柱产业，开展产业链招商，全区实现过会、签约、摘牌或入驻的重点产业项目47个，投资额340亿元，较2019年增长89%。其中引进蓝思科技智能终端整机及产业链制造基地、爱奇艺中部地区总部基地、中化医疗全国骨科事业部、航天之星创新研究院等7个“三类500强”重点项目。引进钱大妈、正大福来食集、考拉精选等零售连锁品牌区域总部，其中钱大妈生鲜超市在全市完成100余家门店布点。正大集团新零售项目“福来食集”全国首店落户北辰商圈，开业当天销售额突破20万元。探索企业产业链新型招商模式，组织区领导开展重点项目点对点小分队招商，加快项目落地节奏。在全区选派6名优秀干部组成区驻外招商小组，赴北京、上海、深圳等地驻点招商，延伸招商工作的触角，提升招大商、招好商的质效。组织开展“长沙向北 ‘商商’不息”——2020年开福区金融商贸产业推介暨集中签约仪式，签约项目21个，有效宣传开福营商环境，展示招商成果。参加长沙市“大干一百天，实现双过半”竞赛重大项目集中签约仪式，签约一批重点项目。

2020年5月20日，开福区政府“夏季有礼 大爱开福”520消费节活动
（区商务局　供图）

【外经外贸】2020年，开福区开展“医疗器械行业跨境出海说明会”“同心战疫，湘品出海”防疫物资跨境出海线下培训交流会等10余场线上线下系列活动，点对点服务100家企业，助力10家医疗物资生产企业进入商务部白名单，出口医疗物资5000万余美元。组织开展“产业新城，云购开福——开福区助企纾困稳定产业链特别行动”，结合开福区企业特色，实施产业深度融合发展，为20家企业拍摄定制化短视频，全力稳定产业链供应链。活动通过全程政府买单企业全免费、特色定制化抖音视频、全网联动组合拳出击、有奖互动福利大放送等举措，实现推广总阅读量14.35万次；开福企业帮帮团抖音话题在10天内，视频总播放量1038万次。通过活动，20家企业销售额增长409.3万元。组织开展“外贸+电

2020 年 7 月 3 日，开福区举办“跨境金融 开福有招”助企纾困稳定产业链沙龙活动（区商务局　供图）

商，开辟新蓝海”专场交流活动，通过政企联动行业厂商搭建对接平台，支持企业拓展应用场景，协助区内重点外贸企业湖南新亚胜光电股份有限公司举办“创新时代·未来显示”——创新型时代显示技术全球巡展长沙站论坛活动。2020年，湖南新亚胜光电股份有限公司完成国内显示屏订单合同额7000万余元，内销占比由10%增至60%。

【商贸发展】2020年，开福区实施“433产业攻坚”，新引进龙湖开福天街、万致商业中心、外企服、中化医疗等一批重点商贸项目；培育新增限额以上商贸企业51家，鲜橙科技、钱大妈、正大等新零售业态加速布局。组织开展区级和街道层面促消费活动40余场，创新成立商业综合体联盟，CFC富兴时代被评为“长沙最美夜购示范商圈”，医药、粮油食品、汽车行业高速发展，2020年，分别实现限额以上零售额36.5亿元、33.6亿元、29.8亿元，分别增长28%、18%、37.1%。加快推动民生改善，新建便民生鲜农产品市场2个，建设便民生鲜农产品社区门店2个。

【市场监管】2020年，区商务局结合文明创建、安全生产检查、交通顽瘴痼疾专项整治工作，组织开展宣传教育培训3次，全年开展安全生产专项行动、专项检查70余次，确保全年商贸流通企业不发生任何安全责任事故。开展成品油污染防治，完成加油站油气回收在线监测建设11座，数据接入市级监管平台并进行调试运行；按要求如期完成中石化金霞加油站三级回收系统试点建设，运行良好。加强臭氧污染监管，整治成品油市场“自流黑”，工作取得较好成效。2020年，区商务局被评为全区蓝天保卫战先进单位。做好全区大型商场、超市文明创建工作，加强与企业的沟通和宣传，每个月、每季度、半年的文明指数测评均排在市、区前列，特别是在迎接国检中，取得了较好成绩。推进再生资源回收工作，实地考察湖南绿动资源循环有限公司的可回收物收运体系，组织街道开办可回收物收运工作培训会，铺排可回收物回收体系建设管理工作。

【汽车美食文旅消费开福有约】3月28日，开福区举办“春天有约，幸福向北，畅游开福”汽车美食文旅消费节，联动品牌车企和各大公园景区及美食名店，提供逾200万元让利优惠，吸引汽车、旅游和美食消费。为助力企业复工复产，提振消费信心，推出购车优惠政策，对活动期间在开福区指定车企购买新车

2020 年 8 月 7 日，开福区商务局组织开办开福区服务外包企业交流培训会（区商务局　供图）

的消费者，每辆新车补贴1200元油卡，参加活动的车企按照1∶1比例进行配套政策，补贴油卡最高2400元。芒果汽车对外地购车的消费者报销高铁票和住宿费，贴心服务；永通集团车企对购车者实行赠送1年交强险，对购车贷款分期免息，医护、警务和部队人员享有2000元/辆的优惠等系列优惠措施；中石化长沙公司推出在消费节期间办理油卡，享受终身0.2元/升的优惠。通过一系列的优惠“组合拳”，吸引消费者来开福区看车购车。在14天的消费节期间，开福区两大车企永通集团、芒果汽车实现新车成交379台，预订车辆640台，新车及相关延伸服务成交金额突破1亿元，环比增长78.77%。

【开福区《关于有效应对疫情支持企业健康发展的若干措施》出台】 2月19日，开福区在长沙市内城区率先出台《关于有效应对疫情支持企业健康发展的若干措施》，围绕促生产、减负担、保用工、优服务四大方面，出台16条政策措施，推动企业复工复产，实现平稳健康发展。2020年，开福区组织企业三批政策兑现，累计兑现扶持资金6170.14万元。扶持对象涵盖疫情防控物资生产、医药物流、工业、建筑、楼宇、金融等行业中小微企业，城市综合体、创业园、专业市场的运营管理主体，及租赁区属国有企业持有的经营性用房的中小微企业，兑现奖补政策惠及区内600余家企业。

【开福区举行金融商贸产业推介暨集中签约仪式】 12月14日，“长沙向北‘商商’不息”——2020年开福区金融商贸产业推介暨集中签约仪式举行。签约仪式有300余家企业代表和客商参加。活动现场播放了开福招商推介宣传片，开福区委书记曹再兴致欢迎辞，区委副书记、区长谢伟峰做区情和金融商贸产业推介。活动邀请商务部国际贸易经济合作研究院流通与消费研究所所长董超做《新发展格局下扩大内需战略》报告，阿里巴巴集团战略发展部高级研究专家瞿孝志做《数字经济时代消费星城》报告。签约仪式上，21个项目集中签约，涵盖金融商贸、智能制造、软件和信息技术服务、开放型经济、现代物流、视频文创等多个领域。

（赵　琴）

2020年9月29日，开福消费狂欢季启动仪式暨开福区商业综合体联盟成立大会

（区商务局　供图）

楼宇经济

【概况】 长沙市开福区现代服务业发展中心为公益一类事业单位。2020年，全区楼宇去库存21.4万平方米，全区楼宇新引进企业711家。截至2020年年底，开福区建成5000平方米以上楼宇155栋，总建筑面积632万平方米，工商注册在辖区楼宇内的企业6326家。

【楼宇招商】 2020年，开福区建成5000平方米以上楼宇155栋，总建筑面积632万平方米，工商注册在辖区楼宇内的企业6326家。2020年，全区楼宇去库存21.4万平方米，同比增长7%。其中写字楼去库存18.5万平方米，商业去库存2.9万平方米，完成年度任务的107%。全区楼宇新引进企业711家，同比增长22.6%，完成年度任务的116.6%。其中500平方米及以上的企业90家，租购面积11.2万平方米，完成年度任务的150%。2020年，全区税收过1000万元楼宇41栋、过5000万元楼宇5栋、过亿元楼宇12栋。

【楼宇服务】 2020年，开福区实施区内重点商务楼宇“楼长制”，34名区领导担任“楼长”，联点万达广场等17座重点商务楼宇，由企业向政府“寻帮助”变为主动向企业“送服务”，优化开福营商环境，提升楼宇服务效能，帮助企业解决发展中存在的困难和问题，推动楼宇经济高质量、可持续发展。为提

2020 年，开福区实施区内重点商务楼宇“楼长制”充当“楼保姆”，被评为“2020中国楼宇经济领军发展城区”　　（区现代服务业发展中心　供图）

升楼宇服务质量，升级楼宇“全生命周期服务”，建立以“4+6”为格局（四个楼宇政企服务示范站+六个楼宇服务点）的“开福区楼宇政企服务站”。服务站将每周二设立为“企业服务日”，派专人值班现场办公，充当“楼保姆”，集中解决站（点）周边楼宇企业的服务问题。2020年，富兴、万达、新湖南、华创等楼宇政企服务示范站为200余家企业提供包括政策解读、企业税务、法律、公司注册代理在内的咨询和服务，让入驻企业享受到快捷便利的“全生命周期服务”。

【专业特色楼宇授牌】6月5日，由长沙市开福区委、区政府主办，开福区现代服务业发展中心承办的“聚产引航·助企前行”2020开福区专业特色楼宇授牌暨政企服务站启动仪式在新湖南大厦隆重举行。新湖南大厦、泊富国际广场、北辰时代广场等12栋高品质楼宇，经过国际权威房地产顾问“五大行”之一的戴德梁行房地产顾问有限公司从规模、体量、位置、服务、配套等多方面进行专业评定后，获得专业特色楼宇认证并授牌。率先在全省开展参照国际标准的专业特色楼宇评选活动，引导商务楼宇项目实现差异化定位，推动楼宇项目和服务往品牌化、精品化、专业化方向发展。

【商务楼宇“楼长制”】9月24日，开福区政府对区内包括万达广场在内的17座重点商务楼宇正式实施“楼长制”，34名区领导担任“楼长”，为楼宇发展释困惑、帮驻楼企业解难题。每位“楼长”具有“量身定制”的任务目标，包括助力联点楼宇招大引强、稳定重点税源企业、深入一线全程参与联点工作的宏观调度与个案处理，增强服务意识和楼宇企业归属感，协助楼宇企业做好招商宣传等。“楼长”们深入一线、全程参与，加强对联点工作的宏观调度和对个案问题的协调处理，对于企业的困难、问题，与相关部门、街道加强沟通，限时协调解决，充分调动各级、各部门做好楼宇经济工作的积极性和主动性，精准协助企业解决实际问题，为全区楼宇经济发展营造良好环境。

【“2020中国楼宇经济领军发展城区”奖】11月17日，中国楼宇经济全球合作大会、中国商业地产行业年会在成都市世纪城国际会议中心举行，全球楼宇经济城区及政府部门、高校名院、知名专家、全球500强企业、开发商、投资商、运营商、合作商约2万人参会。中国楼宇经济年度大奖有全国50余个城市区、100余个项目和生态圈企业申请参评。长沙市开福区被评为“2020中国楼宇经济领军发展城区”，是湖南省内唯一获该殊荣的城区。大会期间，开福区进行资源推介，与来自全国的50余个友好城区及优秀企业探讨楼宇经济标准制定、服务品牌打造、产业合作交流等发展思路。

（陈芬芬）

金　融

金　融

【概况】2020年，全区实现金融业增加值137.5亿元，增幅8.6%；实现金融业税收18.2亿元，同比增长3.9%，占税收比重17.4%。

【产业招商】2020年，区金融事务中心全年走访金融机构100家余次，为金融企业协调解决办公场地装修、空调安装和政策扶持等问题。优化税源，配合区财政和区税务部门落实10余家银行支行的税务分缴工作。推进“以商招商”，全年引进6家金融总部机构，开福区金融商贸区汇集金融总部机构70余家，税收规模50万元以上的金融机构85家，兑现32家金融机构产业扶植奖励1339万元。

【产业规划】2020年，区金融事务中心组建编制工作组，聘请湖南大学专业机构，筹划研究编制金融产业“两图两库两池两报告”（“两图”即产业链全景图、现状图；“两库”即产业链客商库、招商项目库；“两池”即人才池、资金池；“两报告”即产业链分析报告、报商报告）。结合区情实际，委托专业机构，统筹推进，完善金融产业“十四五”规划编制，明确“十四五”期间和未来三年发展目标和工作路径。

【金融服务】2020年，区金融事务中心多渠道缓解融资难题。全年上门走访顺达物流、湖南微医等21家有具体融资需求的企业，引导金融机构为银洲食品、恒昌医药等6家企业实现融资6000余万元。组织12场银企对接会，协调30余家金融机构为494家企业提供融资服务。指导快乐通宝等3家小贷公司和泊富等2家基金公司申报兑现省、市金融发展资金192.46万元。完成《提升“规改股和股上市”活动质效的路径研究》调研报告。指导和帮助鑫远环境、恒昌医药、德荣医疗、友谊咨询、埃索凯等5家企业完成股改工作，鑫远环境向深交所提交上市申请资料，恒昌医药报湖南证监局辅导。新增上市公司1家（天泽信息），新增股交所挂牌企业1家（河村农业），新增一品佳、恒昌医药2家企业进入湖南省上市重点企业后备库。截至2020年年底，开福区有上市企业4家，新三板挂牌企业4家；纳入辖区拟上市（挂牌）企业库39家，其中意向A股上市企业13家，意向科创板企业4家，意向四板挂牌企业4家，重点关注企业18家。开福区获得湖南省地方金融监督管理局2020年企业上市工作通报表扬。宣传国家专项再贷款政策，助推德荣医疗等重点防疫企业获得专项再贷款，融资成本基本控制在1.27%。为全区75家中小企业兑现“惠企十六条”政策贷款贴息864.6万元。区财政投入107万元，为区内中国银行、邮储银行等1582家企业购买复工保险，获得市级奖励支持。

【金融环境优化】2020年，区金融事务中心全年组织开展各种形式防范非法集资宣传教育活动140余场，参与群众4.87万人，发放宣传资料4.9万份，播放防范非法集资公益广告9700余次，发送警示短信4.6万条。严格排查整治。对29家P2P网贷机构、34家融资租赁公司、61家包含“区块链”“虚拟货币”等关键词的企业进行风险排查，组建专班联合办公，对全区重点行业、重点区域非法金融活动开展专项清理整治，排查企业2715家，发现风险企业10家，均采取多部门联合检查、责令限期搬离、良性退出、资产消退等工作措施，全部整改到位。开福万达工作站风险防控模式被评为湖南省县域警务涉众型经济风险防控重大先进典型。全年化解非法集资陈案11起，其中3年以上陈案化解3起，化解率为100%；3年以内陈案化解8起，化解率为88.9%。加强联合执法，受理非法集资案件1起，立案1起，涉案金额5000万元，

2020年10月10日，长沙农商银行进驻马栏山视频文创园，助力区域经济发展
（区金融办　供图）

7月23日，开福区举办资本市场政策解读沙龙　　（区金融办　供图）

参与人数1万余人；提前化解非法集资风险隐患12起，清退资金570万元。加强地方监管。按照省、市监管工作的统一要求，开展对小贷、融担及典当公司的日常监管工作，规范机构经营行为，有效防控行业风险。

【缓解融资难题】2020年，开福区在全市率先为辖区1582家重点企业、小微企业购买价值107.6万元的复工复产疫情保险，保障企业避免因疫情停工而导致财产损失。多渠道缓解融资难、有效降低融资成本。为全区75家中小企业兑现贷款贴息864.6万元；通过一对一走访顺达物流、杏林春、湖南微医等21家有具体融资需求的企业，引导金融机构为其中的6家企业实现融资6000万余元；全年组织11场银企对接会，引导30家金融机构为494家企业提供金融服务；园区建立中小微企业信贷风险补偿基金机制，以3500万元基金底量撬动3.5亿元授信规模，累计为园区18家企业放款1.51亿元。开福中小企业当年新增贷款利率远低于往年企业贷款利率。

【银企对接会】3月5日，开福区组织召开银企对接会（2020年第1期），区内医药物流、高新技术、食品加工等行业11家企业负责人，7家金融机构负责人及相关区直部门负责人参加会议。区金融事务中心解读中央、省、市、区各项金融惠企政策，帮助企业知晓、理解政策，用好、用足政策。金融机构和参会企业进行面对面对接沟通，中国银行松桂园支行、建设银行湘江支行、农业银行开福支行、长沙银行开福支行等6家银行机构就企业在融资过程中遇到的具体困难献计献策，提出可行方案与建议，现场解决融资难题，达成融资意向7亿元。

（李　俊）

金融机构

中国邮政储蓄银行股份有限公司湖南省分行

【概况】中国邮政储蓄银行股份有限公司湖南省分行（以下简称邮政银行湖南分行）于2007年12月挂牌成立，下辖15家二级分行、106个一级支行，拥有营业网点2055个，其中80%分布在县及县以下农村地区，是全省服务网点最多的银行机构。截至2020年年底，邮政银行湖南分行累计为全省投放资金9000亿元，服务实体经济发展。邮政银行湖南分行先后获得“金融机构支持地方经济发展目标奖”一等奖、湖南省政府“五一劳动奖状”、全省金融机构年度“杰出贡献银行”奖、“推进湖南省普惠金融发展（2016—2020年）突出贡献奖”“湖南金融普惠力量”“2020湖南口碑金融机构”等多项荣誉。

【抗击新冠疫情】2020年，面对严峻的疫情考验和复杂多变的经济金融形势，邮政银行湖南分行抓早、抓实、抓细疫情防控工作部署，建立高效运行的防疫体系，领导干部靠前指挥，全体党员“亮诺践诺”，广大员工冲锋在前，常态化疫情防控取得实效，全行未发生一例疑似和确诊病例。加大金融支持疫情防控与复工复产，全年累计发放相关贷款12.66万笔，金额703.48亿元。

【助力“三大攻坚战”】截至2020年年底，邮政银行湖南分行精准扶贫贷款58.03亿元，全行结对帮扶户脱贫率100%，金融精准扶贫三年行动目标提前完成。支持清洁能源和环境治理行业，绿色信贷新增28.76亿元，增速超35%。多措并举防范化解重大风险，全年未发生一起重大资金案件或风险事件。

【普惠金融】2020年，邮政银行湖南分行助力乡村振兴，涉农贷款余额745.53亿元，净增57.33亿元。扶持小微企业发展，普惠型小微企业贷款新增57.15亿元，高于各项贷款增速4.52个百分点。支持民营经济，新发放民营企业贷款占公司贷款比重8.7%，中长期制造业贷款增长36%。

【服务宗旨】邮储银行湖南分行践行总行战略定位，与同业错位发展和特色化经营，充分发挥网络、资金等资源禀赋优势，扎根三湘大地，主动服务湖南创新引领开放崛起战略。持续践行“普之城乡，惠之于民”的理念，担当大行责任，为湖南经济社会发展做出更大贡献。

华夏人寿湖南省分公司

【概况】华夏人寿湖南省分公司（以下简称华夏保险）成立于2008年10月20日，在湖南省设有分支机构29家，其中二级机构1家、三级机构10家、四级机构18家。2020年，累计完成总保费收入68.06亿元，在全国保险市场排名第四。

【保险业务】华夏保险秉承“产品创先”战略，坚持“客户利益至上”核心价值观，以全方位产品线大力满足客户需求。在保险费率市场化改革中，华夏保险充分借助改革红利，优化产品设计，扩大市场优势，推出“常青树”“福临门”“喜盈门”“南山松”等普惠化产品。打造“好产品在华夏”品牌。华夏保险智慧服务1.0，根植科技基因，基于微信生态，打造“一站式”空中服务平台，实现保险服务全生命周期100%线上化；去柜面、无纸化、移动化、数字化、智能化服务，随时随地、即点即办；数据驱动，主动服务，客户体验更极致；智能风控，业务办理更高效，客户资金更安全。科技赋能，智慧服务，开启保险客户服务新征程。华夏保险礼品保单持续升级，具有个性多样的定制内容、时尚大气的国风设计、高端精美的礼盒包装。先后推出“时光留声机”“时光留影机”，使客户可以将生活中的美好点滴通过“图、文、声、影”多种形式留存于保单之中。

【保险服务】2020年，华夏保险服务国家脱贫攻坚战略，在捐资助教、扶危济困、精准扶贫等公益领域持续加大投入。全年“致敬抗战老兵”“圆梦行动”“精准扶贫”“2020年战疫情特别公益行动”等公益项目共投入资金1.44亿元，参与员工214万人次，公益扶贫覆盖人群超2400万人。2020年，捐资20万元，对湖南省娄底市栗兴村实施“精准扶贫”项目，建设机耕道等基础设施，对村道路实施拓宽硬化工程。在新冠肺炎疫情期间，全省捐赠防疫保险保额超2500亿元，并捐赠200万元物资支援湖北地区复工复产。

国联期货股份有限公司华中分公司

【概况】国联期货股份有限公司华中分公司（以下简称国联期货）的前身为国联期货长沙营业部，位于长沙市芙蓉中路一段469号松桂园新闻大厦12楼，成立于2005年，是最早入驻长沙的异地期货公司营业部，于2018年升级为华中分公司。国联期货主营商品为期货经纪和金融期货经纪，服务范围辐射湖南、湖北、江西三省。

【经营业绩】2020年，国联期货落实中央一号文件《中共中央、国务院关于抓好“三农”领域重点工作，确保如期实现全面小康的意见》的精神，抓住湖南是农业大省、养殖大省的特点，组织人员学习研究“保险+期货”业务，调研油脂油料、饲料、生猪和蛋鸡养殖等产业客户，化解企业的经营风险和农户的种植风险，确保企业和农户收入的稳定增长。2020年，国联期货利用“保险+期货”，配合风险管理子公司在湖南省慈利县开展生猪饲料价格保险、新疆生产建设兵团红枣价格保险、新疆维吾尔自治区克孜勒苏柯尔克孜自治州棉花价格保险等扶贫项目，并尝试开展纯商业保险项目2个，均取得良好的保障效果，累计产生赔付598.8万元，其中最高赔付率270%，获得参保企业与农户的一致好评。

【企业服务】2020年，国联期货在服务实体企业的过程中，深耕产业链，下移服务重心，把行业交流会开到客户中间去，从原来的服务客户转变为服务客户的客户。通过与油脂协会合作，宣传普及场外期权知识，为客户量身打造解决方案，推动国联期货第一单场外期权业务落地，为企业降本增益起到积极作用；通过与生猪养殖服务行业企业合作办会，为养殖企业提供从饲料成本控制到生猪价格保障的整体解决方案，帮助企业化解资金短缺及套期保值的困难；协助企业运用期货及衍生品工具，成功规避因疫情带来的行情大幅波动的风险，提高企业的整体经营业绩。

【业务宗旨】国联期货秉承致力于成为资本市场的风险控制商和财富

管理商的公司愿景，以客户利益为最高目标，以自己的专业、诚挚的信念、团队的力量、专业的素质、规范的运作，协助企业培养人才、制定整体解决方案，利用期货、期权等金融工具，持续服务实体企业，助力“三农”经济持续健康发展。

中国信达资产管理股份有限公司湖南分公司

【概况】中国信达资产管理股份有限公司湖南分公司（以下简称中国信达湖南分公司）为中国信达资产管理股份有限公司驻湘分支机构，设立于1999年9月，原名为中国信达资产管理公司长沙办事处。2017年1月，中国信达湖南分公司搬迁到长沙市开福区芙蓉中路288号华尔街中心26楼、27楼办公，有员工45名。中国信达湖南分公司始终坚持以维护湖南金融稳定和服务湖南实体经济为己任，围绕湖南省内不良资产处置、问题资产投资和问题机构救助等方面，拓展“大不良”经营格局，防范化解湖南金融风险、支持区域供给侧结构性改革和服务地方实体经济。

【经营业绩】2020年，中国信达湖南分公司为落实湖南省银保监局监管要求，坚持“稳中求进”总基调，强化风险防控，夯实合规内控，提升制度化、规范化和精细化管理水平。中国信达湖南分公司立足职能定位，发挥自身专业优势和资源优势，参与湖南省银行业不良资产收购，加快存量资产处置，拓展新市场、新客户，探索特色化、差异化经营，加大对湖南省医药生物和新能源等高科技行业的投资。参与长沙天心区汇丰置业烂尾楼项目的破产重整和盘活，投入资金10亿余元，处置存量债权18亿元。为受疫情影响较大的3家企业提供融资展期或还款计划变更服务，涉及融资24.47亿元，助力企业复工复产。中国信达湖南分公司为湖南省湘西自治州保靖县亚渔村投入扶贫资金110万余元，助力亚渔村巩固脱贫成效。

【经营目标】中国信达湖南分公司积极践行“专业经营、效率至上、创造价值”发展理念，恪守防范化解金融风险、支持供给侧结构性改革和服务实体经济的职责使命，发挥自身专业优势、资源优势和集团优势，把握湖南机遇，深耕湖南市场，服务湖南客户，助力湖南发展，为湖南加快产业转型升级，推动经济高质量发展做贡献。

长沙农村商业银行股份有限公司

【概况】长沙农村商业银行股份有限公司组建于2016年9月，有174个营业网点，是长沙地区规模大、综合实力强、网点数量多、服务范围广的地方性银行。目前分布在开福区辖内一级支行有开福、金霞及城中三个支行，25个营业网点，有员工328人。其中开福支行辖营业网点14个，有员工191人。五年以来，银行积极履行社会责任，先后获得“中国社会福利基金会年度爱心企业”“中国公益企业”“湖南省抗击新冠肺炎疫情先进集体”等多项荣誉。

【经营发展】长沙农村商业银行股份有限公司坚持“三员”定位，自觉充当“地方经济发展的义务助推员、义务招商员和义务协税员”，近三年累计向开福区上缴各类税费2.43亿元。开福区辖内支行（开福、金霞、城中黄兴北路支行）各项存款余额160.86亿元，存款客户有335797户。贷款余额100.6亿元，贷款客户11041户。

【普惠金融】长沙农村商业银行股份有限公司坚持推动“党建共创、普惠金融”行动，号召辖内所有二级支行以优质金融服务为地方办实事，坚持每周走访社区、商户、小区楼宇，进园区企业，实现金融服务“全覆盖”，既满足如马栏山（长沙）视频文创园管理委员会、湖南国有资产经营管理有限公司、湖南电广传媒股份有限公司、湖南粮食集团有限责任公司等当地大型客户定制化金融服务的需求，又解决地方小微企业融资难的问题，同时还为本地老百姓提供优质金融服务。

开福区辖内支行（开福、金霞、城中黄兴北路支行）累计走访客户28164户，信息采集24412户，设立宣传栏41个，发放金融知识宣传手册（产品手册）37280份，举办金融讲座或金融夜校30场次，参与1517人次，举办公益活动16次，捐赠37000元。与基层党支部联合开展活动、专题培训77次，参与789人次。通过与开福区本地街道、社区多年的走访沉淀，双方已结成鱼水关系，与辖内16个街道（不含金霞经济开发区），117个社区（村）达成“党建共创、普惠金融”协议，结对率达100%。截至2020年年底辖内街道社区已在银行开立各类工资代发账户52户。

（李　俊）

交通·公路

交通·农村公路

【概况】2020年，开福区投入资金2272万元，完成农村公路连通工程和路面大中修工程，涵盖捞刀河街道、沙坪街道、青竹湖街道和秀峰街道4个涉农街道10余个村（社区），15.4千米农村公路砂石土路路面硬化，9.5千米农村公路主要连接道路“白改黑”提质改造。开展交通执法行动215次，查扣车、证241台次。全年完成行政审批事项1549件，其中新增业户384户、新增货运车辆1165台；备案汽车维修企业38家，整治汽修企业435家，关停整治违法烤漆房22家。开展安全生产检查516次，对124处突出安全隐患进行闭环整改，警示约谈企业119家，排查企业涉毒驾驶员545人次，整治铁路沿线各类隐患50处，完成交通顽瘴痼疾整治112处。

【农村公路建管】2020年，开福区投入资金2272万元，完成农村公路连通工程和路面大中修工程，涵盖捞刀河街道、沙坪街道、青竹湖街道和秀峰街道4个涉农街道10余个村（社区），15.4千米农村公路砂石土路路面硬化，9.5千米农村公路主要连接道路“白改黑”提质改造。完成陶冬坝桥改造工程，并通过质量检测和验收。实施农村公路危桥改建项目，其中曲王坝桥维修加固工程完成改建，荷叶冲桥、石咀桥拆除重建工程于2020年8月启动实施。2020年，全区排查农村公路交通安全隐患112处，其中109处整治到位，3处正在整改中。重点完成袁青线金霞新村水毁修复、农村公路交通安全隐患长陡坡急弯整治、沙坪自安小学进出道路改造、园林生态园水毁修复、黄乌线乌溪段水毁修复等安全隐患整改。2020年，制定《开福区公路路长制实施方案》，对全区农村公路县、乡、村道，采取分级管理、属地负责的原则，建立县、乡、村三级“路长”的综合管理监督工作机制。2020年，完成农村公路日常养护服务外包采购项目招标，将全区区管县道28.8千米、乡道49.6千米、主要村道66.6千米等47条145千米农村公路的日常养护工作纳入服务外包采购范围，每年养护费用141.5万元。

【交通执法】2020年，开福区按照“市区共管、以市为主”工作机制，成立长沙市交通运输综合行政执法局开福执法大队，明确其主要负责辖区交通运输综合行政执法具体工作，并根据需要向长沙市交通运输综合行政执法局提出跨区联合执法需求，完成开福区政府交办的涉及交通行政执法有关工作。加强源头监管，实现源头“治超”，全年开展交通执法行动215次，查扣车、证241台次。区交通运输局召开全区货运源头企业工作会议，与各源头单位对接，要求企业将称重检测和视频监控等相关数据接入市、区“治超”信息管理平台。截至2020年年底，接入8家、安装10家，3家签订合同，正在安装接入。

【运政服务】2020年，开福区交通运输局深化“放管服”改革，依法依规把关行政审批，梳理调整并公布政务服务事项清单。全年公布依申请类事项10项。全面加强全区普货运输市场诚信体制建设，对全区符合条件的51家普货企业上门走访，开展质量信誉考核。截至2020年年底，完成行政审批事项1549件，其中新增业户384户、新增货运车辆1165台。开展非法码头渡口整治工作，全区有货运码头8个，2020年，区交通运输局主要对鸿源物流码头、湘之杰物流码头2个非法码头开展集中整治。按照上级统一部署和行业规范，审批办证改为备案制后，全区备案维修企业38家。区交

2020年5月19日，区交通运输局在沙坪街道、汽车北站开展“路政宣传月”活动
（区交通局 供图）

2020年7月27日，长沙市交通运输综合行政执法局开福执法大队揭牌仪式暨"治超"工作再动员　　（区交通局　供图）

通运输局牵头对汽车维修市场进行整治，组织全区16个街道排查出辖区内维修企业435家，建立台账，其中烤漆业务90家，联合环保部门整治违法烤漆房，关停不达标烤漆房22家。实施"共享烤漆房"行动，以《开福区汽修行业管理与发展对策研究》为课题，开展汽修行业管理调查研究。

【城市公交】2020年，开福区实现中心城区公交站点500米覆盖率96%以上，建成区公交覆盖率98%以上。协调长沙市交通运输局对滨江文化园公交站进行北移，就近租用新的停车场地，对大悦城·北辰三角洲项目部分公交车辆进行分流迁移；新建中青路佳海工业园、沙坪街道办事处、普菲克生物制药有限公司3对公交站点；新建长沙国际铁路港、金色比华利小区西门临时停靠站点。全年办理居民群众"12345"电话请求调整公交线路、公交站点迁改等建议20条，办理人大代表、园区企业和居民群众公交出行的意见、建议8条。推进"公交都市"建设，完成公交中途站港湾式改造2处，做好接驳4号、5号、6号地铁线的公交站点。

【安全生产】2020年，开福区全面落实安全监管责任。按照"管行业必须管安全、管业务必须管安全、管生产经营必须管安全"的要求，开展安全生产专项整治三年行动，确保安全责任落到实处，坚决守住安全生产红线。2020年，组织开展安全生产检查554次，开展安全生产宣传教育活动100余次，督促整改安全隐患293处，确保全区交通运输安全生产形势持续稳定。完善防范应急保障体系。定期组织对运输企业、施工企业安全生产工作进行督促指导，及时排查、解决安全生产隐患，对各种突发事故和异常情况及时上报、整改。2020年，联合芙蓉北路街道在汽车北站开展消防安全应急处置演练，通过演练检验客运场站应对突发事件应急处置可行性，完善突发事件应急处置预案，提高防灾减灾能力水平。建立应对雨雪冰冻灾害物资储备库，确保全区农村公路应急保畅。

（周立峰）

交通·城市交通管理

【概况】2020年，全区道路交通一般程序事故立案、简易程序立案、交通事故致死亡人数、直接财产损失较2019年分别下降1.55%、4.17%、16.67%、4.88%，全年未发生较大以上道路交通事故，全区道路工作日早晚高峰交通拥堵延时指数1.66，由低到高排名长沙市内六区第一。

【政治建警】2020年，区交警大队开展"坚持政治建警，全面从严治警"教育整顿试点，落实从严管党治警主体责任，坚持"一岗双责"六项制度，深入推进"全警实战大练兵"，建设"三个一流"，实现"三零"目标，不断提升人民群众满意度。区交警大队被评为2020年长沙市公安局维稳安保工作成绩突出单位，累计五个中队被评为省、市青年文明号，大队长何志华获得全警实战大练兵第一批部级"训练标兵"称号。新型冠状病毒肺炎疫情一级响应期间，区交警大队负责维护辖区长沙市第一医院北院交通环境，确保防疫工作有序进行；在辖区三个高速出口卡点安排警力24小时轮值，协助卫健部门人员检测驾乘人员。

【便民服务】2020年，区交警大队深化"放管服"改革，依托"96111"便民服务平台，推广交通事故快处直赔、货车通行证网上审批等功能，引导群众用交管"12123"手机App事故在线快速处理轻微事故，最大限度实现群众办事"最多跑一趟"向"一次都不跑"转变。提升群众对窗口的满意率，严打非法中

2020年10月14日，公安部教育整顿试点第五指导组调研开福区交警大队“车畅人欢”示范片区创建工作（区交警大队 供图）

介扰民，办理买分、卖分案件，净化窗口服务环境，为群众提供更加优质的服务。区交警大队特邀区政协委员担任大队形象监督员，助推民警规范执法。

【交通安全宣传】2020年，依托大队“双微”发声，发挥新媒体效能，创新推进“七进”宣传，开展“六个一”进企业宣教活动，推动将交通安全宣传纳入中小学、幼儿园的教学计划。2020年，开展进学校、进企业、进社区交通安全宣传206场次，发放头盔5000余顶，发送安全提示短信5万余条，组织媒体报道159次，“双微”发布230余条，粘贴、摆放、悬挂交通安全宣传挂图8000张（块），受教育人数8万余人。

【隐患排查治理】2020年，发挥道安委、顽瘴痼疾整治办、道安联动小组、新时代县域警务工作领导小组办公室平台作用，扩大“两站两员”管理权限，深化“千灯万带”示范工程，持续开展道路隐患大排查、大整改，针对临水临崖、急弯陡坡、长下坡等危险路段和事故多发路段，按照“一单四制”要求，督促相关部门增设安全设施，全力防范交通事故。2020年，完成市级挂牌督办道路东风路、三一大道、营盘路隧道交通隐患销号验收，全年实地排查整改道路交通隐患85处。

【交通违法整治】2020年，按照农村公路“六个严禁”要求，深化城市道路“六个严查”工作举措，以严防较大交通事故为首要任务，以通行混乱、隐患突出、事故多发路段秩序整治为导向，严查“三超一疲劳”、“三驾”、涉牌涉证、非客运车辆违法载人，以及电动车、摩托车、渣土车野蛮驾驶等重点交通违法行为，拓展“群防群治”平台，深入推进“蓝天保卫战”，抓好高污染排放车路面防控和源头治理工作。2020年，全年查处各类交通违法行为50.9万余起，其中查处酒驾1001起、醉驾行为448起，现场查处货车超载行为1188起，查处电动车简易程序违法行为3万余起，整治效果显著。

【车辆、驾驶人管控】2020年，对重点企业、重点车辆管理工作常抓不懈，督促企业落实主体责任，及时消除交通违法和安全隐患，做到重点企业隐患“零容忍”。深入开展“两客一危一校”、渣土、混凝土、普货运输企业检查435次，约谈36次，下发整改通知书75份，消除各类隐患724台次，向安监、交通运输部门抄报隐患车辆违法行为2867台次，安排工作组赴吉林省、海南省、广西壮族自治区以及省内各地查扣逾期未年检重型车辆、违法车辆31台。全年未发生一起“两客一危”营运车辆导致的较大以上道路交通事故。

【优化交通组织】2020年，落实“助企纾困”九件实事，按照“一点一策”要求，实施路口、路段优化以及常态化管控措施，解决群众关注的医院、学校和商圈周边的拥堵问题，推进落实商业综合体周边交通组织优化和精细化管理。打造交通组织“样板路口”14个，以点带面，推动全区路口交通组织的整体提升。全年对辖内信号灯配时调整123处，采取路口渠化调整、可变车道等方式，制定实施区政府周边、浏阳河隧道、商业综合体周边等优化方案52处，办理电动车上牌10.8万余块。

【交通文明建设】2020年，区交警大队协同相关职能部门开展交通规划和建设等工作，科学优化路网结构，合理配置道路资源，提高道路通行能力。实施竹山园片区、波隆立交桥西口、青竹湖湘一外国语学校周边微循环，建设路内停车位2265个。文明创建期间，区交警大队民警全员停休，发挥创建主力军作用，完成迎检工作。

【智慧交通】2020年，区交警大队以“前端感知更灵敏、信号配时更智能、指挥调度更精准”为目标，推进智能三期续建科技项目建设，全面提升智能交通系统的覆盖面和管控力。2020年，开福区主城区道路信号灯基本实现智能化，新建161处智能海信信号机、153处电子警察、56处高低位监控、9处行人电动车闯红灯、7处三级分控的任务，实现全区285个路口电警、监控、智能信号灯全覆盖。

【众志成城　抗击新冠肺炎疫情】2020年，全警参战，打赢疫情防控阻击战。在捞刀河收费站、新港收费站三个高速出口卡点安排警力24小时轮值，协助卫健部门人员检测驾乘人员；安排警力维护长沙市公共卫生救治中心（长沙市第一医院北院即省、市传染病定点医院）的交通环境，确保防疫工作有序进行。该中心负责集中收治新型冠状病毒感染的肺炎确诊病例。同时保持辖区畅通，全力保障防控物资、隔离车辆、人员通道畅通和运输安全。抗疫期间，共投入警力1477人次，查控车辆7153辆，人员12490人次，接处涉新型冠状病毒疫情的警情58起。同时做好交通违法处理窗口管理。大队通过微博微信广泛宣传交管“12123”办理政策和事故快处直赔业务，通过交管“12123”备案后可以处理备案前产生的违法，主动引导群众备案后在网上处理，避免外出和人群聚集。在大厅入口设置体温测量、询问通道，安排三名专人对前来办事群众测量体温、登记信息、询问接触史，按照疫情防控指引做好处理，降低感染风险，所有工作人员佩戴口罩上岗服务。确保春运后期和企业复工复产道路交通保安保畅。全力保障防疫应急物资快速运输。加强疫情防控物资、生活物资、能源物资、返工返学、复工复产等重点应急交通运输保障。以整治交通问题顽瘴痼疾为抓手，全力做好道路交通事故预防，有针对性地采取风险管控措施。全力护航企业复工。大队全面深入“两客一危”重点运输企业，对复工的企业上门加强疫情防控相关法律法规和防控知识宣传，增强驾驶员的自我约束、自我防护的意识和能力，倡导企业配合支持防控工作。

开福区交警大队全警参战抗击新冠肺炎疫情，在保持辖区道路畅通的同时，全力保障防控物资、隔离车辆运输安全　（区交警大队　供图）

【工作调研】10月14日，公安部教育整顿试点工作第五指导组到长沙市交警支队开福大队调研“车畅人欢”示范片区创建工作。指导组一行首先到开福大队二中队松桂园岗亭，听取教育整顿工作、“车畅人欢”示范片区创建情况汇报，随后到位于湘雅医院附近的富兴国际商业广场地下停车场，了解开福交警协调富兴广场与湘雅医院合作，为医护人员提供停车服务从而方便患者入院停车的情况。指导组实地查看湘雅医院智慧停车管理和交通优化组织工作情况。指导组对开福交警大队在推进湘雅医院“车畅人欢”示范片区创建工作取得的成效给予充分肯定。开福交警大队落实教育整顿试点工作要求，坚持民意导向，在人民群众反映的医院停车难等热点难点问题上敢于创新，积极作为，主动争取当地党委政府和企业单位的支持配合，打出一套交通治理的“组合拳”，实现“医患人员停车便利、优化服务营商环境、交通秩序有效改善”的“一策三赢”局面。

（廖　江）

园区建设

马栏山视频文创产业园

【概况】马栏山视频文创产业园是全国唯一的国家级广播电视园区、全国重要的视听节目制作输出基地，于2017年12月正式挂牌成立，是国家广电总局和湖南省共建重大项目。园区面积15.75平方千米，其中核心区5平方千米，由湖南广电为核心的建成区（2平方千米）和浏阳河“第八湾”鸭子铺的新建区（3平方千米）组成；功能区10平方千米，覆盖月湖、山鹰潭、长沙大学一带，具有生态文旅、产业辐射、生活配套、人才培育等四大功能。按照湖南省委、湖南省人民政府对园区的发展定位，园区对标“中关村”发展模式，坚持“政府引导、企业主体、市场运作”的原则，按照“布局集中、产业集聚、土地集约”的要求，统筹产业布局、完善产业链条，推动产城融合、产业融合，促进产业结构创新、链条创新、业态创新，加速产业集聚、企业集聚、人才集聚、创意集聚，打造“先进内容创新制造高地”“文创科技研发应用高地”“文化产业改革发展高地”。截至2020年年底，马栏山视频文创产业园被评为国家文化和科技融合示范基地、中国创新创业典型示范基地、湖南省大数据产业园、湖南省服务业示范集聚区等，入选国家级文化产业示范园区创建名单。2020年，园区实现企业营业收入431.98亿元，三年增幅30%；完成固定资产投资152.51亿元，三年增幅超过113%；实现税收25.1亿元，三年增幅30%；完成重大项目投资81.49亿元，占年度计划的130.66%。9月17日，中共中央总书记习近平在湖南考察期间，亲临园区视察指导。

【项目建设】2020年，马栏山视频文创产业园全年铺排重大项目34个，按项目建设关键节点挂图作战、对表攻坚，不断提升园区综合承载功能。完成“一带一桥，两翼五道七支路”建设，形成“三纵三横一环”的交通大格局。率先在全省完成区域节能、区域水土保持评估。34个重大项目全面实施，东二环鸭子铺立交改造工程建成通车，北区智慧能源站竣工，220千伏电力隧道加快建设，鸭子铺片区市政配套日趋完善。星城光塔、芒果马栏山广场、聚恒集团总部等项目有序推进，中广天择总部（一期）、创意设计总部大厦、兴旺通讯总部大楼实现封顶。马栏山人才公寓项目顺利封顶，建成后将为园区近千名青年人才提供租赁住房，实现“拎包入住”。13个重大项目总体量超过196万平方米，占鸭子铺片区建设总体量的47.5%，总投资293亿元，为全区做好“六稳”工作、落实“六保”任务提供有力支撑。

【招商引资】2020年，马栏山视频文创产业园坚持“文化+科技”产业链靶向招商，重点针对视听技术头部企业、重点科研机构、研发平台型企业等高端项目进行“双招双引”（招商引资、招才引智）。新注册企业794家，累计新注册企业1600家（含软件类企业426家），其中世界500强、中国200强、国内行业20强、上市公司一类知名企业总数19家，初步形成小企业“铺天盖地”、大企业“顶天立地”的发展格局。新增41家“四上”企业、30家高新技术企业。新签约重点项目31个，总投资101.2亿元，其中20亿元以上项目2个、10亿元以上项目2个、5亿元以上项目3个、2亿元以上项目6个、1亿元以上项目2个。举办首届“马栏山杯”国际音视频算法大赛、2020中国新媒体大会。全国第二个“国字号”的网络文学示范基地“中国网络文学小镇”授牌成立。2家企业入选第十二届“全国文化企业30强”。

马栏山视频文创园是以数字视频创意为龙头，以数字视频金融服务、版权服务、软件研发为支撑的视频产业集聚区　　（马栏山视频文创园　供图）

【创新驱动】2020年，马栏山视频文创产业园投入2.2亿元，建设超高清视频共享制作云平台，视听节目制作周期和成本分别减少30%，打造“拎包入住”的“云空间”。成立5G高新视频多场景应用国家广电总局重点实验室，研发“5G+4K背包”，形成数字医疗系统基础框架和产品体系。5G智慧电台签约27个省、283频，为全国177家县级融媒体中心提供服务，获得国家广电总局“智慧广电”传播分发类先进案例。“先进制造业5G云VR公共服务平台”联手头部制造企业，探索视频技术与先进制造融合发展，获评2020湖南省“5G+制造业”应用场景示范。千博信息技术公司AI手语产品进入长沙特教学校和政务服务大厅，为联合国南南合作办公室视频会议提供手语翻译。2020年，习近平总书记在园区视察时，充分肯定马栏山“文化+科技”发展模式，以“技术服务内容，内容服务人民”的路径越发宽广。

【服务企业】2020年，湖南省委宣传部、湖南省文旅厅、湖南省广电局联合出台《关于提高行政审批效能优化马栏山视频文创产业营商环境的若干措施》，助力园区实现48项文化审批事项全程“帮代办”服务，行政效能持续提速。推荐5名高层次人才申报湖南省“百人计划”，其中1人获评长沙市高层次C类人才。协调相关部门，对园区符合初、中级专业技术职称初任条件的专业技术人员进行集中认定。出台《马栏山视频文创产业园支持总部经济发展的若干办法》，兑现奖补政策资金5170.75万元。支持11家企业申报专项资金5600万元，

2020年11月19日，2020中国新媒体大会在长沙开幕，在大会主论坛活动上，国家广播电视总局发展研究中心主任祝燕南发布了《全国视频文创产业发展指标体系研究》（“马栏山指数”）（马栏山视频文创园 供图）

为企业提供3699万元风险补偿贷款资金。推动马栏山新媒体学院开展4K修复、DIT数据管理等专业技能实训。引进会计师事务所、律师事务所、专业咨询公司等专业服务机构，导入协会、企业和科研院所等资源，为企业成长“保驾护航”。创建国家版权保护示范区，成立“中国V链”数字资产交易中心，举办版权保护论坛，建成“优版权”服务平台，完成版权确权存证80万件。

【5G高新视频多场景应用国家广播电视总局重点实验室落户马栏山园区】3月31日，5G高新视频多场景应用国家广播电视总局重点实验室在长沙马栏山视频文创产业园举行挂牌仪式。5G高新视频多场景应用国家广播电视总局重点实验室是经国家广播电视总局批复同意、目前唯一一家面向5G高新视频的国家级实验室，由湖南省人民政府和国家广播电视总局共同建设，由湖南广播电视台、湖南广播影视集团统筹实施。5G实验室以强大的技术创制团队为后盾，以丰富的新媒体平台为应用场景，自主研发建立全媒体融合播控管理平台，在节目生产环节率先研究云端解决方案。

【长沙先进制造业5G云VR公共服务平台在马栏山园区发布】4月23日，“长沙先进制造业5G云VR公共服务平台”在马栏山视频文创园月湖文创小镇正式发布，为长沙智能制造转型升级再添新助力。来自中联重科、比亚迪、三菱、格力、远大等26家智能制造业企业，华融湘江银行、长沙银行、长沙高新创投基金等金融机构，长沙五大国家级开发园区和中南大学、湖南大学等高等院校有关领导和专家参加发布会。平台由HTC威爱公司与湖南大学院士王耀南领衔的“机器人视觉感知与控制技术国家工程实验室”共同研发。5G云VR公共服务平台基于自主研发的VIXR数字化引擎，可

以精准地将产品电子设计转换为超高精度的VR数字模型，并实现5G实时云渲染。可用于企业产品展览展示、设计评审、维修培训、电子手册等众多领域，同时可提升设计效率80%，节约企业70%的设计成本。

【马栏山23个项目集中开工或签约】6月28日，马栏山视频文创产业园举行重大项目集中开工、签约仪式。马栏山动漫影视游戏总部基地、金色马栏山数字经济产业总部基地、光芒空间智能时尚科技平台等23个项目集中开工或签约，总投资125.8亿元。其中，神幻九州文化传媒将投资4亿元，在马栏山建设湖南省最大的动漫影视游戏总部基地，占地1.75公顷，预计2021年年底完成主体建设。基地建成后，能容纳上千家与动漫游戏产业相关的内容策划公司、内容生产公司、发行公司、投融资公司和平台公司入驻。由北京金山云网络技术有限公司投资的金色马栏山数字经济产业总部基地及科创中心，将重点打造云计算中心和大数据基地、视频产业数字金融平台和未来社区示范基地、区块链及人工智能技术等。

【首届“马栏山杯”国际音视频算法优化大赛颁奖盛典暨高峰论坛】9月8日，首届“马栏山杯”国际音视频算法优化大赛颁奖盛典暨高峰论坛在长沙马栏山视频文创产业园举行。该次大赛由中国工业与应用数学学会、中国网络社会组织联合会作为指导单位，湖南省互联网信息办公室、湖南省科学技术协会主办，中国（长沙）马栏山视频文创产业园、芒果TV承办，吸引来自全球麻省理工学院、卡耐基梅隆大学、北京大学、清华大学、中国科学院等为代表的知名高校、科研院所、互联网企业团队1300支队伍参赛。颁奖典礼上，图像、画质、推荐三大赛道的优胜选手现场与观众一起分享和展示大赛的创新技术成果。在大赛中，芒果TV提供大量真实、高价值的脱敏数据，让开发者以真实数据为对象进行分析和研究，为全球的算法精英们提供一个展示、交流、切磋的平台，让更多业界人士关注到马栏山。大会现场，马栏山视频文创产业园与北京易华录、浪潮集团、HTC威爱教育、当虹科技等公司现场合作签约。

国家广电总局5G高新视频多场景应用重点实验室，技术人员正对经典红色影片《雷锋》进行修复上色　（马栏山视频文创园　供图）

【2020中国新媒体大会】11月19日，2020中国新媒体大会在湖南长沙启幕。中国新媒体大会是由中宣部批准的最具权威性、标志性、专业性的中国新媒体行业盛会。大会旨在打造内容精品的创作盛典，创建队伍建设的交流窗口，开拓融合发展的合作渠道，搭建行业引领的权威平台，让正能量更强劲、主旋律更高昂，促进新媒体行业健康有序发展，推动新媒体在国家治理现代化中发挥更大作用。大会以“守正聚力，创新共融”为主题，由中共中央网络安全和信息化委员会办公室、国家广播电视总局、湖南省人民政府指导，中华全国新闻工作者协会、中共湖南省委宣传部主办。会议发布《全国视频文创产业发展指标体系研究》（“马栏山指数”），并举行“走进马栏山”主题展示活动，邀请与会人员走进马栏山视频文创产业园，通过“牢记总书记嘱托，建好马栏山”“科技赋能内容，内容服务人民”“守正创新，讲好中国故事”三个主题展示板块，全方位展示马栏山产业技术底座，以及园区在经典电影4K修复技术、人工智能实时新闻手语播报、5G+VR工业渲染技术在先进制

造业领域应用、5G智慧电台、4K超高清视频加全景声音效等代表性技术融合成果。

（朱冰彬）

长沙金霞经济开发区

【概况】2020年，长沙金霞经济开发区（以下简称金霞经开区）全年完成税收32亿元，同比增长11.89%；物流产业营业收入491亿元，同比增长12%，其中医药物流完成295亿元；规模工业总产值（含物流）575亿元，同比增长10%；规模工业增加值（含物流）151.3亿元，同比增长7%；固定资产投资325亿元，同比增长12%，主要经济指标均全面完成年度目标任务。2020年，金霞经开区获得中国2020年度优秀物流园区、长沙陆港型国家物流枢纽、《开福区志》编纂工作先进单位、开福区2020年度无偿献血组织工作先进单位等荣誉。

【产业发展】2020年，金霞经开区坚持项目为王，立足“招引、落地、建设、投产”全流程推动项目建设。聚焦招大引强。借势借力招大商、大招商，聘请26位知名企业家、专家作为招商顾问。全年签约拿地项目13个，包括消费类电子龙头企业、中国商飞、湖南医药等一批重大项目，其中500强企业投资项目7个。聚焦项目建设。开展“433产业攻坚”、项目建设大会战大竞赛大比武，实行领导联点服务机制，集中全园力量攻坚土建项目55个、成长型或技改项目95个。全年落地开工产业项目164个，实际完成产业投资161.07亿元，长沙（金霞）消费电子产业集聚区、夸特纳斯2个项目被列入全市首批17个制造业标志性重点项目，正大、城际科技、三能房屋等项目实现当年开工、当年竣工，万科·华升、平瑞医药等一批项目竣工达产。全年统征建设用地165.2公顷，拆迁腾地276.33公顷，出让产业用地154.4公顷。聚焦产业链。物流产业链以陆港型国家物流枢纽建设为抓手，通过发展医药物流、升级传统物流、促进物流业与制造业深度融合、助推开放型经济发展壮大等系列举措，引进中南国际陆港集装箱拼箱基地等4家投资过亿元智能物流项目，引进资金19.7亿元；围绕装配式建筑产业链“补链、强链、延链”，推动释放PC产能63万立方米，同比增长40%。组织外出招商11次，其中链长带队招商2次，签约引进产业链项目15个，总投资超50亿元。链上企业被评为国家级平台13个，省级平台44个。

【营商环境】2020年，金霞经开区深化行政审批改革，全年完成行政审批改革613项，发放建设用地规划许可证6本，建设工程规划许可证12本，施工许可证35本。推广工程建设项目告知承诺审批机制，实现高频事项“2号章”审批，将工业投资建设项目审批时间从44个工作日压缩至36个工作日，全面开展“一次不跑、事就办好”免费寄递服务，最大限度减环节、优流程、压时限。金融服务多元化。中小微企业信贷风险补偿基金全年为企业授信10笔、5460万元，出口退税资

2020年7月15日，长沙金霞经济开发区长沙（金霞）消费类电子产业集聚区建设、项目建设大会战总动员暨书记讲堂课

（金霞经开区　供图）

2020年9月19日，德荣医疗智慧物流产业园奠基仪式在金霞经开区举行
（金霞经开区　供图）

金为企业垫税35批次、6701万元，新拓展供应链金融服务，完成代理采购业务27笔、6574万元。开发“跨境薪资贷”金融产品，满足企业个性化融资需求。完善城市综合配套，建设市政道路48条，全年投资6.4亿元，完成湘江风光带智能驿站、企业第三食堂、人才公寓、钱隆世家商业节点建设。举办中高端人才洽谈会、长沙学院校园招聘会等活动，为企业引进人才2000人。举办北京大学“百人培养计划”专题研修班，组织企业高管参加浙大总裁班等专题学习，提升经营管理能力。开设“金讲堂”，邀请专家学者举办专题讲座，为企业员工赋能，参学人数1000余人次。

【开放型经济】2020年，金霞经开区全年完成对外贸易进出口总额指导目标任务24.6亿美元，保税主业在全国79个B保中心名列第5。畅通国际物流通道。中欧班列（长沙）实现逆势增长，全年开行528列，保持在全国“第一方阵”。启动湘粤非铁海联运测试班列，开通对非合作新通道。编制陆港型国家物流枢纽建设三年规划，完成核心区与功能互补区连接干道建设3条。长沙新港三期南片区3个泊位及堆场投入试运营，启动“水铁联运”铁路专用线建设。对标深圳、杭州，打造跨境电商产业发展第三城，实现“四个一”，即发布一个发展纲要和五年行动方案、出台一个专项发展产业扶植奖励办法、引进一家上市企业天泽信息、成立一个湖南开金金霞跨境电商股权投资基金。率先在全省实现跨境电商B2B 9710/9810业务申报通关，实现跨境电商出口业务全模式试通。产业项目招商引资。完成中南国际陆港集装箱拼箱中心项目拿地并开工建设；国际母婴城项目与北京京东世纪贸易有限公司签订合作协议；长沙国际铁路港新引进湖南旺华科技项目，投入资金过亿元；启动“湖南—非洲非资源型产品集散交易中心”规划建设；引进湖南财盛、云川供应链等12个外贸项目。

【三大攻坚战】2020年，金霞经开区做好生态环境保护，推进蓝天保卫战，开展巡查执法252次，完成覆网复绿10.5万平方米。加强风险防控，化解政府隐性债务5.41亿元。定期到湖南省龙山县茨岩塘镇、宁乡市流沙河镇鸿富村开展精准扶贫，累计拨付帮扶资金4842.5万元，超额完成扶贫目标任务。

【疫情防控和复工复产】2020年，金霞经开区严格落实中央、省、市疫情防控措施，采取“不漏一企、不漏一人、不漏一环”闭环式工作法，实现零传染、零疑似、零确诊。统筹医药物流企业为医疗机构提供口罩6200万只、防护装备760余万套，捐赠医疗物资230万余件。全方位暖企纾困，出台10条举措，兑现惠企资金4219.6万元，为企业免租800万元，3月中旬，园区企业整体复工率100%。

【德荣医疗智慧物流产业园奠基】9月19日，德荣医疗智慧物流产业园奠基仪式在长沙金霞经开区举行，标志着这一项目正式进入施工阶段。德荣医疗智慧物流产业园是湖南德荣医疗集团布局“数字化供应链”战略的重要组成部分，是全国首家数字化、智能化的医疗器械物流产业园。该项目占地面积4万平方米，总建筑面积10万平方米，计划总投资6亿元。项目建成后将降低医疗器械企业储存及运输成本，有利于吸引优质医疗器械企业进驻湖南，助力湖南省医疗器械供应链转型升级。

【金霞经开区10个项目集中签约】2月25日，开福区项目集中签约、开工暨产业集聚区征拆动员活动举行，金霞经开区新加坡银石集团华中智慧物流产业园、湖南医药集团总部、华南光电装备产业基地等10个项目集中签约，总投资382亿元；10个重大项目集中开工，总投资40.18亿元。集中签约的10个项目涵盖消费电子、医药物流、冷链物流、智能制造、开放型经济、片区开发等多种类型。项目投资均过亿元，其中过10亿元项目6个、过20亿元项目1个、过100亿元项目2个。

【消费电子产业、夸特纳斯（长沙）纳入市制造业标志性重点项目】6月11日，中共长沙市委、长沙市人民政府出台《关于强力推进制造业标志性重点项目建设的通知》，将金霞经开区金霞产业集聚区——消费电子产业、夸特纳斯（长沙）国际食材集采集配加工中心2个项目纳入长沙市17个制造业标志性重点项目。金霞消费电子产业集聚区项目建成后，将为长沙打造一个世界级消费电子终端产品及装备研发、制造基地，在长沙城北崛起一个布局合理、功能齐全、宜居宜业、产城融合的现代化产业新城。夸特纳斯（长沙）国际食材集采集配加工中心设置国际食材加工中心，将打造国际食材加工中心、高端冷链储存分拣及新能源集采集配中心和食品安全质量大数据中心。

【跨境电商项目签约】12月3日，“数字跨境·金霞领航·跨境电商第三城”发布暨重大项目签约活动在长沙金霞经开区举行。湖南省商务厅厅长徐湘平、副厅长周越，长沙市人民政府副市长朱东铁，开福区委书记曹再兴等省市区领导、银行代表、企业代表280余人参加启动仪式。现场，天泽信息总部项目、泽汇跨境电商项目等6个跨境电商项目在长沙金霞经开区落户签约。项目业务范围涵盖跨境总部经济、平台、物流、金融等方面，将有力推进长沙跨境电商综合试验区发展。

【金霞经开区“百人培养计划”专修班（二期）开班】12月24日，长沙金霞经开区产业升级、区域振兴领军人才“百人培养计划”专题研修班（二期）开班仪式在湖南大学举行。此次专题研修班由金霞经开区联合北京大学新媒体研究学院从园区现代物流、智能制造、开放型经济的主特产业中精准推选30名企业家学员，科学设置形势政策、人文素养、数字化、金融资本、公司管理等课程模块，采取情景体验、案例分析、建模推演等教学方式，促进企业家实现思想观念、知识储备、职业技能、管理水平等方面的提升。2019年参加首期研修班的企业家学员，为园区提供重要招商信息20余条，引进重大项目3个。

【长沙重大产业项目流动观摩会举办】12月30日，金霞消费电子产业集聚区接受2020长沙重大产业项目流动观摩会观摩。长沙市领导及各区县（市）、园区、市直部门和相关国有企业负责人组成“观摩团”，长沙市委副书记、人民政府市长、湖南湘江新区党工委书记郑建新带队，对重大产业项目进行观摩点评。金霞消费电子产业集聚区系全市17个制造业标志性重点项目之一，3月初启动拆迁，截至2020年年底，完成土地199.33公顷、392户全部签约清零；6.3万平方米的生活配套楼主体封顶；4万平方米的1号生产车间封顶；产业集聚区1.1期3个地块挂牌；2700米“三纵一横”道路全面竣工。

（杜宇真）

长沙金霞保税物流中心

【概况】长沙金霞保税物流中心是湖南省开放型经济发展的公共服务

2020年12月3日，金霞保税物流中心与天泽信息产业集团举行项目签约仪式
（区保税物流中心　供图）

平台和打造内陆开放高地的主阵地，于2005年申报建设，2008年12月获批，2009年4月通过海关总署等国家四部委联合验收，8月正式封关运行，2015年9月获批湖南跨境电商产业园，2019年1月获批长沙跨境电商综合试验区重点园区。中心规划用地100公顷。其中，一期海关监管区30公顷，建成总面积14万平方米的10栋保税仓库及配套集装箱堆场、长沙跨境电子商务监管中心及网购保税进口备货仓库、跨境电商大厦，星沙海关设立金霞办公区。二期物流配套区75公顷，建成湖南进出口商品展示交易中心和中国国际母婴城。2020年，新引进中南国际陆港集装箱拼箱中心和湖南医药集团。长沙金霞保税物流中心为市政府派出机构，委托开福区进行管理，2014年纳入大城北体制；管委会下设长沙金霞海关保税物流投资建设有限公司作为保税中心的投资运营主体。公司与邮政速递、广州卓志合资成立湖南金霞通跨境电商服务有限公司，负责长沙跨境电子商务监管中心的场地运营。金霞保税物流中心作为海关特殊监管区，享受“境内关外”政策，具有进口保税、出口退税、深加工结转“一日游”、流通性简单加工和增值服务、国际物流配送、进出口和转口贸易、物流信息处理等多项政策功能优势。2020年，长沙金霞保税物流中心被评为湖南省文明窗口单位、长沙市文明窗口示范单位。

【产业招商】2020年，长沙金霞保税物流中心加大招商引资力度，招引规模企业。有棵树、环金科技、湘特、通邮4个跨境电商规模企业签订协议并开展业务；天泽信息、泽汇、聪石3家规模企业签署战略协议；全年完成跨境电商企业注册12家。完成中南国际陆港集装箱拼箱中心项目的签约、拿地及开工建设。该项目作为功能型公共物流平台项目，将对长沙打造国际物流枢纽城市发挥重要作用。主动对接中非经贸合作项目，启动“湖南—非洲非资源型产品集散交易中心”规划建设，获得湖南省商务厅100万元前期工作经费支持；新引进湖南财盛、云川供应链、桢佳燕窝、新怡丰、兆海通等外贸项目，其中湖南财盛国际贸易有限公司项目将为金霞经开区创造150亿美元的外贸进出口额。

【平台拓展】2020年，长沙金霞保税物流中心按照开福区委、开福区政府“拓宽跨境出口通道，完善跨境电商监管体系，建好跨境电商生态产业园，引进一批跨境电商全国二十强总部或第二总部，打造跨境电商第三城”工作要求，制定跨境电商第三城发展规划纲要、五年行动方案和产业扶持专项政策。按照构建跨境电商产业链的发展思路，抓住国家跨境电商产业发展战略机遇，通过调研及征求企业、职能部门意见，结合开福区开放型经济及跨境电子商务发展实际、态势及潜力，制定跨境电商第三城发展规划、五年行动方案和五年产业扶持专项政策。设立专项基金，创新金融体制。成立“湖南开金金霞跨境电商股权投资基金”，旨在以产业基金为引导，吸引全国优质跨境电商企业齐聚金霞，力争5年内在金霞培育1~2家跨境电商上市企业，夯实金霞跨境电商产业基础。瞄准跨境B2B 9710/9810、9610出口、1210进出口三种业态作为主攻方向，率先在全省实现跨境电商B2B 9710/9810业务申报通关，跨境电商进出口业务全模式试通；通过“中欧班列+跨境电商”，9610出口业务出现爆发式增长，截至2020年年底，累计申报订单681万单，实现货值6754万美元，369车次。卓志公司与嘉德签约1210系统搭建相关工作。

【项目建设】2020年，长沙金霞保税物流中心完成跨境电商监管中心基础及配套设施优化，启用出口业务B场；完成通关智能卡口改造；申报二级节点数据通道。

【综合保障】2020年，长沙金霞保税物流中心争取各级资金2544.4万元，协调税务备案减免2020年土地使用税及房产税132万元，政策减免2019年度房产税退库106.43万元。疫情期间，组织园区企业抗击疫情和复工复产，企业捐赠抗疫物资价值400万余元。

【协调机制】2020年，长沙金霞保税物流中心完成长沙新港（三期）铁路专用线项目投资计划；完成长沙国际铁路港智能冷库、商务区绿化、南北门楼幕墙建设。中欧班列（长沙）在疫情期间稳定开行，成为全国4个“天班”（平均一天一班）城市之一。湘（湖南）粤（广东）非（非洲）铁海联运测试班列启动，对非（非洲）合作新通道开通。

【园区服务】2020年，长沙金霞保税物流中心制定《保税中心安全生产专项整治三年行动实施方案》《保税中心园区管理规定》《园区领导带队开展安全生产检查方

2020年9月1日，长沙金霞保税物流中心首单跨境电商B2B 9710/9810业务由湖南讯亚电子商务有限公司申报通关　（区保税物流中心　供图）

案》，做好园区仓库的日常巡查，按园区企业的主营业务进行分类，对其日常经营进行管理，及时掌握企业运行情况；做好园区内各项硬件设施设备的管理、检查、维护和保养工作；定期开展安全生产培训，进行消防演练，每月一次对企业进行定期安全检查，每季度由领导带队对园区各企业进行全面检查；制定活动方案，全面构建安全生产责任体系，全年消防安全生产无事故。

【首单跨境电商B2B 9710/9810业务试单成功】9月1日，长沙金霞保税物流中心首单跨境电商B2B 9710/9810业务由湖南讯亚电子商务有限公司申报通关，这标志着9710/9810跨境电商出口新政在长沙金霞保税物流中心顺利落地实施。至此，长沙金霞保税物流中心跨境电商出口业务全模式试通，具备完整的跨境电商业务通道，长沙跨境电商业务将迎来全新的提档升级。当日，星沙海关金霞办公区验放跨境电商B2B 9710出口报关单1单，货值9800美元，主要商品为鲜花包装纸；跨境电商B2B 9810出口报关单1单，货值13万美元，主要商品为个人搅拌器、个人搅拌器配件、杯刷海绵、打印机碳粉盒。

【首趟湘粤非铁海联运测试班列启航】9月24日，长沙湘通国际铁路港发运首趟湘粤非铁海联运测试班列。该班列运载电瓷绝缘子、服装等，经长沙铁路运输抵达深圳蛇口港，历时18天到达南非。与传统江海联运相比，该趟班列可全程缩短10天左右的在途时间，有效解决现有对非物流“时效低、成本高、集货难”等不利现状。该趟湘粤非铁海联运测试专列是湖南开行的首列铁海联运测试班列，班列的成功开行将提升湖南对非国际物流发展水平，推动非洲在华非资源性产品集散交易加工中心、中非经贸合作公共服务平台建设。

【非洲文化交流体验中心授牌】12月24日，在长沙金霞保税物流中心举办的湖南——非洲进出口商品展示交易中心招商推介活动上，非洲文化交流体验中心正式授牌。该中心设在开福区河村非洲园，建设规模1000平方米，建设内容分为非洲商品展销平台、非洲文化体验中心和非洲留学生孵化基地3个板块。非洲商品展销平台依托河村非洲园“中非友谊馆”打造“非洲非资源性产品展示体验中心”，承担非洲特色产品的原材料采购、展示贸易、营销推广和流通渠道建设等功能，筹建“咖啡”“坚果”“红酒”等各类非洲特色产品贸易中心。

（陈嫣文）

城乡建设和管理

自然资源管理和城市规划

【概况】2020年，开福区完成竹安村、双塘村、钟山村、新源村、金霞新村社区村庄规划编制工作。完成拆迁结算项目63个，其中新启动项目结算35个，扫尾项目结算28个。办理临时建设审批案卷26宗，危房翻建审批案卷24宗，核发建设工程规划许可证51本，9.52万平方米。核发临时用地批准单5宗，用地面积3.37公顷。完成既有多层住宅加建电梯备案审查91台。完成全区第一批和第二批图斑外业调查4300个。全年下达停工通知书26份，整改通知书3份，上报批后管理和巡查报告19件，立案调查7个。全区颁发农村房地一体不动产权电子证49本。

【规划编制】2020年，长沙市自然资源管理和城市规划开福区分局配合市局对国土空间总体规划进行两轮校核。按要求完成竹安村、双塘村、钟山村、新源村、金霞新村社区村庄规划编制工作。组织开展金霞城市副中心论证工作。组织并完成沙坪街道乡村振兴发展战略规划、桃花溪流域概念性总体规划的专家审查会、结题会。

【征地拆迁】2020年，开福区有在拆项目111个，其中新启动拆迁项目81个，跨年在拆项目30个。截至2020年年底，完成拆迁结算项目63个，其中新启动项目结算35个，扫尾项目结算28个。

【用地需求保障】2020年，开福区推进用地报批服务工作，全年受理历史确权案卷2宗，受理调查红线划定项目38宗。开展批而未供清查工作。2009—2018年批而未供土地55个批单，批准面积772.25公顷，未供应面积517.48公顷。组织召开调度会5次，下达加快办理供应手续的催办函2次。

【土地集约利用】2020年，多措并举，推进土地集约高效利用。武汉督察局例行督察“挂账”限期整改清单中，涉及开福区12宗土地全部处置到位；例行督察“挂账”需持续整改清单中，涉及开福区3宗土地处置到位。增存挂钩闲置土地8宗，面积28.47公顷，其中5宗销号，销号面积占79.49%。供而未建土地方面，涉及开福区21宗，面积91.13公顷，销号15宗。闲置土地处置方面，涉及开福区6宗，面积17.26公顷，经核查，均为净地供应，处置到位3宗。闲置土地“支帮促”情况。2020年，对全区存量地块进行地毯式梳理，纳入“支帮促”项目23个，涉及土地面积286.87公顷，其中属于闲置土地项目12个，截至2020年年底盘活24.91公顷。

【项目审批】2020年，开福区办理临时建设审批案卷26宗，危房翻建审批案卷24宗，核发“建设工程规划许可证”51本，9.52万平方米。核发临时用地批准单5宗，用地面积为3.37公顷；另有1宗正在准备资料申请受理。完成既有多层住宅加建电梯备案审查91台。

【重点项目服务】2020年，开福区资规分局就恩瑞国际物流城项目调规问题与长沙市资规局详规处对接6次。配合金霞经开区推进相关的规划布局优化技术指导；协助建设单位开发建设的金隅桃源、北辰、绿地V岛等小区项目配套中小学办理国土、规划手续工作，做好规划服务；协助开福区政府办理长郡开福中学、植基中学、清水塘小学等民生项目的服务工作。做好信访工作，全年接待信访件45件，答复及处理42件，正在办理3件。重点办理绿地海外滩等信访案件2件，有效化解矛盾纠纷。开展信息公开工作，按长沙市人民政府第103号令《长沙市征地补偿实施办法》规定要求，2020年，发布项目征拆公告168份，补偿明细表10份，均在区政府网上公示。全年办理信息公开91件，“12345”工单239件，市长（局长）信箱、问政湖南26件。办理市建议3份、区建议3份、区提案3份。

【自然资源保护】2020年，开福区落实农村乱占耕地建房摸排工作，完成全区第一批和第二批图斑外业调查4300个，居全市前列。严格保护耕地资源。落实耕地保护责任制，按上级要求同步落实开福区2020年耕地保护责任目标考核自查工作。严格落实开福区耕地占补平衡管理工作，制作建设用地项目补充耕地方案6个；配合区政府落实城乡建设用地增减挂钩指标异地购买和使用管理工作。开展开福区永久基本农田补划相关工作，完成资料收集、内业分析、内业成果编制以及自核等前期工作，并将相关成果上报湖南省自然资源厅。继续推进第三次国土调查工作，截至2020年年底，基础调查工作（土地利用现状调查和土地权属调查）全部完成，数据均上报到国家第三次国土调查办公室。开展地质灾害防治。全年监测管理地质灾害隐患点16处，完成新源社区兰盘园组袁德良户和杨正强户宅间土坎崩塌隐患点整治工程。全年巡查100余次，排查疑似隐患点8处。

开展农村新增宅基地调查摸底工作。组织开展开福区位于城镇开发边界外需要单独编制村庄规划的新源村、金霞新村、钟山村、竹安村、双塘村5个村（社区）的新增宅基地调查摸底工作。截至2020年年底，完成调查摸底工作，并将初步调查成果上交技术单位作为村庄规划编制的依据。

【执法监察】2020年，从严开展土地执法工作。加大管控力度。提请区委、区政府出台《开福区集体土地违法使用管控方案》，全区划定41个片区并责任到人，形成全领域全方位覆盖的管控网，全年发布日报150多次、周报38期。统筹安排各涉农街道组织动态巡查4294次，日常巡查、卫片执法发现新增违法用地62宗，以自拆或协助拆除等方式消除违法状态54宗，涉及违法图斑项目8宗，整改到位3宗。加强分类处置。全区存量违法图斑115宗，其中涉及2018年例行督察图斑17宗、2019年例行督察重点图斑8宗；2018年度卫片确认违法图斑77宗、2019年季度卫片确认违法图斑13宗。整改到位91宗，整改到位率79.13%，未整改到位24宗，2020年，依法认定城管部门移送违法用地案件145宗。强化建设工程项目批后监管。全区批后管理项目184个，巡查39次，放线84处，正负零检查30次，竣工检查25次，各个环节的检查到位率100%。推进辖区拆控违工作。配合城管部门严格查处各类未批先建违法建筑，全年参加城管部门听证会2次，出具违法建筑规划专业咨询意见348份，确认违法建筑面积4.1万平方米。查处违法建设行为。全年下达停工通知书26份，整改通知书3份，上报批后管理和巡查报告19件，立案调查并上报长沙市规划监察执法支队完成保利堂悦售楼部、恒高紫荆一期等7个项目的行政处罚调查案卷。全年对逾期未拆的临时建设下达责令拆除通知书31份。

【服务中心工作】2020年，开福区办理未登记建筑认定案件437宗，认定总面积2.42万平方米，其中办理火车北站指挥部未登认定案件186宗，认定面积为1.53万平方米；办理黄兴北路指挥部未登认定案件251宗，认定面积8871.23平方米。制定《开福区重点片区开发专项行动工作方案》，组织技术单位编制7个片区的项目策划方案。推进农村宅基地和集体建设用地房地一体确权登记发证工作。该项工作于2019年年底启动，2020年，调查村（社区）49个，完成15854宗宅基地和121宗集体建设用地房地一体的外业测绘以及权籍调查工作。11月16日，开福区颁出长沙市内六区首本农村房地一体不动产权电子证，截至2020年年底，全区颁发农村房地一体不动产权电子证49本。房地产办证遗留问题化解，2020年，经梳理及筛查，新增未办证项目30个。“15分钟生活圈”建设。2020年，开福区“15分钟生活圈”建设项目33个，按要求全部完工。根据湖南省自然资源厅下发的清单，开福区设施农业用地图斑95个，总面积8.5公顷，对符合设施农业用地范围的图斑完成测绘及上图入库，并衔接街道备案。

【首本农村房地一体不动产权电子证】11月16日，开福区政务服务中心颁发长沙市内六区首本农村房地一体不动产权电子证。这标志着长沙市内六区进入农村房地一体不动产登记全面发证的新阶段。农村房地一体确权登记发证是对农村宅基地、集体建设用地使用权及房屋所有权的确认和保护，是维护农民合法权益，加快农业农村现代化发展，进行农业土地制度改革的重要举措。开福区按照湖南省自然资源厅和长沙市自然资源和规划局的要求，创新工作方法，加大审核力度，按照“应登尽登、能发尽发”的原则，全面推进开福区农村宅基地和集体建设用地房地一体不动产权登记发证工作。截至2020年年底，全区颁发农村房地一体不动产权电子证49本。

（张紫羚）

城乡建设

【概况】2020年，开福区住房和城乡建设局（区人民防空办公室）（以下简称区住建局）全年窗口受理各类审批事项1708项，办结1636项。完成招投标行政监督项目117个，总中标价20.31亿元，节约建设资金1亿元，优惠率4.7%。全年检查在建工程项目65个，对存在问题的项目和单位发出责令整改通知书58份、停工通知书30份。立案26起，罚款115.27万元。化解物业领域矛盾纠纷2000余起；全年依规使用维修资金261笔，拨付资金1250万余元。全区完成房地产业全口径税收32.18亿元，同比上升0.3%，占全区税收比重28%，房地产税收贡献率位居全区第一。完成农村危房改造任务15户，完成房产权证处遗项目101个、16981户，完成率82.9%。全年办理公租房实物资格办理179户，租赁补贴资格115户，发放租赁补贴资金93.89万元，办理经济适用房资格30户，经济适用房货币补贴7户。完成公租房实物配租495户。2020年，开福区住房和城乡建设局（区人民防空办公室）获得2020年度开福区“项目建设先进集体”“污染防治工作先进集体”“安全生产优秀单位”“民生实事先进单位”“政协提案办理优秀单位”等荣誉。

【行政审批】2020年，开福区住建局牵头设立区工程建设项目审批综合服务窗口，整合区发改、区住建、区城管等部门窗口，实行“多审合一”。建立联合审查制度，26项依申请类事项基本实现“一窗受理、联合审查、统一办结”，全行业审批事项办理时限缩短超50%，施工、监理等招标文件告知性备案、房屋租赁登记备案等事项实现“即来即办”，全年窗口受理各类审批事项1708项，办结1636项。2020年，制定《开福区建筑工程施工许可证豁免程序实施细则》，对工程造价100万元以下或建筑面积500平方米以下的一般公共建筑二次装饰装修类项目，以及工程造价400万元以下的城市环境提质改造类实行施工许可证豁免机制，并将房屋租赁补贴初审职权等与群众生活密切相关的个人类审批事项下放到街道社区。

【“最多跑一次”改革】5月9日，开福区贯彻落实全区“最多跑一次”改革，推行联合审查实施细则，将房屋租赁登记备案从原先承诺办结时限3个工作日，在区政务服务中心设立房屋租赁监管服务窗口，实现“即来即办”。开福区住房和城乡建设局通过简化办理流程和时序、减少办理事项和资料、建立联合审查机制和机构，实现审批事项办理时限缩短超50%，事项办理流程平均精简20%，审批事项申请材料精简约12%。施工、监理等招标文件告知性备案、房屋租赁登记备案等事项实现“即来即办”。通过房屋租赁监管服务平台还可以实现申请人网上申请、后台审核、自助打印，真正实现“不见面”审批服务。

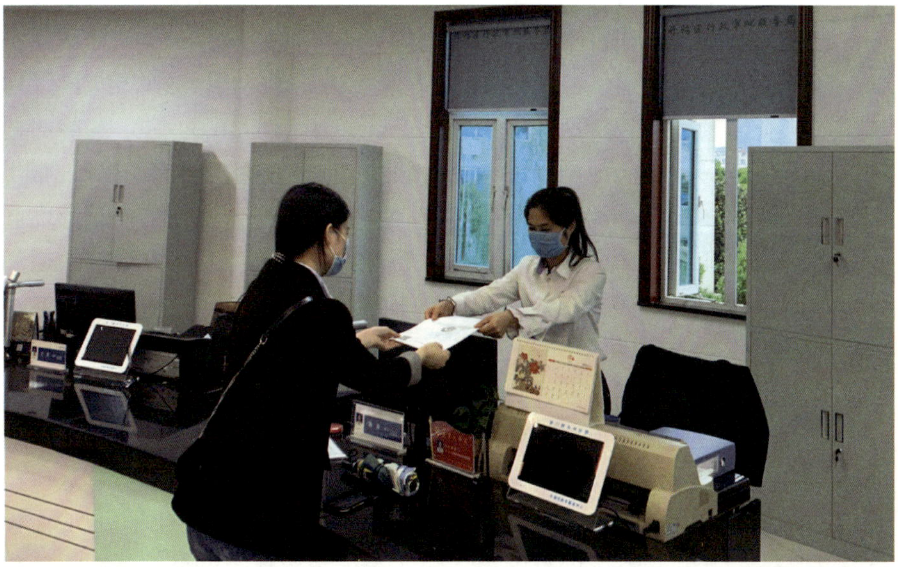

“即来即办，十分钟取证”区住建局推出“最多跑一次”新举措。图为市民领取审批件
（区住建局　供图）

【项目建设服务】2020年，坚持“433产业攻坚”项目联点制度，委派业务骨干跟踪项目前期工作推进状况，加快施工许可办理，对市政项目实行质安提前介入服务，确保项目有序开工。完成招投标行政监督项目117个，总中标价20.31亿元，节约建设资金1亿元，优惠率4.7%。坚持“四精五有”（“四精”即精准规划、精种建设、精致管理、精明增长，“五有”即有颜值、有气质、有内涵、有格调、有品位）标准，以科学规划引领城市发展，下达初步设计批复26个，受理施工图设计审查备案193个，办结191个；完成潮宗街二期三贵街15号项目、吉祥巷片区和群芳园等老旧小区初步设计审查会；为大悦城、华创威斯汀酒店等重大项目设计进行优化审查，协助资规等部门完成桃花溪流域以及金霞城市副中心等片区的规划编制工作任务。代表开福区参加2020年度长沙未来城市品质家居产业博览会，获得组委会颁发“优秀组织奖”。

【建设安全监管】2020年，开福区住建局对质量安全隐患“零容忍”，全年检查在建工程项目65个，对存在问题的项目和单位发出责令整改通知书58份、停工通知书30份。对违法违规项目实施行政处罚，立案26起，罚款115.27万元。2020年，全区区管在建工地质量和安全零事故。

【扬尘治理】2020年，开展建筑工地扬尘执法行动715次，出动人员1941人次，下达执法文书37份。对18个问题项目负责人进行2轮约谈，对8个问题严重项目负责人开展一对一约谈。扬尘污染立案处罚12起，罚款22.5万元。收到市、区蓝天办《交办函》118份，其中由区住建局牵头主办的扬尘污染问题365处，全部按时销案。全区60多个规模以上在建工地安装扬尘在线视频监控系统，所有在建工地现场喷淋降尘、裸土覆盖、场地硬化等扬尘治理措施落实到位。

2020年11月30日，区住建局在区公租房小区开展消防安全培训演练活动
（区住建局　供图）

【污水治理和排口管理】2020年，开福区苏托垸污水处理厂一期工程和金竹河纳污干管建成通水，11个污水提质增效项目完成建设。推进捞刀河以北农安小区雨污分流改造和小区雨污错接问题整改，投入1200万元，对母山、兴联、宿龙桥等安置小区实施雨污分流改造；启动实施龙塘小区及周边雨污分流改造等楚家湖周边截污治污项目，捞刀河以北污水收集处理率明显提升；投入1800余万元，启动开福、长善垸、苏托垸、新港4座污水处理厂排水管网排查工作，完成捞刀河以南开福、长善垸污水处理厂纳污范围485千米排水管网普查工作。2020年，发放城镇污水排入排水管网许可证7本，对轨道6号线文昌阁站、华润置地等项目开展证后监管20余次，对违规排水行为下达整改通知书23份。严格落实河长制各项工作职责，加强排口巡查监管，每月对全区排口开展巡查检查。区住建局配合金霞经开区、区市政中心对汤家湖高排口、浏正码头排口污水溢流问题整改，每月对负责的沙河、楚家湖开展巡河工作，并按要求完成巡河记录。

【物业管理服务】2020年，开福区有物业服务企业入驻的管理项目278个，管理面积超过3500万平方米；注册和从事管理的物业服务企业有200余家，物业从业人员逾万人。2020年，出台《加强住宅小区物业管理提升物业服务水平三年行动计划（2021—2023年）》，提出2023年实现“小区党组织、业主委员会、物业服务”三个100%全覆盖目标。创建“红色物业”品牌，在全市率先成立区级物业管理行业党委，申报省级“党建引领物业管理示范项目”；发挥区物业矛盾纠纷调处中心作用，协调化解物业领域矛盾纠纷2000余起；全年依规使用维修资金261笔，拨付资金1250万余元，一批人民群众反映强烈的民生问题得到有效解决。

【房地产市场管理】2020年，开福区坚持“反炒房”，确保全区房地产市场健康平稳有序发展，房价指数不涨，无大的舆情事件发生。2020年，开福区克服新冠肺炎疫情影响，商品住宅市场逆势上扬、供销两旺，全区在建房地产项目64个，其中建筑面积100万平方米以上项目5个，50万~100万平方米项目5个，20万~50万平方米项目20个，20万平方米以下项目34个。截至2020年年底，全区新批预售面积247.96万平方米，同比上升40.27%，其中住宅211.18万平方米，同比上升60.8%；网签面积198.84万平方米，同比上升18.5%，其中住宅153.3万平方米，同比上升30.1%。住宅成交均价10128元/平方米，同比上升4.83%，全市排名第三；非住宅成交均价11810元/平方米，同比下降16.15%，全市排名第二。其中住宅存量去化周期为7个月，非住宅去化周期为83个月。2020年，全区完成固定资产投资647.8亿元，同比增长5.8%，其中房地产投资202.7亿元，同比增长18.1%，占全区固定资产投资的31.3%。2020年，全区完成房地产业全口径税收32.18亿元，同比上升0.3%，占全区税收比重

28%，房地产税收贡献率位居全区第一。

【农村危房改造】2020年，推进全区涉农街道范围内所有房屋安全隐患的排查整治工作，及时消除农村房屋重大安全风险隐患。2020年，投入改造资金40万元，完成农村危房改造任务15户，并联合多部门完成危房改造工作验收。

【房产证处遗】2020年，全区房产权证处遗项目111个，涉及居民20471户，其中处遗项目108个、19016户发放交办通知书进入办证程序。截至2020年年底，完成房产权证处遗项目101个 、16981户，完成率82.9%。左岸春天、唐朝大厦、通华天都、巡道街、胜利商贸广场、欧陆经典等重难点项目，分户证登记进展有序，全年办理分户证9000 余套。

【人民防空】2020年，区人民防空办公室贯彻“长期准备、重点建设、平战结合”的方针。在全市率先探索开发智慧人防全景管控系统，建立全区人防数据电子化档案。开展“防灾减灾日”和“普法宣传周”宣传教育活动，全年发放《现代防空防灾》《人防小博士》《人防科普知识手册》《湖南省人民防空工程建设与维护管理规定》8000余册。

【住房保障】2020年，落实“租购并举”，开展住房租赁发展试点，全年开展三批次39个项目评审，完成房源筹集任务7151套。全年办理公租房实物资格办理179户，租赁补贴资格115户，完成补贴对象“财政惠民一卡通”系统录入和开卡工作，发放租赁补贴资金93.89万元，办理经济适用房资格30户，经济适用房货币补贴7户。完成公租房实物配租495户。

2020 年区住建局完成 203 台电梯加装。图为科大佳园梧桐苑业主给住建局赠送锦旗 （区住建局　供图）

【疫情防控】2020年，全区278个物业小区9200余名物业服务人员放弃春节与家人团聚的机会，坚守平凡“战位”，主动加入到守护小区“第一道防线”的队伍，赢得小区业主群众的信任和好评。新冠肺炎疫情发生后，开福区住房和城乡建设局分别向全区物业服务企业下达疫情防控紧急通知和疫情防控工作方案，动员全区物业服务企业和全体物业人全力以赴做好物业小区疫情防控工作。各物业服务企业加紧筹划部署、坚持科学施策、落实联防联控，日均排查出入人员11.6万人次，车辆2.4万台次，每日实施消杀措施1200余次，全区物业小区疫情防控措施到位，未发现异常疫情。

【开福区成立长沙市首个区级物业管理行业党委】5月29日，长沙市开福区召开全区物业管理行业党员大会，选举产生了中共长沙市开福区物业管理行业委员会，标志着长沙市首个区级物业管理行业党委正式成立。开福区有物业管理项目278个，从业人员9200余人，在岗党员208名。为有效破解小区业委会、业主、物业服务公司之间矛盾突出等难题，开福区推动支部建在小区、党建引领小区、服务进驻小区，将党建薄弱点作为新的增长点。2020年，开福区住房和城乡建设局联合区委组织部，按照“一小区一支部，一楼栋一党小组”的原则，加大小区党组织组建力度，成立小区党组织218家，物业企业党组织16家，建设小区邻里中心73家，推动城市基层治理水平和物业行业发展“双提升”。

【物业管理提供“开福模式”】1月26日，开福区召开全区物业管理工作推进会，就推进全区物业管理工作和贯彻落实《长沙市开福区加强住宅小区物业管理提升物业服务水平三年行动计划（2021—2023年）》（以下简称《三年行动计划》）进行部署，30家物业服务企业代表参加。2020年，开福区树立以人民为中心的发展理念，落实各级关于加强基层社会治理相关指示精神，推进物业管理工作提档升级和创新发展，在全市率先出台《三年行动计划》，为全市提升物业管理工作提供富有特色的“开福模式”。截至2020年年底，全区物业服务企业208家，有278个物业项目实施专业物业管理，住宅物业管理覆盖率80%，涵盖住宅小区、商业大厦、办公楼宇、行政机关、学校、医院、工业园区等诸多领域，管理面积3900万余平方米，从业人员9200余人。

（陈红艳）

城建企业发展

城乡建设投资

【概况】长沙开福城市建设投资有限公司（以下简称区城投集团）下设城建投公司、城北投公司、城投控股公司、大城北棚改公司、北城资管公司、北鑫物业公司、沙坪湘绣公司，员工100余人。2020年，区城投集团荣获开福区“大干一百天，实现双过半”竞赛活动项目建设优秀业主单位。

【项目建设】2020年，区城投集团推进民生项目建设。农安房项目。开福区全年铺排建设农安房项目6个，建筑面积71.9万平方米，提供安置指标5914个。续建项目4个，建筑面积44.9万平方米，提供安置指标3690.5个。其中竹隐、天井2个农安房项目完成项目扫尾工作，天井项目于12月6日、7日开展分房，竹隐达到分房条件。新建项目2个，湘粤、九龙农安房项目启动建设，建筑面积24.1万平方米，提供安置指标2223.5个。公益及公建配套项目。全年在建项目10个，其中长沙市第一医院北院及沙坪医院改扩建工程竣工交付，为全市打赢疫情防控战奠定坚实基础；史家坡学校项目发布拆迁三公告；四方文化中心、佳园路项目、鹅秀消防站完成建设及移交手续，其中鹅秀消防站新增二次装修及文化建设工程；楚家湖顺接项目、交警大楼完成竣工验收并交付使用；区公卫大楼项目完成建设并交付使用；新河大厦完成建设并交付使用；城市驿站项目完成建设。棚改征收及有机更新项目。棚改征收方面，新建项目3个，涉及征收户988户，其中三一大道—陡岭支路、丝茅冲三期完成扫尾清零，幸福桥项目签约率85%以上；续建项目9个，其中望麓园巷及两厢、陡岭路西厢一期、丝茅冲二期、天祥日杂、东风二村一期、神箭花苑、六堆子一期等7个项目完成签约清零；丝茅冲一期、东风二村二期等2个项目正加快扫尾；清水塘炮后街项目作为全市首个“四增两减”（增加公共绿地、增加公共空间、增加配套设施、增加支路网密度；减少居住人口密度、减少开发强度）项目，清水塘小学完成建设，582套安置房源完成建设，正在办理项目竣工验收手续。有机更新方面，潮宗街片区基本完成建设扫尾；吉祥巷及西长街片区房屋修复修缮完成率95%，其中市政道路提质、下水管网改造及弱电下地等市政公用配套全部完成，西长街及示范线建设基本完成；望麓园两厢地块完成率80%，主要完成市政改造、建湘路沿线房屋修缮和征收房屋改造。

【市场开发】2020年，区城投集团完成兴联项目施工图审查及施工许可证办理，启动部分建设，房地产板块正在形成；潇湘华庭基本完成

开福区交通指挥管理综合业务楼交接仪式　（区城投公司　供图）

建设，即将预售；陡岭路西厢定向房源正在设计招标；陈家渡“137”项目签订合作开发协议；飞腾总部大楼完成前期论证。股权投资取得突破，长沙银行股权顺利划转，湘一青竹湖学校股权逐步规范，友谊咨询集团股权完成工商注册，正式进入上市辅导期，跨境电商基金完成审批，蓝思科技股份定向增发完成审购。片区开发项目完成布局，白霞片区开发完成城市设计，正在进行控规调整；关公湖片区开发完成土地范围确认，启动控规调整。特许经营权探索初显成效，山鹰潭渣土消纳场作为区城投集团第一个特许经营项目启动运营，实现营业收入5738万元，为全区重点工程土方外运提供场地保障。建筑垃圾资源优化利用项目正在进行特许经营手续办理和选址工作。

【农民安置】2020年，区城投集团全年实现分房1930套，解决指标2522个。完成鑫利家园、滨河嘉园、中岭景苑3个小区住宅栋证办理5682本，完成商业权证3.95万平方米、幼儿园权证9524.49平方米、地下室权证15.51万平方米的办理工作；完成福泽园A3S435.55平方米商业权证的办理。启动益安公寓、福竹园、福嘉园、福泽园、荷韵园5个小区农安房分户证办理工作，全年完成产权确认2257套、合同备案1200套、发放不动产权证661本，完成福泽园商品房分户证办理52套。完成湘粤补征、荷叶美苑、大屋山3宗土地不动产权证办理及大屋山5户房产证注销工作。

2020 年，建设中的区公共卫生服务大楼

（区城建投　供图）

【资金保障】2020年，区城投集团全年授信批复143.74亿元，到位资金84.57亿元，集团贷款存量166.56亿元。完成长沙银行1974.42万股股权无偿划转工作，完成上海新世纪、中诚信国际集团AA+主体评级。沙坪卫生院项目获批专项债4800万元，实现区城投集团专项债“零突破”。严格控制融资成本，坚持6%的成本上限，同步完成10.35亿元贷款置换。全年累计筹措资金112.68亿元，重点保障还本付息、项目建设、土地出让等重大支出114.3亿元。全年租金收入6592万元，其中因疫情影响，减免租金1086万元，惠及商家（含个人及企业）总计338户。完成土地出让3宗，分别为渔北路以南社保融资用地、双河商务中心和国营综合农场地块。

【区城投集团AA+主体评级】2020年5月，长沙开福城市建设投资有限公司获得中诚信国际信用评级有限责任公司和上海新世纪资信评估投资服务有限责任公司AA+主体评级。评级标志着外部评级机构及金融市场对区城投集团的整体实力、风险控制、管理水平及信用等级等方面的高度认可，增强区城投集团在金融市场的品牌影响力和公信力，对公司拓宽融资渠道、降低融资成本具有重要意义。

【全市首个有机更新区域内不动产权证完成办理】2020年，长沙开福城市建设投资有限公司为妥善解决有机更新区域征收保留房屋产权问题，对接长沙市资规局、长沙市不动产中心等部门，根据有机更新区域征收保留建筑产权办理相关流程，成立专人小组，每日一调度、每周一总结，依法依规推进土地收回、划拨级不动产权证办理等手续，在两个月内完成潮宗街88号8栋栋证及209户的不动产权证办理，实现长沙市有机更新区域内征收保留房屋不动产权证的“零突破”。

（罗　俊）

金霞发展集团

【概况】湖南金霞发展集团有限公司（以下简称金霞发展集团）成立于2017年3月，注册资金50亿元，是区管功能类国有企业，授权长沙金霞经济开发区管理委员会履行出资人职责。按照园区发展规划，金霞发展集团以“深耕园区、创新发展”为宗旨，有效整合和利用辖区内的各种资源，承担园区基础设施建设、土地运营、融资等功能性任务，打造具有核心竞争力和持续生命力的国资集团。金霞发展集团中短期战略定位为区级优秀城市开发运营商。在助推园区产城融合的同时，探索开展资产运营、地产开发、金融服务、股权投资、商业配套等市场化业务，逐步推进市场化转型。长期战略定位为省级龙头产业投资运营商。科学利用好土地资源、政策资源和人力资源比较优势，对各项业务进行优化重组，重点打造片区开发、区域运营、金融服务和产业运营等四大业务板块，以实现长期战略定位。截至2020年年底，金霞发展集团拥有18家全资、控股、参股公司，总资产规模203亿元。

【项目建设】2020年，金霞发展集团按照“提早一批、转化一批、新增一批、紧盯一批、加快一批”工作思路，推进基础设施项目29个，其中新建项目15个、续建项目14个。年初受新冠肺炎疫情影响，通过科学组织、密集调度以及利用晴好天气加班加点，顺利完成年度建设任务。此外，通过积极争取政策，申请到2020年度中央预算内等专项资金6012万元。

2020年9月5日，为加快长沙（金霞）消费电子产业集聚区建设，区委书记曹再兴在项目现场为项目建设大会战周冠军授旗　　（金霞发展集团　供图）

【土地运营】2020年，金霞发展集团对用地办卷进行系统全盘思考，协调国土部门采取“容缺审批”模式，做到人随卷跑、卷到即办，任何环节都没有出现耽误，统征办卷时间由常规的12个月缩短到6个月，挂牌时间由常规的4个月缩短到1个半月，创造“金霞速度”。全年完成统征项目14个，总面积165.13公顷；划拨项目9个，总面积20.8公顷；完成德荣医疗、恒昌医药、中南陆港、湖南医药等17个项目用地的挂牌，总面积104.13公顷，摘牌总地价款9.08亿元。挂牌项目个数和面积均创历史新高。

【融资化债】2020年，金霞发展集团全力保障资金安全，全年实现融资到位78.2亿元，有效保障各项业务的资金需求。全面拓展融资渠道，超短融、PPN、私募公司债、债权融资计划等产品获批65亿元额度，实现发改委、银行间市场、交易所三大类直融渠道的全覆盖，并新增工商银行、农业银行、中国银行、邮储银行等9家金融合作机构。全面降低融资成本，全年平均融资成本降至5.27%，较2019年平均成本下降18.8%，绝对值下降1.22%。申请到中央预算内资金、租赁住房改造奖补资金等专项资金9884万元，较2019年增长138%。全年化解隐性债务5.41亿元，累计隐性债务化解率100%，完成4.93亿元隐性债务整改工作。

【资产运营】2020年，金霞发展集团落实市、区、园区疫情租金减免政策，减免72家资产入驻企业租金520.8万元，为企业纾困解难。并克服新冠肺炎疫情期间市场经济低迷的压力，在6月底前完成市区下达的“百日攻坚”任务（1900万元租赁收入工作目标）。全年着力提升资产运营质效，充分发挥联合招商招租合力，引进湖南湘药健康产业有限公司、湖南省医药集团等14家优质企业入驻，完成资产招租面积1.25万平方米，自有资产整体出租率90%。资产租赁总收入突破3400万元（含疫情减免租金），较2019年增长34%。妥善解决历史遗留问题，成功收回历史拖欠租金532.84万元；加快处置不良资产，对龙福小区部分物业进行现场拍卖；按照上级关于改善人居环境、提升片区形象的指示精神，策划盘活广厦园5号栋及周边地块闲置资产。

【商业配套】2020年，推进商业配套业务。莫凡咖啡、兰舍咖啡、无人超市和人才之家健身房正式营业。其中莫凡咖啡自4月启动运营以来，累计为市民和企业提供各类活动100余次，成为市民休闲娱乐的网红打卡地。湘江风光带智能驿站面向社会提供公益配套设施，打造为开福区创建全省基层统战工作示范区、金霞经开区党与党外人士合作共事同心家园生活阵地。高岭智慧停车场、金霞跨境租赁性住房、江滨小屋、鹅羊山文旅休闲基地、高岭市民广场等一批项目陆续启动建设，红旗4S体验店、新长福、君庭、秦曦庄园等一批高端休闲娱乐服务业态相继入驻城北。

【金融服务】2020年，金霞发展集团开展供应链金融和贸易业务，子公司金霞国贸成功打造“以园区为基础，以国内大宗商品贸易为主、进出口业务为辅，通过高周转的国内贸易创造营收，通过安全的进口贸易创造利润”业务发展模式。全年累计签署合同规模12亿元，实际开展业务规模8.38亿元，完成回款5.95亿元，在业务拓展和业务模式上取得质的突破。为解决“融资难、融资贵”难题，推进风险补偿基金项目，通过合作银行为金霞经开区10家中小微企业授信5460万元，并重新修订相关管理办法，建立白名单制度，简化审批流程，为企业融资“加速度”。

【地产开发】2020年，金霞未来科技城于2020年3月投入运营，凭借其优秀的建筑品质和良好的运营服务，被评为2020年长沙市工业地产示范楼盘，全年引进企业27家，有意向签约企业15家，涵盖环保科技、新材料、医疗器械等多个新经济领域，孕育湖南省创新创业产业孵化与成果转化中心。独资开发的湘一·书香里项目，包括两栋公寓、商业裙楼和地下车库，计容建筑面积为5.7万平方米，建设社区商业中心、商务酒店和陪读公寓，2020年12月20日正式开盘，现场认购十分火爆，开盘即完成1.25亿元销售额，被网友评为2020年度公寓类排名第一网红楼盘。强化“项目意识、服务意识、创新意识”，整合招商资源，统筹商住用地全流程服务，完成金霞配套补征、化学试剂厂地块、中青路东加油站等3个地块出让，完成金霞租赁性住房项目、金霞“1094”项目南北地块等2个项目挂牌准备，完成高岭组团长河物流、当代物流等6个地块统征规划调整专家评审工作。

2020年8月28日，金霞发展集团在金霞经开区举办投资机构对接会，十余家全国知名基金公司、券商、银行齐聚金霞实地参观考察　　（金霞发展集团　供图）

【长沙（金霞）消费电子产业集聚区建设】2020年，长沙（金霞）消费电子产业集聚区引进上市公司投资建设消费电子项目，总体规划面积199.33公顷，总投资200亿元。项目全部达产后，年总产值500亿元、年税收8亿元、总用工6万名以上，将为长沙打造一个世界级消费类电子终端产品及装备研发、制造基地，为长沙城北打造一个布局合理、功能齐全、宜居宜业、产城融合的现代化产业新城。长沙（金霞）消费电子产业集聚区位于长沙金霞经济开发区沙坪片区，总面积10.25平方千米，由长沙市城发集团和湖南金霞发展集团成立合资公司联合开发建设。截至2020年年底，开福区完成199.23公顷、392户全部签约清零；6.3万平方米的生活配套楼实现主体封顶；完成产业集聚区1.1期三个地块挂牌；全长2700米

“三纵一横”道路全面竣工。1.1期（20万平方米厂房及配套设施）将于2021年上半年交付使用。将根据项目方需求，分区、分项目建设，分期交付，计划2024年底完成整体项目建设，2025年年底实现项目全部投产。

【投资机构对接会】8月28日，金霞发展集团举行投资机构对接会，全国知名基金公司、券商、银行10余家投资机构参会。为增进资本市场对金霞经开区及湖南金霞发展集团的了解，增强投资机构对集团公司发展的信心，赢得众多投资机构加大对集团投资力度，金霞发展集团邀请参会成员参观园区重点项目，实地考察了解园区突出优势。金霞发展集团围绕主营业务和发展规划进行推介。湖南金霞发展集团成立以来，通过对内整合金霞开发区管委会、青竹湖生态科技园管委会以及保税物流中心管委会旗下的国有企业，对外与上市公司、地方大型国企合作开展工业地产、能源交通、现代物流、供应链金融等产业投资，截至2020年年底，金霞发展集团拥有17家全资及控股子公司、AA平台1家，金霞发展集团总资产规模200亿元。与会投资机构围绕投资情况、项目计划、营商环境等方面进行深入交流、探讨和建议。

（江俞颖）

公共工程建设

【概况】2020年，区公共工程建设中心完成37个项目建设考核任务，完成长沙市第一医院北院改建工程，全年有机更新片区接受省、市、区新闻媒体宣传报道276次，接待省外参观考察30批次。

2020年12月12日，区委、区政府领导调度接贵街、藩城堤历史步道有机更新建设项目（区公共工程建设中心 供图）

【项目建设】2020年，区公共工程建设中心负责项目37个。潮宗街二期有机更新、西园北里有机更新、接贵街及藩城堤历史步道、油铺街及毛家桥历史步道完成建设，正在进行细节整改完善。鹅秀南污水干管、双湾国际（涉铁）部分、北二环污水干管等，正在抓紧实施。洪山路、骏豪路、陡岭支路等，正在有序施工。胜利街及配套杆线迁改、“630”电网十二条路由正在推进办理。公安刑侦大楼、公安分局办公楼提质改造等，稳步推进。前进小学、湘雅路派出所、历史步道重要节点等正在完善手续。完成月湖二期农安小区幼儿园、武装部打靶场、清水塘卫生服务中心一期等项目建设。完成项目考核任务。其中鹅秀南片区污水干管项目以疫情期间医用废水排放问题，争取到广铁集团重视支持，实行应急审批，提前100天完成考核任务；配合长沙市轨道交通公司克服调规时序长的困难，洪山路项目缩短审批时限，提前15天完成考核任务；前进小学项目采用EPC的模式克服房建类手续报批至少18个月的困难，正在推进设计报批手续，2021年启动项目建设。

【有机更新】2020年，区公共工程建设中心落实精干队伍，全身心投入建设，潮宗街有机更新、西园北里有机更新、接贵街及藩城堤历史步道、油铺街及毛家桥历史步道基本完成建设，正整体扫尾。有机更新片区接受省、市、区新闻媒体宣传报道276次，接待省外参观考察30批次。

【“433产业攻坚”战】2020年，区公共工程建设中心为贯彻落实区委、区政府“433产业攻坚”项目建设大会战工作部署，履行后盾单位职责职能，加大对湖南广电节目生产基地及配套设施建设项目支持力

2020年10月25日，开福区政府相关部门负责人实地查勘滨河北路、双河北路项目涉及堤防建设情况

（区公共工程建设中心　供图）

度。制定《开福区公建中心党支部“投身大会战，争当新先锋”主题实践活动实施方案》，落实“五个一”，即召开“一场动员会”、印发“一份倡议书”、签订“一份承诺书”、开展“一次学习讨论”、组建“一支先锋队”。组织在建工程施工、监理单位负责人等150余人开展安全生产培训暨职业技能比武会，提高全员安全管理意识，为打赢全区“433产业攻坚”战做好坚实保障。

【安全环保】2020年，区公共工程建设中心始终把安全生产摆在首位，严格贯彻落实“党政同责、一岗双责、失职追责”责任体系“一单四制”（重大事故隐患清单，治理任务交办制、台账制、销号制、通报制）及“三个必须”（管行业必须管安全、管业务必须管安全、管生产经营必须管安全）制度。全年开展安全生产大检查16次，举办年度安全生产培训2期，做到安全工作有人管、有人问、有人抓，实现安全生产零隐患、零事故。根据“蓝天保卫战”相关要求，全面落实施工工地“8个100%”（工地周边100%围挡、物料堆放100%覆盖、施工现场道路100%硬化、拆迁工地100%湿法作业、出入工地运输车辆100%冲洗、渣土车辆100%密闭运输、在线视频监控100%覆盖施工现场、安装扬尘监测系统100%）抑尘措施；实现扬尘在线监测系统全覆盖；坚持工地绿色施工；加大在建项目监管力度，对20个在建项目每天平均检查1次以上，每周出动人员30余人次，发现并整改问题200余个。

【长沙市第一医院北院改建】1月27日，区公共工程建设中心实施长沙市第一医院北院改建任务。全体干部职工放弃休假，克服时间紧、任务重，春节期间用工荒、材料短缺、感染危险等困难，仅用72小时，顺利建成长沙抗击新型冠状病毒感染肺炎的主战场——长沙“小汤山”医院。

（黄　兰）

城市管理

【概况】2020年，开福区城市管理和行政执法全年办理行政审批服务事项1964个，受理城管数字化案卷6.61万条，及时处置率99.66%，清退无牌照互联网租赁自行车17万余辆。新增安装油烟净化器门店57家，全区累计安装油烟净化器门店2245家；新增安装油烟在线监测系统的规模以上餐饮门店206家，全区累计安装在线监测系统的规模以上餐饮门店706家。查处燃气违法行为15起，罚款8.96万元，查处垃圾分类案件280起，罚款16.36万元。

【户外广告管理】2020年，区城管执法局开展意识形态工作责任制专题培训，召开户外广告、行政审批等阵地建设会议4次；全年宣传报道120篇，其中《开福区城管夜以继日全员抗疫》《长沙开福区利用无人机让城市管理更高效》《五纵五横城市道路空间品质提升》在湖南卫视、《湖南日报》、《长沙晚报》报道。加强户外阵地管控，联合区委宣传部制定《开福区户外广告（信息发布）阵地管理工作方案》，全年巡查涉意识形态广告114处，发现问题21处，均整改到位；全区建设工地围挡公益广告占比30%。

【优化营商环境】2020年，区城管执法局优化审批流程，全年办理行政审批服务事项1964个，将办理时限由10个工作日缩减为7个工作日，将涉及“水电气”项目时限压缩到2个工作日办理；将临时占用街道两侧及公共场地、临时占用挖掘城市道路、移伐修剪城市树木、门店招牌设置等事项的办件受理服务前移到街道、社区。落实“大干一百天，实现双过半”竞赛活动，深入北辰大悦城项目、马栏山视频文创园项目、万达广场、富兴时代广场、高岭国际商贸城，支持户外商业宣传活动，助力企业发展。服务“433产业攻坚”项目，协调解决德荣医疗国际创新产业基地项目存在的汤家湖路建设、渣土外运、污水管网问题，处置项目渣土外运17万立方米。

【城市精细化管理】2020年，区城管执法局推进城市管理网格化。全区16个街道，107个社区（村）划分为510个管理网格和20个维护网格，2020年，受理网格案卷1.58万条、处理网格案卷1.58万条，处置率99.97%。处置城管数字化案卷6.61万条，及时处置率99.66%，推进城市管理方式从事后执法向事前管理转变。开展阳台（窗台）“三清”行动。对全区主次干道、背街小巷、居民小区临街阳台（窗台）开展“清理、清洁、清爽”行动，打造出通透敞亮型、清爽整洁型、绿色妆点型的阳台（窗台）。加强静态交通管控。制定《开福区互联网租赁自行车（电动车）乱象综合治理工作方案》，根据辖区人流实际情况，全区设置停放点297处，统一实行牌照管理，清退无牌照互联网租赁自行车17万余辆。开展河堤河滩保洁。制定《开福区“一江三河”堤岸滩涂清扫保洁考核细则》，13个涉河街道落实专人维护，安排河堤河滩保洁专项资金500万元，按季度实施考核兑现奖惩。2020年，区城管执法局承担捞刀河河长制办公室的职能职责，全年对辖区“一江三河”河堤巡查130次。餐饮油烟整治。2020年，新增安装油烟净化器门店57家，全区累计安装油烟净化器门店2245家（不含无油烟及改转停门店），建立餐饮门店油烟净化器管理台账；新增安装油烟在线监测系统的规模以上餐饮门店206家，全区累计安装在线监测系统的规模以上餐饮门店706家，采取日常巡查和在线预警相结合的方式，查处餐饮油烟案件80起、罚款4.86万元。开展燃气热力隐患整治。落实安全生产专项整治三年行动，常态开展燃气热力安全隐患排查整治，查处燃气违法行为15起，罚款8.96万元，完成毛家桥水果市场燃气安全隐患整治。

【巡视问题整改】2020年，区城管执法局开展湖南省委巡视问题的整改。整治开福寺周边乞讨人员成堆，影响城市形象的问题。区城管执法局制定《开福寺周边市容环境秩序专项整治工作方案》，开展为期一个半月的集中整治行动，取缔流浪乞讨行为30余个、算命摊位50余个、流动摊贩40余个、规范店外经营20余处，收缴工具2车，督促新河街道聘请保安公司开展周边日常整治，在大型节会加派城管执法力量协助，形成常态化管理。整治捞刀河街道、四方坪街道历史违章建筑多，存在消防隐患的问题。区城管执法局制定《违法建设专项整治方案》，捞刀河街道摸排违法建设126处，截至2020年年底，拆除74处，剩余52处纳入拆除计划；四方坪街道摸排违法建设13处，截至2020年年底，拆除9处。整治四方坪旧货市场存在较大消防安全隐患的问题。2020年8月3日至9月10日，区城管执法局联合多部门对四方坪旧货市场开展综合整治，出动人员1500余人次，完成606户租赁户的清退工作，存在的消防安全风险整改到位。

【生活垃圾分类】2020年，区城管执法局优化考核办法，出台《开福区生活垃圾收运管理及考核办法（试行）》，实行“以厨余垃圾为主”的考核方式，按考核结果分等次兑现奖补资金，全区日均厨余垃

2020年4月30日，区委、区政府加强城市精细化管理。图为芙蓉中路绿叶女广场街头公园建设效果

（区城管局　供图）

圾收运量100余千克。考核问责，抓住“家里、通边、站内”关键环节，加强督导、监督，对垃圾分类工作长期靠后的街道，报请区政府约谈。执法办案，对湿垃圾收运成效不佳的物业小区、企业等开展执法办案，查处垃圾分类案件280起，罚款16.36万元。

【城管项目建设】2020年，区城管执法局牵头组织开展“五纵五横”等城市品质提升工作，对德雅路、五一路道路空间实施品质提升，建设江滨社区夜宵街（龙虾美食街）和五矿长沙韵味街夜市街区2处，将黄兴路（营盘路至五一路）、通泰街吉祥巷、接贵街、中山路结合立面整治和城市有机更新打造成广告招牌示范区。完成五一商圈环境综合提质、园林生态园周边环境综合提质、蓝天保卫战专项整治项目建设任务，朝正垸片区亚丁路、月岛路、支二路污水管道建设项目进场施工，完善马栏山视频文创园管网系统。做好全区夜景亮化设施的日常管理、安全巡查工作，对主次干道和重要节点的夜景亮化和路灯设施存在的问题进行整改，完成招标项目的维护单位考核和合同续签工作。

【服务中心工作】2020年，区城管执法局在新冠肺炎疫情防控期间，完成长沙市第一医院北院和沙坪卫生院修复建设、卫生整治、值班值守和热力燃气保障；开展全区农贸市场、流动摊贩巡查整治；指导街道设置废弃口罩收集桶765个，安排2辆专用车辆收集废旧口罩转运处理。2020年，完成广电车展、“5·20”消费节、青春芒果节、互联网岳麓峰会和领导视察等40项重大活动的服务保障任务。

（朱泽宇）

市容环境卫生维护

【概况】2020年，全区用于道路维护的传统燃油作业车辆有251台，其中水车66台，洗扫车37台，小型机扫车14台，路面养护车91台，督查车28台，餐厨车9台，勾臂车1台，雾化抑尘车3台，撒盐车2台；新能源作业车辆15台，其中：洗扫车2台，洒水车9台，养护车4台；区环卫中心用于道路维护的作业车辆合计266台。2020年，沙坪环卫所党支部被评为“2019年度开福区‘五化’阵地建设示范单位”；洪山环卫所世界之窗班组、芙蓉北路环卫所芙蓉北路班组荣获省级“优秀作业班组”称号；区环卫中心保持“长沙市文明标兵单位”称号。

【环卫作业】2020年，开福区市容环境卫生维护中心深化改革创新，优化作业模式，按照“全域化”和“五无五净”（院落无垃圾、无杂物、无积尘、无积水、无污迹，地面干净、绿地干净、屋顶干净、室内干净、公共设施干净）的要求，制定“六定”（定路、定时、定设备、定标准、定责任、定人）原则，优化“五步清洁法”（扫、掏、捡、铲、抹）和“一车三人捆绑养护”作业模式，站厕按照“一人一站一厕”的标准提升配置、提高维护质量，建立100余人快速保洁队伍对道路进行快速循环检查，形成精细维护作业程式，实现全区主次道路维护作业“全覆盖、见本色、常态化”的立体维护目标。建立一套严格的考核体系，根据“日常检查+平台监督+市局检查”等7个方面综合考核排名，调动各部门的工作积极性，提升环卫现代化的管理水平。在2020年二、三季度的长沙市城管考核中，开福区环卫工作分别获得第二名、第一名的好成绩。

2020年，区城管执法局开展城市品质提升工作。图为广告招牌示范街区黄兴北路招牌建设效果图
（区城管局　供图）

2020年9月27日，区环卫中心实行道路作业模式优化，创新洒水车“错位并行冲洗法”和洗扫车“串行洗扫法”，实现城市道路清洗和畅通。图为环卫工人在盛世路开展大清洗工作　（区环卫中心　供图）

【渣土管控】2020年，对全区5万平方米以上工地安装监控球机、监控枪机，实现360°远程可视化和实时精准化监控，发挥科技在渣土管理工作中的重要作用。依托区“三车三场综合整治办公室”各成员单位的共同配合，区环卫中心推动全区渣土消纳场、盾构土处置场的建设，联合相关单位依法对渣土工地、消纳场、渣土运输企业开展渣土扬尘、渣土车辆超限超载等专项整治行动，持续保持严管重罚高压态势。严格落实蓝天保卫战要求，强化渣土扬尘监管与治理工作，全年处理路面污染122处，处置各类渣土案卷528条，移交违规车辆102台，办结平台推送案卷308条，处理微信举报信件25条次，处置市民投诉45条次，下达停工整改通知单80次。

【设施建设】2020年，根据长沙市城管局2020—2022年环卫设施建设项目要求，建设公共站厕4座，购置新能源环卫作业车辆5台。购置不锈钢果皮筒280个，主要铺排在清水塘路、湘江大道、芙蓉北路等重点路段和重要场所。

【外包服务】2020年，区环卫中心根据区审计、区委巡察整改要求，对护栏清洗、垃圾运输、餐厨垃圾收运和劳务派遣服务合同进行全面修订和完善，加强对外包公司的监管、考核。护栏清洗方面。对全区13.52万米交通隔离护栏清洗作业制定精细化考核标准，将督查效果纳入月度考核，落实奖惩兑现。垃圾运输方面。加强监管，加大涉农街道垃圾围池的清运，有效控制生活垃圾总量，全年清运生活垃圾36.88万吨，较2019年同期下降2.69%。完善大件垃圾、家装垃圾运输管理体系，安排专人对处置、运输情况进行督查和考核，全年清运大件垃圾1568车、家装垃圾1076车。餐厨垃圾方面。根据全区3500余家餐饮门店分布情况，划分8条收运线路，设置3个收运暂存点，全年收集餐厨垃圾1.28万吨，实现全区餐厨垃圾全覆盖。劳务派遣方面。规范服务合同条款，细化职工离入职手续，拓展劳务服务项目，加大考核力度，确保政府资金效率效益的最大化。

【疫情防控】2020年，落实联防联控责任，制定24小时值班制，每天出动人员2023人次对全区137座垃圾站、129座公共卫生间、3306个果皮筒、40座环卫工作间、259台作业车辆及保洁车实行一日两次消杀，重点站厕消杀三次以上。为防止废弃口罩造成二次污染，在各城市驿站、公厕、垃圾站等地设置364个废弃口罩集中点，642个专用收集桶，对全区的废弃口罩进行统一收集、统一运输、专业处置。区环卫中心协助长沙市第一医院改扩建工作，协助珠江花城小区上户排查摸底1725户，协助43家中小型企业复工复产。

【道路作业模式优化】2020年，制定“六定”“五步清洁法”作业模式，创新洒水车“错位并行冲洗法”（道路交通高峰时段，洒水车不上路，清洁和畅通并重），洗扫车“串行洗扫法”（路面冲洗与清扫一体化），养护车“交替循环法”（路面污迹清洗与清扫一体化）作业法，站厕按照“一人一站一厕”的标准提高维护质量，成立100余人保洁队伍对道路进行快速循环检查，利用“智慧平台+”全程监管考核，形成精细化、全覆盖维护作业程式。对2018年以来新增的54条主次干道、122万平方米维护面积，在不增加财政维护经费的前提

洒水车在开福大道洒水清洗降尘　　（区环卫中心　供图）

下，通过优化人员及设备，实行常态维护，节约财政资金。

【生活垃圾分类收运链创新】2020年，区环卫中心在16个街道设置厨余垃圾投放站各1个，将湿垃圾站的压缩箱全部采取环保压缩技术与密封功能，有效解决污水外溢问题。安排专人值守垃圾站，对湿垃圾进行站前检查，严禁干湿混装垃圾进站，实行公共垃圾站“定点投放+定点收集+定点运输”的无缝对接，用“中端严格收运”倒逼“前端精准分类”，推动湿垃圾分类准确率70%以上。

【城市驿站管理】2020年，区环卫中心维护的城市驿站为栖凤路站、北辰站、开福大道站和司马里站4座。清扫员每天早中晚进行3次深度清洁，发现设施设备损坏及时进行维修或更换，免费提供日用品、急救药品、图书借阅等便民服务；拓展城市驿站的作用，让市民群众在这个“共享家园”里自助管理、自助服务、自助体验。

【蓝天保卫战】2020年，聚焦扬尘治理和臭氧防治，建立健全调度机制，根据天气情况，及时启动应急管控；配齐配强设备，购置抑尘车3台，加强洒水降尘；结合“清洁长沙”行动，开展周末和节假日全员大清洗。2020年，伍家岭站点优良天数累计313天，较2019年同期增加49天，优良率85.5%；沙坪站点优良天数累计320天，较2019年同期增加47天，优良率87.4%。全区蓝天保卫战考核工作中，区环卫中心被评为A类一等单位3次。

（汤　毅）

市政设施维护

【概况】2020年，开福区市政设施维护修补路面8.62万平方米，修补人行道1.8万平方米，疏浚排水管、沟97.82万平方米，清掏各类井9.17万座，清掏化粪池2594座；累计处置数字化案卷6941条、“12345”热线工单、城管“110”及市民来电1989条，结案率100%，在长沙市城管局季度考核中，获得2个第一名。2020年，完成车站北路、湘江大道2条道路的全要素提质，湘江北路、东二环2条道路的平坦整治，以及道路物探异点检测项目、开福污水处理厂及长善垸污水处理厂纳污区管网普查6个市级考核项目。完成湖南省妇幼保健院人行天桥、大型管道疏浚、老旧化粪池疏浚改造、农安小区雨污分流、支路微循环项目、排水管道补短板、提质增效2批清淤等8个区级考核项目。

【日常维护】2020年，区市政中心全年修补路面8.62万平方米，修补人行道1.8万平方米，疏浚排水管、沟97.82万平方米，清掏各类井9.17万座，清掏化粪池2594座；累计处置数字化案卷6941条、“12345”热线工单、城管“110”及市民来电1989条，结案率100%，在长沙市城管局季度考核中，获得2个第一名。修复开福大道、青竹湖大道、湘江北路等道路2.75万平方米，处理病害道路基础1.06万平方米；响应“街道吹哨、部门报到”工作，处理四方坪、通泰街等街道地坪破损、街巷积水问题10余处。

【路政管理】2020年，对辖区内主、次干道及背街小巷巡查3263余人次，严格占道、破路面积审核，办理占道手续463件、破路挖掘许可证260个；定期对占道、挖掘办证的后期施工情况进行监管，建立《证后管理台账》723个，保证市政设施的完好性。对煤气、自来水抢修开挖的市政设施向长沙市应急中心备案82处，与相关部门协调沟通，督促做好抢修期间施工围挡及施工安全工作；对因煤气、自来水抢修破路、证后恢复及时现场核实修复面积并开具破路修复通知单256张，排除市政道路及设施安全隐患。对辖区各重点项目、房建类工程等工地施工流程实施监督管理，按照“一项目一档案”建立台账33个，保障工地周边城市道路路面、人行道、排水设施及其他道路附属设施的正常运行。

【防汛应急】2020年，区市政中心在汛前完成对汽车北站、黄兴北路等39处小型堵点进行管道更换和改造；在强降雨天气中，出动抢险人员6216人次，车辆设备1189台次，保障下水管网通畅，确保城区无内涝发生。

【提质改造】2020年，区市政中心完成车站北路、湘江大道2条道路的全要素提质，湘江北路、东二环2条道路的平坦整治，以及道路物探异点检测项目、开福污水处理厂及长善垸污水处理厂纳污区管网普查6个市级考核项目。其中车站北路、湘江大道全要素提质项目得到市级部门高度认可，并作为样板向全市推广。完成省妇幼人行天桥、大型管道疏浚、老旧化粪池疏浚改造、农安小区雨污分流、支路微循环项目、排水管道补短板、提质增效2批清淤等8个区级考核项目，着重解决老百姓关心的排水不畅、道路不平、停车难、过街设施不便、污水外溢等民生问题。完成三一大道西湖楼片区微循环项目、栖凤路通勤道改建、楚家湖龙塘小区周边雨污分流项目、金色比华利临时公交站台改造项目、金竹河捞刀河社区排口截污应急项目、滨河路人行道沉塌抢修项目、振湘小区等7个老旧小区周边排水设施改造项目、捞刀河社区散户区污水全收集项目8个应急交办、代办项目，解决居民生活和出行困难。

【湘春路人行天桥建设】2020年，区市政中心组织对“2019年人行立体过街设施建设项目”（湘春路湖南省妇幼保健医院段）进行具体实施。项目由湖南大学设计研究院有限公司设计，由湖南开诚项目管理有限公司监管，湖南天茂景观建设工程有限公司施工。1月初进场施工，11月全部完工。桥梁全长为33.35米，桥梁主桥桥下净空大于5.0米，总宽4.2米，梯道全宽2.5米，总投资541.31万元。

【湘江大道全要素提质项目】2020年，区市政中心组织对湘江大道北起凤嘴路，南至橘子洲大桥，全长4.0千米，进行全要素提质，建设内容以城市管理整治为主，包含道路工程、排水工程等。全方位对道路机动车道、慢行系统、城市家具、植物绿化、退缩空间等进行提质，整体打造高品质城市景观大道，项目总投资3996.22万元。由中国市政工程西北设计研究院有限公司设计，承运建工集团有限公司负责施工，湖南开诚项目管理有限公司进行监管，11月中下旬进场施工，年底全部完工。

【车站北路全要素提质项目】2020年，区市政中心组织对车站北路（福元路至京广线桥）进行全要素提质，提质长度4.0千米。提质内容包括对道路、慢行系统、城市家具、退缩空间、植物绿化、建筑立面、排水、照明等全方位的提质，重点打造德雅路口节点，不改变原有道路等级（主干道），项目总投资3164.71万元。该项目直接委托湖南众鑫工程咨询监理有限公司进行监管，项目采用EPC工程总承包模

2020年11月，投资500多万元的省妇幼人行天桥建成，投入使用

（区市政中心　供图）

式，于10月30日开标，确定湖南洪山建设集团有限公司为施工单位，中国市政工程西北设计研究院有限公司为设计单位，项目于11月3日开始进行施工图设计，施工单位于11月中下旬进场施工，年底全部完工。

【东二环道路平坦项目】2020年，组织对东二环（三一大道至浏阳河桥南）的路面进行整治，整治路段南起鸭子铺大桥南桥头，北至四方坪立交桥北，全长2.5千米。建设内容包括对达到或超过道路使用年限、井座井盖下沉、路基纵向裂缝、路面拥包破损等病害问题的城区道路实施专项整治，并对道路进行整体罩面、重新施划交通标线等，项目总投资996.57万元。该项目直接委托湖南建科工程项目管理有限公司进行监管，项目采用EPC工程总承包模式，于10月16日开标，确定湖南省正林建设有限公司为施工单位，上海千年城市规划工程设计股份有限公司为设计单位，湖南融城环保科技有限公司进行工程所需主材（沥青料）供应，项目于10月19日开始进行施工图设计，施工单位于10月下旬进场施工，年底全部完工。

【湘江北路道路平坦项目】2020年，组织对湘江北路（北三环至彩霞路）的路面进行整治，整治路段南起绕城高速桥，北至彩霞路，全长2.96千米。建设内容包括对车行道路面的病害进行处治后整体罩面；井座井盖提升；重新施划交通标线、恢复部分感应线圈等，项目总投资3954.22万元。该项目直接委托长沙政和工程项目管理有限公司进行监管，项目采用EPC工程总承包模式，于10月29日开标，确定湖南天茂建设集团有限公司为施工单位，上海千年城市规划工程设计股份有限公司为设计单位，湖南融城环保科技有限公司进行工程所需主材（沥青料）供应，项目于11月3日开始进行施工图设计，施工单位于11月中下旬进场施工，年底全部完工。

2020年12月30日，全长近3千米的湘江北路经过全面修整提升后，道路平坦
（区市政中心　供图）

【农安小区雨污分流改造项目】2020年，区市政中心组织对农安小区雨污分流改造项目进行具体实施，主要是对鹅秀南组团等捞刀河以北片区农安小区雨污水管网分流系统进行梳理完善，设置洗涤池、隔油池、化粪池、沉砂池，对破损严重管道进行重建或修复，对管道淤塞严重部分进行清淤疏浚等，项目总投资1196.88万元。该项目直接委托湖南大学设计研究院有限公司进行设计，由湖南开诚项目管理有限公司进行监管，项目施工部分于2020年7月2日开标，确定承运建工集团有限公司为项目施工单位。项目于7月6日召开技术交底会，施工单位于7月上旬进场施工，年底全部完工。

【捞刀河社区直排金竹河排口应急截污工程】2020年，组织对捞刀河社区博爱小区排污口等4个直排金竹河的排口进行截污整治，新建DN800混凝土承插截污支管，对排口上游散户污水进行全收集，并接入博爱小区南侧截污干管内。在散户与截污支管间新建5座化粪池，采用DN200PVC管、DN300混凝土承插管对散户污水进行收集，排入化粪池并接入截污支管内，同时新建截污井2座、新建各类井15座。项目总投资103.6万元。该项目直接委托湖南省建筑科学研究院有限公司进行设计，湖南建科工程项目管理有限公司进行监管，施工单位委托湖南华泰建设集团有限公司具体实施，施工单位于10月底召开技术交底会并进场施工，年底全部完工。

【西湖楼片区微循环项目】2020年，组织在三一大道西湖楼处匝道增设出入口，对片区实施微循环优化，主要是对佳亨路涵洞南侧三一大道匝道进行全开放改造，并进行拓宽；对不连续人行道进行新建；在佳亨路上三一大道匝道西侧增设DN300波纹管接入佳亨路主管，并增设双箅雨水口收集道路排水；对佳亨路上三一大道匝道西侧绿化带进行复绿，重新铺种马尼拉草皮等。项目总投资174万元。该项目直接委托湖南方圆建筑工程设计有限公司进行设计，由湖南地生项目管理有限公司进行监管，项目施工部分于2020年4月6日开标，确定湖南青竹湖城乡建设有限公司为项目施工单位。项目于4月11日召开技术交底会，施工单位于4月中旬进场施工，年底全部完工。

（魏锦芳）

园林绿化维护

【概况】2020年，区园林中心全年修剪乔木9.05万株，清理垃圾1.68万吨，浇水8.39万立方米，打药690吨，施肥169吨，树木扶正591株，除杂草730.7万平方米，中耕围护55.6万平方米，补种乔木、灌木39.3万株，补贴草皮5.79万平方米，播撒草籽1.29吨，修补花坛边7404米，树木刷白5.32万株。2020年，区园林中心完成胜利社区公园建设。完成月湖公园局部提质改造、月湖公园电力增容、月湖公园自来水增容及管网维护项目。完成湘江风光带（湘江二桥至中航星预警救援中心）二级平台游道修复项目。完成湖南省广电会展中心周边环境综合整治项目。

【绿化维护】2020年，科学铺排生产维护工作，明确职责，分工合作，对月生产维护计划进行量化和细化，并及时调度和督促各项工作，确保生产维护工作全面落实到位。全年修剪乔木9.05万株，清理垃圾1.68万吨，浇水8.39万立方米，打药690吨，施肥169吨，树木扶正591株，除杂草730.7万平方米，中耕围护55.6万平方米，补种乔木、灌木39.3万株，补贴草皮5.79万平方米，播撒草籽1.29吨，修补花坛边7404米，树木刷白5.32万株。

开福区园林中心以“缤纷芙蓉·花间林路”为主题，打造特色街道空间，创造都市新形象　（区园林绿化中心　供图）

【项目建设】2020年，完成开福区胜利社区公园建设。项目建设地点位于开福区四方坪街道胜利社区，总建设面积2.15万平方米，其中新建面积8300平方米，提质面积1.32万平方米。通过项目实施，对原有社区公园及鑫利家园西向南向地块的园建、铺装、绿化、亮化、给排水和设施小品等进行提质提档。配合马栏山片区重点项目建设实施。完成月湖公园局部提质改造、月湖公园电力增容、月湖公园自来水增容及管网维护项目。通过项目实施，对月湖公园人行木栈道、车行木栈桥、木栏杆、景观亭、长沙大学站地铁口停车场及文创小镇旁广场进行修复整理，对文创小镇旁黑臭水进行整治、景观渠改造，使景观渠变得干净整洁；月湖公园电力增容，完成荷塘月色配电房由500千伏安增至800千伏安、原水处理中心500千伏安增至1000千伏安及相关的土建配套内容的建设；月湖公园自来水增容及管网维护项目投资29.83万元，通过项目实施，对月湖公园自来水增容及内部管网进行维护（漏水点查询），解决自来水供压不足的问题。完成湘江风光带（湘江二桥至中航星预警救援中心）二级平台游道修复项目，总建设面积800平方米，投资47万元。通过项目实施，对湘江风光带（湘江二桥至中航星预警救援中心）二级平台范围内进行清理淤泥及修复损坏亮化设施、栏杆、台阶、游道座椅，拆除木栈道改硬质铺装等。完成湖南省广电会展中心周边环境综合整治项目。对广电跨线桥匝道及广电会展中心周边进行园林绿化综合整治，在拆除原有大型绿雕后栽植时令草花并放置花箱，拆除三一大道浏阳河跨线桥立体绿化和东风路（德雅路—营盘路）花箱，对浏阳河跨线桥两厢油麻藤进行修剪、移栽，水电管网拆除，种植土箱体及花架的拆除外运等。

【绿化管理】2020年，完成131家单位临时占绿、城市树木伐移申请的现场查勘，出具现场查勘意见131份。申请单位依据查勘意见办理临时占绿、城市树木伐移许可证131份，其中临时占绿许可证91份，伐移许可证40份；查处违规占绿毁绿事件167起，其中车辆肇事毁绿事件25起；督促无证占绿施工单位办理临时占绿证件5起；处理私自毁坏公共绿地事件9起。全年收到辖区内各社区死危树木砍伐修剪报告261份，现场查勘死危树木1344株，全部按程序处理到位。

【市级义务植树基地建设】2020年，开福区在中青路北延线新建市级义务植树基地1个，建设面积7500平方米，配置乔木品种有金桂、碧桃、栾树、黄花槐450株，栽植红叶石楠球、木槿、海桐球灌木95株，栽植地被小苗（法国冬青）7200株，铺种草皮7500平方米。3月14日，区园林中心组织志愿者在中青路北延线义务植树基地开展义务植树活动，第一批栽植乔木180株，品种有金桂、碧桃、栾树、黄花槐，栽植灌木45株，品种有红叶石楠球、木槿和海桐球。截至2020年年底，开福区建设市级义务植树基地2个，区级义务植树基地3个及区级植保基地5个。

开福区园林中心以“缤纷芙蓉·花间林路”为主题，打造特色街道空间，创造都市新形象
（区园林绿化中心　供图）

【古树名木复壮保护】2020年，对2019年普查中发现零星分布散生的，长势衰弱濒危、病虫害的古树名木64株，委托有资质的专业队伍开展“一树一策”分批次有针对性地逐株复壮保护工作。开福区成立古树复壮保护验收领导小组，召开古树复壮工作验收会，对复壮的古树进行现场抽检全部合格，完成长沙市绿委下达的古树名木复壮保护年度任务指标。

【花境改造】2020年3—4月，对辖区内月岛公园入口、营盘路、盛世路等重要道路节点的公共绿地实施花境改造。花境（全称草木混合花境）是园林绿地中一种特殊的种植形式，以树丛、树群、绿篱、矮墙或建筑物作背景的带状自然式花卉布置，模拟自然界中林地边缘地带多种野生花卉交错生长的状态，运用艺术手法提炼、设计成的一种花卉应用。开福区园林绿化维护中心采取花境别致景观与城市道路植被功能性相结合、花境田园景观与城市公园广场景观相结合、优质选材与节约维护成本双赢相结合三项措施实施花境改造。

（王佳乐）

征地工作

【概况】2020年，开福区实施拆迁项目124个，其中新启动项目81个，签约清零69个，其中全面清零腾地37个；扫尾项目43个，其中全面清零腾地38个。全年实现项目腾地75个，面积647.4公顷。

【新项目启动】2020年，全区启动拆迁新项目81个，征地面积450.67公顷，动迁人口6207人，拆迁房屋1369栋、2024户。其中钟石统征一期二期三期、荷叶村农民安置用地、开福区植基路、彭家巷路南段、长沙市2019年度第十五批次

（加油站）、长沙市2018年度第四批次（秀峰公园）、长沙市2006年第三批次（君盛小商品市场）、秀峰街道高冲路以南农民安置用地项目、长沙市开福区鹅秀路扩征建设用地项目、开福区社会福利中心项目、长沙市2014年度第三批次（汤家湖保障住房）、长沙市广胜路南北延长线补征建设项目等37个项目全面清零实现高质量交地；长沙市开福区国营综合农场陈家渡分场农民安置房（“137”）、长沙市开福区青竹湖街道天井社区生产安置地建设项目、井坡二号统征地项目（井坡商住东地块）、长沙市2020年第十三批次项目（植基安置用地）、自安统征地二等32个项目完成签约。

【老项目扫尾】2020年，全区拆迁扫尾项目43个，其中全面清零实现高质量交地项目38个，分别是保税二期、轨道交通1号线北延线一期、沙河停车场片区综合治理工程、关公湖2地块、雷士照明、菲斯罗克、长郡开福中学、华勤通讯、“1094”二期、工农垸、省疾控中心、苏托垸污水处理厂、统征储备开发当代二期、山鹰潭地块等；办理结算高岭仓储等项目2个；完成签约倒房项目1个，即长河物流中心仓储二期；恩瑞物流、捞刀河商住公共设施2个项目正在加紧推进。

【严格指标审核】2020年，开福区全年完成19个项目90批次3393个安置指标审核工作，其中申购保障住房指标3386个，申请货币补贴指标7个。纳入社会保障体系4560人。完成128个项目83批次10899.5人、月发放额1028.78万元的延期过渡费审核工作。报送“半边户”资格申请383户，批回资格确认单361户。

【保障住房安置】2020年，完成中岭景苑、文庭雅苑、鑫利嘉园、朝正美苑、滨河嘉园等小区分房工作，累计分房4867套，1862户拆迁群众乔迁新居，安置指标6162.5个，实现全区103号令拆迁分房8个涉农街道全覆盖。申报“两保”用地指标46.49公顷，正在对接市局相关部门审定，为做好被征地农民安置工作提供保障。

【遗留问题化解】2020年，开福区做好拆迁遗留问题化解工作。化解60号令遗留问题。恩瑞物流是开福区60号令政策实施期内未完成拆迁腾地的唯一项目。2020年，区委、区政府将项目纳入征地拆迁专项行动中，多次召开专题会议具体部署，各部门密切配合、制定方案，强势推进，实现明园山庄、明园驾校、水泥制管厂3家企业扫尾清零。指导生产发展用地处置。区征地服务中心在“两安”用地清理核算的基础上，重新设计表格、下发通知、统一模式，要求各街道、村（社区）再次收集梳理60号令“两安”用地处置情况，建立“两安”用地台账；对竹隐、新安寺等社区处置地块进行指导和把关；国营综合农场60号令生产发展用地处置第二次收益分配工作全面完成，实际发放到位6990人，发放率99.2%，同时，闲置多年的“金马美食城”地块动工建设；完成先福村与四方公司往来账务的清算结果核算，出具审计报告，完成一方案三决议的上户表决，启动收益分配工作，发放340人（总人数2311人），发放金额1088万元。2020年，区征地服务中心参与区领导接访和信访工作会议60余次；办理政府信息依申请公开转办告知单8件，领导批示件及群众来信70余件，“12345”市民热线工单71件；接待群众来访100余批次，做到政策宣讲到位，努力解决群众诉求。

（蒋登凡）

城市人居环境

【概况】2020年，开福区有序推进西园北里、潮宗街、文昌阁、吉祥巷、望麓园城市有机更新项目5个。完成棚户区改造和“城中村”改造550户。完成老旧小区改造项目10个。启动街区“微改造”项目11个，其中8个“微改造”项目竣工验收。完成“一圈两场三道”（“15分钟生活圈”，停车场、农贸市场，人行道、自行车道、健身步道）项目建设，总投资3.04亿元。

【城市体检】2020年，落实“无体检不项目”，抓住“宜居城市”短板指标，以地域位置相近，老旧小区、危旧房、棚户区、旧厂房、旧市场、旧楼宇社区相对集中的原则，划定一批重点更新单元，开展深度城市体检，确定各类“微改造”项目；以片区更新的理念，探索居住区周边或公共空间共享资源和配套设施的路径。2020年，开福区确定文昌阁片区为更新单元的体检试点，完成体检报告。

【老城区有机更新】2020年，开福区将片区城市更新列入“433产业攻坚”项目，按照全面决胜小康年行动方案的要求，推进城市有机更

2020 年 12 月 4 日，市政府领导调研群芳园小区老旧小区改造工作
（区人居环境局　供图）

新。制定《2020年开福区吉祥巷片区有机更新工作方案》《开福区持续推进城区有机更新工作方案》，推进城市有机更新工作。西园北里、潮宗街、文昌阁、吉祥巷和望麓园5个城市有机更新项目有序推进。西园北里、潮宗街等历史街区成为“网红打卡地”。文昌阁片区完成整体规划设计方案评选；吉祥巷片区完成整体工程95%；望麓园片区完成整体工程量的80%。完成房屋功能性完善验收560户，完善验收和申请补偿流程。2020年，全区有机更新片区拆除违章150余处，3405平方米，完成民生“补短”27处，协调解决问题40余个。吉祥巷片区完成房屋修缮519栋，完成市政工程道路改造3755米，改造化粪池30余个，打造景观节点8个，取缔“脏、乱、差”经营门店70%，改善片区人居环境，并启动招商运营。2020年，开福区城市有机更新工作得到“学习强国”平台、《湖南日报》、《长沙晚报》等媒体宣传报道，迎接省内外观摩学习20余次，住建部到西园北里、潮宗街调研城市有机更新工作3次。

【棚户区改造和“城中村”改造】2020年，开福区完成省、市对区绩效考核的棚改任务户数550户，为全年任务的100%。办理并发放新申请棚户区改造安置补贴438户。启动植基社区、鹅羊山社区、新安寺社区“城中村”改造项目3个，完成史家坡社区“城中村”改造的征拆工作。湖南省住建厅交叉检查组到开福区开展2020年省棚改任务考核工作，实地考察吉祥巷太平路项目、三一大道—陡岭支路、神箭花苑棚改项目以及洪西片区“城中村”改造项目（山鹰潭、陈家渡地块）、绕城高速以南“城中村”改造项目（荷叶地块）征拆及建设，查看福鑫美苑安置房建设，了解项目安置情况，对开福区“城中村”改造和棚户区改造工作给予肯定。

【老旧小区改造】2020年，开福区老旧小区改造项目10个，总建筑面积49.08万平方米、房屋160栋、户数4266户，总投资1.09亿元。对振湘小区、省委统战部机关大院、新华社湖南分社宿舍、马栏山小区、学宫街小区、邮电小区、绸厂12~14栋宿舍、长元人造板厂宿舍、群芳园小区、雅泰花园10个老旧社区实施提质改造，解决下水道不畅、道路破损、交通拥堵、路灯不亮、配套设施缺失等问题。2020年，投资2976万元，完成马栏山小区提质改造，小区道路加铺沥青、增设路灯、规划停车位和小区环境整治、栋间坪区提质雨水篦子、改造雨污水井及电力通信井等。

【城市危旧房屋改造】2020年，采取修复修缮和就地翻建方式，完成李炳初公馆、先锋厅居民点1~2栋、轩辕殿8号栋危旧房屋改造项目3个，长沙市油墨厂宿舍等4个项目、5栋、8173.57平方米危旧房屋（构筑物）正在改造中，项目总投资额1111万元，可解决159户、477名群众的居住安全隐患。

【历史建筑修缮】2020年，开福区投入资金1000万元，完成历史建筑的选址和设计方案。龙王庙、三一小学旧址和原湖南省水电八局宿舍楼挂网招投标。根据三年内完成对市级历史建筑“一栋一册”建档工作，对优秀历史建筑活化试点的要求，完成开福区历史建筑保护利用试点方案和建档建册工作。完成红色革命纪念地沈家大屋旧址修缮可行性研究。

【街区“微改造”】2020年，铺排街区“微改造”项目，启动11个街区“微改造”项目，投资2000万元，其中新湘路社区街巷、荷花池农贸市场、沙湖桥农贸市场、龙塘农贸市场等8个“微改造”项目竣工验收。投资200万元，对荷花池农贸市场周边3000平方米道路进行“白改黑”人行道改造，对农贸市场南侧道路全线下水道、排水管网进行更换。投资90万元，对沙湖桥农贸市场周边约1800平方米进行“白改黑”人行道改造，排水管、下水道整理，规划停车位50个。2020年，启动铁路沿线人居环境整治2个。陡岭蒋家垅二片铁路沿线（下行线西侧）绿化整治项目正在施工；德雅路以南地块（铁路沿线以西）提质改造项目拟纳入2021年老旧小区改造计划，正在进行初步设计和可行性研究。

【“一圈两场三道”建设】2020年，开福区铺排3大类13小类67个“一圈两场三道”（“15分钟生活圈”，停车场、农贸市场，人行道、自行车道、健身步道）建设项目，总投资3.04亿元。其中“15分钟生活圈”项目32个，全部完成；“两场”项目16个，停车场项目12个，农贸市场项目4个，全部完成建设；“三道”项目19个，其中人行道项目7个，自行车道项目1个，健身步道项目1个，7.5千米，历史步道项目10个，总长1千米，全部完成建设。

【文昌阁片区有机更新启动】2020年，作为开福区有机更新重点片区的文昌阁片区有机更新启动。文昌阁片区南接潮宗街，北抵开福寺，占地面积14.48公顷，有居民楼37栋，人口8000余人，主次干道、背街小巷6条。片区集中文昌庙、李炳初公馆、孙常钧公馆、任理卿公馆、任邦柱公馆等8处不可移动文物点，其中文昌庙花厅和主殿是长沙县学宫建筑的遗存代表。该片区还有湘雅医院等一批国内著名历史建筑。为做好文昌阁片区城市更新，区人居环境局开展调研，实地踏勘，摸清片区现状，文物建筑、民国公馆、居民楼栋、违章建筑等情况，挖掘片区历史文化，如文庙、学宫、洋火局、民国公馆等，实现文化价值的转换，处理好建筑拆、改、留、修关系，兼顾好文物保护、危房整治和人居环境提升。完成《文昌阁城市更新前期全面调研报告》。召开文昌阁片区整体规划设计方案比选会，3家设计单位参加整体规划设计方案比选，做到谋划在前，立足改善人居环境，保护好历史文物和建筑，提升整个片区的品质。

（赵嶷娟）

征收工作

【概况】2020年，开福区全年实施棚改征收项目28个，其中扫尾项目17个，新启动项目11个（其中正在公告程序项目2个），全年完成签约1364户，完成腾地项目14个、27.87公顷，完成签约清零项目6个，解决遗留问题化解10户。

【扫尾项目】2020年，开福区棚改征收扫尾项目17个，全年完成签约224户，完成扫尾签约任务262户总量的85.5%。完成毛巾厂地块一期、望麓园巷、黄兴北路S8、S9、S10-1、S12、天祥日杂、陡岭西厢一期、花鸟虫鱼市场、东风二村一期10个项目腾地22.67公顷，黄兴北路一期S1-1地块、丝茅冲二期、六堆子一期3个项目签约清零。湘雅路过江通道项目按期完成三角塘、湘雅医院等重点片区签约交地，保障项目施工场地要求，累计完成签约189户，签约率97.9%。8个国有土地征收项目全部完成签约清零，完成腾地6个。

【新启动项目】2020年，开福区全年棚改征收新项目启动11个，其中史家坡学校、西龙路、金霞产业集聚区项目高铁时代、金霞污水处理厂扩容提标工程等4个项目完成签约腾地5.2公顷。三一大道—陡岭支路棚改、丝茅冲三期2个项目完成签约清零。望江公寓项目模拟征收完成私房签约。幸福桥片区棚改项目于9月29日发布决定公告，完成签约513户，签约率92.43%。长沙学院工程实验实训中心建设项目于12月18日启动签约，完成签约10户，签约率71.43%。火车北站棚改二期（下大垅地块）、环宇石英砂厂周边棚改项目发布二公告。

【遗留问题化解】2020年，完成东风二村一期湖南绸厂自管产腾房。完成黄兴北路S1-1地块长沙市商业物流公司签约。黄兴北路S10-1地块涉及文物保护项目，历时8年实现清零腾地。湘春路西入口拆迁项目遗留问题，历时11年，通过片区指挥部强力调度，严格按补偿政策完成签约并拆除腾地，成为全区遗留问题化解的典范。

（谭　燕）

城市管理综合执法

【概况】2020年，开福区城管执法

查处各类案件4328件、罚款388.55万元（不含机动车抄牌）。拆除违法建设440余处，面积9万平方米。受理“12345”电话工单5677件，处置率100%；“12345”平台工单330条，处置率100%；“84558181”电话平台投诉4680条，完成率100%。接访28批48人次、来信18件，办理人大和政协代表建议、议案、提案3件。

【市容管控】2020年，开展涉及户外广告、共享单车、违规夜市、违法建设、人行道违停、餐厨垃圾、热力燃气、食品安全、园林绿化等整治行动。全年查处各类案件4328起，罚款388.55万元（不含机动车抄牌）。拆除违法建设440余处，面积9万平方米。受理“12345”电话工单5677件，处置率100%；“12345”平台工单330条，处置率100%；“84558181”电话平台投诉4680条，完成率100%。接访28批48人次、来信18件，办理人大和政协代表建议、议案、提案3件。治理顽瘴痼疾。深化“最严城市管理”要求，全面摸排区内洗车场所255家，取缔24家、整改44家、处罚11家。整治湘江风光带非法营运、无证演出、卖唱乞讨、棋牌赌博等违法乱象，提升城市窗口形象。采取“三专三治”措施（专门领导小组、专项整治方案、专题告知书，集中整治、分线整治、巡查整治），组织2000余人次，开展开福寺周边市容环境整治行动。推进湖南省委巡视组交办2类3批65个城市管理问题整改，全部按时限、按标准整改到位。抓好农贸市场周边市容环境管控，每半月1次巡查、每月1次考核和每季度1次集中抽查，在市对区农贸市场两次考核中，开福区获得三季度第二名、四季度第一名的好成绩。助力复课复学，按照“四定”（定点、定时、定岗、定责）要求，把各项工作抓细、抓实、抓到位，做好学校周边巡查和夜间值班备勤，提高校园周边市容环境水平。推进垃圾分类。落实《长沙市城市生活垃圾管理条例》，召开专题调度会议4次，协助各街道开展政策宣传、督导演练等活动，以物业公司为重点开展执法检查。开展“垃圾分类执法月”专项行动，集中组织专题辅导，详细解读相关法规和执法依据，全年查处垃圾分类案件280起，罚款16.36万元。按照“保市容、保畅通、保本底”的要求，全面动员、全员到岗、全部上路、全力以赴，深入开展“文明创建提质年”行动，集中整治共享单车无序停放、机动车人行道违停、裸露黄土等市容乱象问题，清理、暂扣共享单车5.5万余辆，抄罚人行道违停机动车7015台次。

【蓝天保卫战】2020年，按照“源头控、路上查、末端治”的思路，整治渣土扬尘。严把渣土出口关、卸载关、运输线路关、撒漏污染关，严厉打击车轮带泥、沿途撒漏、随意倾倒等违法行为，全面摸排区内裸露黄土地块并建立台账，督促相关单位进行平整覆绿。全年查处违规处置渣土案件1373起，罚款291.83万元。整治露天焚烧。完善网格化管理巡查机制，加大对露天焚烧垃圾、秸秆及露天烧烤等行为的巡查力度，第一时间发现，第一时间处置。全年查处露天焚烧垃圾案件110起，罚款12.74万元。整治餐饮油烟。督促全区3533家餐饮门店安装油烟净化设施，706家规模以上餐饮门店安装油烟在线监测设备，建立动态管理台账，将日常巡查和在线预警相结合，加大对不按要求安装和使用油烟净化装置行为的查处力度。全年查处餐饮油烟、露天烧烤案件87起，罚款5.16万元。

【服务中心工作】2020年，紧扣区委、区政府“433”产业项目攻坚

2020年1月30日，区城管执法大队在新冠肺炎疫情防控期间加强对有害垃圾的处置
（区城管执法大队　供图）

任务指标，细化举措，落实责任，积极履职，全力为产业项目攻坚大会战保驾护航。助推项目腾地。协助项目指挥部推进拆迁腾地工作，调配执法力量进驻金霞产业聚集区——消费电子产业、沙坪商飞、恒昌医药总部基地二期、湘雅路过江隧道、吉祥巷有机更新等项目，完成“裁执分离”强制行动30起，协助各指挥部拆除房屋3.37万平方米。保障施工进度。协助绿地V岛、芒果马栏山一期、马栏山人才公寓、鸭子铺立交桥改造、马栏山聚恒总部、创意总部大厦、区域能源、兴旺通讯总部基地等项目的渣土施工企业办理许可手续，对未造成污染的施工项目实行免检政策。为解决渣土消纳问题，及时协调完善山鹰潭、禾公潭消纳场建设手续，全面消纳区内项目渣土。推进柔性执法。制定4类25条轻微违法行为不予行政处罚清单，向长沙市城管执法局申请保留4家企业门店的广告招牌，推动解决泰天、美迪广告公司广告位租赁的历史遗留问题，为企业协调解决实际困难。2020年，区城管执法大队完成广电车展、国际会展中心婚博会、“5·20”消费节、青春芒果节、高岭家居建材消费节、互联网岳麓峰会、全市项目建设流动观摩现场会、中央领导视察等40多项重大活动保障任务，采取“直管中队分路段全线督查、驻街中队按点位辐射沿线”方式，全天候不间断、无死角巡查管控，确保活动期间市容整洁、秩序规范。抗击新冠肺炎疫情。按照区新冠肺炎防疫指挥部要求，区城管执法大队全员停休、全员到岗，连续转战长沙市第一医院北院、沙坪卫生院、金汇锦江酒店、金雅酒店，以及珠江花城等8个小区，全力投入抗疫一线，协助街道、社区开展疫情防控。

2020年12月25日，区城管执法大队助力区委、区政府“433产业项目”攻坚，助推项目腾地　（区城管执法大队　供图）

【安全管理】2020年，推进“强执法防事故”行动，常态落实对区内各仓储（厂房）设施、大型户外广告牌和电子显示屏、桥梁隧道空间，以及燃气管道、燃气生产经营场所、燃气非法营运等易产生安全隐患部位的巡查执法。全年组织安全生产大排查5次，拆除存在安全隐患的违章建筑95处，面积8.21万平方米。开展燃气企业安全检查2次，完成全区所有居民燃气隐患的清理工作，协助新奥燃气有限公司对毛家桥水果市场、四方坪旧货市场进行隐患排查整改，查处燃气违法行为15起，处罚金额8.96万元。巡查大型户外广告158处，拆除有安全隐患的导视牌8处、布幅广告1处、落地道旗广告12处。完成湖南省委巡视组反馈的四方坪旧货市场消防安全隐患问题，出动人员1500余人次，对四方坪旧货市场内开展为期1个月的联合整治，完成606户租赁户的清退工作，拆除违建9处，面积2500平方米，存在的消防安全隐患整改到位。

（姜登高）

生态环境

综 述

【概况】2020年，生态环境局开福分局以“六控”（控尘、控车、控排、控烧、控煤、控油）“十严禁”（严禁渣土车、混凝土搅拌车、运砂车等车辆带泥上路；严禁违法倾倒渣土；严禁工地裸露黄土；严禁重污染天气下土石方施工；严禁燃烧散煤；严禁燃放烟花爆竹；严禁露天焚烧垃圾；严禁露天烧烤；严禁露天焚烧秸秆；严禁高排放车辆进城）为抓手，推进蓝天保卫战，碧水攻坚战，净土防御战，确保全区环境质量全面改善，环保合力不断增强。全年召开区环委会全会3次，多次专题调度蓝天碧水保卫战、污染防治攻坚等重点难点工作。

【环境质量状况】2020年，开福区区域环境质量稳中向好。截至2020年12月31日，沙坪站点空气质量优良天数320天，优良率87.4%；PM_{10}均值42微克/立方米；$PM_{2.5}$均值38微克/立方米。伍家岭站点优良天数313天，优良率85.5%；PM_{10}均值51微克/立方米；$PM_{2.5}$均值40微克/立方米。落实环保监督和牵头责任，加强水质监测，每月对全区市政排口开展不定期巡查，未发现旱季溢流问题。按照国家、省、市方案部署开展排口排查整治。2020年，开福区地表水水质基本稳定，湘江、浏阳河、捞刀河开福区段监测考核断面年均水质均达到Ⅲ类水标准，县级以上集中式饮用水水源地水质达标率100%。

污染防治

【蓝天保卫战】2020年，按照市委、市政府、区委、区政府坚决打赢蓝天保卫战的整体部署，坚持依法、科学、精准、全民治理，推动蓝天保卫战各项工作，以“六控”“十个严禁”为抓手和重点，加大环境监管执法力度。开展臭氧污染防治、污染源整治、建筑工地扬尘污染治理等专项整治行动，形成齐抓共管的环境监管执法工作格局。全区全年立案处罚2465件，罚款712.66万元，行政拘留1人，刑事拘留1人。对长沙市蓝天办交办的52个问题按要求及时整改到位、回复到位。全区空气质量稳步改善，市民群众环保意识显著增强，蓝天幸福指数明显提升。

【环境应急管理】2020年，推进全区突发环境事件应急预案体系建设，发挥应急预案在风险评估、预报预警、信息发布和应急处置等方面的指导作用，制定并下发《关于进一步加强突发环境事件应急预案管理工作的通知》，督促企业建立完善的环境风险应急计划和应急预案，加强内部管理人员培训，完善各项环保等应急措施，预防环境风险事故的发生。2020年，全区备案突发环境事件应急预案84件。全区未发生一般、较大、重大和特大突发环境事件。

【信访投诉处理】2020年，认真对待群众的来信来访污染投诉案件。在维护群众环境利益的同时，进一步加强环境保护相关政策指导，积极与群众进行沟通，有效化解企业与人民群众的矛盾。全年受理各类环境信访事项416件，其中反映工业噪声污染185件，大气污染102件，水污染91件，其他38件，信访事项满意率100%，处理率100%，办结率100%。

【水污染防治】2020年，通过《2020年度开福区大气（声）、水、土壤污染防治项目清单》，铺排市对区考核水污染防治项目、浏正码头排口整治、月湖片区雨污分流改造等项目。完成捞刀河流域沙坪街道汉回乌溪等3个村的小微水体整治，完成全区农村生活水位整治任务的验收。完成苏托垸污水处理厂配套收集管网主干管、支管网的建设，确保苏托垸污水处理厂的通水运行。对全区列入国家长江流域排口排查的12个问题排口进行项目铺排，截至2020年年底，完成10个排口的整治。建立健全水质考核机制，委托第三方对辖区内10处水体46个断面，5个排口进行月度监测，每月对60组数据进行分析汇总。并将监测结果由区环委办在全区范围内通报。新建浏阳河田新港、沙河等5个水质自动监测站。

【噪声污染防治】2020年，创建清水塘街道便河边社区噪声达标示范区，开展钱隆世家29栋商业楼烟道排烟风机噪声扰民污染整治，整改后噪声检测结果达标。

【土壤污染防治】2020年，按照全省统一部署，协助省、市加快推进重点行业企业用地调查。启动疑似污染地块详查，2020年，开福区完成湘涂集团地块、有机化工厂地块的土壤污染治理，并通过治理效果评估；完成九芝堂地块的土壤污染场地调查，确定该地块无污染；完成原望城石油化工厂地块土壤污染场地调查，待专家评审意见出具后进行下一步的工作。落实农用地分类管理、农业污染防控，达到省控指标要求完成种植结构调整。开展“绿盾”专项行动，加强自然保护地违法违规问题的整改和销号工作。

【大气污染防治】2020年，以“六控”“十严禁”为抓手和重点，开展全区臭氧污染防治、渣土扬尘污染整治、餐饮油烟整治、建筑工地扬尘污染整治等专项整治行动。强化精准治污能力，对大气检测因子进行全覆盖监测、分析，采用激光雷达、车载道路尘负荷设备走航等技术，开展空气质量保障。制定《2020年度开福区污染防治项目清单》，全面推进大气污染防治项目实施。开展污染治理。全面完成燃气锅炉低氮改造，2020年，改造锅炉89台。推动工业窑炉专项整治，督促湖南新华联特种材料有限公司对厂区内窑炉开展污染治理，确保污染物达标排放。推动油气三级回收治理，完成金霞加油站油气三级回收治理工作。实施老旧小区居民家庭餐厨油烟治理，完成市下达的1万台目标安装任务。智慧监管。实现规模餐饮在线监控全覆盖，在2019年安装油烟在线监控的基础上，2020年，加大餐饮单位油烟在线监控系统建设力度，对全区206家规模餐饮单位安装在线监控。推进非道路移动机械治理，全区审核非道路移动设备1200台，发放牌照760块。开展绿色创建，完成东风路街道绿色餐饮示范街创建，街道餐饮门店油烟净化设施全部安装到位，油烟达标排放，无露天烧烤现象，归店经营。截至2020年年底，全区有32个社区完成“绿色社区”创建，占社区总数30%。

【危险废物整治】2020年，长沙市生态环境局开福分局成立开福区危险废物专项整治工作领导小组，制定《开福区危险废物专项整治3年行动工作方案》。按湖南省生态环境厅和长沙市生态环境局的统一部署，完成辖区内375家单位危险废物大调查、大排查及系统录入工作，强化危险废物处置单位监管，严格执行危险废物申报登记、转移管理制度。对非法转移危险废物、无危险废物经营许可证或不按照规定收集、贮存、利用、处置危险废物等环境违法行为依法严肃查处。对全区110家固体废物产生单位纳入日常监管检查，要求产废单位按照申报登记表规定的内容和有关说明填写。完成110家固体产废单位的申报工作，全面开展危险废物电子联单应用，提高危险废物转移和办理效率。

环境审批

【概况】2020年，长沙市生态环境局开福分局严格环保审批，杜绝新增污染源。根据《中华人民共和国环境保护法》《中华人民共和国大气污染防治法》《中华人民共和国环境影响评价法》等环保相关法律法规，长沙市生态环境局开福分局行政许可事项为建设项目环境影响评价文件审批、危险废物收集经营许可证核发、建设项目防治污染设施的拆除或闲置批准审批、权限范围内的入河排污口设置审批、危险废物管理计划备案事项审批、危险废物转移联单管理事项审批、贮存危险废物超过一年的批准事项审批，均由区纪委监督实施。2020年，全区新发排污许可证59本，下达整改通知书24份，督促416家企业进行排污许可登记，初审排污许可证并出具初审意见18个，核发辐射安全许可证（含新办、重新申领、变更、延续）10个，权限范围内的入河排污口设置审批项目1个。审批事项均在“互联网+政务服务”一体化平台、长沙市多规合一平台、全国排污许可证管理信息平台等国家、省、市政务系统中严格按照公开、公正、合理、合法的原则实施审批，无越级审批、超期审批情形。全部行政许可审批案卷严格按照规定归档，在2020年度长沙市行政执法案卷评查中取得优异成绩。

2020年6月6日，市生态环境局开福分局举行“美丽开福·我是行动者”主题宣传活动
（区生态环境局　供图）

环境监察与执法

【排污权有偿使用和交易】2020年，长沙市生态环境局开福分局完善主要污染物排污权有偿使用和交易机制，完成对湖南丽臣实业股份有限公司的减排工作，为全区新建企业腾出排污权量；完成对湖南华明食品有限公司等15家企业排污权有偿使用费的追缴工作。

【生态环保宣传】2020年，长沙市生态环境局开福分局发挥新媒体作用，创新宣传活动形式和载体，汇集各方力量，运用“六位一体”加大对社会层面的宣传动员，通过开展环保讲座、动员宣誓、户外行动等，鼓励引导社会各界人士携手同绘蓝天梦。“6·5”世界环境日期间，组织以“美丽开福·我是行动者”为主题的生态环保系列宣传活动。利用开学典礼、开学第一课、主题活动日、师生与家长志愿者环保活动等平台，发动全区所有学校师生开展形式多样的宣传教育活动，通过教育一个学生、带动一个家长、影响一个家庭，营造整个社会的浓厚氛围。

【“美丽开福·我是行动者”世界环境日宣传活动】6月6日，由长沙市生态环境局开福分局承办的2020年世界环境日“美丽开福·我是行动者”主题宣传活动在湘江风光带风帆广场举行。活动现场播放开福区环境治理宣传片，展示开福区污染防治攻坚战的成果，普及快速便捷进行垃圾分类的常识，3位优秀环保志愿者获得荣誉证书，表彰授牌5家优秀环保企业；搭建咨询台，向市民派发生态环境保护宣传资料、相关法律读本和环保手袋。向社会展示无人机、便携式监测仪等生态环境保护领域的高科技仪器装备。同时，街道、社区、学校开展多种形式的“6·5”世界环境日系列宣传活动，提高全社会的生态环境保护意识，引导社会公众积极参与环境保护事务，营造全民共同参与、共护蓝天白云、共筑美丽家园的浓厚氛围。

在2020年“6·5”世界环境日生态文明主题宣传活动中，生态环境局向社会展示无人机、便携式监测仪等生态环境保护领域的高科技仪器装备（区生态环境局 供图）

【长沙市首个生态环境损害赔偿磋商协议签订】7月28日，长沙市首个生态环境损害赔偿磋商会议在长沙市生态环境局开福分局召开，约定赔偿义务人以货币赔偿的方式承担超标排污所产生的生态环境损害赔偿责任，处赔偿金5.18万元。2019年7月，执法人员依法对赔偿义务人经营的印刷制版模具厂进行执法检查，发现该模具厂在作业过程中将工业废水直接排放到市政污水管网，该厂外排工业废水中重金属锌的含量为490毫克/升，超过《污水综合排放标准》（GB 8978—1996）表4三级标准排放值97倍。根据最高人民法院、最高人民检察院《关于办理环境污染刑事案件适用法律若干问题的解释》第一条第（四）项之规定，该案达到污染环境罪的入罪标准，原开福区环境保护局将案件移送司法机关提起刑事诉讼。该案是长沙市首个通过磋商签订赔偿协议的生态环境损害赔偿案件。经过磋商，赔偿义务人认识到了错误，承担超标排污所产生的生态环境损害赔偿责任并关停超标排放的模具厂。

【长沙市开福生态环境监测站成立】12月29日，长沙市开福生态环境监测站挂牌成立。长沙市开福生态环境监测站挂牌，标志着长沙市原开福区环境监测机构调整为长沙市生态环境局驻开福区生态环境监测机构。调整后的长沙市开福生态环境监测站主要职能为执法监测，支持配合属地生态环境执法，按要求做好生态环境质量监测、污染源监测和应急监测等相关工作，协助属地政府打好污染防治攻坚战。

（邓　琴）

教育·科技

教 育

【概况】2020年，开福区辖区内有各级各类学校82所，其中大学2所、公办完全中学5所、职业高中2所、公办初级中学11所、公办九年一贯制学校2所、公办小学57所、全日制民办学校3所。幼儿园166所，其中公办幼儿园39所、普惠性民办幼儿园107所、其他民办幼儿园20所。2020年，全区在校学生11万人，其中中小学生85057人（其中区属义务教育阶段公办中小学生55852人）。全区在园幼儿36623人，其中公办在园幼儿13882人、普惠性民办幼儿园在园幼儿18886人、其他民办幼儿园在园幼儿3855人。2020年，全区教师5386人，其中在职在编教师2156人、备案制教师73人、编外合同制教师522人、校聘教师877人、退休教师1758人。2020年，开福区教育局被评为“湖南省平安校园建设先进县市区”“湖南省教育信息化融合应用示范区”，获得长沙市教育局2020年度绩效考核优秀奖，被评为开福区项目建设先进集体、民生实事先进单位、疫情防控先进集体。被评为全国“双有”活动先进单位，获得湖南省戏曲小梅花选拔评比、湖南省青少年航天航空模型竞赛活动、长沙市“长沙蓝”青少年垃圾分类工作、长沙市第37届青少年科技创新大赛、长沙市中小学生创意编程竞赛、长沙市“奇思妙想”纸质模型竞赛等6个“优秀组织奖”。

【学校项目建设】2020年，开福区推进史家坡学校等15所学校的新建、改扩建工作。植基中学、长郡开福中学、北辰实验小学、麓山高岭实验学校、金隅桃园配套小学等5所学校启动建设，其中长郡开福中学建成开学，新增学位1800个。新增公办幼儿园13所、公办学位4677个。中小学厕所提质改造全面完成，涉及全区58所中小学，总投资3928.5万元，改造厕所801间，改造面积1.94万平方米。

【教师队伍建设】2020年，开福区根据编制引进优秀教育人才，招聘在编教师222名，备案制教师44名。落实编外合同制教师区龄工资，编外教师在开福区工作每满一年增加2400元区龄工资；编外合同制教师转备案制教师33人。推荐一批市级卓越教师，评选出“开福区中小学（幼儿园）第二批卓越教师”30人、“2020年区级骨干教师”387人、“奉献教育30年”367人、“教师之家”29个、“教师世家”52个。

【教育民生保障】2020年，全区净增中小学生4114人（区属），保障10633名外来务工随迁子女、140名残疾生就读，62名特殊残疾儿童享受免费“送教上门”，全区特殊教育资源教室增至12个。通过教育控规落地、加快学校新建、扩大区域学位供给、实施学校改扩建等措施，保障消除义务教育大班额所需的学位。截至2020年秋季，全区全部消除大班额。2020年，行政处罚校外培训机构11个，取缔关停无证校外培训机构7个、无证幼儿园6个，净化全区民办教育环境。

【教育质量提升】2020年，长沙市一中广雅中学高考本科上线率处于市内同类型学校前列；全区中考六科一次性合格率超全市平均值2.1个百分点；全区小升初入学分班考试三科合格率排全市首位。开福区教育局与长沙宏达威爱信息科技有限公司合作，推进虚拟现实技术（VR）在教育中的创新应用，在全区中小学校全面部署“互联网+沉浸式智慧课堂”系统，提升全区教育教学质量。邀请中南大学博士胡宓进行学生心理健康教育培训，红网以《关注孩子内心“隐秘的角

2020年12月11日，四方坪小学80人教师团队工间操在开福区教师工间操比赛中获特等奖 （区教育局 供图）

2020年9月29日，“我和我的祖国”未成年人教育省级示范场活动，青年讲师刘菁作《绽放战疫青春·坚定制度自信》主题宣讲　　（区教育局　供图）

落”，长沙400余名校长老师同上心理培训课》予以报道。举办“开福区中小学心理健康教育教师研修班”，辖区内各中小学校心理健康教育教师、主管行政和区名师工作室全体成员300人参加为期3天的集中培训。

【控辍保学】2020年，组织有118名教师的特殊教育专职教师队伍，在新竹小学等学校建设有8间特殊教育资源教室并投入使用，成立“开福区特殊教育资源中心”，设兼职教研员1名。全区各学段建档立卡家庭经济困难学生资助率100%。截至2020年秋季，开福区有适龄残疾儿童少年241名，其中特殊学校就读30人，送教上门62人，随班就读140人，学生就近分布在43所小学、9所中学，全区适龄三类残疾儿童少年义务教育阶段入学率为96%。为随班就读的特殊儿童能和正常孩子一样接受优质教育，开福区按照相关规定给孩子们配备资源教室、专业教师及相关经费。

【教育扶贫】2020年，开福区推动开福区与湖南省汝城县、龙山县、城步苗族自治县教育携手并进。24名教师支教汝城县，11所学校分别与城步县7所学校、龙山县4所学校签订帮扶协议，开展各类结对帮扶活动40余次，捐赠物品设备总价值10万余元。4位区属学校校长分别担任龙山县被帮扶学校副校长，为当地学校发展献计献策。清水塘小学被评为湖南省结对帮扶工作优秀单位。

【“优质教育资源聚集区”建设】4月23日，开福区区委常委会、区政府常务会议专题研究“开福区教育打造优质教育资源聚集区”规划方案，科学部署相关学校建设时序，充分发挥本地优质教育资源优势，加大省内外优质教育资源引进力度，实现“建设提速、学校提质”，通过教育高质量发展，服务经济社会高质量发展，以优质教育资源的聚集，有效吸引优质人才和产业资源，提升区域核心价值。在“十四五”规划期间，计划新建、改扩建中小学校28所，预计投资38.8亿元，新增优质学位38250个以上；新建及回收小区配套幼儿园24所，新增公办优质学位5220个以上。

【卫生健康副校长】5月20日，开福区在全省率先发起“医卫强区，健康护苗”行动，聘请湘雅医院、省中医附二医院、长沙市第一医院、区疾控中心和街道社区卫生服务中心等56名医疗卫生专家，担任区属63所中小学“卫生健康副校长”，为全区中小学健康安全提供专业保障。卫生健康副校长主要做好每个月指导一次学校卫生工作、每季度参加一次学校行政例会、每季度开展一次学生健康教育、每学期组织一次职工技能培训、每学年梳理一次学校卫生制度等5个方面的工作。开福区卫健局和区教育局将根据卫生健康副校长的绩效管理，实施考核评定，出具工作鉴定意见。

【法治副校长】9月11日，开福区教育局和开福区人民检察院联合举行“法治副校长”聘任仪式，13名检察官获聘担任北雅中学、周南秀峰学校等13所区属学校的“法治副校长”。法治副校长主要职责是深入学校开展未成年人思想道德法治教育，宣讲法治知识，帮助学校处理涉法难题。

（李　波）

区少年宫

【概况】长沙市开福区少年宫是开福区教育局直属二级机构，2020年1月从开福区清水塘实验学校整体搬迁到开福区知行路75号（开福区一中学校内）。区少年宫具体负责全区团队、体育、艺术、科技、健康教育、城乡学校少年宫6方面工作的组织指导和活动开展。2020年，区少年宫被评为全国少年儿童主题教育活动先进集体，获得全国少年儿童图文创作大赛优秀组织奖、湖南省戏曲小梅花选拔赛优秀组织奖、湖南省青少年航天航空模型竞赛活动优秀组织奖等奖项。

【各类活动赛事】2020年，开福区少年宫全年组织开展团队、体育、科技、艺术、卫生、城乡少年宫等主题活动40余项。开展区青少年科技创新大赛、创客节比赛、区“三独”比赛、艺术展演、湖南省第八届少儿才艺大赛、阳光运动会、大课间、体育舞蹈、中小学生篮球、足球、书法绘画、航模与建模、机器人、纸质结构模型普及竞赛、环保卫生小报比赛等活动。全年组队参加国家级、省级、市级比赛30余次，学生获市级以上奖项2000余人次，各项活动在市级以上媒体宣传报道40余次。

2020 长沙市戏曲进校园暨开福区第三届“小戏骨”颁奖活动
（区少年宫　供图）

【未成年人思想道德建设】2020年，开福区少年宫把立德树人作为根本任务，推进名校全域化，打造“优质教育资源聚集区”。组织开展“学雷锋，做好人”“红领巾相约中国梦”“红领巾争章”“红领巾心向党”“争做新时代好队员”“传承红色基因”等系列主题教育活动，开展入队建队入团仪式，创新劳动教育“云”队课，全年在“学习强国”平台、湖南卫视等媒体的专题报道和宣传推荐46次。推进“体艺2+1”项目实施，全区“体艺2+1”项目达标率75.7%；开展“阳光体育节”系列活动，实施《国家学生体质健康标准》，达标率96.6%；开展“在阳光下成长”少儿才艺大赛系列活动，戏曲进校园持续开展，成立开福区师生艺术团，学生艺术团公益培训班开班实训；开展科技教育活动，组织开展全区科技创新作品赛、“雏鹰杯”航空模型、车辆模型、建筑模型比赛；组织开展世界艾滋病日、世界救护日、爱牙日、爱眼日及血吸虫病等宣传教育活动，组织“抗击新冠做环保小卫士”主题卫生小报比赛；组织城乡学校少年宫开放展示活动、组织文化志愿者进乡村学校少年宫系列活动等。

（周　文）

2020 年 9 月 22 日至 10 月 22 日，开福区少年宫组织举行开福区中小学校园足球联赛。图为小学乙组在清水塘实验学校进行比赛　（区少年宫　供图）

区教育考试中心

【概况】开福区教育考试中心于2020年1月从望麓园街道六堆子13号整体搬迁到开福区知行路7号北栋楼。区教育考试中心主要负责开福区辖区内普通高校招生、普通高中学业水平、初中毕业学业水平、自学、成人高考、全国公共英语等级、研究生、学士学位英语、同等学力申请硕士学位水平、教师资格证考试（笔试）。2020年，区教育考试中心被评为“长沙市国家教育考试工作先进单位”，获开福区教育系统绩效考核一等奖。

【基础工作】2020年，开福区教育考试中心建立全市第一个区级教育考试巡考中心。设立新的考生报名大厅、中心保密室、档案室、会议室、设备保管室等。中心保密室通过长沙市保密局、长沙市公安局、长沙市教育考试院联合验收合格并颁发证书。中心保密室联动“110”，实行无死角监控。2020年，开福区新建标准化考点3个，改造标准化考点1个。上述4个考点均通过湖南省教育考试院及长沙市教育考试院验收合格。全区新增考位4300个。

【业务工作】2020年，开福区针对新冠肺炎疫情常态化防控的特殊形势，为确保各项考试工作顺利实施，区教育考试招生协调领导小组召开工作会议2次，全年考试由区疾控中心委派防疫副主考全程参与考试期间防疫工作，并设立防疫备用考室制度。

2020年，开福区组织高考、中考、研究生考、自考等各类考试人数96990人，设置考点43个，取用考室3317个。

（彭　勃）

2020 年 5 月 13 日，区教育局召开 2020 普通高校招生考试工作部署会议

（区教育考试中心　供图）

长沙市开福区
青竹湖湘一外国语学校

【概况】长沙市开福区青竹湖湘一外国语学校是一所依托百年名校长沙市一中办学的股份制民办学校，位于开福区青竹湖生态园内，创办于2005年，占地12公顷，建筑面积7.96万平方米。2020年，学校有小学、初中113个教学班级，学生5509人。学校师资队伍以长沙市一中骨干教师为主，并面向全国精选部分优秀教师，全校有教职员工452人，其中专任教师358人，特级教师2人，高级教师73人，专任教师100%拥有大学本科及以上学历，其中具有研究生学历的教师60人。

【办学理念】青竹湖湘一外国语学校秉承长沙市一中深厚的文化底蕴，传承长沙市一中成熟的教育教学管理模式，以“善、勤、健、朴”为校训，坚持“把每一个学生放在心上”的办学理念，办学15年来，享誉三湘，初三毕业会考AAAAAA率连续多年领跑全市，成为湖南省著名教育品牌。

【教学科研】2020年，青竹湖湘一外国语学校通过多种途径提升教研水平，促进教师专业成长，获得开福区教育科研先进集体、2020年“一师一优课、一课一名师”活动优秀组织奖、2020年疫情防控“停课不停学”网络直播教学优秀集体、2020年湖南省在线集体备课大赛最佳组织奖、长沙市合唱比赛初中组一等奖、湖南省合唱比赛初中组二等奖、长沙市中学生足球赛乙组冠军等多项集体荣誉。举办“2020开放课堂创意表达”校园开放日活动，省内外1000余人参加。2020年，学校有省、市、区教学科研课题9个，参与研究的教师50余人，多名教师在各级各类论文评选投稿中获奖及发表。全年开展展示课研讨活动100余节，师徒结对80余对。组织教师参加各级各类教学竞赛，在2020湖南省在线集体备课大赛活动中，19支队伍60余名教师获奖，其中谢君、邱习文团队获得特等奖，彭杨旸、王娟娟团队获得一等奖；在2020年“一师一优课、一课一名师”活动中，7人获得市优课，余瑾婷获得省优课，郭靖宜获得湖南省物理教学竞赛一等奖，秦巧获得长沙市中学历史课堂教学竞赛一等奖，徐森星荣获长沙市中学历史名师工作室综合能力决赛特等奖。在开福区“新蕾杯”智慧教育赛课中，郭靖宜、余荔、杨琼获得一等奖，吴闻达、陈琴获得二等奖，李艳、向琪昀、何新德、王飞、杨霞、谢君被评为优秀指导教师。

【特色教育】青竹湖湘一外国语学校关注学生核心素养培育，开展特色教学，组织学生参加各级各类竞赛。竞赛活动中有55人在2020年全国CSP软件能力认证比赛获奖，其中一等奖19人；25人获得2020年中小学机器人奥林匹克一等奖；李铭乐洋获得APIO2020（中国区）铜牌；蔡锦淮获得第四十一届湖南省青少年科技创新大赛一等奖；3人获得长沙市2020年度中小学电脑制作活动初中组机器人项目一等奖；50人在2020年长沙市中小学校园文化艺术节绘画、书法、摄影比赛中获奖，其中一等奖25人；9人在第三届湖南好粮油收集摄影大赛中获奖，其中一等奖3人。

长沙市长郡开福中学

【概况】长沙市长郡开福中学是开福区人民政府与长郡中学合作创办的一所公办初级中学，2020年秋季建成开学。学校位于开福区秀峰路与兴隆路交会处西北角，学校净用地面积2.27万平方米，总建筑面积2.55万平方米，规划36个教学班级，可容纳学生1800名。2020年，全校有学生300名，教职员工34名，其中高级教师2名，中级教师15名，具有硕士研究生学历8名。学校秉承长郡中学“朴实沉毅”的校训，践行“以人为本，追求卓越”的办学理念，以“为学生的终身发展奠基”为宗旨，潜心打造开福区“优质教育资源聚集区”的名校名片。

2020年10月20日，长郡开福中学学生在首届体育节暨秋季运动会上进行1000米田径比赛（区教育局　供图）

【教师队伍】长沙市长郡开福中学始终把教师发展作为学校发展的第一要务来抓，开展青蓝工程、青年教师教学竞赛、骨干教师示范课活动等，加强教师队伍建设，全面提升教师队伍综合素质，形成一支爱岗敬业、业务精良、理念先进、追求高效的师资队伍。

【教学工作】长沙市长郡开福中学坚持严格要求，做好精细化管理。组织教师学习“国家课程标准”，深刻领会课标精神，准确把握考试要点，增强教学工作的针对性和实效性，加强教研组、备课组队伍建设，注重教研活动的时效性。开展备课组长会议和集体备课活动，每次活动都做到定时、定点、定人、定资料。坚持每次考试后举行教学质量分析会，做到解剖问题要动真格，增添措施要具体，行动要有实效。2020年，多名教师执教区级以上的公开课、竞赛课，多人获奖。在湖南省中小学教师在线集体备课大赛中，英语组获一等奖；语文组和生物组获三等奖。3人被评为区级骨干教师。学生参加教育系统组织的各项比赛获奖10余人次，其中湖南省体育局举办的2020年湖南省青少年体育模型竞赛中，学生文宇翔获一等奖。

【教育科研】长沙市长郡开福中学坚持“科研强校”战略，以教育科研课题研究为统领，引导教师以科研的眼光审视课堂教学过程，以科研的精神推进课堂教学改革，确保课堂教学高质高效。2020年，学校申报区级课题2个，即英语组《校本教研下的初中生英语阅读》和信息技术组《中学程序设计课程培养计算思维的实践研究》。全年发表教研论文4篇。

长沙市开福区沅丰坝中学

【概况】长沙市开福区沅丰坝中学位于城北捞刀河畔，是开福区捞刀河街道一所农村初级中学。其前身是一所创办于1948年的私立小学，1958年定名为沅丰坝中学。学校占地面积3.91万平方米，建筑面积8367平方米。2020年，学校有教学班10个，学生435名，教师40名。

【教育教学】开福区沅丰坝中学以“强化管理，落实常规，深入课堂，提高质量”为目标，以“为学生成功的人生奠基”为办学理念，把教学质量作为学校发展的头等大事来抓。学校开设楹联特色课程，弘扬祖国传统文化。成立学校社团“扬灵诗社”，开展“每日一联”优秀楹联鉴赏活动、品味文化经典楹联征集活动。组织学生参加古诗文默写比赛、英语E林风采等学科竞赛，区田径运动会，学生篮球赛，成立课外兴趣小组，活跃校园文化生活，提升学生综合素质。2020年，中考一次性合格率95.68%。

【科研培训】2020年，开福区沅丰坝中学全年开设校级教研课20余节，参与各级各类培训300余人次，开展“师傅上示范课、徒弟上汇报课”教师课堂展示活动。湖南省教育学会立项课题《初中格律诗学习与创作研究》，即将结题。参与区级公民教育课题子课题“课堂生活中参与式公民学习研究”。全年在国家级、省级、市级刊物发表教研论文6篇，有10余篇论文、教学设计在省、市、区各级论文评比中获奖。组织参加2020 年湖南省中小学教师在线集体备课大赛，英语组、物理组分别获得省级二等奖，生物组获得省级三等奖。有6名教师参加区级备课赛分别荣获一、二等奖。有4名教师成为开福区名师工作室成员或学员，有2名教师被认定为开福区第四批区级骨干教师、1名教师被认定为长沙市第四批市级骨干教师。市级骨干教师屈小英被聘为湖南省中小学教师发展中心省培项目《核心素养理念融入学科课堂教学——初中道德与法治》点评专家。

长沙市开福区清水塘小学

【概况】长沙市开福区清水塘小学位于长沙市开福区清水塘路27号，学校始建于1936年，原名炮队坪小学。1968年，更名为清水塘小学。2020年，学校有教学班15个，学生680名，教职工42名。学校占地面积1.18万平方米，总建筑面积1.44万平方米，有标准教室24间，每个年级可招收4个班级，能容纳学生1080名。学校拥有体育馆、多媒体教室、图书室、阅览室、心理咨询室及科技、美术、音乐、舞蹈、书法、电脑等多功能教室。

【教学成果】清水塘小学秉承“乐学笃行”的校训和“德育为首，教学为主，素质为重，育人为本”的办学宗旨，追寻“高品质”。学校培养有美术家朱辉、特级教师杨瑞华、全国优秀辅导员章加玲、易贝等知名教师，培育有省部级干部谭作钧、亚运会冠军龚大立、演员左小青、长沙市文科状元李晓芮、哈佛大学学生曾晨曦等优秀学生。学校曾获得全国红旗大队、全国引探（教师引导学生主动探索新知识）教学实验学校、湖南省红领巾示范学校、长沙市示范性小学等100余项集体荣誉，受到《中国教育报》、湖南卫视等多家媒体宣传报道。

2020 年 6 月 16 日，清水塘小学学生在区安全生产抢答赛上的表演
（区教育局　供图）

【教师队伍建设】清水塘小学坚持“以会代训”，每月召开教学点评会，每年评选“教学常规先进个人”，以激励教师创先争优。开展“分层培训”，促进教师专业发展。举行老教师“拼音教学”“数字的启蒙”等专题教学研究，发挥老教师“传、帮、带”作用。成立青年教师研修班，开展基本功练习、读书交流、教育箴言分享、专题讲座及“竞赛课”和“教研课”等活动，培养青年教师教育教学技能。2020年，青年教师获得区级以上课堂教学奖项21人次。

【教育教学】清水塘小学创新家长学校，依托学校特殊地理位置和深厚的文化底蕴，以提高家长综合素质和加强家庭道德教育为重点，以促进未成年人健康成长为目的，开展主题培训、家长进课堂、网络研讨、亲子活动等。开展“红色礼仪”“红色阅读”活动，落实“立德树人”根本任务。2020年，学校参加国家级“我是接班人”网课录制2次，在“学习强国”中展播并获得好评。创新实施“四类课程”，即智慧课程、体艺课程、德育课程、实践课程，坚持“抓普及、出特色、树品牌”，开展花样跳绳、篮球、尤克里里、书法等特色教学，让每一个学生拥有一项喜爱的体育、艺术特长。2020年，小升初获得区教学质量一等奖，学生在各项比赛中省级以上获奖 74人次，市级获奖131人次，区级获奖96人次。2020年，学校作为清水塘教育集团的理事长学校，举办第三届清水塘教育论坛；作为城区联片组长单位，开展联片教研活动5次。学校集体获奖省级7项，市级7项，区级25项，新闻媒体正面报道57次。

长沙市开福区
长沙师范附属天健小学

【概况】长沙师范附属天健小学是由天健集团投资兴建（建筑主体），由开福区教育局与长沙师范学院合作举办的一所公办小学。学校位于长沙开福区潘家坪路，建筑面积8770平方米，具有24个班的办学规模。2019年9月正式开学。2020年，学校有教学班8个，学生281人，教职工21人，其中副高级教师4人，高级教师5人，骨干教师5人。学校提出“传承大爱，润育英才”的核心理念，秉承“培养全面发展的人”的育人目标，探索教育信息化与学校各项工作深度融合，打造一所传承大爱精神、润育新时代英才的特色学校。

【教师队伍建设】长沙师范附属天健小学制定实施教师[illegible]案、教师读书方案和教师培训计划，建立青年教师、骨干教师、新教师成长档案，以老带新，结对互助，组织校本培训和校本教研。采用组内研修、例会分享、专家讲学、外出参训等形式，教师专业提升培训全覆盖。2020年，教师参加国家级培训1人次，省级培训3人次，赴异地培训1人次。发挥骨干教师、名师示范引领作用，教师张华、喻沛、方耀华等在各级培训讲座26次。2020年，教师获奖13人次，其中省、市级8人次，区级5人次。

【教育教学】长沙师范附属天健小学开设英语（外籍教师授课）、足球、书法、舞蹈、机器人等特色课程，培养学生全面发展。在课堂教学、教学科研方面探索和尝试教育信息化，依托信息化手段，使课程教学更能关注到每一个孩子的发展。利用“智慧教育”平台强化学校信息化管理，学生进出校园刷智慧卡，家长可以同步在手机上收到学生出入信息。教师可以在平台上布置作业、测评作业等，提升学生作业的灵活性、个体性、全面性。开展第二届“君子杯”智慧课堂教

2020年9月30日，长沙师范附属天健小学举行“诵读经典，喜迎佳节”经典诵读活动（区教育局 供图）

学研讨暨青年教师教学竞赛活动，提升教育教学质量。2020年，在湖南省中小学教师信息技术与学科教学深度融合在线集体备课大赛中，教师方耀华带领的语文团队获得三等奖，教师徐锋带领的数学团队获得三等奖。2020年，长沙师范附属天健小学获评湖南省教育信息化示范学校、长沙市标准化优秀学校。

长沙市开福区清水塘鹅秀小学

【概况】清水塘鹅秀小学地处长沙市开福区鹅秀路，创建于2019年，占地面积3.49万平方米，校舍建筑面积2.22万平方米，办学规模为48个班级。2020年，学校有专任教师28名，其中具有大专本科以上学历26名，研究生学历2名，长沙市、开福区骨干教师6名。2020年秋季，在校学生538人。

【教育教学】清水塘鹅秀小学严格执行国家课程管理政策，落实“国家、地方、校本”三级课程，为学生全面发展构建合理的课程体系。实践统整项目式课程《当文物遇上STEM》，采用“走进人文—探究原理—设计分析—设计实践—演讲答辩”的教学模式，鼓励学生利用跨学科的知识和方法进行学习，强调应用知识，注重学科间知识的整合，培养学生创新精神和综合实践能力。开展“小天鹅争章”活动，培养学生兴趣爱好，促进学生全面发展。2020年，学校获得媒体正面报道48次，其中省级30次，市级9次，区级9次。学生在各级各类比赛中获奖，其中国家级12人次，省级7人次，市级8人次，区级4人次。学校获得第二届湖南省学校文化建设创新成果一等奖、湖南省中小学教师信息技术与学科教学深度融合在线集体备课大赛二等奖、长沙市经典诵写讲大赛三等奖，学校四年级学业质量和体育学科成绩获得区“学科抽测奖”。全年论文发表市级1篇，区级1篇。

开福区清水塘鹅秀小学开展“小天鹅争章”活动，培养学生兴趣爱好，促进全面发展。图为学生在图书室阅读　（区教育局　供图）

【教师队伍建设】清水塘鹅秀小学建立科学评价体系，设立“恒美教师”评选，立足校本研训，开展常态教研，促进教师专业化发展。全年开展校本专题培训58次，师德师风培训15次，外请专家来校培训讲座6次，教师参加市内外培训136次。教师2016—2020年周期学分均超过360学分，合格率100%；鼓励教师做书香教师，坚持开展“恒阅”教师阅读每日打卡活动；开展“青蓝工程”师徒结对活动，发挥老教师“传、帮、带”作用，促进师徒教师共同成长；以课堂为阵地，开启课堂观察与总结，开展听课、观课、评课活动。举行“生本课堂”教学竞赛，促进青年教师的成长；开展课题研究引领教师专业发展，学校正在研究的省级课题3个，承担中国教育学会“十三五”规划课题《社会主义核心价值观视域下的参与式公民研究》子课题研究，子课题成果获得区一等奖。校长李丹被评为“长沙市优秀校长”“开福区中小学公民教育名师工作室首席名师”，教研室主任王珍被评为“长沙市卓越教师”。

长沙市开福区东风小学

【概况】开福区东风小学地处东风路，创建于1992年，学校占地面积8864.69平方米，建筑面积2890.7平方米。2020年，学校有教学班12个，学生551名，教师31名，其中有市、区级骨干教师5名，区名师工作室学员1名，区卓越教师2名。2020年，学校强化民主管理，全面推进素质教育，深化课程建设，坚持学校内涵发展，各方面工作均取得较好成绩。

【教师队伍建设】开福区东风小学重视年轻教师的培养，倡导教师

"青蓝工程"，开展"东风小学魅力教师评选"活动，发挥老教师"传、帮、带"作用。学校以师德师风建设为抓手促进研修，以"骨干教师示范课""新蕾杯教学竞赛"为主题，开展教学研讨活动。2020年，学校有省级立项课题"品质教育理念下的传统文化教学课程建设研究"，公民教育子课题"公民教育理念下的校园公共生活""公民教育理念下的学校公共生活研究"以及微课题"关注特殊时期孩子们的心理健康研究"。教师叶志国、宋宇平、谢早早、李亚红、李冰获得区骨干教师称号；教师谢早早获得"诗教中国"诗词讲解大赛市级三等奖；教师张红获得区级"新蕾杯赛课"二等奖；教师张玲、吴华、李亚红、李娟等获得省、市级优秀指导老师奖。

【教育教学】开福区东风小学建立行政随机推门听课、随机检查制度，将课堂教学检查日常化。学校开展课堂教学常规比赛，学生语文、数学、英语分学科竞赛，促进师生之间的有效沟通、交流，规范教师的教学行为。教研组活动内容丰富，开展日常教研、检查评估教学质量、总结交流教学经验，有效地营造教育科研氛围。开展养成教育、心理健康教育、艺术教育、家庭教育、劳动教育等，通过活动渗透品质教育元素，用核心价值观引领学生成长。学校推广亲子阅读方式，开设特色阅读课程，开展读书活动，推进书香校园的建设。学校在诵经典、重传承的基础上，开设篮球班、围棋班、舞蹈班、小主持人班、声乐班、武术班等多项特色课程，促进学生的全面发展。2020年，学校获得"中国教育学会社会主义核心价值观视域下的参与式公民学习优秀成果"三等奖；获得长沙市首批书香校园、长沙市家长学校示范学校、长沙市垃圾分类示范学校称号；获得开福区教育教学质量先进单位评价奖、"美好生活劳动创造主题读书活动"优秀组织奖、中小学生田径运动会甲组团体总分第五名、中小学艺术展演活动器乐类二等奖、中小学艺术展演活动朗诵类二等奖。

长沙市开福区紫凤小学

【概况】开福区紫凤小学是国家基础教育课程改革实验的样本学校，创办于20世纪60年代，其前身为伍家岭工厂联合子弟学校（伍联子校），1996年更名为紫凤小学。校园面积2526平方米，校图书室藏书1.14万册，各功能室配备齐全。2020年，学校有教学班7个，学生323名，在校学生中以外来务工随迁子女居多，占比80%。学校在岗教职员工19名，其中区级骨干教师2名。

【教师队伍建设】开福区紫凤小学重视教师素质提升工程，制定实施教师素质提升方案、教师读书方案与教师培训计划；建立青年教师、骨干教师、新教师成长档案，以老带新，结对互助；组织校本培训与校本教研，提升教师理论水平、专业素质与道德水平。2020年，组织1名班主任参加开福区班主任异地培训；副校长杨柳赴北京参加校长研训班学习；书记、校长多次参加全区组织的各级各类培训、教研活动。

【教育教学】开福区紫凤小学构建"校长室—教导处—教研组—教师"四级管理机制，明确工作职责。对教材钻研、备课、上课、作业批改、学生辅导以及单元检测与分析进行督促与检查；实施集体备课，落实常规教学各项环节。学校以教导处为中心，定时开展教学指导活动，提升教师课堂教学能力与水平。建立课堂教学常规制度，加强监控管理，提高教师课堂教学质量。学校围绕"环境育人、活动育人、书香育人"的办学理念，开

2020年9月30日，紫凤小学举办"我为祖国妈妈献礼"主题活动
（区教育局　供图）

设“写字教学”“分级阅读”“阳光大课间”“创意美工”特色课程。学校坚持“德育为先，五育并举”，开展内容丰富的德育教育活动，重视未成年人思想道德建设。以“做一个有道德的人”主题实践活动为主线，以学生行为规范养成教育为主要内容，以学校少先队活动为载体，以重大节日、纪念日为契机，开展“寻找雷锋足迹，弘扬雷锋精神”学雷锋系列活动、“缅怀革命先烈，争当四好少年”清明节祭扫烈士墓活动、“同在蓝天下”全国助残日捐款活动等德育教育活动，让学生在丰富多彩的德育活动中接受教育，养成良好品德。

长沙市开福区自安小学

【概况】开福区自安小学是开福区一所公办小学，学校坐落于沙坪小镇，占地面积1.4万平方米，建筑面积3800平方米。2020年，学校有教学班15个，学生700余名，教师40名。自安小学秉承“让地处乡村的孩子同样享受优质教育”的办学理念，创建“经典诵读”“汉字书写教育”“武术大课间”等特色项目。2020年，学校获评“全国活力校园创新奖”、成功创建长沙市乡村少年宫和长沙市书香校园；获评开福区体育大课间比赛特等奖、开福区校本研训先进单位。全年教师获奖37人次，学生获奖206人次。

【教育教学】开福区自安小学坚持“以研促教，研教结合”的教研总方针，打造“本色教研”。学校通过构筑教学反思、教育叙事、微课题研究等有效渠道，使教学与教研两个板块无缝对接，在提升教师素养的同时提高课堂教学质量。学校通过“书香家庭”“人人通平台”等建设，搭建家校互通的桥梁，形成育人合力。“书香校园”系列活动促进学生的语文素养提升，“三点半服务”促进学生综合素养提升，丰富的社会实践活动开阔学生的眼界，提升学生写作水平。落实阳光锻炼1小时、全国青少年篮球训练基地建设，提升学生的身体素质。

2020年4月21日，开福区自安小学开展面对突发状况有序逃生的校园安全演练（区教育局 供图）

【校园安全】开福区自安小学定期组织全校师生安全演练，使学生在面对突发状况时保持镇静、有序逃生。学校把每月第一天定为“校园安全日”，组织安全排查，做到安全隐患发现一处，整改一处。利用“家校通”平台、校园广播站、升旗仪式等渠道全面宣传安全知识，教会学生安全技能。学校制定《自安小学应急管理预案》，严格落实安全管理各项制度，做好安全日常管理工作。

长沙市吉祥巷小学

【概况】吉祥巷小学位于黄兴北路与中山路交界处，毗邻中山亭。学校始建于1947年秋季，曾用名“西区第八、十保联立小学”“道正街小学”“史家巷小学”“五七小学”等。1978年，更名为吉祥巷小学。吉祥巷小学是一所公办学校，教学规模6个班。2020年，学校有学生266人，教师17人，教学班级6个，占地面积3000余平方米。截至2020年年底，学校被评为“长沙市文明单位”“长沙市绿色学校”“长沙市红旗大队”“开福区教育科研先进单位”“开福区两型示范学校”“开福区安全文明校园”等。

【教师队伍建设】2020年，吉祥巷小学根据教育教学工作实际需要，有计划、有目的地组织教师参加各级各类培训10余次。选拔重用优秀青年教师，让他们逐步走上管理岗位，鼓励他们创造性思考，使教学科研、工会活动和体育训练形成合力，引领学校工作。让年轻骨干教师参与每周一次的行政例会，讨论决策学校重大事项，增强他们的荣誉感和责任心。

【教育教学】吉祥巷小学校认真执行《开福区中小学教学常规实施细则》各项要求，制定巡课制度，严格执行课程计划，强化教学法规意识，加强课程计划的执行和管理。教导处每个月对备课、作业批改等进行检查，每个学期的检查不低于4次。学校建设适合学生发展的校本课程，为学生开设主持、舞蹈、美术、书法、趣味英语、古筝、葫芦丝、尤克里里、非洲鼓等艺术兴趣班。2020年，“三点半课后服务”增开舞蹈班、围棋班、书法班、国学班，各类带有艺术、美学性质的社团活动成为孩子们的学习乐园。2020年，学校获得开福区成建制班级合唱、合奏比赛一等奖，连续四年获得开福区艺术展演优秀组织奖，朗诵《我的祖国》、群舞《弄堂记忆》、合唱《叮铃铃》获得区艺术展演三等奖。

长沙市开福区教育局北辰第二幼儿园

【概况】长沙市开福区教育局北辰第二幼儿园地处开福区凤舞路165号，是开福区政府2019年按照省级示范标准投资新建的一所小区配套区属公办幼儿园。幼儿园占地面积7036平方米，建筑面积5900平方米，幼儿园办园规模21个班。2020年5月正式建成开园，开设19个班，在园幼儿668名，教职工80名，其中市级专家1名，市、区级骨干教师3名，100%具有大专以上学历。

【教育教学】北辰第二幼儿园以“怡心养正，顺性而育”为办园理念，以“灵动如水，璀璨如星”为园训，以“谦逊、开放、专业、热忱”为教风，以“自然、有趣、温暖、灵性”为园风，以“灵慧、健康、懂礼、坚持”为学风，规范办园。制定“班级一日作息时间安排”“入、离园错峰错时时间安排表”“活动场地安排表”，坚持常规工作检查评比，开展“新教师入职仪式”“新生入园典礼”等活动，推进幼教工作。2020年，北辰第二幼儿园通过长沙市幼儿园分类定级评估，被认定为市一级幼儿园；在区办园行为评估中获评优秀；幼儿园获得集体荣誉4项；教师论文、赛课获得省、市、区奖项21人次；省级期刊论文发表4篇；幼儿参加国家、省、市级竞赛获奖63人次；新湖南、华声在线等主流媒体正面报道49次，微信公众号推送73篇；办园成果在《开福课改实验通讯》专刊推介。园长刘宇入选长沙市学前教育专家库专家、开福区学前教育责任督学、开福区学前教育协会副会长。

【教师队伍建设】北辰第二幼儿园实施“青蓝工程”，完善师徒结对工作，构建教师成长梯队。通过入职培训等途径，帮助新教师尽快“规范入格”；通过园本培训、送训送培，为骨干教师提供绽放自我平台；开展技能比武、风采展示，全面提升教师队伍水平。全年员工参加省级培训2人次、市级培训19人次、区级培训5人次、园本培训1873人次，教师接受继续教育率100%。组织参加“湖南省教师信息技术与学科教学深度融合在线集体备课大赛”活动，获得一等奖1个，三等奖2个。区微课题《废旧物品在幼儿园手工活动中有效利用的策略研究》结题；市重点资助课题《新建幼儿园“双微机制”促进教师专业成长的研究》顺利开题。

长沙市开福区沙坪实验幼儿园

【概况】沙坪实验幼儿园位于开福区沙坪街道中青社区大明村三组，幼儿园创建于2019年。2020年，开设5个教学班，在园幼儿127名，教职工22名。幼儿园以“让每一个生命绽放光彩”为办园理念，以“培育五彩儿童、成就五彩教师、协同五彩家长、营造五彩校园”为办园目标，用科学的方法引领教育，全面提升保教质量，满足家长需求，提升办园水平。

【教师队伍建设】沙坪实验幼儿园按照“分层培训，按需培训”的思路，新教师培养采取“青蓝结对”、结成师徒帮带；骨干教师培养采取外出研修的形式，并强调骨干教师要立足于教学、服务于教学的思想，加强课堂教学的研究。开展《幼儿园自然生成课程》等专题研讨，促进教师专业成长，做到“以研助教、以教助研”开展区域教研，通过理念解析、案例分享等方式，让教师从理念、技术、实践三个层面掌握区域环境创设和活动组织指导策略。通过《幼儿园区域环境创设与材料投放》等系列研讨与培训，提高教师组织与指导区域活动的能力，实现在区域活动中的个别化学习，提升教育品质，促进幼儿发展。

【教育教学】沙坪实验幼儿园打造

2020年11月12日，沙坪实验幼儿园开展“劳动美，丰收乐”亲子秋收节活动
（区教育局　供图）

“自然生态”特色，在课程设置中，构建生活化、生命化、生态化的课程理念，探索“多元整合、项目探究、民俗体验、生活渗透、庭院自主”相结合的“五彩”课程模式，让孩子回归传统、自然、本真。2020年，幼儿园获得集体荣誉3项，媒体正面宣传报道90余次，其中省级11次，市级14次，微开福3次，开福教育信息网发布新闻70余篇。学校申报成功省级子课题《城乡家庭教育指导服务体系中活动组织研究》，完成区级微课题《探讨优化幼儿一日生活过渡环节的研究》结题。教师论文参赛获国家、省、市、区级奖励24人次，其中国家级7人次，省级4人次，市级4人次，区级9人次；幼儿参加教育系统组织的各项比赛获奖130余人次，其中获得市级奖项12人次。

长沙市开福区教育局
浏阳河幼儿园

【概况】浏阳河幼儿园是一所由开福区教育局主办的公办幼儿园，幼儿园位于伍家岭街道陡岭路福泽园小区内，建筑面积3776平方米，创办于2017年。2020年，幼儿园开设9个班，在园幼儿370名；教职工43名，其中高级教师1名、一级教师5名、硕士研究生1名。幼儿园以“用心教育，用爱滋养，促进幼儿全面发展”为办园宗旨，以健康领域为特色，为全园师生创设“健康、支持、和谐”的文化环境。截至2020年年底，浏阳河幼儿园被评为国家级足球特色幼儿园、全国少儿小艺术家大赛优质教学基地、长沙市单位内部安全保卫先进单位、开福区托幼机构卫生保健先进单位等，获得区级以上优秀班主任、优秀教师、师德师风先进个人、幼儿园教育能手、教学论文评比等奖励68人次。

【教育教学】浏阳河幼儿园以“国家级足球特色幼儿园”为契机，探索“足球+健康”特色课程，引入KDL课程，实践幼儿体育教育，促进幼儿运动能力的发展；开展亲子环湖健步走、亲子足球赛、运动会等体育节系列活动，促进孩子们健康成长。各班级根据教育计划组织幼儿一日活动，通过渗透养成教育，提升幼儿自我服务能力；开展各种主题教育实践活动，培养幼儿优秀的人格品质。2020年，幼儿园开展幼儿大型活动15次；在年度幼儿体检中，全园幼儿各方面能力合格率100%。

【教师队伍建设】浏阳河幼儿园加强对教师的业务培训，全年开展园本培训8次。教研活动常态化，每月开展主题教研，每周开展集体备课教研。通过师德师风培训、教师谈心谈话、园务公开、工会活动、教师问卷调查等，落实开福区“教师幸福工程”，提升全园教师职业幸福感。成立校代会，加强幼儿园民主管理。指导临聘教师参评职称；全年全园获得各类获奖28项。申报并结题区级微课题1项，申报省教育学会课题1项。2020年，幼儿园获得区级学前教育宣传月一等奖。

长沙市开福区
钱隆世家幼儿园

【概况】开福区钱隆世家幼儿园位于秀峰街道兴联东路钱隆世家住宅小区内，为开福区教育局主办的公办幼儿园。幼儿园创办于2018年，占地面积3700平方米，建筑面积2565.67平方米。2020年，幼儿园开设9个班，在园幼儿330名；专任教师18名，其中高级教师2名，市级骨干教师1名，区名师工作室学员2名，92%以上具备大专及本科学历。幼儿园坚持“培养身心健康、生动鲜活的现代小公民”的办园宗旨，“着眼幼儿全面和谐发展，促

2020 年 7 月 16 日，钱隆世家幼儿园举行“童心飞扬，梦想起航”——2020 年大班毕业典礼
（区教育局　供图）

进教师专业幸福成长”的培养目标。2020年，钱隆世家幼儿园获得长沙市“平安校园”、长沙市防震减灾示范学校、“乡村园长希望+”爱心幼儿园等荣誉，教职工获得省、市、区各类奖项27人次。

【教育教学】钱隆世家幼儿园以制度建设和培训机制为抓手，筑牢教师队伍，选送参加不同类型培训，本年度外出培训59人次，园内培训541人次。改革幼儿一日作息制度、取消晚餐，增加区域活动时间与空间，丰富活动内容，促进幼儿的个别化学习与个性发展。成立舞蹈、美食、陶艺、花样跳绳、美术、科技探索等幼儿社团15个，每周四下午开展全园社团活动，培养幼儿的规划、理财、合作、诚信等意识和解决问题的能力。开展每周一晨会、主题教育等活动，引导幼儿主动参与和探索，让幼儿从中获得多方面的经验和能力，促进幼儿快乐、健康成长。

【教师队伍建设】钱隆世家幼儿园完成长沙市“十三五”规划课题《幼儿园户外体能大循环项目的实践研究》，区级微课题正在研究阶段。2020年，幼儿园论文获奖有国家级3篇、省级6篇、市区级多篇。完善工作制度和奖惩制度，树立典型，弘扬正气，提高教职工的核心价值观。开放阳光服务平台，定期开展“家长满意度测评”活动，推动教师保教能力的提高，促进幼儿发展，提高家长满意度。开展“师徒结对”“教师岗位练兵”等活动，提高教师的业务能力。

科　技

【概况】2020年，开福区全区有高新技术企业320家，市级以上科研平台46家。全年全社会R&D经费投入12.19亿元，同比增长41.6%。完成技术合同登记456件，技术合同成交额14亿元，同比增长28%。中民筑友获评湖南省工业化建造工程技术研究中心，远璟生物获评湖南省免疫检测工程技术研究中心，草莓V视众创空间获评国家级备案众创空间，马栏山弗彗谷等4家众创空间获评省级众创空间，湘域融合基地获评市级科技企业孵化器，月湖文创小镇众创空间等8家单位获评市级众创空间。

【创新主体培育】2020年，开福区科技局实施高新技术企业强基工程，遴选180家企业纳入高新技术企业培育库。全年培育推荐158家企业申报高新技术企业，较2019年同比增长50%，认定130家。截至2020年年底，全区有高新技术企业320家，较2019年同比增长70%，超额完成市对区绩效考核任务。重点培育电子信息、机器人、航空航天、新材料等细分领域的“隐形冠军”“小巨人”，支持企业进行技术含金量高、核心基础零部件、关键基础材料等产品研发，新增企业37家，全年销售额18.5亿元。克服突如其来的新冠肺炎疫情影响，整体产业保持稳中有进，中国商飞产业基地、飞腾长沙总部、华南光电等重点科技项目有序推进。

【创新载体建设】2020年，华为超高清视频共享制作云平台、国家超级计算长沙中心建设技术创新应用平台、下一代互联网宽带应用国家工程实验室马栏山研究院、5G高新视频多场景应用国家广电总局重点实验室、国家电视技术工程中心马栏山分中心（电广传媒博士后工作站）落户开福区，文盾信息、天剑海洋分别搭建省、市级院士工作站，长重机器、普奇地质申报市级专家工作站。截至2020年年底，区内拥有市级以上科研平台46家。中民筑友获评湖南省工业化建造工程技术研究中心，远璟生物被评为湖南省免疫检测工程技术研究中心，草莓V视众创空间获评国家级备案众创空间，马栏山弗彗谷等4家众创空间获评省级众创空间，湘域融合基地获评市级科技企业孵化器，月湖文创小镇众创空间等8家单位获评市级众创空间。

【产学研合作】2020年，开福区科技局坚持以企业为主体、市场为导向，鼓励开展校企产学研合作，加强与清华大学、中科院、国防科大、湘雅医学院、湖南师大、湖南农大、长沙学院等省内外高等院校和科研院所的技术合作，促进优势资源共享，组织开展“中南大学湘雅医院科技成果对接”“马栏山—长沙学院产学研对接”等活动，在2020年开福区科技活动周主会场仪式上，湖南长重机器股份有限公司与东北大学联合成立“东北大学—长重智能制造产业研究院”、湖南省天河区块链研究院和数据科学与区块链湖南省重点实验室签约建设“湖南省区块链工程技术研究中心”、湖南鑫远环境科技股份有限公司与中国科学院亚热带农业生态研究所签约联合成立“水环境治理和水生态修复工程技术中心”等一批产学研项目现场签约。

【科技创新】2020年，开福区全社会研发经费投入稳步增长，全年全社会研发经费投入12.19亿元，同比增长41.6%，其中规模以上企业研发经费投入5.57亿元，同比增长67.8%，增速全市第一。警安工程、快乐阳光等98家企业获得省级研发经费奖补1763万元，区内单位完成技术合同登记456件，技术合同成交额14亿元，同比增长28%。2020年，推荐申报科技部“科技助力经济2020”重点专项14个，长沙市新冠肺炎防治专项10个，长沙市科技重大专项2个，长沙市重点研发、平台和人才科技计划项目81个。争取市级高新技术企业研发补贴资金1002万元，兑现区级高新技术企业奖励资金790万元、区级科技计划项目补贴资金420万元，兑现院士工作站、双创平台等创新平台区级奖励420万元。

【科技服务】2020年，开福区科技局全年牵头组织高新技术企业认定、研发经费归集、技术合同登记等业务培训10期，培训人员2000人次；通过服务外包，委托第三方服务机构为区内200余家规模以上企业开展研发经费归集辅导工作。成立开福区科技专家服务团，开展现代农业培训5期。实地走访科技企业、科研平台超过200家，发放《科技政策解读汇编》1000余册。

【科技创新奖励】8月26日，长沙市开福区在科技活动周主会场仪式上，兑现发放2020年开福区科技创新奖励，奖励获奖单位107个，奖金总额1530万元，其中最高奖励100万元。开福区自2017年出台奖励科技创新相关政策以来，兑现科技创新奖励超过5000万元。2020年，区委、区政府重新修订《开福区经济发展奖励暂行办法》，对奖励扩面提标。对新认定或新迁入的高新技术企业每家奖励10万元，对复审通过的高新技术企业每家奖励5万元，对新认定的科技“小巨人”企业每家奖励5万元，该政策在全市所有区县中出台最早、奖励额度最高、奖励范围最广。开福区通过深入实施创新驱动发展战略和科技强区发展战略，不断加大科技投入，狠抓产业转型升级，优化区域营商环境，截至2020年年底，全区有高新技术企业320家，市级以上工程技术中心、企业技术中心、重点实验室等高水平创新平台46个，组建省、市级院士工作站4个，拥有市级以上科技企业孵化器、众创空间双创平台27个。

【马栏山众创园获评国家级备案众创空间】6月2日，长沙市开福区人民政府联合马栏山视频文创园管委会在马栏山众创园举办“全国科技工作者日”活动，市、区相关科技负责人为草莓V视——马栏山众创园获得国家级众创空间备案平台揭牌。马栏山众创园是马栏山（长沙）视频文创产业园的重要组成部分，是省市重点打造的文创产业孵化器之一，入驻企业以内容制作、内容电商、IP孵化与运营、新媒体营销为主，承载着中小型文创视频企业及项目快速落户马栏山的重任，成功孵化“BENI—江酱”“二毛驼子”等一批网红“大V”，2019年产值超过8亿元。其在制作网络电影、网络综艺、电商视频等方面具备强大产能，产品总播放量10亿人次以上。

（邓　军）

科技普及

【概况】2020年，组织开展“科技活动周”“科技工作者日”“科普日”等主题宣传活动30余场，举办科创沙龙活动21期。截至2020年年底，全区注册科普信息员2400余人，注册科技志愿者1000余人。全区16个街道全部成立科协组织，107个社区（村）社区科协组织覆盖率95.2%。

【科协组织建设】2020年，开福区科协落实“党建带群建”工作机制，按照科协系统改革相关要求，制定下发《关于加强街道科协组织建设的实施意见》，加大对基层科协改革工作指导力度。全区16个街道全部成立科协组织，街道科协组织中吸纳“三长”（医院院长、学校校长、农技站站长）人员30余名；结合基层社区换届选举，指导107个社区（村）成立科协组织，社区科协组织覆盖率95.2%，一大批卫生服务中心医师、农技站技术员、中小学科技老师、科技企业、科研机构研发人员等科技工作者加入社区科协组织，完善全区科协组织体系网络建设。

【科普队伍建设】2020年，开福区科协为服务科技工作者创新创业需求，制定下发《关于推进2020年开福区科普信息化和科技志愿者队伍建设的通知》，加强科普队伍建设力度，实现街道科技志愿者分队全覆盖。以“科普中国”平台为支撑，组织动员辖区科技工作者、“三长”、机关企事业单位等人员加入科普信息员队伍，吸纳更多公众参与科学普及工作，并成为科学知识的倡导者、传播者、践行者。截至2020年年底，全区注册科普信息员2400余人，注册科技志愿者1000余人。

【示范创建】2020年，开福区科协进一步完善各街道、社区“科普活动中心”“科普活动室”“科普示范社区”的建设，百善台社区、金泰路社区分别创建市级社区科普E站，金泰路社区被评为市级科普示范社区，烟坡农业基地获评市级农村科普示范基地，渔斯特公司陈辉华获评市级农业科普带头人；四方坪小学获评长沙市优秀青少年科学工作室和长沙市科技特色学校；鑫远环境、中民筑友成立企业科协，指导推荐长沙学院的创新设计教育科普馆、北斗探梦科普基地获评长沙市专业科普场馆。

【科普宣传】2020年，开福区科协组织开展“科技活动周”“科技工作者日”“科普日”等主题宣传活动30余场。充分发挥社区广场、科普画廊和宣传栏等阵地作用和企事业单位、科普场馆的宣传主导作用，加强与马栏山文创园、湖南省博物馆、长沙市“三馆一厅”、长沙市青少年宫、开福区少年宫等优势资源单位的科普共享服务，马栏山文创科普沙龙，四方坪小学、国防科大附小、清水塘试验小学校园科技节等品牌特色活动经常性开展。加大对食品安全、垃圾分类、防灾减灾等热点知识的普及，做好新冠肺炎应急科普宣传，推进科普理念、制度、内容、方法改革创新，搭建普惠共享的大科普宣传体系。

【服务创新创业】2020年，开福区科协加强服务引领、平台创新与组织创新机制建设，广泛链接产业、企业、科研机构等各类创新主体，激发创新创业活力，为企业与科研院所、科技工作者牵线搭桥，对接文盾信息、天剑海洋院士工作站，推荐长重机械、普奇地质申报市级专家工作站，指导草莓V视获评国家级众创空间备案，马栏山弗彗谷、V谷众创等3家被评为省级众创空间，天格众创、马栏山博创园等8家获评市级众创空间。协助长重机器与东北大学联合成立“东北大学—长重智能制造产业研究院”，鑫远环境与中科院亚热所联合成立“水环境治理和水生态修复工程技术中心”。

【服务科技工作者】2020年，开福区科协结合长沙市“人才新政22条”和开福区“人才新政11条”，加强科技人才服务力度，举办科创沙龙活动21期，开展“马栏山—长沙学院”科技成果与科技人才对接活动，为重大科技产业化项目、高成长性科技企业及科技创新平台等引进高层次科研团队和人才。落实5名市级科技特派员驻点企业开展帮扶工作，推荐湖南毂梁微电子有限公司陈虎申报市级优秀青年科技人才候选人。

【服务新农村建设】2020年，开福区科协围绕乡村振兴战略，依托开福区科技专家顾问团，全年开展现代农业科技培训沙龙活动6期。通过组织现代农业生产实用技术的培训和科普知识宣传推广，提高全区现代农业生产实用技术，实现农业生产转型发展，促进农业增效、农民增收。

（邓　军）

文 化

综 述

【概况】2020年，坚持以人民为中心的发展思路，着力提升人民群众的幸福感、获得感，办好民生实事，新建提质社区（村）综合文化服务中心5个。2020年，全区接待游客1044.5万人次，旅游总收入126.7亿元。2020年，区文旅体局被评为湖南省“扫黄打非”优秀集体、“湖南省文明标兵单位”、开福区“大干一百天 实现双过半竞赛活动优秀单位”、开福区志编纂工作先进单位，百善台社区获得全国“扫黄打非”进基层示范点标兵单位，陈家湖社区获得湖南省“扫黄打非”进基层示范点。

“‘湘约开福·戏韵名城’——2020开福区戏曲进乡村”活动

（区文旅体局 供图）

公共文化

【概况】2020年，开福区文化馆为国家二级馆，全区有街道综合文化站16个、社区（村）综合文化服务中心108个，其中市级示范性街道综合文化站8个，标准化村（社区）综合文化服务中心84个。推进民生事实工程，创建湘民、钟山村、湘春路等5个标准化社区（村）文化服务中心。坚持以文惠民、以文乐民，线上线下文化惠民活动不间断，全年推出“‘湘约开福·戏韵名城’戏曲进乡村进企业”“惠民演出进景区”“文化和自然遗产日”开福区非遗项目网上宣传展示及评选活动等文化活动30余场。鼓励文艺工作者进行艺术创作，推出长沙群口快板《英雄赞歌》、音乐快板《真爱不隔离》等原创抗疫作品161个，不断满足人民群众的精神文化需求，在长沙市第六届“百姓大舞台、有艺你就来”群众文艺团队大赛获得优秀组织奖，开福区选送的情景剧《使命》获得银奖，舞蹈《祖国我宣誓》《桔乡情》等4个节目获得铜奖。开福区选送的舞蹈《播种》在“湖南省第五届文化馆（站）业务技能竞赛”决赛获得一等奖，选送的美术类作品《老有所乐》获得湖南省第五届文化馆（站）业务技能竞赛二等奖、长沙市第五届文化馆（站）业务技能竞赛一等奖。

【图书馆】开福区图书馆为国家一级馆，全区建有24小时自助图书馆7家，图书分馆12家。新建四方坪胜利图书分馆，在区人民武装部建成全市首个军营图书室（机关大院）。实现图书全市通借通还，免押金办证1500余个。打造“读书之城”，提供优质化阅读服务，疫情期间，图书馆闭馆不闭线，阅读服务“不打烊”，推出“品读经典·全民战疫”听书打卡、“线上共聚猜灯谜、欢度元宵赢好礼”“线上圈圈故事会”等活动10余场，群众足不出户就能享受到阅读服务；开展“连心联建，共沐书香”，为企业捐赠图书，助力企业复工复产，推出“悦读开福，幸福北城”系列读书活动，引领开福人“读好书、多读书，来图书馆，览全开福”的“悦”读新风尚。坚持以“节日”为载体，开展各种形式的读者活动200余场，服务读者30余万人，营造浓厚的书香氛围。

（邱枥娴）

公共体育

【概况】2020年，开福区有体育健身场地面积203.5万平方米，人均体育场地面积3.18平方米。其中公共体育场地省级（含省级单位）全民健身中心2个，其他单项训练场馆6个，市级（含市级单位）综合体育场馆1个，区级及区级以下有体育主题公园2个、健身步道20千米、街道全民健身中心8个、社区智慧健身驿站3个、全民健身基层工程点（健身房、健身路径及篮球场、羽毛球场、网球场、门球场等）750个。中小学及高校体育场地设施298处，其中有篮球、羽毛球、排球、乒乓球、网球及击剑、跆拳道等室内体育场馆20个；青少年后备体育人才培训基地5个。社会经营性体育场地有综合性体育馆13个、健身馆18个，足球场34片、篮球场30片、羽毛球场90片、游泳场所43处、乒乓球馆6个、武术馆（拳击、跆拳道）6个、卡丁车赛道3处、高尔夫球场及练习场3个、网球场2个、棒球场1个、蹦床馆2个、台球馆2个、围棋馆2个、攀岩馆1个、滑冰场1个、体操馆1个、击剑馆1个、丛林越野基地1个。2020年，实施全民健身民生实事工程，推动健身步道、社区智慧健身驿站、基层健身工程点等公共体育设施建设，打造了捞刀河南岸长7.5千米的健身步道，新建秀峰街道湘民社区钱隆世家小区、芙蓉北路街道欣城社区景香苑小区2个社区智慧健身驿站，为基层配送健身器材75套。以群众需求为导向，打通疫情期间全民健身“最后一公里”瓶颈，以“互联网+全民健身”模式，向体育社团和市民推送居家健身指南及科学健身视频，涵盖仰卧起坐、俯卧撑、跳绳、太极拳、柔力球、健身操等多个项目，让市民随时随地享受线上健身的乐趣、掌握健身技能，普及运动健身知识、激发群众健身热情，形成“线上线下齐互动、全民健身共参与”的良好氛围。从5月起，助力各体育场馆陆续复工，120余家经营性场馆对社会全面开放。开展“幸福向北2020”全民健身节系列活动，组织2020马栏山视频文创园运动会、区羽毛球交流赛、文旅体系统攀岩交流赛、群众体育社团优秀节目展演、校园阳光体育等活动，完成第五次国民体质监测（国家样本点）、《国家体育锻炼标准》达标测试。通过政府购买服务组织开展暑期对中小学生免费开放游泳场所和体育项目免费培训活动，服务中小学生1万余人。“幸福向北2020”全民健身节系列活动获得2020长沙市区（县、市）优秀品牌赛事活动组织奖；区太极拳协会健身气功舞《女儿情》获得2020年湖南省社会体育指导员交流展示大赛唯一的特别奖。

（邱枥娴）

2020年12月24日，在“幸福向北2020”全民健身运动优秀项目展演中市民表演太极拳
（区文旅体局　供图）

文化市场管理

【概况】2020年，全区有网吧112家、KTV娱乐场所19家、演出经营场所3家。深化“放管服”改革，优化营商环境，提升行政审批服务效能，全面实行审批事项“一网通办”，疫情期间为企业实施容缺受理和告知承诺，做到“不见面”审批，全年“一站式办理”审批178件，“12345”市民服务热线办结率、商事信息平台办结率、群众办事回访满意率均为100%。强化文化市场常态监管，突出安全前置，全方位开展文旅体行业安全风险评估、落实安全防控措施，修订《开福区旅游行业安全生产专项整治三年行动方案》《开福区旅游突发事件应急预案》《体育赛事突发事件应急预案》，组织全区文旅体行业安全生产专题培训3次，开展“扫黄打非·清源·净网·秋风·护苗”、扫黑除恶等专项整治行动10余场，出动检查人员4610余人次，检查2892家（次），排查发现一般隐患472处（次），整改472处（次）。2020年，全区文旅体行业无安全生产责任事故发生，确保文化和旅游市场健康、有序、繁荣发展。

【文物管理】2020年，全区有不可移动文物点124处，其中全国重点文保单位2个（含文物点6处）、省级文保单位14个、市级文保单位44个、一般不可移动文物点60个。坚持“保护为主，抢救第一，合理利用，加强管理”十六字方针，2020年，抢抓有机更新、历史步道建设等契机，加强文物传承保护，启动全市首个以文物保护为目的的行政征收项目——吉祥巷有机更新片区同仁里公馆群、茶馆巷公馆群等12处公馆建筑的行政征收工作；推出“三个一批”举措，激活九如里公馆群、西园北里民居群等一批闲置文物，修缮开福寺毗卢殿和大雄宝殿、中共湘区委员会旧址、湖南省咨议局旧址等一批重点文物，抢救文昌庙、学宫旧址、李炳初公馆等一批濒危文物，实现文物保护和城市发展同频共振，让开福真正融合历史记忆和宜居品质，更加焕发文化底蕴和人文气质。

【“夏季有礼——火人节点燃开福夜生活”】5月30日至6月27日，开福区为促进夜经济复苏，增强夜间消费对经济增长的拉动作用，在世界之窗、马栏山视频文创园、潮宗街、西园北里等网红打卡地，举办为期一个月的“夏季有礼——火人节点燃开福夜生活”活动。该活动将“十二兽酒吧顶级DJ”“大虾驾到”“三毛烧烤”等区内最有号召力的网红大咖、老字号美食集聚世界之窗，以千人点灯巡游、电音狂欢趴、夜光游乐开启开福人吃喝玩乐的“一站式”狂欢，点燃开福夜生活。启动式当晚世界之窗接待游客1万余人，创疫情以来最高峰。活动期间，接待游客7.63万人次，实现营业收入1126.22万元，带动消费400余万元。

【“美丽乡村，畅游沙坪”2020年首届乡村旅游节举行】11月7—15日，区文旅体局联合沙坪湘绣小镇、汉回民俗文化园两大国家AAA级旅游景区以金秋赏菊为主题，举办了历时9天的首届乡村旅游节。乡村旅游节期间，玖花金丝皇菊产业园等多个“网红”景点首次集体打包亮相，推出美食街、全牛宴夜市、金丝皇菊种植园供拍照打卡、观赏书法、非遗湘绣同绣“中国福”等多种活动，让游客吃好、玩好，感受美景、美食、游学、优品等一应俱全的乡游体验，形成“特色文化+生态旅游”模式，打造玖花金丝皇菊花海新的网红景观打卡地。开福区首届乡村旅游节接待游客12万余人次，带动乡间、网间、夜间消费2000余万元，扩大文旅消费，实现“龙头”（龙头企业）带“龙身”（文旅产业）带“龙尾”（周边农户）的整体效应。

【“‘悦’读开福·幸福北城”系列阅读推广活动】12月10日，开福区“‘悦’读开福·幸福北城”系列阅读推广活动在马栏山创智园举行。该活动以读者分享、朗诵等形式，分享阅读的力量，开福区图书馆向中广天择总部基地项目等4家企业捐赠书籍400册，助力“433产业攻坚”。

【2020马栏山视频文创园运动会】9月15—30日，2020马栏山视频文创园运动会在马栏山运动公园举行。运动会由开福区人民政府、马栏山（长沙）视频文创园管委会主办，开福区文化旅游体育局承办，长沙体育产业经营有限公司执行运营。运动会设篮球、足球、气排球、羽毛球、乒乓球、游泳、拔河7大项目比赛，全区有65个单位（部门、街道）1000余名干部职工参加。视频文创园管委会队、开福青年队（团区委负责组队）、区委组织部队分别获得篮球、足球、气排球比赛冠军。马栏山视频文创园运动会是在我国取得新冠疫情防控阶段性胜利形势下，开福区举办的一项大型群众体育赛事活动，助力体育行业进一步恢复发展信心，推动全区全民健身活动开展新一轮热潮。

（邱枥娴）

史志档案

【概况】2020年，开福区档案馆完成《长沙市开福区志1989—2012》出版发行工作。完成《开福年鉴（2019）》出版发行和《开福年鉴（2020）》编辑工作。截至2020年年底，馆藏档案全宗115个，档案106981卷（盒），档案管理系统数据库条目95万条，全文扫描数据274万幅。《开福年鉴（2019）》被评为湖南省地方志年鉴三等奖。

【党史】2020年，开福区档案馆以编研为重点，开展党史课题研究。筹备编纂《红色印记》，该书从中国共产党的创立、新民主主义时期、社会主义革命时期和改革开放时期四个部分介绍中国共产党早期在开福区发展的历史，为建党100周年献礼。完成《沈家大屋的历史性贡献》的课题调研，相关资料收录到长沙市《中央党史重要会议》一书。以平台为依托，加强党史宣教工作。完成《毛泽东在湖南》《邓小平年谱》《中国共产党湖南历史》《中国共产党的九十年》等40余种党史书籍及党史专刊《湘潮》征订发行任务。举办“弘扬党史文化，传承红色基因，坚定理想信念”红色文化宣讲比赛，通过“红色声音馆”推送党史故事，激励党员群众传承红色基因，“红色声音馆”收录各类“红色”声音300条。以活动为载体，丰富党史联络活动。为做好党史编研和党史联络组工作，组织党史联络组成员到山西、陕西等相关革命旧址参观调研，收集有关历史材料，奠定坚实的史料基础。长沙市委党史研究室主任宋俊湘和市委党史联络组副组长刘耀杰到开福区调研，对开福党史工作给予充分肯定。

【地方志】2020年，开福区档案馆完成《长沙市开福区志1989—2012》出版发行工作。该书线上线下同步发行，市民登录开福区政务网站方志专栏，或进省、市博物馆和图书馆，均可在线查阅或借阅。完成《开福年鉴（2019）》出版发行和《开福年鉴（2020）》编辑工作。2020年1月下发《开福年鉴（2020）》组稿通知，设29个编目大纲，按照编（类）、分目、条目逐一安排设置。3—8月，编辑部组稿改稿，经过三审三校，形成《开福年鉴（2020）》终审稿送方志出版社进行评审。做好省、市年鉴组稿工作。配合省、市做好《湖南年鉴》《长沙年鉴》组稿发行及“双十”年度人物、年度事件评选工作。根据《长沙年鉴》组稿要求，通过组稿修改，上报《长沙年鉴》编辑部5000余字的年鉴组稿，含概况1条，条目10条。上报《湖南年鉴》编辑部3500余字的年鉴组稿，含概述1条，条目6条，并根据《长沙年鉴》编辑部和《湖南年鉴》编辑部审稿意见完成核对和修改。加强志鉴业务培训，提高业务水平。组织修志骨干参加省、市举办的各种业务培训班和理论研讨会，提升业务水平，掌握扎实的编纂知识、方法和技能，把脉修编区志存在的困难和问题。组织全区年鉴撰写专干培训会，从资料收集、语言表述、图片选择等方面学习县志书编纂要点，提升撰稿人员的撰稿水平。开展方志宣传，拓展方志服务。组织开展“5·18”地方志宣传活动，本着“修志为用”的原则，推动方志文化“进机关、进农村、进社区、进校园、进企业、进军营”，有效传承、保存和共享地方志文化资源。利用网站、微信、电子显示屏、横幅标语、宣传栏等载体宣传《地方志工作条例》，贯彻落实《地方志工作条例》，推介地方志工作。

开福区档案馆进行数字化档案整理

（区档案馆　供图）

【档案管理】2020年，开福区档案馆以国际档案日为契机，开展档案宣传活动。开展以“档案见证小康路，精准扶贫决胜期”为主题的国际档案日宣传活动及征文活动，向长沙市档案局选送稿件4篇，从区委、区政府、各区直部门三个方面展示2020年开福区聚焦扶贫档案工作所取得的成就。做好档案接收，推进档案信息化。对住建局等13个单位的档案工作进行指导，接收区委办、区政府办、区住建局、区民政局、区司法局等单位档案7306卷进馆。截至2020年年底，馆藏档案全宗115个，档案106981卷（盒），档案管理系统数据库条目95万条，全文扫描数据274万幅。加强档案利用，发挥档案服务实效。全年接待查阅婚姻登记、公证书、拆迁协议等档案的群众共计2658人次，查阅卷宗3846卷次。同时为开福区编写区志、年鉴及领导决策提供第一手资料，为开福区的经济建设及民生服务。对库房进行清理，确保档案安全规范。对库房内的档案柜、密集架、照明设施、温湿度设备等硬件设施全面排查整改，将馆藏档案全面清理规划，理顺全宗案卷的摆放，合理利用空间。扩建资料室一间，为区档案馆书籍资料收藏提供便利。按要求放置防虫、防鼠等药物，坚持库房每日安全检查，确保库房安全。做好项目档案的指导验收。2020年，对沙坪绣坊街项目、企业退休人员社会化管理档案进行业务指导，以便后续进馆。

2020年11月18日，区档案馆工作人员在进行档案清理
（区档案馆　供图）

【红色文化宣讲比赛】5月27日，长沙市开福区举办“弘扬党史文化，传承红色基因，坚定理想信念”红色文化宣讲比赛。全区各行业、各单位选送的12名红色宣讲员参加比赛，讲述开福区红色文化资源的典故、革命先烈感人事迹，在微开福、开福手机报、新湖南、掌上长沙新媒体平台进行传播。该活动方式被长沙市党史研究室借鉴并推广。2020年，开福区通过网络、视频播放、现场宣讲等多种方式，激励党员群众传承红色基因，助力开福区经济社会全面发展。

（陈　蓉）

【《长沙市开福区志（1989—2012）》首发仪式】12月17日，长沙市开福区举行《长沙市开福区志（1989—2012）》首发仪式。该书由开福区地方志编纂委员会于2013年3月开始编纂，2020年11月出版发行。全书涉及自然、政治、经济、文化、社会等方面的内容，23篇81章300节480目160万余字，全面、系统、完整和真实地记述1989—2012年开福区改革开放和经济建设、社会发展的历史进程。《长沙市开福区志（1989—2012）》的编纂得到中央、省、市有关部门的高度肯定。该书为开福区科学决策提供可靠依据，为区情教育提供系统教材，为宣传推介提供了有效载体，对开福全面开启“创新跨越、迈向北强”具有重要现实意义。该书线上线下同步发行，市民登录开福区政务网站方志专栏，或进省、市博物馆和图书馆，均可在线查阅或借阅。

旅　游

【概况】2020年，开福区有A级景区7家、星级酒店8家、星级农庄8家、旅行社80家。其中国家AAAA级旅游景区4家（世界之窗、海底世界、湖南省博物馆、滨江文化园），国家AAA级旅游景区3家（园林生态园、沙坪湘绣小镇、汉回景区）；五星级酒店3家（圣爵菲斯、运达喜来登、潇湘华天）、四星级3家（延年世纪、黄金海岸、华悦）、三星级2家（留芳、陋园）；五星级农庄7家（和道源、大明、河村非洲文化园、良家庄、海天、山鹰潭、园林生态园）。2020年，全区旅游行业接待游客1804.4万人次，恢复到2019年同期63.5%，实现旅游总收入126.7亿元，恢复到2019年同期63.2%。区文旅体局指导沙坪湘绣特色小镇创建湖南省特色文旅小镇，推荐马栏山视频文创园、西园北里历史街区等4个单位创建市级文旅消费示范项目；协助河村非洲文化园申报旅游厕所3座，并获得2020年市级文旅发展旅游厕所专项资金3.2万元。2020年，区文旅局开发开福H5电子旅游地图，因地制宜推出“欢乐时尚游”“特色乡村游”“悦目赏花游”“老街品味游”“红色经典游”精品文旅线路5条，在长沙市“夏之恋·在长沙”文化旅游季启动仪式、“旅行组团赏长沙·金牌导游进景区”、湖南（国际）文化旅游产业博览会等活动上集中推介，在《长沙晚报》及新媒体报道100余篇，《长沙晚报》推出《眉眼盈盈开福美》《开福迎秋 一城诗意向北》专版报道吸引市民关注开福、驻足开福、畅游开福。做好“旅游+”融合文章，围绕世界之窗、马栏山视频文创园、潮宗街、西园北里等网红打卡地丰富夜间消费项目，举办为期一个月的“夏季有礼——火人节点燃开福夜生活”活动。举办历时9天的“美丽乡村，畅游沙坪”首届乡村旅游节，打造独具特色的首届乡村旅游节。指导景区、酒店等企业开展文旅营销活动，“玫瑰园花展”“国潮汉服节”“乐水魔方水世界”“抓只鸭子过端午”“中国狂欢节”“中国红电音节”“五国大马戏”等特色娱乐项目和让利优惠活动，掀起全域旅游热潮。

（邱枥娴）

长沙园林生态园

【概况】长沙园林生态园的前身为长沙市苗圃，成立于1959年，为全民事业单位。2004年，经长沙市人大常委会备案、长沙市人民政府批准，将位于开福区马栏山的长沙市苗圃原址50公顷土地挂牌出让。2008年，利用土地出让金在捞刀河罗汉庄村征地67.6公顷（规划200公顷）新建长沙园林生态园。2009年建成开园。2010年，长沙园林生态园被国家旅游局评定为国家AAA级旅游景区。长沙园林生态园位于长沙市开福区捞刀河镇罗汉庄村捞刀河畔，园内自然环境得天独厚，森林覆盖率90%以上，拥有乔灌木、花灌木、地被等300余类1000余种植物，建设有杜鹃花、樱花、北美红枫等多种植物专类园。长沙园林生态园是集花卉展示、园林科研、科普教育、休闲旅游、户外拓展等多种功能于一体的现代生态园。

【经营创收】2020年，长沙园林生态园通过筹备各类经营性活动，规范公园值守管理，加大清欠力度，全年实现经营收入354.89万元，较2019年增长18%。

【疫情防控】2020年，长沙园林生态园于2月29日恢复开园，始终紧绷疫情防控这根弦，压紧压实疫情防控主体责任，在做好常态化防控基础上落实策略调整、机制优化、预案完善、监测预警、力量保障等，做到常态化防控与应急处置相结合。

【主题节会】2020年，长沙园林生态园继续打造节会经济品牌，通过“2020年长沙市春季花展暨第四届杜鹃花旅游文化节”及秋季“五国马戏大巡演”主题节会的举办，既满足了市民游客的休闲文化需求，也充分发挥区域旅游的“引擎”作用，以节会经济带动当地旅游、零售和餐饮等项目的发展，取得了良好的社会效益和经济效益，公园知名度和品牌效应不断提升，游客量大幅增加。

【安全生产】2020年，长沙园林生态园贯彻落实国家、省、市、区关于安全生产工作的一系列决策部署，加强应急管理，加大安全防范力度，强化重点领域管控，加强值班值守，确保园内安全生产形势稳定。

长沙园林生态园通过举办各类经营性活动，经营性收入有较大增长。图为2020年春季花展
（市园林生态园　供图）

【创建人民满意公园】2020年，长沙园林生态园被列入长沙市创建人民满意公园项目，总投资970万元。为推进项目实施，园区成立以主要领导为组长的创建人民满意公园工作领导小组，多次开会讨论提质方案，严格把控景观设计关、预算关、质量关，该项目将于2021年施工建设。

【长沙市春季花展暨第四届杜鹃花旅游文化节】3月12日至4月20日，长沙园林生态园举办长沙市2020年春季花展暨第四届杜鹃花旅游文化节，这次节会是对历届杜鹃花旅游文化节的延续和提升，主要以花卉植物展示、群体性文化活动及园林科研知识普及等多种形式为市民服务。节会期间，3万株杜鹃花（24个品种12个色系）、40万株郁金香、3000余株樱花以及美人梅、风信子等10余种春季花卉次第开放，并开展书画展示、民俗演绎、文化交流、亲子自然嘉年华等多种市民互动活动。

【“五国”欢乐马戏巡演】9月28日至11月23日，由俄罗斯、中国、哈萨克斯坦、吉尔吉斯斯坦、乌兹别克斯坦组成的五国欢乐马戏团在长沙园林生态园巡演。国庆、中秋“双节”期间，长沙园林生态园打造绚丽花海、“五国”欢乐马戏、紫色沙滩等一系列活动，主要以马戏展示、杂技表演、艺术交流等多种形式向市民展示。为配合该次巡演，园区种植醉碟花、粉红乱子草、格桑花、向日葵、马鞭草、鼠尾草、菊花等10余种时令花卉，营造优美的游园氛围。

（李　梅）

重点旅游景点

【开福寺】开福寺位于长沙市湘江之滨，是一座殿宇宏伟、气势夺人的千年古寺。开福寺是禅宗临济宗杨岐派的著名寺院，始建于五代十国时期，历宋、元、明、清、民国各代，数经修缮，有著名的内外16景，是湖南省重点文物保护单位，也是汉族地区佛教全国重点寺院，长沙市佛教协会的所在地。每年春节，开福寺山门外都会举行盛大的庙会。除祈福和赏灯，还有看戏、猜灯谜、舞龙狮、品美食。此外，湘绣、剪纸、面塑、糖画等能手也在庙会展示传统手艺，尽显开福寺庙会质朴的民风民俗。

【沙坪湘绣文化旅游景区——沙坪小镇】沙坪风情小镇是开福区沙坪湘绣文化旅游景区的核心景区，是中国湘绣的发源地，国家AAA级旅游景区。景区依托沙坪湘绣产业和自然资源基础，融合当地特有的湘绣文化、民俗文化，成为国内外知名的以湘绣产业、现代农业、旅游

产业为核心的文化旅游特色小镇。沙坪小镇的核心景区为沙坪绣坊街。街区全长1.3千米，总建筑面积13.3万平方米。沙坪绣坊街是湖南首席湘绣文化旅游商业步行街，集休闲娱乐、湘绣体验、“非遗”展示为一体，分布有旅游工艺品展览区、湖湘特色餐饮区、湖湘文化展示区等景点，让广大游客充分领略湘绣文化的无穷魅力。

【沙坪湘绣文化旅游景区——汉回民族村】汉回民族村是开福区沙坪湘绣文化旅游景区中的特色景区，为国家AAA级旅游景区。汉回民族村是长沙市唯一的少数民族聚居村。全村2000多名居民中，1/3是回族，回族在此生活有300多年历史。景区内有民族团结广场、回民清真寺和铁炉寺知名景区，是佛教、伊斯兰教活动场所，尤其是村内保存具有鲜明回族特色的民居、风俗和独特的饮食文化。在这个山水相映的村庄，汉族和回族村民和睦相处，共同居住，是一个以汉回文化为依托，以民俗体验、生态农业、

休闲度假为主体，以宗教、美食为配套的新型旅游示范区。

【沙坪湘绣文化旅游景区——长沙园林生态园】长沙园林生态园是开福区沙坪湘绣文化旅游景区中的重要景区，景区总规划面积为200公顷，截至2018年年底，开放一期园区66.67公顷，景区内植物资源丰富，森林覆盖率90%，空气质量极佳，负氧离子丰富。景区把文化、旅游生态的理念与园林融为一体，形成独有的生态文化品牌。是集园林科研生产、花卉展示、科普教育、休闲旅游、户外拓展等多种功能于一体的现代生态园。自2009年开园以来，接待游客突破100万人次，是长沙市科普示范场馆、市青年素质教育基地。

【长沙世界之窗】长沙世界之窗坐落于长沙市金鹰影视文化城，占地40万平方米，是全国首批AAAA级旅游景区之一，中南地区最有影响力的大型文化主题乐园；湖南省最大的旅游、影视、文化、娱乐基地，也是湖南省重要的精神文明建设基地。

长沙世界之窗是由湖南电广传媒股份有限公司、深圳华侨城控股股份有限公司和香港中旅集团共同投资兴建的大型文化主题公园。1997年10月1日试营业以来，长沙世

界之窗逐渐发展成为一个融世界各国建筑奇观、五洲风情歌舞表演、大型儿童游乐、先锋时尚活动、水上活动乐园、影视拍摄基地于一体的综合性大型主题乐园。

【长沙海底世界】长沙海底世界坐落于浏阳河畔金鹰影视文化城内，占地7公顷。被国家海洋局、中国海洋协会授予“海洋科普教育基地”，也是湖南电视台的影视拍摄基地。海底世界的游览区域由海洋馆（包括极地馆）、科教馆、水上乐园、儿童乐园、儿童乐园五大功能区组成。是一个集观赏、休闲、娱乐、科普于一体，中南地区展示物种最多、节目内容最丰富、参与性最强、最具时尚感的海洋主题公园。先后获得“湖南省最佳旅游景点”“长沙市文明示范窗口”等荣誉称号。被国家旅游局授予“国家AAAA级”旅游景区（点）。

【铁炉寺】铁炉寺位于开福区沙坪街道汉回村，距长沙市区7.5千米。相传南宋初年有禅师来此结庐静修，得天人散花、猿猴献供。岳飞出兵洞庭湖时，慕名谒师，宾主谈禅论道，纵论国策，行前植茶树两株而去。康熙年间（1662—1722），百隆普振禅师（1654—1735）平江颜氏子，幼时见羊跪乳，悟母恩难报，遂发离尘之志，依开福寺心辉世祖出家，25岁负钵远游，朝礼名山，广参善士。32岁始居金山，勤修苦参十五载，彻底

神悟。康熙四十年（1701）辞返星沙，见铁炉冲云烟缭绕，古茶蔚起，遂发愿于宋禅师结庐处，开山建寺。该处四面环山，西边低阔，中为腹地，形状酷似古人烧饭用的铁炉锅，故禅师为寺命名铁炉。铁炉寺原为和尚主持，1931年正式改为尼庵。

【洪山寺】洪山寺位于长沙市开福区山鹰潭自然风景区，紧靠风景如画的捞刀河，依山傍水，风景秀

丽。该寺始建于明代，寺庙建筑宏伟，气势非凡，佛光塔高达9层，供奉地藏菩萨。

【潮宗街历史文化街区】潮宗街是长沙市著名的老街巷，位于长沙湘江中路与黄兴路两条主干道之间，长约1000米。明清时长沙县署就在潮宗街上。民国时期，出潮宗街、过潮宗门，便到长沙码头，长沙是中国四大米市之一，潮宗街又为长沙著名米市。走进麻石铺路的潮宗街，有大韩民国临时政府旧址、时务学堂等著名景点，书社、教堂、戏台、公馆、牌楼等建筑比比皆是，让广大游客和市民感受到老长沙历史的记忆。

【西园北里历史步道】西园北里是长沙市重点塑造的5条特色街巷之一，也是长沙市首条历史步道示范区的首发段，于2016年10月正式启动，2018年年初完成改造。西园北里因唐宰相裴休在此修建西楼而得名，属长沙六大公馆群聚集区之一

的文化街区，街区全长约560米，以古朴、沧桑、静谧、慢行为主题，串起左宗棠祠、李觉公馆等7处不可移动文物和15处历史人文景点，打造留住长沙记忆的历史街巷。

【中山亭】中山亭位于长沙市开福区黄兴北路与中山路交会处。始建于1930年，辟有辛亥革命陈列馆，陈设孙中山、黄兴、蔡锷、宋教仁等革命党人史迹。中山亭是湖南省会近现代标志性文物建筑之一。

【湖南省博物馆】湖南省博物馆位于长沙市开福区，与烈士公园毗邻，占地面积5.1万平方米，筹建于1951年，1956年正式对外开放。2012年闭馆改扩建，2017年新馆建成并对外开放。湖南省博物馆是湖南省最大的历史艺术博物馆，也是首批国家一级博物馆、中央地方共建国家级重点博物馆、全国优秀爱国主义教育示范基地和湖南省AAAA级旅游景点。湖南省博物馆藏品18万余件，有以马王堆汉墓文物、商周青铜器、楚文物、历代陶瓷、书画和近现代文物等最具特色并以此打造6个展示人类优秀文化遗珍的基本陈列。

【长沙市博物馆】长沙市博物馆旧馆位于市中心八一路538号，占地4.26公顷，面积40000平方米。1986年，长沙市博物馆在中共湘区委员会旧址纪念馆的基础上正式成立。长沙市博物馆新馆于2015年12月底搬迁至长沙滨江文化园即长沙市“三馆一厅”。长沙市博物馆作为一座中型综合性的地方志博物馆，承担着收藏、保管和展示长沙市以及周边地区各类文物、照片、图书、文献资料的重任。为国家征集收藏了各级各类文物、照片、图书、文献资料共85000余件。其中出土文物10500余件，流散文物28000余件，字画和近现代文物6500余件；各种历史图书文献资料20000余件，各类照片20000余张。经专家鉴定，共有一级文物87件（套），二级文物101件（套），三级文物2750件（套）。

【长沙市滨江文化园——“三馆一厅”】长沙滨江文化园——“三馆一厅”位于长沙北辰三角洲，西滨湘江、北临浏阳河，包括长沙市博物馆、长沙市图书馆、长沙市规划展示馆、长沙市音乐厅以及景观塔和周边配套设施在内的长沙滨江文化园建筑群，“三馆一厅”总建筑面积约15.5万平方米，其中博物馆3.42万平方米，图书馆3.13万平方米，音乐厅2.76万平方米，景观塔650平方米，地下架空层5.75万平方米。整组建筑象征湖南人勇往直前、迎难而上、自强不息的群体性风格。长沙“三馆一厅”位置十分优越、环境优美清新，是广大游客和市民休闲、阅读、养性、欣赏的最佳场地。

【烈士公园】烈士公园是长沙市最大的公园，位于长沙城东北部东风路1号，是一座汇集纪念、游览和娱乐的综合性公园。1950年动工兴建，1953年正式开放。占地118公顷，其中水面约40%。东面浏阳河环绕，其他三门面向市区。

【大明山庄】长沙大明生态休闲山庄位于长沙市开福区沙坪街道大明村，占地面积36.67公顷，环山抱水，风光旖旎，原始生态和人工雕琢浑然一体，既保留了自然生态美景，又体现出现代建筑之大气和风韵。大明山庄是一个集会务、住宿、餐饮、飞越丛林、垂钓、农事体验、拓展训练、休闲娱乐、手工DIY、种植养殖于一体的生态农业示范基地，由商务会所、康体中心、垂钓中心、生态手工坊、农耕文化园五大板块组成，山庄拥有三星级酒店1栋，雅韵别墅4栋，总建筑面积6000平方米，是集餐饮、住宿、会议、茶楼、商务洽谈于一体的特色休闲山庄，是推广农业科技的示范基地。

【和道源农庄】和道源农庄位于长沙市唯一一个少数民族聚集村——汉回村，特色浓郁的回族民居，满眼浓郁的伊斯兰风情，距离市区12千米，交通便利，环境优美，杨柳排行，亭立湖央构成一幅大自然的生态美景。和道源农庄自2009年组建以来，形成集高科农业、生态农庄、休闲体育、茶道文化、茅台酱酒文化、绿色文化、亲子文化为一体的国家级生态农庄。和道源农庄原位于沙坪街道板塘村，为配合开福区乡村发展，支持家乡建设，农庄搬迁到汉回村，2016年8月5日重新对外运营。农庄分为休闲观光区、农庄餐饮区、会议娱乐区、体育运动区、垂钓休闲区、酱酒品鉴区、水上游乐区、员工生活区八大功能区。

【海天山庄】五星级休闲度假山庄——海天山庄位于长沙市开福区沙坪街道海棠村境内，山庄依山而建，占地面积约21.8公顷。山庄各类配套服务设施齐全，是一个集生态苗木种植、农业观光、休闲娱乐、团体会务、修养健身为一体的乡村度假胜地。山庄设有标准套房、豪华套间，46间98个床位。房内安装有卫星电视及空调；山庄在乌溪村拥有13.33公顷无公害农产品基地，供应自产自销的纯原生态家禽和蔬菜，拥有年出栏600头生态养猪场，2公顷原生态土鸡饲养园；高档次KTV、乒乓球室、健身器材、台球、羽毛球、双人自行车、垂钓等健身娱乐设施。

【河村山庄】河村山庄是位于长沙市开福区沙坪街道茶子山村的一家休闲生态园，其环境优美，空气清新。河村山庄投资400万元，占地23.33公顷，是集休闲垂钓、餐馆住宿、棋牌娱乐、会议培训等项目于一体的休闲农庄。拥有优美的自然风光、粉色的浪漫小屋，古朴的农家四方小院，10公顷自然水域。

（邱栎娴）

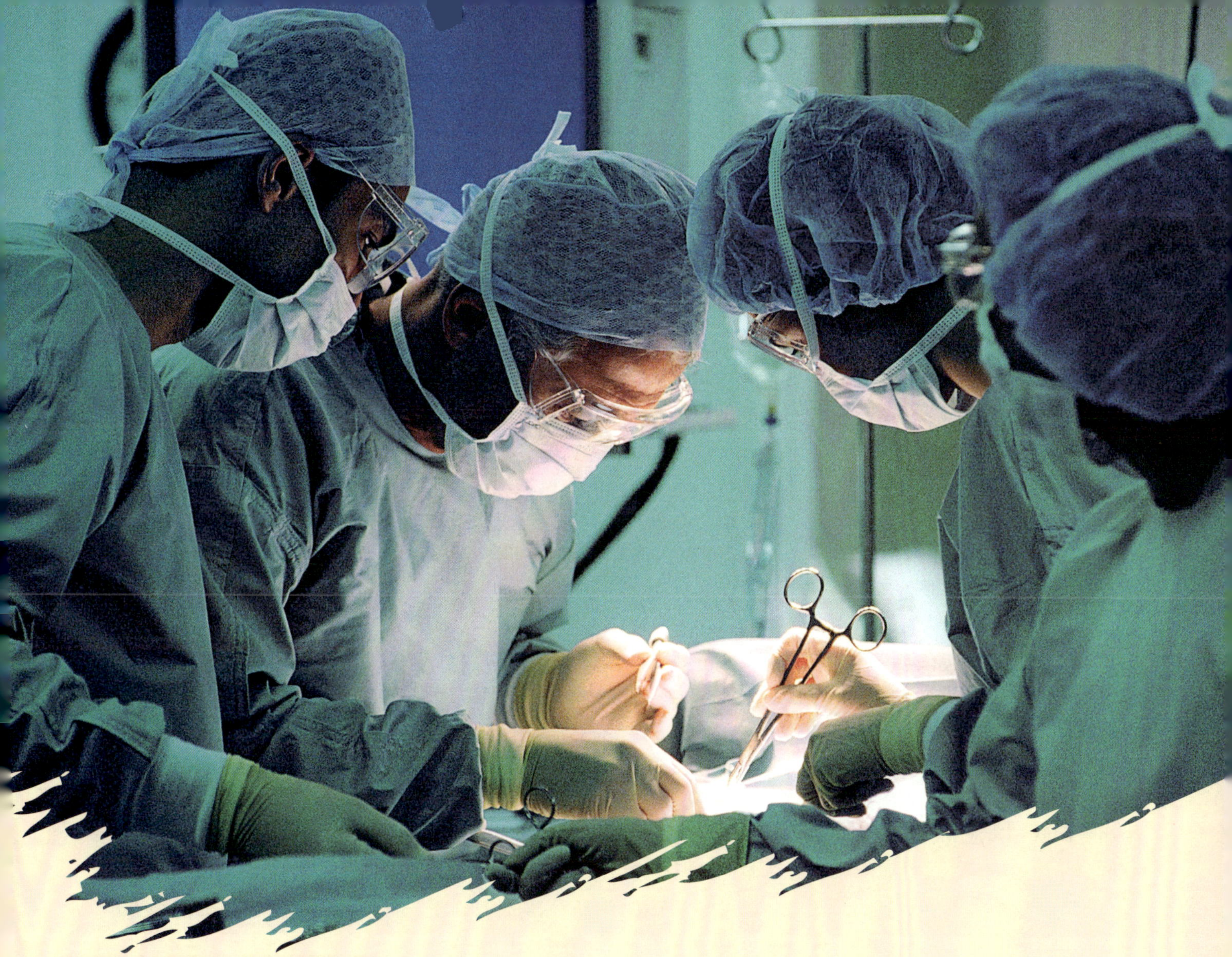

卫 生

卫生健康

【概况】2020年，开福区有各级各类医疗机构479家，其中三甲医院10家（省部级三甲医院6家、市级三甲医院4家），市级其他等级医院5家，基层医疗卫生事业单位15家、社区卫生服务站29家、村卫生室40个。

【基本公共卫生服务】2020年，着力提升基层整体服务水平，下发《开福区开展“优质服务基层行”活动实施方案》，着力打造中心标准化服务。2020年，在湖南省基本公共卫生服务项目绩效评估中，开福区获得全省123个县市区一类地区排名第二。全面提高居民健康服务可及性。全区组建107个家庭医生服务团队，建成30个数字化自助式健康小屋家庭医生签约履约服务平台。做好疾病监测和预防。完成辖区学校新生入学（入园）结核病筛查工作，学生常见病健康影响因素监测与干预工作，累计完成各类特定人群免费流感疫苗接种1.8万人次，流感病例报告人次同期下降29%。继续做好艾滋病、血吸虫病等重点传染病防控工作。

【健康民生保障】2020年，完成省市健康民生实事项目任务，完成农村和城镇适龄妇女“两癌”免费筛查为省任务105.4%、市任务115.5%，孕产妇死亡率为零。完成新生儿多种遗传代谢病筛查5684人，完成孕妇外周血胎儿游离DNA检测5445人，完成新生儿遗传性耳聋基因检测5695人。做好卫生科普宣教工作。开展健康网红地标打卡行动、健康科普演讲大赛、抗疫故事征集大赛及赋能健康跑等卫生科普宣教活动，开福区推选的《生命的拥抱——海姆立克急救法》获得长沙市健康科普大赛比赛一等奖。全区卫健系统组织义诊活动110余场次，健康主题宣传讲座130余场次；推动应急救护“进学校、进社区、进机关、进农村、进企业”五进活动，联合湖南省人民医院开展应急救护知识技能培训1期。2020年，全区实际完成献血4288人次，献血量110万余毫升，完成率119.1%。

【基层能力建设】2020年，建强基层保障力量，实施《开福区基层医疗卫生服务能力提升三年行动计划（2019—2021年）》。2020年，全区公开招聘或择优竞聘基层医疗卫生机构工作人员80余人，基层卫生机构设备配置区财政补助600万元。加大基础建设投入，抓好清水塘卫生服务中心、沙坪卫生服务中心、区公共卫生大楼建设整体推进，其中清水塘中心内部装修项目、捞刀河中心提质改造项目等被纳入区重点项目。完成区公共卫生大楼主体建设，全区有8个街道卫生服务中心完成新改建任务，6家卫生服务中心完成数字化预防接种门诊建设。强化法治队伍建设，组织开展学法普法教育，采取以会代训、专题授课、案卷评查等方式，开展学法普法宣传和依法行政讲座培训活动4次，组织全系统“七五”普法行业组考，通过率100%。创新卫生计生依法行政的方式方法，组织开展模拟执法、社会听证、案例解剖、经验交流等活动，增强卫生计生干部依法行政的意识和能力。

（李　青）

2020年7月19日，区卫健局组织开展2020年健康科普大赛（区卫健局　供图）

妇幼保健

【概况】全区辖16个街道，15家社区卫生服务中心，40个行政村卫生室。2020年，全区孕产妇死亡率为零，5岁以下儿童死亡率2.53‰，婴儿死亡率2.28‰，新生儿死亡率1.01‰。孕产妇免费产前筛查完成省级目标任务的103.51%，完成市级目标任务的177.7%；农村和城镇低保适龄妇女“两癌”免费检查完成省级目标任务的105.38%，完成市级目标任务的115.5%。辖区助产机构上报活产出生缺陷发生率197.21/万，新生儿疾病筛查率（辖区100%，机构99.72%）、新生儿听力筛查初筛率（辖区和机构均100%），婚前医学检查率93.4%，

在新冠肺炎疫情防控期间，区妇幼保健计划生育服务中心全体医务工作者全力以赴，不辱使命
（区卫健局 供图）

孕妇叶酸服用率99.42%，叶酸服用依从率93.7%，孕前优生健康检查目标人群覆盖率达106.17%。

孕产妇系统管理率96.76%，早孕建册率94.39%，产后访视率97.14%；0～3岁儿童系统管理率91.01%，0～6岁儿童血红蛋白检测率83.9%，0～6岁儿童健康管理率95.81%，新生儿访视率98.94%。孕产妇艾梅乙孕早中期检测率99.93%，HIV感染孕产妇用药率80%，HIV感染孕产妇所生儿童用药率100%，梅毒感染孕产妇及所生儿童用药率100%，感染孕产妇及所生儿童随访率100%。辖区医疗机构剖宫产率为49.89%，首次剖宫产率29.53%。

【体系建设】2020年，开福区政府将妇幼体系建设、出生缺陷防治、妇幼民生实事等纳入“健康开福”建设重点推进项目。强化协作机制。区直各相关部门、各街道加强协作，在妇幼健康服务的组织协调、宣传引导、财政保障、工程建设和民生项目实施等方面形成强力高效的协同机制，巩固妇幼健康优质服务示范工程创建成果。加强经费保障。重点提升全区妇幼健康服务保障水平，区妇幼保健计划生育服务中心一般公共预算由2019年的1054.52万元上升至2020年的1102.01万元（增幅4.5%），降消、特困孕产妇救助、产前筛查、新生儿疾病筛查、适龄妇女“两癌”检查、孕前优生健康检查、地中海贫血筛查诊断、围绝经期妇女取环等项目经费纳入财政常规预算。推进机构建设。区妇幼保健计划生育服务中心（区公共卫生大楼）完成主体工程建设，正完善室内外装修及设施设备采购。加强内涵建设。2020年，区政府与湖南省妇幼保健院、长沙市第一医院建立院地协同发展战略合作关系，与长沙市妇幼保健院建立妇幼健康服务联合体，开展“党建手拉手，保健心连心”活动，组织人员进修培训、双向转诊、巡诊巡讲、妇幼专科重点帮扶等，引导优质医疗资源下沉。

【母婴安全工作】2020年，将孕产妇和5岁以下儿童死亡控制纳入全区卫生健康工作重点考核指标，纳入产科质量和爱婴医院评估重点指标。辖区5家助产机构认真落实《母婴安全行动计划（2018—2020）实施方案》和五项核心制度，强化安全底线，压实责任。在国家卫健委关于母婴安全行动计划实施情况的通报中，辖区湖南省妇幼保健院、长沙市第一医院获得“国家级母婴安全优质服务单位”称号。对孕产妇进行妊娠风险评估分级分类管理，落实高危专案管理，对不宜继续妊娠的孕妇，及时终止妊娠，确保孕产妇生命安全。全年全区新增孕妇6519人，新增产妇6601人，新增高危孕妇3862人，累计专案管理妊娠风险红色孕产妇37人、紫色51人、橙色601人。健全红色预警及危急重症孕产妇转诊三级网络，畅通危急重症孕产妇急救、会诊、转诊“绿色通道”，多例危重孕产妇得到全力诊治，获得良好妊娠结果，有效避免了孕产妇死亡；规范危重新生儿抢救、转诊工作，落实新生儿和5岁以下儿童死亡“周报告”制度，完成区级危重孕产妇评审4例、新生儿死亡评审13例。举办高危孕产妇管理培训班、妇幼公共卫生项目培训班、新生儿复苏项目培训班，辖区各助产机构定期组织产儿科等相关医护人员开展多学科急救演练。

【省市重点民生实事项目】2020年召开项目推进专题会议3次，举办项目专题培训班2期，培训覆盖到辖区各街道和所有的项目参与机构。全年全区为5331名孕产妇进行免费产前筛查服务，产前筛查高危孕产妇1442人，干预诊断 1427人，干预诊断率为98.96%；为7086名35～64岁适龄妇女（包括2213名农村和城镇低保适龄妇女）提供“两癌”免费检查服务。宫颈癌早诊率98.28%，乳腺癌早诊率100%。为5958名新生儿提供免费新生儿多种遗传代谢性疾病检测服务，发生新生儿初筛阳性282人，确诊先天性甲状腺功能减退症4人，G6PD（蚕豆病）11人，其他遗传代谢病2人；为5969名新生儿提供免费遗传性耳聋基因检测服务，发现药物性耳聋患儿26人，先天性或重度感音性耳聋患儿128人，后天高频感音神经性耳聋患儿18人，迟发性耳聋患儿105人；免费为71个家庭（112人）提供免费遗传性妇女肿瘤综合防治服务。

【出生缺陷防控】2020年，开福区落实出生缺陷综合防治措施，强化全生命周期和全生育过程服务，全区完成婚前医学检查4412人，检出疾病424人；完成孕前优生健康检查2548人，查出风险人群259人；完成地中海贫血初筛4328人（其中包括湖南省出生缺陷协同防治科技重大专项——全省育龄人群地中海贫血流行病学调查研究804人），初筛阳性免费进行基因检测127人，确诊地贫患者53人。

【妇幼均等服务】2020年，开展孕产妇及0～6岁儿童健康管理电子档案抽查和现场质控，确保基本公卫服务的规范、真实。加强全区预防艾滋病、梅毒和乙肝母婴传播项目工作的管理，全年全区上报HIV感染孕产妇14例，梅毒感染孕产妇48例，乙肝阳性产妇1136例，落实综合干预措施。落实计划生育技术服务。落实儿童健康服务。抓实0～6岁儿童眼保健和视力检查工作，全年为48963名0～6岁儿童开展眼保健及视力筛查，筛查异常2543人；加强托幼机构卫生保健管理，落实卫生消毒、健康管理和疫情防控等工作。

【规范服务监督管理】2020年，严格母婴保健技术服务机构和人员准入，严格依法执业、持证上岗。严格规范出生医学证明管理工作，严格废证管理。2020年，辖区助产机构活产数1.99万人，出生领证数1.95万张，出生当年领证率98.05%，废证20张，废证率0.1%。加强妇幼健康服务工作质量控制与评估。2020年，对全区5家助产机构，开展妇幼健康信息质量控制4次，出生医学证明专项督导4次，组织爱婴医院、产科质量、妇幼民生实事、预防艾梅乙母婴传播的综合质控与评估。对15家社区卫生服务中心，每季度组织开展妇幼健康综合质控与评估，发现问题及时整改，推动工作改进。

（李　青）

2020 年 2 月 16 日，区防疫部门工作人员赴隔离酒店开展工作（区卫健局　供图）

疾病预防控制

【急性传染病防控】2020年，区疾控中心共出动机动队处置疫情 233次（含电话调查64次），处置突发公共卫生事件32起（均为未分级）。通过严格落实流行病学调查和现场处置，加强病例隔离、卫生消毒、健康教育等防控措施，将疫情积极控制在早期阶段。

【慢性病管理】2020年，全区建立居民健康档案53.68万份（建档率80.75%），老年人近一年有体检记录档案3.64万份（体检率45.13%），高血压患者健康管理3.65万人（任务完成率105.43%），糖尿病患者健康管理1.36万人（任务完成率113.4%），严重精神障碍患者管理2590人，管理率96.93%。2020年，完成癌症病人问卷评估838份，完成癌症筛查630人次。2020年，肿瘤监测新发率263.14/10万，死亡率175.42/10万，心血管事件253.39/10万，达到省、市主管部门制定的标准。

【免疫规划管理】2020年，贯彻执行《中华人民共和国疫苗管理法》《预防接种工作规范》等相关规定，严格按照省、市疾控中心的要求开展免疫规划工作。常规免疫接种管理。2020年，全区接种疫苗50.84万剂次，同比上升19%，其中免疫规划疫苗接种16.40万剂次，非免疫规划疫苗34.44万剂次。疫苗针对性疾病监测及AEFI调查处置，对辖区医疗机构报告的疑似麻疹/风疹24例、疑似乙脑2例、AFP病例3例等疫苗针对性疾病进行监测；开展规范化、人性化、程序化的疑似预防接种异常反应（AEFI）调查处置79例。入托入学儿童预防接种证查验工作，2020年，查验托幼机构143个，小学54所，查验儿童21130人，查验率100%；查验后督促补种4592人。开展特定人群流感疫苗免费接种。全年免费接种流感疫苗4.5万人次。启动流感疫苗保护效果免费监测项目。迎接国家因新冠肺炎疫情防控疫苗迟种补种工作评估。

【健康教育】2020年，坚持以健康教育为先导，以“知—信—行”模式为抓手，提升群众疾病防控水平。开展健教宣传活动，全年开展系列宣传活动100余场次，受益人数5万余人次，发放资料50万余份。举办健康科普大赛，活动包括开福区健康网红地标打卡行动、健康科普演讲大赛、抗疫故事征集大赛及赋能健康跑等内容。开展健康教育系列调查，开福区承担国家中英减盐项目、市级健康素养2个调查项目。

【卫生监测】2020年，推进监测工作优质化。2020年，全年监测餐具样69批次，水质样358批次，77家公共场所环境样245批次，77家医疗机构消毒效果检测185批次，监测食品样559批次；监测中小学校、托幼机构78所；监测二次供水和末梢水96批次；辖区21家医院上报食源性病例634例，食源性疾病事件1起，受理并处置群众及“12345”平台投诉事件10起，水质卫生检测15批次。

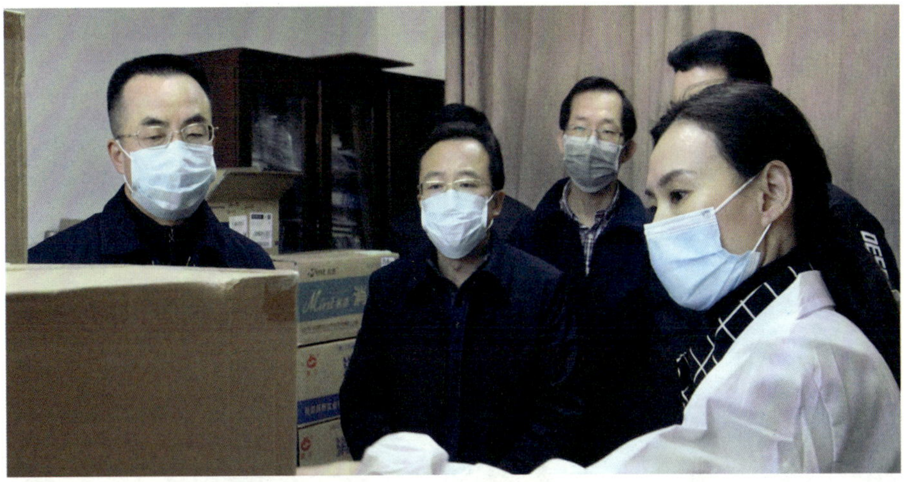

2020年2月16日，开福区疾控中心，林玲（右一）为开福区委书记曹再兴（左一）介绍开福区新冠肺炎防疫物资储备和管理情况　　（区卫健局　供图）

在新冠肺炎疫情期间，区疾控中心每周定期监测长沙市第一医院北院医疗污水26批次，指导医疗机构就诊大厅、门诊等人群密集地点每天消毒2次，辖区全年没有发生一起院内感染事件。

【地寄疾病监测】2020年，区疾控中心春季查螺79.56万平方米，秋季查螺53.7万平方米，均未查获钉螺。消除血吸虫风险，委托第三方机构，新增查螺面积970万平方米，全年查螺1103.26万平方米。组织东风路、四方坪、伍家岭、通泰街、沙坪5个街道开展碘盐监测，全区按要求完成200名儿童、100名孕妇碘盐及尿碘监测。

【职业病监测】2020年，开展采矿业、制造业及水电燃气所有三个门类的企业调查摸底，全区共2948家，其中初步符合监测条件的企业668家。完成尘肺病患者调查683人，失访率控制在3.95%。完成46家医疗机构及1家非医疗机构的放射卫生调查，并对其开展职业防护技术指导。有序开展死因监测、病媒生物防治、卫生检验等各项业务，推进疾病防控体系建设。

（李　青）

卫生计生监督执法

【概况】2020年，开福区有卫生监管对象1799家，其中公共场所单位1121家。二次供水单位87家，医疗机构376家，学校、幼儿园179家。放射诊疗单位11家。母婴保健服务机构25家。全年开福区卫生计生综合监督执法局（以下简称区卫计执法局）开展专项检查行动12次，立案52起，罚款55.24万元，没收违法所得1.26亿元，查扣药品、医疗器械2箱。

【新冠疫情防控监管】2020年，区卫计执法局制定新冠肺炎疫情防控方案，出动执法人员385人次，对全区医疗机构和公共场所开展多轮专项检查，检查机构883家次。对汽车北站、3个高速路卡点、1个城际铁路出入口等进行督检7次，立案处罚2家，罚款6000元。派出执法人员驻守黄花机场、湖北籍旅客定点隔离酒店、3家市救治中心医护人员生活定点酒店、新冠肺炎患者密接者定

2020 年 2 月 20 日，区卫计执法局工作人员督查指导酒店防疫工作
（区文旅体局　供图）

点酒店及雷神山、火神山医院建设返回长沙人员定点酒店，负责防疫监督工作。

【医疗机构监管】2020年，开展医疗执业及传染病防治专项检查，全年立案44起，罚款47.26万元，没收违法所得1.26万元，查扣药品、医疗器械2箱，吊销“医疗机构执业许可证”2本，暂停个人执业活动1起。2020年，创新“卫生+检察”模式，协同区检察院对辖区内口腔诊疗机构开展专项监督，立案20起，罚款7.54万元。

【公共场所监管】2020年，对全区112家住宿场所开展专项监督，立案处罚3家，罚款8200元；对30家游泳场馆开展全覆盖监督和抽样检测；对86家单位进行控烟卫生监督检查，共责令限期整改4家。贯彻公共场所卫生许可告知承诺制，新（换）发公共场所“卫生许可证”356本。

【学校卫生监管】2020年，结合新冠肺炎疫情防控工作，开展春秋季学校（含托幼机构）卫生专项检查，检查学校73所，托幼机构134所，覆盖率100%。全面保障师生健康权益，对校园周边环境开展“护苗”行动，立案查处超出登记范围开展诊疗活动医疗机构2家，罚款5600元。

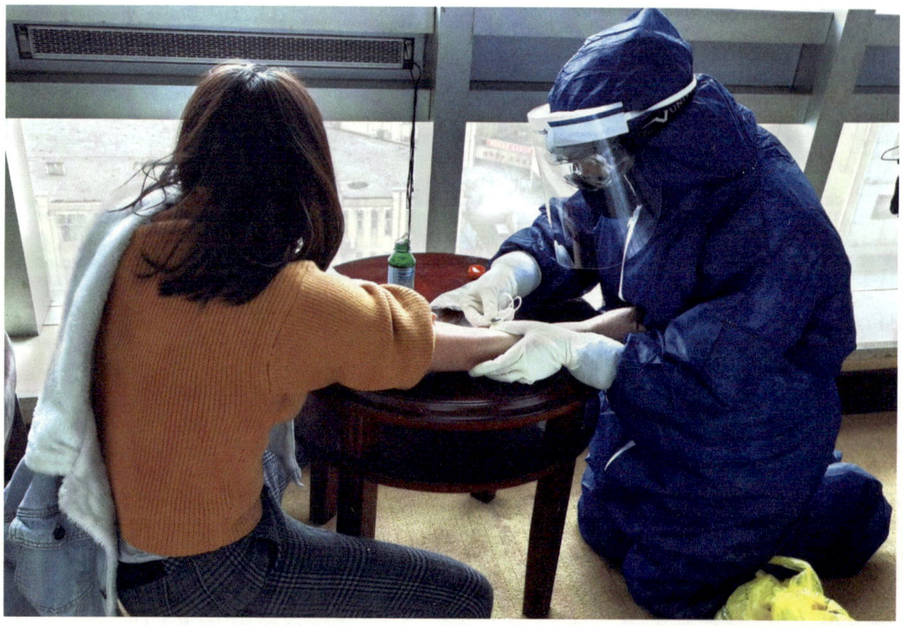

2020 年 3 月，在某定点酒店，开福区疾控中心副主任陈腊梅（右）为便于操作为确诊治愈出院病人跪姿采样
（区卫健局　供图）

【生活饮用水监管】2020年，对78家有证二次供水单位实施全覆盖检查，责令整改14家次，立案1家，罚款2100元。对70家学校开展直饮水、自备水专项整治，委托第三方对10所学校井水及直饮水开展抽样检测，检测合格率100%。督促3所学校新接通自来水，4所学校新打深井，直饮水卫生许可证办理数量由5所增至20所。

【职业卫生监管】2020年，履行职业卫生职责，新设职业病防治科，配备专干1人。发挥三级网络作用，督促各街道卫生保健工作人员开展日常巡查。根据长沙市卫健委反馈的问题，对长沙大伟塑胶有限公司开福分公司开展督查，对该单位安排未经上岗前职业健康检查的劳动者从事接触职业病危害的行为立案查处，警告并罚款5万元，实现职业卫生办案“零”的突破。

（李　青）

人民生活

民 政

【概况】2020年，开福区城乡低保对象有3492户、5757人，全年保障低保人数74410人次，发放保障金3640.52万元，发放价格临时补贴328.52万元。开福区特困对象有521户、532人，全年保障特困供养6275人次，发放保障金530.24万余元，价格临时补贴26.88万元；护理补贴1627人次、65.8万元；医疗补助384人次、96.8万元。全区新增社会组织15家，办理变更31家，注销22家。开福区有养老机构13家，居家养老服务中心53家。2020年，新增居家养老服务中心12家，新增养老机构1家，全年发放各类养老服务补贴1514.53万元。全年办理结婚登记4114对，离婚登记2275对，补办结婚证554份，补办离婚证178份，登记合格率准确率均为100%。

【最低生活保障】2020年，开福区城乡低保对象有3492户、5757人，全年保障低保人数74410人次，发放保障金3640.52万元，价格临时补贴328.52万元。根据上级文件要求和工作安排，认真开展民政领域脱贫攻坚专项检查，针对疫情影响，重点关注困难人群，规范工作制度，实施精准救助，全面提升社会救助水平，低保救助水平由2019年的442元/人·月提高到2020年的554元/人·月。严守政策，实现“应保尽保”。

【特困人员供养】2020年，开福区特困对象有521户、532人，全年保障特困供养6275人次，发放保障金530.24万余元，价格临时补贴26.88万元；护理补贴1627人次、65.8万元；医疗补助384人次、96.8万元；丧葬补助10人、2.9万元。投入12.42万元，为全区分散供养全自理特困对象276人购买护理保险，提高特困人员的供养水平。

【基层民政工作】2020年，开福区民政局投入资金20万元，开发员额管理系统，员额管理工作更加规范化、信息化。新冠肺炎疫情期间，表现突出的街道和社区的临聘人员46名被特批纳入员额管理，217名表现优秀员额管理人员提前1年晋升工资档次。2020年，开福区持续开展社区办公用房建设，累计投资2亿元，社区办公用房平均面积达到975平方米，最大面积4200平方米，打造一批集政务服务、居民文化活动、养老医疗、社区康复等多功能于一体的综合服务大楼，功能齐全的服务阵地。开福区推动“15分钟生活圈”建设，完善辖区内居家养老服务中心、居民活动中心、卫生服务中心、学校、垃圾站厕等配套设施，社区人居环境得到全面改善。2020年，开福区投入资金260万元，在全区16个街道建立社工站，开展政策宣传、知识普及、民政服务对象生活救助、心理疏导等支持性专业服务。

【社会组织管理】2020年，开福区新增社会组织15家，办理变更31家，注销22家。投入专项资金180万元，鼓励和支持区级“三社联动”（“三社联动”指通过社区建设、社会组织培育和社会工作现代化机制，形成资源共享、优势互补、相互促进的良好局面，加快形成政府与社会之间互联、互动、互补的社会治理新格局）示范项目，打造社区服务类“三社联动”项目31个，社会组织类“三社联动”5个。

【社会福利】2020年，开福区有养老机构13家，居家养老服务中心53家。2020年，新增居家养老服务中心12家，新增养老机构1家，完成敬老院硬件设施维修改造。全年发放各类养老服务补贴1514.53万元。通过招投标形式聘请第三方安全服务机构，对全区养老机构和带托养功能的居家养老服务中心进行安全监督和指导，定期开展养老服务质量和安全生产专项督查。区福利中心建设有序推进，截至2020年年底，该项目主体完成二层梁钢筋绑扎，正在进行二层水电管线预埋及板钢筋绑扎，东侧道路完成施工，南侧道路正在施工。2020年，开福区投入资金8万元，为全区困境儿童购买意外保险，完成9个建制村儿童之家建设，其中2家为示范儿童之家提质改造，完成上级部门验收。全年发放孤儿基本生活费16.51万元、事实无人抚养儿童补贴14.48万元、困境儿童助学金378人131.45万元。全年发放残疾人“两项补贴”80080人次、814.71万元。全区有80岁以上高龄老人14204人，发放高龄补贴1414.96万元。开展殡葬改革宣传月活动，推进移风易俗，全年发放惠民殡葬补贴604人、62.57万元，处理殡葬领域舆情4件。

【慈善工作】2020年，开福区向长沙市慈善会申报特大病医疗慈善救助1人、低保户尿毒症患者救助181人次，救助金额20.8万元；慈善助学96人，救助金额35.6万元。

【救助管理】2020年，开福区民政

局生活无着人员救助管理站严格执行省、市民政部门相关文件要求，组织开展“夏季送清凉”、“冬季送温暖”、文明创建、开福寺祈福安保等多项救助专项整治工作。2020年，生活无着人员巡查救助584人次，未成年14人次，其中医疗救助20余人次，站外发放物资1000余份。

【婚姻登记】2020年，加强婚姻登记“窗口”建设，做好婚姻登记工作，规范登记程序流程，全员统一着装配牌上岗，提高服务水平。婚姻登记依法、规范，全年办理结婚登记4114对，离婚登记2275对，补办结婚证554份，补办离婚证178份，登记合格率准确率均为100%。

【地名普查】2020年，开福区联合芙蓉区完成行政区域界线检查工作，对界线的地貌、地物和界桩、界钉进行走访检查，共同维护边界地区的长治久安。

【“老年餐桌”试点运行】2020年7月，开福区东风路街道的砚瓦池社区、蚌塘社区和西园社区3个试点“老年食堂”正式营业，为有需求的高龄、空巢、失能失智、散居特困供养、低保等困难老人提供集中就餐和上门送餐服务。新华网、湖南都市频道、长沙新闻频道、《长沙晚报》等新闻媒体报道。截至2020年年底，收到1350位就餐申请，经审核后，1120位老人符合政府用餐补贴，3个就餐点就餐人数4万余人次，每个就餐点平均每天就餐60人次。

【疫情防控】2020年3月，开福区出台《开福区新冠肺炎疫情防控期间“一老一小”特殊困难群体关爱帮扶若干措施》，全年走访7462户，与困难对象建立“三包一”帮扶1499户，与抗疫一线医护人员困难家庭建立“一对一”帮扶41户，为困难群众发放口罩9000余只，消毒液、酒精等物资500余份。重点保障养老领域疫情防控，对区内有托养服务的养老机构进行重点防控，实行封闭式管理，建立三级联络特派员制度，做到民政领域的零感染，全年为养老机构发放防疫和生活物资10余次，组织养老机构老人和工作人员进行核酸检测1000余人次。开福区慈善会向社会发出《凝聚爱心 共抗疫情——抗击新型冠状病毒肺炎疫情募捐倡议书》，动员爱心企业、爱心人士参与疫情防控工作，接收捐款799.5万元，物资56批，并对接收和使用情况及时公示，接受社会监督。

【“10项再次帮扶”措施出台】2020年5月，开福区出台《2020年开福区常态化疫情防控城市困难群体帮扶实施方案》。在城市困难帮扶政策的基础上，针对12类困难群体创新推出基本生活、意外保险、家政服务、教育资助、住房补贴、就业培训、社保补贴、养老助老和战疫抗疫等10个方面的再次帮扶措施，全年发放帮扶资金756万元，帮扶低保、特困、残疾、困境儿童等群体2.2万余人。

（胡杜豆）

退役军人事务

【概况】2020年，全区16个街道、107个社区（村）成立退役军人服务站，实现全覆盖。2020年，区财政安排退役军人救助专项资金，帮扶重病重残、有特殊困难的退役军人。建立低收入退役军人“兜底”工程，安排资金为全区重点优抚对象购买“补充保险”。2020年，开福区涌现一批退役军就业创业先进典型，由开福区选送的湖南毂梁微电子有限公司“国产自主DSP芯片研发及产业化”项目，以全国第2名的成绩获得首届全国退役军人创业创新大赛新兴产业组二等奖；在“2020年湖南省创新创业大赛”中，4家退役军人创办企业分别获得一、二、三等奖。开福区在全国首试线上直播退役军人适应性培训，邀请全国模范退役军人、长沙最美退役军人和企业家授课。

【服务保障】2020年，区退役军人事务局按照“不漏一人、不落一户”要求，逐人建档立卡，建立分类清晰、要素齐全、内容规范的数据库和规范化档案管理流程，并率先在全市进行数字化建档，为退役军人档案配上“电子管家”，维护和保障好退役军人的权益，解决纸质档案易损坏和遗失问题。发挥基层党组织作用，将退役军人党员全部纳入党组织管理，印发《退役军人党员“站点建家”“精准安家”“活动找家”工作实施方案》，理顺全区退役军人党员党组织关系。坚持严管与厚爱相结合，开展社会公德、职业道德、家庭美德、个人品德和法治教育。疫情期间，涌现出退役军人党员协助消毒用品应急生产、捐赠应急物资、坚守防疫一线等感人事迹。注重正向激励和政治关怀，定期进行退役军人工作表彰，邀请优秀退役军人代表参加重大庆典，坚持开展送立功喜报、悬挂光荣牌、走访慰问等活动，营造全社会尊重军人、关爱军人浓厚氛围，增强退役军人的责任感和使命感。开通“开福区退役军人事务局”政务微信公众号，开设“榜样的力量”“我的退役故事”专栏，引领广大退役军人听党话、跟党走；举办2020年度开福区“最美退役军人”评选结果发布会，展现开福退役军人优秀品质，在全社会营造拥军、爱军浓厚氛围。

2020 年度开福区“最美退役军人”评选结果发布会现场

（区文旅体局　供图）

【双拥优抚】2020年，区财政安排退役军人救助专项资金，帮扶重病重残、有特殊困难的退役军人。14个街道社区卫生服务中心为重点优抚对象提供家门口医疗服务，实行挂号、就诊、取药、转诊“四优先”，家庭医生签约、门诊挂号、每年体检“三免费”。率先在全省与保险系统开展针对退役军人个人专属服务、就业能力培育、党建共建联建等方面合作，以优抚对象生活困难救助类保险合作为牵引，建立低收入退役军人“兜底”工程，安排资金为全区重点优抚对象购买“补充保险”。筹备成立退役军人关爱基金，通过社会捐赠等方式筹集资金，织密困难退役军人“兜底”保障网。对困难退役军人优先配租公共租赁住房，优先购买限价商品住房，补贴物业服务费、减免租金；对有购房需求的退役军人，允许在区属国有企业持有的房源中优先选购。针对退役军人子女入学难问题，规定同等入学条件下优先退役军人子女入学，并将家庭经济困难的退役军人子女纳入学生资助重点人群。严格落实军休人员各项待遇，按时为军休人员发放工资、各类津补贴及工会福利。通过政府购买服务方式，为军休人员提供医疗服务保障、生日慰问等服务，提升他们的幸福感和满意度。

【开福区2020年度“最美退役军人”发布】12月23日，开福区举行2020年度“最美退役军人”评选结果发布会，田泽强等10人被评为开福区2020年度“最美退役军人”。9月，开福区启动“最美退役军人”评选活动，经过推荐报名、评审考查、网络投票等环节，田泽强、申辉、史春山、严义军、邹建凯、易志刚、易海军、周宁、郝建军、黄维10人被评为开福区2020年度“最美退役军人”。有的主动请缨在新冠肺炎疫情防控一线坚持76天，有的突遇下岗逆袭打造餐厨垃圾收集处理“长沙模式”，有的从事具有长沙特色的食品行业，充分展现退役军人的优秀品质，在不同岗位和不同领域，展现开福区退役军人守望相助、自力更生、拼搏进取的奋斗精神。

【就业创业】2020年，开福区出台12条促进新时代退役军人就业创业优惠政策，搭建退役军人就业创业平台，建立“两库”（企业库、人才库）“两清单”（需求清单、培训清单）。邀请经验丰富的企业家、行业领域专家，成立开福区首批退役军人就业创业导师团队，发挥导师们在职业规划、就业创业等方面的优势，引导、扶持更多的退役军人就业创业。开福区与西米集团签订战略合作协议，与银行签订金融服务合作协议，为退役军人提供全方位、“保姆式”就业创业指导帮扶。区涌现一批退役军人就业创业先进典型，由开福区选送的湖南毂梁微电子有限公司“国产自主DSP芯片研发及产业化”项目，以全国第2名的成绩获得首届全国退役军人创业创新大赛新兴产业组二等奖；在“2020年湖南省创新创业大赛”中，4家退役军人创办企业分别获得一、二、三等奖。加大就业支持力度，出台《促进新时代退役军人就业创业工作实施方案》，对聘用退役军人的企业给予一次性奖励

2000~10000元/人和3年社保费用补贴，对家庭困难退役军人职业技能认证的给予一次性奖励。

【移交安置】2020年，区退役军人事务局联合区委组织部、区委编办、区人社局等部门，为营级以下军转干部和市级统筹退役士兵提供安置岗位。截至2020年年底，开福区安置的营级以下军转干部、转业士官全部报到、上岗、入编。通过定向选聘、推荐社区（村）“两委”等方式，一批退役军人在基层一线担任“兵干部”“兵支书”。推进部分退役士兵社保接续工作，多次召开推进会，对这项工作进行全面统筹铺排，为符合条件的退役士兵办理补缴手续，办结率100%。

【退役军人适应性培训线上直播】9月27—28日，开福区退役军人事务局在全国首试线上直播退役士兵适应性培训，邀请全国模范退役军人长沙最美退役军人和企业家线上授课。开福区退役军人事务局联合新征网络科技有限公司，打造“在线自主学习+直播互动讨论+现场教学实践”的全新培训模式，通过心理调适、政策法规、职业规划等方面的课程，为退役军人开展“云培训”。该项新举措被“中国退役军人”官方微信公众号推介。

（黄佳雨）

民族宗教

【概况】2020年，区民宗局对区内宗教活动场所开设的网（页）、微博、微信等新媒体进行登记备案。开福区为全省宗教重点县区，集佛教、道教、天主教、基督教四大宗教于一区，8个省份爱国宗教团体组织驻会开福区，有登记宗教活动场所8处，分别为佛教开福寺、洪山寺、铁炉寺；道教东岳宫；天主教长沙市天主堂；基督教城北堂、北正街教堂、潮宗街聚会点。2020年，开福寺能净法师和铁炉寺自然法师获得湖南省宗教界“五进五好”活动先进个人称号，城北堂荣获“五进五好”（“五进”即中共十九大精神进场所、国旗国歌进场所、核心价值观进场所、政策法规进场所、中华优秀文化进场所，“五好”即政治品格好、守法遵规好、文明友善好、传承文化好、服务社会好）活动先进集体称号；开福区民宗局被选为区县唯一代表在全市“五进五好”主题实践活动表彰会上作经验发言，铁炉寺、北正街教堂和潮宗街聚会点获评五星级宗教活动场所，洪山寺增慧法师获得“五进五好”先进个人称号。

【民族工作】2020年，区委常委会2次专题研究宗教中国化工作，区领导走访调研宗教场所20余次。依托宗教工作“三级网络两级责任制”，将街道、社区宗教工作“两级责任”具体事项在全区8处宗教场所全面上墙公示，建立健全分级负责、属地管理和责任追究制度，形成区、街、社区三级管理的工作机制。推动将民宗干部和宗教教职人员培训作为常态，组织区街社区干部和全体教职人员参加专题培训、同心大讲堂活动和外出学习考察等。全年组织开展宗教工作能力提升班1期、意识形态安全工作培训1期，组织教职人员外出学习交流3次。开展清真食品整治行动。组织16个街道对到开福经商人员摸底并建档，帮助少数民族门店疫情防控期间复工复产。在2019年整治的基础上，组织街道社区对辖区内清真食品店、拉面馆等清真企业再次全面摸底并建档，按照属地管理原则，对不符合要求的门店进行全面整改。开展民族团结进步创建。组织街道社区到其他区县学习民族团结进步创建优秀经验，并到周南中学、相关街道社区实地指导。指导开福寺路社区成功创建“市级民族团结进步示范单位”，新湘路社区“省级民族团结进步示范社区”创

2020年7月2日，开福区委书记曹再兴（前左二）带队到开福寺调研宗教中国化实践基地创建工作（区民宗局 供图）

2020年7月9日，开福区开展以“中华民族一家亲 民宗法规入人心”为主题的民族、宗教法规政策进街道、进社区宣传活动　（区民宗局　供图）

建进入验收阶段。联合开展“中华民族一家亲 民宗法规入人心”主题活动，开展民宗政策法律法规知识竞赛，扩大民宗知识在广大群众中的覆盖面。组织各街道社区利用学校、机关和户外等平台，以标语横幅、宣传屏等方式对进步创建内容广泛宣传，营造良好的民族团结氛围。做好流动人口服务管理。聘请伊斯兰教协会和新疆驻湘工作组的人员，以民族团结创建示范单位的新湘路社区和开福寺路社区为落脚点，组建少数民族协会组织，着力解决少数民族人士在就医就学、就业创业、困难救济、矛盾调处等方面的问题。持续做好少数民族人士服务，2020年，为全区101名参加高考的少数民族考生审核民族成分。

【宗教工作】2020年，全区各宗教场所按照省、市、区“两个暂停”（暂停对外开放、暂停集体宗教活动）部署要求，第一时间暂停开放场所（开福寺在全省率先关停），第一时间落实群防群治防控措施。同时，按照疫情防控要求有序对外恢复开放。落实宗教场所制度化建设。坚持引导、管理、规范、服务并行，强化宗教活动场所的财务监管，提升宗教工作科学水平。与各场所反复沟通，并广泛征求相关部门意见，根据《宗教事务条例》相关规定对场所经常性宗教事务的报备要件、流程等进行详细说明，出台《开福区宗教事务管理办法》，全区宗教事务管理走上法治化、规范化的轨道。配合区委统战部、城管、民政、残联等部门单位，对开福寺周边环境进行集中整治，形成常态化长效机制。召开天主堂钟楼问题专题会议，协调各职能部门对倾斜钟楼进行维修加固，天主堂“钟楼”问题纳入“一单四制”管理，摆上重要议事日程。召开开福寺后续建设会议，争取上级部门支持，推进开福寺、东岳宫等场所的规划建设。协调市区相关部门，加快推进开福寺、天主堂、洪山寺3处寺庙的修缮工程进程，帮助场所解决实际困难。

【培训工作】组织各宗教场所主要负责人和骨干教职人员在洪山寺参加培训，特邀市民宗局宗教工作处处长黄鸣强授课，提高各宗教场所的安全意识。在长沙学院组织开展民族宗教工作培训班，特邀湖南省民宗委业务一处处长朱朝晖授课。

【“五进五好”活动】2020年，区民宗局响应湖南省委统战部、湖南省民宗委关于“五进五好”的号召，精心谋划组织，深入探索创新，在全区范围内掀起活动实践热潮。组织开展“看巨变·凝共识·画最大同心圆”主题实践和衡阳爱国主义学习教育等活动，教职人员和干部队伍学习培训成为常态。开福寺“碧湖诗社”开展全国优秀诗词稿征集并评奖，开福寺、潮宗街聚会点历史陈列馆和洪山寺书画馆全面建成并开放展览。将中国建筑风格融入宗教建筑，推进开福寺、东岳宫的规划建设和开福寺、天主堂、洪山寺的修缮，制作“走宗教中国化道路，绘开福最美同心圆”宣传片，形成开福宗教场所“一处一特色、一点一故事”的格局。开福区四大教堂将歌唱祖国纳入唱诗班内容，各宗教场所自发组织开展中共十九届五中全会精神学习活动，重大节假日升国旗唱国歌、政治理论学习等成为教务活动日常内容。组织开展第二届爱国诗词大会。新冠肺炎疫情防控期间，各宗教场所捐赠物资200万余元，其中开福寺捐赠110万元；发布《捐赠医疗物资的倡议书》，制作微信版“宗教界抗疫集锦”，走访慰问困难宗教场所，严格落实“两个暂停”，宗教事务管理走上法治化道路。

【开福寺历史陈列馆开馆】10月16日，开福寺历史陈列馆开馆揭牌仪式在开福寺举行，陈列馆占地约120平方米，陈列内容为开福寺历史、所作事业和贡献及开福寺十六景篆刻作品等。湖南省委统战部常务副部长徐克勤，中国佛教协会副会长、湖南佛教协会会长、湖南佛学院院长圣辉，长沙市民宗局党组书记、局长罗伟和开福区委书记曹再兴出席活动，为陈列馆揭牌并讲话。

（王　花）

社会保障

人力资源管理

【概况】创新人才服务机制，落实青年人才筑梦工程和区人才新政11条，兑现各类补贴1275.15万元，惠及21家区内企业和3252名青年人才。全年城镇新增就业8284人，再就业和转移就业11604人，培训16420人，城镇登记失业率稳控在3.6%。发放灵活就业社保补贴资金2574.81万元，失业保险金2798.98万元，失业补助金1165.49万元，实现居民养老保险覆盖率100%。全年办理各类劳动案件1488件，为4000余人次农民工追回拖欠工资3500万余元，各项案件时效内办结率100%，全区无一起因欠薪引发的重大负面舆情。

【人才队伍建设】2020年，树立“抓人才就是抓发展，兴人才就是兴开福”的理念，优化人才发展。创新人才引进模式，首次在北京公开招聘高校毕业生24人，其中博士4人,硕士19人，“双一流”大学占比87.5%，考生学历层次和综合素质均为历年之最。公开选调（招聘）事业单位工作人员85人，完成新招聘在编教师235名、备案制教师41名和基层医疗机构工作人员80名的审批与聘用工作。创新人才管理方式，稳步推进公务员和事业单位工作人员分开管理改革，全面梳理事业单位编制和人员情况，建立在岗在编干部信息库，实现人才信息大数据管理。创新人才服务机制，落实青年人才筑梦工程和区人才新政11条，兑现各类补贴1275.15万元，惠及21家区内企业和3252名青年人才，有效减轻企业人力运营成本，增强全区人才集聚效应。

【就业创业】2020年，克服新冠肺炎疫情和经济下行的影响，稳定和扩大就业，全年城镇新增就业8284人，再就业和转移就业11604人，培训16420人，城镇登记失业率稳控在3.6%。实施精准方略，就业创业并举，全力稳住广大居民就业基本盘。组织5支服务小分队实地走访区内重点企业100余家，了解疫期用工缺口及疫后就业服务需求，到湖南省石门县、龙山县、城步县等地招工，助力脱贫攻坚。升级“开福就业”招聘平台，实现疫情防控期间“网上招聘不停歇，就业服务不打烊”。推动新兴行业就业，开展“练摊”“直播带货”等创业培训，选送的“无接触式UWB雷达生命体征监测”项目，获得第四届“中国创翼”创业创新大赛创新组二等奖，为全市唯一获奖项目。连续五年开展“大学生就业在开福”系列活动，围绕重点人群就业“点亮万家灯火”。

【社会保障】2020年，强化底线思维，援企稳岗并用，织牢社保助企惠民保障网。在就业、用工、培训、政策等方面，服务企业，全年为1.26万家企业减免基本养老、失业、工伤保险单位缴费部分4.32亿元，为企业纾困，帮企业解难。援企稳岗保市场主体，以企业税费“减法”换就业岗位“加法”，发放稳岗稳就业资金450万元，公益性岗位补贴和社保补贴62.56万元，企业吸纳贫困劳动力就业岗位补贴和社保补贴18.12万元，小微企业招用高校毕业生社保补贴3.37万元，见习补贴91.63万元，有效缓解企业生产经营困境，保住市场主体和就业岗位。紧盯待遇保基本民生，发放灵活就业社保补贴资金2574.81万元，失业保险金2798.98万元，失业补助金1165.49万元，实现居民养老保险覆盖率100%。完善监管保基

2020年8月17日，开福区社保中心召开开福区城乡居民基本养老保险全覆盖专项行动培训会议　（区社保中心　供图）

金安全，健全完善政策、经办、信息、监督“四位一体”的风险防控体系，确保社保基金安全完整。

【劳动监察与仲裁】2020年，推进依法行政，治理防范并重，全年办理各类劳动案件1488件，为4000余人次农民工追回拖欠工资3500万余元，各项案件时效内办结率100%，全区无一起因欠薪引发的重大负面舆情。建立劳动关系风险监测点，健全疫情期间劳动关系风险防控和预警机制。开展根治欠薪冬季攻坚“五大行动”，推进建筑工地项目“七项制度”落地落实，2020年，全区新开工项目保证金覆盖率100%，专用账户覆盖率100%。应对疫情期间劳动人事争议案件增多的实际，创新开展每月一次“裁审衔接”沙龙活动，开辟“农民工绿色维权通道”，启用“一步到庭”简易程序，实现调解仲裁案件快立、快办、快结。

【“梦想启航，扬帆开福”政校企活动】11月13日，由长沙市开福区人民政府主办、长沙市开福区人力资源和社会保障局承办、金霞经开区产业发展局和马栏山众创园协办的“梦想启航，扬帆开福 2020年政校企洽谈会暨合作签约仪式”在马栏山众创园举办。签约仪式上，开福区人民政府与湖南省岳阳市5所高校签订政校人才合作协议，同时，开福区辖区内友谊咨询、草莓V视等15家重点企业分别与高校签订校企合作框架协议，达成人才培育共识。组织企业到岳阳市高校现场招聘，提供岗位1087个。

（郑文榜）

社会保险服务

【概况】长沙市开福区社会保险服务中心（以下简称区社保中心）是长沙市开福区人力资源和社会保障局下设的二级机构，主要承担全区养老保险经办和失业保险、工伤保险等部分社会保障工作以及企业退休人员社会化管理服务工作。

【企业养老保险】2020年，开福区企业养老保险参保缴费率为31.51%，完成目标任务29.25%的108%。

【城乡居民基本养老保险】2020年，开福区有4.55万人纳入城乡居民基本养老保险，完成目标任务4.3万人的106%。

【城乡居民养老保险】2020年，开福区城乡居民养老保险覆盖率为100%，完成目标任务100%。

【灵活就业人员社会保险】2020年，开福区为贯彻落实党中央、国务院关于减证便民、优化服务的决策部署，根据上级有关文件要求，将灵活就业人员社会保险参保缴费业务延伸到街道、社区（村）等基层经办机构，变集中办理为就近办理，提升社保服务的便捷度。2020年，全区灵活就业人员社会保险网上参保登记2.12万人。

【援企稳岗惠民】2020年，开福区社保中心落实湖南省《关于阶段性减免企业社会保险费的实施意见》，2—12月免征中小微企业基本养老、失业、工伤保险单位缴费部分，2—6月减半征收大型企业以及机关事业单位之外的其他单位基本养老、失业、工伤三项社会保险单位缴费部分。截至2020年年底，全区减免4.32亿元，支持企业稳岗稳产工作，推动企业基本养老保险费的征缴，全年实现企业基本养老保险缴费率31.51%，完成目标任务29.25%的108%。为保障民生，适当延长失业金申领期限，落实阶段性失业补助金政策，为1956人发放失业保险金2798.98万元，为1587人发放疫情期间失业补助金1165.49万元。

【国有企业退休人员社会化管理】2020年，开福区社保中心按照湖南省、长沙市人民政府的统一部署，开展国有企业退休人员移交社会化管理工作。截至2020年年底，移交到区社保中心企业退休人员协议134份，涉及集团企业134家，退休人员10296人。其中央企108家，退休人员6682人；省企26家，退休人员3614人。全部完成移交手续办理。

【职业年金征收职责移交】2020年，开福区社保中心根据国务院和湖南省人民政府工作部署，自2020年11月1日起，全省企业社会保险费和机关事业单位职业年金征收职责划转到税务部门。开福区社保中心积极配合税务部门，将开福区企业社会保险费和机关事业单位职业年金征收职责移交税务部门，处理职责划转过渡期内出现的问题，划转工作有序开展、平稳衔接，用人单位和参保人社会保险权益得到保障。

（王　琼）

住房保障

【概况】2019年3月政府机构改革后，原区住房保障局合并到区住房和城乡建设局（以下简称区住建局）。2020年，区住建局加大住房保障力度，健全住房保障体系，科学调配房源，服务棚改征收，着力解决城市居民住房困难家庭的住房问题。2020年，区住建局开展住房租赁发展试点，全年开展三批次39个项目评审，完成房源筹集任务7151套。全区办理公租房实物资格179户，租赁补贴资格115户。发放租赁补贴资金93.89万元。办理经济适用房资格30户，经济适用房货币补贴7户。完成公租房实物配租495户。

【房源项目评审】2020年，区住建局落实“租购并举”，开展住房租赁发展试点，全年开展三批次39个项目评审，完成房源筹集任务7151套，占三年总任务的82.19%。完成第一批3个专业化、规模化住房租赁企业申报工作。按程序完成第一批、第二批20个项目资金拨付1亿元。制定《试点项目监管细则》和《资金监管三方协议》，探索采取服务外包的模式开展项目监管。完成前三批31个企业的租赁服务平台注册、房源录入和平台监管工作。组织街道专干进行业务培训，理顺审批流程、优化审批程序。

【保障性住房】2020年，全区办理公租房实物资格179户，租赁补贴资格115户。完成补贴对象“财政惠民一卡通”系统录入和开卡工作，发放租赁补贴资金93.89万元。办理经济适用房资格30户，经济适用房货币补贴7户。完成公租房实物配租495户。

【公租房管理】2020年，区住建局加强公租房日常巡查、强化安全培训、严格公租房违规占用整改、推进管理服务外包等举措，提高公租房后续管理服务正规化水平。完成福泽园小区党建活动室建设。完成楠熙筱苑小区消防管网改造和配电柜维修、福润园小区进出口顶棚改造，解决公租房小区安全隐患。制定了开福区住房保障对象疫情补贴发放方案，与民政局对接，对低保和住保数据进行核查比对，确定最终发放名单并上户收集发放信息，完成两批次发放工作，发放补贴1255户、46.79万元。

【395户住房困难户喜搬新房】1月6日，区住建局启动万家园公租房小区摇号选房工作，为开福区395户符合条件的中低收入家庭、新就业职工、外来务工人员解决住房问题。参与摇号的家庭均按申请、审核、公示的程序确定，全程由纪检组参与。选房充分考虑对65岁以上老人、孤寡、残疾以及退役军人的优先、优待政策，选房结果在开福区政府门户网站进行公示。为让住房困难群众尽早住进新房过大年，相关工作人员加班加点，提供“最多跑一次”的优质服务，在选房完成后，“一站式”办理合同签订、缴费登记、证件打印等手续，办理全程只需10分钟。1月13日，开福区万家园公租房小区摇号选房工作结束，395户符合条件、有租房意愿的住房困难户通过“最多跑一次”的优质服务，摇号选妥满意的公租房，春节前，搬进万家园小区电梯精装新房。

（陈红艳）

医疗保障

【概况】2020年，全区参保人数64.65万人，参保覆盖率95 %以上；区职工医疗保险征缴 6.53亿元，城乡居民基本医疗保险征缴4208.57万元。2020年，定点零售药店医保刷卡业务协议签订28家、定点医疗机构医保协议续签188家。2020年，检查全区协议医药机构216家次，检查覆盖率100%，促成医疗机构经自查自纠主动退还医保基金1.71万元，收回及拒付违约金额39.95万元，解除、暂停医保协议21家。

【医保政策宣传】2020年，围绕国家和省、市医保局调整的最新政策，开展医保政策进社区、进医院、进园区、进企业、进机关的“五进活动”，发放宣传资料15万余份，发布政策信息150余条，组织调研座谈6次，宣讲培训6次；接受企业、群众咨询8000余人次，提高医保政策的公众知晓率和普及率。

【参保缴费】2020年，全区参保人数64.65万人，参保覆盖率95%以上；区职工医疗保险征缴 6.53亿元，城乡居民基本医疗保险征缴4208.57万元。

【待遇报销及享受】2020年，全区办理医疗保险异地报销 1259人次，报销金额 532万元；生育费用异地报销500人次，报销金额 87万元；生育津贴及男职工一次性补助 1640人次，报销金额 1788万元；办理灵活就业人员医疗退休 1380人次；办理跨市医疗关系转移 1047人次；办理异地就医备案963人次；拆迁大病困难补助审核580人次；通过健康扶贫“一站式”结算为1193人次农村低保和特困人员报销1263.2万元（医疗总费用1405.91万元），其中基本医疗支付712.79万元、大病保险支付156.63万元、医疗救助支付251.03万元、财政“兜底”支付51.8万元，综合报销比例89.8%；办理城乡居民医疗救助1381人次，发放医疗救助金779.12万元；精神障碍患者药物救助4528人次，救助金额100.13万元；医疗帮扶358人次，帮扶金额129.87万元；做好全区“两病”用药保障，高血压、糖尿病就诊2672人次，报销金额16.85万元；组织108名社区（村）书记和10632名机关工作人员开展健康体检工作；组织全区区直机关公职人员开展吸毒检测专项工作。

【两定机构管理】2020年，以标准化、专业化的准入制度和记分管理办法为核心，将定点医药机构的准入、退出和动态考核落到实处。2020年，定点零售药店医保刷卡业务协议签订28家、定点医疗机构医保协议续签188家。对辖区内一级协议医疗机构通过医保资金总额打包预付1638.91万元；总控病种分值审核结算8105人次、审核金额2341.45万元；门诊统筹医疗费用审核结算53482人次、审核金额 327.78万元；城镇居民“两病”门诊审核结算2696人次、审核金额16.97万元；健康扶贫“一站式”医疗费用结算678人次，审核金额84.4万元；公务员补助医疗费用结算3875人次，审核金额 1250.86万元。

【医保基金监管】2020年，按照国家和省市相关工作部署，开展“打击欺诈骗保、维护基金安全集中宣传月”活动和打击欺诈骗取医疗保障基金自查自纠行动。2020年，检查全区协议医药机构216家次，检查覆盖率100%，促成医疗机构经自查自纠主动退还医保基金1.71万元，收回及拒付违约金额39.95万元，解除、暂停医保协议21家。

【出台医保基金监管“十条措施”】2020年，在全省率先出台医保基金监管“十条措施”（实施综合保障、保证异地就医、调整报销范围、简化药采流程、预付救治资金、便捷定点开通、放宽门诊携药量、引导网上经办、减少医保备案、扩大直接结算），创新“三项举措”（严格定点医药机构准入、严格谈判特殊药品使用、严格特药医保基金监管），严厉打击欺诈骗保。设立全市首个基金监管投诉举报中心，开通举报专线，公开投诉举报邮箱，开发线上举报投诉二维码。联合卫健等部门，每半年对协议医药机构开展一次诚信管理评价，实行红黑名单制度。实施医保基金监管部门联动机制，建立医保牵头，纪检、公安、卫健、市监等相关部门参与的联合检查队伍，建立“一案多查”“一案多处”制度。该举措被《长沙晚报》、掌上长沙等多家媒体报道，被长沙市医保局政府门户网站、微开福等媒体转载，被《长沙信息》、开福区党委信息采用。服务中心大局，打好“脱贫攻坚战”。

【服务中心工作】2020年，落实健康扶贫工作要求，用足用好医疗救助、医疗帮扶等政策，做实特殊困难群体帮扶工作。2020年，全区贫困人口参保率实现100%，健康扶贫“一站式”结算综合报销比例89%以上，报销金额1263.2万元，医疗救助、医疗帮扶6267人次，金额1009万元。做好新冠肺炎救治保障；优化医疗保障经办服务，确保参保群众及时享受各项医保待遇；助力企业复工复产，为全区9400余家企业单位减征医疗保险费5415.5万元。在“433产业攻坚”中，开福区医保局为联系项目解决困难3个，帮助联点街道完成580户征收困补审核工作，为30个重点产业项目编印涉企医保政策1000余份。

（管　辉）

应急管理

应急管理

【概况】长沙市开福区应急管理局为区政府工作部门。2020年，开福区安全生产和应急管理工作坚持以服务保障“433”产业项目攻坚为中心，围绕“坚决不发生较大以上事故，严防严控一般事故”目标，全力构建“体系治理强安，依法治理促安、创新治理兴安、基层治理保安”的治理格局，安全生产形势平稳向好。2020年，全区发生生产安全事故14起，死亡14人，其中工矿商贸事故死亡2人、经营性道路交通事故死亡12人。

【安全隐患治理】2020年，区委常委会议、区政府常务会议定期研究安全生产和消防工作，以《增强忧患意识，防范重大风险》为题，组织区委理论中心组学习；将安全生产和消防工作纳入重点调研范围，形成《坚持党建引领发挥三级功能消除事故隐患》等高质量调研报告12篇，《加强家庭式小旅馆监管》等调研课题成果转化30余项。成立由区长任组长，各园区行政负责人和分管副区长任副组长的三年行动工作领导小组，组建行动专班，建立“一月一调度、一月一督导”机制，制定“三单一表”、坚持“照单推进、挂图作战”，分阶段、分步骤推进专项整治。每季和法定节假日，区领导带队检查安全生产工作，督办重大隐患。关停整治四方坪旧货市场，签约腾房租赁经营户619家，拆除面积5万余平方米；完成伍家岭纸包金包建安五处、安达十八站、毛家桥水果市场、长沙医药产业园等125处重大隐患销号。

【安全生产监管】2020年，开福区按照“区领导+班子成员+安全专家+执法人员”的模式，组成4个暗访巡查组，每天深入基层企业一线，地毯式排查“民居民宅”等五类场所隐患。全年巡查街道13个，排查单位（场所）1912家，发现并整改问题隐患1.12万条；整改“三合一”场所（住宿与生产、仓储、经营违规混合设置在同一空间内的建筑）198处，拆除违章仓库厂房35处，面积3万余平方米；投入资金1000万余元，增设道路安全设施42处，建成市政排水管网地理信息系统；整改消防安全火灾隐患670处，完成消防车通道标准划线住宅小区209个、消防安全重点单位290家。坚持依法监管与专项整治相结合，清理道路交通、建筑施工、危险化学品、粉尘防爆、园中园（厂中厂）等重点领域乱象。2020年，查处违法违规行为356起，立案432起，行政罚款220万余元，责令停产停业整顿企业64家，关闭取缔生产经营单位50家，刑事案件立案391起，刑拘66人，警示约谈企业163家，联合惩戒企业5家；查处危险化学品非法经营等10万元以上行政处罚案件5起，综合执法排名全市内六区第一，在全市执法工作交流会上做典型经验发言。坚持奖优罚劣，综合运用绩效考核、每周通报、正向激励、每案必查等措施，确立“有为者得奖，失职者受罚”的鲜明导向。2020年，印发安全简报40期，发放安全奖励资金150万余元，奖励安全先进单位112家次，追责问责公职人员2人，约谈事故责任单位7家。

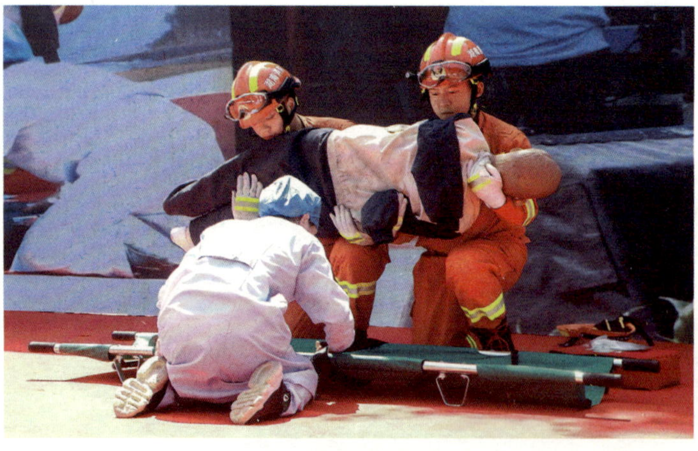

2020年5月12日，开福区应急管理局联合湖南烈士公园管理处开展“5·12”国家防灾减灾宣传日活动（区应急局 供图）

【基层基础工作】2020年，开福区围绕企业“八落实”、一会三卡、标准化班组建设，推出“三个一”工作法，即街道“每周一调度、每周一交办、每周一宣教”，部门“每月一调度、每月一交办、每月一宣教”活动，在“政府交办、企业整改”中压实主体责任。全年调度企业3925家次，交办事故隐患922项，培训企业负责人和安全管理人员60831人次，组织班前会企业1.9万余家，参与人员15万余人次。突出示范引领，通过培育机械、危化、轻工等行业领域标杆企业，以点带面推进全区安全生产标准化班组建设，申报创建标准化班组企业38家。联合红网、星辰在线等媒体，推出标准化班组系列报道6期，其中《固本培基，班组文化之花盛开》被推荐到“学习强国”APP。区政府投资300万元，通过政府购买服务方式，聘请专家对400余家重点企业进行安全体检，有效解决企业“不会查、不会管”问题。截至2020年年底，全区16个街道全部完成区域安全风险评估。

【应急能力建设】2020年，开福区深入推进“六有”（有班子、有队伍、有机制、有培训、有预紧、有演练）和“三有”（有检查队伍、有物资装备、有宣传教育）标准化建设，全面强化基层应急能力。成立森林防灭火、防汛抗旱、地质灾害防治等指挥部和突发事件应急委员会，配套出台全区应急值班规定，建立区、街、村（社区）三位一体的应急体系；按照“相对集中，便于工作”的原则，将安全生产监管、防灾减灾、应急救援等三大职能分解到相关街道分管领导和社区（村）干部，各街道均明确一名党（工）委委员、副主任分管应急管理工作，明确街道公共安全办承担辖区内安全生产监管、应急处置救援和综合防灾减灾救灾职责；以浏阳河街道为省级基层应急管理能力标准化建设试点为契机，积极探索、提炼可复制、可推广的应急能力建设经验。采取“内部调剂、重点保障”的方法，保障沙坪、捞刀河等任务繁重单位编制短缺问题，按需增加基层应急力量。2020年，全区公开招聘、选调应急管理人员11名，全区各街道应急工作人员均达到4至6人。区政府投入1000万余元，购置通用消防和应急救援器材，全区107个社区均建成微型消防站，每个站点配备3~5名社会消防员；将每个社区划成2~3个网格，每月为537名安全生产信息员发放600元工作津贴。注册并使用省厅“应急装备之家”网站，按照实物储备、协议储备相结合的方法，开展急物资储备，全区有区人武部仓库1个、区防汛仓库8个、卵石储备点5个、块石储备点2个。制定消防救援、防汛抗旱、森林防火等应急预案50套，承办全市“厂中厂、园中园”工贸企业突发事件综合应急救援演练，发动物业小区、毗邻企业签订《相邻单位应急救援协议》；利用“5·12”国家防灾减灾日、“119消防宣传日”等活动，采取宣讲与实操相结合的方法，组织开展大型特种设备、危险化学品泄漏、建设工程事故等应急救援演练，全年组织应急演练800余场次，训练人员3.1万余人次。

【安全文化宣传】2020年，开福区承办全省“5·12”国家防灾减灾日活动，利用“6·16”咨询日，联合马栏山视频文创园等单位开展安全知识竞赛、“安全达人”评选活动，组织1.2万余人参与全国应急管理知识竞赛，成为全市参与人数最多的区县。按照“覆盖行业、应培尽培”原则，组织各类企业负责人和安全管理人员持证上岗专题培训班16期，培训1.26万人次；采取“企业预定课程、讲师送训上门”的方式，成立讲师团，深入社区（村）、企业一线举办安全生产讲座，全年举办安全生产讲座29场。利用湖南卫视、《长沙晚报》、新湖南等主流媒体及微信公众号、横幅标语、电子显示屏等载体广泛宣传安全生产、森林防灭火、防汛抗旱等安全常识，选定清水塘街道、伍家岭街道、四方坪街道、青竹湖街道4个街道开展应急云广播建设试点，实时宣传发布安全提示、灾害预警。开展安全生产和应急宣传进学校、进社区、进企业、进农村、进家庭活动，扩大社会影响力。2020年，省级以上媒体报道319篇，市级媒体报道532篇，电视报道35次，悬挂宣传横幅标语5000余条、发放森林防火宣传资料2.6万余份、发送森林防火信息6万余条。

（袁润良）

消防救援

【概况】开福区消防救援大队承担全区防范化解重大安全风险、应对处置各类灾害事故的“全灾种大应急”职责。2020年，区消防救援大队辖丝茅冲、金霞、伍家岭、潮宗街4个执勤消防站，消防执勤车15台，消防装备6000余件（套），负责开福区188.3平方千米防火、灭火及抢险救援任务。

【消防安全责任】2020年，开福区消防救援大队贯彻执行国务院办公厅、湖南省委办公厅《消防安全责任制实施办法》，常态化运行区消防安全委员会，调整成员单位、重置工作规则，落实“每月督促、每季通报、定期会商”机制，推动公安、民政、住建、商务、文旅等部门深化行业领域消防安全治理，工作合力明显增强。严抓单位责任落实，摸排全区290家消防安全重点单位，做好执法检查制度、内容、记录“三个规范”，督促开展“三自主两公开一承诺”（“三自立”，即自主评估风险、自主检查安全、自主整改隐患，“两公开”即向社会公开消防安全责任人、管理人，“一承诺”，即承诺本场所不存在突出风险或落实防范措施）和“六个一”（开展一次安全评估、签订一份消防安全承诺书、维护保养一次消防设施、全面检测一次电气和燃气线路设施、全面清洗一次油烟管道、集中组织一次全员培训演练）活动，推广应用消控室操作人员持证上岗登记系统，推进消防安全重点单位“零火灾”创建。

【灭火救援行动】2020年，开福区消防救援大队接警出动741次，出动消防车1168辆次，消防人员7137人次，抢救被困人员128人，疏散人员2758人，抢救财产价值644.7万元。开福区消防大队始终贯彻“党委议训、主官抓训、机关领训、全员参训”原则，严格落实全员岗位大练兵各项工作要求，固化“周抽考、月普考、季比武”练兵考核制度，指战员体能技能成绩达标率、优良率较2019年上升20%、10%，掀起“全员动、全岗训”的练兵热潮。开福区消防救援大队代表长沙市消防支队参加应急管理部门组织的冬训体能考核，成绩优异；参加长沙市消防支队夏训操法比武，获得全市团体第五名、体能团体第二名；在长沙市消防救援队伍装备业务技能比武竞赛中，开福区消防救援大队获得全市团体总分第一名，金霞消防站和伍家岭消防站分别获得全市消防中队团体第一名和第二名，丝茅冲消防站、金霞消防站分别获得消防车定点停车吸水出水操和消防车灭火器材操第一名的优异成绩。

【消防安全整治】2020年，开福区消防救援大队以“防风险、保平安、迎大庆”专项行动为抓手，联合公安、市场监管、文化旅游、应急管理、消防、商务、电力等多个行业部门，先后对13个重点领域、7大突出问题开展消防安全专项治理。对照“一单四制”（“一单”，即一个重大事故隐患清单，“四制”，即交办制、台账制、销号制、通报制）重大事故隐患治理工作要求，对辖区内挂牌督办的四方坪旧货市场、领御大厦、长泰大厦、航线大厦、月湖兰庭小区等5家重大火灾隐患单位进行督导，督促责任单位制定详细整改措施。截至2020年年底，四方坪旧货市场整体拆除关停并销案，领御大厦、月湖兰庭小区完成整改并销案，长泰大厦、航线大厦正在整改中。2020年，开福区消防救援大队检查社会单位921家，发现火灾隐患788处，整改隐患737处，立案查处单位72家，下发行政处罚决定书37份，下发临时查封决定书21份，罚款43.73万元。通过严格执法，消除了一批火灾隐患，有效净化了全区消防安全环境。

【消防安全宣教】2020年，开福区消防救援大队成立消防宣传服务队和消防志愿者服务队，利用微信、微博等新媒体平台，开展“复工复产消防安全网络直播”“全国中小学消防公开课”“消防车通道安全常识”等直播课；结合清明节、“五一”节、端午节、“5·12”防灾减灾日、安全生产月等重要节点，组织开展消防安全宣传活动。招募消防志愿者249人，聘请湖南卫视节目主持人孙璞为开福区消防志愿者服务队名誉队长。2020年，举行大型宣传活动8次，发放宣传资料2.4万余份，在各类主流媒体进行消防宣传60余次，消防站对外开放45次，接待参观群众6000人次。

【消防基础设施建设】2020年，开福区消防救援大队以“保障优先”蓄足长远发展后劲。面对新冠肺炎疫情影响，科学完善，主动汇报，争取重视，投入860余万元，完成湖南省第一家小型站（潮宗街消防站）的建设，11月13日投入执勤；投入1280万元，完善鹅秀中心消防站的二次装修和营产营具采购，即将投入执勤；投入2000万元，完成相关车辆装备和采购；完成星月消防站和丝茅冲消防站的设计和审核，即将启动主体建设；完成伍家岭、潮宗街和鹅秀三个消防站的文化阵地建设。

（杨　帆）

2020年6月21日，区消防救援大队开展“消防车进社区”市民体验宣传巡展
（区消防救援大队　供图）

街 道

望麓园街道

【概况】开福区望麓园街道地处长沙市开福区南端，东起芙蓉中路，与开福区清水塘街道相邻；西至黄兴北路，与开福区通泰街街道接壤；北抵湘春路，与开福区湘雅路街道搭界；南起中山路，与芙蓉区浏正街相望。辖区总面积1.2平方千米。街道辖荷花池、水风井、营盘街、富雅坪及中山路5个社区居民委员会。2020年，望麓园人口总数54407人，23302户。

【街域经济】2020年，望麓园街道全年完成区级税收2.95亿元；完成限额以上社会消费品零售总额38.3亿元；完成社会固定资产投资24.2亿元;实际利用外资1.53亿美元，外商直接投资30万美元；完成其他营利性服务业收入6.5亿元，增长3.61%。新增“四上”企业4家，其中服务业企业2家，房地产业企业1家，建筑业企业1家。新湖南大厦引入财信证券、万联证券等龙头企业300余家，打造税收过亿元楼宇1栋，22栋商业楼宇完成去库存面积6.5万平方米。优化营商环境，率先全区试点“楼宇政企服务站”，新湖南大厦被评为开福区文化创意专业楼宇；落实助企纾困“九件实事”，帮助新湖南大厦等3栋重点楼宇企业申请复工补贴20万余元，指导帮助14家企业及个体工商户申报租金减免388万元。实施“安家计划”，实现房产销售额2.6亿元；开展“相约春天·爱在望麓”美食消费节等促销活动，促进市场回暖。2020年，望麓园街道推进老项目扫尾和新项目建设齐头并进。完成望麓园巷棚改项目一期项目腾房拆除交地；完成六堆子棚改项目签约清零；湘江宾馆、S16地块华润置地等重要项目建设稳步推进。破解项目发展难题，协助华润置地、湘江宾馆申报开工补贴10万元，返长沙务工人员交通补贴9.63万元。化解少帅府、长沙市第一医院项目、黄兴北路S16地块征拆遗留问题6户。

【城市管理】2020年，望麓园街道坚持“严”字当头，推进垃圾分类减量。加强宣传引导，健全社区月度考评机制，强化源头治理，富雅坪社区在四分类点加装摄像头和节能灯，探索督导管控新模式。全街完成低氮锅炉改造任务28台，巩固“零燃煤”街道成果，创建绿色餐饮示范街，全面推动绿色社区创建，持续开展渣土扬尘专项治理，小微站空气质量稳居全区前列。多措并举做好数字化处置工作，压实网格管理与服务，做到民有所呼，街有所应，全年处置数字化案件3044例，结案3044例，结案率100%。在文明创建国检中，辖区内医院、交通路口、社区入户调查等多个点位接受测评并取得佳绩。街道连续10年保持“长沙市文明标兵单位”称号，并接受省级文明单位验收。

【民生服务】2020年，望麓园街道城镇新增就业473人，失业人员再就业347人，就业困难对象再就业137人；居民养老保险参保698人，全覆盖系统接收保存7941人。灵活就业困难人员社保补贴87人次，金额62.43万元。全年最低生活保障累计救助2350户次，3635人次，金额181.77万元。特困供养267户次，267人次，金额22.56万元；精神病人药物救助240人次；大病救助61人次，救助金额20.89万元。做好疫情防控防线，严格落实“四包一”责任，第一时间组织街道社区工作人员、楼栋长、党员志愿者，构筑新冠疫情联防联控防线，全街楼栋及房屋748栋、23302户居民实现零感染。落实“街道吹哨，部门报到”工作机制，破解居民群众“急难愁

2020年7月28日，望麓园街道在荷花池生鲜市场举行新时代文明实践基地“十星商户”评选表彰活动
（望麓园街道　供图）

盼”问题20余件，新建湖南省妇幼过街人行天桥，彻底解决湖南省妇幼保健院周边交通安全隐患，居民出行便利度、满意度大幅提升。2020年，全街出生人口244人，其中常住人口出生179人，流入人口出生65人，符合政策生育率100%。开展家庭医生签约进社区活动5次，申请爱心助孕项目3人，完成免费优生检查77对。全年发放独生子女父母保健费273人、6.07万元；独生子女父母城市低保家庭扶助78人、4.32万元；全街计生特殊扶助对象171人，发放奖扶资金186.73万元。

【综合治理】2020年，望麓园街道根据辖区企业、单位、居民等实际情况，将全街划分为34个安全生产单元小网格，采取“3+1” 网格化区域覆盖和“点、片、线、面”责任落实相结合的安全监管模式。建成安监、城管、综治资源共享的“智慧安全”平台，对街道主次干道、背街小巷进行全天候、无死角的全方位监管。严厉打击“违法经营”“无证经营”“违章作业”，排查并整改一般隐患555条，整改重大隐患2处，取缔违法经营行为2起，行政处罚违法生产经营单位14家。以“零容忍”态度推进食品药品监督检查，对全街776家食品药品门店进行常态化监管。完善荷花池生鲜市场长效管理机制，代表开福区先后接待湖南省爱卫系统专家组、南昌市政府参事室调研指导。推进“互联网+群防群治”体系，强化问题导向，抓好维护稳定工作，全年发案率498起，同比下降1.56%；刑事发案率274起，同比下降33.33%，社会大局和谐稳定。全年未发生安全生产、消防安全、食药品安全责任事故。

【开福消费季公益活动开启】5月10日，“相约初夏，爱在望麓”2020开福消费季公益活动在新湖南大厦举办。域内金湘权、矮子馅饼、回味小吃、吉祥馄饨、汴京炸鸡王等20余个长沙的特色小吃聚集在新湖南大厦前坪，与新湖南大厦里的大鱼海堂·海鲜姿造、岭南小生等特色美食一起为长沙的食客们带来一场盛宴。活动现场节目各具特色，既向市民普及防疫常识，又宣传政府帮扶企业复工复产的政策法规。各个摊位前设立干湿分类垃圾桶，志愿者引导大家文明用餐，指导大家将垃圾进行分类投放，保证活动现场的干净整洁，宣传普及垃圾分类常识。

【荷花池生鲜市场海选“十星商户”】7月28日，开福区望麓园街道荷花池生鲜市场新时代文明实践基地首届“十星商户”评选揭晓，从卫生、食安、效益、诚信等十个维度评选出25户“十星商户”，并为相关门店挂牌。已经营20年的荷花池生鲜市场，成为老长沙地标式网红菜市场，令长沙吃货们垂涎的“金湘权”酱鸭、“浪哥”捆鸡和“欢姐”剁辣椒等，都是从该市场走红的。望麓园街道将该人气网红菜市场作为新时代文明实践基地的一扇窗口，启动首届“十星商户”评选。开福区文明办、区市场监管局和街道、社区采取明察暗访及消费者、商户打分的方式，从120户门店档口中严格评选出“十星商户”25户，予以挂牌公示表彰。“十星商户”评选不搞终身制，每月评选一次，让小小菜篮子践行安全食品文明路。

【松桂园商圈党群服务中心揭牌】12月3日，开福区望麓园街道在新湖南大厦举行松桂园商圈党群服务中心揭牌仪式暨“红领+ E时代”党建直播活动。松桂园商圈党群服务中心是长沙市首个共享式党群服务中心。望麓园街道借鉴深圳湾创业广场党建先进经验，将党群服务中心建在新湖南大厦19楼，为商圈内的1200余名党员和楼宇白领提供跨行业、跨地域的共享式服务。松桂园商圈党群服务中心分共享活动和“红领”直播间两大功能区，共享活动区开放共享员工餐吧、大、小会议室，以及咖啡茶歇间、健身房等，商圈的楼宇白领和党员可到食堂吃放心餐，通过预约还能免费使用会议室和健身房；“红领”直播间采用年轻人喜闻乐见的直播等形式上党课，一课时党课直播观看人数达6.6万人。

（汤鑫武）

清水塘街道

【概况】清水塘街道地处长沙市开福区南端，南接八一路，北抵德雅路，西邻芙蓉路，东达迎宾路，总面积2.45平方千米。街道辖清水塘、芙蓉路、便河边、四季花城4个社区居民委员会。截至2020年年底，辖区总人口 25025人，其中常住人口21076人，流动人口 3949 人；总出生人数 157 人（一孩95人，二孩55人，三孩5人，多孩2人），出生人口男女性别比为109：100，符合政策生育率98.72%，死亡69人，人口自然增长率3.4‰。

2020年3月5日，省委统战部调研清水塘街道新冠肺炎防疫工作并赠送防疫物资 （清水塘街道 供图）

【街域经济】2020年，清水塘街道完成财税任务3.3亿元，完成其他营利性服务业18.54亿元，完成限额以上消费品零售总额6997万元，完成固定资产投资16.88亿元，完成外商直接投资280万美元，完成实际利用外资900万美元，完成外贸进出口600万美元。全年新引进企业192家，其中有湖南赛缪尔商贸有限公司、天安财产保险股份有限公司湖南省分公司、通力电梯有限公司长沙分公司、中国平安人寿保险股份有限公司湖南省直属区域服务第一支公司、作业帮教育科技（长沙）有限公司等有影响力的企业。新增限额以上商贸业单位1家。华远·华时代项目C塔交付使用，A塔、B塔主体结构封顶；深业福湘置业项目正在进行基坑建设，炮后街定向房项目正在办理预售许可证和房屋验收，汽电一期地块棚改项目通过长沙市人民政府土地管理委员会预备会议审定。

【城市管理】2020年，清水塘街道推行城市管理工作网格化监管，坚持全覆盖宣传、高标准防治、零容忍执法，推进垃圾分类、燃煤禁烧、餐饮门店和家庭油烟净化器安装全覆盖。推行全天候巡查机制，对污染和违规经营问题开展综合整治，全年办理案件94起。开展“文明在楼栋”行动，打造南山小区“阳台三清”（清扫、清洗、清理）示范小区。细化垃圾分类，推出“街道包转、社区包点”的垃圾收运新模式，更换72个四分类收集点及厨余垃圾转运点的设施设备；每周定期开展生活垃圾分类演练，举办垃圾分类主题活动90余次，发放宣传手册1万余册。

【安全生产】2020年，清水塘街道落实安全生产宣传教育要求，举办云课堂安全教育培训，采用手机终端互动式安全生产教育模式，云课堂宣传片在线观看居民5000余人，互动评论600余条。开展企业负责人安全教育培训2场，300余人次参加，组织企业负责人集中观看《生命重于泰山》等安全生产教育、警示片，组织12家新办企业主要负责人和安全管理人员参加安全生产管理人员资格证培训，组织80家企业的安全生产资料管理员参加企业安全生产台账培训。疫情期间，街道统筹抓实安全生产，利用上门排查登记的契机，对辖区19栋商务楼宇的498家企业、7167户居民、28家物业、7家省直单位、308台电梯、7台锅炉、43台游乐设备（6台A类、10台B类、27台C类）、1条主干道、6条次干道、4条背街小巷进行分类登记管控。重点对唐朝大厦、迎宾大厦存在的消防安全隐患，采取上门入户进行消防宣传、打通清理消防通道、完善物业管理制度、配齐配全消防设施、组织物业开展应急救援演练等方式，改善消防管理和安全环境。对姚正街开放式小区的消防通道进行整体规划采取，规范停车位、标注消防通道、设置停车关卡等措施，联合区消防救援大队、区交警三中队开展堵塞消防通道专项整治。全年未发生一起安全责任事故。

【物业服务】2020年，清水塘街道对全街道物业服务企业、居民小区、住改商门店进行安全隐患排查，指导条件成熟的住宅小区和省直机关单位小区成立规范的业主委员会，落实“街道吹哨、部门报到”机制，解决涉及小区电改、道路交通等方面的民生问题54个；完成34部老旧小区电梯的安装，数量居全区第一；完成湖南省委统战部、新华社湖南分社等单位的老旧宿舍区整体改造；完成便河边社区邻里中心、湘运小区党群服务站、利景小区邻里中心等11个“零距离”办公场所建设；指导各社区推出“每日微话题”“云课堂”等多个惠民服务项目；加强对小区物业的管理，指导3个物业小区成立业主委员会；创新由党组织、统战人士、居民共同参与的“同心共议室”，打造新时代居民自治的成功范本。

【民生保障】2020年，清水塘街道对68户低保户和12名特困人员的生活保障情况实施动态管理，为28名城市特殊困难人员提供帮扶资金3.6万元，为1000名高龄老人申领高龄津贴115万元，为5名儿童申请慈善助学、困境儿童助学、教育帮扶等助学金1.5万元，为133名残疾人发放生活补贴30万余元；开展就业技能培训7期，其中380人参加创业培训；办理就业创业证199本，办理居民养老保险参保46人；做好3个在建工地农民工工资“治欠保支”工作，发放宣传资料100余份，张贴宣传标语50余条。在新冠肺炎疫情防控期间，清水塘街道对全街所有7167户居民进行彻底排查，建立台账和预案，对各类封闭场所工作人员进行核酸检测893人。全年未出现一起疫情失控情况。

【综治治理】2020年，清水塘街道做好疫情及重点特护期间信访工作。对辖区吸毒人员摸底造册，开展禁毒宣传20余次。组织全街进行法治建设学习31次，召开法治建设专题调度会议9次，开展执法前法制审核30次，调解民事纠纷17起，形成案卷17本，调解成功率100%。攻坚炮后街、汽电棚改遗留问题得到化解，化解遗留问题1户。完成第七次全国人口普查工作任务。完成基层武装部五星级达标建设，组织民兵参加市、区军事集训。清水塘街道在长沙市一中、湖南省博物馆周边等餐饮业聚集的区域打造“食品安全智慧云管理”工作试点，通过智能化设备对餐饮店的情况进行网络直播。全街开通“食品安全智慧云管理”门店44家。

【“白领新面貌·健康清水塘”主题消费节】6月16日，开福区清水塘街道在辖区楼宇商圈绿地中心举办“白领新面貌·健康清水塘”主题消费节。开福区委常委、常务副区长蔡冰等领导出席活动，并为绿地中心特色楼宇揭牌。清水塘街道居民群众、绿地中心企业代表等100余人参加活动。节会面向辖区内商务写字楼、社区的精英白领群体，推广和传播健康生活、安心工作的精神理念，拓展促销渠道，为城市白领阶层打造消费节日。清水塘街道将楼宇商圈作为激活辖区消费的第一推手，针对金融商务区广大白领阶层的客户群体，发挥绿地中心裙楼商业品牌优势，集合楼宇内主力商户，设计包括美容、健康、餐饮、娱乐等品类丰富的消费单元，推动辖区楼宇经济高质量发展。

【“长沙市关爱地贫儿童公益活动”开福站启动】11月15日，由民盟长沙市委、中共开福区委统战部、芒果TV联合筹办的“同心圆梦·爱满星城”2020年长沙市关爱地贫儿童公益活动开福站在清水塘街道中国共产党长沙历史馆启动。启动仪式上，民盟长沙市委、民盟开福区工委、芒果TV、澳优U基金、北京仁泽公益基金会、湖南中科工程检测有限公司等爱心单位和企业向芒果V基金捐赠善款或物资，并将18万元善款现场发放给14户地贫儿童家庭。截至2020年年底，长沙市“关爱地贫儿童”公益项目募集的爱心资金已超过500万元，让全省500余个地贫家庭受益。

【生活趣味短视频大赛】10月26日，开福区清水塘街道联合长沙银行在清水塘社区举办“健康生活，做阳光老人”暨“长沙银行杯”中老年生活趣味短视频大赛，200余名老年人参加活动。社区老年人自编自导自演文艺节目，展示老年人乐观、自信、进取的精神风貌，体现健康向上的正能量，晒出晚年的幸福生活。清水塘街道辖区老年人口多、离退休老干部多、侨胞侨眷多，社区有针对性地分群体开展各类健康活动，激发辖区老年人追求健康生活的热情，使他们崇尚健康生活方式，争做阳光老人。

（周　思）

湘雅路街道

【概况】开福区湘雅路街道东至芙蓉路，由南向北与开福区清水塘街道、东风路街道相邻；南接湘春路，由东向西依次与开福区望麓园街道、通泰街街道接壤；西邻湘江，与岳麓区银盆岭街道隔江相望；北抵竹山园，与开福区新河街道搭界。辖区总面积1.47平方千米。街道办事处驻湘江中路一段118号，距开福区人民政府5.1千米。辖上麻园岭、留芳岭、新湘路、三角塘、百善台、文昌阁6个社区居民委员会，总人口5.6万人。

【街域经济】2020年，湘雅路街道完成税收3.4亿元，完成固定资产投资26.54亿元，完成社会消费品零售总额21.46亿元，完成其他营利性服务业收入3456.9万元。2020年，街道辖区内新入驻新韩银行（中国）有限公司长沙分行、华夏人寿保险股份有限公司等企业69家，新增税源2000万余元，超额完成全年任务。

【项目建设】2020年，湘雅路街道实施征收的政府重大基础设施项目有3个。其中花鸟虫鱼停车场项目于2017年10月启动征收，涉及私房65户，全部腾房倒地。湘雅路过江通道项目于2019年10月30日发布征收公告，需征收湘雅路沿线私房163户。截至2020年年底，签约161户，签约率98.77%。望江公寓2号栋项目于2020年4月28日发布模拟征收公告，截至2020年年底，87户私房协议全部签约清零，腾房拆除倒地工作有序推进。

【综合治理】2020年，湘雅路街道开展安全生产隐患专项排查30次，出动执法人员300余人次，排查各类安全隐患101处，全部整改到位。重点开展湘雅医院周边家庭旅馆综合整治12次，拘留2人，处罚9家，处罚金额4200元，对违法违规经营行为形成有效震慑。结合“扫黑除恶”专项斗争，制订湘雅路街道综合治理三年行动计划，采取义务巡逻等多种形式的群防群治举措，辖区治安发案率明显下降。全年未发生较大及以上的安全生产事故。

【城市管理】2020年，湘雅路街道拆除违章建筑240余处，1850平方米。投入1500万余元，完成油铺街历史步道改造；投入40万余元，完成新湘路社区湘春巷、长春巷提质改造；投资97万余元，有序推进湖南省人保公司宿舍有机更新工作，辖区城市面貌得到改观。常态化巡河保洁，有效改善辖区湘江河堤河滩环境卫生状况。清理整治餐饮流动摊、装修类建筑垃圾等环境污染问题31起，安装餐饮门店油烟监测设备70余台，绿网覆盖总面积3.5万平方米，实现黄土裸露清零。以创建“门前三包”示范社区、示范路为契机，街道与1000余家门店签订“门前三包”责任状。投入10万余元，购置脚踏式分类垃圾桶416个，组建垃圾分类督导员和垃圾分类志愿者队伍，垃圾分类工作取得阶段性进展。指导各社区成立开放式物业管理中心，聘请70余名清扫员实现全天候无空隙保洁，辖区环境卫生状况良好，通过全国文明城市指数测评。

【民生保障】2020年，湘雅路街道城镇新增就业673人，城镇下岗失业人员再就业 332 人，帮助就业困难人员实现再就业164人。举办技能培训班7期，对有需求的400余人进行初级育婴师、初级保育员、初级烘焙等技能培训。为25户家庭落实棚改安置补贴，为65户家庭提供经济适用房源，保障人民群众安居乐业。街道以“帮困解难扶弱”理念惠及民生，全年帮扶特困群体37人次，慈善和残疾人助学11人，残疾人慰问51人次。全年为292名重度残疾人申报“两项”补贴，“城乡低保家庭尿毒症患者”援助项目救助对象3人。

【垃圾分类主题活动】10月29日，开福区湘雅路街道在华尔街中心开展“同住地球村，分类一起行”垃圾分类主题活动。辖区单位、居民住户100余人参加活动。活动现场，学生代表宣读《致人类的一封信》，社区“小巷红”志愿者宣讲《长沙市生活垃圾分类管理条例》，现场通过有奖问答和快手竞技的方式，检验大家的学习成果。自垃圾分类工作开展以来，湘雅路街道辖区的单位、门店、物业和居民群众都积极参与支持，涌现出一批“分类达人”和“分类示范单位（企业、门店）”。活动现场，湘雅路街道对他们进行表彰，并给他们颁发了奖品。

（周玖玖）

三角塘社区华盛·新外滩小区的室外邻里中心悠闲自在的生活场景

（湘雅路街道　供图）

伍家岭街道

【概况】伍家岭街道地处长沙市开福区中部，东邻开福区四方坪街道，南连东风路街道，西接新河街道，北抵浏阳河，与浏阳河街道隔河相望，总面积6.01平方千米。2020年，街道总人口51557人，其中常住人口39051人、流动人口12506人，辖科大佳园、浏阳河、蒋家垅、紫荆园、建湘新村、陡岭和花城7个社区居民委员会。2020年，伍家岭街道被评为长沙市文明单位、长沙市红十字会献血工作优秀单位、开福区社区教育先进单位，伍家岭街道科大佳园社区被评为“第六届全国文明单位”。

【街域经济】2020年，伍家岭街道完成财税收入5.69亿元，限额以上社会销费品零售总额2.79亿元，非营利性服务业收入1.81亿元，固定资产投资18.3亿元，规模工业总产值8400万元；完成高新技术产值10.3亿元，建筑业总产值10.2亿元；新增“四上”企业6家，软件信息业新增承载空间1.77万平方米，新增从业人员1392人。化解建安13户腾房拆除、神箭花苑13户私房签约等遗留问题，实现陡岭路两厢地块棚改项目（西片区）一期签约、腾房、倒地“三清零”，神箭花苑小区棚改项目签约清零，全年拆除房屋8栋，腾退土地2.53公顷。实现三一大道—陡岭支路地块棚改项目432户私房整体签约清零，腾房332户，腾房率77%；完成火车北站棚改项目（二期）下大垅地块前期摸底调查，发布二公告。超额完成区“433产业攻坚”各项征收目标任务。开福区文体活动中心、佳园路均建设完工；完成陡岭支路前期工作，施工单位已进场施工。里约荟生活广场、凯乐微谷项目竣工投入使用；新力紫园项目1#栋、2#栋、3#栋、4#栋、9#栋主体均封顶，精装和绿化管线完工，开始交房。华创万豪威斯汀酒店项目完成立项备案和装修设计方案、样板房，正进行详图、消防等审批。珠江四方公馆项目完成规划报建和施工审批，完成部分招投标，正进行基坑建设和售楼部建设等工作。完成第七次全国人口普查任务。

【城市管理】2020年，伍家岭街道城市管理工作以建设更高水准全国文明城市为目标，全年开展集中整治行动100余次，处理各类违章6840起，办理一般行政处罚案件160起、简易行政处罚案件559起，罚款9.18万元。利用手持执法智能对讲终端开展机动车违停整治，抄牌620台次。拆除芙蓉路、三一大道、双拥路、双拥街、万煦园商业街、红色商贸城等地的违规广告招牌161块，面积400余平方米，拆除违规横幅78条、电子显示屏10个，清除玻璃贴字500余处。拆除陡岭神箭花苑、紫荆园铁路宿舍、陡岭支路佳阳等处的违建 1259平方米。截至2020年年底，拆除违法建设44处，面积 313平方米。推进餐饮门店油烟净化器及居民家庭油烟净化器安装工作，全街214家中大型餐饮门店全部安装油烟净化器,完成率100%。推进生活垃圾分类工作，做到宣传全覆盖、建设全覆盖、督导全覆盖、收运全覆盖。全街建设四分类投放点168个，大件、家装垃圾暂存点28个；投入资金19.57万元，更换垃圾分类标识标牌1065块，更换脚踏式垃圾桶1056个；投入资金40万元，对辖区17个集中收集点的厨余垃圾进行集中收运，全年收运厨余垃圾2727.74吨。完成新力紫园地下停车场及伍家岭文体中心停车场建设，新增停车位452个。

【综合治理】2020年，伍家岭街道做好“扫黑除恶”专项斗争收官工作，全年发放宣传手册6290份，制作横幅100条、制作电子显示屏104块，进行动漫卡通宣传90份，社会治安形势稳定。全年开展矛盾纠纷排查400次，其中开展涉疫纠纷排查30次、复工复产排查50次，排查各类纠纷60起，调处矛盾纠纷60件，调解成功率为100%。全年办理网上来信、来访、投诉信访件100余件。对佳园路、双拥路、陡岭路、学堂园路等道路开展交通整治20余次，清理“僵尸车”35台。建立“一企一档一清单”安全生产台账，抓责任落实、隐患整改和能力提升，有效防范安全生产事故发生。全年签订《安全生产责任书》2000份、《承诺书》200份，分行业组织建筑工地、物业公司等开展安全警示约谈14次，组织安全应急演练60次，下达安全生产行政处罚决定书24家，开展企业大排查、大检查300余次，排查隐患286处，督查整治隐患195处，成功销号3家市属停产困难企业重大火灾隐患。全年未发生一起安全责任事故。

【民生保障】2020年，伍家岭街道低保户310户482人，累计发放低保金307.66万元；实施大病医疗救助152人次，发放救助金69.91万元；临时救助35人次，救助金额15.05万元；持续开展城市特殊困难群体

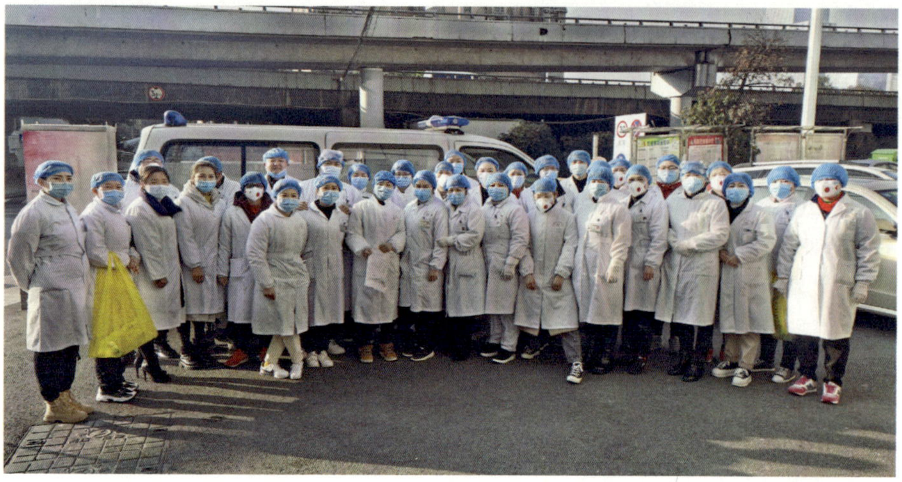

伍家岭街道社区卫生服务中心全体医务工作者在新冠肺炎疫情防控期间全力以赴投身疫情防控工作 （伍家岭街道 供图）

帮扶活动，累计帮扶70户，发放帮扶资金13.94万元；特困供养352人次，累计发放供养金29.74万元；残疾人“两项补贴”全年累计4176人次，补贴金额77.48万元。办理住房保障低收入认证42户，出具无房证明92份，发放租赁补贴金30.42万元。全街享受政府购买居家养老上门服务60人；高龄津贴全年累计5500人次,发放津贴180万元。组织220名失业人员参加技能培训，办理失业人员就业创业证293本；为5名失业人员办理小额贷款95万元；城镇新增就业722人,失业人员再就业694人，困难人员再就业347人，均超额完成全年任务。

【社会事业】2020年，伍家岭街道辖区有文化站1个、文化活动中心7个、公共图书室12个，建筑面积715平方米，藏书1.22万册；有紫荆园艺术团、长沙市开福区工人文工团合唱团、万煦园歌咏团、科大佳园艺术团、科大佳园老年大学军之韵艺术团、红色艺术团6个艺术团体；建成科大佳园社区和花城社区4个社区公园。辖区有体育场地31处，游泳池2个，社区全部安装健身器材，经常参加体育活动的人员占常住人口的45%；辖区有幼儿园17所，在园幼儿2921人，专任教师368人；小学4所（伍家岭小学、浏阳河小学、国庆小学和国防科大附小），在校学生3996人，专任教师212人，小学适龄儿童入学率达100%。全年为68对夫妇免费进行孕前优生健康检查，随访服务率达100%。爱心助孕特别行动帮助8对困难夫妻；报销绝经取环费用35人，报销金额1.49万元；报销计划生育“四项手术费”4人，报销金额820元；为辖区内35～64岁妇女免费进行“两癌”检查396人；街道投入经费，为373名妇女做妇科病查治。全年全街家庭医生签约1903人，其中计划生育特殊家庭家庭医生签约176人，计生特殊家庭家庭医生签约覆盖率100%；计划生育特殊家庭（失独家庭）奖励扶助新增27人，通过年审176人，发放金额192万元；城市低保奖扶新增12人，通过年审64人，发放金额3.74万元；独生子女保健费发放615人，发放金额14万元；计划生育特殊家庭（失独家庭）门诊医疗补助176人（按每人每年530元发放），补助金额9.33万元。全街志愿者义务献血251人。打造邻里中心2个（建湘新村社区邻里中心、蒋家垅社区邻里中心）。发动全街党员干部职工为“抗疫”捐款22.8万元。2020年，中央、省、市新闻媒体宣传报道113次。

【伍家岭街道诉源治理工作站成立】9月30日，长沙市开福区伍家岭街道诉源治理工作站挂牌成立。开福区人民法院在街道设置诉源治理工作站，旨在推进“一站式”多元化纠纷和诉讼服务体系建设，实现全区诉源治理工作站全覆盖，将矛盾消灭在萌芽、化解在诉前，为推动构建基层社会治理新格局提供有力司法服务和保障。

【科大佳园社区被评为“第六届全国文明单位”】9月7日，湖南省第六届全国文明单位名单公布，开福区伍家岭街道科大佳园社区荣获“第六届全国文明单位”称号。科大佳园社区总面积1.61平方千米，辖居民小区4个，有居民5000户，1.2万人。科大佳园社区推进文明创建工作常态化，建设综合文化服务中心及爱公益志愿者工作站，打造10处核心价值观宣传阵地。社区成立志愿服务队伍8个，2020年，开展科普游艺、书画、阅读等学习教育活动100余场，服务群众3000余人。开办社区“老年大学”，设立5个专业17个班级，服务居民1000余人。

（余 旭）

新河街道

【概况】开福区新河街道东邻芙蓉北路与伍家岭街道相连，南接竹山园与湘雅路街道相连，西至湘江与岳麓区隔江相望，北抵浏阳河与芙蓉北路街道隔河相对。街道总面积6.14平方千米，辖幸福桥、开福寺路、华夏路、紫凤、三角洲、栖凤、陈家湖等7个社区居民委员会。2020年，街道辖区常住人口6.5万余人，其中户籍人口5.5万余人，流动人口1万余人。

【街域经济】2020年，新河街道全年完成区级财政总收入4998万元，完成规模以上工业总产值 1368 万元，完成社会消费品零售总额 8.81 亿元，完成固定资产投资 29.21 亿元。街道商业商务楼宇28栋，其中投入使用的19栋，面积61万余平方米，全年新增入驻楼宇企业77家，其中500平方米以上的大型企业6家；入驻楼宇企业累计800余家，包括永辉超市、彭立珊慈善基金总会、中华医疗、正大零售、中粮地产等国内外知名企业，其中税收上百万元的企业有80余家；沙坪建筑大楼、天健金融广场、动漫城B1E1区1栋及2栋楼宇招商率100%，形成“三馆一厅”文化带动，金融证券、房产建筑、文化创意、商贸酒店等服务产业多轮驱动的现代楼宇经济产业体系。在建和装修的商业商务楼宇9栋，面积64万余平方米，北辰国际会议中心、北辰A2区写字楼、大悦城商业改造、北辰实验小学及商业配套、天健芙蓉盛世三期、湘商大厦、君悦新天地等重点项目按时间节点顺利推进。优化营商环境，“零距离”为企业服务，深化“北辰企业之家”“北辰学院”服务品牌，邀请人社部门、法律专家进行政策解读，开展复工复产防疫宣传、相亲会、诗词咏诵会等6场文体活动；街道企业服务中心和栖凤社区企业服务站为北辰商圈8000余家小微企业提供“保姆式”服务，使政策宣传到产业、服务下沉到企业。在北辰文创园打造新侨创客基地，联系和吸纳海归人才、侨界人士、新侨企业，提供43项服务清单和“一站式服务”，助推区域产业发展。对迁入、迁出企业及时跟进，做好服务工作，确保税源不流失，全年各项经济指标实现稳中有升。

【民生事业】2020年，新河街道全年城镇新增就业732人，失业再就业559人，就业困难再就业290人，对口龙山县帮扶就业5人，大学生就业116人。办理就业创业证258本，困难对象认定225人。完成“311”（3次职业介绍、1次职业指导、1次职业培训信息）服务对象1292人。完成创业担保贷款100万元，组织城镇登记失业人员及外来务工人员参加创业培训班和技能培训班，完成创业培训30人、技能培训220人。组织39家单位参加区级线上招聘会，新增洲际酒店为开福区就业见习基地，全街有4家见习基地，全年参加就业见习人数8名。全年为低保家庭、特困家庭、重病家庭、企业困难下岗职工发放各类救助资金246万余元，发放残疾人“两项”补贴304人，申请临时救助14人，廉租房租赁补贴15户，非定向公租房14户，经济适用房货币补贴6户，棚户区改造安置补贴2户。全面落实退役军人社保续缴工作，走访慰问优抚对象与参战老兵。落实新冠肺炎疫情各项防控措施，构建党组织引领、党员带头、居民群众广泛参与的联防联控、群防群治防控体系。做好流动人口儿童疫苗补种、居民家庭健康档案建立、家庭医生签约服务工作，完成孕前优检、“两癌”查治等工作。组织志愿者参与无偿献血活动248人次，被评为“开福区2020年度无偿献血组织工作先进单位”。

【城市管理】2020年，新河街道开展“最严城管执法”和“四大行动”（硬件品质提升行动、环境卫生提升行动、城市秩序提升行动、文明素养提升行动），全年劝导纠章1500余人次，办理案件560余件，其中“门前三包”类案件220个，其他案件340件，处罚金额3万余元，出动执法人员370余人次，出动车辆370余台次，开展各类专项行动10次。清理楼栋堆物1500余车，清理“牛皮癣”、小广告1万余张，更换楼栋灯200余盏，拆除违规不规范广告招牌310余张，清洗油污580余处。严格按照《新河街道协管员管理暨考核奖惩办法》执行协管员管理和考核，并实行末位淘汰制；定期组织协管员学习有关城市管理工作手册和相关管理知识，提高自身能力和业务水平。严格按照“城市管理网格化”要求抓好数字化管理工作，全年处置城管数字化案卷1万余条。成立控违拆违专业队伍，建立日常巡查制度，实施“动态拆除”，全年拆除违章62处，面积6481.37平方米。落实水环境治理，对河岸堆积物及时清理，对居民进行安全提醒与卫生环保劝导，确保3.1千米水岸线干净整洁。

【综合治理】2020年，新河街道成立以街道党工委书记为第一组长，办事处主任为组长，派出所所长、街道政法委书记为副组长，各部门负责人及各社区书记为成员的综治工作领导小组，坚持每月召开专题会研究部署综治工作。街道召开专题会议10余次，研究“扫黑除恶”工作，工作督察督办4次，发放宣传资料3.9万份，悬挂横幅160条，张贴宣传海报200份，设置LED宣传屏32块、举报箱8个，工地围挡宣传栏30处，媒体宣传报道8篇。联合公安部门开展涉毒、涉黄排查行动4次，清查网吧17家，清查宾馆、招待所、民宿等59家，尿样抽检210人。街道成立信访接待中心，畅通信访渠道。全年调解各类矛盾纠纷62起，其中重大死亡纠纷1起、疑难纠纷1起、一般纠纷60起，调处成功率为100%。回复群众网上信访31人次，接待群众来访40人次，协调解决群众的民生问题。

【安全生产】2020年，新河街道完善党政同责、一岗双责、齐抓共管的安全生产责任体系，成立由街道工委书记任顾问，街道办事处主任任主任，各班子成员任副主任的街道安全生产委员会，建立齐抓共管的安全生产网络，按照“属地管理”“谁管理、谁负责”的原则，督促各单位认真落实安全生产各项任务和措施。强化安监执法力度，全年执法检查114家次，立案处罚20家，罚款1万余元，取缔非法经营单位19家。开展辖区安全隐患辨识与安全风险评估工作，对176个单位进行安全检查，出动人员438人次，排查安全隐患114处，企业整改隐患98处。三角洲社区创建为全国防灾减灾示范社区。全年未发生生产安全、消防安全、食药品安全责任事故。

2020年5月8日，新河街道开展“人社惠民政策，助力百日竞赛”宣传活动
（新河街道　供图）

【举办“中国梦·福汇新河”2020长沙第七届琼花艺术节】4月8日，“中国梦·福汇新河”2020长沙第七届琼花艺术节暨新河街道“凤凰海”消费节启动仪式在开福区新河街道紫凤公园举行，长沙市人民政府副市长刘明理出席并宣布艺术节开幕。作为新河街道一年一度的重要文化品牌活动，艺术节主题为战疫情、促复工、提消费、惠民生。活动现场，辖区内12名奋战在战疫一线的医护人员、10名最美志愿者、10个优秀志愿服务团队以及爱心人士、爱心单位代表受到表彰。参与雷神山医院建设的中建二局一公司华中分公司的建设者代表被邀请到现场，讲述自身经历。以琼花艺术节为契机，新河街道“凤凰海”消费节同步启动。活动通过政府牵线，联动企业，以促销活动为载体，采取线上促销购物、新媒体平台精准引流等形式，引导“店商”与“电商”融合，在疫情期间，保障民生消费供需，推动新河街道商贸转型升级。

【法律专题讲座】5月13日，开福区新河街道北辰楼宇集群党委联合北辰文创园“同心基地”举行“新河·北辰企业之家”法律视觉下的公司规范管理专题讲座，解答民营企业在生产经营活动中存在的法律困惑，辖区中小企业负责人及门店个体老板100余人参加。活动邀请湖南元端律师事务所律师姜雪娜和湖南元端法商商务咨询有限公司专家顾问祖汉民主讲。两位主讲人结合日常生活中的真实案例，从企业如何规范公司管理、强化法律风险防范意识等方面进行剖析和解读。讲座后，部分民营企业代表就企业发展中遇到的法律问题进行现场咨询。新河街道坚持党建引领，立足区域实际，以企业的需求为导向，通过消费节、惠民政策宣传、法律知识讲座等方式解决企业生产经营中的瓶颈问题，促消费，稳就业。

【北京北辰地产集团与大悦城控股集团签约】6月9日，北京北辰地产集团有限公司与大悦城控股集团股份有限公司在长沙举行战略合作签约仪式，双方将结成优势互补、强强联合的战略合作伙伴，联手打造北辰三角洲大悦城项目。长沙北辰三角洲大悦城项目位于湘江与浏阳河交汇处，北接长沙市“三馆一厅”，处于长沙文旅、商务中心与中高端宜居片区。项目以“爱俏敢耍，潮动星城”为定位，将聚合大悦城品牌优势，全面提升业态体验感，并通过生活美学空间、潮流主题空间、星系主题公共艺术空间、“泛娱乐IP体系”等布局，弥补长沙品质潮流商业空白，塑造城市级青年潮流商业地标，为长沙人民带来更加潮流、更高品质的商业体验。

【“倡节约反浪费”两型生活打卡行动挑战赛收官】8月16日，开福区“倡节约反浪费”两型生活打卡行动在新河街道陈家湖社区收官，21天里50余户家庭坚持过两型节约的紧日子，被授勋表彰，两型生活的窍门也被公开分享。开福区将“倡节约反浪费”的生活理念在餐饮、出行、节能等各个领域全面铺开，并率先在新河街道发起挑战赛。长沙简朴公益组织联合陈家湖社区，发起该两型生活好习惯21天打卡活动。打卡挑战有100余个家庭参与，实行队长负责制，分选出7位队长，引导和督促孩子们利用持续21天的打卡机制，从自己做起，同时也督促家长和身边人厉行节约与环保，参与社区共建，为“两型社会”建设营造良好的环境氛围。最终，50余个家庭坚持了下来。通过21天的光盘、垃圾分类、节水节电、绿色出行挑战，50余个家庭分离生活湿垃圾403千克，干垃圾313千克，可回收垃圾60千克，节约用电1000余千瓦时，节约用水20余立方米。

（周　涛）

东风路街道

【概况】东风路街道办事处位于长沙市开福区东南部，东邻车站北路，南接德雅路，西至芙蓉中路，北达三一大道，总面积5.2平方千米，辖东风路、精英路、王家垅、砚瓦池、德雅路、蚌塘、浏河、国防科大等8个社区居民委员会，351个居民小组。2020年，街道总人口42059人，其中流动人口5369人、常住人口36690人。

【街域经济】2020年，东风路街道财税任务全年为4.17亿元，全年完成4.21亿元，为全年任务的101%；限额以上社会消费品零售总额全年任务为1.83亿元，完成2.09亿元，为全年任务的114.5%；其他营利性服务业收入全年任务为2.72亿元，完成2.89亿元，为全年任务的106%；高新技术产值全年任务为4.99亿元，完成5.09亿元，为全年任务的102%；完成建筑业产值4亿元，为全年任务的100%；完成固定资产投资30.1亿元，为全年任务的118.38%；完成实际利用外资1000万美元，为全年任务的166%。街道全年新引进企业369家，其中注册资金1000万元以上企业35家。全街年纳税额10万~50万元的企业118家，年纳税额50万~100万元的企业29家，年纳税额100万元以上的企业38家。富兴二期续建项目完成投资额31.51亿元，其中1栋公寓和2栋住宅封顶，其余9栋正在建设施工；四方坪二小改扩建项目、长沙市公安局开福分局综合业务楼立面改造装修项目正在施工；芙蓉依号和湖南省委德雅小区项目有序推进；金垅地块占地2.8公顷，以8.41亿元出让给长沙城发恒坤置业有限公司，签订出让合同，正在长沙市国土局办理相关手续。

【民生保障】2020年，东风路街道抓实新冠肺炎疫情防控，全面摸排辖区居民51316人，核酸采样检测750余人，辖区未出现确诊病例。全年技术服务爱心助孕夫妻5对；完成妇女优检156人，“两癌”筛查完成率80%。全年街道新出生人口161人，符合政策生育率100%，全年办理生育服务登记证247本。全街有低保户417户，651人，特困供养55人，全年发放救助金额54.2万元；为80周岁以上高龄老人发放高龄补贴261.7万元；发放困难残疾人“两项补助”4839人次，金额91万元；为全街老年人购买意外保险2199人。开展特殊困难群体帮扶、实施特困医疗救助、开展慈善助学等工作，帮扶救助373人次，救助金额85万元。全年新增就业615人，失业人员再就业448人，困难人员再就业240人。组织创业就业人员培训60余人，新办创业就业证191本。为61名优抚对象累计发放补助59.75万元，安置退役军人公益性岗位就业40人。

【城市管理】2020年，东风路街道完成邮电宿舍及绸厂宿舍12栋、13栋、14栋等2个老旧小区8栋居民楼的提质改造。完成东风路社区沙湖桥农贸市场周边及汽摩宿舍小区道路微小项目改造，新增停车位32个，缓解沁园巷周边住户停车难问题。全年整治噪声污染、露天烧烤、渣土污染、违规占道、生活垃圾分类混乱等各类违章行为4500余起，办理城管数字化案卷4869条，结案3918条，按时处置率99.9%；

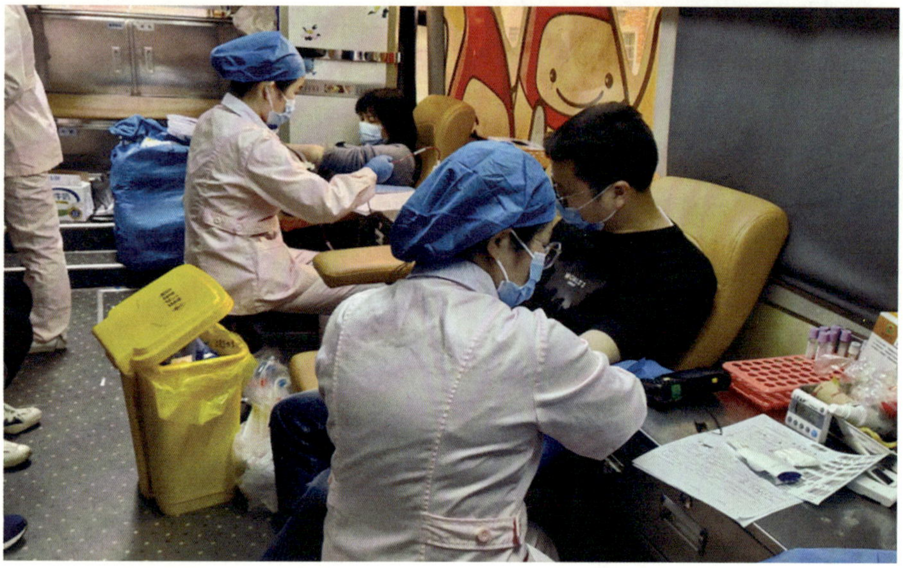

2020 年 3 月 19 日，东风路街道德雅路社区居民为爱举手，献血战“疫”
（东风路街道 供图）

办理“12345”市民热线工单5210条，办结率100%，市民满意率98.3%。推进锅炉“减排”科学治污，完成154家门店油烟净化设备安装和3家单位的5台锅炉改造，整治黄土裸露问题6000平方米。规范生活垃圾分类，辖区8个社区设置183个四分类点位，均配备桶边督导员，每个社区设置2个厨余垃圾集中收运点、1个有害垃圾集中暂存点，全年转运湿垃圾143.8吨。投资46万元，更换四分类脚踏式垃圾桶1059个，按国家标准制作生活垃圾分类相关标识、标牌。

【综合治理】2020年，东风路街道创新王家垅社区“庭院治理”、东风路社区智能化综治中心平台、德雅路社区协会自治等多种模式，提升社会治安综合治理水平。全年调解矛盾纠纷318起，重大信访案件1起，因疫情导致的群体性退款退费纠纷1起，调解成功率100%；网络信访件22件，全部按要求进行答复。坚持预防为主，强化安全监管。组织全街835家食品经营户进行食品安全法律知识培训，开展食品安全宣传周活动，受教育居民5000余人；落实全面普查，突出抓好校园及周边、食品生产企业、农贸市场、餐饮服务单位和非法生产小作坊等5个重点监管领域安全工作。全年食品案件立案8起，罚没金额1.9万元。全年未发生安全责任事故。

【工作调研】11月26日，中国地震局震害防御司李广辉副司长率领国家减灾委调研组一行到东风路街道砚瓦池社区开展专员调研。调研组一行深入社区，实地查看创建资料、救灾应急物资储备、应急避难场所，听取市、区、街道、社区以及居民代表从各层面汇报推进编制综合防灾减灾“十四五”规划与开展综合减灾示范社区创建工作的经验做法、存在问题和意见建议。湖南省地震局、湖南省应急管理厅、长沙市气象局、长沙市应急管理局相关领导陪同调研。

【阿里巴巴集团入驻富兴商业广场】12月14日，开福区举行“长沙向北‘商商’不息”——2020年开福区金融商贸产业推介暨集中签约仪式，21个发展潜力大、辐射带动性强的优势产业项目签约落户开福区，其中阿里巴巴集团首次进驻湖南。阿里巴巴集团选址开福区东风路街道富兴商业广场，办公区域4400平方米，旗下阿里云、钉钉、飞猪、高德地图等近10个板块的1000余名员工集中办公。

【校外培训机构和无证幼儿园专项整治】8月18日，东风路街道联合区教育局、区市场监管局、区城管执法局及各社区组成检查组，对辖区内校外培训机构和无证幼儿园开展专项排查整治工作。检查组重点检查培训机构防疫措施、证照上墙、消防安全、师资管理、课程开设等情况，查处校外培训机构4家、无证幼儿园1家，发放整改通知书3份。

【“垃圾分类，你我‘童’行”文明实践活动】11月18日，长沙市工业企业改制服务办公室志愿者服务队、开福区东风路街道德雅路社区党委、育德小学党支部联合举办“垃圾分类，你我‘童’行”新时代文明实践活动，并举办垃圾分类抢答赛，120名学生参加活动。该活动结合实际，寓教于乐，增强了青少年对垃圾分类知识的了解，培养了孩子们垃圾分类的好习惯，提高了他们自觉保护环境卫生的意识。

（贺平美）

通泰街街道

【概况】通泰街街道位于长沙市中心城区，东部由北向南，依次与开福区望麓园街道、芙蓉区府后街街道相邻；南部与天心区坡子街街道接壤；西部濒湘江，与岳麓区望月湖街道隔江遥对；北部与开福区湘雅路街道搭界，总面积1.05平方千米。截至2020年年底，辖区总人口39280人，其中常住人口29145人、流动人口10135人。辖轩辕殿、盐道坪、吉福街、连升街、寿星街、湘春路、西园7个社区居民委员会。

【街域经济】2020年，通泰街街道全年完成财税收入8788万元；完成限额以上社会消费品零售总额6.3亿元；完成其他营利性服务业收入16.39亿元；完成固定资产投资18.6亿元；新增“四上”服务业单位2家、高新科技单位5家。优化营商环境，设立楼宇服务站，确定企业联络员50名，助力企业复工复产。召开银企座谈会解决企业融资难问题，减免70余家门面租金50万元。举办促进消费活动3场次，激活消费潜力。万达地铁口正式开通，地铁2号线湘江中路站3号出口直达万达广场，营商环境更便利。成立财税挖潜小组，落实主要领导周调度机制，全年走访企业400余次，引进企业45家。楼宇去库存面积3.45万平方米，企业入驻率85%。引进中银证券等2家区域性总部，提升万达广场楼宇品质。整治万达广场“一非三贷”（非法集资，套路贷、校园贷、非法高利放贷）突出问题，成立万达楼宇工作站，清查企业315家，责令搬离风险企业74家，约谈企业法定代表人40余人次。开展安全生产宣传活动41次，向公安部门移交线索，加强案件侦办，形成重联动、控源头、强打击、浓氛围的“万达模式”。

【项目建设】2020年，稳步推进西园、潮宗街、吉祥巷3个片区的有机更新。制定潮宗街片区《有机更新扫楼行动方案》，化解遗留问题8户。遵循政府引导、居民自愿、自主实施、财政补贴的原则，以消除“危积漏”、改厨改厕、完善居住功能为重点，全街3个片区受理房屋功能性改造1827户，其中西园片区771户、潮宗街片区491户、吉祥巷片区565户。加快吉祥巷片区有机更新，对部分房屋破旧、设施老化的房屋采取模拟征收的办法。吉祥巷片区模拟征收分为2个项目，即开福区吉祥巷（中山亭西南角）棚户区改造项目（二期）和开福区太平路片区棚户区改造项目（二期）。该模拟征收包含独栋房屋、楼栋房屋，全部采用电子协议方式，截至2020年年底，签约33户。西长街提质改造基本完成，正在招商中。

【民生事业】2020年，落实常态化新冠肺炎疫情防控工作，排查住户10万余人次、重点对象3000余人次。全街有低保户740户、1189人，全年累计发放低保金815.4万元；特困供养对象68人，累计发放低保金65.4万元；低收入认定77户，大病救助264户，发放金额达112万余元。全年临时救助105人次，发放救助资金7.9万元。城市特殊困难群体帮扶579人，发放慰问金61.92万元。慈善助学9人，特殊困难群体教育帮扶64人，困境儿童助学99人。全街重点优抚对象62人，发放抚恤金51.9万元，发放公益性岗位资金92万余元，发放慰问金11万余元。办理就业创业证241人，认定就业困难对象102人，新增失业保险金领取225人；城乡居民养老保险累计参保2280人，城乡居民医疗保险征缴300万元。带动城乡就业人数1557人，扶持大学生创业31人；城镇新增就业665人，完成103%；失业人员再就业452人，完成113%；就业困难对象再就业161人，完成107%；城镇登记失业率控制在3.6%以内。对口帮扶湖南省龙山县劳动力转移就业5人。组织专场招聘会8场次，开展职业技能培训班10期，培训失业人员和单位内部员工400余人。开展妇科病普查普治及“两癌”筛查工作，完成产前筛查、无创DNA检测、新生儿疾病筛查工作任务。推进“健康长沙”建设，开设社区健康小屋2个，开展家庭医生签约式服务，2020年，家庭医生签约普通人群483人，重点人群签约1137人。在全街7个社区施行“365天开放”服务，推行“全岗通”管理制度。全区第一批西园社区居家养老中心“老年餐桌”启动，惠及老年人200余人。在全区率先推广食安监管信息化系统项目，打造潮宗街智慧食安街区。

【城市管理】2020年，通泰街街道坚持对标先进，加大城市管理力度，全面提升城市管理水平。拆违控违有力有序。强化日常监管，确保违章建筑“零增长”，全年拆除违法建设150余处，总面积3405.23平方米，超额完成拆违任务。对辖内全地域全天候清扫保洁，做到卫生保洁常态化，市容秩序精致、精美。严格落实“门前三包”责任制，以“践行垃圾分类，创建文明之城”为主题全面推行垃圾分类，设置“二分类”和“四分类”垃圾投放点114个，投放分类垃圾桶348个，做到全覆盖。完成油烟净化器安装台账10批次，严格控尘，严抓施工围挡等整治。规范店外经营100余起、拆除违规招牌200余块，对流动摊担、店外经营、“门前三包”违规行为实行最严城管执法，杜绝店外经营，规范市场经营行为。落实区委、区政府关于吉祥巷片区环境整治提升工作部署，宽严相济，入户宣传490次，矛盾调处120起，关停门店209家，吉祥巷片区市容市貌大有改观，告别污水横流的“脏、乱、差”状况。

【综合治理】2020年，通泰街街道以生产安全、消防安全、交通安全为重点，开展消防、建筑施工、危房、特种设备、道路交通五大重点领域集中整治，检查企业（门店、场所）800余家次，排查隐患500余处，消除飞扬羽毛球馆及中山路329号房屋两处重大安全隐患。打造全市第一个小型消防站——潮宗街小型消防站。全年安全生产执法办案33起，处罚24家，罚款1.06万元。全年街道组织安全宣传活动2次、开展安全生产和消防安全培训及演练40余次、发放安全生产资料1000余本、张贴安全生产宣传海报50余张、悬挂横幅标语10余条，在省、市主流媒体上宣传街道安全工作38条次。开展扫黄、除毒、禁赌专项行动20余次，持续深化“扫黑除恶”专项斗争，维护辖区大局稳定。筑牢“大安全”格局，做实司法、社区矫正、“万人巡逻”等常规工作，坚持联动调解常态化和长效化，构建共享、共治、共建综治格局，全年未发生安全生产责任事故。

【“老年餐桌”开设】7月27日，长沙市民政局在开福区启动老年人助餐配餐服务试点，首批“老年餐桌”在西园社区开设。采取政府补贴助餐、街道核定管理、专业机构运营模式，“老年餐桌”助餐补贴分为三类：12元每餐的餐标，开福区户籍60岁以上老人，政府每人每餐补助4元；开福区户籍60岁以上的低保和散居特困供养老人，每人每餐补助8元；60岁以上失能失智的低保和散居特困供养老人，每人每餐补助8元，免费提供送餐上门服务。截至2020年年底，“老年餐桌”惠及老年人200余人。

【有机更新和安全生产两不误】2020年，通泰街街道在改善街区整体面貌、提升居民群众生活质量的同时，着力解决“老大难”的安全问题。潮宗街有机更新片区实现危旧房屋改造和再利用155处，拉通消防通道32条，整治安全隐患20余处。吉祥巷有机更新片区存在大量的老旧房屋，外墙倒塌、屋顶瓦片跌落、线路杂乱、消防通道不畅等安全隐患，对此街道成立专门安全

2020年12月16日，通泰街街道吉祥巷片区进行环境整治后，街巷环境得到全面提升
（通泰街街道　供图）

巡查队伍，加强对老旧房屋的安全排查，重点关注小型施工场所，对施工人员的不安全行为、施工场地的不安全状态进行规范，适时完善安全防护网、安全警示标志，提醒周边商户、居民绷紧“安全弦”。

（杨景铭）

四方坪街道

【概况】四方坪街道地处开福区中南部，东部及东南部邻浏阳河，与开福区月湖街道一衣带水；南部以浏阳河为界接芙蓉区；西部以车站北路为界与东风路街道和伍家岭街道毗连；北部濒浏阳河下游，与开福区浏阳河街道隔河相望。2020年，街道辖科大景园、丝茅冲、李家冲、金帆、四方、四季美景、左岸、滨江、胜利9个社区居民委员会，总面积3.91平方千米，总人口11万余人，其中城镇常住人口5万余人、流动人口6万余人。

【街域经济】2020年，四方坪街道完成区级税收3.22亿元；完成限额以上社会消费品零售总额24亿元，为全年任务的109%；完成规模以上建筑业建安产值35亿元；完成其他营利性服务业营业收入9500万元；完成5000万元以下固定资产投资入库项目22个，完成固定资产投资14亿元；完成工业总产值1.7亿元。新增“四上”企业6家，新增高新技术企业12家，全年累计引进企业380家。全街有鑫政大厦、君泰大厦、长城万富汇等8座商务楼宇，完成租售面积24万平方米，总体租售率为97.7%，入驻各类楼宇企业330家。2020年，累计入驻楼宇企业45家，楼宇去库存面积485平方米。

【项目建设】2020年，四方坪街道有区公卫大楼、海洋半岛三期项目、胜利村大屋山安置房项目、德雅路片区改造项目（丝茅冲地块一期）、德雅路片区改造项目（丝茅冲地块二期）、德雅路片区改造项目（丝茅冲地块三期）、四方坪旧货市场关停整治项目、胜利社区公园提质改造、振湘小区提质改造、四方坪小学改扩建10个重大项目。8月3日，启动四方坪旧货市场依法关停整治工作。截至2020年年底，622户租赁户实现签约腾房清零，完成有经营权户铺面签约339户，市场新旧两区全部拆除倒地，面积4.5万平方米。丝茅冲项目累计签约私房22户、自管产2户，单位2家。完成丝茅冲二期、丝茅冲三期、大屋山安置房项目的清零腾地。街道于2019年3月重新启动先福村账务核对工作，2020年，制定收益分配方案，完成补充审计报告公示、收益分配方案张榜公示以及上户表决。经过土地评估、资金归集，12月29日正式启动收益分配工作。区公卫大楼、胜利社区公园提质改造、振湘小区提质改造项目完成竣工验收，海洋半岛三期项目正有序施工，完成基础土方工程。

【城市管理】2020年，四方坪街道推行环保网格化监管，严格落实“六控”“十严禁”，联合环保、城管等部门对辖区内燃煤使用、油烟防治、垃圾焚烧、道路洒水降尘、项目工地扬尘防治等系列问题开展综合整治行动，累计出动人员4200人次、执法车2000余台次、运输车1500余台次，收缴燃煤炉30余个、露天烧烤炉300个，整治裸露黄土未覆盖70次，覆盖绿网9200平方米，整治焚烧垃圾15次，乱倒渣土垃圾52余次，处理环保类执法案件210起，处罚金2.86万余元，下达限期责令整改通知单800份。抓好臭氧防治工作，整治VOCs挥发性气体行业带来的严重污染，关闭涉案的烤漆房。完成燃气锅炉低氮改造工作，工作进度为全区第一。抓好餐饮店油烟管控工作，通过举办培训班、工作人员上门做工作、与餐饮门店签订安装油烟净化器承诺书等措施，辖区有295家餐饮门店被纳入管控范围，安装油烟净化装置237台，适时监控油烟处理情况的大中型企业和餐饮门店有88家。黑石渡自动水质监测站和好人馆空气监测微站均投入运行，为适时监测辖区水质、空气质量提供前期预警。在9个社区设置垃圾分类投放点（转运站）545个，配备桶边督导员145人，全年发放《长沙市生活垃圾分类指导手册》2万册，组织培训12期2000人次，宣传率、知晓率均为100%。全年处理数字化案卷1000条，开展市容专项整治行动20多次，收缴招牌灯箱广告22个、活动伸缩棚10个，拆除违章户外广告10处、1000余平方米。协调相关部门新建公益停车位200个，拆除违规地锁55个，清除路障27处，对违规停放车辆抄牌615起，有效改善了人居环境。

【民生保障】2020年，街道全年累计发放低保金212.53万余元，临时救助3.6万余元；城市困难群众帮扶86户，金额18.64万元；特困医疗救助申报57人次，发放救助金22万余元。办理住房保障28户，低收入认定24户。办理社保补贴555人，补贴金额282.97万元；社保补贴再

2020年12月31日，四方坪街道办事处主任杨佳（左三）向居民甘艳明发放村集体收益分配第一张银行存单（四方坪街道　供图）

帮扶42人，金额2.27万元。慈善助学3人，救助金额1.1万元；扶残助学11人，金额3.5万元；困境儿童助学21人，发放助学金7.6万元。残疾人“两项补贴”发放3024人，金额56.43万元。举办线上线下培训和招聘会，累计新增就业人员741人、再就业人员594人、困难再就业人员255人。

【综合治理】2020年，四方坪街道持续推进治安防控体系建设，发挥巡防队员、平安志愿者队伍和“红袖章”义务巡防队伍作用，建立综治管理工作点67个，提高街面见警率和见巡率。全年化解信访积案7个，调处各类矛盾纠纷118起，重大和群体性矛盾纠纷13起，调处率100%，调处成功率100%。街道投入“扫黑除恶”专项经费11万元，发放宣传资料3.78万余册，悬挂宣传横幅296条，新媒体宣传报道12篇，收到举报线索5条，推动“扫黑除恶”工作法治化、规范化、专业化。全年开展安全生产检查和执法行动287次，出动执法人员1250人次，检查生产经营单位880家，排查安全隐患287处，整改287处，通过简易程序执法办案25起，罚款1.96万元。全年未发生安全生产责任事故。

【社会事业】2020年，辖区有文化馆（站）1个，文化活动中心9处；公共图书馆（室）9个，建筑面积1200平方米，藏书2万册，有“俏军嫂”等群众性艺术团体2个；建成雅雀湖、先福、左岸、胜利、四方社区公园5个。辖区有幼儿园14所，在园幼儿2289人，专任教师265人；小学1所，在校生1975人，专任教师104人，小学适龄儿童入学率100%；初中1所，在校生1495人，专任教师106人，初中适龄人口入学率100%，小升初升学率100%，九年义务教育覆盖率100%。辖区有各级各类医疗卫生机构30个，其中疾病预防控制机构1所、城市社区卫生服务中心1所、社区卫生服务站1所，有专业卫生人员50人，其中执业医师16人、全科医生10人、执业助理医师4人、注册护士20人。辖区有1所基层医疗卫生机构实施国家基本药物制度，实行基本药物零差率销售；城乡居民规范化电子健康档案建档率为77%。辖区有体育场地8个，运动场5个，游泳池2个。社区全部安装健身器材，经常参加体育活动的人员占常住人口的46.28%。2020年，新建街道政务公开专区；对胜利社区、金帆社区、丝茅冲社区政务大厅进行提质改造，优化街道社区政务公开环境。在湖南省“互联网+政务服务”一体化平台填报并发布部门实施清单239项；集约化智能门户平台录入非政务服务事项75条，一网通办系统办理事件5853条。全街9个社区施行“365天开放”服务，推行“全岗通”管理制度，实行综合服务窗口轮岗值守，推进“最多跑一次”政务服务和帮代办服务。2020年，四方坪街道举办各类健康促进和健康教育活动10余场，开展户外卫生健康咨询活动20次，印发健康教育资料5万余份。发放《开福区新冠肺炎防疫指挥部通告》2万余份，张贴宣传海报1000余份，印发《武汉返长人员防病知识宣传单》1万余份、《新型冠状病毒防控宣传知识》宣传单4万余份。金汇酒店新冠肺炎隔离点累计收治集中隔离观察人员395名，未发生一例内部感染。以社区网格为单位，累计摸排7万余人，全街未发生重大传染病聚集性疫情及发生疫情、重大负面舆情事件。

【四方坪旧货市场关停】长沙市开福区四方坪旧货市场因消防基础设施不健全、市场配套设施缺乏、业态落后、环境恶劣、人员密集，存在重大消防安全隐患，先后被省、市列入重大火灾隐患挂牌督办单位，虽多方整治，但收效甚微。4月底，四方坪旧货市场依法关停整治工作进入筹备阶段。开福区成立四方坪旧货市场整治工作指挥部，并根据市场实际情况，通过“前期准备、自行搬离、依法整治、拆除腾地”四个阶段完成关停整治工作。8月3日，四方坪旧货市场依法关停整治工作正式启动。历时3个月，四方坪旧货市场完成市场关停、租赁户清退、拆除倒地等一系列工作。在确认四方坪旧货市场关闭并拆除后，长沙市安全生产委员会于10月22日对开福区四方坪旧货市场重大火灾事故隐患挂牌督办治理予以摘牌并公告。

（蒋馥蔓）

芙蓉北路街道

【概况】芙蓉北路街道位于开福区治所在地，东起京广铁路，毗邻浏阳河街道；西至湘江东岸，与岳麓区观沙岭街道隔江相望；南抵浏阳河，与新河街道相邻；北滨捞刀河，与秀峰街道一水相隔。全街三面环水，又称“江湾半岛”。2020年，街道总面积3.45平方千米，辖江滨、欣城、福城、凤亭、金泰路、江湾、盛世路7个社区居民委员会。

【街域经济】2020年，芙蓉北路街道全年累计完成财税收入4.12亿元，为全年任务的101.04%。完成固定资产投资21.59亿元，完成规模工业总产值2.58亿元，完成社会消费品零售总额3.49亿元。2020年，新增“四上”企业6家。街道多措并举，助力辖区内华润万家、苏宁易购、沸沸茗品、湖南松叔鲜生百货零售有限公司等企业摆脱发展困境，湘江世纪城各门店复工复产情况获得中央电视台CCTV-13新闻频道重点推介。辖区有商业楼宇3栋，总建筑面积22.88万平方米，其中商务面积5.5万平方米、商业面积17.38万平方米，入驻企业118家，规模以上企业42家。辖区在建工程项目6个，其中房地产建设项目4个、市政建设项目2个。恒大御景半岛清澜苑和三期项目工程进入扫尾阶段，辖区重点施工项目污水处理厂三期扩建工程完成相关执照办理，正处于前期施工阶段。

【城市管理】2020年，芙蓉北路街道围绕“城管、环保、交通”三条工作主线，强化重点区域、顽固地段的整治，规范经营秩序，划定特定区域，设置流动摊担疏导点，辖区环境质量显著提升。继续加强对江湾半岛片区提质改造的后期管理，江湾路口过街天桥于2020年1月正式通行，为江湾小学数千名师生提供有效的安全保障。落实河长制，对街域内的湘江、浏阳河、捞刀河3条河流河段、5.8千米沿线堤岸线，根据“一河一档”“一河一策”安排日常巡查与整治工作，全年水质排放达标。全街设立四分类亭棚44个，两分类点398个，撤桶并点638处，减少垃圾桶1296个，逐步实现垃圾的减量化、资源化、无害化。推进“蓝天保卫战”防治宣传工作，全年累计悬挂宣传横幅280条，设立宣传展板61块，电子显示屏宣传35块，组织志愿者宣传3500人次；检查餐饮门店539家，更换不合格油烟净化器60家，督促油烟净化清洗92家，取缔7处烧烤摊点。2020年，芙蓉北路街道作为全国文明城市测评组驻地街道，圆满完成各项迎检测评工作。江湾社区被评为湖南省“文明社区”、长沙市“两型示范社区”，盛世路社区被评为长沙市“文明社区”。

【综合治理】2020年，芙蓉北路街道以综合治理专项整治三年行动为契机，开展“五类场所安全生产清理整治”，对辖区民居民宅、安置小区、物业小区、物流市场和废旧

2020年3月10日，区委、区政府领导深入盛世路社区督查境外到（返）长沙人员的防疫服务工作
（芙蓉北路街道　供图）

2020年7月30日，芙蓉北路街道盛世路社区开办“传承红色基因 扣好人生第一粒纽扣”廉洁教育课堂
（芙蓉北路街道　供图）

厂房仓库等场所进行全面摸排和整治，落实“四个一律”（对非法生产经营建设，一律关闭取缔；对非法生产经营建设有关单位和责任人，一律按规定上限予以经济处罚；对存在违法生产经营建设行为的单位，一律责令停产整顿；对触犯法律的有关单位和人员，一律依法严格追究法律责任），坚决消除安全隐患。全年街道协调组织集中打击传销执法行动35次，出动执法人员500人次，捣毁传销窝点220余个，遣散疑似传销人员400余人，移送公安部门处理6人。全年对12家违规作业的装修单位进行行政处罚，罚款8600元，确保装修行业安全、规范。抓好辖区治安巡防工作，规范“红袖章”巡逻防范队伍建设，坚持24小时街面巡逻。继续推进“星城园丁”App推广等工作，截至2020年年底，辖区租户下载注册“星城园丁”App完成率94.5%，完成清查6460户。推动中科城污水处理厂提标扩容项目征拆工作，两周时间实现项目签约清零。通过网络信访平台处理来信26人次，办结24件，按期办结率100%，群众好评率100%。全年调解各类纠纷96起，其中居然之家与商户的租赁合同纠纷70起，人身损害赔偿12起，意外死亡2起，其他民事纠纷12起，涉及金额350万元，无一件民转刑案件发生。

【民生保障】2020年，芙蓉北路街道整合辖区资源，打造小区邻里中心、“零距离”服务站、“‘益’条街”公益项目等品牌，其中“‘益’条街”项目为湘江世纪城近10万居民提供公益服务，居民在家门口就可以享受到免费的服务。新冠肺炎疫情防控期间，全街进行3轮次全员筛查工作，排查14.1万人次，组织核酸采样1941人，医学观察1423人，实现辖区居民零感染。完成第七次全国人口普查工作，全街207个普查小区按照“讲规范、有秩序、点全人、查准项、保进度”要求，全面完成清查入户摸底和短表填报工作，全国人普数据录入工作取得较好成效。2020年，全街累计发放低保资金330户、478人、24.74万元；发放节日补贴资金7480元；发放临时物价补贴资金2.11万元；特困供养人员2人，发放供养金1.69万元。街道组织失业人员参加市、区人社局现场招聘会2次，参加区线上招聘会3次，共有求职者209人次参加。

【推进企业复工复产】2020年，开福区芙蓉北路街道在新冠肺炎疫情期间，主动下沉一线了解企业需求，协调多部门解决困难和问题。“定人、定岗、定责”，以每个网格为基本单位，分组逐户清查，填写表格，采集各类信息，设置在线互动平台，及时沟通，及时帮助企业解决生产经营中遇到的问题。街道与区金融办及长沙银行对接，帮助金诚建筑、建邦工程、瑞华能源3个“四上”及重点企业办好贴息贷款，总贷款金额2240万元，协助企业争取区级贷款的相关优惠政策；为陈鹏纸业有限公司协调仓储货物因疫情积压而无处堆放和租金减免的问题；与区住建局、区商务局等部门协调，全程服务加快世界五百强中化医疗重点企业入驻街道的前期手续办理工作，推进企业复工复产。

【“全国安全生产月”咨询日宣传活动】6月15日，开福区芙蓉北路街道在湖南世纪金源购物中心置业有限公司开展2020年“消除事故隐患，筑牢安全防线”安全生产月活动。辖区企业员工及居民群众200余人参加活动。活动前期，街道组织开展安全生产大检查，指导生产经营单位做好安全生产工作。活动现场，居民表演快板《讲安全》等文艺节目，开展安全生产知识有奖竞答，设置咨询台，发放宣传资料

1000余份。2020年，芙蓉北路街道开展安全宣传进社区、进企业、进学校、进家族等活动，促进辖区安全生产水平提升和安全生产形势稳定。全年未发生一起安全生产责任事故。

（吴文嘉）

洪山街道

【概况】洪山街道地处长沙市开福区东南部，街道办事处位于东二环三段279号。东部与长沙县湘龙街道相邻；东南部与月湖街道接壤；西南部频浏阳河，与四方坪街道隔河相望；西部与浏阳河街道毗连；北部临捞刀河，与捞刀河街道隔河相对。街道总面积9.05平方千米，常住人口7.4万余人，辖洪西、金鹰、洪山桥、洪雅4个社区居民委员会。

【街域经济】2020年，洪山街道完成财政总收入6.96亿元；完成规模以上工业企业总产值6.35亿元；完成固定资产投资46.9亿元；完成限额以上社会消费品零售总额15.9亿元；完成其他营利性服务业收入211.8亿元。营商环境持续优化，兑现惠企政策，组织企业申报“开福区文化产业奖励”“经济发展奖励”等优惠扶持资金1086.07万元，惠及79家企业和个体户。协助仁和环保等5家企业认定为高新技术企业，享受高新企业税收优惠；帮助7家企业申报开福区科技计划项目，促进企业发展转型；指导湖南电广传媒和芒果超媒2家上市集团申报认定为长沙市总部经济企业。全年新增“四上”企业3家，新增注册资金50万元以上企业228户，其中1000万元以上企业38户，引导6家异地纳税企业将税务关系变更到洪山街道。联合世界之窗、月湖文创小镇等共同举办“春天有约 惠聚洪山”“夏季有礼火人节”“马栏山好物文创市集”等促销活动，促进消费复苏。

【项目建设】2020年，洪山街道项目建设稳步推进。完成山鹰潭片区及金鹰明德中学项目扫尾工作177户，腾地46.67公顷。完成B-1路路幅拆迁交地，腾地1.47公顷。落实区委“教育强区”部署，支持长沙大学的建设发展，帮助解决学校多年来一直不能解决的驾校清租难题，完成学校实验实训中心工程项目内14户征收工作。精准服务湖南广电、马栏山众创园、月湖文创小镇等产业基地、文化企业，帮助芒果TV协调解决大型户外广告牌提质升级和办公场地改扩建等问题；服务马栏山众创园直播基地建设，引进企业100余家。优化施工环境、服务项目建设，配合施工单位拆除骏豪路、洪山路路幅建设用地上违章建筑8000平方米，支持省重点工程湖南广电节目生产基地、市重点工程万家丽220伏电力隧道建设和藏珑三期、圣爵菲斯二期等重大投资项目建设，促进投资增长。

【城市管理】2020年，洪山街道落实“四精五有”（“四精”即精准规划、精美建设、精致管理、精明增长；“五有”即有颜值、有气质、有内涵、有格调、有品位）要求，提升城市品质，改善人居环境。推进蓝天保卫战。狠抓渣土扬尘、散煤污染、油烟直排等突出问题，开展城管环保类执法行动100余次，新增餐饮门店油烟净化设备30余台，燃气锅炉低氮化改造12台，辖区空气质量优良率在全区小微空气质量检测站中居于前列。精细城市管理。整治世界之窗等区域市容乱象，加大拆违控违整治力度，开展拆违行动12次，拆除违规建筑9处、违规招牌60余处。开展市容秩序专项整治行动，清理规范店外经营200余户，取缔流动摊贩150余个，查处人行道乱停乱放车辆1800余台次。推进垃圾分类，投入10万余元更换统一垃圾桶、标示标牌，每月湿垃圾量保持稳步增长。全面落实河长制。街道及村级河长累计巡河396次，聘请环保志愿者，对街域水体河段不定时进行巡查监督，推进浏阳河、捞刀河、月湖公园岸更洁、水更清。常态长效抓好文明创建。全面推行公筷公勺，实现餐饮门店全覆盖。化解朝正美苑搭棚治丧难题，有效推进小区居民培育移风易俗新风尚。多样化开展群众文化文明实践活动，其中“艺术重绘蓝天，井盖创意涂鸦”活动被中央文明网刊载。

【社会事业】2020年，洪山街道城乡居民养老保险累计参保880人，医疗保险累计参保6128人，退休人员一体机企业养老认证1326人。开展城市特殊困难群体帮扶行动10批次，帮扶对象131人，累计发放帮扶金额25万元。全年发布就业岗位信息106个，举办创业培训9期、职业技能培训12期，新增就业475人，失业人员再就业219人。落实生育服务制度，完成妇女“两癌”筛查105人，组织开展“爱心相伴，救在身边”红十字博爱周应急救护知识学习等红十字会专项活动，2020年，洪山街道被评为“湖南省计划生育基层群众自治先进单位”“开福区红十字会无偿献血工作先进单位”。向居民公示街道“最多跑一次”服务内容52项，发放便民服务手册5000余份。全年办结“放管服”政策梳理事项清单10项，下沉到社区1项。按照精简、便利的原则，简化优化办事流程，取消没有法律法规依据的证明和盖章环节。2020年，《湖南日报》、湖南经视、《长沙晚报》等媒体宣传报道230余次。

【综合治理】2020年，洪山街道推进安全隐患专项整治，开展集中执法行动310余次，检查生产经营单位314家，排查安全隐患586处，排查重大隐患3处，行政处罚24次，安全生产形势稳定向好。严格落实安全生产监管责任，压实企业主体责任，开展顽瘴痼疾整治行动，整治消除长沙大学商业街地下室违建、线路乱接等消防安全隐患。开展岁末年初食品安全专项整治、春季学校及周边食品安全“护苗”行动、小区餐饮单位无证无照经营专项治理等各类整治行动25次，门店违反《中华人民共和国食品安全法》立案27起，办结投诉举报1047起。摸排掌握流动人口及出租房屋信息，确保辖区社会治安持续稳定，工作经验调研报告在区政府系统大调研活动中获评二等奖。深入开展“扫黑除恶”和禁毒工作，强力开展打击传销整治行动，捣毁传销窝点276个，劝返传销人员679人，移送公安机关20人，辖区内涉传人口及窝点基本清除。稳妥有序做好国营综合农场洪西分场506户1805名长沙市60号令拆迁安置群众生产发展用地收益分配资金第二次发放工作，保障金马美食城项目的顺利动工；调处矛盾纠纷67起，其中成功调解马栏山人才公寓项目部农民工工资纠纷，涉及金额200万元。全年未发生安全生产责任事故。

【微信小程序“WPS表单”】2020年，洪山街道公共安全办开发微信小程序“WPS表单”，用以解决新冠肺炎疫情防控期间，辖区人口多、药店多，手写登记容易出错、层层上报效率低等问题。凡是购买发热、咳嗽、感冒药品的居民，只需在二维码图标上扫一扫，输入个人相关信息，即可在所在地医疗保障和市场监管部门进行登记，避免重复登记，大大提高新冠肺炎疫情登记效率，减轻工作人员的工作量，方便每日汇总新冠肺炎疫情重点人员的相关信息。该程序在全区得到推广应用。

【洪山消费节】4月30日至5月5日，开福区在湖南省国际会展中心举办洪山消费节。洪山消费节和湖南车展同步开幕，由开福区文旅体局、区财政局、洪山街道举办。开福区对世界之窗、海底世界两大景区发放60万元补贴，通过飞猪、天猫、美团和携程平台在网上派发旅游消费券1.5万张，游客凭券即可享门票折扣畅游世界之窗、海底世界。洪山街道还推出“买车就送潮玩卡”活动，购买50张世界之窗套票，奖励前50名购车车主，促进街道汽车消费的同时，带动景区营业收入。开福区洪山消费节期间，辖区内两大国家AAAA级旅游景区、酒店、餐饮行业“五一”小长假5天内营业收入突破1000万元。

（刘晰晰）

月湖街道

【概况】月湖街道位于开福区东南部，北靠319国道，毗邻月湖公园，东面与长沙县和芙蓉区接壤，西、南面浏阳河蜿蜒而过，万家丽北路贯穿其中。2020年，月湖街道辖区总面积6.56平方千米，总人口4.64万人，其中常住人口3.08万人，流动人口1.56万人（含马栏山视频文创园）。辖月湖、鸭子铺、朝阳、马栏山、舟桥路区、溪水湾6个社区居民委员会。

【街域经济】2020年，月湖街道全年完成市、区两级税收4.42亿元，其中完成房产税656.62万元；完成固定资产投资总额95.08亿元；完成社会消费品零售总额1.84亿元，为全年目标任务的172%；完成规模工业产值3984万元，为全年目标任务的110%；新增“四上”企业28家，为全年目标任务的140%；完成其他营利性服务业收入6.98亿元，同比增长209.7%。2020年，月湖街道克服辖区没有综合商业体的短板，持续举办促进消费系列活动，全年激活消费20亿元。落实开福区助企纾困“十件实事”，对辖区重点企业实行“点餐式”服务，全年招商引企300家。抓项目建设，加速园区配套，实现进度投资90亿元。完成长沙市60号令《长沙市征地补偿安置条例实施办法》第二次收益分配及后续收尾工作，推动金马美食城项目启动建设，新中石化加油站、5号魔方等4个项目入驻。

【项目建设】2020年，月湖街道辖区内“433产业攻坚”重大项目11个、公共服务基础设施重大项目2

个、其他项目5个。区“433产业攻坚”重大项目包括：星城光塔、芒果马栏山广场、聚恒集团总部基地、中广天泽总部基地、湖南创意设计总部大厦、中南国家数字出版总部基地、兴旺科技总部基地、乐田智作视频文创产业基地、马栏山信息港、马栏山动漫影视大厦、创梦大厦；公共服务基础设施重大项目为清水塘绿地小学与马栏山公园。

【城市管理】2020年，月湖街道为推进城市管理品质升级，采取日常市容管控与专项整治相结合的方式，集中对马栏山小区进行提质改造，使居民生活工作环境得到明显改善。推进街道垃圾分类工作，做到入户宣传全覆盖，发放各类宣传资料1万余份，制作横幅80余条，开展各类宣传活动10余场次。落实“六控、十严禁”，全年对建筑工地巡查180余次，对重点区域制作禁烧横幅65条、警示牌44块；对辖区裸露黄土实行绿网覆盖，面积达2万余平方米。坚持河长日常巡河制度，及时清理河滩垃圾。

【综合治理】2020年，月湖街道重拳整治传销问题，清查房屋6080余套，查封窝点130处，发现疑似窝点42处，清理传销人员357人，实现辖区传销基本清零，并建立以“五包一”工作责任体系（即每一栋楼至少由1名街道干部、1名社区干部、1名民警、1名党员、1名楼栋长包干负责）为核心的长效治理机制。全年组织集中安全生产监管执法26次，出动执法人员274人次，检查生产经营单位200余家，消除安全隐患130处；拆除非法经营的建筑、仓储房屋5处，私自搭建的小型仓库、简易住所7处，面积1550平方米。全年报送安全生产宣传报道19篇，发放各类宣传资料1.8万余份，制作宣传栏8个，宣传广告50余块，全年开展各类安全培训和应急演练31次，提升应急处突能力。全年未发生安全生产责任事故。

【民生服务】2020年，月湖街道医疗大病救助“五保”户、“三无”人员、低保户、特困户28人次，救助金额21.02万元。新增城镇就业454人，其中下岗失业人员再就业302人、就业困难再就业152人。创业带动就业1300人，扶持大学生就业8人。开展“不忘初心、牢记使命”城市特殊困难群体帮扶工作，慰问困难户5批、73户，发放慰问金11.98万元。街道在册精神病人48人，全年药物救助76人次，救助金额1.2万元。完成第七次全国人口普查宣传、摸底、短表录入、数据审核等工作。街道网格化服务中心全年采集处置各类问题3708条。2020年，街道组织开展春风行动网上招聘会2场，帮助100余名居民找到合适的工作。街道联合长沙宏宇职业培训学校和夏杨色彩化妆职业培训学校，开展中式面点和化妆劳动技能培训，拓宽居民就业渠道。

【安全生产培训】5月28日，开福区月湖街道组织开展安全生产专题培训，街道各办、站、所主任，各社区主任、安全生产专干及信息员40余人参加培训。培训会上，月湖街道副主任蔡民仕就《全国安全生产专项整治三年行动计划》进行工作部署。区应急管理局法规科科长刘天娇针对如何强化企业安全生产主体责任落实以及如何持续推进“强执法防事故”进行专业解读。区应急管理局协调科科长焦健就规范基层安全监管、各行业领域监管检查、隐患排查、闭环管理等安全生产工作进行解析。

【工作调研】12月14日，开福区委书记曹再兴带队到月湖街道调研重点税源单位工作，实地走访湖南省高速公路集团有限公司，并召开座谈会。2020年，湖南省高速公路集团有限公司服务全省经济发展，获得国家级荣誉，为开福区经济发展、财政税收做出巨大贡献。区委要求与会部门对湖南省高速公路集团提出的意见账单“打收条”，对湖南省高速公路集团提出的税收归集缴纳、新办公室注册在开福区、业务拓展优先布局在开福区全力支持、重点保障，在落实政策、保障环境、维护秩序、服务发展四个方面优先服务，为湖南省高速公路集团营造良好的工作和生活环境。

（成雨景）

浏阳河街道

【概况】浏阳河街道地处长沙市开福区区治“东大门”，位于浏阳河与捞刀河两水环绕的自然湾区，金融生态区、金霞经开区和马栏山视频文创园“三金片区”接合部，东至东二环，南濒浏阳河，西邻京广铁路，北抵捞刀河。区域内“四横五纵”的路网格局基本成形，交通极为便利。街道办事处驻陈家渡社区滨河南路与开福大道交会处西北角，距开福区人民政府2.9千米，辖区面积6平方千米。2020年年末，辖区有家庭总户数42171户，总人口

98990人。街道辖毛家垅、双河、陈家渡、史家坡、福元路、海棠湾等6个社区居民委员会。

【街域经济】2020年，浏阳河街道全年完成财税收入2.88亿元，为全年任务的101%；新引进楼宇企业82家，为全年任务的273%；新增高新技术企业4家，为全年任务的200%；完成商品房销售面积12万平方米，为全年任务的120%。统筹推进常态化疫情防控和经济社会发展工作，推动企业、工地、门店复工复产，优化营商环境，全面落实开福区“惠企十六条”和助企纾困“九件实事”，常态化对接、服务好辖区企业，帮助解决开工难、销售难、路不通等一系列问题。推动福元路片区开发，实施“1+3”（城市化+房地产+商圈+文创）发展战略，推出“福元商圈消费节”，福元路商圈被列为开福区“十四五”规划重点商圈。

【项目建设】2020年，浏阳河街道重点推进新项目7个和扫尾项目1个。征拆工作。史家坡学校项目提前二公告截止期10天实现131户签约清零，按期结算交地，刷新拆迁速度和质量双标杆纪录。“137亩”项目在三公告第一阶段完成线内和代征户113户签约，实现9月30日前签约清零目标。环宇农民安置用地、滨河北路东段、金辉公司办公楼等项目完成拆迁任务并交地结算，腰塘路项目基本完成签约任务。“395亩”扫尾项目完成限期腾地1户。石英砂厂棚改征收项目完成入户调查和资料审核，发布二公告。龙湖天街、润和国际、五矿、珠江、长房等重点楼盘、商业体建设进展顺利，销售、招商两旺。

2020年12月22日，浏阳河街道举办“就要你红居民才艺秀大赛”
（浏阳河街道　供图）

【城市管理】2020年，浏阳河街道为打好污染防治攻坚战，严格督促辖区工地落实“8个100%”（工地周边100%围挡、物料堆放100%覆盖、施工现场道路100%硬化、拆迁工地100%湿法作业、出入工地运输100%冲洗、渣土车辆100%密闭运输、在线视频监控100%覆盖、施工现场100%安装扬尘监测系统），全年办案130起，“复绿”9.28万平方米；整治“散、乱、污”企业16家，完成低氮锅炉改造13台；限期拆除违规烤漆房4家，清退违规汽修企业2家、印刷企业9家；抓好湖南省环保督察“回头看”反馈意见整改；2月、6月“蓝天保卫战”考核排名全区第一。街道、社区两级河长巡河300余次，2条河流和3处小微水体实现常态保洁。深化最严城市管理，全年办理乱倒渣土、餐厨垃圾、设摊经营、户外广告、露天焚烧等案件279起，罚款13.94万元；处置城管数字化案卷2178条，网格化案卷495条；规范店外经营1000余处；劝导流动摊贩244起，机动车违停抄牌1632台次；拆除违章建筑25处，面积8000平方米；核查卫星遥感影像违建24处、2.46万平方米。全面推进垃圾分类，设置两分类点263处、四分类点57处、湿垃圾集中收运点16处，更换垃圾桶1200个，配备督导员57人，实现垃圾分类全覆盖，被评为全区湿垃圾处置一类街道。

【综合治理】2020年，浏阳河街道推进“安全生产专项整治三年行动”，常态化开展隐患排查治理，全年开展安全生产检查420次，下达整改书696份，处罚企业24家。开展“打非治违”专项整治10余次，取缔非法生产经营单位5家，提请关闭企业9家。开展小区消防通道、楼道专项整治，消除火灾隐患。振宇包装厂、湖南省建设六公司租赁企业全部退出，辖区重大安全隐患基本清零。维护社会稳定，统筹历史与现实，标本兼治、疏堵结合抓实信访维稳工作，化解一批信访积案，推进金马美食城项目开工建设。开展禁毒宣传活动，全街114名涉毒人员动态管控和帮扶到位。推进“扫黑除恶”专项斗争，全年调处各类矛盾纠纷75起，维护社会大局稳定，全年未发生安全生产责任事故。

【民生保障】2020年，浏阳河街道有低保49户、86人，特困供养8户、9人，全年帮扶城市特殊困难群体84户、17.42万元，实现“应保尽保”“应帮尽帮”。全年新增就业491人，失业再就业293人。全年辖区出生人口395人；完成妇女“两癌”筛查464人；落实计划生育“五项”奖扶1225人、96.36万元；开展失独家庭医疗门诊补助，发放慰问金5.6万元；义务献血245人次。建成双河、福元路社区邻里中心和海棠小区便民停车场，完成街道卫生服务中心整体搬迁，实施涝湖一期、二期农安小区改造。完成滨河嘉园第三次分房工作，实现拆迁即安置。

【社会事业】2020年，浏阳河街道完善“街道吹哨、部门报到”机制，处理群众诉求192件。开展防疫、拆迁、文明创建及作风专项督查68次。优化政务服务，“一网通办”系统录入3202条，处理“12345”热线工单1345条，累计发布动态信息114条。完成第七次全国人口普查工作。调研报告“强力推进‘433’攻坚，全力打造百亿福元商圈”获得全区大调研二等奖。做好新冠肺炎疫情防控工作，排查8.23万人、入境263人、高中风险地区3395人，管控密切接触者98人，开展重点人员核酸检测2308人次。指导辖区企业落实防疫措施，免费发放口罩1.14万只、测温枪30把、预防中药3350份；保障辖区1所中学、3所小学、13所幼儿园、5个托育机构复学复课，确保安全有序。

【“三个最”抓实疫情防控】2020年年初，开福区浏阳河街道强化“三个最”措施，抓实新冠肺炎疫情防控工作。实行最全面的排查，街道、社区工作人员全员出动，省直、区直相关部门下沉社区，开展3轮全覆盖扫楼排查，逐户逐人登记核实信息，开展送“一份告知书、一个体温计、一句温馨提示、建一个防疫微信联系群”的“四个一”服务，通过大数据对高中风险地区到（返）长沙、境外入境和密切接触者等进行全面摸排管理，确保不遗漏不失控。实行最严密的管控，对出现确诊病例的5个楼栋单元进行全封闭管理，对重点人群实行全覆盖采样送检，对密切接触者进行集中隔离医学观察，对小区公共场所全面消毒，确保无新增病例，控制聚集性疫情风险。实行最及时的回应，及时向居民公布确诊病例情况，加强心理疏导，宣传疫情防控知识，正确引导社会舆论，防止各种谣言和不实宣传。

【海棠湾社区揭牌】6月9日，开福区浏阳河街道海棠湾社区举行揭牌仪式。海棠湾社区东至东二环，南至浏阳河，西至开福大道，北至福元路，总面积1平方千米，辖区有居民住宅50栋，常住人口1.5万人，有企事业单位、门店300余家。

【福元路商圈建设加快推进】2020年，开福区浏阳河街道立足辖区资源，发挥优势特色，加快推进福元路商圈建设。抓征拆腾空间，完成史家坡学校、陈家渡分场农民安置用地、滨河北路东段、腰塘路、金辉公司办公楼等项目签约清零、倒房腾地，加快推进环宇石英砂厂棚改等项目征拆。抓产业强实体，着力建设文创软件产业集聚区，全年引进文创企业33家、软件企业40家，集聚草莓V视、弗慧谷等优秀文创企业和双创孵化基地。抓商贸浓氛围，福元路商圈被列入开福区“十四五”规划重点商圈。引导各商业体升级业态、提质发展。抓房产聚人气，加强片区地产板块的整体规划，注重提升承载功能和综合服务水平，改善环境质量，打造高品质地产。截至2020年年底，辖区建成住宅面积45万平方米，在建高品质楼盘5个、45万平方米。

（曾令文）

秀峰街道

【概况】开福区秀峰街道位于捞刀河以北，三环线以南，西接湘江，东临开福大道，辖区面积21.5平方千米。2020年，辖区总人口为90758人，其中常住人口83156人，流动人口7602人，辖宿龙桥、戴家河、兴联、新大塘、竹隐、鹅羊山、湘民、湘荷村8个社区（村）居民委员会。2020年，秀峰街道被评为长沙市综治工作考核“红旗等次乡镇”、长沙市基层人力资源和社会保障平台标准化建设优秀街道、开福区2020年度物业管理先进街道、开福区2020年度无偿献血组织工作先进单位，秀峰街道统计站被评为全市乡镇街道统计站目标管理考评一类街道。

【街域经济】2020年，秀峰街道实现财税收入3.59亿元；完成固定资产投资72.1亿元，其中5000万元以下固定资产投资项目38个；完成其他营利性营业收入3.57亿元，增速16.4%；完成限额以上社会消费品零售总额42.35亿元；完成规模以上工业产值6876万元；新引进楼宇企业10家，完成商务楼宇去库存3900平方米；新增商贸企业3家、服务业企业1家、房地产企业2家、工业企业1家、高新科技企业5家。推进秀峰商圈建设，紧紧抓住“1094”地块（“1094地块”位于秀峰街道，坐落于文慧路以西、芙蓉北路以东、咏鹅路以南、鹅羊路以北，规划建设商业综合体，面积72.93公顷）核心项目，打造高岭商贸城、芙蓉北路兴联路交会处商业圈2个重点区域。2020年，高岭商贸城招商7.7万平方米，意向投资面积9.9万平方米，主营高档建材家居、汽车产业链，28家汽配商户和中升丰田、大众2家品牌4S店入驻。主动跟踪服务建设项目19个，全年新开工项目3个、在建项目9个、竣工项目1个。2020年，举办大型消费节活动2场，带动消费3542万余元。

【项目建设】2020年，秀峰街道彭家巷路项目实现3天签约清零；“1094”地块全部签约腾房倒地，实现按期招拍挂；完成鹅羊山“两安”用地项目签约清零。街道全年实现净地交付135公顷。

【城市管理】2020年，秀峰街道开展市容市貌整治，整治占道摊点1000余次，店外经营及门前堆物1500余处，清理并拆除破损广告招牌400余处。开展街巷环境卫生清洁行动，突出对农安小区、背街小巷等重点部位进行清扫，清理垃圾堆物300余车，“牛皮癣”1000余处，卫生死角80处，冲洗路面、立面1.2万余平方米，整治店外经营350家，清理共享单车100余处，拆除破损横幅150余处。加强拆违控违力度，处置非法搅拌场2个、非法洗沙场1个，处置违法用地1.68公顷；清理私搭乱建17处，拆除违法建筑1285平方米，其中新增违法建设1处，面积10平方米，历史违法建设15处，面积1275平方米；处理金霞银园楼顶、双湾国际、兴联路沿线违规菜地3处，面积60平方米。开展渣土车违法违规行为集中整治，全年出动执法人员3425余人次，执法车辆515台次，办理非法消纳场案件7起，处罚2万元；办理渣土扬尘污染路面案件7起，处罚8900元；查扣违规倾运垃圾车辆50台，顶格办案5起，罚款13.65万元。开展燃煤“回头看”整治行动15次，街道燃煤和使用煤炉的门店基本清零；开展联合执法行动，对辖区内非法经营烟花爆竹门店进行地毯式排查。发放“蓝天保卫战”宣传资料5000余份，悬挂各类警示牌1000余块、横幅300余条，各社区（村）与1000余户菜民签订禁烧承诺书；全年查处禁烧案件8起，罚款4000元。排查黄土裸露100余处，裸露黄土地种草、覆绿网66.67公顷。完善措施，推进垃圾分类工作，坚持垃圾源头和干湿分离两手抓，在小区设置垃圾分类广告栏、告示牌、标识等垃圾分类宣传设施，在居民楼道口和电梯等处张贴垃圾分类海报。全年开展垃圾分类主题活动30余次。

2020年3月17日，区街道相关部门负责人就创建市和谐示范精品社区进行实地考察（秀峰街道　供图）

【民生保障】2020年，秀峰街道全街累计有低保户1456户，2793人，累计发放低保金额121.98万元；发放优抚对象、参战人员补贴、节日慰问等优抚款79.81万元；实施大病医疗救助76人次，发放救助金55.94万元；实施精神病人药物救助36人次，精神病人强制住院救助3人；临时救助17人次，累计发放救助金2.46万元；高龄津贴全年累计1521

人次，发放津贴49.67万元；特困供养128人次，发放供养金10.816万元；残疾人“两项补贴”全年累计1899人次。城乡居民养老保险正常参保人数4632人，60岁以上领取待遇人数1364人，缴费金额59.4万元；城乡居民医保缴费人数1.23万人，缴费金额298.7万元，享受待遇人数1891人，医保报销金额664.1万元。城镇新增就业575人，下岗失业人员实现再就业529人，就业困难人员再就业338人；社保补贴返还648人，金额276.9万元；办理就业失业证620本。开设职业技能培训班7个、创业培训班2个，培训失业人员410人；为辖区内80名高校毕业生提供就业服务；为辖区内自主创业人员办理小额担保贷款40万元；为3名就业困难人员办理公益性岗位、社保补贴11万余元。街道设立政务公开专区，推广“互联网+政务服务”，完成14个试点领域基层政务公开清单在“互联网+政务服务”一体化平台上录入指南，全年录入1.12万条。

【综合治理】2020年，秀峰街道着力防范和化解重大社会矛盾，深化社会治理，街道大局稳定，全年未发生影响重大的刑事案件，未发生重大火灾事故及安全生产事故。健全“扫黑除恶”常态长效机制，在组织保障、线索摸排、宣传发动、问题整治上将源头治理、专项治理及综合治理相结合，推进“扫黑除恶”专项斗争工作规范化、常态化。抓好重点人员排查管控，全街在册涉毒人员78人，全部建档造册，并联合派出所定期评估走访，及时跟踪管理；刑解人员47人，均严格按照工作要求定期报到管理，没有出现脱管漏管的情况；对经医院认定的重度精神障碍患者1人落实监护责任及有奖监护措施。化解社会矛盾，全年化解信访遗留问题5户，调解各类纠纷94起，调解成功率100%，网上信访平台受理信访件105件，其中交办件27件，办结率100%。利用“互联网+群防群治”平台开展巡逻防控工作，在社区警务室成立“互联网+群防群治”工作服务站4个，组织线上巡逻2次，参与人数100余人。开展安全生产专项整治三年行动和“三个一”（企业主要负责人上一堂安全公开课，开展一次安全生产谈心对话，开展一次安全承诺宣誓）活动，加大安全生产检查频次，全年排查隐患583处，整改到位557处，罚款1.5万元。加强源头管控，聘请专家对辖区工贸、危化品经营运输等30家重点企业建档调研并开展风险评估，辖区安全生产形势得到根本好转。全年未发生安全生产责任事故。

【社会事业】2020年，秀峰街道以秀峰商圈建设为抓手，持续推进商圈医疗、教育资源“名校化”“名院化”，2020年，长郡开福中学建成开班；打造湘民社区“新时代文明实践站”，依托极目楚天家园、湘瑞嘉园、钱隆世家3个小区“邻里中心”，实现贯通“最后一公里”的精细服务；深入推进“互联网+政务服务”平台建设，实施“就近办”事项街道98项、社区（村）56项。完成湘民社区标准化综合文化中心和智能型健身房建设。完成“两癌”筛查和孕前优检等重点民生实事项目，推进生育服务证办理、婴幼儿照顾、卫监执法、职业病查治、爱卫等工作。开展新冠肺炎疫情防控工作，形成“一网一线工作法”，全街未发生一例新冠肺炎感染。推进第七次全国人口普查工作，“六个保证”（机构保证、经费保证、场地保证、人员保证、制度保证、进度保证）工作经验在全区推广。推进社会治理创新，指导湘民社区实践并形成小区治理“三步法”（居民参与、居民议事、居民互助），创建长沙市和谐社区示范精品社区；开展校外无证办学机构专项治理，净化教学环境，规范教学秩序；推进双湾国际小区物业管理和服务标准化建设，成立业委会，调处物业管理矛盾。

【“致敬援鄂英雄·情系诗意端午”主题活动】6月24日，开福区在湖南泰和医院举办“致敬援鄂英雄·情系诗意端午”端午节主题活动暨公益创作书法慰问援鄂医护人员活动。活动现场，湖南省书协副主席、长沙市书协主席孔小平，湖南省书协崔向群，长沙市书协副主席兼秘书长李砺等10余位艺术家挥毫泼墨，用艺术的形式向湖南泰和医院20名援鄂医护人员表达敬意。在《秀峰有约》环节，湖南泰和医院副院长、急诊科主任黎荣虎和护士长周婵现场分享交流援鄂工作经历。

【第一届“迷你铁三”推广赛】10月18日，开福区文旅体局和秀峰街道联合主办的秀峰街道第一届“迷你铁三”推广赛在金霞绿道举行。活动由迪卡侬（长沙）置业有限公司、湖南融嬉体育产业发展有限公司承办。活动有50组小朋友参赛，比赛采用计时赛制，运动员完成骑、跑两项的总用时为最终个人成绩。比赛组别内成绩不分男女，所有组别均设置预赛，分组出发，活动为秀峰街道开展“健康生活，乐在秀峰”专项系列赛事起到了引领作用，也为居民健康运动创造了良好氛围。

（周　琴）

捞刀河街道

【概况】开福区捞刀河街道地处开福区东北部，东部与长沙县搭界；南部濒临浏阳河，由西向东依次与芙蓉北路街道、浏阳河街道、洪山街道隔河相望；西部由南向北，依次与秀峰街道、青竹湖街道毗连；北部与沙坪街道相邻。街道总面积41.5平方千米。2020年，街道辖4个社区（捞刀河社区、中岭社区、楚家湖社区、高岭社区），3个村（凤羽村、白霞村、罗汉庄村），常住人口4.3万人。2020年11月，原中岭社区析置为中岭社区和楚家湖社区。辖区由1个万亩大垸苏托垸和3个千亩大垸（工农垸、乌溪垸、双湖垸）组成，全线防洪大堤长15.74千米，沿堤机电设备21处，功率累计2943千瓦，内湖渠道15条、总长52.76千米。

【街域经济】2020年，捞刀河街道全年完成财税收入2.6亿元；完成规模以上其他营利性服务业营业收入5315万元；完成工业总产值4.01亿元；完成限额以上社会消费品零售总额3.77亿元；完成固定资产投资36亿元。新增“四上”企业6家，其中房地产企业3家、建筑业企业1家、批零住餐企业1家、规模服务业企业1家。湖山赋楼盘完成销售面积12.2万平方米。全年迁入企业税务关系7家，新增税收35万元；引进税源企业25家，总纳税额200万元以上。协调解决企业融资难、用工难、用电难、停车难问题，对接长沙银行促成辖区内规模服务企业长沙骏睛清洁公司解决300万元贷款；协助杏林春药业、天昱轮胎等4家规模以上企业申报疫情期间贴息贷款1300万元，为企业解决融资难的问题；组织辖区符合条件的6家“四上”企业申报开福区应对疫情支持企业健康发展奖励。开展美丽乡村建设，创建罗汉庄大星片区乡村振兴示范片区。推进农村集体经济产权制度改革，10个村集体组织登记证书全部发放到位；组建捞刀河文体娱大联盟，发展夜间、乡间、网间“三间”经济，促进农民增收。

【项目建设】2020年，捞刀河街道新启动恒高紫荆补征用地（含青环路西半幅）项目、高岭路东段项目、白霞医专补征项目、彭家巷路南段项目代征等4个项目，均完成签约、结算、交地。沙河四期、罗汉庄提质改造、星沙联络线辅道、长沙市水利投“159亩”地块、福地·雅宾利等5个停滞多年的项目启动建设。2020年，捞刀河街道扫尾项目12个，完成省疾控中心、工农垸、高岭交通枢纽、彭家巷路等11个项目攻坚清零。完成街道第一个103号令《长沙市征地补偿实施办法》农安小区（中岭景苑小区）住房分配，547户在外过渡多年的居民喜迁新居。化解矛盾纠纷，解决群众诉求5件，保障沙河四期、福地·雅宾利、罗汉庄小区提质改造等项目顺利施工。

【环境整治】2020年，捞刀河街道完善考核与奖惩机制，强化工作措施，确保违法建设行为得到有效遏制和及时处置。全年拆除新增违建19处，面积2410平方米；拆除历史违建158处，面积6.12万平方米；拆除2018—2019年国土卫片图斑21处，面积1.64万平方米。开展“清洁长沙”“爱护母亲河、水域大清扫”等行动，处理城市管理数字化案件3500余件，出动挖掘机、垃圾车等机械工具700多台次，清理建筑垃圾120余处，清理裸露垃圾、堆物堆料5000余吨。完成摸排农村乱占耕地建房2441处。开展蓝天保卫战执法行动500余次，查处露天焚烧案例54起，罚款4.7万元；查处私设建筑垃圾弃置场行为13起，罚款3.9万元；查处未按规定运输建筑垃圾案件43起，罚款10.1万元；查处运输车辆带泥上路行为3起，罚款6000元；联合区环保局、区工信局对30余家“散、乱、污”企业开展环保执法行动，清退企业24家。完成区对街的垃圾分类年度考核任务，将辖区内所有四分类点位标识标牌更新，并将所有四分类点位垃圾桶更换成脚踏式，捞刀河社区兔子坡小区垃圾分类工作模式接待省、市、区级工作组观摩20余次。查处街道辖区内企业及餐饮门店垃圾分类工作不到位案件12起，罚款1.28万元。推进人居环境综合整治，完成700余座改厕任务。

【民生保障】2020年，捞刀河街道有低保户303户、561人，全年累计对3847户低保户7162人发放低保金313.59万元，其中新增20户46人、取消42户79人、动态变更38户66人。全街特困供养61户64人，全年累计对778户810人发放特困供养金

68.45万元，其中新增3户4人，取消8户8人。临时救助68户，发放救助金18万元；困难帮扶169户，发放帮扶资金29万元；全街有残疾人275人，发放生活补贴和重残补贴60万元。开展慈善助学教育帮扶42人次。全年城镇新增就业461人次，再就业317人，扶持大学生创业18人次。开展各类技能培训200人次，新增农村剩余劳动力转移43人次。举办“春风行动”招聘会1场，提供就业岗位300个。加强退役军人管理服务，老年人义诊、农村妇女“两癌”筛查等服务常态化。依托农家书屋开展读书活动、送戏下乡等文化活动，承办全市“6·26”国际禁毒日集中宣传暨“蓝结家园”授牌仪式，举办首届“新乡贤杯”乒乓球比赛，启动“最美乡贤”“最美教师”评比表彰活动。

【综合治理】2020年，捞刀河街道接待群众来访28件次。街道组织“扫黑除恶”专题会议8次，制作宣传悬挂横幅320条，电子显示屏20块，发放“扫黑除恶”宣传手册1.8万份，出动宣传车8次，制作宣传海报、宣传展板、喷漆标语535张。开展禁毒宣传活动，发放宣传资料1500余份。开展“扫黄”专项行动。全年街道投入安全生产专项经费31.5万元，开展联合执法行动20余次。开展安全生产大检查、领导带队安全生产检查200余次，查处安全隐患800余处，现场整改200余处，清退企业15家、停产停业整顿2家、取缔非法生产经营单位54家。对95家企业下达责令整改通知书，对40家企业实施行政处罚，金额3.5万元。开展应急、消防、防灾减灾等培训演练和排查20余次。开展“危化品地毯式大宣传、大排查、大清退”行动，取缔成品油“黑窝点”8处、甲醇“黑窝点”3处、液化气“黑窝点”2处、烟花爆竹“黑窝点”2处、工业气体“黑窝点”3处、废弃机油加工脱膜剂“黑窝点”2处、油漆非法储存点4处。全年未发生安全生产责任事故。

【捞刀河街道新办公楼挂牌仪式】3月22日，开福区捞刀河街道举行新办公楼挂牌仪式。捞刀河街道长期租借在一栋企业旧办公楼办公，服务设施差，周围是荒山，居民办事极不方便。按照“办公最小化，服务最大化”原则，捞刀河街道搬迁至兴联路1335号高岭社区向家湾商贸楼D5栋，6条公交线路直达街道办事处，交通更为便利。新址设“一站式”服务大厅，7个窗口实行“首问责任制”，一楼打造省级模范化司法所，设置人民调解、社区矫正、法律服务及宣传窗口等功能室。

【新乡贤公益发展中心年会召开】5月22日，开福区捞刀河街道举办新乡贤公益发展中心年会。捞刀河新乡贤公益发展中心2019年启动运行，在街道设立一个新乡贤馆的基础上，高标准、高规格打造4个村（居）乡贤室，并沿捞刀河河堤北岸打造2个乡贤亭，夯实活动阵地；筹措爱心扶助金33万元，扶贫帮困做慈善。新乡贤在新冠肺炎疫情防控、征地拆迁、矛盾调解、政策宣教、志愿服务等基层一线的各个领域发挥作用、做出表率。启动重教帮扶计划，每年评选表彰一批优秀教师，帮扶救助一批贫困学子，为地方人才培养和教育发展贡献力量。会上宣读2019年度新乡贤推选决定，新吸纳12名优秀贤达充实新乡贤队伍，为新成立的4家乡贤工作室授牌，表彰11名“最美乡贤”及14名“最美教师”，向16名困难学生发放帮扶助学金。

【新时代“好声音”志愿服务宣讲活动启动】6月29日，“学习新思想，理论微宣讲”2020年长沙市新时代“好声音”志愿服务宣讲队进新时代文明实践所活动在开福区捞刀河街道新时代文明实践所启动。宣讲现场，6堂精彩的理论微宣讲紧紧围绕基层治理创新、抗击疫情、脱贫攻坚、党的建设、红色传承、爱国教育等主题展开宣讲。宣讲员们紧密联系长沙实际，创新语言表达方式，以身边的人说身边的事，以身边的事育身边的人，真正实现“让老百姓听得懂、能领会、可落实”的“长沙宣讲样本”。

【“蓝结家园”签约授牌】8月31日，开福区社会禁毒协会会长罗伟明到捞刀河街道捞刀河社区的湖南健全民族工艺发展有限公司，签署共建“蓝结家园”框架协议并授牌。湖南健全民族工艺发展有限公司与协会达成共建“蓝结家园”框架合作协议，健全公司承诺，每年腾出30个工作岗位安排戒毒人员再就业，企业设立专门职能部门参与吸毒戒断人员管理服务和救助转化工作。开福区社会禁毒协会联手企业，打通吸毒戒断人员回归家庭、回归社会的“最后一公里”，共建“蓝结家园”就业基地，预示开福区禁毒工作社会化迈出新的步伐。

【第一届“新乡贤杯”乒乓球赛】10月16日，开福区捞刀河街道工会联合会、捞刀河新乡贤公益发展中心联合举办第一届“新乡贤杯”乒乓球比赛，辖区20家驻街单位参加。比赛采用循环赛和淘汰赛形式进行，评出一、二、三名并颁奖。该活动是贯彻落实习近平总书记“推行全民健身，建设体育强国”指示精神的具体实践。

（刘　恋）

沙坪街道

【概况】开福区沙坪街道地处开福区东北部，东、北部与长沙县搭界，南接捞刀河街道，西连青竹湖街道。沙坪有“中国湘绣之乡”的美誉，是“湘绣原产地，星城后花园”，是开福区重点打造的集旅游休闲、文化产业、健康养生于一体的综合旅游景区。2020年10月，原中青社区析置为新的中青社区、大明社区，原钟山村析置为新的钟石社区、茶子山村。街道所辖由原来的2个社区居委会、5个行政村变更为4个社区居委会（沙坪社区、中青社区、大明社区、钟石社区）、5个行政村（茶子山村、檀木岭村、汉回村、竹安村、双塘村），总面积47.5平方千米。2020年，全街人口总数为23471人，其中常住人口19119人、流动人口4352人，出生人口188人，符合政策生育率97.85 %，人口自然增长率2.78 ‰，性别比106.6 。

【街域经济】2020年，沙坪街道全年完成税收3.45亿元；有规模以上工业企业45家，全年完成工业产值44亿元，增速19%；有限额以上商贸业企业27家，完成限额以上社会消费品零售总额4.6亿元；有规模以上服务业企业10家，完成营业收入8.6亿元；在建社会投资类重大项目5个。全年新增“四上”企业15家，其中规模工业企业7家，限额以上商贸业企业 5家，服务业企业2家，建筑业企业1家。沙坪湘绣小镇景区全年接待游客19万余人次，实现沙坪湘绣旅游收入2亿余元；汉回景区全年接待游客18万余人次，实现旅游收入1200万余元。2020年11月7—15日，沙坪景区管委会主办沙坪街道首届乡村旅游节，接待游客12万人，10多家媒体进行报道，创造经济效益970万余元（乡村经济400万元、夜间经济150万元、网络经济420万元），实现“龙头”（龙头企业）带“龙身”（文旅产业）带“龙尾”（周边农户）的整体共赢。

【项目建设】2020年，沙坪街道在建项目14个，其中梅杉道、马湾路、天井路、自安路、钟石路、沙坪路等基础设施项目6个，板塘农民安置房三期民生工程1个，深国际三期、顺鑫金属、家家红物流、金六谷、夸特纳斯、正大农牧、蓝思科技等产业项目7个。2020年，完成钟石统征地一、二、三、五项目及金霞统征地六项目216户100%签约和倒房，腾地69.22公顷。大飞机地面动力学联合实验室暨湖南飞机起降系统研发平台项目（商飞项目），征地总面积23.77公顷，涉及钟山村钟石片区、沙坪社区，完成红线内81户（248人）拆迁户的签约清零和房屋倒地、1家企业签约；完成代征农户46户（162人）的签约清零和房屋倒地。500千伏望城—鼎功线路建设，完成2户腾地户的签约，完成塔基建设和线路架设。完成金霞统征地六代征，高铁时代，自安统征地，自安统征地二，大明统征地二、四；板塘统征地五、六及其代征项目，签约和倒房157户（其中违章4户）。对深国际一期、传化二期、传化三期及代征等16个项目，发放延期过渡费218户、金额541.19万元，确保拆迁户安居乐业。

【城市管理】2020年，沙坪街道全年拆除违章建筑49处、4.45万平方米，其中新建违章11处，面积2970平方米；历史违章建筑38处，面积4.15万平方米，拆除的历史违建中企业厂房17处，面积3.54万平方米。处置第23~24期规划卫片 290处，全部处置到位。整改辖区内建筑工地问题26处,道路扬尘污染45处，其他工地问题73处，治理裸露黄土面积23.69万平方米。受理数字化案卷1650条，均处理到位。 2020年，完成房地一体权籍入户调查5387户，完成不动产报告信息4000户，完成房地一体权籍信息签约确认3500户。完成危房改造6户。辖区有生活垃圾分类收集总站1座，垃圾分拣站11座，全街收运可回收垃圾187.14吨，有害垃圾0.47吨。

【农业农村工作】2020年，沙坪街道完成重金属耕地种植结构调整142公顷，涉及5个社区（村）、14个组，分别为檀木岭村白果树组、谭家老屋组、富家湾组，竹安村米家场组、汪家场组、车家湾组，双塘村东红组、飞跃组、董家冲组、桃花塘组，中青社区大明二组，钟山村廖家场组、彭家场组。在种植结构调整的142公顷农田范围内，冬季全部种植油菜。完成农村人居环境改厕270座。接收区农业农村局污水处理设备10座，监管污水处理站

3个。投入资金20万余元，完成告塘片区3.7千米森林防火带建设。开展森林防火安全流动广播宣传20余次、悬挂宣传横幅100余条、发放宣传资料5000余份，全年未发生一起森林火灾，无任何人员伤亡和财产损失。檀木岭林建设小微水体示范河段通过上级验收。

【综合治理】2020年，沙坪街道全年接待来访群众126人次，办理网上信访件23起，调处率100%。社区矫正对象12人，社区戒毒人员8人，成立帮教小组17个，定期上门谈心，做好帮教和感化工作，帮教20人，均有明显的好转。开展禁毒宣传进企业、进校园活动6场次，出动流动宣传车2台次，悬挂禁毒横幅6幅、宣传标语20条，辖区道路交叉路口设立禁毒警示牌80块，沙坪社区禁毒宣传主题公园开展禁毒宣传9场次，发放宣传资料5000余份，受教育群众8000余人。全年未发生一起生产安全、消防安全、食品药品安全责任事故。

【民生事业】2020年，沙坪街道全街有城乡居民低保户241户、487人，全年发放低保金258万元。特困供养人员 109户、115人，发放保障金117.5万元，办理“三无”人员免费住院治疗120人次。大病医疗救助70人次，大病救助金额68万余元。临时救助28人，救助资金4.3万元；特殊帮扶对象152人，发放帮扶资金26.3万元。全街登记在册精神病人50人，累计进行药物救助230人次，办理肇事精神病人强制入院治疗5人次。全街领证残疾人479人，其中向204名重度、低保残疾人发放“两项补贴”资金45万余元。残疾人及子女扶残助学27人,补贴资金8.1万元。全街参保10392人，其中到龄领取待遇3298人，100%到村认证。完成城乡居民养老保险缴费53万元，完成目标任务的100%。2020年，城乡医保参保13725人，缴纳居民医保资金343万元。开展以政府为主导、社会热心企业为依托的多渠道就业安置帮扶工作模式，联合长沙上勤亚克力有限公司等6家企业成立沙坪街道就业安置帮扶基地。举办的各类专场招聘会有6次，参加人员200余人次；组织职业技能培训6期，参加培训人员320余人。就业困难人员申报社保补贴307人、138万余元。全年街道新增就业530人次，无零就业家庭，城镇登记失业率控制在3.67%。全年完成企业退休人员养老金认证500余人次。发放高龄补贴1786人次，金额58万元。受理并处置“12345”热线工单424条。殡葬火化率100%。

【突发事件综合应急救援演练】10月29日，长沙市开福区应急管理局、沙坪街道办事处在长沙广宾冷藏有限公司举办液氨泄漏突发事件综合应急救援演练。演练现场，长沙广宾冷藏有限公司响起警报声，冷库液氨储罐发生泄漏，应急救援演练指挥部接到报告后，迅速启动应急预案，停止高压压缩机和低压压缩机运转，并切断机房和设备间的电源，启动事故防爆风机加强通风，降低事故房间的氨气浓度，开启水喷淋装置稀释和减少氨气浓度，密切关注事故情况；保卫人员对事故现场实施警戒，引导无关人员疏散撤离至安全区域；拨打“119”电话报警，请求应急力量增援。第一时间赶到的消防车立即对泄漏区域进行喷水，将液氨泄漏后转化成的有毒气体氨气进行稀释，防止爆炸事故发生。公司员工与长沙晟通危化品应急救援中心组成应急救援小队，携带救援工具，奔向泄漏地点，查找泄漏原因，对遭腐蚀的法兰位置实施堵漏，控制液氨泄漏。处置完成后，检测人员在废水总排放口使用便携式pH计、pH试纸对排放口水质进行监测，防止产生环境污染引发次生灾害。开福区开展危险化学品专项整治三年行动，进一步落实安全生产主体责任，完善应急救援预案，定期开展应急救援演练以及隐患自查自改等工作，消除事故风险点，提高应急救援能力。

（莫　晶）

青竹湖街道

【概况】青竹湖街道地处开福区北大门核心地段，东邻沙坪街道，西濒湘江，南抵秀峰街道和捞刀河街道，北靠龙飞岭与望城区桥驿镇相连，东北部毗邻长沙县北山镇，西北部与望城区丁字湾街道隔沙河相望，总面积41平方千米，常住人口4.2万人。街道辖青竹湖畔、金霞新村、新安寺、霞凝港、金盆丘、新太安、植基、天胜、彩霞、霞凝、新源11个社区居民委员会。辖区内有青竹湖森林公园、星月湖生态湿地公园、白石山生态绿地和青竹湖高尔夫球会等公园；有晚清教育重臣张百熙故居、道龙山佛教遗址等人文景观；有长沙新港、长沙火车货运新北站等交通枢纽；有湖南进出口商品展示交易中心（嘉德保税店）、芒果汽车、长沙市第二驾考中心、湖心岛软件园、新亚胜、湖南三新、中建混凝土、湖南粮食集团、国药控股、青苹果数据中心等企业；有绿城·青竹园、恒大·林溪郡、太阳星城、青竹湖·曦园、中铁·水映加州等小区。

【街域经济】2020年，青竹湖街道完成市、区两级税收5.15亿元，为全年任务的101.6%，其中房产税1763万元（年度任务为1916万元），占比92.01%；完成规模工业生产总值52.01亿元，同比增长7.65%；完成社会消费品零售总额51.7亿元，同比增长23.9%；完成其他营利性服务业收入1.57亿元，同比增长4%；完成固定资产投资123.6亿元，完成新入库项目20个（其中5000万元以上重大项目13个、5000万元以下项目7个），提交入库资料房地产项目2个；完成高新科技产值30亿元。全年街道引进企业216家（其中外区迁入54家），新增税收1000万元。新增限额以上批零企业6家（湖南嵘云海进出口贸易有限公司、湖南金隆贸易有限公司、湖南贵奥贸易有限公司、国药控股湖南零售连锁有限公司、湖南国药骨科医疗器械有限公司、湖南名裕龙行医药销售有限公司），新增限额以上服务业5家（长沙市万厦园丁物业管理有限公司、老百姓健康药房集团连锁有限公司、长沙新港凯达物流有限公司、湖南诚通物流有限公司、湖南霞凝内陆港有限公司）。引进重点税源单位2家（湖南灵通供应链有限公司入驻杏林物流、湖南正大有限公司），新增税收800万元。

【项目建设】2020年，青竹湖街道铺排项目35个，完成项目结算交地28个，腾地248公顷。其中新启动拆迁项目23个（涉拆面积190.34公顷，拆迁人口660户、1800余人），完成项目结算交地16个，腾地122.67公顷。金霞产业集聚区项目217户、77.87公顷土地，实现38天全部签约清零。续拆和扫尾项目12个，完成项目结算交地11个，腾地125.33公顷。推进区“433产业攻坚”，班子成员联点项目，协调解决项目建设难题10余个，助推金霞产业集聚区——消费电子产业项目、湖南跨境电商生态产业基地二期超前完成建设。为企业解决防疫物资短缺、员工到岗、生活保障等难题30个，指导企业申报贷款贴息和疫情补助，减免税收103万元，帮助企业享受疫情减免补助资金367万元，助力辖区3265家市场主体在短时间内复工复产。

【城市管理】2020年，青竹湖街道按照市、区政府统一部署，完善土地利用规划、城市建设规划，完善控规修编，为开发建设夯实平台。完成全国第三次国土调查工作的审核办理，加强对辖区内土地使用的监管。对农村违法占耕地建房问题开展摸底清查核实工作，做好房地一体权籍调查、不动产权证发放工作。全年复绿40万平方米，办案80余件，罚款20万元，配合区直部门处理环保网格化案卷40件。截至12月31日，沙坪中国环境空气质量监测国控点空气质量优良率89.3%，全市排名第一。作为全区唯一迎接全国文明城市检查的涉农街道，完成国检测评，取得良好成绩。结合文明创建工作，推进城市环境治理，开展城区清洁工作，“零容忍”拆除违建，做好数字化管理，自筹资金45万元统一更新垃圾分类投放点和分类标识。完成2020年度市级小微水体管护示范片区创建。推进产权制度改革，成立经济合作社13个。落实辖区内在建项目工地安全管理，建立健全安全生产隐患台账，不定期对辖区项目进行安全巡查，并做好巡查记录，台账信息动态更新。严格实施雨污分流工程管理，做好辖区内项目单位的协调服务工作，完善周边设施建设，确保项目水、电、气、排污等地下管道与城市主干道相对接。

【民生事业】2020年，青竹湖街道发放困难慰问帮扶资金182.2万元。组织退役军人招聘会，安排5名退役军人在街道及社区就业。完善街道、社区劳动保障公共服务平台建设，954人享受就业社保补贴，全年拨付补贴金额300.5万元。完成天井文庭雅苑小区第一批407套安置房分房工作，198户拆迁户喜迁新居。开展农村危房改造相关服务工作，全面摸底排查，建立健全台账，完成危房改造任务。新源社区乡村振兴战略示范村建设稳步推进。按照市、区2020年“一圈两场三道”项目要求，在霞凝社区完成100个停车位建设。指导做好长沙港110艘进港船只和火车货运北站等物流口岸的疫情管控，完成两批次肯尼亚内罗毕入境人员隔离点值守任务，组织募捐20万余元。

【综合治理】2020年，将平安建设工作经费列入街道财政预算，安排平安建设工作经费80万元。在2018年投入专项资金15万元，建设可移动快速布防系统，并于6月委托专业技术服务公司进行日常维护和系统保养，提升治安防控信息化、网络化、智能化工作水平。街道制作网格划分图，调整社区网格工作队伍，划分为22个网格，包括18个社区网格及4个重点项目企业单位加强型网格，并设立零距离网格服务点，确保工作细化落到实处，更好为民服务。创新治理机制。组建25人的治安巡防队伍，健全街道治安巡防队员管理机制，制定《青竹湖街道治安巡防队管理考核办法》。结合“星城园丁”App推进“互联网+群防群治”巡逻防控，累计发动干部、党员、群众开展巡逻防控600余人次。联合派出所以定点与巡逻防控相结合的方式，开展“护学岗”工作。推动社区居民自治，组建社区志愿者巡逻队，开展治安巡逻，推进巡逻防控全员参与。落实安全生产责任，全年排查和整改各类安全生产和消防隐患490处。全年未发生安全生产责任事故。

2020年3月31日，在新太安社区太阳山广场组织开展“文明祭祀、惠民殡葬、绿色殡葬”宣传活动　（青竹湖街道　供图）

【殡葬改革宣传活动】3月31日，开福区青竹湖街道组织辖区11家殡葬改革成员单位在太阳山居民广场举行以“文明祭祀、惠民殡葬、绿色殡葬”为主题的集中宣传活动。青竹湖街道为有效预防清明期间祭祖引发森林火灾，通过横幅标语、宣传展板、发放《清明节文明祭扫倡议书》等方式，加强祭扫防灾安全宣传，号召广大居民群众文明治丧、文明祭扫。倡导低碳祭祀，提倡以鲜花祭祀、植树祭祀等环保形式寄托对故人的哀思。青竹湖街道自2009年全面推行殡葬改革以来，无土葬现象，环保、科学、文明的殡葬习俗蔚然成风。

【新源社区小微水体整治项目竣工】10月20日，开福区青竹湖街道新源社区小微水体整治项目竣工。2020年，开福区投资100万余元，实施新源社区小微水体整治项目建设，打造开福区唯一的小微水体管护示范片区。该项目采用“一户三池一湿地”技术进行生态治理，新建115个三级化粪池，实现示范片区内100户农户的生活污水达到地表水三类标准。社区的15口山塘，经过疏挖、清淤、连通后，种上根系发达的水生植物，周边铺上石子，成为居民散步健身场所。该项目是开福区全长28.2千米的金竹河（桃花溪）生态治理项目上游段，完成生态修复后，将成为长沙城北生态走廊。

【统计工作现场观摩交流】12月11日，长沙市统计局党组书记缪晨光、局长汤建尧率全体局领导、各区县（市）统计局局长、高新区统计中心主任到开福区青竹湖街道通过查阅资料，听取工作汇报，召开座谈会的形式，对街道统计工作开展观摩交流。2020年，青竹湖街道统计站围绕国务院、省、市、区的决策部署，以强化统计工作职能为目标，以确保统计数据质量为中心，以深化统计制度方法为重点，以完善统计基础工作为目的，不断加强基层统计站的建设，强化统计基层基础工作，统计站规范化建设初显成效，被评为2020年湖南省统计基层基础工作示范性建设单位。

（林　芝）

附　录

重要文献

中共长沙市开福区委全会工作报告

在区委五届二十次全体（扩大）会议暨经济工作会议上的讲话

开福区委书记 曹再兴

（2021年1月7日）

一、勇于攻坚克难，在“大战大考”中交出优异答卷

2020年是极不平凡的一年，面对突如其来的新冠肺炎疫情和经济下行的巨大压力，区委常委会团结带领全区各级党组织和广大党员干部，认真贯彻落实中央和省市决策部署，坚持稳中求进工作总基调，以战时的力度、战时的速度、战时的强度，统筹推进疫情防控和经济社会发展，扎实做好“六稳”工作，全面落实“六保”任务。预计全年地区生产总值增长4%，地方一般公共预算收入增长6.6%，社会消费品零售总额增速与省市持平，规模以上工业增加值增长6.7%，固定资产投资增长9%，新增市场主体1.68万户、增长8.7%，总数突破11万户，新增“四上”企业130家，新增上市企业1家，全区各项事业取得显著成效。

这一年，迎来了载入史册的重大机遇。在“两个一百年”奋斗目标交汇的关键节点，习近平总书记视察湖南期间，亲临马栏山视频文创园考察指导，为我们发展指明了新方向、锚定了新坐标、描绘了新蓝图，这必将为马栏山打造文化创新高地注入强劲动力，必将为开福发展带来重大而深远的影响，必将载入开福史册。区委常委会牢记总书记嘱托，把学习贯彻习近平总书记重要讲话指示精神作为首要政治任务，迅速召开区委常委会会议传达学习，并通过区委理论学习中心组、集中宣讲等形式，掀起学习热潮，出台《贯彻落实习近平总书记视察湖南重要讲话指示精神责任分工清单》《大力支持马栏山视频文创园高质量发展的实施意见》，推动习近平总书记视察湖南重要讲话指示精神在开福落实落地。

这一年，取得了疫情防控的阶段性胜利。新冠肺炎疫情发生后，区委坚持把人民群众生命健康放在首位，迅速启动一级响应，第一时间成立防控工作领导小组及疫情防控指挥部。从机关到基层、从领导干部到一般干部、从抗疫志愿者到工程建设者，全面取消春节休假，全面转入战时状态，以非常之举应对非常之事，一个个义无反顾的身影，一次次心手相连的接力，一幕幕感人至深的场景，构筑起了守护生命的铜墙铁壁。在疫情最严峻的时刻，仅用72小时完成市第一医院北院修缮改造、5天时间完成沙坪医院改扩建，积极发动医药企业为防疫一线人员提供物资保障，为全省全市防疫工作作出了重大贡献。根据疫情形势发展，区委因时因势调整策略，做好常态化疫情防控，首创“卫健副校长”机制，完成圣彼得堡、内罗毕境外航班5批次962名入境来长沙人员的接待任务，组织对重点人员开展核酸检测。在抓好疫情防控的同时，第一时间推进复工复产，制定“惠企十六条”、助企纾困“九件实事”，选派344名机关干部驻企帮扶，兑现资金6100余万元，为企业减税降费10.5亿元。

这一年，收获了产业攻坚的丰硕成果。艰难方显勇毅，磨砺始得玉成。在这场大战大考中，全区上下众志成城，同时间赛跑、向困难宣战，春季按下“暂停键”，夏季逆势复苏，秋季奋力追赶，冬季全力冲刺，一仗接着一仗打，一关接着一关闯，产业发展来势喜人。扎实开展“433产业攻坚”项目建设大会战，系统梳理36个打基础、利长远的重大项目，完成投资224亿元、完成进度113%，为产业发展注入了强劲动力。招商引资来势向好，引进重点产业项目47个、总投资340亿元，其中，过10亿元2个、过20亿元3个、过200亿元1个。金霞产业集聚区和夸特纳斯2个项目成功入选全市制造业标志性重点项目，消费类电子项目1.1期配套企

业生产车间和“三纵一横”道路竣工，龙头带动、相互配套、集群发展、产城融合的格局逐步呈现，困扰开福多年的制造业短板实现重大突破。马栏山视频文创园引进爱奇艺、字节跳动等企业793家，实现营收430亿元、增长16%，叫响全国、面向世界的“中国V谷”扬帆起航。医药物流领跑三湘，实现营收近300亿元。引进金融总部机构7家，长沙银行金融产业基地签约落地，全区完成金融业增加值142亿元、增长10%，税收过亿元楼宇达12栋。挂牌成立开福软件产业园，引进以飞腾为代表的软件企业1000余家、实现营收104亿元。“航天之星”启动运营，商飞研究院成功入驻，草莓V视获评国家级众创空间。陆港型国家物流枢纽加快建设，中欧班列跻身全国前列，湘粤非中非班列试运行，跨境电商第三城启动建设，长沙向北的“桥头堡”地位更加凸显。

这一年，攻克了前行途中的诸多堡垒。一批时间跨度长、情况复杂的棘手问题得以解决，凝聚的是广大干部无私奉献、任劳任怨的辛勤汗水，映射的是广大干部夜以继日、攻坚克难的奋斗身影，彰显的是广大干部敢打硬仗、能打胜仗的精气神。通过大家的一致努力，一批征拆项目实现了快速清零腾地：全年完成征收项目签约清零20个、腾地27.87公顷，征地项目签约清零103个、腾地630.47公顷，金霞产业集聚区38天签约腾地200公顷，湘雅路过江通道三角塘片区独栋提前2个月签约交地，史家坡32天实现133户签约清零，三一大道—陡岭支路5个月实现432户私房签约清零，不断刷新“开福速度”。一批积压多年的遗留问题得到妥善化解：天祥日杂、陡岭西厢、花鸟虫鱼市场、恩瑞、光前影视、六堆子等项目签约清零，湘春路西入口独栋民房顺利拆除，安达十八站成功清退，四方坪旧货市场仅用6天完成606户租赁户签约清零、腾房622户、腾地5.93公顷。一批闲置多年的资产资源成功盘活：完成商务商业楼宇去化21.4万平方米，盘活闲置标准厂房1.8万平方米；停摆15年之久的“金马美食城”顺利开工；高岭商贸城完成15万余平方米招商；成功出让“439”、中外运等15宗地块70.8公顷、回笼资金23.6亿元；全市盘活“三资”现场推进会在开福召开。一批困扰多年的治理难题有效解决：坚持党建引领物业管理，全面推行“街道吹哨、部门报到”机制，解决四方商贸城内渍等基层难题82个；扎实开展“领导接访下访推动矛盾化解”攻坚年活动，化解信访突出问题56件，25件“四重”攻坚任务全面清零；防范打击“一非三贷”，万达广场新增立案数下降91.7%；月湖片区“全国整治聚集式传销重点街道”成功摘帽。

这一年，增进了温暖人心的民生福祉。坚持以人民为中心的发展思想，着力增强人民群众的幸福感、获得感。办好民生实事。投入民生资金66.1亿元，占一般公共预算支出85.7%；城镇登记失业率保持在4%以内；开展城市特困群体“五帮扶”和结对帮扶；启动优质教育资源聚集区建设和学校建设新三年行动计划，新建、改扩建中小学校4所、新增优质学位2070个；加快“健康开福”建设，实施基层医疗卫生机构规范化建设三年行动计划，完成区公卫大楼主体建设，新改建街道社区卫生服务中心8个，新建提质社区（村）文化服务中心5个。提升城市品质。推进“一圈两场三道”建设，打造“15分钟生活圈”32个；提质振湘等老旧小区10个，农村生活垃圾分类减量实现全覆盖。持续打好“蓝天碧水净土”保卫战，站点空气质量优良率名列市内六区第一，浏阳河、捞刀河水质稳定在Ⅲ类以上，浏阳河获评全国首批示范河湖。大力推进吉祥巷环境整治，基本完成潮宗街片区有机更新和西长街两厢融合提质，加快望麓园、吉祥巷片区有机更新，建成历史步道10条、1073米。创新社会治理。推进“文明开福”建设，文明创建工作走在全市前列，清水塘社区获评全国最佳志愿服务社区，科大佳园社区获评全国文明单位，“厚德开福”深入人心；圆满完成全国公安机关教育整顿试点，纵深推进新时代县域警务工作，持续推进扫黑除恶专项斗争，办理涉黑涉恶案件23起，破获刑事案件244起，连续16年获全省“平安区县”；以打造“四大基地”为依托，深入开展基层统战工作示范区创建，“群商荟”等品牌不断呈现；加大安全生产风险隐患排查，认真做好防汛救灾工作，社会大局安全稳定，获评全省安全生产和消防工作优秀单位。

这一年，巩固了风清气正的政治生态。区委常委会坚持以习近平新时代中国特色社会主义思想为指导，引领全区上下学好用好《习近平谈治国理政》第三卷，深入学习党的十九届五中全会精神，切实增强“四个意识”、坚定“四个自信”、做到“两个维护”；全力配合省委第六巡视组巡视开福，扎实开展巡视整改及“回头看”；持续深化政治巡察，实现区直单位、村级党组织巡察全覆盖；有序推进社区（村）“两委”换届，选优配强领导班子，社区（村）书记主任“一肩挑”比例达98.2%；深入推进党员分类管理试点，整顿软弱涣散党组织3个，进一步筑牢基层战斗堡垒；严格落实意识形态工作责任制，意识形态领域整体安全有序；树立正确选人用人导向，在疫情防控一线提拔优秀干部3人、火线入党19人，从急难险重一线提拔干部59人，占比85.5%；始终把纪律规矩挺在前面，大力整治形式主义、官僚主义，持续打好“红包礼金”“提篮子”“打牌子”问题攻坚战，查处违反中央八项规定精神问题13起，给予党纪政务处分25人；保持反腐高压态势，全年共立案141件，给予党纪政务处分116人。

一年来，区委常委会支持政府依法依规行政，支持人大及其常委会依法履职开展工作，支持政协积极开展议政协商，支持区法院、区检察院依法独立公正行使职权，重视做好人武、民宗、审计、统计、史志、党校、群团、老干、档案等工作，特别是在共克时艰的日子里，全区各级党组织和广大党员干部顽强不屈坚守、患难与共担当、不辞辛劳付出，一路拼搏、一路奋斗、一路奉献，形成了实干进取、团结奋进的良好氛围，呈现出一心一意谋发展、凝心聚力干事业的良好局面。在肯定成绩的同时，也要清醒地认识到存在的问题和不足：产业链体系不完备，产业基础薄弱，产业结构不优，支柱产业不强，亩均税收不高，缺少龙头企业和大项目引领，长效财源培育还存在短板；创新主体、创新平台、创新要素不多，价值链高端供给不足，综合竞争实力与发达地区差距较大；区域发展不平衡，城北配套不足、人气不旺，产城融合还存在差距；从巡视和巡察的情况看，党的建设还有薄弱环节，形式主义、官僚主义还不同程度存在，部分干部抓经济、抓产业的能力还有待提升。这些问题务必高度重视，认真加以解决。

二、放眼全局谋大势，在大变局中准确把握发展方向

“十四五”时期，是我国乘势而上开启全面建设社会主义现代化国家新征程、向第二个百年奋斗目标进军的第一个五年，也是开福基本实现北富目标后，全面开启迈向北强新征程的关键五年。

*一是要在大变局中把握发展机遇。*从国际看，世界正处于百年未有之大变局，全球疫情仍在蔓延，不稳定性不确定性仍然存在，出口外贸仍面临挑战，但全球经济明年有望出现恢复性增长。从全国看，我国是今年全球唯一实现正增长的主要经济体，国家宏观政策将保持连续性、稳定性、可持续性，在创新、开放、产业等方面谋划部署了一系列重大战略和政策举措，将为我们的发展带来政策利好。从全省看，省委实施“三高四新”战略，积极构建“一核两副三带四区”经济发展格局，着眼拉通长沙—岳阳经济走廊，开福的区位优势、战略地位更加凸现。从全市看，市委致力推进“长沙向北”融入长江经济带，开福作为北进战略的“桥头堡”，将迎来新一轮发展机遇。从开福看，经过历届区委区政府接续奋斗，开福基本实现了北富目标，地区生产总值迈上千亿台阶，马栏山国家级广播电视园区、陆港型国家物流枢纽等一批“国字号”平台获批，物流产业比较优势明显，现代服务业基础雄厚，智能制造龙头带动的聚集效应逐步呈现，城市发展空间广阔，产业承载能力优势明显，高质量发展具有坚实基础。

*二是要在新格局中坚定发展方向。*回首成绩，我们迈上了新的台阶，展望未来，我们站在了新的起点。放眼2035年远景目标，区委审时度势谋方向，致力通过三个五年接续奋斗，实现“北强”。第一个五年打基础，强产业，实现高质量北富，筑牢北强根基；第二个五年见成效，各项事业取得长足进步，北强轮廓初步呈现；第三个五年提质效，各项事业迈上新台阶，建成强盛精美幸福厚德的现代化新开福。按照“三步走”战略构想，“十四五”期间重点是打基础、强产业，区委提出“践行三高四新、奋力迈向北强”发展主题，强化“产业立区、教育强区、人才兴区、品质城区”四大理念，着力打造“一高地三中心”，着眼构建“一核三带十片区”经济发展格局。

——四大理念。产业立区，就是坚守产业定位，滚动实施一批优质项目、高端项目、引领项目，夯实产业基础，优化产业结构，完善产业体系，形成3~4个千亿级产业集群；教育强区，就是推进名校名师名校长“三名”工程，打造优质教育资源集聚区，实现名校全域化，吸引优质企业和高端人才加速聚集；人才兴区，就是着眼产业发展，推进人才引进“五五”工程，大力引进各类急需紧缺的高层次人才，广纳英才汇聚开福、开启幸福；品质城区，就是围绕长沙打造现代化国际大都市目标，坚持“四精五有”理念标准，推进生产、生活、生态深度融合，打造精致精美、宜居宜业的现代化国际大都市核心区。

——一高地三中心。一高地：就是依托马栏山视频文创园，打造全国领先、具有国际影响力的视频文创产业创新高地；三中心：就是打造以新型消费类电子产业为主，食品加工、工程机械、建筑工业共同发展的先进特色制造业中心；打造以医药物流、医药器械为代表的全国一流的现代物流中心；打造以金融商贸、软件信息、消费购物、休闲娱乐为特色的中部地区高端现代服务业中心。

——一核三带十片区。一核：就是在捞刀河以北的北部区域，着眼金霞新城建设，加快先进特色制造业体系、陆港型国家物流枢纽、跨境电商第三城建设，打造长沙向北的核心增长极。三带：就是沿捞刀河、浏阳河两岸，打造“两河一谷”创新驱动辐射带；沿芙蓉中路、黄兴北路，打造高端现代服务业经济带；沿青竹湖路、中青路，打造现代物流、新型消费类电子产业带。十片区：就是加快推进黄兴北路、马栏山、福元路、苏托垸、白霞、秀峰（1094地块）、高岭、金霞产业集聚区、关公湖、金霞物流十大片区建设，打造“人城产”融合示范区。

蓝图已绘就，奋进正当时，全区上下要进一步统一思想，按照“三步走”战略构想，坚守“十四五”时期目标定位，强力实施“433产业攻坚”，齐心协力一致奋斗。

*三是要在新征程中谋好开局之策。*基于以上分析判断和“十四五”时期的目标定位，明确2021年的总体要求是：以习近平新时代中国特色社会主义思想为指导，全面贯彻党的十九大和十九届二中、三中、四中、五中全会精神，坚决落实习近平总书记关于湖南工作系列重要讲话指示精神和中央、省委、市委经济工作会议精神，坚持稳中求进工作总基调，立足新发展阶段，贯彻新发展理念，构建新发展格局，推动高质量发展，以深化供给侧结构性改革为主线，以改革创新为根本动力，以满足人民日益增长的美好生活需要为根本目的，深度融入以国内大循环为主体、国内国际双循环相互促进的新发展格局，围绕“践行三高四新、奋力迈向北强”发展主题，强化“产业立区、教育强区、人才兴区、品质城区”理念，深耕“四大产业”，加速推进“一高地三中心”建设，加快推进治理体系和治理能力现代化，扎实做好“六稳”工作、全面落实“六保”任务，巩固拓展疫情防控和经济社会发展成果，推动经济平稳健康运行、社会和谐稳定，确保“十四五”开好局。

区委提出，2021年全区地区生产总值增长8%以上，地方一般公共预算收入增长5%左右，规模以上工业增加值增长9%左右，固定资产投资增长5%，社会消费品零售总额增长7%左右，城镇登记失业率控制在4%以内，居民消费价格涨幅3%左右，居民收入稳步增长，生态环境质量进一步改善，完成国家下达的能耗“双控”目标。

把2021年经济增长预期目标确定为8%以上，主要考虑是：一是充分体现省会中心城区的担当。省委提出经济增长预期目标为7%以上，市委提出了8%的增长目标。我们适当高于省市增长速度，既考虑了当前经济发展大势，也体现了省会中心城区的责任担当。二是与实现全区“十四五”及二〇三五年远景目标要求相匹配。要实现“北强”目标，到2035年实现人均地区生产总值达到中等发达国家水平，我们必须保持较高速度的增长。8%的增长目标，有利于保持经济平稳健康运行，引导各方面朝着既定目标加压奋进。三是与全区经济发展实际相符。2020年基数比较低，2021年经济增速将呈现前高后低态势。按照2021年8%测算，2020年和2021年两年合起来，平均增速也就在6%左右，仍略低于潜在增长率。我们把目标确定为8%，是留有余地、较为稳妥的，有利于引导各方面把精力集中到推动高质量发展上来。四是有利于稳信心、稳预期。增长8%，略高于“十四五”初步考虑的增长目标，充分考虑了稳增长、稳就业的需要，按照往年“前紧后松”规律来看，有利于适当前移压力，为后续经济增长目标设定留有余地，也有利于稳定信心和预期。

做好2021年经济工作，要统筹处理好七个方面的关系。一是当前与长远的关系。既要着眼当前把强产业的措施具体化、项目化，又要与“十四五”目标任务和2035年远景目标相衔接，做到立足当前打基础与着眼长远提质效相统一。二是发展与安全的关系。将安全发展理念贯穿到开福发展全过程，强化底线思维，把困难估计得更充分一些，把风险考虑得更深入一些，注重堵漏洞、强弱项，下好先手棋、打好主动仗，有效防范化解各类风险挑战。三是区与园的关系。园区是产业发展的主战场、主阵地、主力军，要坚持区园一体，牢固树立“发展园区就是发展开福”的理念，甘当园区发展的“守护人”，让园区把更多精力集中到谋发展、抓产业上来，实现高质量发展。四是产业与城市的关系。围绕产业布局，加快市政设施、交通路网、电力通信等基础设施建设，完善公寓、商业、学校、医院等公共配套，让城市成为产业的载体、让产业成为城市的支撑，推动产城深度融合。五是产业与财税的关系。凝心聚力抓产业、精耕细作育财源，把财税作为衡量产业质量的重要标准，瞄准产业链和价值链中高端，推动产业业态升级、技术升级、管理升级，切实提高亩均税收回报。六是增量与存量的关系。坚持引增量和优存量两手抓，瞄准价值链中高端，招引龙头企业、壮大本土企业、培植新兴产业，提升发展能级；聚焦新旧动能转换，优化存量、盘活“三资”，提高资产效能。七是项目与环境的关系。坚定不移抓项目兴产业，更加注重软硬件环境，通过优化营商环境为项目建设创造良好条件，以项目建设倒逼营商环境改善，让项目推进更顺畅、企业办事更方便、投资开福更安心。

三、聚焦高质量发展，奋力谱写“十四五”开局新篇章

2021年是建党100周年，也是“十四五”规划的开局之年，做好2021年工作事关长远、意义重大。全区上下要切实增强“开局就是决战、起跑就要冲刺”的意识，抢抓开门红，夺取满堂彩。

（一）聚力产业攻坚。坚持以“433产业攻坚”为抓手，以项目建设为载体，统筹推进产业基础高级化和产业链现代化，加快形成更加完善的产业生态。一是以产业链思维抓产业。聚焦四大主导产业发力，厚植产业根基，扩大产业优势，延伸产业链条，壮大产业集群。成立产业链办公室，由相关区领导分任产业链链长，对照“两图两库两池两报告”，加强对产业的研究，找准工作的发力点。视频文创要坚持“文化+科技”发展方向，瞄准5G、人工智能、大数据、云计算、物联网等前沿核心技术，加速优质企业和高端人才聚集，招引头部企业30家以上，实现产值500亿元。现代物流要聚焦医药物流、医疗器械和冷链物流发力，引导现有龙头企业扩大生产，推进在建物流项目加快建设，支持传统企业开展数字化智能化改造，着力建设一批全国和区域型现代物流总部企业。金融商贸要聚焦总部经济、楼宇经济，大力发展金融、汽车、会计、法律、咨询等业态，加快长沙银行金融产业基地建设，推动北辰大悦城、北辰国际会议中心建成运营，打造更多特色楼宇、专业楼宇；加快芙蓉路、黄兴北路、福元路、秀峰商圈建设，启动“1094地块”商业综合体建设，盘活高岭商贸城。智能制造要围绕“1+N”产业布局，推动产业高质量发展，“1”就是聚焦金霞消费电子产业集聚区，推进1.1期建成投产，加快启动1.2期建设；“N”就是围绕食品加工、工程机械、建筑工业等产业，整合优质资源，打造一批百亿级特色产业集群。二是以项目为载体抓产业。坚持项目为王，以大项目、好项目、新项目推动产业升级。落实好项目联点、调度和走访等机制，做好服务对接保障，推进项目早开工、早建成、早达效。加快征收拆迁，城市征收要重点推进幸福桥、湘雅路过江通道等6个续建项目扫尾清零，启动11个项目征收，力争全年完成900户、9万平方米以上；农村拆迁要推进商飞统征地二期、大安统征地、苏托垸安置用地等63个项目启动，加快“911地块”、白霞三宗地等项目扫尾，全年完成征地拆迁266.67公顷以上。注重项目质效，精准选商招商，提升亩产效益，全年招引过亿元项目22个以上、过10亿元项目4个以上。三是以园区为主阵地抓产业。牢固树立“区园一体”理念，举全区之力推进园区发展。认真落实支持马栏山高质量发展的实施意见，加快马栏山人才公寓、马栏山信息港等配套项目建设，推进洪山路、骏豪路等市政道路建设，提质改造老旧安置小区，全面优化片区环境；加强马栏山创智园、月湖文创小镇、众创园、直播基地、弗彗谷等资源配置，进一步盘活优质资源，拓宽发展空间，打造“泛马栏山”产业生态圈。坚持扩容升级、产城融合，加快金霞经开区名校、医院、公交、公寓、商业中心等公共基础设施建设，推进金霞产业集聚区、关公湖、高岭等重点片区开发，加快建成一批城市综合体。

（二）畅通内外循环。充分利用“两个市场”“两种资源”，主动融入“双循环”新发展格局。一是扩大有效投资。发挥投资的关键作用，围绕四大主导产业，科学铺排2021年重大项目计划，统筹推进219个区级重大项目建设，扩大产业项目投资；完善全区交通、水利、能源、电力、信息等基础设施，加快5G、智慧电网、充电桩等新基建建设，加大基础设施投资；实施一批教育、医疗、保障性住房等民生项目投资；鼓励企业参与基础设施、社会事业投资，扩大技改投资，提升社会投资比重。二是全面激活消费。加快实施消费升级行动计划，提档升级汽车、家电、家居等实物消费，提质扩容信息、健康、家政、养老等服务消费；整合马栏山、园林生态园、沙坪绣纺街、“三馆一厅”、省博物馆等资源，做好文旅融合文章，积极培育体验消费和文旅消费新蓝海；支持潮宗街、北正街等街区，发展“夜间经济”“美食经济”“网红经济”“首店经济”，打造时尚消费、品质消费和夜经济地标。三是拓展开放格局。抢抓陆港型国家物流枢纽建设契机，全力申报中欧班列集结中心，打造多式联运的陆港型物流枢纽长沙中心；抢抓湖南融入“一带一路”和长沙融入长江经济带战略布局机遇，积极融入长沙—岳阳经济走廊建设，推动长沙向北发展；抢抓中国（湖南）自贸区建设机遇，实现自贸区与金霞经开区联动发展，持续推动跨境电商一中心两网络四平台建设，着力打造跨境电商第三城。

（三）深化改革创新。一是持续优化营商环境。坚持把园区体制改革和“放管服”改革作为撬动各领域改革的突破口，大力发展“互联网+政务服务”，落实落细减税降费、稳岗援企等政策，营造更好的营商环境。二是做大做强市场主体。健全梯次培育机制，抓实企业“入规、升高、上市、扩面”四大行动，大力培育和引进瞪羚企业、“独角兽”企业，重点培育省市拟上市后备库企业，打造具有持续创新力和竞争力的企业群体。实施小微企业倍增计划，努力形成一批生态良好、有竞争力的企业群落，今年力争新增市场主体1.1万户。三是全面激发创新活力。实施创新驱动战略，发挥飞腾等龙头企业和国防科大创新团队优势，加快“航天之星”创新研究院、马栏山5G实验室等平台建设，鼓励社会资源创办科技企业孵化器，引导企业与科研院所来区设立协同创新平台，全年新增市级以上创新平台5家以上。实施高新技术“量质倍增”计划，全社会研究与试验发展经费增速达30%以上。四是着力强化人才支撑。深入实施人才兴区“五五”工程，发布《开福区人才需求目录》，建立靶向引才、专家荐才机制，发挥房价低、环境好、发展空间大的优势，引进一批“高精尖缺”人才和创新团队。创新人才培养模式，加强创新型、实用型、技能型人才培养，开展技能人才比武，壮大高水平工程师和高技能人才队伍，构建高、中、初人才梯队。提升人才服务水平，实施“安居安家安心”计划，完善住房、子女入学等保障机制，打造人才发展全要素生态链，努力增强人才归属感，让更多人在开福有施展才华的舞台、人生出彩的机会。

（四）提升城区品质。坚持“四精五有”理念标准，建设有颜值、有气质、有内涵、有格调、有品位的精美开福。一是优化城市规划。推进“多规合一”，优化城市设计和建筑设计，精心设计城市天际线、城市色彩、建筑风格、城市公共设施布局，增强空间立体性、平面协调性、风貌整体性、文脉延续性。坚持“产城”融合发展，按照城市副中心定位，全面优化城北规划布局，抓好白霞西片、关公湖等片区规划。二是提升承载功能。加快1号线北延线、湘雅路过江通道、兴联路过江通道等重点工程建设，推进汤家湖路、广胜路、青环路等市政道路建设，打通“断头路”，加快形成内通外联的路网体系和交通格局；落实“五纵五横”道路空间品质提升工程，全要素提质车站路、芙蓉路、三一大道等道路；推动吉祥巷、望麓园等片区有机更新，推进明珠苑宿舍等29个老旧社区提质改造，实现传统社区向幸福社区转变。三是加强城市管理。加快推进新型智慧城市建设，将数字化城管与网格化管理有机融合，全面提升“数字化、智慧化、人文化”城市管理水平。加强城市精细化管理，推动城市管理由主次干道向背街小巷延伸、向城郊接合部和农安小区延伸。加大建筑立面、广告招牌、违建违停、店外经营等问题整治，巩固文明创建成果。四是营造优美生态。坚持生态优先，继续打好“蓝天碧水净土”保卫战，确保空气质量优良天数比例达80%以上，国省控断面水质优良率保持100%。深入推进“一江三河”综合治理和专项整治，抓好桃花溪流域水环境保护整治，完成金竹河水系生态修复综合工程，高标准打造鹅羊山公园，提质园林生态园、秀峰公园，打造优美生态环境，让绿色成为开福高质量发展的鲜明底色。

（五）加强社会治理。一是突出惠民生。坚持就业优先政策，完善就业创业服务保障，做好高校毕业生、农民工、退役军人等重点群体就业；全面推进优质教育资源集聚区建设，大力实施名校名师名校长“三名”工程，推进“双培工程”，按照每年10%的递增比例扩充名师队伍，打造一批省市有影响的名校长、名师工作室和名师团队。坚持区内名校集团化办学与区外名校合作共建相结合，梯次推动名校建设，提升现有名校全国影响力，培育新办学校区域影响力，推动“名校全域化”建设。完成麓山高岭、清水塘北辰等8所中小学校新建和改扩建、新增学位9000余个，最大限度满足产业布局、园区发展、企业入驻、人才聚集需求。推进健康开福建设，建立健全重大疫情防控救治体系，提高应对突发公共卫生事件能力，加强社区卫生机构标准化建设，提质改造清水塘、捞刀河街道社区卫生服务中心。二是全力保稳定。坚持“外防输入、内防反弹”，毫不放松抓好常态化疫情防控。加强金融、政府债务等风险防控，严厉打击网络诈骗等违法犯罪，牢牢守住不发生区域性系统性风险底线。以平安开福、法治开福建设为抓手，统筹抓好扫黑除恶、食品安全、安全生产和消防应急等工作，巩固良好发展环境。三是创新抓治理。坚持党建引领基层治理，聚焦住宅小区物业管理、“街道吹哨、部门报到”等，积极探索社会治理新模式，构建网格化管理、精细化服务、信息化支撑的基层管理服务平台，创造基层治理“开福经验”。

四、坚持党建引领，凝聚“迈向北强”的强大合力

做好今年各项工作，必须坚持党的全面领导，调动一切积极因素，形成砥砺奋进、拼搏进取的强大合力。

一是永葆绝对忠诚的政治品格。始终把政治建设摆在首位，坚持不懈抓好党的创新理论武装，推动习近平新时代中国特色社会主义思想和习近平总书记对湖南的重要讲话指示精神走深走实。完善政治建设长效机制，推动政治建设考察向基层延伸，实现党员全覆盖，切实增强“四个意识”、坚定“四个自信”、做到“两个维护”。推动“不忘初心、牢记使命”制度化常态化，结合建党100周年系列活动，深入学习“四史”，大力弘扬红色基因和优良传统，从党的百年光辉历史中汲取砥砺奋进的精神力量。全力推动省委巡视反馈意见整改，做好巡视“后半篇文章”。

二是锤炼务实担当的干部队伍。紧扣新时代好干部标准，突出政治过硬和本领过硬，健全完善干部考核评价机制，以正确用人导向引领干事创业导向，旗帜鲜明为担当者担当、为负责者负责，让产业发展的行家、项目一线的好手、攻坚克难的能人得褒奖、有实惠、受重用。加强干部培养教育，强化思想淬炼、政治历练、实践锻炼、专业训练，鼓励干部在项目建设、招商引资、征地拆迁、安全稳定等急难险重一线培养锻炼，切实提升“七种能力”，增强“八大本领”。围绕高质量发展需求，加大名校优生引进力度，精准招录一批“懂产业、会招商、善攻坚”的高素质、专业化干部队伍。

三是打造坚强有力的战斗堡垒。认真落实省委全面加强基层建设“1+5”文件和市委配套措施，推动人往基层走、钱往基层投、政策往基层倾斜，实现基层有权治事、有人管事、有钱办事、有章理事。加强基层组织建设，以换届选举为契机，选优配强村（社区）“两委”班子，推动村（社区）党组织书记和主任“一肩挑”。积极扩大党的组织覆盖和工作覆盖，持续抓好楼宇商圈、社会组织“三基”基地、视频文创企业党建工作，打造“新声”工作品牌。

四是营造风清气正的政治生态。把“严”的主基调长期坚持下去，扛牢抓实管党治党政治责任，层层压实责任、环环落实责任，形成全覆盖、闭环式的责任落实体系。始终把纪律规矩挺在前面，严格落实中央八项规定及实施细则精神，持续整治形式主义、官僚主义，严查公款吃喝、套取资金、违规收送红包礼金等问题，巩固拓展作风建设成效。保持反腐败高压态势，聚焦腐败和不正之风新情况新特点精准发力，全面加强对“一把手”的监管，着力整治“打牌子”“提篮子”和围标串标等违纪违法问题，一体推进不敢腐、不能腐、不想腐体制机制建设，巩固山清水秀的政治生态。

党政军民学，东西南北中，党是领导一切的。要进一步发挥党委总揽全局、协调各方的领导核心作用，全力支持人大、政府、政协依法依规高效履职，密切同各民主党派、工商联和无党派人士合作共事，巩固和壮大爱国统一战线，做好新形势下人武、双拥工作，发挥工青妇科侨等群团桥梁纽带作用，形成思想同心、目标同向、行动同步的良好氛围，最广泛地凝聚各方面智慧和力量。

站在“两个一百年”的历史交汇点，迈向“北强”新征程的号角已经吹响，征途漫漫，唯有奋斗。我们通过奋斗，实现了“北富梦”，我们仍需奋斗，去追逐“北强梦”。2021年，让我们更加紧密地团结在以习近平同志为核心的党中央周围，在省委、市委的坚强领导下，满怀凌云志、展现大担当、奋力新作为，努力开创“十四五”发展新局面，为建设强盛精美幸福厚德的现代化新开福而不懈奋斗，以优异成绩向中国共产党成立100周年献礼。

开福区人民代表大会常务委员会工作报告

在长沙市开福区第五届人民代表大会第六次会议上的讲话

开福区人大常委会主任　许振勤

（2021年1月13日）

2020年主要工作

2020年，是极不平凡、极具挑战的一年。这一年，“两个一百年”奋斗目标交汇、两个“五年规划”交接，新冠肺炎疫情带来前所未有的考验。站在历史的重要节点，置身全区发展大局，一年来，区人大常委会在中共开福区委的坚强领导下，坚持以习近平新时代中国特色社会主义思想为指导，既司监督之责，更尽支持之力，为推动我区民主法治建设和经济社会发展发挥了地方国家权力机关的积极作用。全年共召开区人民代表大会1次，常委会会议7次，主任会议25次；听取和审议“一府两院”专项工作报告19项，依法作出决议决定6项；组织常委会组成人员和人大代表开展视察、调研23次；依法补选市十五届人大代表1名，区五届人大代表9名。

一、突出政治引领，在大考之年有赶考之为

特殊时期需要特殊状态，大考之年呼唤赶考之为。一年来，常委会始终坚持区委有号召、人大有行动，紧密结合开福实际，主动对接、统筹谋划，在充分发挥人大职能优势、全力服务改革发展大局上迈出了坚实步伐。

坚持把政治建设摆在首位。常委会始终把政治学习、理论武装放在首位，不断提高政治站位，增强政治定力。深入学习贯彻习近平总书记关于坚持和完善人民代表大会制度的重要思想、关于做好地方人大及其常委会工作的重要指示精神，推动学习成果转化为做好新时代人大工作的强劲动力。把学习贯彻中共十九届五中全会精神与贯彻落实习近平总书记考察湖南重要讲话精神结合起来，增强守初心、担使命的思想自觉和行动自觉。认真学习习近平总书记关于统筹疫情防控和经济社会发展重要论述、在中央全面依法治国工作会议上重要讲话精神，使人大工作更好贯彻和体现党的主张。

坚持把党的领导贯穿始终。围绕贯彻区委决策部署，充分发挥人民代表大会制度优势，统筹安排监督、决定、任免、代表等工作；坚持重大问题和重要事项向区委请示报告制度，就人民代表大会的召开、年度监督工作计划的确定、代表学习培训、市人大代表补选等重要事项向区委请示报告，全年共请示报告工作16次；注重发挥常委会党组把方向、管大局、保落实的重要作用，确保区人大及其常委会在党的领导下依法有效履职。

坚持把抗疫责任扛在肩上。面对突如其来的新冠疫情，常委会牢记人民利益高于一切，不折不扣落实区委指令，全力以赴投身疫情防控和复工复产。全体领导班子成员身先士卒、率先垂范，分赴所联系街道靠前指挥、会商调度，以坚定的党性诠释抗疫担当。人大机关干部全员下沉社区，尽职尽责坚守防控一线，尽心尽力服务联点企业，既当联络员，又当服务员、统筹协调员，尽显人民公仆初心本色。在持续加强疫情防控基础上，深度参与企业复工复产行动，由常委会领导班子成员带队，遍访辖区内代表所办企业，帮助解决难题，要求代表率先做好疫情防控和复工复产各项工作，在区域内形成良好示范带动作用。

坚持把服务大局化作行动。坚持在大局下定位人大工作，着眼全局战略，立足“433产业攻坚”，常委会领导班子成员及机关干部主动融入金霞产业集聚区征拆、秀峰商圈建设、高岭商贸城盘活、四方坪旧货市场关停等中心工作，着力破解发展中的难题，推动区委决策落实落地。尤其是金霞产业集聚区项目征拆，常委会主任以及3名副主任在金霞片区指挥部担任政委、指挥长等职务，与所在街道及相关部门共同努力，仅用38天时间，实现了389户2207亩土地全部签约清零，创造了“开福速度”，拉开了全区征地拆迁大提速、大竞赛的序幕，为项目招商落地争得了先机，为开福新一轮发展赢得了主动。

坚持把履职行权落到实处。坚持把重大事项决定权的行使作为推动区域经济社会发展的重要抓手，确保区委的主张通过法定程序变为全区人民的共同意志和行动，全年围绕审查批准计划和预算、加强民主法治建设

等重大举措依法作出决议决定6项。坚持党管干部与人大依法选举任免有机统一，认真领会和把握区委人事意图，严格任命程序，全年对区人民政府副区长、政府工作部门局长、人大常委会工作机构及街道人大工委主任共36人次进行了任免，对区人民法院庭长、副庭长，区人民检察院检察委员会委员及部分法律职务人员共24人次进行了任免，对80名人民陪审员进行了任命。

二、服务大局中心，在非常之年尽非常之责

监督既是制约，更是支持和促进。一年来，常委会始终寓监督于支持之中，寓监督于服务之中，广泛凝聚社会共识，保障改革发展大局。

护航经济稳健运行。聚焦疫情对区域经济运行带来的冲击和影响，听取和审议区人民政府关于重大项目投资计划、重大产业项目计划、“433产业攻坚”工作情况报告，对涉及的经济指标和安排的重点项目开展视察、调研，支持帮助政府克服疫情影响，全面完成年度任务；针对疫情造成的生产力不足、市场需求不够等因素，走访医药产业企业、智能制造企业，调研物流与口岸管理工作，听取和审议法检公依法保护民营企业健康发展情况报告，对审议意见进行交办，把监督重点放在推动经济加速回暖和平稳健康发展上。

推动预算计划执行。加强财政预算审查监督，听取和审议财政预算、预算执行、预算调整、决算等报告，进一步提升预算管理约束力；围绕建设现代财政体系，推进预算联网审查监督系统建设，完善预算审查监督机制；推动审计问题整改落实，听取和审议审计查出问题整改情况的报告，紧盯查出问题的跟踪督办，保证审计成果真正得到运用；立足“打赢防范化解重大风险攻坚战”，围绕政府债务化解开展监督，督促政府及财政部门进一步增强风险意识，规范举债行为；落实中央关于加强人大对国有资产监督的部署要求，听取和审议国有资产管理情况报告，督促政府摸清家底、强化监管、盘活“三资”，确保国有资产保值增值，更好发挥效益、造福人民。紧扣高质量发展要求，听取和审议“十四五”规划纲要编制情况报告，为规划编制建言献策、汇智聚力。

推进基层社会治理。聚焦疫情防控工作中的薄弱环节，紧盯住宅小区物业管理这一群众身边的“关键小事”，由区人大常委会领导班子成员带队，各委室成员、部分区人大代表以及第三方专家参加，深入开展调研和执法检查，形成调研报告供区委、区政府参考决策。在工作推进过程中，实地走访16个街道69个小区，召开主任会议研究6次、各层次座谈会50余次，并在全区发放网络调查问卷3000余份。按照区委主要领导指示，抓好调研成果转化，梳理出9个突出问题开展专题询问，推动物业管理中“急、难、愁”问题的解决，助力《开福区加强住宅小区物业管理，提升物业服务水平三年行动计划》的出台和落实。

关切民生福祉改善。疫情之下的民生保障，是最大的政治。一年来，常委会认真贯彻以人民为中心的发展思想，密切关注民生问题，持续放大监督效应，让人民群众有更多的幸福感、获得感。围绕打赢疫情防控阻击战，及时调整2020年工作计划，增加听取和审议区人民政府关于新冠肺炎疫情防控工作情况报告，切实加强对公共卫生突发事件处置工作的监督。集中视察民生事业发展情况，实地察看拆迁安置、农村公路建设、新型村级集体经济建设等民生发展成果，听取医疗保障、集体土地安置、环境状况和环境保护目标完成情况工作报告，推动政府着力办好民生实事，不断满足人民对美好生活的向往。

深化法治开福建设。加强对司法活动的监督，围绕认罪认罚从宽、“一站式”多元解纷和诉讼服务机制建设、行政复议与应诉工作开展集中视察和调研。坚持开展庭审评议，组织主任会议成员旁听全市重大案件王忠和涉黑系列案庭审，促进司法监督创新加力、逐步深入。深化规范性文件备案审查，做到有件必备、有件必审、有错必纠。常委会领导坚持公开接访制度，依法处理群众来信来访，群众的合理诉求得到了较好解决。组织开展《宗教事务条例》执法检查，先后配合市人大做好“坚决打赢蓝天保卫战”三年行动计划专项评议检查、《长沙市生活垃圾管理条例（草案）》立法调研以及《长沙市养犬管理条例》《中华人民共和国传染病防治法》《中华人民共和国食品安全法》《中华人民共和国野生动物保护法》《突发公共卫生事件应急条例》《中华人民共和国台湾同胞投资保护法》等法律法规贯彻实施情况执法检查。

三、发挥代表作用，在关键之时聚关键之力

人大工作活力在代表、动力在代表、潜力在代表。一年来，常委会始终坚持尊重代表主体地位，把发挥代表作用作为人大工作的重要基础，引导代表积极投身疫情防控和项目建设“主战场”，唱响议政督政“好声音”，当好人民群众“代言人”。

夯实代表履职保障。用好管好代表活动室，提升代表履职网络功效，推进代表工作平台实体和网络融合、线上与线下互动。切实保障代表工作经费，将各街道人大代表团活动经费纳入同级财政预算。多维度提升代表履职能力，举办南京大学、湖南大学履职培训班，定期为代表寄送学习资料，通过长沙市人大网站、开福人大微信公众号等媒介，及时向代表推送学习内容、工作动态。

深化代表履职内容。回望去年年初，新冠肺炎疫情突如其来，社会运行按下“暂停键”，全区经济发展遭受严重冲击。在区人大常委会的号召下，全区人大代表坚持以“三讲三做当表率”活动为抓手，以纯朴而厚重的情感与人民大众手足相抵、休戚与共，以坚决而有效的行动为全区经济社会发展献计出力、添砖加瓦。他们有的克服过度疲劳、默默无闻奋战在定点收治医院最前沿，有的无惧防护有限、不折不扣坚守在居民小区首道防线，有的热情守望相助、踊跃捐款捐物，有的不计名利、主动参加各类抗疫志愿活动，有的克服各种困难、全力组织和投入复工复产，共同汇聚起“尘埃之微，补益山海；萤烛之光，增辉日月”的感人力量，用实际行动践行了“人大代表为人民”的铮铮誓言。

畅通代表履职渠道。丰富代表闭会期间活动，组织全国、省、市三级人大代表集中视察金霞消费电子产业项目，组织省代表集中视察老百姓大药房总部、长沙货运北站，借助代表力量共推开福有质效发展。邀请代表列席区人大常委会会议，参加视察调研、执法检查、专题询问等活动，扩大代表对常委会工作参与的广度与深度，一年来共组织126名全国、省、市、区人大代表参加了常委会组织的各项工作和活动。改进半年度“一府两院”工作情况通报会方式，组织召开区人大常委会（扩大）会议，集中通报全区经济社会发展中的重大事项，进一步拓展知情知政渠道，凝聚发展力量。

激发代表履职热情。常委会将办理代表建议作为尊重代表权利、支持代表行使职权、激发代表履职热情的重要内容，对区五届人大三次会议作出的《关于推进桃花溪流域绿色发展的决定》进行持续跟踪督办。听取和审议区人民政府关于代表建议、批评和意见办理情况的报告，要求强化办理责任，完善办理机制，提高办理实效。区五届人大第五次会议期间收到的61件建议、批评和意见，闭会期间收到的1件建议，均得到较好办理。

四、加强自身建设，以一线状态树一线形象

加强自身建设是做好人大工作的内在要求和永恒课题。一年来，常委会紧贴时代脉搏，坚持求真务实、真抓实干，在与时俱进中推动人大工作高质量发展。

党的建设严在日常。常委会牢牢把握新时代党的建设总要求，从党组和机关两个层面，健全并坚持学习制度，努力做到学思用贯通、知信行合一。对照“四个意识”“四个自信”“两个维护”要求，赴“半条被子”故事发生地感悟宗旨，到湘南起义纪念馆追寻信念，在李自健美术馆、谢子龙影像艺术馆感受家国情怀，从警示教育中锤炼党性，于常态化学习中坚守初心。支持驻机关区委巡察组履行职责，强化“一岗双责”落实，加强党风廉政建设，推动全面从严治党、作风建设向纵深发展。

能力建设抓在经常。区五届人大五次会议依法设立了6个专门委员会，形成了“一室八委”的组织架构，机构设置更为完善。常委会注重发挥专门委员会和工作机构作用，调整和规范了各专门委员会的工作职责，充分发挥专业化基础性作用。坚持每周工作例会、重大事项集体决策等制度，充分激发机关活力，形成紧密配合、互相支持的工作氛围。大力倡导求真务实，切实改进会风文风，力戒形式主义、官僚主义，人大常委会常委会机关始终保持奋发有为、和谐高效的良好风貌。

上下联动融入平常。常委会不断加强对基层人大的指导，坚持实行街道人大工委主任列席常委会会议制度，组织街道人大干部参加视察调研、执法检查和外出考察培训等活动，积极推动全区人大工作互联互通、资源共享。办好《开福代表工作》杂志、开福人大微信公众号，搭建学习交流、掌握动态、典型推介的平台。加强与“一府一委两院”的联系，自觉接受省、市人大的指导，积极配合做好工作，人大常委会工作整体合力和整体实效不断增强。

各位代表，一木难为林，众志方成城。常委会工作的开展和进步，得益于区委的坚强领导，饱含着常委会组成人员和全体人大代表、人大工作者的辛勤付出，离不开“一府一委两院”的积极配合，承载着全区人民以及社会各方面的理解支持。在此，我谨代表区人大常委会向大家表示崇高敬意和衷心感谢！总结一年来常委会的工作，我们更加深切地体会到：坚持党的领导是做好人大工作的根本保证，紧扣高质量发展要求是人大工作不可偏离的主题，赢得“一府一委两院”及社会各界配合支持是增强监督实效的基本前提，发挥代表主体作用、加强常委会自身建设是提升人大工作的活力之源。

面对新时代、新任务、新要求，我们深感工作还存在一些不足，主要是：在增强人大监督实效、推动高质量发展上力度还不够大；在完善服务保障机制、更好发挥代表作用上渠道还不够广；在加强自身建设、提升履职能力上措施还不够多。对于这些问题，我们将采取有效措施，在今后工作中切实加以改进。

2021年主要任务

2021年是“十四五”规划开局之年，也是本届区人大及其常委会履职的最后一年。认真做好2021年工作，对于圆满完成本届人大及其常委会的历史使命，为全区“十四五”开好局、起好步，具有十分重要的意义。2021年区人大常委会工作的总体要求是：以习近平新时代中国特色社会主义思想为指导，深入学习贯彻习近平总书记关于坚持和完善人民代表大会制度的重要思想，全面落实党的十九大和十九届二中、三中、四中、五中全会精神，坚持党的领导、人民当家作主、依法治国有机统一，在中共开福区委的坚强领导下，围绕“践行三高四新、奋力迈向北强”发展主题，立足“两个机关”定位，聚焦“十四五”开局，充分发挥人大优势，切实依法履职行权，推动人大工作与时俱进和人大制度完善发展，为加快建设强盛精美幸福厚德的现代化新开福贡献智慧和力量。根据上述总体要求，2021年区人大常委会的主要工作任务是：

*一是站稳政治立场，在彰显制度优势上保持定力。*常委会将坚持从政治和全局的高度把握形势、找准定位、忠诚履职，推动形成人大工作“既讲法治、又讲程序、最讲政治”的普遍共识。以更高思想自觉强化理论武装，始终坚持把习近平新时代中国特色社会主义思想作为人大工作的思想旗帜、理论指导、根本遵循，进一步增强“四个意识”、坚定“四个自信”、做到“两个维护”。以更高行动自觉接受区委领导，对标区委大事要事谋划人大工作，聚力区委重大决策部署依法行使重大事项决定权，紧扣区委意图依法行使人事任免权，推动常委会依法履职往深处走、往细处做、往实处落，增强人大工作与党的中心工作的融合度。以更高政治自觉做好换届选举，把做好新一届人大代表选举工作作为重大政治任务来抓，针对近年来的新情况、新问题，树牢依法办事思想，提早谋划部署，把好“素质关”“入口关”“程序关”，把坚持党的领导、充分发扬民主、严格依法办事贯穿于换届选举工作全过程。

*二是恪守监督之责，在服务改革发展上凝心聚力。*牢牢把握人大监督工作的定位和原则，注重监督与支持相统一，在把握大势、服务大局中体现人大责任担当。紧盯发展主题，围绕“433产业攻坚”，加强对视频文创、现代物流、金融商贸、智能制造四大支柱产业视察调研，持续加大计划、预算、审计、国有资产管理等工作监督，努力推动高质量发展迈上新台阶。紧盯民生主旨，根据区委指示精神，围绕本届人大持续重点关注的教育问题，选准切入点，发挥人大优势，为建设“优质教育资源聚集区”献计出力；围绕医疗卫生、人居环境、社会治理等最普惠、最基本的民生福祉，加大对城市管理、“四精五有”、提质提档、有机更新、人才引进、环境保护等民生工作监督，更好地回应人民群众对美好生活的新期待。紧盯法治主线，强化宪法法律实施监督，积极支持“一府一委两院”有效行使职权，坚持开展庭审评议，促进执法检查常态化，集中视察全区司法机关阵地建设，深入调研换届后村（社区）“两委”工作情况，助力基层民主政治建设有序推进。

*三是凝聚发展共识，在发挥代表作用上深挖潜力。*代表工作既是常委会的常规工作，也是重点工作，常委会将根据换届之年的特点和代表执行职务需要，更加到位地做好代表履职引导、服务和管理工作。组织培训和学习考察，组织常委会组成人员、机关干部、各街道人大工委主任赴中组部指定高校培训，围绕经济建设主题，组织赴沿海经济发达地区进行学习考察，更好引导代表围绕中心、服务大局，为全区项目建设提供“软环境”和“硬支撑”。丰富闭会期间代表活动，认真总结经验，赋予人大代表联系人民群众活动更多的时代元素，持续开展“成就北富我要给力、厚德开福向我看齐”主题活动，扩大代表对常委会、专委会工作的参与，使代表工作更富生机活力。提升代表建议办理质量，组织对本届以来代表意见、建议办理情况开展“回头看”，强化常委会领导重点督办、联工委具体督办、相关委室协同跟踪督办机制，切实提升本届代表建议办成率，推动代表由“态度满意”向“结果满意”转变。

*四是秉承初心使命，在加强自身建设上持续用力。*常委会将恪守“自身建设永远在路上”的信条，着力强化宗旨意识、秉持担当精神、激发一线状态，不断提升思想政治水平和业务工作能力。持之以恒强本领，抓牢理论武装，深入调查研究，狠抓工作落实，切实增强常委会服务大局、议决大事的能力和水平。坚持不懈转作风，始终坚持与时俱进，积小步、不停步，不断推进人大工作改革创新，坚持不懈落实中央八项规定及其实施细则精神，巩固常委会机关巡察反馈问题整改成果，营造干事创业、风清气正良好氛围。锲而不舍聚合力，以更具效率效能的运作机制，深化上下联动、密切左右协同，形成更加强劲的工作合力，增强全社会对国家根本政治制度的自信。

各位代表，站在“十四五”规划开局新起点上，做好这个特殊历史时期的人大工作，任务艰巨、使命光荣。一届代表一生荣誉，一任代表一生责任。转眼间，本届任期已过四年。忆往昔，我们做了些什么？看今朝，我们还能做些什么？目标既定，唯有实干。让我们在中共开福区委的坚强领导下，在履职尽责中能担当、敢担当、善担当，不负初心、不负时代、不负人民，为建设强盛精美幸福厚德的现代化新开福做出新的更大的贡献，以优异的成绩向中国共产党成立100周年献礼。

开福区政府工作报告

在长沙市开福区第五届人民代表大会第六次会议上的讲话

开福区人民政府区长　谢伟峰

（2021年1月12日）

一、2020年及“十三五”工作回顾

志不求易者成，事不避难者进。2020年，是极不平凡的一年。在市委、市政府和区委的坚强领导下，在区人大、区政协的监督支持下，以习近平新时代中国特色社会主义思想为指导，认真贯彻党的十九大、十九届二中、三中、四中、五中全会精神和习近平总书记考察湖南重要讲话指示精神，扎实做好“六稳”工作、全面落实“六保”任务，统筹推进疫情防控和经济社会发展，迎难而上、克难奋进，在不平凡的年份创造了不平凡的业绩。

——最振奋人心的是习近平总书记亲临马栏山视频文创产业园考察指导，发表重要讲话，作出重要指示，开福发展迎来重大历史性机遇。

——最震撼人心的是开福战“疫”取得重大胜利。27天实现新增确诊病例清零，58天确诊病例全部治愈出院，72小时完成市公共卫生救治中心改造，120小时完成沙坪医院装修改造备勤，累计向全社会供应防疫物资2000万件（套）、占全市的1/4，开福人民用众志成城与坚韧不拔诠释了伟大的抗疫精神。

——最鼓舞人心的是经济发展稳中向好。全区地区生产总值增长4%（预计数，下同），地方一般公共预算收入增长6.6%，社会消费品零售总额增速与省市持平，规模以上工业增加值增长6.7%，固定资产投资增长9%，金霞消费类电子产业集聚区、荷兰夸特纳斯项目入选全市首批17个制造业标志性项目，“433产业攻坚”成效显著，位列高质量发展全国百强区第28名。

——最激励人心的是创新开放活力迸发。全国首个5G高新视频多场景应用国家广电总局重点实验室落地开福，中国商飞研究院成功入驻，“航天之星”创新研究院启动运营，草莓V视获批国家级众创空间，中欧班列（长沙）跻身全国同类班列第一阵营，湘粤非中非班列试运行，金霞经开区纳入湖南自贸区联动发展区，并获评全国优秀物流园区，创新开放为高质量发展不断赋能。

——最凝聚人心的是攻坚克难担当有为。困扰发展近20年的西长街旧貌换新颜，停摆17年的光前影视地块项目启动建设，搁浅15年的金马美食城地块项目顺利开工，影响安全13年的四方坪旧货市场关停拆除，僵持11年的湘春路西入口独栋民房顺利签约并拆除，全区上下奋力攻坚的氛围前所未有。

——最激动人心的是“开福速度”不断刷新。荷叶二号统征地项目15天完成62户170亩签约清零，商飞项目17天完成101户27.6公顷签约腾地，金霞产业集聚区项目38天实现386户147.13公顷签约清零，三一大道—陡岭支路项目150天私房户整体清零，湘雅路过江通道项目湘雅医院片区38栋房屋提前3个月完成签约交地，充分彰显速度的力量。

——最慰藉人心的是生态环境持续改善。“一江三河”国省控断面水质优良率持续保持100%，浏阳河获评全国首批示范河湖，站点空气质量优良率提高到85.8%，居全市前列，创近年来最好水平，“开福绿”“开福蓝”频频刷爆朋友圈。

——最牵动人心的是城市品质稳步提升。“四精五有”理念在开福深入人心，群芳园、雅泰花园等10个老旧小区实现蝶变，芙蓉路、三一大道等“五纵五横”综合品质焕然一新，加入“长沙半小时地铁生活圈”，品质开福更具承载力、吸引力和竞争力。

——最深得人心的是营商环境持续优化。排名全国营商环境百强城区第54位，行政审批实现“43证合一”，企业开办4小时内办结，24小时自助服务区全市

率先投用，跨境贸易便利化相关案例入选《长沙营商环境报告2020》，“赢在环境”成为开福新名片。

——最温暖人心的是民生福祉更加殷实。民生投入占全年财政支出85.7%，全面启动优质教育资源聚集区建设，全市首推“老年助餐”服务模式，荣获全市唯一“湖南省2020年度真抓实干促进就业工作先进县市区”，连续16年获评全省“平安区县”，幸福开福的内涵不断丰富。

一年来，重点抓好了六个方面的工作：

（一）精准防控新冠疫情。坚决贯彻党中央、国务院决策部署，认真落实省、市防控工作要求，在区委的坚强领导下，第一时间压实疫情防控“四方责任”体系，实施“大数据分析+网格化排查”，16个分指挥部、27个成员单位条块联动，1246个党组织、2.6万多名党员、3.1万余名志愿者齐心协力，累计摸排返长沙返岗人员27.8万人，在最短时间内遏制疫情。全省首创的中小学“卫健副校长”机制受到各界肯定，荷花池社区群防群治模式在全市推介，2个集体、4名个人获省级表彰。第一时间构建防、控、治一体化“战疫”体系，在疫情最危急的时刻，用最短时间高质量完成市公共卫生救治中心、沙坪医院提质装修改造，打造了长沙版“小汤山”，共为全市提供集中救治备勤床位800张。加强对医疗机构、食品冷链等重点场所、重点环境检查监测，累计完成核酸检测5.5万人次，实现重点人群“应检尽检”，启动重点人员新冠疫苗紧急接种工作，高标准完成5批次962人临时入境航班接待任务，筑牢了“国门”到“家门”的坚固防线。第一时间推动复工复产复学，居家防疫期间，7万名中小学生实现“停课不停学”。深入开展“大干一百天，实现双过半”竞赛活动，出台“惠企十六条”，办好助企纾困九件实事，开展42场精准促销活动，派出344名驻企联络员“面对面”帮扶，兑现资金6100万余元，减税降费10.5亿元，助推重点企业4月初全部复工复产，走在省市前列。

（二）坚决打好“三大攻坚战”。脱贫帮困任务全面完成。投入资金3870万元，实施中药材种植等产业项目30个，就业帮扶1078人，城步县、龙山县内溪乡等对口帮扶单位成功脱贫摘帽。出台城市十项再帮扶举措，安排财政资金756万元帮扶特殊困难群体2.2万人次。污染防治攻坚深入推进。省级环保督察反馈问题、“回头看”交办问题均高效整改到位，投诉案件数量较上轮减少51件，下降47.7 %。大气污染防治专项行动强力推进，整治污染源2150个，14个大气污染防治项目全部完成，全区空气质量优良天数达314天，较去年增加41天。“一江三河”综合治理深入实施，苏托垸污水处理厂建成使用，开福污水处理厂提标扩建，长江流域重点水域禁捕退捕任务提前完成，重点水体水质稳定保持在Ⅲ类以上。交通、工地、社会生活等噪声污染有效整治，全区土壤环境质量总体稳定。重大风险防范扎实有效。超额完成政府性债务化解年度目标。坚决打击传销、非法集资、网络诈骗等违法犯罪，涉众型经济风险“万达防控模式”在全省推广，“全国整治聚集式传销重点街道”成功摘牌。多措并举盘活存量资金33.06亿元、闲置土地23.67公顷、闲置标准厂房1.8万平方米，楼宇去库存21.4万平方米，高岭商贸城去库存15万平方米，全市盘活“三资”现场会在我区召开。

（三）强力实施产业攻坚。支柱产业强劲有力。视频文创业发展迅猛，引进爱奇艺、创梦天地等企业793家，实现营收430亿元、增长16%。现代物流业稳健有力，引进湖南医药集团等过亿元项目5个，实现营收605亿元、增长5%，其中医药物流业营收近300亿元，占全市份额上升至50%。金融商贸业规模扩大，引进长沙银行金融产业基地、天安财险等金融总部机构7个，实现金融业增加值142亿元、增长10%，税收过亿元楼宇达12幢。智能制造业实现重大突破，引进消费类电子产业龙头企业、中国商飞等重大产业项目12个，金霞消费类电子产业集聚区1.1期配套企业生产车间和“三纵一横”道路竣工，荷兰夸特纳斯项目加快建设，强链延链初见成效。“三金”片区各领风骚。马栏山视频文创产业园成立“中国V链”数字资产交易中心，建成高清视频共享制作云平台，集聚企业3000多家，成功举办中国新媒体大会、国际音视频算法大赛、长沙·中国1024程序员节等10余场品牌节会，入选国家级文化产业示范园区创建名单。金霞经开区引进“一主一特”产业链项目25个，新修市政道路26条，完成拆迁结算项目30个、腾地276.33公顷，实现亩均税收8.4万元/亩，获评全省外贸十强园区。金融商贸区创新推行“楼长制”，成立商业综合体联盟，金融总部机构增至70余家，楼宇经济贡献率达48.3%。开福软件产业园形成“两园两楼”发展格局，引进天津飞腾等重点企业1000余家，实现营收104亿元。项目建设如火如荼。大力实施“433产业攻坚”，36个重大产业项目超额完成年度任务，万科华升智慧物流园一期、城际科技等项目建成投产，湖南创意设计总部大厦、北辰国际会议中心等项目加速推进，全年共实施重大项目227个，投资超360亿元。关公湖、广胜统征地等103个集体土地项目拆迁清零、腾地630.47公顷，天祥日杂、花鸟虫鱼市场等20个国有土地征收项目签约清零、腾地27.87公顷，“439地块”、中外运等15宗地块成功出让，发展动能不断增强。

（四）全力推动创新开放。创新成果加速涌现。马栏山4K频道在全国率先将人工智能（AI）手语翻译技术运用到电视直播中，戎腾科技公司研制的高速分流器打破国外对同类型产品的禁运，毂梁微电子公司荣获全国退役军人创新创业大赛二等奖，东晟南祥荣获“中国创翼”全国大赛二等奖、“创客中国”全国大赛三等奖，快乐阳光公司获评省长质量奖，友谊咨询获评省长质量提名奖。2个项目入选全省“100个重大产品创新”项目，2个企业获批省级工程技术研究中心。全年新增省市科技创新平台12家，新引进高层次人才29名，新认定高新技术企业130家。完成技术合同成交额14亿元，授权发明专利873件，万人有效发明专利拥有量居省市前列。全社会研究与试验发展经费增长35%以上。对外开放大步向前。长沙国际铁路港、长沙新港（三期）项目加快建设，中南国际陆港集装箱拼箱中心项目落地开工。中欧班列（长沙）开行528列、货值20.61亿美元，分别增长33.8%、95.3%。跨境电商新引进天泽信息、通邮科技等龙头企业12家，完成B2B新模式全省首单测试，实现进出口业务全模式试通。主动融入中非经贸合作，湖南—非洲非资源型产品集散交易中心项目启动建设，对外开放向更高水平迈进。营商环境持续优化。大力推进“证照分离”“一件事一次办”等改革，不断深化“三集中三到位”和综合窗口改革，政务公开标准化规范化落地见效，特种设备行政审批实现全程网办，为驻区企业定制抖音短视频推广活动深受好评，全年新增上市企业1家、“四上”企业130家，市场主体突破11万户、增长8.7%。

（五）加快城乡融合发展。功能品质再提升。加快实施城市“规划提升、风貌严控、特色塑造、形象提质”四大工程，推动金霞组团规划升级为城市副中心，金霞新城列入全市四大产业新城建设规划，地铁1号线北延一期、湘雅路过江通道等项目加快建设，实施湘江路、营盘路、车站北路等道路空间全要素提质，滨河北路、中青路北延等市政道路竣工通车，纸笔塘路等“瓶颈路”建成使用。吉祥巷有机更新基本完成，业态升级顺利推进，潮宗街片区运营活化持续深入。新建“15分钟生活圈”12个，老旧小区加装电梯200台。电网“630攻坚”三年行动圆满收官。建成5G基站3755个，重点区域实现5G网络全覆盖。城市环境再优化。大力整治道路交通问题顽瘴痼疾，清理无牌共享电单车5.5万余台。着力规范市容秩序，打造精品夜市街区2个，整治“脏乱差”等问题348个。强力推进生活垃圾分类，厨余垃圾质量达标率超过99.5%。全力推进“厚德开福”建设，市民文明素质和文明程度不断提升，科大佳园社区获评全国文明单位，清水塘社区获评全国最美志愿服务社区。乡村振兴再加速。农村“五治”持续推进，改造无害化厕所1272座，打造市级小微水体管护片区1个，完成农村违法用地整治32宗，农村垃圾分类减量实现全覆盖。持续推进乡村建设，完成“多规合一”村庄规划修编5个，新改建“四好”农村路24.9公里，建成市级美丽屋场2个，美丽乡村向“升级版”迈进。全面完成农村集体产权制度改革任务，消除年集体经济收入20万元以下“薄弱村”8个。大力发展精细农业，调整耕地种植结构420公顷，形成金丝皇菊、鱼虾养殖等特色农业产业链，创新举办特色乡村旅游节，乡村旅游实现营收30.2亿元。

（六）不断增进民生福祉。社会保障巩固提升。17项省、市民生实事全面完成。扎实做好援企稳岗工作，新增就业8284人，零就业家庭保持动态清零，城镇登记失业率控制在4%以内。统筹抓好社会保障，城乡低保人均月提标112元，新建居家养老服务中心12家，完成老旧房屋功能性改造560户，建成竹隐、天井保障性住房1153套，中岭景苑、滨河嘉园等项目实现分房，1862户拆迁群众实现安居。大力完善退役军人服务保障体系，“老兵心结老兵解”工作经验在全国推介。社会事业加快发展。新建、改扩建中小学4所，新增学位2070个，获评全省“平安校园建设先进县市区”，名校全域化初见成效。区公卫大楼建成使用，新改建街道社区卫生服务中心8个，组建家庭医生服务团队110个、重点人群签约覆盖率达66.4%，健康开福稳步推进。提质社区（村）综合文化服务中心5个，新建健身驿站（点）80个，推出红色经典游等文旅线路5条，举办旅游消费节等文旅活动4场，文体事业精彩纷呈。社会治理不断深化。圆满完成全国公安机关教育整顿试点，纵深推进新时代县域警务工作。扎实抓好扫黑除恶、集打斗争等专项整治行动，刑事案件发案数持续下降，降幅居全市前列。坚决打赢禁毒人民战争，污水涉毒成分检测指数降至历史最低值，民调上升至市内六区第一。扎实做好信访维稳工作，化解突出信访问题56个。坚决落实安全生产责任制，创新“区领导+专家+执法人员”模式，安达十八站等16个重大隐患整改到位，全省首个小型站潮宗街消防站建成执勤，获评全省安全生产和消防工作优秀单位。国家食品安全示范城市创建强力推进，全省首个阿里云智慧食安街区北正街开街运营，获评全省网络食品安全示范街。其他事业协调推进。第七次全国人口普查全面开展，《长沙市开福区志（1989—2012）》出版发行。深化民兵调整改革工作成效明显，成立全国首支基干民兵新媒体大队，相关做法在全省推介，获评全省“全民国防教育工作先进单位”。国防动员、兵役征集、人防、机关事务、保密、档案、民宗、侨台等工作圆满完成，工会、共青团、妇联、科协、工商联、侨联、残联、红十字会、文联、社科联等作用有效发挥。

过去一年，我们持续深化“不忘初心、牢记使命”主题教育成果，不断提升政府系统干事创业的使命担当和能力素质。主动接受人大及其常委会法律监督、工作监督和政协民主监督，坚持向区人大及其常委会报告工作，主动向人民政协通报情况，全年办理区人大代表建议62件、区政协委员提案57件，办复率100%。自觉接受司法监督、审计监督和社会监督，依法清理规范性文件118件次，审查政府合同115件，区长信箱受理各类信件227件，办结率100%。全年完成审计项目21个，财政资金使用更加规范高效。落实区政府常务会议学法制度，完成“七五”普法总结验收，实现政府部门法律顾问全覆盖。认真抓好省委巡视组反馈意见各项整改任务落实。力戒形式主义、官僚主义，政府系统会议、文件分别精减20%、25%。在全市率先开展机关食堂“光盘积章”行动。牢固树立过“紧日子”的意识，“三公”经费、一般性支出分别压减30.9%、20%。

艰难方显勇毅，磨砺始得玉成。各位代表，2020年是“十三五”的收官之年，回顾过去五年，尽管面临复杂多变的宏观形势、经济下行的巨大压力，但全区人民始终凝心聚力、锐意进取，经受住了严峻挑战和考验，战胜了各种困难和风险，取得了重大成就和进步，奋力谱写了全面推进高质量发展，加快建设现代化城区的崭新篇章。

这五年，开福综合实力大跨越，现代产业集聚区建设成效显著。经济总量跨过千亿台阶，比2015年增长了近50%。人均生产总值突破14万元，居省市前列。地方一般公共预算收入达60亿元，税收占比超过70%。马栏山视频文创产业园扬帆起航，“三金”名片不断擦亮，四大支柱产业贡献率超过63%，区域影响力和竞争力大幅提升，入选全国高质量发展百强区、全国综合竞争力百强区。

这五年，开福发展动能大提升，创新创业活力区建设蹄疾步稳。新一轮政府机构改革顺利完成。“放管服”改革成效显著，累计清减权力事项1315项，商事主体登记全程电子化，企业开办时间由2天缩减到4小时，市场主体突破11万户、增长190.5%。集聚市级以上创新平台70家，较2015年翻了一番。全社会研究与试验发展经费年均增速超过30%，有效发明专利拥有量4338件，增长61.3%，高新技术企业由25家增至280家、增长11.2倍，改革创新全面激活发展新动能，获评全国营商环境百强区、国家知识产权强县工程试点区。

这五年，开福外向格局大拓展，对外开放引领区建设硕果累累。长沙国际铁路港获批国家一级铁路物流基地，长沙传化智能公路港获评全国多式联运示范工程，长沙新港建成湖南首个汽车滚装码头，金霞经开区成为长沙陆港型国家物流枢纽的核心承载地。中欧班列（长沙）提质扩容，开通10余条欧亚城市路线、货运量年均增长20%，跻身全国同类班列前列。成功获批湖南首家跨境电商生态产业园，成为中国（长沙）跨境电商综试区通关核心区，跨境电商企业突破80家，为跨境电商第三城建设奠定坚实基础。累计实际利用外资37.5亿美元，完成外贸进出口总额86.8亿美元，年均分别增长8.2%、38%，较“十二五”增长1.6倍、3.5倍。

这五年，开福城乡面貌大改善，城市品质样板区建设形象彰显。地铁成网运行，黄兴北路、开福大道等4条主干道建成通车，佳园路等12条“瓶颈路”串联成网，城市“血脉”更加畅通。完成城市征收94.5万平方米，改造老旧小区61个，西园北里、潮宗街等历史街区成为“网红打卡地”，城市空间更加生动。“智慧城管”“数字城管”初步成型，垃圾分类成为新时尚。实现农村征地1.7万余亩，打造省级美丽乡村（绿色）示范村7个，村级集体经济收入均达20万元以上，城乡融合稳步推进。空气质量优良率累计提升6.4%，劣Ⅴ类水体全部消除，桃花溪实现全流域规划保护。新建各类公园37个，绿化覆盖率达42.3%，天空蓝、河湖清、城市绿、乡村美的开福画卷正徐徐展开。

这五年，开福民生事业大发展，文明幸福宜居区建设广受好评。始终坚持八成以上区级财力用于民生领域，年均增长8.3%，居民人均可支配收入迈上6万元台阶。新增学位2.05万个，在全市率先消除义务教育大班额，15个社区卫生服务中心基本达到省级示范标准，区图书馆创建为国家一级馆，获评“十三五”国家级课改实验区、全国妇幼健康优质服务示范区。城镇登记失业率稳定保持在4%以下，城乡基本养老和医疗保险基本实现全覆盖，新建保障性住房212万平方米，近2万名拆迁群众喜迁新居。累计投入资金1.45亿元，实施项目91个，与城步县、龙山县内溪乡等5个对口帮扶单位携手奔向小康。安全生产形势平稳向好，法治政府建设走在前列，“厚德开福”品牌深入人心。

物有甘苦，尝之者识；道有夷险，履之者知。各位代表，过去五年，是我们升级发展、成就北富的五年，也是我们抢抓机遇、开拓创新的五年，更是我们凝心聚力、攻坚克难的五年。回顾五年来的发展历程，我们深刻体会到：必须始终坚持区委的绝对领导，统揽全局，着眼长远，才能增强工作的前瞻性、主动性和实效性。必须始终坚持以人民为中心的发展思想，站稳群众立场，走实群众路线，才能赢得群众的信任、拥护和支持。必须始终坚持务实进取的优良作风，只争朝夕不懈怠，攻坚克难敢担当，才能破除发展中的痛点和难点，推动开福在高质量发展道路上阔步前行。

积力之所举，则无不胜；众智之所为，则无不成。各位代表，过去五年成绩的取得，离不开上级党委、政府和区委的坚强领导，离不开区人大、区政协的监督支持，离不开历届政府打下的良好基础，离不开全区广大干部群众的辛勤努力，也离不开省市各部门、离退休老同志、驻区企事业单位、驻区部队、消防救援队伍和社会各界的关心支持。在此，我代表区人民政府，向各位人大代表、政协委员、各民主党派、工商联、无党派人士，表示衷心的感谢并致以崇高的敬意！

同时，仍在持续的疫情大考让我们更加清醒地看到存在的不足和面临的困难：经济总量不大、产业龙头不强、产业链条韧性不足，发展质效还需进一步提高。市场有效需求仍显疲弱，企业生产经营面临不少压力，营商环境与沿海发达地区相比还有较大提升空间。产城融合水平不高，城市功能仍需完善，城乡品质有待进一步提升。优质公共服务供给相对不足，应急体系不够健全，社会民生事业发展还不能充分满足群众期盼。政府治理效能、干部履职能力、政事服务效率与治理体系现代化的要求仍有差距。生态文明建设任重道远，安全生产、矛盾化解等方面也还存在不少隐患。对此，我们将直面问题、迎难而上，逐项解决、不负期望。

二、“十四五”时期目标和任务

志之所趋，无远勿届；穷山距海，不能限也。“十四五”时期是我国全面建成小康社会、实现第一个百年奋斗目标之后，乘势而上开启全面建设社会主义现代化国家新征程、向第二个百年奋斗目标进军的第一个五年，也是开福贯彻落实“三高四新”战略、开启现代化新征程的起步阶段，我们要保持战略定力，坚持系统观念，发扬斗争精神，树牢底线思维，准确识变、科学应变、主动求变，抓住重大战略机遇，用好宝贵时间窗口，主动在危机中育先机、于变局中开新局。

“十四五”时期，我们将高举中国特色社会主义伟大旗帜，深入贯彻党的十九大和十九届二中、三中、四中、五中全会精神，坚持以马克思列宁主义、毛泽东思想、邓小平理论、“三个代表”重要思想、科学发展观、习近平新时代中国特色社会主义思想为指导，全面贯彻习近平总书记关于湖南工作系列重要讲话指示精神，全面贯彻党的基本理论、基本路线、基本方略，全面落实党中央决策部署和省委、省政府及市委、市政府工作要求，坚定不移贯彻创新、协调、绿色、开放、共享的新发展理念，坚持稳中求进工作总基调，以推动高质量发展为主题，以深化供给侧结构性改革为主线，以改革创新为根本动力，以满足人民日益增长的美好生活需要为根本目的，深度融入以国内大循环为主体、国内国际双循环相互促进的新发展格局，围绕“践行三高四新、奋力迈向北强”发展主题，强化“产业立区、教育强区、人才兴区、品质城区”理念，深耕“四大产业”，加速打造“一高地三中心”，加快推进治理体系和治理能力现代化，建设强盛精美幸福厚德的现代化新开福。

未来五年主要预期目标：地区生产总值年均增长8%左右；固定资产投资年均增长7%左右；社会消费品零售总额年均增长7%；进出口总额年均增长15%；居民人均可支配收入增长高于市定目标；城镇调查失业率控制在5.5%以内；空气质量优良率80%以上，地表水国省控断面水质优良率100%。制造业增加值、产业投资、数字经济、税收占比等高质量发展指标稳步提升，节能减排等约束性指标全面完成。重点抓好六大任务：

（一）打造更高质效的现代产业集群区。坚持产业立区，深耕“三金”片区，持续推进“433产业攻坚”，全面提升产业竞争力、创新力和抗风险能力，在打造国家重要先进制造业高地中展示新作为。围绕视频文创、智能制造、现代物流、金融商贸四大支柱产业，内育外引，扩容增量，建设视频文创产业创新高地、先进特色制造业中心、全国一流的现代物流中心、中部地区高端现代服务业中心，打造3~4个千亿级专业化产业集群。大力发展新技术、新产业、新业态、新模式，围绕航空航天、光电技术、海洋工程装备、生物医药等战略性新兴产业。围绕PK生态，做强软件信息服务业，布局信创产业，积极参与全市安全可信计算机国家级产业集群建设，持续增添产业发展新动能，建构起产业基础更加厚实、产业链供应链自主可控的现代产业体系。

（二）打造更高层次的创新引领示范区。坚持“四个面向”，推进创新引领“七大计划”，强化科技创新策源功能，全面塑造发展新优势，在打造具有核心竞争力的科技创新高地中作出新贡献。围绕产业链部署创新链，实施人才兴区“五五工程”，推进创新主体“增量提质”计划，广聚天下英才追梦开福，广引创新企业扎根开福，构建活力迸发的创新“蓄水池”。围绕创新链布局产业链，全力推进马栏山视频文创产业园、“航天之星”创新研究院、中国商飞等重点创新平台建设。优化区域创新机制，充分挖掘国防科大、长沙学院、中南大学湘雅医学院等驻区高校科研院所创新资源，构建联合开放创新生态。支持企业自主创新、融通创新，提升科技成果本地转化率，建设区域科技创新策源地。大力发展数字经济，加快建设数字政府，积极构建示范应用场景，持续推动数字产业化、产业数字化，让数字化创造新供给、驱动新治理、赋能新生活。

（三）打造更高能级的改革开放标杆区。坚持从事物发展的全过程、产业发展的全链条、企业发展的全生命周期来谋划设计改革，推动政府职能转变、城乡土地管理、现代财税金融等各领域改革系统集成，实现有效市场和有为政府联动共进，社会活力竞相涌现。紧扣一体化和高质量，统筹推进国家陆港型物流枢纽、中欧班列集结中心、跨境电商第三城建设，全力打造联通全球、辐射全国的国际多式联运枢纽中心。主动融入国家和省市区域化协同发展战略，做实融入长江经济带战略支撑点功能，实现高质量引进来和高水平走出去更好结合，建立更高水平开放型经济新机制，在打造内陆地区改革开放高地中体现新担当。

（四）打造更高水平的消费供需活力区。坚持以供给侧结构性改革为主线，注重需求侧管理，以消费升级促进供给升级，以有效投资推动消费回补。大力发展夜间经济、壮大网间经济、培育乡间经济，加快建设活力商圈、特色街区、超级市场、社区商业，提质升级传统消费、扩大科技消费、拓展新型消费，打造都市全业态消费目的地，将消费牢牢吸附在社区、吸引在开福。围绕打基础、强功能、惠民生、利长远，加快实施一批重大项目，全力激发社会投资活力，形成市场主导的投资内生增长机制。持续完善现代流通体系，积极促进内外贸一体化发展，畅通两个市场、用好两种资源，在“双循环”中育先机、开新局。

（五）打造更高标准的城乡融合样板区。把牢人民城市根本属性，坚持城市精准规划、精美建设、精致管理、精明增长，塑造更加有颜值、有气质、有内涵、有格调、有品位的品质开福。全力优化“一核三带十片区”城市空间布局，高水平建设金霞新城，高标准打造“两河一谷”创新驱动辐射带、独具特色的高端现代服务业产业带、现代物流和新型消费产业带，高起点推进白霞、苏托垸等十大片区开发建设，实现各区域差异化发展、全方位跃升。增强城市承载功能，加快城市有机更新，提升城市文明程度，不断提高城市建管精细化、智慧化、专业化水平。深入开展环境污染治理，坚决落实国家碳排放达峰要求，持续抓好“一江三河”和桃花溪流域综合治理，系统推进蓝天、碧水、净土、静音、治废五大工程，把生态“颜值”不断转化为经济“价值”。以深入实施乡村振兴战略为总抓手，加快城乡深度融合，巩固脱贫攻坚成果，实现农村全面进步、农业全面升级、农民全面发展。

（六）打造更高品质的宜居宜业幸福区。坚持以人民为中心的发展思想，推动公共服务从均衡化向优质化提升，促进发展红利惠及全体开福人民。多层次社会保障体系更加完善，城乡居民就业更加充分，住房保障体系更加健全，养老服务供给更加优质，社会保险、社会救助、社会福利实现高度衔接。打造儿童友好、青年向往、老年关爱的全龄友好型城区。全面实施教育强区战略，建设优质教育资源聚集区，创建全国义务教育优质均衡发展区，实现名校全域化。深入推进健康开福建设，让高水平医疗资源惠及更多百姓。大力开展文化惠民工程、全民健身运动，持续发掘传统文化精髓、弘扬红色文化精神、吸收都市文化精华、展现创意文化精彩，不断增强开福文化软实力。坚持党建引领，打造“人人有责、人人尽责、人人享有”的社会治理共同体。完善社会治安防控体系，建立快速报警和应急救援机制，构建网格化管理、精细化服务、信息化支撑、开放共享的基层管理服务平台，推动平安开福建设向更高水平迈进。

三、2021年工作重点

2021年是建党100周年，也是“十四五”规划的开局之年。全区经济社会发展的主要预期目标是：地区生产总值增长8%以上；固定资产投资增长5%；规模以上工业增加值增长9%左右；社会消费品零售总额增长7%左右；地方一般公共预算收入增长5%左右；居民人均可支配收入稳步增长；单位地区生产总值能耗下降3%；税收占财政收入比重、减排任务完成市定指标；城镇调查失业率与全市目标保持一致；居民消费价格指数涨幅3%左右。同时，为强化“三高四新”战略导向，新增以下指标：制造业增加值增长9%；数字经济增加值增长18%；全社会研究与试验发展经费占地区生产总值比重达1.8%；产业投资占比达35%左右；进出口总额增长15%左右。为实现上述目标，我们将重点抓好九个方面工作：

（一）在产业发展上塑造新优势。继续强力推进“433产业攻坚”，进一步巩固产业布局，提升产业基础高级化和产业链现代化水平。聚焦产城融合抓产业平台。牢记总书记嘱托，全力支持马栏山视频文创园高质量发展，加快浏阳河风光带、马栏山公园、马栏山人才公寓、清水塘绿地小学、洪山路等配套项目建设，完成月湖安置小区、月湖机电市场等区域更新改造，推动高新视频多场景应用集群发展，打造园区、景区、社区融合的典范。坚持产城融合方向，抢抓金霞新城建设机遇，推动金霞经开区高质量发展，启动枫树湾路、金霞租赁住房、师大附中植基中学等配套项目建设，推动关公湖、“1094地块”、高岭等重点片区开发，优化产业配套，提升城北人气指数。瞄准总部经济，发力楼宇载体，推动金融商贸区高质量发展，持续优化周边交通组织，全面实施“楼长制”，加快推进示范楼宇创建，完善楼宇“平米效益”评价机制，新引进总部企业15家以上。聚焦项目建设强产业集群。围绕打造视频文创产业创新高地，深化“文化+科技”发展模式，瞄准5G商用、人工智能、大数据中心等国家重点新基建项目，紧盯数据、算法、网络、装备等未来文化科技发展关键领域，推动中南国家数字出版基地、乐田智作视频文创基地等项目开工，加快创梦大厦、星城光塔等工程建设，实现湖南广电节目生产基地等项目建成投产，新引进国家级重点实验室2家、文创企业1000家以上，其中头部企业30家。围绕打造先进特色制造业中心，不断优化“1+N”产业布局，形成新型消费类电子产业为主，食品加工、工程机械、建筑工业特色产业集群，加快金霞消费类电子产业集聚区1.2期、商飞航空产业研发基地、中巨机械智能制造生产基地等项目建设，推动金霞消费类电子产业集聚区1.1期、荷兰夸特纳斯等项目投产达效，支持统一、家家红、银洲等食品加工企业智能化升级，做强中立、拓沃等工程机械企业本土化配套，支持高岭、沙坪等传统建筑企业转型升级。围绕建成全国一流的现代物流中心，深耕医药物流、医疗器械和冷链物流，加快山河医药健康产业园二期、九州通医药物流中心二期等项目建设，推动德荣医疗智慧物流产业园、金六谷科技园等项目竣工达产，支持国药控股、湖南医药、老百姓等龙头企业建立区域性或全国总部，巩固提升产业绝对优势。围绕建成中部地区高端现代服务业中心，着力推进金融商贸业高质量发展，加快长沙银行金融产业基地、龙湖天街、富兴世界金融中心二期、华润置地中心等项目建设，提质升级芙蓉路、黄兴北路、福元路商圈，引进培育一批特色楼宇、专业楼宇，新增税收过亿元楼宇2幢以上。聚焦新兴业态添产业动能。大力发展数字经济、智能经济、绿色经济、创意经济、共享经济，建设一批具有基础性、先导性的数字经济示范应用场景，新兴产业增加值增长45%以上。推进“软件业再出发”，引进中国长城自主安全整机研发适配中心，联合国防科大、天津飞腾、麒麟公司等重点平台，支持毂梁微、楠菲微等信创企业发展，合力构建PK生态，抢先发展先进储能材料、信创产业等战略性新兴产业，引进培育软件企业1000家以上。推动生产性服务业向专业化和价值链高端延伸、生活性服务业向精细化和高品质转变，发挥湖南国际会展中心、北辰国际会议中心优势，实现商务会展业营收增长20%以上。

（二）在创新引领上积蓄新动能。始终把创新作为引领发展的“第一动力”，以创新赋能高质量发展。全面实施人才兴区“五五工程”。发布开福区人才需求目录，实施“安居安家安心”计划，创新人才培养服务模式，新引进行业领军人才10名、“高精尖缺”人才100名、创新团队20个。开展职业技能提升、机关事业单位人才引进储备三年行动，不断壮大高水平工程师、高技能人才、专业化党政干部队伍。持续提升创新平台融通水平。建好马栏山新媒体学院，探索建立文创金融科技试验区，全力以赴打造马栏山国家创新高地。支持“航天之星”创新研究院、中国商飞研究院等重点平台发展，鼓励社会资源创办科技企业孵化器、众创空间和新型研发机构，引导企业与国防科大、中南大学湘雅医学院、长沙学院等科研院所建立协同创新平台，新增市级以上创新平台5家，全社会研究与试验发展经费投入增长30%以上。不断增强企业自主创新能力。完善企业技术创新政策，促进各类创新要素向企业集聚。充分发挥研发投入普惠性补贴的杠杆作用，鼓励企业加大研发投入、提升创新能力。实施高新技术企业“量质倍增”行动，认定高新技术企业120家以上。着力构建联合开放创新生态。丰富人工智能、大数据、区块链等领域应用场景，为科创主体提供用武之地。落实质量强区战略，争创国家知识产权强区。推动产学研用深度融合，提升科技成果本地转化率，实现技术合同成交额13亿元以上，让创新成为开福最显著标签、最鲜明特质。

（三）在改革开放上释放新活力。坚持改革不停顿、开放不止步，打造更高水平的改革开放高地。推动重点改革走深做实。大力推进土地、劳动力、资本、技术、数据等要素市场化配置改革，统筹抓好园区体制、国企国资、农业农村、财政管理等重点领域改革，深入推进统计、工商联、消防执法、排水管理体制、医药卫生体制等改革，探索增加混合产业用地和新型产业用地供给新模式，实现要素高效配置，市场活力涌动。建立开福专项债券项目全流程联动机制，创新与国开行等政策性银行合作模式，争取更多城市更新、片区发展等重点领域的资金支持。推动营商环境更好更优。树牢“处处都是营商环境、时时都是服务时段、个个都是开福形象”的服务理念，持续深化“放管服”改革，围绕企业全生命周期，在水电气、纳税、注销等方面推出更多针对性改革措施，新增“一件事一次办”政务服务事项96项，实现工业建设项目施工许可36个工作日内完成。多措并举帮助企业降成本、增效益，支持企业家以恒心办恒产，扎根开福、深耕开福。持续开展“入规、升高、上市、扩面”行动，支持德荣医疗、恒昌医药、鑫远环境、友谊咨询等企业加快上市步伐，新增“四上”企业130家，市场主体总数达12万户。推动对外开放扩容升级。积极争取图定班列，全力申报中欧班列集结中心示范工程，班次开行1000列以上。加快铁路专用线、中南国际陆港集装箱拼箱中心一期等项目建设，全力打造陆港型国家物流枢纽。支持共建虞公港，实现区域集装箱接湖通江达海。主动融入中国（湖南）自贸试验区建设。加快构建跨境电商“一中心两网络四平台”生态体系，着力打造跨境电商第三城，完成跨境电商交易额7.5亿美元以上。深度融入“一带一路”、长江经济带、粤港澳大湾区建设，将金霞新城打造成长沙—岳阳经济走廊建设的战略节点。

（四）在供需格局上见到新气象。千方百计扩大有效需求，释放内需潜力，形成需求牵引供给、供给创造需求的更高水平动态平衡。扩大有效投资增动力。发挥投资关键作用，稳步推进省市重点项目和“五个100”工程建设。统筹推进219个区级重大项目建设，实现投资380亿元以上。完成城市征收900户、9万平方米以上，完成农村征地拆迁266.67公顷以上。围绕“两新一重”、生态环保、公共卫生、民生改善等领域，大力实施扩投资专项行动。新建5G基站2000个以上。推动工程机械、食品加工、建筑、湘绣等传统行业转型升级，企业技改投资增长20%以上。全力招大引强，引进“三类500强”项目3个以上。发挥政府投资撬动作用，鼓励企业参与基础设施、社会事业投资，社会投资占比70%以上。拉动消费升级添活力。加快实施消费升级行动计划，大力发展购物经济、节会经济、展会经济、夜间经济、假日经济、户外经济。推动万达、江湾半岛等传统商圈转型升级，全面引爆芙蓉北路商圈，加快马栏山片区商业布局，以TOD商业为导向重点推进黄兴北路、福元路、北辰三角洲、秀峰、青竹湖等区域商业体系建设，以便民、实惠、优质为导向大力发展社区商业，打造全天候全业态消费目的地。做好文旅融合文章，将潮宗街、西园北里、开福寺等历史文化街区，三馆一厅、清水塘、省博物馆、烈士公园、世界之窗等文旅地标，秀峰山、鹅羊山、青竹湖、园林生态园、湘绣博物馆、汉回村等生态文化景区串连成线、融合成片，打造全域化全龄段文旅目的地。加强政策引导，提档升级汽车、家电、家居等实物消费，提质扩容信息、健康、家政、养老等服务消费，培育壮大线上医疗、线上培训、远程办公等新型消费，适当增加公共消费，全面激发开福消费活力。加快市场流通挖潜力。抓住“湘商回归”机遇，吸引海内外湘商湘才回乡投资兴业。加强高标准市场体系建设，推进高岭等商贸市场转型升级，打造差异化发展的专业市场集群。发挥荷兰夸特纳斯、万科华升等龙头企业集聚效应，推进市场流通体系与储运加工布局有机衔接，打造专业化、规模化、全流程冷链物流体系。打通区域房地产市场与本土家居商贸市场联动链条，丰富“消费在开福”新内涵。鼓励跨境电商企业在重点国别和市场建立海外仓，确保产业链有基础、要素链有支撑、服务链有配套。

（五）在城市品质上打造新样板。坚持“四增两减”原则，落实“四精五有”要求，深入实施城市“规划提升、风貌严控、特色塑造、形象提质”四大工程，用心打造美丽舒适宜居现代化大都市核心城区。突出规划引领。全面完成本轮国土空间总体规划，深化“一核三带十片区”城市格局规划，重点推进金霞新城和苏托垸、白霞、沙坪等重点片区规划，用心做好重点街区、重要路段、重大项目的城市设计，力争把精准规划落实到城市的每一个细节。提升承载功能。统筹推进精美建筑、精美街道、精美环境、精美社区、精美生活建设，以绣花功夫、工匠精神不断提升城市品质。持续完善城市骨干路网，加快实施地铁1号线北延一期、湘雅路过江通道、兴联路过江通道等重点工程，大力推进汤家湖路、广胜路等市政道路建设，全面完成湘江大道、德雅路等道路综合品质提升。充分发挥市场主体作用，吸引多元投资主体参与，推动留芳岭、文昌阁等片区有机更新，提质改造民主西街、便河边等老旧小区29个，完成城市棚户区改造9万平方米以上，危旧房改造1.3万平方米以上，推动传统社区向幸福社区转变。扎实推进闲置土地、闲置楼宇“支帮促”行动，持续盘活高岭商贸城、沙坪绣坊街，带动人流、物流向城北集聚。优化城市管理。加快新型智慧城区建设，推进智慧社区、智慧城管、智慧交通、智慧监管等创新应用，以数字赋能城市治理。完善城市管理“管监养”机制，加快已建成未移交道路移交，让城市管理更加专业、更具智慧、更有温度。推进建筑立面、广告招牌、违停违建、铁路沿线、交通问题顽瘴痼疾等专项整治，提升垃圾投放准确率，让城市更加干净、整洁、有序。丰富“厚德开福”建设内涵，持续巩固文明创建成果。加强生态建设。按时保质保量完成中央、省环保督察和“回头看”反馈问题整改。坚决落实国家碳排放达峰行动要求。继续打好“蓝天碧水净土”保卫战，扎实推进污染防治“夏季攻势”，始终保持“六控十严禁”高压态势，空气质量优良率稳定在80%以上。坚决落实河湖长制，深入推进“一江三河”综合治理，抓好桃花溪流域水环境保护整治，推进楚家湖污水收集及生态治理等17个重点水体水质提升工程，扎实做好“长江十年禁渔”工作，确保国省控断面水质优良率保持100%。高标准打造鹅羊山公园，提质园林生态园、秀峰山公园，新建提质街角花园9个，新增绿地面积32公顷，让绿色成为开福发展最亮丽的底色。

（六）在乡村振兴上实现新跨越。坚持农业农村优先发展，全面推进乡村振兴。推动农村全面进步。推动“多规合一”村庄规划管理全覆盖。大力实施乡村建设行动，加快筒车坝、社教桥等3个泵站提质改造，推进农村电网改造升级，新改建农村公路20公里以上，营造“畅安舒美”的出行环境。持续开展农村人居环境整治，创建小微水体管护示范片区2个以上、美丽屋场1个，无害化厕所覆盖率达96%，培育乡村振兴示范村（社区）1个以上。推动农业全面升级。发展精细农业，推广荷花、菊花等特色种植。唱响“湘绣之乡”品牌，发挥特色田园风光、农耕文化体验、民俗风情观光等乡村特色资源优势，新增现代农庄、康养基地、乡村民居8个以上，加快乡村全域旅游。牢牢守住耕地红线，坚决遏制耕地“非农化”、防止“非粮化”。推动农民全面发展。持续推进以人为核心的新型城镇化，加快培育新型职业农民，健全人才下乡返乡留乡激励保障机制，推动乡村人才振兴。巩固提升新型农村集体经济，加快盘活“两安”用地资源，增加村级集体经济收入。保持现有帮扶政策、资金支持、力量配置总体稳定，实现城步县、龙山县内溪乡等对口帮扶单位脱贫攻坚成果和乡村振兴有效衔接。

（七）在民生福祉上诠释新内涵。全面落实省市重点民生实事，着力解决好群众各项“急难愁盼”问题，让发展更有温度、幸福更有质感。健康是最宝贵的财富。坚持思想不松、机制不变、队伍不散，围绕“外防输入、内防反弹”，慎终如始抓牢常态化疫情防控，统筹抓好重点场所、重点人群、重大活动、重要时段疫情防控，巩固防疫成果。推进健康开福建设，深化“三医联动”改革，加快医联体建设，巩固分级诊疗制度。加强社区卫生机构标准化建设，推进沙坪、捞刀河街道社区卫生服务中心提质改造。加大区疾控中心后期软硬件投入，全力服务市公共卫生救治中心二期改扩建和省疾控中心建设，提升重大突发公共卫生事件应急处置能力。深入开展爱国卫生运动。用好用足用稳医保基金，扩大医保受益人群。就业是最根本的民生。实施更加积极的就业政策，多措并举推动高校毕业生、退役军人、农民工、贫困人口等重点群体就业，新增城镇就业7600人以上。教育是最优先的事业。全面推进优质教育资源聚集区建设，大力实施“双培”“三名”工程，名师数量增长10%以上。完成麓山高岭、清水塘北辰实验等8所中小学新改扩建，新增学位9180个，让每一个义务教育适龄儿童都有优质学位。深化教育评价改革，规范民办教育发展，促进基础教育更加优质均衡。文化是最持久的力量。深入实施文化惠民工程，持续优化文体设施功能和资源配置，全面提质街道、社区（村）文体设施，推动文化体育场地向社会全面免费开放，新建智慧健身驿站2个、健身步道7.5千米。办好中国新媒体大会、国际音视频算法大赛等精品活动，开展庆祝建党100周年系列群众文艺活动，不断擦亮“幸福向北”全民运动品牌。幸福是最恳切的期盼。不断健全社会保障网络，持续加强孤寡老人、困境儿童、残疾人、流浪乞讨人员等城市特殊困难群体帮扶，稳步提升城乡低保、特困供养等对象社会救助水平。新建社区居家养老服务中心6个，建成运营区社会福利中心，推广“老年助餐”服务模式，有效拓展社区养老、普惠托育服务，深入推进儿童友好型、青年向往型、老年关爱型城区建设，打造全龄友好之城。促进房地产市场平稳健康发展，健全保障性住房、安置房、商品房等主体供给体系，推动社保融资用地指标落地，大力推进荷叶美苑、山鹰潭、湘粤村等10个农民安置房项目建设，让所有拆迁群众“住有安居”。

（八）在社会治理上得到新提升。坚持党建引领，推动自治、法治、德治融合，构建共建共治共享的基层治理体系。夯实基层治理基础。抓好社区（村）居委会换届选举，推进综合执法体制改革，完善“大数据+网格化”治理模式，不断提升基层治理规范化、专业化、智慧化水平。用好新时代“枫桥经验”，推广“街道吹哨、部门报到”模式，实施物业管理水平提升三年行动计划，健全预防化解社会矛盾和应急处突体系。增强治安防控能力。深化“平安开福”建设，巩固扫黑除恶专项斗争、禁毒人民战争成果。以市域社会治理现代化试点为抓手，深化新时代县域警务工作，不断完善社会治安防控体系。抓好国家食品安全示范城市创建和食品安全示范区验收迎检工作。严格落实安全生产责任制，深入开展安全生产专项整治三年行动，大力推进综合防灾减灾救灾能力和应急体系建设，街道应急能力建设达标率70%以上，启动丝茅冲、星月消防站建设，坚决杜绝较大以上事故发生。维护大局和谐稳定。严控金融和政府债务风险，严打传销、非法集资、电信网络诈骗等违法犯罪，抓好各种存量风险化解和增量风险防控，牢牢守住不发生系统性风险底线。同时，加强国防动员和兵役征集工作，继续深化民兵调整改革，做好退役军人服务管理工作，加强民族宗教、外事侨务、对台事务、史志档案、老龄老干、机关后勤、关心下一代等工作，大力支持工会、共青团、妇联、工商联、残联、侨联、科协等群团组织参与社会治理。

（九）在自身建设上展现新作为。坚持和加强党的全面领导，始终把政治建设摆在首位，把人民利益放在心中，建设让党放心、人民满意的清廉高效政府。厚植为民情怀。民为邦本，本固邦宁。政府及其工作人员要以百姓心为心，急群众之所急，尽全力解决人民群众反映强烈的共性化问题、深层次问题、老大难问题，以看得见的变化回应群众期盼。树牢过“紧日子”的思想，“三公”经费和一般性支出压减5%以上，集中财力办大事。坚持依法行政。政令必行，宪禁必从。政府及其工作人员要弘扬宪法精神，树立宪法权威，推动宪法走入人民群众。全面落实《法治中国建设规划（2020—2025年）》，大力推进法治政府建设，强化公众参与、专家论证、风险评估和合法性审查等决策程序，建立健全决策实施评估和优化机制，全面推进行政执法“三项制度”，使各项政策更符合开福实际，更合乎民心民意。依法接受人大法律监督和工作监督，自觉接受政协民主监督，主动接受社会和舆论监督，高质量办好建议提案，进一步拓展政务公开，让权力在阳光下运行。追求务实高效。空谈误国，实干兴区。政府及其工作人员要新时代新担当新作为，强化问题导向、目标导向、效果导向，科学布局一批引领未来的重大项目、干成几件事关长远的大事要事，以工作的确定性应对形势的不确定性。加快数字政府建设，打造“一网通办、全区通办”的政务服务品牌，进一步推动民生服务事项“就近办”“掌上办”“移动办”，让群众体验到更多有速度、有力度、有温度的“开福政务”。坚决从严治政。以戒为固，以怠为败。政府及其工作人员要严格落实全面从严治党主体责任和党风廉政建设“一岗双责”，让负责、守责、尽责体现在每个单位、每个岗位上。坚决落实中央八项规定精神，着力整治形式主义、官僚主义，下气力解决基层减负难题，以政府有为促进市场有效、企业有利、社会有序，不断提升人民群众对政府工作的满意度。

长风过隘口，奋斗正当时。各位代表，让我们更加紧密地团结在以习近平同志为核心的党中央周围，在市委、市政府和区委的坚强领导下，不驰于空想，不骛于虚声，以奋斗攻坚，用担当克难，靠实干应变，统筹推进疫情防控和经济社会发展，为建设迈向“北强”的现代化新开福而不懈努力，以优异成绩迎接中国共产党成立100周年。

名词解释：

1. “六稳”：即稳就业、稳金融、稳外贸、稳外资、稳投资、稳预期。

2. “六保”：保居民就业、保基本民生、保市场主体、保粮食能源安全、保产业链供应链稳定、保基层运转。

3. “一江三河”：湘江、捞刀河、浏阳河、沙河。

4. “四精五有”：“四精”即精准规划、精美建设、精致管理、精明增长。“五有”即有颜值、有气质、有内涵、有格调、有品位。

5. “三资”：即资源、资产、资金。

6. 三金片区：金鹰文化区、金霞经开区、金融商务区。

7. “一件事一次办”：“一件事”是指企业、群众需办理的一个事项，既可以是单独的“一件事情”，也可以是需到多个部门办理的“事”或多件相关的“一揽子事”，经过梳理整合、流程再造后，变成企业、群众眼中或窗口统一办理的“一件事”。“一次办”是指一次告知、一次表单、一次联办、一次办好，线上一次登录、一网通办，线下只进一扇门、最多跑一次。

8. “三集中三到位”：即一个行政机关的审批事项向一个处室集中，行政审批处室向政务服务中心集中，审批事项向网上办理集中。保障进驻政务服务中心的审批事项到位，审批权限到位，办理事项网上电子监察到位。

9. 综合窗口改革：即推进“前窗综合受理、后台分类审批、综合窗口出件”的政务服务新模式，达到分类整合办事窗口、人员、业务，优化办事流程、提高窗口办事效率的目的。

10. “四上”企业：即规模以上工业企业、资质等级建筑业企业、限额以上批零住餐企业、规模以上服务业企业。

11. 电网“630攻坚”：即《长沙市电网供电能力提升三年行动计划（2018—2020年）》明确的电网“主干网架”提质、“骨干网架”补短、“城乡配网”升级三大工程建设，确保到2020年，长沙电网建设改造投资规模约150亿元，满足1000万千瓦负荷下安全供用电需求。

12. 农村“五治”：即在农村开展治厕、治垃圾、治房、治水、治风工作。

13. “放管服”改革：即简政放权、放管结合、优化服务改革。

14. 多式联运：由水路港、铁路港、公路港相互衔接、转运而共同完成的运输过程。

15. “三高四新”战略：习近平总书记在湖南考察时，从全局出发，为湖南发展锚定了新坐标，明确了新定位，赋予了新使命，即着力打造国家重要先进制造业高地，具有核心竞争力的科技创新高地，内陆地区改革开放高地。在推动高质量发展上闯出新路子，在构建新发展格局中展现新作为，在推动中部地区崛起和长江经济带发展中彰显新担当，奋力谱写新时代坚持和发展中国特色社会主义的湖南新篇章。

16. 四大产业：即视频文创、智能制造、现代物流、金融商贸四大支柱产业。

17. “一高地三中心”：即视频文创产业创新高地、先进特色制造业中心、全国一流的现代物流中心，中部地区高端现代服务业中心。

18. “七大计划”：即《中共湖南省委关于制定湖南省国民经济和社会发展第十四个五年规划和二零三五年远景目标的建议》提出，着力推进关键核心技术攻关、基础研究发展、创新主体增量提质、芙蓉人才行动、创新平台建设、创新生态优化、科技成果转化等“七大计划”。

19. “一核三带十片区”：“一核”，即把金霞新城打造成为长沙向北的核心增长极。“三带”，即打造创新驱动辐射带、独具特色的高端现代服务业经济带、现代物流和新型消费类电子产业带。“十片区”，即开发建设黄兴北路片区、马栏山片区、苏坨垸片区、秀峰（1094地块）片区、金霞片区、关公湖片区、白霞片区、福元路片区、高岭片区、金霞产业集聚区。

20. “五个100”：即100个重大产业项目、100个重大科技创新项目、100个重大产品创新，引进100个500强企业、100个科技创新人才。

21. “两新一重”：即新型基础设施建设，新型城镇化建设，交通、水利等重大工程建设。

22. 三类500强：即世界财富500强、中国企业500强、民营企业500强。

23. TOD：一种以“以公共交通为导向”的开发模式。其以公共交通站点为核心，建立集工作、商业、文化、教育、居住等为一体的城区，将城市交通融入建筑，打造高效、舒适、绿色的新城市模样。

24. “四增两减”：“四增”指增加公共绿地、增加公共空间、增加配套设施、增加支路网密度，“两减”指减少居住人口密度、减少开发强度。

25. “管监养”体制：即城市管理方面的管理、监测、养护体制机制。

26. “六控十严禁”：“六控”，即控尘、控煤、控车、控油、控排、控烧。“十严禁”，即严禁渣土车、混凝土搅拌车、运砂车等各类车辆带泥上路，严禁违法倾倒渣土，严禁工地裸露黄土，严禁重污染天气下土石方施工，严禁燃烧散煤，严禁燃放烟花爆竹，严禁露天焚烧垃圾，严禁露天烧烤，严禁露天焚烧秸秆，严禁拖拉机等高排放车辆进城。

27. “三医联动”改革：即医疗卫生体制改革、医保体制改革与药品流通体制改革联动，俗称医疗、医保、医药改革联动。

28. 双培：把党员培养成骨干教师，把骨干教师培养成党员。

29. “三名”：名师、名校长、名校。

30. 枫桥经验：20世纪60年代初，浙江省诸暨市枫桥镇干部群众创造了“发动和依靠群众，坚持矛盾不上交，就地解决。实现捕人少，治安好”的“枫桥经验”，为此，毛泽东同志亲笔批示在全国推广。“枫桥经验”由此成为全国政法战线一个脍炙人口的典型。之后，“枫桥经验”得到不断发展，形成了具有鲜明时代特色的“党政动手，依靠群众，预防纠纷，化解矛盾，维护稳定，促进发展”的枫桥新经验，成为新时期专门工作与群众路线相结合的典范。

31. “一岗双责”：“一岗”即一个领导干部的职务所对应的岗位。“双责”即一个领导干部既要对所在岗位应当承担的具体业务工作负责，又要对所在岗位应当承担的党风廉政建设责任制负责。

政协长沙市开福区第五届委员会常务委员会工作报告

在政协开福区第五届委员会第七次会议上的讲话

政协开福区第五届委员会主席　熊建伟

（2021年1月11日）

2020年工作回顾

2020年是全面建成小康社会和“十三五”规划的收官之年。政协长沙市开福区第五届委员会常务委员会在中共开福区委坚强领导和深切关怀下，认真贯彻落实中央、省、市、区委政协工作会议精神，紧扣区委“强力实施‘433’产业攻坚，推动高质量发展”的决策部署，积极履行政治协商、民主监督、参政议政三大职能，努力做到定位更加明确、选题更加精准、监督更加有效、履职更加到位、特色更加鲜明。

一、响应区委号召，唱响服务大局主旋律

一年来，政协长沙市开福区第五届委员会始终坚持“区委有号召、政协有行动，区委有部署、政协有落实”。特别是在大战大考这个特殊节点，开福政协人“一闻边烽动，万里勇争先”，毅然争当夺取疫情防控和经济社会发展“双胜利”的坚定拥护者、主动践行者和有力推动者。

（一）*疫情防控，政协人挺身在前。*“疫情就是命令，防控就是责任。”全区各级政协干部职工，按照区委统一部署，深入街道和社区，一线调度、一线督查、一线值守；广大政协委员及委员单位积极响应、倾情奉献，大家团结一心、凝心聚力，以斗志昂扬的精神面貌，全力以赴助力区委打好疫情防控阻击战，涌现出了许多舍小为大、舍家为国的感人故事和典型事迹。王文委员所在的高岭建设集团，临危受命，不到72小时完成市第一医院北院改建，与“死神”争抢时间；政协常委释增慧大年初二向武汉市慈善总会捐款1万元，是我省最早为抗疫捐款的宗教界人士和政协委员，并向19个社区和单位及100多个家庭捐赠口罩等医药物资，被人称为“口罩和尚”；民革吴芳兰委员作为市第一医院抗疫战场上的“侦察兵”，日夜坚守在一线进行病原核酸检测，为抗击疫情提供准确数据；农工党肖欢委员带头发动泰和医院2批次20余名医护人员白衣擐甲，逆行出征，是我省驰援武汉的第一个非公医疗队；无党派人士王心亮委员以佳尝便饭月湖店为阵地，克服困难、坚持营业，为一线抗疫工作者提供免费爱心营养餐，无偿捐赠累计达30余万元。据统计，区政协委员及委员单位在疫情期间共计捐赠现金50多万元，捐赠防疫物资折合人民币240多万元，开福政协人的家国情怀在抗疫中得到了充分展现和诠释。

（二）*纾困解难，政协人积极有为。*面对突如其来的疫情，区政协主席会议成员上半年密集走访委员单位80余人次，将疫情期间各级支持政策送上门，并协助解决委员单位在复工复产中存在的停车场建设、道路建设、消防通道堵塞等实际困难110余个；4月9日，邀请湖南大学杨胜刚教授为全体委员作《新冠疫情后中国经济与湖南中小企业的生存发展》专题讲座，提升委员企业应对疫情影响的能力；4月28日，牵头组织开展“助力433攻坚，推进复工复产”政银企对接活动，殷丽君委员所在单位邮储银行开福支行，为区内中小微企业量身定做个性化金融产品，发放贷款138.92亿元，为企业送上“及时雨”，打下“强心针”，活动被人民网、新华网、《湖南日报》、《湘声报》等多家主流媒体报道，反响热烈。

（三）*围绕中心，政协人奋进担当。*坚决贯彻落实区委“433产业攻坚”决策部署，全力攻坚重大产业项目。先后组织56个省、市、区相关单位，密集调度47次，及时协调解决华润置地电力杆线下地、土方外运、

地铁口联通等重大问题7个，家家红冷链物流基地湘通路建设、电力杆迁，以及兴旺科技总部基地、北辰A2写字楼项目中制约建设进度的关键问题，有力保障项目年度目标完成。如华润置地电力杆线下地问题，情况复杂，涉及轨道集团、电力局、城北供电局、三角洲公司、路灯管理所等多个市级单位，协调难度大。针对这一情况，从3月份开始，采取周调度机制强力推进，现有望今年春节前杆线全部下地通电。与此同时，严格落实区委要求，圆满完成征地拆迁、闲置土地支帮促、信访包案、安全生产、文明创建等重要工作任务。如陈坚委员企业沙坪汉回村地块，因历史原因已闲置10多年，先后组织市、区相关单位调度20余次，按照相关程序，一步一个脚印往前推，目前已完成规划调整和占补平衡，为盘活地块迈出了坚实的一大步。

二、聚焦中心工作，积极建言资政促发展

一年来，严格落实区委五届十八次全会精神，自觉坚持与党政中心工作同频共振，紧扣党政工作大事、民生改善实事和社会治理难事开展协商视察，建言建在需要时、议政议到点子上。

（一）协商议政建言有力。根据区委点题，全年组织开展“加大社会治理，让被征地农民安居乐业，促进城乡融合发展”“老旧城区有机更新”2次专题协商，“加强综合性社区居家养老服务”“文昌阁片区有机更新与文物保护”2次对口协商和“法院执行工作”“生活垃圾分类”“城郊接合部学校安全用水”“医药健康产业园发展”“社区卫生服务中心建设”5次主席会议视察，以及“全区应急管理工作”“退役军人事务工作”等专题视察，向区委、区政府提出意见、建议153条。被采纳的建议，正转化为推动我区高质量发展的生动实践。伟峰区长在“老旧城区有机更新”专题协商会议上，对我们专题协商调研成果给予高度肯定，并就下一步抓好落实提出了明确要求。再兴书记出席专题协商会议并作重要指示，特别是针对协商建议作出明确批示，由区委组织部牵头，制定《落实“加大社会治理，让被征地农民安居乐业，促进城乡融合发展”专题协商建议任务分工表》，将28条建议分解细化成25项具体任务，交由22个相关单位承办，抓好落实，这在开福历史上还是第一次。

（二）社情民意成果丰硕。为助力开福经济现实“双过半”，我们切实按照省政协“双助双行动”（“助推新发展、建设新湖南”“助力脱贫攻坚、全面建成小康社会”）工作要求，在全体委员中开展“建言献策促发展”活动，突出以经济社会发展为重点，广泛汇聚民情民意民智，引导委员针对疫情防控中出现的新技术、新业态、商业新模式，以及互联网行业与实体经济融合发展等方面积极建言献策。全年，共收到委员撰写的社情民意信息283篇，上报162篇。其中，熊建伟主席和欧金成委员《关于应对“归国难”问题的建议》、农工党谷任光委员《莫让专利年费成为创新型国家建设的绊脚石》、侨联曾洁委员《关于强化中学生法治教育的建议》、致公党欧金成委员《滞销扶贫农副产品信息泛滥应当引起重视》、民建钟文科委员《室内动物园成为抗击疫情的死角亟待重视》、于文韬秘书长《加强食品安全监管，促进外卖行业健康发展》和李劲松调研员《补齐高新尖产业链核心环节短板的建议》7篇被全国政协采用，民革刘洋委员《建议最高人民法院尽快出台〈关于审理涉及新冠肺炎疫情纠纷案件若干问题的指导意见〉》、熊建伟主席和九三学社谢江岸委员《关于加快实行全国统一健康通行码的建议》、民盟黎飞仙委员《共享员工潮需加强规范引导》等16篇被省政协采用，释增慧委员《紧急呼吁撤除城市道路中央的强光灯》等12篇被市政协采用，采用数居全省前列，连续八年蝉联全市第一。

（三）提案办理提质增效。我们针对提案工作采取党政领导领办重点提案、主席会议两轮督办、提案办理效果第三方评估、协商监督一体化等有效机制，充分发挥提案在推动党政重大决策部署、助力全区发展改革大局、增进人民福祉中的积极作用。全年共收到提案117件，通过合并、审查后立案57件，其中44件办理为A案，A案率77.2%，为历年来最高，有6件重点提案由区领导亲自领衔督办，提案建议得到了加速办理，提案成果得到广泛运用，为推动升级发展成就北富作出了积极贡献。同时，我们为提高微建议的办复率和满意率，采取多方联动、层层压实责任、纳入绩效考核等有效举措，通过区内平台，转交给“12345”市民服务热线，按责任划分派给相关区直部门和街道，由区绩效办根据情况进行考核，进一步畅通了办理渠道。全年共收到委员微建议168条，经热线办合并、审核后办理42条，全部按时办结回复，办复率和满意率均为100%，真正让委员的辛勤履职成果落到实处，让微建议在服务民生民利上发挥大作用。

三、坚持为民履职，书写民生答卷践初心

一年来，我们坚持把为人民谋幸福作为不变的初心使命，时刻想百姓的事、分党政的忧，切实把区委决策部署转化为履职行动，对群众的诉求对焦更准，与群众的心贴得更近，服务群众做得更实，用务实行动不断书写为民履职新篇章。

（一）回应群众期盼“不遗余力”。按照“互联网+政协”要求，通过线上线下委员值班，让委员思想永远在线、智慧时刻连线、联系永不断线，真正架起联系群众的“连心桥”，构筑起为民服务的“桥头堡”，畅通社情民意信息渠道。全年，共有215名委员到街道和社区值班走访，收集民生问题700余条，推动解决了一系列基层群众关注的民生诉求，在国家治理体系和治理能力现代化建设中发挥政协一线作为。此外，依托委员工作站，委员牵头开展主体履职活动355次，为居民群众排忧解难、雪中送炭。如林杰委员“爱心早餐”、冯忠委员“防诈骗送健康”、李丽萍委员“防范非法集资”、汤国清委员“抗疫大礼包”等为民服务活动，赢得居民广泛赞誉。同时，重点打造“一专委会一品牌”特色委员工作室。如提案委“法润江湾委员工作室”，持续开展法律知识进校园、进社区、进机关活动，疫情期间推出20期“一分钟说法”普法短视频，深受居民群众喜爱；经济科技和外事委“智慧委员工作室”，致力于打造成为“企业之家”，为辖区企业排忧解难；文教卫体和文史委利用医卫界别委员优势，打造“健康之家”智慧委员工作室，为居民群众身心健康提供专业化服务；农业农村和人口资源环境委“范伟君工作室”，整合民盟盟员资源，积极开展失独家庭、地贫儿童帮扶，以及环保公益等活动；社会法制和民族宗教委“沙坪社区委员工作室”，坐诊听民意、出诊察民情、会诊解民忧的“三诊”工作法，实现省、市、区三级政协委员线上无缝对接。其中，法润江湾委员工作室和沙坪社区委员工作室，获评省政协示范性政协委员工作室，开福在全省64个县区级示范委员工作室中独占2席。

（二）激活基层协商“一池春水”。按照“重民生、重质量、重实效”的基本原则，结合区委“街道吹哨、部门报到”工作机制开展基层协商，是区政协推动协商民主向基层延伸的又一创新举措，成效显著。全年，聚焦民生热点，在全区16个街道开展基层协商，汇聚委员、部门、基层等多方力量，扎实解决群众“急难愁盼”民生问题32个。如湘雅路街道长春巷和湘春巷提质改造、伍家岭街道科大佳园北苑道路修缮、捞刀河街道大星村农业企业用电困难、沙坪街道自安小学入口积水安全隐患、浏阳河街道双河社区邻里中心建设、四方坪街道毛家桥市场燃气安全、清水塘街道迎宾大厦消防安全、秀峰街道植秀路交通拥堵、芙蓉北路街道湘江豪庭地下停车场问题等成功协商案例，社会反响很大。望麓园街道创新打造“营盘夜话”“荷议庭”“井边会”协商平台，将协商议事搬到楼栋间、巷子里、广场上，居民协商开展更近更实。9月，区政协组织召开全区基层协商现场观摩推进会，进一步规范基层协商的模式和流程，总结形成可持续的开福经验。

（三）打通民主监督“最后一环”。加大对涉及医疗、住房、食品等人民群众反映强烈问题的民主监督力度，重点打造“协商监督一体化”，让民主监督更实、作用更好。联合区纪委、区监委，组织对区委2019年第二十一次常委会审议的《长沙金霞经济开发区医药物流产业发展规划及招商情况报告》落实情况进行民主评议，对区住建局开展民主评议工作“回头看”，对区市场监督管理局进行民主监督。以政协第二十一次常委会为契机组织现场测评，“医药物流产业发展规划和招商策略的落实情况”涉及的金霞经开区、发改局、商务局、工信局、资规分局5个主要单位，以及住建局和市场监督管理局满意率均在90%以上。特别是民主评议工作与往年不同，首次对一项具体事项进行评议，评议对象涉及13个单位，40余家企业，向区委、区政府提出助推我区医药物流产业高质量发展的建议12条，评议工作得到了伟峰区长的高度肯定。

（四）致力扶贫帮困“竭尽全力”。扶贫帮困是开福政协的优良传统，近年来一直致力于“双百帮扶”“爱心助学”等精准扶贫活动。一年来，区政协委员共捐助善款38.17万元，为全区100户困难家庭和100名困难学生送温暖、送爱心；落实区委巩固脱贫攻坚成果要求，组织委员赴龙山县内溪乡、茨岩塘镇和长沙县路口镇上杉市村开展扶贫帮困，帮扶贫困学生130人、群众54户。同时，发动委员利用自身资源优势，积极开展扶贫帮困活动。如民盟贺滟、王湘祺委员开展的“湘知相伴、童心同行”、汤萌委员开展的“爱心传递——红禾手牵手”、杨儒森委员开展的“凤凰欲飞”、民进黄华龙委员的“佳一爱心基金”、王心亮委员的“佳尝便饭心亮励志奖学金”，等等，为困难群众和学生排忧解难、结对帮扶。

四、广泛凝聚共识，助推开福发展聚合力

成绩来自和衷共济，发展源于协力同心。一年来，我们始终坚持建言资政和凝聚共识双向发力，画最大的同心圆、搭最好的议事台、唱最响的奋进曲，让智慧在政协彰显，让力量在政协凝聚。

（一）坚持在团结合作中双向发力，画最大的同心圆。我们将团结合作与助力发展有机结合起来，在政协的履职工作中扩大同心圆半径。如九三学社参与“加大社会治理，让被征地农民安居乐业，促进城乡融合发展”专题协商，民盟、民建、工商联参与“老旧城区有机更新”专题协商，民进参与“加强综合性社区居家养老服务”对口协商，民革和致公党参与民主监督，农工党和知联会参与民主评议等工作，真正汇聚各方智慧，形成大联合调研、大联合攻关的合力，共同破解区域发展难题，助力开福高质量发展。

（二）坚持在民主协商中双向发力，搭最好的议事台。发挥党外人士在政协履职中“第一方阵”作用，让各界诉求充分表达、各种意见广泛交流、各方利益统筹融合。在全会这一最高协商履职平台中，安排民主党派代表围绕区委中心工作和重点民生问题进入大会发言；在100余场协商会议中，委员们充分发扬民主、集思广益，把各方面的智慧和力量最大限度地凝聚起来，形成推动开福发展的强大合力；在街道开展的基层协商中，委员提出的好建议均被充分吸收采纳，转化为服务民生的具体举措；在学习培训、扶贫助学、政银企对接、文体联谊等重大活动中，都有党外人士的积极参与和鼎力支持。通过一场场活动、一次次协商，增进了彼此之情谊，大家团结一心、共谋发展。

（三）坚持在共谋发展中双向发力，唱最响的奋进曲。面对年初前所未有的严峻形势，每一份力量都极其宝贵，每一点贡献都难能可贵，对此我们始终坚持做好大融合、唱好大合唱。一是围绕区委“433产业攻坚”，充分发挥党外人士“智囊团”“人才库”优势，为开福高质量发展提出更多富有建设性的宝贵意见。如今年收到的117件提案中党外人士占74篇，上报的162篇社情民意信息中党外人士占96篇，占比均达到60%。二是发挥党外人士联系广泛优势，当好开福“形象大使”，做好招商引资、招才引智工作，带动更多人流、物流、资金流汇聚开福。如政协常委李孟常，积极引荐北京红牛饮料湖南分公司优质企业成功落户开福，可称之为以商招商的成功典范。

五、注重强基固本，练好履职尽责真本领

一年来，我们对标凝心聚力第一线、决策咨询第一线、协商民主第一线、国家治理第一线“四个一线”要求，增强抓作风、正党风的自觉性和坚定性，扎实抓好自身建设。

（一）抓好机关作风建设。一是严格落实区委全面从严治党主体责任集体约谈会议精神，专题组织政协机关干部进行学习传达、集体约谈和党课教育，要求机关干部把初心和使命变成锐意进取、开拓创新，埋头苦干、真抓实干的实际行动，巩固发展好区政协风清气正的政治生态。二是以省委巡视和区委巡察为契机，全面自查自纠，立行立改，将作风建设融入日常工作，引导机关干部牢固树立“功成不必在我、功成必定有我”的精神境界，认真履职尽责，主动担当作为，创新思路举措。三是始终保持“严细深实快”的工作标准，钉钉子、破瓶颈，抓落实、见成效，推动政协工作全面提速提质提效，建设让区委放心，让组织满意、人民满意、委员满意的模范机关。

（二）激发委员主体活力。按照习近平总书记提出的强化委员责任担当要求，把委员责任担起来，让委员本领强起来，将委员形象树起来，着力打造一支高素质政协委员队伍。7月，联合区委统战部，组织80名政协委员和优秀党外人士代表，在新加坡国立大学苏州研究院举办为期8天的综合能力研修班，开阔视野、创新思维，全面提升参训学员能力素质；每次外出学习考察、调研，均安排5名左右体制外的委员参加，在学习实践中提升委员建言献策能力水平；结合新形势任务要求，进一步修订完善委员履职管理与考核办法，落实委员奖励和进出机制，发挥好考核指挥棒作用，用量化考核来增强委员主体责任意识，提升委员履职能力和实效。全年辞免委员13名，增补委员20名，并对新委员进行联审、考察、培训，永葆委员队伍活力。

（三）浓厚文明新风氛围。一是各街道政协联络处整合委员资源开展形式多样的公益活动，在全社会引领倡导文明新风。如月湖街道“推进公筷公勺进万家”活动，传递文明餐桌生活新风尚；东风路街道“书香浓厚满政协，博学多闻尽履职”活动，在委员中形成多读书、读好书、善读书学习氛围；通泰街“关爱老年人活动”，传播孝老敬老爱老孝道文化；新河街道“战疫之歌”宣讲会，弘扬社会正能量；等等。二是推进政协机关文明创建工作常态化，巩固和深化政协机关市级文明

单位创建成果，为明年争创市级文明标兵单位打好基础。三是积极开展篮球赛、游泳比赛、摄影协会采风、学习强国抢答赛等文体活动，参加区机关气排球赛、射箭比赛等竞技活动，丰富文化生活，激发委员活力，充分展示政协人昂扬向上的精神风貌，营造政协事业蓬勃发展的良好氛围。

各位委员，同志们，过去一年开福区政协工作所取得的进展和成绩，是中共开福区委坚强领导、重视关怀的结果，是区人大、区政府及全区各级组织和社会各界人士热情帮助、鼎力支持的结果，更是区政协各参加单位和全体政协委员同心协力、奋勇拼搏的结果。在这里，我代表区政协常委会表示衷心的感谢和崇高的敬意。

回顾总结过去一年来区政协常委会的工作成绩的同时，我们清醒地认识到，按照各级的新部署新要求，对照党政所思、群众所盼、政协所能，我们的工作仍然存在一些不足：专门协商机构的作用发挥不够充分，协商成果转化有待进一步提升；部分委员履职尽责的自觉性还需要进一步提升；服务中心工作能力还有待进一步提升等。区政协常委会将坚持问题为导向，切实加以改进。

2021年工作思路

2021年是建党100周年，“十四五”规划开局之年，也是换届之年，区政协工作的总体思路是：以习近平新时代中国特色社会主义思想为指导，深入贯彻落实党的十九届五中全会和中央政协工作会议精神，紧紧围绕习近平总书记对湖南提出的打造“三个高地”、担当“四新”使命要求谋划政协工作，高举团结、民主两大旗帜，积极履行三大职能，助力区委“践行三高四新、奋力迈向北强”发展主题，为全面开启“十四五”现代化开福新征程，贡献政协智慧和力量。

一、坚持思想武装，确保正确的政治方向

*（一）加强政治理论学习。*以习近平新时代中国特色社会主义思想为主线，把贯彻落实党的十九届五中全会精神作为首要政治任务，与贯彻落实习近平总书记关于加强和改进人民政协工作的重要思想及习近平总书记考察湖南重要讲话精神结合起来，学思践悟、深学笃行。扎实抓好政协党组、常委会、主席会、界别等不同层次的学习，认真组织引导全体政协委员和政协机关干部职工全面学习贯彻中央和省委、市委、区委重大决策部署，毫不动摇地坚持中国共产党的领导，始终在牢牢把握正确的政治方向上立场坚定。

*（二）全面提升思想认识。*在全面系统学习基础上，突出重点、抓住关键，深刻认识五中全会提出的未来发展主要目标和遵循原则，深刻把握全面建设社会主义现代化国家的精髓要义和现实路径，深刻领会我区“十四五”时期的重大部署与工作抓手。进一步树牢“四个意识”、坚定“四个自信”、做到“两个维护”，时刻在政治上思想上行动上与党中央保持高度一致，自觉增强做好新时代政协工作的使命感和责任感，以新的精神状态和奋斗姿态，以政协工作的创新实践和实实在在的成效，谱写好新时代政协发展新篇章。

*（三）夯实基层党组织战斗堡垒。*切实发挥区政协党组核心作用和主席会议、政协常委会集体领导作用，加强党建引领，推动各项工作全面加强、全面过硬。进一步抓实政协机关“五化”支部建设，加强政协系统意识形态工作，以机关与委员的良性互动渗透，不断激发党员委员所在单位、企业的党组织活力，充分发挥基层党组织战斗堡垒作用和党员先锋模范作用，持续巩固团结奋斗的共同思想，全面促进转化为全区各族各界的自觉行动，努力推动开福政协工作干在实处走在前列。

二、提高政治站位，高标准完成换届选举工作

2021年是五届政协收官之年，也是换届之年，区政协始终坚持“三个原则”，确保圆满完成换届选举工作。一是坚持党的领导原则。毫不动摇坚持区委对政协工作的全面领导，把党的领导贯穿到政协全部工作之中，始终秉持人民政协是政治组织，政协机关是政治机关，必须旗帜鲜明讲政治，在区委总揽全局、协商各方的格局中找准政协工作的位置和角度，确保区政协在换届之年思想不散、工作不乱、标准不降。二是坚持依法循章原则。始终以高度的政治责任感和历史使命感，服从区委的总体决策部署，严格把握好换届选举的政治性、法律性、政策性、程序性，切实把事关全局的大事抓好抓实，经得起历史和人民的检验。三是坚持德才兼备原则。充分发挥政协党组把方向、管大局的作用，以党建引领推动换届选举工作。严格按照《委员履职管理与考核办法》进行量化考核，把优秀的委员留下来，按照德才兼备的选人用人原则，把有激情、有情怀的行业精英和社会贤达吸收进来，优化委员队伍结构，实现委员队伍有序衔接、平稳过渡。

三、贯彻“三高四新”战略，精益求精主动作为

牢记习近平总书记对湖南工作的重要指示精神，围绕区委“践行三高四新、奋力迈向北强”发展主题，区政协将重点开展好“三个一”“三个五”的主体履职工作，注重提质增效，找准发力点，更加精准履职。

（一）聚焦开福之需，开展好“三个一”。一是精实专题协商，围绕中心工作，着力组织开展“打造内陆开放新高地，把开福建成长沙向北发展、融入长江经济带的桥头堡”专题协商。针对专题协商课题，进行任务细化分解，由各专委会分别组织开展调研，最后整合形成调研成果，供区委、区政府决策参考。二是落实专题议政，组织开展“医药物流产业发展规划和招商策略的落实情况”民主评议“回头看”工作，对区政协常委会专题议政落实情况进行监督，巩固深化民主评议成果。三是留住开福印记，编印《开福老街记忆》，坚持求真存实的原则，收集开福区老街巷、老地名历史故事等文化资源，留下开福文脉。

（二）汇集委员之力，组织好“三个五”。一是针对重点建言献策，安排五次专项视察。从区委、区政府主要领导对政协协商和视察建议的明确批示及大会发言主题中，精选题目组织开展“社区基层组织能力建设”“开福区检察院未成年人检察工作”“开福区小微水体的管理与维护”“开福区农安小区提质改造”“落实文昌阁片区有机更新与文物保护建议”5个主席会议视察，精准调查研究，向区委、区政府形成更有“言值”的视察建议。二是找准角度精准发力，完成五个重点提案。从全年委员提案中精选5件，作为全年重点提案进行督办，并继续采取党政领导领办重点提案、主席会议成员两轮督办、提案办理效果第三方评估、把协商监督纳入提案办理工作等举措，推动提案办理提质增效。三是结合政协工作所需，开展五个专项活动。分别是外出学习培训、委员工作站（室）建设、服务委员、双百帮扶、文体活动。根据疫情形势，拟定于2021年上半年联合区委统战部，组织委员到中组部定点的党员干部培训学院学习培训；对标省级示范委员工作站（室），继续抓好5个专委会委员工作室和16个街道政协联络处委员工作站建设；通过主席会议成员走访委员解决实际困难，通过搭好履职平台等做好服务委员工作；继续在区内开展“双百帮扶”“爱心助学”活动，赴龙山县、长沙县开展“扶贫帮困”活动，巩固脱贫攻坚成果；参加市政协篮球赛，组织游泳比赛、摄影采风等文体联谊活动。

四、加强自身建设，提升政协工作效能

为政协委员履职提供优质的服务和保障，是政协干部的应尽之责，区政协坚持用“三个强化”提升政协工作效能。

（一）强化政协委员管理。严格执行《委员履职考核办法》，完善委员奖励和留任机制，加强委员主体责任意识，健全委员联系群众工作机制，提质委员工作站（室），进一步推广使用政协云履职，搭建委员服务群众的履职平台，引导委员开展更多为民履职活动及积极参加的政协主体履职活动；更加重视对委员的人文关怀，继续坚持走访委员制度，解决委员工作生活中的问题；多措并举，让委员们有更多的获得感。

（二）强化政协联络处工作。加强对街道政协联络处的指导与联系，注重发挥基层政协联络处和委员群众联系优势。各政协联络处要着重落实好“四个二”工作，即组织好年初年中的2次街情通报会，落实好委员线上线下值班和委员牵头组织履职活动这2项工作，牵头开展好以民生民利为导向的2次基层协商，以及完成好服务委员和政协主体履职的2项中心工作。

（三）强化政协队伍建设。2021年是本届政协收官之年，政协很多同志也即将完成自己的政协生涯，但不能因此滋生“过得去”“带得过”的想法。政协系统干部要继续保持饱满的工作热情，以加强学习、转变作风、提高能力为重点，切实提高工作效率，毫不松懈地抓好工作落实，增强服务意识及干事创业精神。广大政协委员更要进一步发挥主体作用，珍惜委员荣誉，把积极性调动起来；在履职中既要加强理论学习，做到守纪律、讲规矩、重品行，也要继续加强本领学习，做到懂政协、会协商、善议政，推动政协工作迈上新台阶，真正体现开福政协人“一届政协人、一生政协情”的高度政治自觉和深厚政协情怀。

各位委员，同志们。征途漫漫，唯有奋斗，让我们牢记习近平总书记的嘱托，在中共开福区委的坚强领导下，以“为民服务孺子牛、创新发展拓荒牛、艰苦奋斗老黄牛”的精神，永葆初心、牢记使命，凝心聚力、奋发作为，为迈向北强、全面开启“十四五”现代化开福新征程而不懈奋斗，以优异的实绩交出我们五届政协的完美答卷。

统计资料

中共长沙市开福区委2020年发文一览表

表1

1月10日 开发〔2020〕1号　中共长沙市开福区委印发《关于贯彻落实市委十三届八次全会精神大力推动产业高质量发展的实施方案》的通知
1月9日 开发〔2020〕2号　中共长沙市开福区委关于转发《政协长沙市开福区委员会2020年工作要点》的通知
1月31日 开发〔2020〕3号　中共长沙市开福区委关于成立区委新型冠状病毒感染的肺炎疫情防控工作领导小组的通知
4号文件为密级文，略
5月11日 开发〔2020〕5号　中共长沙市开福区委长沙市开福区人民政府关于抓好乡村振兴重点工作确保高质量全面建成小康社会的实施意见
5月12日 开发〔2020〕6号　中共长沙市开福区委关于印发《开福区创建基层统战工作示范区工作方案》的通知
6月2日 开发〔2020〕7号　中共长沙市开福区委关于省委巡视组巡视期间一起作风建设问题典型案例的通报
6月11日 开发〔2020〕8号　中共长沙市开福区委长沙市开福区人民政府关于印发《长沙市开福区经济发展奖励暂行办法》的通知
7月23日 开发〔2020〕9号　中共长沙市开福区委关于中共长沙市开福区委书记、副书记、常委分工的通知
10号11号文件为密级文，略
11月27日 开发〔2020〕12号　中共长沙市开福区委长沙市开福区人民政府关于印发《开福区跨境电商专项发展规划纲要（2021—2025年）》的通知
12月14日开发〔2020〕13号　中共长沙市开福区委印发《关于贯彻〈中国共产党政法工作条例〉全面推进新时代政法工作的实施方案》的通知
12月25日 开发〔2020〕14号　中共长沙市开福区委关于开展省委巡视整改“回头看”工作的通知
12月31日开发〔2020〕15号　中共长沙市开福区委关于调整区应急管理局党组设置的通知

开福区人大常委会2020年发文一览表

表2

开常办发〔2020〕1号 关于召开开福区第五届人民代表大会第五次会议的通知
开常办发〔2020〕2号 关于召开开福区第五届人民代表大会第五次会议的通知
开常办发〔2020〕3号 关于邀请参加区五届人大五次会议的通知
开常办发〔2020〕4号 关于邀请参加区五届人大五次会议的通知
开常办发〔2020〕5号 关于召开开福区第五届人大常委会第二十三次会议的通知
开常办发〔2020〕6号 关于印发《区人大常委会领导干部分工调整》的通知
开常办发〔2020〕7号 关于印发《区人大各专门委员会、常委会各工作机构联系对口区有关单位及工作》的通知

续表2

开常办发〔2020〕8号 关于印发《长沙市开福区人大常委会2020年监督工作计划》《长沙市开福区人大常委会2020年调研工作计划》《长沙市开福区人大常委会2020年代表工作计划》《长沙市开福区人大常委会2020年主任会议工作计划》的通知
开常办发〔2020〕9号 关于印发《关于推进贯彻落实〈湖南省物业管理条例〉提升住宅小区物业管理水平的工作方案》的通知
开常办发〔2020〕10号 关于印发《关于做好2020年人大代表参加庭审评议工作的实施方案》的通知
开常办发〔2020〕11号 关于印发《2020年“司法公正长沙行”活动实施方案》的通知
开常办发〔2020〕12号 关于召开开福区第五届人大常委会第二十五次会议的通知
开常办发〔2020〕13号 关于印发《长沙市开福区人大常委会开展〈宗教事务条例〉执法检查工作方案》的通知
开常办发〔2020〕14号 关于召开开福区第五届人大常委会第二十六次会议的通知
开常办发〔2020〕15号 关于召开开福区第五届人大常委会第二十七次会议的通知
开常办发〔2020〕16号 关于召开开福区第五届人大常委会第二十八次会议的通知
开常人发〔2020〕1号 关于提请决定杨夏女等同志职务任免的议案
开常人发〔2020〕2号 关于陈新等同志职务任免的通知
开常人发〔2020〕3号 关于杨夏女等同志职务任免的通知
开常人发〔2020〕4号 关于文继光等同志职务任免的通知
开常人发〔2020〕5号 关于黄中玮等同志职务任免的通知
开常人发〔2020〕6号 关于胡珊珊同志任职的通知
开常人发〔2020〕7号 关于提请决定郑雄健等同志职务任免的议案
开常人发〔2020〕8号 关于邹畅等同志职务任免的通知
开常人发〔2020〕9号 关于郑雄健等同志职务任免的通知
开常人发〔2020〕10号 关于杨俊等同志职务任免的通知
开常发〔2020〕1号 关于表彰“成就北富我要给力，厚德开福向我看齐——人大代表在行动”主题活动“十佳”人大代表的决定

开福区人民政府2020年发文一览表

表3

开政发〔2020〕1号 关于2020年《政府工作报告》主要目标任务实施责任管理的通知
开政发〔2020〕2号 关于公布规范性文件清理结果的公告
开政办发〔2020〕1号 关于印发《长沙市开福区林业生物灾害应急预案》的通知

续表3

开政办发〔2020〕2号	关于有效应对疫情支持企业健康发展的若干措施
开政办发〔2020〕3号	关于2019年度安全生产工作考核结果及表彰先进单位（企业）和个人的通报
开政办发〔2020〕4号	关于印发《开福区集体土地违法使用管控方案》的通知
开政办发〔2020〕5号	关于2019年财税目标管理考核结果的通报
开政办发〔2020〕6号	关于印发《开福区2020年预算绩效管理工作实施方案》的通知
开政办发〔2020〕7号	关于下达2020年争取专项资金任务的通知
开政办发〔2020〕8号	关于印发《开福区2020年财源建设考核办法》的通知
开政办发〔2020〕9号	关于印发《开福区2020年度水、大气、土壤和噪声污染防治工作方案》的通知
开政办发〔2020〕10号	关于印发《关于落实建新同志来区调研讲话精神工作任务分解表》的通知
开政办发〔2020〕11号	关于印发《加快推进开福区软件和信息技术服务业高质量发展的若干措施》的通知
开政办发〔2020〕12号	关于印发《开福区2020年度地质灾害防治方案》的通知
开政办发〔2020〕13号	关于印发《开福区突发环境事件应急预案》的通知
开政办发〔2020〕14号	关于印发《开福区重污染天气应急预案》的通知
开政办发〔2020〕15号	关于印发《开福区桃花溪流域管理办法》的通知
开政办发〔2020〕16号	关于支持企业发展助企纾困的“九件实事”的若干措施
开政办发〔2020〕17号	关于印发《开福区2020年政务公开工作要点》的通知
开政办发〔2020〕18号	关于印发《开福区改革完善医疗卫生行业综合监管制度实施方案》的通知
开政办发〔2020〕19号	关于印发《区政府系统落实区委五届十八次全会报告任务分解表》的通知
开政办发〔2020〕20号	关于2020年度区政府系统大调研活动第一批优秀调研报告评选结果的通报
开政办发〔2020〕21号	关于印发《开福区残疾人联合会改革方案》的通知

开福区政协2020年发文一览表

表4

开政协党组〔2020〕1号	关于召开区政协五届六次全体会议暨2020年重点履职工作动员及委员学习培训会议的请示
开政协党组〔2020〕2号	关于召开区委政协工作会议的请示
开政协党组〔2020〕3号	关于党组中心组2020年理论学习计划安排
开政协党组〔2020〕4号	关于召开政协长沙市开福区第五届委员会第七次全体会议的请示

续表4

开政协〔2020〕1号 关于区委、区政府领导领衔办理重点提案的请示
开政协〔2020〕2号 关于印发《聚焦夺取疫情防控和实现经济社会发展目标双胜利深入开展“双助双行动”工作方案》的通知
开政协〔2020〕3号 关于陈阳等同志职务任免的通知
开政协〔2020〕4号 关于文昌阁片区有机更新与文物保护的视察建议（向区委）
开政协〔2020〕5号 关于文昌阁片区有机更新与文物保护的视察建议（向政府）
开政协〔2020〕6号 关于区人民法院执行工作的视察建议（向区委）
开政协〔2020〕7号 关于区人民法院执行工作的视察建议（向政府）
开政协〔2020〕8号 关于我区生活垃圾分类工作的视察建议（向区委）
开政协〔2020〕9号 关于我区生活垃圾分类工作的视察建议（向政府）
开政协〔2020〕10号 关于城郊接合部学校安全用水的视察建议（向区委）
开政协〔2020〕11号 关于城郊接合部学校安全用水的视察建议（向政府）
开政协〔2020〕12号 关于全区应急管理工作的视察建议（向区委）
开政协〔2020〕13号 关于全区应急管理工作的视察建议（向政府）
开政协〔2020〕14号 关于我区社区卫生服务中心建设的视察建议（向区委）
开政协〔2020〕15号 关于我区社区卫生服务中心建设的视察建议（向政府）
开政协〔2020〕16号 关于“加大社会治理，让被征地农民安居乐业，促进城乡融合发展”专题协商的情况报告（向区委）
开政协〔2020〕17号 关于“加大社会治理，让被征地农民安居乐业，促进城乡融合发展”专题协商的情况报告（向政府）
开政协〔2020〕18号 关于进一步加强政协云推广应用工作的意见
开政协〔2020〕19号 关于“老旧城区有机更新”专题协商的情况报告（向区委）
开政协〔2020〕20号 关于“老旧城区有机更新”专题协商的情况报告（向政府）
开政协〔2020〕21号 关于夏圣猛等同志职务任免的通知
开政协〔2020〕22号 关于“加强我区综合性社区居家养老服务”的对口协商建议（向区委）
开政协〔2020〕23号 关于“加强我区综合性社区居家养老服务”的对口协商建议（向政府）
开政协办〔2020〕1号 关于召开政协长沙市开福区第五届委员会第五次全体会议的通知
开政协办〔2020〕2号 关于支持政协委员出席全会的函
开政协办〔2020〕3号 关于邀请出席政协长沙市开福区第五届委员会第五次全体会议开幕式、闭幕式的通知
开政协办〔2020〕4号 关于列席政协长沙市开福区第五届委员会第五次全体会议的通知

开福区2020年产业及重点行业税收情况一览表

单位：万元

表5

项目		2020 年 完成数	2020 年 比重	2019 年 完成数	2019 年 比重	增幅（同口径）
税收合计		1147612	100.0%	1129327	100.0%	1.6%
分产业	第一产业	173	0	82	0	111.1%
	第二产业	176133	15.3%	146975	13.0%	19.8%
	第三产业	971306	84.6%	982270	87.0%	-1.1%
部分重点行业	房地产业	321832	28.0%	320754	28.4%	0.3%
	金融业	195527	17.0%	234270	20.7%	-16.5%
	文化服务业	139735	12.2%	138935	12.3%	0.6%
	现代物流	109501	9.5%	88253	7.8%	24.1%
	其中：医药物流	66610	5.8%	57098	5.1%	16.7%
	交通物流	42892	3.7%	31155	2.8%	37.7%
	建筑业	103214	9.0%	83899	7.4%	23.0%
	批发零售业	98670	8.6%	90170	8.0%	9.4%
	制造业	70421	6.1%	58627	5.2%	20.1%
	住宿餐饮业	6464	0.6%	12021	1.1%	-46.2%

开福区2020年分税种情况一览表

单位：万元

表6

税种	完成数	比重	增长率（同口径）
增值税	525251	39.6%	-1.3%
企业所得税	237379	17.9%	-15.8%
个人所得税	154400	11.6%	12.7%
土地增值税	153493	11.6%	39.5%
房产税	29788	2.2%	-10.8%
印花税	11723	0.9%	2.3%
耕地占用税	35576	2.7%	55.0%
税收收入	1147612	86.4%	1.6%
非税收入	180411	13.6%	6.1%
一般公共预算收入	1328023	100.0%	2.2%

开福区2016—2020年重点项目统计表

表7

序号	年份	年度项目总个数（个）	年度计划总投资（亿元）
1	2016	153	233.2
2	2017	151	327.4
3	2018	176	306
4	2019	203	333
5	2020	227	363.6
合计		910	1563.2

2020年开福区市场主体行业分布情况一览表

表8

行业分布	内资企业户数		个体工商户数		合计	
	新增（户）	存量（户）	新增（户）	存量（户）	新增（户）	存量（户）
第一产业	35	327	2	200	37	527
农、林、牧、渔	35	327	2	200	37	527
第二产业	739	5011	172	1299	911	6310
建筑业	601	3371	15	80	616	3451
制造业	130	1573	71	1218	201	2791
电力、热力、燃气及水生产和供应业	8	67	0	1	8	68
第三产业	6402	43219	6314	57449	12716	100668
批发零售	1695	12699	2716	31458	4411	44157
文化、体育和娱乐业	392	2363	65	378	457	2741
金融	18	705	0	6	18	711
交通运输、仓储邮政	129	961	223	3103	352	4064
房地产	226	1471	10	107	236	1578
住宿餐饮	160	690	2056	12684	2216	13374
信息传输、软件和信息技术服务业	827	4256	46	215	873	4471
居民服务、修理和其他服务业	145	1062	598	5714	743	6776
教育	27	181	5	10	32	191
卫生和社会工作	31	201	17	279	48	480
租赁商务服务	1757	11798	565	3193	2322	14991
科学研究和技术服务业	968	6611	11	195	919	6806
其他	27	221	2	107	29	328

2017—2020年开福区新设市场主体情况一览表

表9

年份	新设市场主体		其中：企业			其中：个体		
	数量（户）	资本总额（亿元）	数量（户）	资本总额（亿元）	数量占比	数量（户）	资本总额（亿元）	数量占比
2017	18119	621.52	7522	614.73	41.51%	10593	6.68	58.46%
2018	18903	856.46	9479	848.29	50.15%	9418	7.89	49.82%
2019	18828	606.79	10010	600.10	53.17%	8813	6.58	46.81%
2020	17055	586.53	9181	579.94	53.83%	7868	6.46	46.13%

2020年1—12月长沙市新建商品房供销情况

表10

区域	批准预售面积（万平方米）	同比（%）	成交面积（万平方米）	同比（%）
芙蓉区	104.06	131.53	71.94	27.19
开福区	247.96	40.27	198.84	18.50
天心区	146.83	-4.53	132.38	-17.69
雨花区	451.30	-4.61	387.76	-7.51
岳麓区	655.77	23.44	561.37	16.20
望城区	495.13	-9.61	449.24	9.09
长沙县	326.12	-24.82	293.25	-8.48
浏阳市	198.84	30.55	151.19	2.60
宁乡市	162.63	-15.94	167.26	-21.95
内六区小计	2101.05	9.00	1801.53	6.01
全市合计	2788.63	3.01	2413.22	1.33

2020年1—12月长沙市新建商品住宅供销情况

表11

区域	批准预售面积（万平方米）	同比（%）	成交面积（万平方米）	同比（%）
芙蓉区	67.73	170.60	51.02	43.69
开福区	211.18	60.80	153.30	30.10
天心区	107.25	-10.81	100.25	-23.97
雨花区	333.31	-10.99	306.31	-9.61
岳麓区	513.89	19.25	461.31	27.13
望城区	402.76	-12.71	389.70	9.32
长沙县	246.87	-23.20	238.23	-3.36
浏阳市	168.77	23.05	126.12	-7.41
宁乡市	149.56	-15.96	147.09	-20.32
内六区小计	1636.12	6.01	1461.88	8.82
全市合计	2201.32	0.98	1973.32	3.28

2020年1—12月长沙市新建商品非住宅供销情况

表12

区域	批准预售面积（万平方米）	同比（%）	成交面积（万平方米）	同比（%）
芙蓉区	36.33	82.43	20.92	-0.63
开福区	36.77	-19.07	45.54	-8.85
天心区	39.57	17.98	32.14	10.88
雨花区	117.99	19.64	81.45	1.33
岳麓区	141.89	41.44	100.05	-16.80
望城区	92.38	6.94	59.54	7.62
长沙县	79.24	-29.45	55.02	-25.56
浏阳市	30.07	98.46	25.07	124.92
宁乡市	13.07	-15.72	20.17	-32.12
内六区小计	464.93	21.01	339.65	-4.59
全市合计	587.31	11.40	439.91	-6.55

2020年1—12月长沙市新建商品房成交均价

表13

区域	新建商品住宅成交均价（元 / 平方米）	同比（%）	新建商品非住宅成交均价（元 / 平方米）	同比（%）
芙蓉区	11950	25.52	10821	-6.26
开福区	10128	4.83	11810	-16.15
天心区	9970	12.30	12155	-7.41
雨花区	9959	3.43	10106	-20.83
岳麓区	10815	-1.84	10307	-11.47
望城区	7058	6.55	10196	34.28
长沙县	7716	12.04	9659	14.17
浏阳市	5804	2.98	6294	-26.45
宁乡市	5718	-0.62	7907	1.78
内六区小计	9544	4.50	10648	-9.19
全市合计	8799	6.43	10150	-6.77

开福区专业特色楼宇及产业引导星级商务楼宇一览表

表14

楼宇认定类型	楼宇认定名称	楼宇项目
四大专业特色楼宇	总部经济特色楼宇	泊富国际广场
	文化创意专业楼宇	新湖南大厦
	金融服务专业楼宇	北辰时代广场、华创国际广场
八大产业引导星级商务楼宇	软件产业星级商务楼宇	富兴世界金融中心、凯乐微谷
	医疗健康星级商务楼宇	长沙绿地中心
	金融创新星级商务楼宇	华尔街中心、长沙天健中心
	工程咨询星级商务楼宇	友谊咨询大厦
	创新实践星级商务楼宇	开福万达广场
	商务服务星级商务楼宇	运达国际广场

2020年金霞经开区主要经济指标情况一览表

表15

指标名称	单位	数值	同比增长
规模工业总产值（含商贸物流）	亿元	576.36	10.24%
规模工业增加值（含商贸物流）	亿元	144.15	6.70%
工业企业营业收入	亿元	97.76	10.41%
物流营业收入	亿元	478.94	10.27%
批发和零售业销售额	亿元	558.06	6.31%
住宿餐饮业营业额	亿元	0.44	-30.43%
服务业营业收入	亿元	33.01	-0.84%
实际到位外资	万美元	30648	20.55%
引进省外境内资金	亿元	52.40	26.57%
外贸进出口额	万美元	263000	25.3%
税收收入	亿元	34.35	20.10%
固定资产投资	亿元	333.37	14.40%
工业投资	亿元	51.38	3.20%

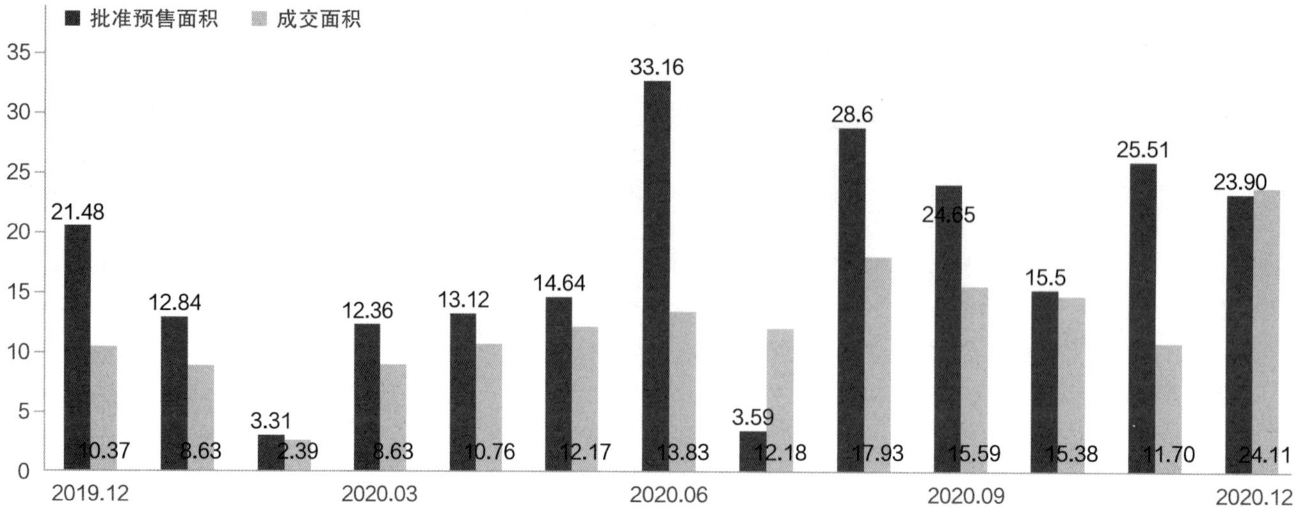

图1　近一年来开福区新建商品住宅供销走势图（单位：万平方米）

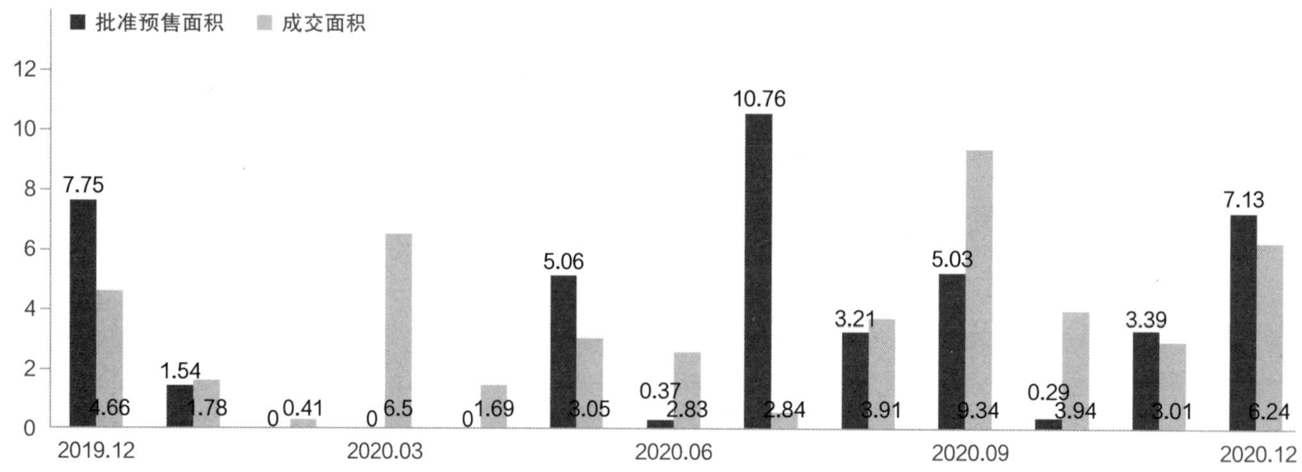

图2　近一年来开福区新建商品非住宅供销走势图（单位：万平方米）

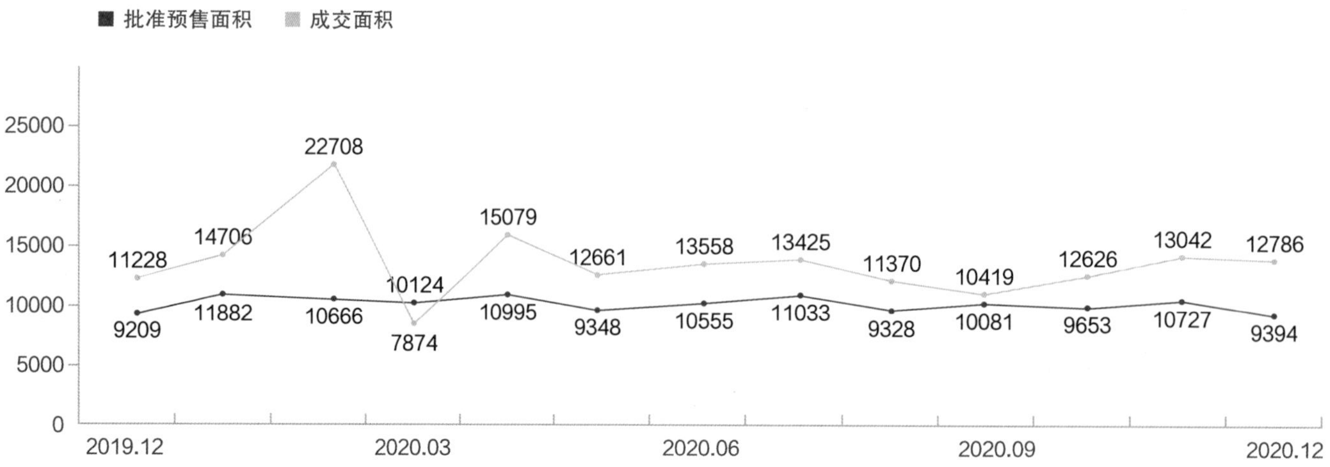

图3　近一年来开福区新建商品房成交均价走势图（单位：元/平方米）

开福区市级重点生态公益林到村（社区）面积小班户数情况一览表

表16

街道	村（社区）	面积（公顷）	小班（个）	村集体户	组集体户	个人户	合计	合同
4	19	709.98	136	18	17	725	760	23
青竹湖街道	金霞新村社区	129.67	8	1	4	218	223	1
	青竹湖街道	53.41	3	1	0	0	1	1
	天胜社区	22.88	5	1	0	9	10	1
	新太安社区—太阳山	26.75	8	1	1	2	4	1
	霞凝社区	22.37	4	1	0	0	1	1
	新太安社区—大安	3.47	4	1	0	16	17	1
	青竹湖街道	0	0	0	0	0	0	1
	小 计	258.55	32	6	5	245	256	7
秀峰街道	鹅羊山社区	20.73	1	1	3	0	4	1
	秀峰街道林场	71.36	5	1	0	2	3	1
	新大塘社区	12.04	5	1	1	45	47	1
	湘荷社区—湘粤	11.33	8	0	2	54	56	1
	秀峰街道	0	0	0	0	0	0	1
	小 计	115.45	19	3	6	101	110	5
沙坪街道	中青社区—大明	14.91	5	1	1	31	33	1
	汉回村—汉回	27.32	12	1	0	103	104	1
	汉回—乌溪	43.82	11	1	4	128	133	1
	檀木岭村—成功	83.07	23	1	0	0	1	1
	双塘村—双湖	54.48	13	1	0	0	1	1
	沙坪街道	0	0	0	0	0	0	1
	小 计	223.6	64	5	5	262	272	6
捞刀河街道	高岭社区 —高源	18.1	9	1	0	0	1	1
	罗汉庄村—大星	19.12	2	1	0	0	1	1
	罗汉庄村—伍家岭	67.19	11	1	1	129	131	1
	白霞村	7.97	1	1	0	0	1	1
	捞刀河街道	0	0	0	0	0	0	1
	小 计	112.38	21	4	1	129	134	5

开福区2020年重大

表17

序号	项目单位	项目名称	所在街道	建设性质	建设内容
227个，其中新建项目136个，续建项目91个，不含预备项目39个					
第一部分：政府投资类项目133个，其中新建项目96个，续建项目37个					
（一）城市基础设施项目（市政道路、桥隧、供排水、污水处理、园林等）32个，其中新建项目17个，续建项目15个					
新建项目（17个）					
1	区城投集团	B-1路	洪山	新建	城市支路，北起花园路，南至山月路，长980米、16米
2	区园林中心	胜利村社区公园	四方坪	新建	对原有社区公园进行提质提档、对鑫利家园西向南块进行公园建设，包含绿化、亮化和设施小品及管房等，公园以党建引领下的“城中村”变迁为主题总面积约2.15万平方米，其中新建面积8300平方提质面积约1.32万平方米
3	区园林中心	月湖公园局部提质改造项目	洪山	新建	根据区主要领导12月16日调度马栏山视频文创园会议精神，拟对月湖公园内人行木栈道、车行木栈木栏杆、景观亭、长沙大学站地铁口停车场及文创旁广场进行修复整理；对文创小镇旁黑臭水进行整景观渠改造；对整个公园进行电力增容、自来水增安装监控系统
4	区公建中心	洪山路（洪山街道段）	洪山	新建	骏豪路至万家丽路，总长500米、宽30米（总投征拆费用）
5	区公建中心	骏豪路	洪山	新建	开元路至洪山路，总长800米、宽30米（总投资拆费用）
6	区公建中心	陡岭支路	伍家岭	新建	西起民生路，东至陡岭路，长210米、宽12米（不含
7	区公建中心	双河北路绿化	浏阳河	新建	双河北路两侧绿化，景观面积3.25万平方米，876.7米、宽21~35米
8	金霞发展集团	龙杉路	沙坪	新建	中青路东辅道至广胜路，长453米、宽24米
9	金霞发展集团	谭湾路	沙坪	新建	龙杉路至鹤杉路，长451米、宽14米
10	金霞发展集团	天井路南延线	沙坪	新建	大明大道至梅杉道，长100米、宽36米
11	金霞发展集团	梅杉道	沙坪	新建	中青路至桔林路，长366米、宽18米
12	金霞发展集团	马湾路	沙坪	新建	中青路至桔林路，长417米、宽18米
13	金霞发展集团	高岭路东段	捞刀河	新建	明秀路至中青路，长276米、宽36米
14	金霞发展集团	秀东路北段一期	秀峰	新建	翠城路至格润路，长185米、宽36米
15	金霞发展集团	青环路	捞刀河	新建	兴联路至北二环，长1404米、宽36米

项目投资计划一览表

起止年限	项目预估总投资（万元）	2020 年预估投资（万元）	资金来源	2020 年主要建设内容	开 / 竣工月份
—	13372666	3636013	—	—	—
—	2249898	612617	—	—	—
—	173620	68337	—	—	—
—	67635	40720	—	—	—
2020—2021	4000	2000	城投自筹	完成路基施工	9 月
2020	646	646	区财政	完成建设	4 月
2020	700	700	区财政	完成建设	9 月
2020—2022	4787	3000	区财政	完成部分建设	9 月
2020—2021	6692	2500	区财政	启动建设	9 月
2020—2021	900	500	区财政	启动建设	10 月
2020	1600	1200	区财政	基本完成建设	3 月
2020—2021	4538	2706	园区自筹	完成土方施工	3 月
2020—2021	2189	1365	园区自筹	完成土方施工	3 月
2020	1741	1741	园区自筹	完成建设	3 月 /12 月
2020—2021	3426	1942	园区自筹	完成土方施工	6 月
2020—2021	2986	1845	园区自筹	完成土方施工	3 月
2020—2021	3754	1694	园区自筹	进行土方施工	6 月
2020—2021	2265	965	园区自筹	启动建设	12 月
2020—2021	21611	15611	园区自筹	进行土方施工	6 月

续表17

序号	项目单位	项目名称	所在街道	建设性质	建设内容
16	金霞发展集团	松林路	青竹湖	新建	天井路至庙塘路，长 435 米、宽 26 米
17	金霞发展集团	明秀路	捞刀河	新建	高岭路至玉轩路，长 227 米、宽 18 米
续建项目（15 个）					
1	区公建中心	开福大道捞刀河桥匝道（长阴路匝道）	浏阳河	续建	开福大道捞刀河桥引桥至滨河北路两厢，长 212 米 13.5 米（暂不含拆迁）
2	区公建中心	星沙联络线辅道辅助市政工程	捞刀河	续建	星沙联络线主道南北两侧现状道路提质、解决排涝
3	区公建中心	滨河北路	浏阳河	续建	双河北路至开福大道，长约 800 米、宽 26 米
4	区公建中心	胜利街（D-1，德雅路－车站北路）	东风路	续建	德雅路至车站北路，长约 380 米、宽 12 米
5	区公建中心	油铺街及毛家桥巷段历史步道	湘雅路 新 河	续建	北起开福寺，沿油铺街及毛家桥巷，南至湘雅路，福老城区内规划的油铺街及毛家桥巷段历史步道，巷两厢进行提质改造建设历史步道，保留历史文脉存城市肌理（暂不含拆迁）
6	区公建中心	藩城堤巷及接贵街历史步道	通泰街	续建	北起中山西路，沿藩城堤及接贵街，南至五一大道开福老城区内规划的藩城堤及接贵街段历史步道，巷两厢进行提质改造建设历史步道，保留历史文脉存城市肌理（暂不含拆迁）
7	区公建中心	双河北路	浏阳河	续建	福元路至滨河北路，长 850 米、宽 40 米，含中心绿
8	区公建中心	家园路	浏阳河	续建	福元路至渔业路，长 376 米、宽 16 米
9	区公建中心	捞刀河南岸岸线整治及市政工程（入湘江口至开福大道段）	芙蓉北路 浏阳河	续建	湘江大道捞刀河大桥至开福大道跨捞刀河大桥沿线捞刀河岸线整治和市政工程建设，含滨河北路南侧带、沿线绿化、金河路下穿匝道及京广线沿线堤防
10	金霞发展集团	芋坡路	青竹湖	续建	广胜路至荷莲路，长 563 米、宽 18 米
11	金霞发展集团	翠城路	秀 峰	续建	芙蓉北路至鹅秀路，长 409 米、宽 16 米
12	金霞发展集团	纸笔塘路东段	沙 坪	续建	广胜路至荷莲路，长 530 米、宽 18 米
13	金霞发展集团	戴家河路西段（次干道六）	秀 峰	续建	湘江北路至兴隆路，长 407 米、宽 26 米
14	金霞发展集团	汤家湖路西段	青竹湖	续建	粮四库回车坪至湘江北路，长 430 米、宽 36 米
15	金霞发展集团	中青路北延工程	青竹湖	续建	青竹湖大道至前塘路，长 1230 米、宽 46 米
（二）公路、水运、站场交通项目（包括公路、水运码头、综合交通枢纽、城际铁路市政配套、公交站场等）2 个，其中新建项目 2 续建项目 0 个					
新建项目（2 个）					

起止年限	项目预估总投资（万元）	2020 年预估投资（万元）	资金来源	2020 年主要建设内容	开 / 竣工月份
2020—2021	4336	1637	园区自筹	进行土方施工	6 月
2020—2021	1464	668	园区自筹	进行土方施工	9 月
—	105985	27617	—	—	—
2019—2020	995	700	区财政	基本完成建设	—
2019—2020	1822	1200	区财政	基本完成建设	—
2019—2020	4800	3500	区财政	基本完成建设	—
2019—2021	700	500	区财政	完成建设	—
2019—2020	3500	500	区财政	完成建设	—
2019—2020	3000	300	区财政	完成建设	—
2018—2020	12580	3800	区财政	基本完成建设	—
2018—2020	897	200	区财政	基本完成建设	—
2018—2020	47600	3000	区财政	基本完成建设	—
2018—2020	2244	772	园区自筹	完成部分建设	6 月
2018—2020	3316	1322	园区和企业共同出资	完成建设	9 月
2019—2020	3260	2385	园区自筹	完成建设	9 月
2019—2020	3587	2781	园区自筹	完成建设	9 月
2018—2020	4589	1532	园区自筹	完成建设	9 月
2018—2020	13095	5125	园区自筹	完成建设	9 月
—	2272	2272	—	—	—
—	2272	2272	—	—	—

续表17

序号	项目单位	项目名称	所在街道	建设性质	建设内容
1	区交通运输局	开福区2020年农村公路连通工程项目	沙坪 捞刀河 青竹湖	新建	对沙坪街道竹安村龙泉冲组级路、八家冲组级路、山口组级路、白石嘴组级路、乌溪村易家围子路、湖村代家老屋路、茶子山村袁家冲路、捞刀河街道源社区雷茅线、高源社区飞跃路、伍家岭片区菱角塘伍家岭片区跃进路、青竹湖街道植基社区椅子湾12条道路砂石路面进行土路硬化，路线长15.4千宽4～5米
2	区交通运输局	开福区2020年农村公路路面大中修项目	沙坪 秀峰	新建	对沙坪街道檀木岭村小微水体管养示范路、檀木岭安小学路、自安片毛栗塘路、汉回村周家湾路、乌荷叶冲路、钟山村茶子山片河冲非洲园进出路、青街道金霞新村西塘湾路、金霞新村金山冲路、秀峰竹隐村代家州路共9条农村道路进行道路安防优化和大中修。路线长11.5千米、宽4～6米

（三）保障性安居工程及片区改造开发项目（包括棚户区改造、城市更新、“城中村”改造、保障性住房建设等）63个，其中新建49个，续建项目14个

序号	项目单位	项目名称	所在街道	建设性质	建设内容
新建项目（49个）					
1	区城北投	湘粤村农民安置房	秀峰	新建	总用地面积约4.67公顷，净用地面积约3.83公顷积率2.5。预计总建筑面积12.5万平方米，其中计积9.6万平方米。安置指标1085个，828户
2	区城北投	九龙农民安置房	浏阳河	新建	总用地面积7.87公顷，净用地面积5.73公顷，容积率预计总建筑面积22.3万平方米，其中计容面积17平方米。安置指标1893个，1488户
3	区城北投	陈家渡“137”地块	浏阳河	新建	滨河南路以北，广铁路以东，家园路以西，总用地9.13公顷
4	区城北投	关公湖	青竹湖	新建	青环路和路丝塘路交界东北角，总用地面积6.27公
5	区城北投	环宇补征	浏阳河	新建	洪山路与横冲路交界东北、西南角，总用地面积公顷
6	区城北投	关公湖片莫家坝公园以北地块	青竹湖	新建	汤家冲路以西以南，莫家坝路以北，天井路以东，地面积约6公顷，净用地面积5.07公顷
7	区城北投	白霞片高岭路以南地块	捞刀河	新建	白霞大道以西，高岭路以南，高霞路以东，高白路以总用地面积7.27公顷，净用地面积6.2公顷
8	区城北投	白霞片高白路以南地块	捞刀河	新建	白霞大道以西，高白路以南，高霞路以东，中岭路以总用地面积8.4公顷，净用地面积7.47公顷
9	区城北投	白霞片中岭路以南地块	捞刀河	新建	白霞大道以西，中岭路以南，高霞路以东，中星路以总用地面积5.27公顷，净用地面积4.33公顷
10	区城北投	沙坪组团荷莲路以西地块	沙坪	新建	高登路以北，鸽杉路以南，荷莲路以西，桐坡路以总用地面积8.33公顷，净用地面积7.4公顷
11	区城北投	沙坪组团高登路以北地块	沙坪	新建	高登路以北，桐坡路以西，广胜路以东，鸽杉路以总用地面积6.27公顷，净用地面积5.33公顷
12	区城北投	青竹湖东片青竹湖路以北地块	青竹湖	新建	青竹湖路以北，天井路以西，庙塘路以南，总用地3.2公顷，净用地面积3.03公顷

起止年限	项目预估总投资（万元）	2020 年预估投资（万元）	资金来源	2020 年主要建设内容	开 / 竣工月份
2020	1386	1386	区财政	主体全部完工	6 月 / 12 月
2020	886	886	区财政	主体全部完工	6 月 / 12 月
—	1897865	437953	—	—	—
—	634317	307498	—	—	—
2020—2022	56067	5000	城投自筹	完成土方及基坑支护	6 月
2020—2022	99378	3000	城投自筹	完成部分土方及基坑支护	9 月
2020	16440	16440	城投自筹	土地整理（统征）	12 月
2020	7050	7050	城投自筹	土地整理（统征）	12 月
2020	500	500	城投自筹	土地整理（统征）	12 月
2020	2250	2250	城投自筹	土地整理（统征）	3 月
2020	2725	2725	城投自筹	土地整理（统征）	3 月
2020	3150	3150	城投自筹	土地整理（统征）	3 月
2020	1975	1975	城投自筹	土地整理（统征）	3 月
2020	2800	2800	城投自筹	土地整理（统征）	3 月
2020	2350	2350	城投自筹	土地整理（统征）	3 月
2020	1200	1200	城投自筹	土地整理（统征）	3 月

续表17

序号	项目单位	项目名称	所在街道	建设性质	建设内容
13	区城北投	苏托垸安置用地	捞刀河	新建	苏垸路以北，开福大道以东，楚家湖路以南，总用地面积 6.27 公顷
14	区棚改投	幸福桥片区棚改项目	新 河	新建	项目东至规划中的麻园岭，南至规划中的庆和里路，西至规划中的华夏路，北至潘家坪路（含凯雪地块）
15	区棚改投	望麓园巷及两厢地块改造项有机更新	望麓园	新建	东起建湘路、南至中山路、西至蔡锷北路、北至营盘路范围内有机更新。项目房屋修复修缮、市政管网建设
16	区棚改投	德雅路片区改造项目（丝茅冲三期）	四方坪	新建	丝茅冲地块内消防站。考虑到后期规划，计划在二期范围内邻浏阳河路新建消防站
17	大城北棚改投	三一大道－陡岭支路棚改项目	伍家岭	新建	东至梦泽园美美公馆，南至三一大道，西至上林紫苑、兴隆路，北至陡岭支路。涉及 380 户，房屋面积 3 万平方米
18	金霞发展集团	大明统征一（菲斯罗克）	沙 坪	新建	广胜路以东，钟石路以南，荷莲路以西，湘君路以北
19	金霞发展集团	板塘统征五（德邦选址）	沙 坪	新建	青环路以东，曲湾路以南，李家冲路以西，罗家湾路以北
20	金霞发展集团	金霞物流丰树仓储服（2015 年报部建设用地）	青竹湖	新建	铁路专线 2 号线以西，汤家湖路以南，新港大道以东，霞光路以北
21	金霞发展集团	高岭一号统征地（汇景星品优汇）	秀 峰	新建	湘辉路以北、谊信路以南、彭家巷路以西、竹隐路以东
22	金霞发展集团	竹隐统征一（汇景星品优汇）	秀 峰	新建	竹隐路以东、北至三路以南、彭家巷路以西、谊信路以北
23	金霞发展集团	高岭统征地（高盛）（汇景星品优汇）	秀 峰 捞刀河	新建	柏叶路以北、谊信路以南、彭家巷路以西、锦荣路以东
24	金霞发展集团	植基南路	鹅秀组团	新建	天鹅大道至二环线，开展统征
25	金霞发展集团	中青路北延（原不符合土规）	沙坪组团	新建	前塘路至北横线，开展统征
26	金霞发展集团	大安路西段西延线	青竹湖组团	新建	彭家巷路至开福大道，开展统征
27	金霞发展集团	钟石统征地四	沙坪组团	新建	钟石统征二与钟石统征三内，开展统征
28	金霞发展集团	板塘统征地七	高岭组团	新建	大梅杉路以南、桔林路以西、马湾路以北、天井路以东，开展统征
29	金霞发展集团	钟石统征地七	高岭组团	新建	霞庄路以南、钟石路以东、白石路以北、金霞路以西，开展统征
30	金霞发展集团	自安统征地二	沙坪组团	新建	大安路以南、自安路以西、荷莲路以北、自明路以东，开展统征
31	金霞发展集团	自安统征地三	沙坪组团	新建	荷莲路以东、大安路以北、高压线以南、檀木冲路以西，开展统征

起止年限	项目预估总投资（万元）	2020 年预估投资（万元）	资金来源	2020 年主要建设内容	开 / 竣工月份
2020	2350	2350	城投自筹	土地整理（统征）	3 月
2020—2022	110000	25000	棚改自筹	启动征收	9 月
2020—2021	30000	3000	棚改自筹	启动项目建设	3 月
2020—2021	20000	4500	棚改自筹	完成征收，启动新站建设	9 月
2020—2021	46000	18000	棚改自筹	完成部分征收	9 月
2020	4500	4500	园区自筹	征地拆迁和清表	5 月
2020—2021	4900	3920	园区自筹	征地拆迁和清表	10 月
2020—2021	4420	3500	园区自筹	征地拆迁和清表	6 月
2020—2021	25800	20000	园区自筹	征地拆迁和清表	6 月
2020—2021	9346	7400	园区自筹	征地拆迁和清表	6 月
2020—2021	5420	4300	园区自筹	征地拆迁和清表	6 月
2020—2021	1740	1740	园区自筹	前期统征手续	12 月
2020—2021	1166	1166	园区自筹	前期统征手续	12 月
2020—2021	3095	3095	园区自筹	前期统征手续	12 月
2020—2021	600	600	园区自筹	前期统征手续	3 月
2020—2021	2521	2521	园区自筹	前期统征手续	5 月
2020—2021	5060	5060	园区自筹	前期统征手续	4 月
2020—2021	4703	4703	园区自筹	前期统征手续	5 月
2020—2021	1167	1167	园区自筹	前期统征手续	4 月

续表17

序号	项目单位	项目名称	所在街道	建设性质	建设内容
32	金霞发展集团	商飞统征地二	沙坪组团	新建	长青路以西、沙坪路以北、白石路以东、棒冲路以南开展统征
33	金霞发展集团	钟石路	沙坪组团	新建	青竹湖大道至前塘路，开展统征
34	金霞发展集团	兴联路东延线	白霞组团	新建	中青路至长青白路，开展统征
35	金霞发展集团	彭家巷路	青竹湖组团	新建	青竹湖大道至大安路，开展统征
36	金霞发展集团	钟石统征土地整理项目	沙坪	新建	面积 25.47 公顷，位于沙坪组团青竹湖路以北、钟石以东、自安路以西、沙坪路以南，开展统征
37	金霞发展集团	钟石统征三土地整理项目	沙坪	新建	面积 8.2 公顷，位于沙坪组团，沙坪路以北、钟石以东、自安路以西、白石路以南，开展统征
38	金霞发展集团	湘粤统征二东土地整理项目	秀峰	新建	面积 7.93 公顷，位于高岭组团，开福大道以西、语路以南，开展统征
39	金霞发展集团	广胜统征一土地整理项目	沙坪	新建	面积8.27公顷，位于沙坪组团，前塘路以南、中青路以高登路以北、广胜路以西，开展统征
40	金霞发展集团	湘粤统征二南土地整理项目	秀峰	新建	面积5.4公顷，位于高岭组团，开福大道(太阳山路)以冯蔡东路以北、广顺路以南、裕兴路以西，开展统征
41	金霞发展集团	板塘统征六二期土地整理项目	沙坪	新建	面积 4 公顷，位于青竹湖组团，中青路以西、马湾路南、桔林路以东、高压走廊以北，开展统征
42	金霞发展集团	商飞统征地土地整理项目	沙坪	新建	面积 40.27 公顷，位于沙坪组团，长青路以西、前塘以南、棒冲路以北、水系以东，开展统征
43	金霞发展集团	自安统征地土地整理项目	沙坪	新建	面积 14.53 公顷，位于沙坪组团，钟石路以西北、石路以东、大安路以南，开展统征
44	金霞发展集团	大明统征一土地整理项目	沙坪	新建	面积4.67公顷，位于沙坪组团，安塘路以北、荷莲路以竹塘路以东、钟石路以南，开展统征
45	金霞发展集团	大明统征二土地整理项目	沙坪	新建	面积4.93公顷，位于沙坪组团，广胜路以东、钟石路以安塘路以北、竹塘路以西，开展统征
46	金霞发展集团	商飞统征地储备项目	沙坪	新建	面积 40.27 公顷，位于沙坪组团，长青路以西、前塘以南、棒冲路以北、水系以东，开展统征
47	金霞发展集团	钟石统征二储备项目	沙坪	新建	面积 30.07 公顷，位于沙坪组团，新塘路以北、钟石以西、沙坪路以东、白石路以南，开展统征
48	金霞发展集团	金霞统征三储备项目	青竹湖	新建	面积6.33公顷，位于金霞组团，长重以南、汤家湖路以湘江北路以西，开展统征
49	金霞发展集团	广胜统征地二储备项目	沙坪	新建	面积 3 公顷，位于沙坪组团，广胜统征一和电子纸内的水系，开展统征

续建项目（14 个）

1	区城北投	福竹园农民安置房	沙坪	续建	中青路以东，广胜路以西，大安路以南，用地 7.4顷，有效用地面积 5.47 公顷，容积率 2.0，总建筑14.8 万平方米。安置指标 1223 个，954 户。主要建栋高层住宅，1 栋商业楼，1 栋社区物管用房，1 儿园

起止年限	项目预估总投资（万元）	2020 年预估投资（万元）	资金来源	2020 年主要建设内容	开 / 竣工月份
2020—2021	8676	8676	园区自筹	前期统征手续	2 月
2020—2021	840	840	园区自筹	前期统征手续	2 月
2020—2021	2852	2852	园区自筹	前期统征手续	2 月
2020—2021	948	948	园区自筹	前期统征手续	4 月
2020	24830	24830	园区自筹	征地拆迁及清表	9 月
2020	7995	7995	园区自筹	征地拆迁及清表	8 月
2020	7735	7735	园区自筹	征地拆迁及清表	6 月
2020	8060	8060	园区自筹	征地拆迁及清表	6 月
2020	5265	5265	园区自筹	征地拆迁及清表	7 月
2020	3900	3900	园区自筹	征地拆迁及清表	6 月
2020	39260	39260	园区自筹	征地拆迁及清表	5 月
2020—2021	14170	9919	园区自筹	征地拆迁及清表	10 月
2020—2021	2223	2000	园区自筹	征地拆迁及清表	5 月
2020—2021	4810	3848	园区自筹	征地拆迁及清表	2 月
2020—2021	12060	10800	园区自筹	前期统征手续	2 月
2020—2021	9218	4278	园区自筹	前期统征手续	2 月
2020—2021	1902	902	园区自筹	前期统征手续	3 月
2020—2021	900	428	园区自筹	前期统征手续	2 月
—	1263548	130455	—	—	—
2019—2022	71215	30000	城投自筹	完成主体封顶	—

续表17

序号	项目单位	项目名称	所在街道	建设性质	建设内容
2	区城北投	福鑫美苑	洪山	续建	位于B-1路以西，御景龙城正门以东，总用地面积公顷，有效用地面积3公顷，容积率3.0。总建筑面12.5万平方米。安置指标1008个，799户
3	区棚改投	清水塘炮后街棚改安置房源（潇湘华庭）	清水塘	续建	国际金融大厦至交通宾馆以东，长沙市一中以南，水塘路以西（除清水塘小学外），八一桥以北
4	区棚改投	东风二村地块棚改项目（二期）	东风路	续建	规划中精英路以东、工商巷以南、东风二村以西、巷以北。2020年剩70户，房屋1000平方米
5	区棚改投	德雅路片区棚改项目（丝茅冲地块）二期	四方坪	续建	丝茅冲地块为浏阳河路、德雅路与车站北路三条道围合区域。2020年剩7户（独栋1户，单位1个，房5户），房屋1000平方米
6	区棚改投	六堆子巷周边地块棚改项目（一期）	望麓园	续建	东至五堆子巷、又一村巷，南至中山路，西至黄兴北北至左局街两厢。2020年剩16户，房屋1280平方
7	区棚改投	太平路片区棚改项目	通泰街	续建	东至藩城堤巷、南至杨家巷、西至西长街、北至中路。占地面积6.87公顷，涉及房屋1200户，面积万平方米。项目前期启动房屋修复和市征管网建2020年度项目具体协议征收范围、户数、面积以公告为准
8	区棚改投	吉祥巷片区（中山亭西南角）地块棚改项目	通泰街	续建	东至黄兴北路，南至五一大道，西至接贵街两厢、堤及西长街，北至中山路。占地面积12公顷，涉屋3283户，面积30万平方米。2020年度项目协收约80户，房屋6640平方米。项目前期启动房屋和市征管网建设。2020年度项目具体协议征收范户数、面积以征收公告为准
9	大城北棚改投	三一大道－潘家坪（天祥日杂公司宿舍）棚改项目	新河	续建	东至蛋制品仓库宿舍，南至雅泰花园，西、北至天祥公占地0.18公顷，涉及98户，建筑面积5800平方米
10	大城北棚改投	神箭花苑小区棚改项目	伍家岭	续建	项目东至陡岭路，南至三一大道，西至规划中的民路，北至佳阳悦景馨都。项目涉及220户，房屋面积万平方米
11	区公建中心	潮宗街一期、二期有机更新	通泰街	续建	潮宗街一期、二期有机更新
12	金霞发展集团	板塘统征五（弘上三）土地整理项目	沙坪	续建	面积5.53公顷，位于青竹湖组团，罗家湾路以北、环路以东、李家冲路以西、曲湾路以南
13	金霞发展集团	大明统征三土地整理项目	沙坪	续建	面积13.87公顷，位于沙坪组团，自明路以东、大道以南、马湾路以北
14	金霞发展集团	大明统征地四土地整理项目	沙坪	续建	面积3.87公顷，位于沙坪组团，成功路以西、油料厂以湘通路以东、汤冲路以北
（四）社会民生项目（包括文化、教育、卫生、体育、民政、街道社区环境整治等）22个，其中新建项目16个，续建项目6个					
新建项目（16个）					
1	区城投集团	史家坡学校改扩建	浏阳河	新建	用地面积5.47公顷，建筑面积5.2万平方米，班级63个班，新建教学楼、综合楼及室外附属工程

起止年限	项目预估总投资（万元）	2020 年预估投资（万元）	资金来源	2020 年 主要建设内容	开 / 竣工月份
2019—2021	63652	25000	城投自筹	完成主体封顶	—
2018—2020	27000	6000	棚改自筹	完成建设	12 月
2019—2020	57080	12000	棚改自筹	完成征收	9 月
2019—2020	208000	3000	棚改自筹	完成征收	10 月
2019—2020	120000	6000	棚改自筹	完成征收	10 月
2019—2021	200000	10000	棚改自筹	项目计划西长街房屋修缮修复，市政设施建设及项目内部份房屋征收。具体征收、改造范围、户数、面积以征收公告、规划设计为准	—
2019—2021	450000	10000	棚改自筹	项目计划吉祥巷房屋修缮修复，及项目内部份房屋征收。具体征收、改造范围、户数、面积以征收公告、规划设计为准	—
2019—2020	8700	3000	棚改自筹	完成征收	5 月
2019—2020	30000	5000	棚改自筹	完成征收	8 月
2019—2020	9000	2000	区棚改	完成建设	—
2019—2020	4723	4500	园区自筹	征地拆迁及清表	—
2019—2020	11063	10840	园区自筹	征地拆迁及清表	—
2019—2020	3115	3115	园区自筹	征地拆迁及清表	—
—	136093	72872	—	—	—
—	63490	42890	—	—	—
2020—2022	34000	14000	市区财政	完成拆迁	—

续表17

序号	项目单位	项目名称	所在街道	建设性质	建设内容
2	区公建中心	捞刀河街道社区卫生服务中心装修改造	捞刀河	新建	约8000平方米旧房装修改造，公卫中心1600平方米建建设，部分办公采购
3	区城管执法局	夜景亮化维护项目	相关街道	新建	对已招标维护项目续签合同进行维护；对2016年2017年建设的三一大道、万家丽路、东风路沿线夜亮化项目质保到期的进行维护招投标
4	区市政中心	2020年城区排水管网补短板、提质增效项目	浏阳河 芙蓉北路 伍家岭等	新建	针对开福污水处理厂、长善垸污水处理厂纳污区管道查过程中发现的管道病害问题进行补短板、提质增改造
5	区市政中心	老旧化粪池疏浚改造和大型管道疏浚项目	内城区 相关街道	新建	1. 对辖区内严重破损、沉塌，影响居民正常生活的老化粪池进行疏浚改造，约85处； 2. 对筒车坝路等沿线重点项目、房建项目周边大DN400的排水管道、高排、检查井井室进行清淤
6	区市政中心	交通问题顽瘴痼疾集中整治及交通微循环改造	内城区 相关 街道	新建	开展交通顽瘴痼疾集中整治；对"一圈内"交通堵点交通安全隐患路段进行微循环改造，以此进一步完善域内交通标线、标志等交通设施，规范车辆停放及车行驶，确保道路交通安全、行人通行安全，改造路段陡岭支路、伍岭路等
7	区市政中心 区园林中心	三一大道道路与绿化提质改造项目	伍家岭 四方坪 洪 山 月 湖	新建	1. 对三一大道（九尾冲至车站北路）人行道进行提质该段人行道长1.3千米，人行道两幅总宽9米，人行总面积约1.17万平方米（投资500万元）； 2. 波隆立交桥—长沙海底世界，全长6.7千米，在十路口、重要节点、车辆出入口及掉头口进行香化彩化对全路段进行增绿复绿、行道树的补栽及增加色叶植对护坡及桥梁等进行立体绿化（投资500万元）
8	区环卫中心	垃圾站厕建设项目	捞刀河 沙 坪	新建	1. 在白霞村建设村级垃圾站厕，总投资240万元； 2. 在竹安村、双塘村、汉回村分别建设1座压缩式垃圾站，投资730万元
9	区人居环境局	老旧小区提质改造项目	相关街道	新建	拟对月湖街道马栏山片区农安小区进行提质改造；同对清水塘街道清水塘社区（新华社）新河街道雅泰花群芳园小区，望麓园街道民主西街学宫街小区，东风街道邮电宿舍、绸厂12~14栋，四方坪街道振湘小区沙坪街道长元人造板宿舍共计9个老旧小区进行提改造
10	区人居环境局	危旧房屋改造项目	伍家岭	新建	拟对伍家岭街道蒋家垅社区油墨厂48号进行危房改
11	区人居环境局	历史建筑修缮	相关街道	新建	拟在实施的有机更新片区选取四至五处历史建筑进修复
12	区人居环境局	"微改造"项目	相关街道	新建	拟进行毛家桥巷历史步道两厢、油铺街历史步道两厢行微改造，同时对相关街道部分开放式社区、空坪隙支巷进行微环境、微交通、微空间改造
13	区教育局	四方坪小学扩建（新建体育馆和教学楼）	四方坪	新建	用地面积0.27公顷，新建建筑面积3600平方米，新教学楼、综合楼及室外附属工程，包括现有消防和外场地的改造

起止年限	项目预估总投资（万元）	2020 年预估投资（万元）	资金来源	2020 年主要建设内容	开 / 竣工月份
2020—2021	1220	1220	区财政	基本完成建设	9 月
2020	1300	1300	市区财政	完成已招标维护项目合同续签和新增维护项目采购招投标	9 月
2020	所需金额以管网普查成果为准	1200	区财政	完成建设	9 月
2020	600	600	区财政	完成建设	9 月
2020	600	600	区财政	完成建设	9 月
2020	1000	1000	区财政	完成建设	4 月
2020	970	970	区财政	完成建设	7 月 / 12 月
2020	8300	8300	区财政	完成建设	9 月
2020	500	500	市区财政	完成建设	9 月
2020—2021	1200	1000	区财政	完成房屋功能性完善及外立面改造	9 月
2020	2600	2600	市区财政	完成建设	9 月
2020—2021	3600	2400	市区财政	完成部分工程	12 月

续表17

序号	项目单位	项目名称	所在街道	建设性质	建设内容
14	区教育局	清水塘三小扩建	浏阳河	新建	用地面积 1.95 公顷，建筑面积 2400 平方米，扩充规 12 个班，新建教学楼及多媒体教室
15	区教育局	开福区中小学校标准化学校建设工程	相关街道	新建	标准化学校建设改造等，主要建设内容为部分学校功室改造装修、学校教学功能完善、运动场地维修改造
16	区教育局	公办幼儿园二次装修改造项目	相关街道	新建	绿地海外滩配套幼儿园、水映加州配套幼儿园、双河农民安置房幼儿园、中岭安置房配套幼儿园、秀峰美项目配套幼儿园、月湖农安二期小区配套幼儿园、明沁园项目配套幼儿园、福鑫苑配套幼儿园、楚天逸品目配套幼儿园、钱隆国际项目配套幼儿园等 10 所幼园装修改造
续建项目（6 个）					
1	区城投集团	公卫大楼	四方坪	续建	位于栖凤路以西、三一大道以南、二环线以东，总建面积 1.58 万平方米，2 栋多层建筑
2	区城投集团	交警大楼	捞刀河	续建	位于中青路以西、高岭路以北，总建筑面积 1.3 万平方 1 栋高层建筑
3	区公建中心	区社会福利中心	秀 峰 青竹湖	续建	项目位于新太安社区及新大塘社区，占地面积 3.67 公总建筑面积 2.5 万平方米，含民政福利中心、社会救站等相关建筑（拆迁费用含水田指标）
4	区公建中心	月湖二期农安小区幼儿园	月 湖	续建	项目位于月湖街道月湖农安二期内，为农安小区规划儿园，占地面积 0.21 公顷（2150 平方米）、建筑面 1800 平方米（不含拆迁）
5	区教育局	植基中学改扩建	青竹湖	续建	用地面积 3.6 公顷，建筑面积 3.68 万平方米，班级规 36 个班，新建教学楼、综合楼及室外附属工程
6	区教育局	四方坪二小改扩建项目	东风路	续建	用地面积 1.8 公顷，建筑面积 1.1 万平方米，班级规 30 个班，新建教学楼、综合楼及室外附属工程
（五）农林水利基础设施（包括农村饮水、水库、河道堤防、灌区治理、农林补助类项目等）4 个，其中新建项目 4 个，续建项目 0					
新建项目（4 个）					
1	区农业农村局	开福区泵站事故闸门项目	秀 峰 四方坪 浏阳河	新建	根据安全状况，选取秀峰街道戴家河、四方坪街道裕桥、浏阳河街道筒车坝泵站加装事故闸门
2	沙坪、青竹湖、捞刀河街道	小微水体示范片创建项目	沙 坪 青竹湖 捞刀河	新建	在沙坪街道沙坪社区、青竹湖街道新源社区、捞刀河街道大星村创建小微水体管护示范片，建设内容为三格粪池、隔油池、堆沤池、小型湿地等
3	区农业农村局、相关街道	冬修水利建设项目	沙 坪 捞刀河 洪 山	新建	1. 沙坪街道寒婆山、师古塘、鱼婆塘水库加固等，乌村堤防加固，汉回、钟山村等山塘水利设施加固护坡双塘、竹安村塘基围子加固。2. 捞刀河街道泗耳湖清以及护砌。3. 洪山街道东塘水库泄水口、安全设施改及生态治理
4	沙坪街道	乡村振兴点建设项目	沙 坪	新建	在沙坪街道乌溪、双湖村建设相应的基础设施、开展圾分类、村容村貌整治、环境绿化美化、水环境综合理等

起止年限	项目预估总投资（万元）	2020 年预估投资（万元）	资金来源	2020 年主要建设内容	开 / 竣工月份
2020—2021	1400	1000	市区财政	完成部分工程	9 月
2020	3200	3200	市区财政	完成建设	9 月
2020	3000	3000	市区财政	完成建设	9 月
—	72603	29982	—	—	—
2019—2020	18185	4000	区财政	完成建设（竣工验收）	9 月
2019—2020	8836	1000	区财政	完成建设（竣工验收）	6 月
2019—2022	18400	10000	区财政	完成部分工程	—
2019—2020	982	982	区财政	完成建设	—
2019—2021	19200	10000	市区财政	完成部分工程	3 月
2019—2021	7000	4000	市区财政	完成部分工程	3 月
—	3240	3240	—	—	—
—	3240	3240	—	—	—
2020	720	720	区财政	完成建设	9 月
2020	720	720	区财政	完成建设	9 月
2020	720	720	区财政	完成建设	9 月
2020	1080	1080	区财政	完成建设	9 月

续表17

序号	项目单位	项目名称	所在街道	建设性质	建设内容
（六）生态环保（包括固废物处理、水土保持及生态修复、流域治理、环境整治及提质改造、能源节约利用等）8个，其中新建项目6续建项目2个					
新建项目（6个）					
1	区公建中心	双湾国际及周边片区雨污分流及相关排水口综合整治工程	秀峰	新建	对双湾国际排口污水排水综合整治，含铁路部分
2	区公建中心	鹅秀南片区污水干管工程	秀峰	新建	新建污水排水管道、排水检查井、止水帷幕、施工坑、接收井、沥青路面恢复以及其他附属工程等，含路部分
3	区市政中心	2020年农安小区雨污分流改造项目	捞刀河以北区域涉农街道	新建	对鹅秀南组团等捞刀河以北片区农安小区存在雨、污管网混接情况实施整改
4	金霞发展集团	福竹园小区污水整改工程	沙坪	新建	污水管顶管，管径DN1000，长180米
5	金霞发展集团	夸特纳斯水系改造	沙坪	新建	管道总长762米，管径D2600至D2400
6	金霞发展集团	苏垸路纳污干管	捞刀河	新建	长捞路口至苏托垸污水处理厂，管径D300至D240总长677米
续建项目（2个）					
1	区公建中心	北二环污水干管	捞刀河	续建	建设相应干管设施
2	金霞发展集团	苏托垸污水处理厂配套收集管网	青竹湖 秀峰 捞刀河	续建	庙塘路至长捞路口，管径D300至D2000，管道总12.6千米
（七）单位基本建设项目（包括政法基础设施、消防站所、区直单位公共资产维修改造等）2个，其中新建项目2个，续建项目0个					
新建项目（2个）					
1	区公建中心	区公安分局办公楼装修改造工程	东风路	新建	对区公安分局办公楼进行装修改造
2	区公建中心	区公安刑侦大楼	月湖	新建	位于月湖大市场南侧，万家丽路与蒲园路东北角，用面积0.61公顷（5450平方米），建筑面积8400平方（不含拆迁）
（八）预备项目（39个）					
1	区公建中心	沙坪街道社区卫生服务中心装修改造	沙坪	预备	1.6万平方米内部装修（沙坪医院＋沙坪卫生中心）
2	区公建中心	沙坪派出所内部装修	沙坪	预备	沙坪派出所内部装修3800平方米、弱电工程
3	区公建中心	2020年630（配套路由建设）	秀峰	预备	1. 中山变配套路由建设； 2. 营盘变配套路由建设； 3. 鹅秀变配套路由建设； 4. 顺达变配套路由建设。 最终任务路由以电建办确认为准
4	区公建中心	大屋山片区路网	伍家岭	预备	1. 金阳路，位于大屋山片区周边，金帆路至冲北路长350米、宽20米（不含拆迁） 2. 冲北路，位于大屋山片区周边，安置用地西边至栖凤路，长400米、宽12米（不含拆迁）

起止年限	项目预估总投资（万元）	2020 年预估投资（万元）	资金来源	2020 年主要建设内容	开 / 竣工月份
—	32709	25644	—	—	—
—	14831	10026	—	—	—
2020—2021	1399	400	区财政	启动建设	12 月
2020—2021	6306	3000	区财政	启动建设	12 月
2020	1200	1200	区财政	完成项目建设	12 月
2020—2021	600	100	园区自筹	启动建设	12 月
2020	3038	3038	园区自筹	完成建设	1 月 /12 月
2020	2288	2288	园区自筹	完成建设	1 月 /6 月
—	17878	15618	—	—	—
2019—2020	3460	2000	区财政	基本完成建设	—
2019—2020	14418	13618	园区和区政府共同出资	完成建设	6 月
—	4099	2299	—	—	—
—	4099	2299	—	—	—
2020	1299	1299	区财政	基本完成建设	9 月
2020—2021	2800	1000	区财政	启动建设	12 月
—	—	—		—	—
2020—2021	待定	—	区财政	完善前期手续	—
2020—2021	待定	—	区财政	完善前期手续	—
2020—2021	电力未提供图纸、造价，且不含征拆、流转费用	—	区财政	完善前期手续	—
2020—2021	待定	—	区财政	完善前期手续	—

续表17

序号	项目单位	项目名称	所在街道	建设性质	建设内容
5	区公建中心	金鹰路	洪 山	预备	现状金鹰路东延至长沙县锦绣路，长1000米、宽20最终以规划设计条件为准
6	区公建中心	湘雅路派出所	湘雅路	预备	位于油铺街S8地块东北角，总用地面积0.22公顷
7	区公建中心	前进小学	浏阳河	预备	用地面积3.4公顷，建筑面积2.72万平方米，班级 36个班
8	区市政中心	人行立体过街设施建设项目	浏阳河等	预备	在渔业路万国城路段、渔业路珠江花城路段、开福 湘一路段、三一大道世界之窗路段、三一大道九尾 段、开福大道清水塘实验小学路段、三一大道喻家冲 福元西路洪山家园路段、万家丽北路恒大雅苑路段 1处新建人行天桥
9	区城北投	山鹰潭农民安置房	洪 山	预备	位于福元路以北，山月路以西，总用地面积6.4公 净用地6公顷，容积率3.0。总建筑面积24万平方 其中计容面积18万平方米
10	区城北投	太阳山路农民安置房（土储80亩）	青竹湖	预备	高尔夫路以北，太阳山路以西，总用地面积7.53公 净用地面积5.47公顷（实际面积以国土测绘为准 暂估容积率2.5。预计总建筑面积17.8万平方米， 计容面积13.7万平方米
11	区棚改投	开福寺周边地块片棚改项目	新 河	预备	位于黄兴北路至湘江中路。主要用于配套建设
12	大城北棚改投	环宇石英砂厂周边（原395亩储备地）棚改项目	洪 山	预备	位于福元路以北，双河路以南，北二环以西，开福 以东。110户，单位1个，房屋1.1万平方米
13	区棚改投	望麓园巷及两厢地块项目（二期）3号、4号地块	望麓园	预备	东起建湘路、南至中山路、西至蔡锷北路、北至 路。占地面积2.3公顷，涉及房屋876户，面积5. 平方米
14	大城北棚改投	陡岭路两厢棚改项目（西片区）二期	伍家岭	预备	东至陡岭路、西至规划中的民生路、北至凯乐微 南至规划中的健康路，总占地面积3.23公顷，涉 数400户，涉及建筑面积4.2万平方米。二期涉及 178户，房屋面积1.25万平方米
15	区棚改投	开福区零星棚改项目（含危房）	相关街道	预备	开福区区划范围内危房、疑似危房、筒子楼等房屋 2020年度项目具体征收范围、户数、面积以征收 为准
16	区棚改投	精英路北段建设项目	伍家岭	预备	精英路以东，潘家坪路以南，广铁集团7栋宿舍
17	金霞发展集团	广胜小学	青竹湖	预备	用地面积1.8公顷，建筑面积1.5万平方米，班级 24个班
18	金霞发展集团	汤家湖路	青竹湖	预备	芙蓉北路至湘江北路，长800米、宽60米
19	金霞发展集团	广胜路	青竹湖	预备	前塘路至青竹湖大道，长1318米、宽36米
20	金霞发展集团	霞凝路	青竹湖	预备	湘捞路至柏曹路，长655米、宽36米
21	金霞发展集团	枫树湾路	秀 峰	预备	铁港路至裕兴路，长1100米、宽26米
22	金霞发展集团	家和路	沙 坪	预备	中青路至天井路，长562米、宽18米

起止年限	项目预估总投资（万元）	2020 年预估投资（万元）	资金来源	2020 年主要建设内容	开 / 竣工月份
2019—2022	待定	—	待定	完善前期手续	—
2020—2021	待定	—	区财政	完善前期手续	—
2020—2022	18700	—	市区财政	完善前期手续	—
2020—2021	600	—	区财政	完善前期手续	—
2020—2022	135536	—	自筹	完善前期手续	—
2020—2023	113761	—	自筹	完成拆迁	—
2020—2022	7000	—	自筹	完善前期手续	—
2020—2022	60000	—	自筹	完善前期手续	—
2020—2021	60000	—	自筹	完善前期手续	—
2018—2021	30000	—	自筹	完善前期手续	—
2020—2021	159000	—	自筹	完善前期手续	—
2019—2021	16000	—	自筹	完成部分征收	—
2020—2022	9000	—	园区自筹	完善前期手续	—
2020—2022	16368	—	园区自筹	完善前期手续	—
2020—2022	16180	—	园区自筹	完善前期手续	—
2020—2022	8040	—	园区自筹	完善前期手续	—
2020—2022	9753	—	园区自筹	完善前期手续	—
2020—2022	3450	—	园区自筹	完善前期手续	—

续表17

序号	项目单位	项目名称	所在街道	建设性质	建 设 内 容
23	金霞发展集团	彭家巷南路	捞刀河	预备	兴联路至大塘路，长 1345 米、宽 46 米
24	金霞发展集团	谊信路东段	捞刀河	预备	彭家巷路至青环路，长 520 米、宽 36 米
25	金霞发展集团	毋山路	秀 峰	预备	秀峰大道至戴家河路，长 489 米、宽 26 米
26	金霞发展集团	邀月路	秀 峰	预备	创远路至兴联路，长 339 米、宽 18 米
27	金霞发展集团	广顺路	秀 峰	预备	铁港北路至开福大道，长 550 米、宽 18 米
28	金霞发展集团	鹅秀东路	秀 峰	预备	芙蓉北路至秀东路，长 425 米、宽 36 米
29	金霞发展集团	秀东路北段二期	秀 峰	预备	格润路至鹅秀路，长 703 米、宽 36 米
30	金霞发展集团	谊信路西段	秀 峰	预备	彭家巷路至竹隐路，长 620 米、宽 46 米
31	金霞发展集团	高岭路中段	捞刀河	预备	明秀路至彭家巷路，长 989 米、宽 36 米
32	金霞发展集团	秀东路南段	秀 峰	预备	天鹅大道至登铭路，长 490 米、宽 36 米。拉通片[illegible]污水主通道
33	金霞发展集团	兴隆路排污管道	秀 峰	预备	裕城南路至芙蓉北路，长 380 米、管径 D500
34	金霞发展集团	玉轩路	捞刀河	预备	明秀路至中青路，长 290 米、宽 18 米
35	金霞发展集团 市交通投	1094 地块开发建设项目	秀 峰	预备	项目位于金霞经济开发区鹅秀组团内，芙蓉北路以[illegible]石长铁路桥以南、植基路以西、周南中学以北。拟[illegible]成为集商务、办公、酒店、休闲、娱乐、银行、餐[illegible]功能于一体的大型综合商业区，打造长沙城北的商[illegible]中心
36	金霞发展集团	秀峰山公园二期	秀 峰	预备	植基路以西、芙蓉北路以东、兴联路以南、二环以[illegible]面积 30 公顷的公园绿化及景点建设
37	金霞发展集团	鹅羊山公园	秀 峰	预备	芙蓉北路以西、湘江北路以东、鹅羊路以南、湘江[illegible]以北，面积 66.67 公顷的公园绿化及景点建设。主[illegible]对已建游道进行配套设施完善
38	区城投集团	桃花溪综合治理关公湖片区土地整理及开发项目	青竹湖	预备	项目位于青竹湖路以南，中青路以西，占地面积 38[illegible]公顷，包括莫家坝公园以北 6 公顷、青环路和路丝[illegible]交界东北角 6.27 公顷。主要进行片区土地整理及开[illegible]
39	区农业农村局	乌溪村白沙河堤防工程	沙 坪	预备	乌溪村白沙河堤防建设及加固
第二部分：社会投资类项目 94 个，其中新建项目 40 个，续建项目 54 个					
（一）工业高新技术项目 15 个，其中新建项目 9 个，续建项目 6 个					
新建项目（9 个）					
1	湖南华南光电（集团）有限责任公司	华南光电长沙智能光电信息产业基地	沙 坪	新建	项目有效用地面积 6.07 公顷，总建筑面积 10 万平[illegible]主要建设智慧安防产业软件开发、产品研究及制造[illegible]打造集特种产品科研开发、工艺研究、测试试验及[illegible]摄像机、智能制导组件生产等于一体的高科技智能[illegible]信息产业发展基地

起止年限	项目预估总投资（万元）	2020 年预估投资（万元）	资金来源	2020 年主要建设内容	开 / 竣工月份
2020—2022	21168	—	园区自筹	完善前期手续	—
2020—2022	6485	—	园区自筹	完善前期手续	—
2020—2022	4342	—	园区自筹	完善前期手续	—
2020—2022	2099	—	园区自筹	完善前期手续	—
2020—2022	3391	—	园区自筹	完善前期手续	—
2020—2022	5277	—	园区自筹	完善前期手续	—
2020—2022	8645	—	园区自筹	完善前期手续	—
2020—2022	9821	—	园区自筹	完善前期手续	—
2020—2022	17766	—	园区自筹	完善前期手续	—
2020—2022	5588	—	园区自筹	完善前期手续	—
2020—2022	1000	—	园区自筹	完善前期手续	—
2020—2021	1708	—	园区自筹	完善前期手续	9 月
2020—2025	1400000	—	社会资本	完善前期手续	—
2020—2021	1000	—	园区自筹	完善前期手续	—
2020—2021	1000	—	园区自筹	完善前期手续	—
2020—2025	待定	—	社会资本	完善前期手续	—
2020—2022	4000	—	区财政	完善前期手续	—
—	11122768	3023396	—	—	—
—	1047200	456000	—	—	—
—	835000	402000	—	—	—
2020—2021	100000	30000	自筹	办理前期手续，启动项目建设	9 月

续表17

序号	项目单位	项目名称	所在街道	建设性质	建设内容
2	华勤通讯技术有限公司	消费电子产业长沙研发制造基地项目	青竹湖	新建	项目用地总面积 30.33 公顷，有效用地面积 27.4 公顷，主要建设研发中心和智能制造基地，项目定位为面向未来 20 年的新一代消费类电子产品研发、智能制造基
3	湖南天力瑞家新材料科技股份有限公司	天力瑞家新材料全国总部研发生产基地	沙坪	新建	项目有效用地面积 4.85 公顷，总建筑面积 5.8 万平方米，主要建设天力不锈钢管系列产品的生产、销售、仓储物流及办公总部基地等
4	湖南金霞东湖高新科技发展有限公司	东湖高新·金霞智慧城	青竹湖	新建	项目有效用地面积 10.99 公顷，总建筑面积 20.5 万平方米，主要建设多层工业厂房、总部基地、研发中心及配套设施等，打造智能物流装备制造产业基地
5	湖南城际科技有限公司	北京城际科技动车组闸片湖南生产基地	青竹湖	新建	项目有效用地面积 3.07 公顷，总建筑面积 5 万平方米，主要建设 2 栋厂房、研发中心以及配套设施，打造动车组闸片系列产品的生产制造总部基地
6	湖南纽曼通信科技有限公司	纽曼通讯科技生产基地	青竹湖	新建	项目有效用地面积 3.33 公顷，总建筑面积 5.9 万平方米，主要建设多层工业厂房，打造互联网智能终端产品研发及生产基地，并建立云服务中心
7	湖南城际电子有限公司	上海城际电子新材料生产基地	青竹湖	新建	项目有效用地面积 2.8 公顷，总建筑面积 5 万平方米，主要建设 2 栋生产厂房和研发中心等
8	湖南创亿盈光电技术有限公司	菲斯罗克光纤陀螺生产基地	沙坪	新建	项目有效用地面积 2 公顷，主要建设光纤陀螺及工SAR 等系列产品的研发及产业化基地、检测及科研服务中心、院士工作站等
9	湖南高铁时代数字化科技有限公司	高铁时代数字科技生产研发中心扩建工程	青竹湖	新建	项目有效用地面积 0.96 公顷，总建筑面积 1.86 万平方米，主要建设轨道交通仿真教学设备研发中心及配套办公
续建项目（6 个）					
1	长沙正大有限公司	正大集团湖南区农牧食品生产基地	沙坪	续建	项目有效用地面积 6.53 公顷，一期建筑面积 2.24 万平方米，主要建设饲料加工及销售、正大农产品深加工及销售、正大集团湖南区养殖和食品事业线总部及销售中心
2	长沙佳海产业园建设投资有限公司	佳海工业园 H1 标准厂房	沙坪	续建	项目有效用地面积 2.55 公顷，总建筑面积 9 万平方米，主要建设 2 栋 17 层高层厂房和 3 栋 6 层标准厂房，打造中小企业产品生产集聚中心
3	湖南顺新金属制品科技有限公司	特种金属材料生产加工基地	沙坪	续建	项目有效用地面积 5.19 公顷，建筑面积 4.6 万平方米，主要建设金属材料生产加工厂房和配套设施
4	湖南拓沃重工科技有限公司	拓沃重工工程机械生产基地	青竹湖	续建	项目有效用地面积 3.26 公顷，总建筑面积 3.7 万平方米，主要建设 3 栋生产厂房及配套办公楼等内容，打造集研发、生产、物流配送于一体的现代工程机械制造基
5	卓尔发展（长沙）有限公司	卓尔第一企业社区	青竹湖	续建	项目有效用地面积 12.06 公顷，总建筑面积 28 万平方米，主要建设多层厂房、高层厂房及配套用房，打造企业总部、研发生产、生活配套等为一体的高科技产业园区
6	长沙罗莎食品有限公司	罗莎蛋糕企业总部及生产基地	青竹湖	续建	项目有效用地面积 3.09 公顷，总建筑面积 3.2 万平方米，主要建设企业总部大楼及 2 栋生产厂房

起止年限	项目预估总投资（万元）	2020 年预估投资（万元）	资金来源	2020 年主要建设内容	开 / 竣工月份
2020—2021	500000	300000	自筹	完成 4.5 万平方米过渡生产厂区建设，启动研发中心和生产制造基地建设	6 月
2020—2021	20000	8000	自筹	办理前期手续，启动主厂房建设	9 月
2020—2022	80000	24000	自筹	完成部分主体工程	6 月
2020—2021	50000	15000	自筹	完成部分主体工程	9 月
2020—2021	20000	5000	自筹	完成部分主体工程	6 月
2020—2021	40000	10000	自筹	完成部分主体工程	9 月
2020—2021	20000	8000	自筹	完成拆迁和土地招拍挂，启动项目建设	12 月
2019—2020	5000	2000	自筹	完成主体工程建设	3 月
—	212200	54000	—	—	—
2019—2021	30000	22000	自筹	完成一期项目建设	12 月
2019—2020	32200	15000	自筹	完成多层厂房建设	—
2019—2020	20000	5000	自筹	完成项目一期建设	6 月
2019—2020	20000	5000	自筹	完成项目建设	6 月
2019—2022	100000	5000	自筹	完成部分主体工程	—
2019—2020	10000	2000	自筹	完成项目一期建设	—

续表17

序号	项目单位	项目名称	所在街道	建设性质	建设内容
（二）服务业项目 10 个，其中新建项目 6 个，续建项目 4 个					
新建项目（6 个）					
1	湖南聚恒置业有限公司	聚恒集团总部基地	马栏山视频文创产业园	新建	总建筑面积 10.3 万平方米，主要建设 2 栋高层办么筑及商业裙房，其中 1# 楼为 23 层办公主楼， 3# 村计为 22 层酒店式办公楼，建筑高度均为 99.9 米
2	绿地地产集团长沙置业有限公司	绿地星城之心（星城光塔）项目	马栏山视频文创产业园	新建	超高层 A61 地块拟打造 380 米超高层地标塔（长沙二高楼，产业、地标、景观、功能融合）、五星级酒国际服务式人才公寓，超高层顶层打造云观光厅及云播厅
3	湖南兴旺科技有限公司	兴旺科技总部基地项目	马栏山视频文创产业园	新建	总建筑面积 11.5 万平方米，拟建 2 栋塔楼，A 塔高119.9 米、B 塔高度 99.9 米，运营为兴旺科技总部基及配套
4	湖南建工同创置业有限公司	湖南创意设计总部大厦项目	马栏山视频文创产业园	新建	总建筑面积9.9万平方米，主要建设创意设计、商务办配套商业、省建筑科学研究院总部
5	绿地地产集团长沙置业有限公司	绿地 V 岛项目	马栏山视频文创产业园	新建	总建筑面积 85 万平方米，主要建设 2 栋幼儿园、3办公楼、1 栋超高层办公楼、1 栋商业、13 栋住宅装修）及地下室
6	恒通置业	兴联（中石化）项目	秀峰	新建	总建筑面积 15.9 万平方米，主要建设 1 栋商业办公楼7 栋高层住宅
续建项目（4 个）					
1	湖南湘商置业投资有限公司	湘商大厦（滨江华尔街中心）	新河	续建	项目占地面积 0.67 公顷，总建筑面积 6.8 万平方米。设 2 栋超 5A 滨江精品写字楼（含高端服务型公寓、公与高端精品商业 MALL
2	湖南广播电视台	湖南广播电视台节目生产基地及配套设施建设项目	洪山	续建	项目由芒果体验馆、5 个演播厅、1 个多媒体艺术中心技术大楼、漂浮办公、2 个报告厅、新媒体数据中心能源中心、技术配套用房、公众参观通道及配套用房组成，建筑面积 22.7 万平方米
3	湖南马栏山芒果实业有限公司	芒果马栏山广场项目	马栏山视频文创产业园	续建	用地面积 5.53 公顷，总建筑面积 41.8 万平方米，主建设高层商业、文创中心及地下室
4	长沙视谷实业有限公司	中广天择总部基地	马栏山视频文创产业园	续建	用地面积 4.73 公顷，总建筑面积 26 万平方米。主要设中广天择总部大楼、演播厅、孵化器办公、酒店式公、配套商业及地下车库
（三）文化教育等社会事业项目 13 个，其中新建项目 12 个，续建项目 1 个					
新建项目（12 个）					
1	湖南泰和医院管理有限公司	泰和医院扩建项目	秀峰	新建	项目有效用地面积 3.41 公顷，总建筑面积 16 万平方主要建设 2 栋康病房楼、1 栋培训值班楼、1 栋病房楼1 栋办公科研综合楼以及 1 栋放射诊疗中心等
2	长沙北辰房地产开发有限公司	开福区北辰实验小学	新河	新建	用地面积 2 公顷，建筑面积 2 万平方米，班级规模个班，主要新建教学楼、综合楼及室外附属工程
3	湖南金隅阳光投资有限公司	金隅桃园配套小学	青竹湖	新建	用地面积 1.6 公顷，建筑面积 6723 平方米，班级规模12 个班，新建教学楼、综合楼及室外附属工程

起止年限	项目预估总投资（万元）	2020年预估投资（万元）	资金来源	2020年主要建设内容	开/竣工月份
—	2228900	555000	—	—	—
—	1550900	422000	—	—	—
020—2024	72000	25000	自筹	完成基础施工，完成部分主体建设	1月
020—2023	400000	100000	自筹	基础施工	1月
020—2021	80000	30000	自筹	完成主体结构施工	1月
020—2021	70000	42000	自筹	完成竣工验收	9月
020—2022	800000	200000	自筹	A08、A09/10、A13地块住宅主体施工至30层，商业施工至20层	1月
020—2022	128900	25000	自筹	启动项目建设（完成基础施工、主体10层）	3月
—	678000	133000	—	—	—
017—2020	48000	26000	自筹	主体建设、设备安装、装饰装修、项目竣工交付	—
016—2021	300000	42000	自筹	完成主体建设	—
019—2025	300000	35000	自筹	文创中心封顶，完成部分地下室建设	—
018—2022	180000	30000	自筹	一期完成主体结构施工，部分幕墙、安装及公装施工。 二期完成土方、基坑支护工程及地下室结构施工	—
—	250891	54800	—	—	—
—	188003	49800	—	—	—
2020—2021	50000	15000	自筹	建设病房楼、值班楼和行政楼	7月
2019—2020	84000	4000	自筹	完成建设	9月
2019—2020	3000	2000	自筹	完成建设	9月

续表17

序号	项目单位	项目名称	所在街道	建设性质	建设内容
4	湖南宏吉置业有限公司	长郡开福中学（兴联中学）	秀 峰	新建	用地面积2.27公顷，建筑面积2.26万平方米，班模36个班，新建教学楼、综合楼及室外附属工程
5	长沙恒高紫荆开发有限公司	麓山高岭实验学校	捞刀河	新建	用地面积5.54公顷，建筑面积4.4万平方米，初中个班，小学36个班。新建教学楼、综合楼及室外附工程
6	长沙宝瑞房地产开发有限公司	明德金鹰学校	月 湖	新建	用地面积1.2公顷，建筑面积1.1万平方米，班级24个班，新建教学楼、综合楼及室外附属工程
7	湖南旷代房地产开发有限公司	旷代沁园项目配套幼儿园	浏阳河	新建	用地面积0.47公顷，建筑面积3579平方米，班级12个班，新建教学楼及室外附属工程
8	湖南金隅阳光投资有限公司	金隅桃园项目配套幼儿园	青竹湖	新建	用地面积0.4公顷，建筑面积2891平方米，班级规个班，新建教学楼及室外附属工程
9	湖南晟冉房地产开发有限公司	钱隆国际项目配套幼儿园	秀 峰	新建	用地面积0.13公顷，建筑面积1298平方米，班级3个班，新建教学楼及室外附属工程
10	长沙市天健房地产开发有限公司	芙蓉盛世项目配套幼儿园	新 河	新建	用地面积0.25公顷，建筑面积1890平方米，班级6个班，新建教学楼及室外附属工程
11	湖南宏吉置业有限公司	楚天逸品项目配套幼儿园	秀 峰	新建	用地面积0.47公顷，建筑面积3203平方米，班级12个班，新建教学楼及室外附属工程
12	长沙金霞开发建设有限公司	恒大御景半岛项目配套幼儿园	芙蓉北路	新建	用地面积0.38公顷，建筑面积2484平方米，班级9个班，新建教学楼及室外附属工程
续建项目（1个）					
1	中南大学湘雅医院	教学科研楼工程	湘雅路	续建	教学、科研和全科医生规范化临床培养基地等用房
（四）商贸物流项目15个，其中新建项目8个，续建项目7个					
新建项目（8个）					
1	长沙深国际综合物流港发展有限公司	长沙深国际现代综合物流港二期	沙 坪	新建	项目有效用地面积17.71公顷，项目总建筑面积1平方米，主要建设多栋双层高标准仓库及配套办公用员工宿舍等，布局交易展示、集运分拨、现代仓储、息管理、电子商务、总部办公等功能片区
2	湖南医药集团有限公司	湖南医药集团总部及智能医药物流产业基地	青竹湖	新建	项目用地总面积12.67公顷，有效用地面积9.33公主要建设总部大楼、研发中心、智慧医药物流配送及相关配套设施。项目将向生产研发、分销渠道、终端、医疗服务进行全产业链扩张，致力发展成为一流的医药综合性产业集团
3	湖南瑞康康达健康产业开发有限公司	瑞康（湖南）医疗大健康产业基地	青竹湖	新建	项目用地总面积13公顷，有效用地面积8.62公顷，两期建设，总建筑面积约16万平方米，主要建设湖南现代医药健康品物流中心、瑞康湖南总部中心、三方物流仓库及相关配套。项目着力打造华中地区药物流，医疗器械研发、生产、供应链配套于一体端医药健康产业集群基地
4	湖南九州通医药有限公司	九州通医药物流中心二期	青竹湖	新建	项目有效用地面积1.67公顷，总建筑面积4.67万平方主要建设自动化立体药品仓库、分拣中心、大型立及智能软件平台

起止年限	项目预估总投资（万元）	2020 年预估投资（万元）	资金来源	2020 年主要建设内容	开 / 竣工月份
2020	15000	4000	自筹	完成建设	9 月
2020—2021	17700	12700	自筹	完成部分工程建设	3 月
2020—2021	8000	4000	自筹	完成部分工程建设	9 月
2019—2020	2000	2000	自筹	完成建设	3 月
2020—2021	1500	1000	自筹	完成部分工程建设	9 月
2019—2020	900	900	自筹	完成建设	3 月
2020—2021	1200	1200	自筹	完成部分工程建设	6 月
2019—2020	3203	2000	自筹	完成建设	9 月
2020—2022	1500	1000	自筹	完成规划报建	6 月
—	62888	5000	—	—	—
2016—2020	62888	5000		完成部分工程	—
—	1018963	290000	—	—	—
—	432300	125000	—	—	—
2020—2022	75000	20000	自筹	完成主体建设	5 月
2020—2021	100000	25000	自筹	完成过渡仓储及办公场地装修并投入使用，启动总部大楼、配送中心和相关配套设施建设	9 月
2018—2022	100000	10000	自筹	完成调规手续，启动建设	9 月
2020—2021	17300	4000	自筹	启动二期高架立体库建设	9 月

续表17

序号	项目单位	项目名称	所在街道	建设性质	建设内容
5	湖南德荣医疗健康产业有限公司	德荣医疗国际创新产业基地	青竹湖	新建	项目有效用地面积4.34公顷，总建筑面积11.5万平方主要建设医药器械研发、生产、展示、交易，以及医流通的仓储、配送、电子商务、医疗咨询、医疗配套务等平台
6	湖南恒昌医药有限公司	恒昌医药总部基地	青竹湖	新建	项目有效用地面积3.64公顷，总建筑面积7.5万平方主要建设1栋高层仓库和2栋双层仓库，打造集总部公、电子商务平台、仓储物流及配套服务于一体的医物流总部基地
7	湖南金六谷科技有限公司	金六谷医药健康产业基地	沙坪	新建	项目有效用地面积3.36公顷，总建筑面积7.09万平方主要建设仓储设施、科技研发中心以及配套设施，打集研发、生产、批发、销售、服务为一体的科技创新现代物流园
8	长沙香江高岭商贸物流城开发有限公司	高岭商贸城配套商业中心	秀峰	新建	项目有效用地面积1.88公顷，总建筑面积11万平方主要建设配套酒店、商务写字楼等
续建项目（7个）					
1	长沙华升物流有限公司	万科·华升智慧物流园	秀峰	续建	项目有效用地面积22.39公顷，总建筑面积21.8万平米，主要建设第4代高标准仓储设施、冷链物流设施转运分拨基地，搭载智能物流管理系统，打造集约化数字化、智能化“一站式”生态型服务物流平台
2	湖南旺东物流有限公司	旺东现代物流产业基地	秀峰	续建	项目有效用地面积9.8公顷，主要建设1条长2.6千铁路专用线、面积10万平方米货运堆场以及配套办用房，打造一个集商品汽车整车及零配件运输、仓储配送、交易于一体的铁路物流基地
3	湖南夸特纳斯供应链管理有限公司	荷兰夸特纳斯·长沙国际食材集采集配加工中心	沙坪	续建	项目有效用地面积9.95公顷，总建筑面积14万平方主要建设多层厂房、立体库及综合办公楼，打造中央房式国际食材加工中心、高端智能冷链储存分拣及源集采集配中心和食品安全质量大数据中心
4	湖南家家红实业有限公司	家家红智慧冷链物流配送基地	沙坪	续建	项目有效用地面积5.86公顷，总建筑面积8.9万平方主要建设3栋冷链仓储、1栋检测车间以及办公楼等打造品牌饮料、水果罐头的区域性物流配送中心、中心和结算中心
5	长沙湘通国际铁路港有限公司	长沙国际铁路港	青竹湖	续建	项目规划用地面积62.27公顷，总建筑面积23万平方主要建设特货作业区、快运作业区、冷藏作业区、作业区、整车作业区、集装箱作业区专线、办公区、储及配套设施
6	湖南嘉德投资置业有限公司	湖南跨境电商生态产业基地二期	青竹湖	续建	项目有效用地面积6公顷，总建筑面积14.5万平方米主要建设进出口商品展示交易中心，跨境电商生态产基地，外贸综合服务、外贸金融服务基地、外贸企业部大楼，人才培训交流基地、会议交流会展中心，仓储及加工分装中心，综合配套等
7	长沙平瑞冷链物流有限公司	平安·辉瑞医药电商产业基地	青竹湖	续建	项目有效用地面积5.06公顷，总建筑面积6.9万平方主要建设高标准双层仓库、冷链物流设施和配套办公房，打造医药电商产业集聚中心

起止年限	项目预估总投资（万元）	2020 年预估投资（万元）	资金来源	2020 年主要建设内容	开 / 竣工月份
2020—2021	40000	20000	自筹	完成土地平整，启动 5 栋共计 7.7 万平方米智慧仓库建设	9 月
2020—2021	30000	15000	自筹	启动 2 栋共计 4.5 万平方米自用仓储物流中心建设	9 月
2020—2021	20000	11000	自筹	完成主体建设	5 月
2020—2022	50000	20000	自筹	启动项目建设，完成部分主体工程	6 月
—	586663	165000	—	—	—
2019—2021	147000	50000	自筹	完成主体建设	—
2019—2020	50000	30000	自筹	完成专用线与堆场建设	—
2019—2021	100000	40000	自筹	完成主体建设	—
2019—2021	30000	10000	自筹	完成主体建设	—
2017—2019	210000	20000	自筹	完成二期建设	7 月
2018—2021	19663	11000	自筹	完成主体建设	—
2017—2020	30000	4000	自筹	完成项目建设	5 月

续表17

序号	项目单位	项目名称	所在街道	建设性质	建设内容
（五）城市商业综合体项目9个，其中新建项目2个，续建项目7个					
新建项目（2个）					
1	长沙深业福湘职业有限公司	深业中心	清水塘	新建	净用地面积6515.7平方米，容积率≤9.85，总建筑面积8.4万平方米（含三层地下室）的一栋单体建筑
2	北辰地产集团	北辰三角洲项目A1D1区商业改造项目（大悦城项目）	新 河	新建	项目位于开福区湘江北路1500号，紧邻湘江风光带，北临长沙市三馆一厅。项目总用地面积11万平方米，建筑面积23万平方米。地上7层，地下3层
续建项目（7个）					
1	富兴置业发展有限公司	富兴世界金融中心二期	东风路	续建	用地面积2.35公顷，总建筑面积46万平方米，主要建设1栋公寓、10栋住宅
2	阳光城集团湖南公司	阳光城湘江宾馆	望麓园	续建	占地面积2.58公顷，建筑面积16万平方米，其中商业面积12.7万平方米，住宅面积3.3万平方米。主要建设1栋住宅、2~4栋酒店公寓
3	长沙润置房地产开发有限公司	华润置地中心	望麓园	续建	用地面积2.8公顷，建设集高档写字楼、高档公寓和商业裙楼于一体的大型商业体，总建筑面积31万平方米
4	长沙隆熙致远房地产开发有限公司	华远华时代	清水塘	续建	用地面积1.92公顷，总建筑面积28万平方米。主要建设3栋商务公寓楼
5	湖南珠江实业投资有限公司	珠江好世界（悦界）商业综合体	浏阳河	续建	总建筑面积32.4万平方米，主要涵盖2层地下室、住宅、5栋公寓及大型商业体
6	湖南华城旭悦置业有限公司	润和国际广场	浏阳河	续建	用地面积6.57公顷，总建筑面积26万平方米。主要建设12栋商业、3栋高层住宅
7	湖南旷代房地产开发有限公司	长沙live商业综合体	浏阳河	续建	用地面积2.07公顷，总建筑面积8万平方米，主要涵盖LOFT公寓、平层公寓、商业街等
（六）住宅房地产项目32个，其中新建项目3个，续建项目29个					
新建项目（3个）					
1	湖南旷代房地产开发有限公司	春和景园	浏阳河	新建	用地面积3.8公顷，总建筑面积11.4万平方米。主要建设9栋高层住宅
2	长沙长房福瑞房地产开发有限公司	长房·雍景湾	浏阳河	新建	项目位于渔北路以北，滨江路以南，双河北路以东，家园路以西。地块总用地面积6万平方米，总建筑面积20.8万平方米，包含8栋高层住宅、4栋独栋商业、幼儿园、物管用房、社区用房、垃圾站、公厕及配电房
3	湖南北城兴业开发建设有限公司	北城·书香里	青竹湖	新建	项目有效用地面积1.64公顷，总建筑面积7.9万平方米，主要建设街区式商业和商用公寓
续建项目（29个）					
1	长沙金霞开发建设有限公司	恒大御景半岛锦绣苑	芙蓉北路	续建	总建筑面积33万平方米，拟建成高档住宅楼与高端精品商业MALL
2	长沙金霞开发建设有限公司	恒大御景半岛翰林苑	芙蓉北路	续建	总建筑面积19万平方米，主要建设4栋住宅、2栋公寓、3栋小商业、1个幼儿园

起止年限	项目预估总投资（万元）	2020 年预估投资（万元）	资金来源	2020 年主要建设内容	开 / 竣工月份
—	2618401	361696	—	—	—
—	141000	65000	—	—	—
2020—2023	80000	40000	自筹	基坑土方开挖，基础施工，地下室施工	8 月
2020—2021	61000	25000	自筹	外立面改造、园林景观提质改造施工，公共区域室内装修完成	3 月
—	2477401	296696	—	—	—
2018—2023	520000	40000	自筹	土建、安装、内外装饰施工，配套水、电、弱电、消防管道等配套施工	—
2017—2021	160000	50000	自筹	完成装饰装修工程	—
2019—2023	671600	60000	自筹	完成地下室施工，完成 6#、7# 栋主体施工、示范区开放，超高层建筑完成主体至 12 层	—
2017—2021	450000	60000	自筹	A、B 塔主体建设	—
2016—2023	173341	31896	自筹	完成一期 5 栋住宅竣工验收及交楼；完成二期 5 栋公寓及多层商业桩基及主体结构	—
2018—2021	400000	50000	自筹	完成 1~15 栋主体工程	—
2019—2021	102460	4800	自筹	完成部分主体建设	—
—	3958413	1305900	—	—	—
—	338638	73000	—	—	—
2020—2021	90638	11000	自筹	完成部分建设	9 月
2020—2022	200000	50000	自筹	完成主体结构封顶	1 月
2020—2022	48000	12000	自筹	启动项目建设	9 月
—	3619775	1232900	—	—	—
2015—2021	116000	20000	自筹	完成部分工程	—
2018—2022	68200	20000	自筹	完成部分工程	—

续表17

序号	项目单位	项目名称	所在街道	建设性质	建设内容
3	湖南海洋环球置业有限公司	海洋半岛三期	四方坪	续建	用地面积 1.47 公顷，总建筑面积 6.5 万平方米。主设 2 栋住宅，3 栋商业及 1 个幼儿园，其中住宅面积万平方米，商业面积 8388 平方米，幼儿园面积 250方米，社区面积 500 平方米，地下室面积 8322 平方
4	湖南新力湘房地产开发有限公司	新力紫园	伍家岭	续建	用地面积 1.87 公顷，总建筑面积 9 万平方米，其中住宅万平方米，配套商业 0.5 万平方米
5	湖南亦成投资有限公司	恒大・林溪郡	青竹湖	续建	项目有效用地面积 35 公顷，总建筑面积 70 万平方主要建设别墅、高层。分三期建设，一期已建成，主要建设 2 号、3 号地块，建筑面积约 37 万平方主要建设高层住宅
6	湖南金隅阳光投资有限公司	金隅阳光・曦园	青竹湖	续建	项目总用地面积 50.4 公顷，有效用地 31.07 公顷，筑面积 38 万平方米。分五期开发建设，三期规划7 公顷，建筑面积 24 万平方米，其中高层 17 万平方洋房及幼儿园 7 万平方米
7	湖南联合房地产开发有限公司	卓越・千山外	青竹湖	续建	项目有效用地面积 10.4 公顷，总建筑面积 20.6 万平方主要建设 9 栋高层及 20 栋别墅
8	湖南青竹湖国际商务社区开发有限公司	绿城青竹园	青竹湖	续建	项目有效用地面积 13.8 公顷，总建筑面积 22 万平方主要建设南区东片及北区六组团别墅
9	湖南国建置业发展有限公司	恒泰・湘壹府	青竹湖	续建	项目有效用地面积 13.2 公顷，总建筑面积 28 万平方主要建设 20 栋高层住宅和配套商业体
10	湖南宏吉置业发展公司	楚天御府	秀 峰	续建	用地面积 4.93 公顷，总建筑面积 18.7 万平方米，建设 10 栋 32 层住宅及底层商业
11	湖南华源房地产开发有限公司	保利・堂悦	秀 峰	续建	项目有效用地面积 3.36 公顷，总建筑面积 12.7 万平方主要建设高层住宅、幼儿园、社区用房等
12	长沙市开泰置业有限公司	观山林邸	秀 峰	续建	项目有效用地面积 2.48 公顷，总建筑面积 9.6 万平方主要建设 5 栋高层住宅、酒店及地下车库等
13	湖南中坤置业有限公司	新城・和樾公馆	秀 峰	续建	项目有效用地面积 3.47 公顷，总建筑面积 17.5 万平方主要建设 6 栋高层住宅和 1 栋公寓楼
14	湖南鸿邦地产开发有限公司	鸿邦国际城	秀 峰	续建	项目有效用地面积 3.9 公顷，总建筑面积 17 万平方主要建设高层住宅、商务楼宇及配套设施等
15	长沙宾盛投资管理有限公司	湘江东苑	秀 峰	续建	项目有效用地面积 1.6 公顷，总建筑面积 5 万平方主要建设 5 栋高层住宅及配套商业
16	长沙创远置业有限公司	创远・湘江壹号	秀 峰	续建	项目 3–2 期有效用地面积 6.67 公顷，建筑面积 34.平方米，主要建设 11 栋高层住宅；3–3 期有效用公顷，建筑面积 17.5 万平方米，主要建设 5 栋高层住四期有效用地 10 公顷，建筑面积 6.5 万平方米，建设 64 栋别墅
17	长沙湘江名苑房地产有限公司	恒大・御景天下	秀 峰	续建	项目有效用地面积 37.87 公顷，总建筑面积 60 万平方一期、二期已建成；三期占地面积 4.8 公顷，建积 9.3 万平方米，主要建设 3 栋高层、5 栋洋房；用地面积 4.67 公顷，建筑面积 8.6 万平方米，主要3 栋高层，7 栋洋房；名苑小学占地面积 4.53 公顷筑面积 2.2 万平方米，主要建设 48 个班

起止年限	项目预估总投资（万元）	2020年预估投资（万元）	资金来源	2020年主要建设内容	开/竣工月份
2020—2022	15000	5000	自筹	完成三期基础工程和地下室及两栋住宅的主体工程	—
2018—2021	130000	20000	自筹	2#栋、4#栋精装修完成，9#栋主体粗装修完成，园林景观初步完成	—
2015—2022	210000	40000	自筹	3号地块19~25#栋高层住宅主体及配套工程、2号地块27~34#栋主体工程	—
2010—2022	300000	53000	自筹	完成高层住宅建设，启动洋房建设	—
2018—2022	80000	29000	自筹	建成别墅区，完成高层住宅部分主体工程	—
2016—2021	485575	110000	自筹	完成部分主体工程	—
2017—2021	120000	30000	自筹	完成二期建设	—
2019—2022	120000	50000	自筹	建设1~10#栋主体工程	—
2019—2021	130000	70000	自筹	地下室及高层住宅主体结构施工	—
2019—2021	50000	10000	自筹	完成部分主体工程	—
2018—2020	70000	6000	自筹	完成项目建设	—
2018—2019	50000	20000	自筹	完成住宅区建设，启动商务楼宇主体建设	—
2019—2020	15000	5000	自筹	完成项目建设	—
2015—2020	200000	40000	自筹	完成三期、四期建设，启动商业综合体建设	—
2016—2021	320000	30000	自筹	完成三期、四期建设	—

续表17

序号	项目单位	项目名称	所在街道	建设性质	建设内容
18	湖南万事达房地产开发有限公司	万事达国际	秀峰	续建	项目有效用地面积11.07公顷，总建筑面积30万平方主要建设高层住宅及商业写字楼、酒店等
19	湖南矿梦置业开发有限公司	五矿·万境潇湘	秀峰	续建	项目有效用地面积8.69公顷，主要建设11栋高层及商业中心。其中住宅地块占地面积7.37公顷，筑面积25万平方米；商业地块占地面积1.33公顷建筑面积6万平方米
20	长沙深业置业有限公司	沙河城四期	捞刀河	续建	总建筑面积16.8万平方米，主要建设高层住宅
21	长沙鸿荣源房地产开发有限公司	福地·雅宾利	捞刀河	续建	项目有效用地面积28.8公顷，一期总建筑面积16.平方米，主要建设高层、洋房、商业、幼儿园等2建筑
22	长沙恒高房地产开发有限公司	旭辉·湖山赋	捞刀河	续建	项目有效用地面积51.87公顷，总建筑面积约110方米，主要建设低密度高档住宅小区。一期用地1公顷，建筑面积16.9万平方米，主要建设别墅及商二期建筑面积30.1万平方米，主要建设高层住宅墅及商业
23	湖南君悦环球发展有限公司	君悦新天地	新河	续建	总建筑面积10万平方米，主要建设3栋住宅
24	长沙北辰房地产开发有限公司	北辰三角洲（含北辰国际会议中心、A2区写字楼）	新河	续建	用地面积78公顷，总建筑面积500万平方米。主设130栋写字楼、商业和住宅。其中北辰A2区写项目规划净用地面积3.04万平方米，总建筑面积万平方米。项目包括1栋建筑面积8.8万平方米、为268米的超高层写字楼，2栋超高层住宅，及一栋万平方米配套商业。会议中心项目占地面积约2.9方米，总建筑面积20.3万平方米，建设1座4万米国际会议中心、1栋6万平方米会议酒店、1栋平方米商务写字楼
25	长沙市天健房地产开发有限公司	天健芙蓉盛世花园三期（含天健中心项目）	新河	续建	项目总用地面积8.7万平方米，总建筑面积为45.5方米。建设1栋6万平方米写字楼、1栋2.1万平商业裙楼、12栋住宅、1栋超高层写字楼和1栋公以及1所幼儿园、1所小学
26	湖南省友联置业有限公司	绿洲花园	月湖	续建	总建筑面积36万平方米，建设规模为：10栋25~高层住宅、1栋26层酒店式公寓、4栋3层临街商1栋3层会所、配套有1所3层的幼儿园
27	长沙双瑞房地产开发有限公司	藏珑湖上公馆	洪山	续建	总建筑面积9.9万平方米。主要建设2栋超高层商寓，地下室为2层
28	长沙宝瑞房地产开发有限公司	长沙恒大雅苑（悦湖商业广场）	洪山	续建	总建筑面积50万平方米，包含3栋高层住宅、4层公寓式酒店、2栋超高层公寓式酒店、1个商合体
29	长沙理想房地产开发有限公司	财富大厦	洪山	续建	总用地面积1万平方米，净用地面积5540.5平方总建筑面积4.6万平方米。地下3层，地上28层成后将成为高档、现代的独栋商住综合楼

起止年限	项目预估总投资（万元）	2020 年预估投资（万元）	资金来源	2020 年主要建设内容	开 / 竣工月份
2019—2022	200000	30000	自筹	完成一期主体建设	—
2018—2020	240000	62000	自筹	11 栋高层及独立商业、公寓加商业建设	—
2019—2024	80000	30000	自筹	完成基础施工，启动主体建设	—
2019—2021	90000	30000	自筹	启动项目建设	—
2016—2024	530000	120000	自筹	完成一期、二期建设，五期高层主体封顶	—
2017—2020	30000	12000	自筹	竣工验收	—
2007—2023	3664935	230000	自筹	C1 区、A3 区、D4 区主体建设；A2 区开展土方施工；会议中心外立面施工、园林景观配套设施施工，公共区域室内装修完成	—
2017—2021	266000	65000	自筹	北区全部完工，南区完成主体	—
2008—2019	100000	3000	自筹	完成绿洲花园最后一期 1 栋 26 层酒店式公寓及 1 栋三层临街商铺的建设	7 月
2019—2022	130000	40000	自筹	地上主体结构、外立面工程、门窗工程、水电安装工程、电梯工程、消防工程	—
2019—2024	120000	40000	自筹	3 栋高层住宅主体工程，公寓式酒店地下室部分，4 栋高层公寓式酒店部分主体工程	—
2018—2020	25000	12900	自筹	室内外装饰、管道设备安装、室外绿化等附属设施建设	—

开福区2020年本级市

表18

序号	项目单位	项目名称	建设地点	建设性质	建设内容
80个，其中新建项目28个，续建项目52个，不含预备项目11个					
第一部分：政府投资类项目27个，其中新建项目17个，续建项目10个					
（一）城市基础设施项目（市政道路、桥隧、供排水、污水处理、园林等）12个，其中新建项目8个，续建项目4个					
新建项目（8个）					
1	开福区公建中心	历史步道项目	开福区	新建	油铺街及毛家桥巷段、藩城堤巷及接贵街两厢进行提质改
2	开福区人居环境局	2020年“一圈两场三道”建设项目	开福区	新建	推进“15分钟生活圈”、停车场、农贸市场、自行车道、行道等建设
3	湖南金霞发展集团有限公司	纸笔塘路东段	开福区	新建	广胜路至荷莲路，长830米
4	湖南金霞发展集团有限公司	戴家河路西段	开福区	新建	湘江北路至兴隆路，长607米
5	湖南金霞发展集团有限公司	国科城配套路网建设项目	开福区	新建	龙杉路：中青路东辅道至广胜路，长887米 谭湾路：龙杉路至鹤杉路，长451米
6	湖南金霞发展集团有限公司	夸特纳斯水系改造	开福区	新建	管道总长762米，管径D2600至D2400
7	湖南金霞发展集团有限公司	青环路	开福区	新建	兴联路至北二环，长1404米
8	湖南金霞发展集团有限公司	天井路南延线	开福区	新建	大明大道至梅杉路，长469米
续建项目（4个）					
1	开福区公建中心	滨河北路	开福区	续建	新欣路至开福大道，长1350米
2	开福区公建中心	双河北路	开福区	续建	福元路至滨河北路，长850米，含中心绿化带
3	湖南金霞发展集团有限公司	汤家湖路西段及上跨铁路桥工程	开福区	续建	粮四库回车坪至湘江北路，长430米，并在金霞粮库铁路与汤家湖路相交，新建跨线桥及上跨金霞粮库专用线
4	湖南金霞发展集团有限公司	中青路北延工程	开福区	续建	青竹湖大道至前塘路，长1230米
（二）保障性安居工程及片区改造开发项目（包括棚户区改造、城市更新、“城中村”改造、保障性住房建设等）10个，其中新建个，续建项目5个					
新建项目（5个）					
1	长沙市开福棚改投资有限责任公司	望麓园巷及两厢地块改造项目有机更新	开福区	新建	东起建湘路、南至中山路、西至蔡锷北路、北至营盘路范有机更新

重大项目投资计划一览表

起止年限	项目预估总投资（万元）	2020年预估投资（万元）	资金来源	2020年主要建设内容	开/竣工月份
—	11336112	1950930	—	—	—
—	903519	221130	—	—	—
—	134569	67612	—	—	—
—	77080	52683	—	—	—
2020—2021	6500	4000	区财政	完成部分路面改造	6月
2020—2021	20000	15000	区财政	完成部分建设	9月
2020—2021	5260	3000	自筹	完成清表和部分土方作业	6月
2020—2021	5587	3250	自筹	完成清表和部分土方作业	6月
2020—2021	7400	4100	自筹	完成清表和部分土方作业	9月
2020—2021	5038	3038	自筹	完成部分管道开槽施工	9月
2020—2021	21611	15611	自筹	完成清表和部分土方作业	12月
2020—2021	5684	4684	自筹	完成清表和部分土方作业	9月
—	57489	14929	—	—	—
2019—2021	18895	3500	区财政	完成部分水稳施工	—
2018—2021	12580	3800	区财政	完成部分水稳施工	—
2018—2021	12919	2500	自筹	完成部分路基施工	—
2018—2021	13095	5129	自筹	完成部分水稳施工	—
—	705947	121700	—	—	—
—	284867	86700	—	—	—
2020—2021	30000	5000	自筹	完成部分房屋修缮	6月

续表18

序号	项目单位	项目名称	建设地点	建设性质	建设内容
2	开福区大城北棚改投资有限公司	三一大道－潘家坪（天祥日杂公司宿舍）棚改项目	开福区	新建	东至蛋制品仓库宿舍，南至雅泰花园，西、北至天祥公司。地 0.18 公顷，涉及 98 户，建筑面积 5800 平方米
3	长沙市开福棚改投资有限责任公司	幸福桥片区棚改项目（含凯雪地块）	开福区	新建	项目东至规划中的麻园岭，南至规划中的庆和里路，西至规中的华夏路，北至潘家坪路（含凯雪地块）
4	长沙市城北投资有限公司	福竹园农民安置房	开福区	新建	用地面积 7.47 公顷，有效用地面积 5.47 公顷，容积率 2.0，建筑面积约 14.8 万平方米。主要建设 7 栋高层住宅、1 栋商楼、1 栋社区物管用房、1 栋幼儿园
5	长沙市城北投资有限公司	福鑫美苑农民安置房	开福区	新建	位于 B—1 路以西，御景龙城正门以东，总用地面积 3.2 公顷有效用地面积 3 公顷，容积率 3.0。总建筑面积 12.5 万平方
续建项目（5 个）					
1	长沙市开福棚改投资有限责任公司	清水塘炮后街棚改安置房源（潇湘华庭）	开福区	续建	国际金融大厦至交通宾馆以东，长沙市一中以南，清水塘路西（除清水塘小学外），八一桥以北
2	长沙市开福棚改投资有限责任公司	东风二村地块棚改项目（二期）	开福区	续建	规划中精英路以东、工商巷以南、东风二村以西、福乐巷以
3	长沙市开福棚改投资有限责任公司	德雅路片区棚改项目（丝茅冲地块）二期	开福区	续建	丝茅冲地块为浏阳河路、德雅路与车站北路三条道路所围区域
4	长沙市开福棚改投资有限责任公司	六堆子巷周边地块棚改项目（一期）	开福区	续建	东至五堆子巷、又一村巷，南至中山路，西至黄兴北路，左局街两厢
5	开福区公建中心	潮宗街一期、二期有机更新	开福区	续建	潮宗街一期、二期有机更新
（三）社会民生项目（包括文化、教育、卫生、体育、民政、街道社区环境整治等）4 个，其中新建项目 3 个，续建项目 1 个					
新建项目（3 个）					
1	开福区人居环境局	老旧小区提质改造项目	开福区	新建	拟对开福区范围内部分老旧小区进行综合整治
2	开福区人居环境局	历史建筑修缮及“微改造”项目	开福区	新建	拟在开福区范围内选取部分历史建筑进行修复。对部分道路人居空间进行微改造
3	开福区教育局	幼儿园及中小学标准化建设项目	开福区	新建	对开福区范围内部分公办幼儿园进行装修改造。对部分学校行标准化建设改造
续建项目（1 个）					
1	开福区城投集团	开福区公卫大楼	开福区	续建	开福区卫生服务中心，总建筑面积 1.58 万平方米，2 栋建筑
（四）生态环保（包括固废物处理、水土保持及生态修复、流域治理、环境整治及提质改造、能源节约利用等）1 个，其中新建项目续建项目 0 个					
新建项目（1 个）					
1	湖南金霞发展集团有限公司	苏托垸污水处理厂配套收集管网	开福区	新建	庙塘路至长捞路口，管径 D300~D2000，管道总长 12.6 千米

起止年限	项目预估总投资（万元）	2020 年预估投资（万元）	资金来源	2020 年主要建设内容	开 / 竣工月份
2020—2020	10000	8700	自筹	发布征收五公告，至少签约 1 户	6 月
2020—2022	110000	8000	自筹	启动征收	12 月
2020—2022	71215	30000	自筹	完成土方开挖，启动基础施工	9 月
2020—2021	63652	35000	自筹	完成基础施工	6 月
—	421080	35000	—	—	—
2018—2021	27000	12000	自筹	部分主体施工至地面 10 层	—
2019—2021	57080	12000	自筹	完成部分征收	—
2019—2021	208000	3000	自筹	完成部分征收	—
2019—2021	120000	6000	自筹	完成部分征收	—
2019—2021	9000	2000	棚改资金	完成部分房屋修缮	—
—	49985	20800	—	—	—
—	31800	16800	—	—	—
2020—2021	15500	7500	区财政	完成部分提质改造	9 月
2020—2021	9800	4800	市区财政	完成部分修缮	9 月
2020—2021	6500	4500	市区财政	完成部分标准化建设	9 月
—	18185	4000	—	—	—
2019—2021	18185	4000	区财政	完成部分主体至地面 3 层	—
—	13018	11018	—	—	—
—	13018	11018	—	—	—
2020—2022	13018	11018	园区和区政府共同出资	完成部分管道开槽施工	6 月

续表18

序号	项目单位	项目名称	建设地点	建设性质	建设内容
（五）预备项目（11个）					
1	长沙市城北投资有限公司	九龙农民安置房	开福区	预备	总用地面积7.87公顷，净用地面积5.73公顷，容积率3.0。计总建筑面积22.3万平方米，其中计容面积17.2万平方米安置指标1893个，1488户
2	开福区教育局	四方坪二小改扩建项目	开福区	预备	用地面积1.8公顷，建筑面积1.1万平方米，班级规模30个新建教学楼、综合楼及室外附属工程
3	开福区公建中心金霞发展集团	开福区“断头路”、“瓶颈路”及安置小区配套路网建设项目	开福区	预备	推进开福区范围内部分“断头路”、“瓶颈路”及安置配套道路建设
4	长沙市开福棚改投资有限责任公司	太平路片区棚改项目	开福区	预备	东至藩城堤巷、南至杨家巷、西至西长街、北至中山西路。地面积6.87公顷，涉及房屋1200户，面积12.5万平方米。目前期启动房屋修复和市征管网建设
5	长沙市开福棚改投资有限责任公司	吉祥巷片区（中山亭西南角）地块棚改项目	开福区	预备	东至黄兴北路，南至五一大道，西至接贵街两厢、藩城堤长街，北至中山路。占地面积12公顷，涉及房屋3283户，积30万平方米。项目前期启动房屋修复和市征管网建设
6	开福区公建中心	区社会福利中心	开福区	预备	总建筑面积2.5万平方米，含民政福利中心、社会救助站关建筑
7	湖南金霞发展集团有限公司	彭家巷南路	开福区	预备	兴联路至大塘路，长1345米
8	湖南金霞发展集团有限公司	谊信路东段	开福区	预备	彭家巷路至青环路，长520米
9	湖南金霞发展集团有限公司	鹅秀东路	开福区	预备	芙蓉北路至秀东路，长425米、宽36米
10	湖南金霞发展集团有限公司	松林路	开福区	预备	天井路至庙塘路，长435米、宽26米
11	湖南金霞发展集团有限公司	高岭路中段	开福区	预备	明秀路至彭家巷路，长989米
第二部分：社会投资类项目53个，其中新建项目11个，续建项目42个					
（一）工业高新技术项目9个，其中新建项目2个，续建项目7个					
新建项目（2个）					
1	长沙正大有限公司	正大集团湖南区农牧食品生产基地	开福区	新建	项目有效用地面积6.53公顷，总建筑面积2.24万平方米要建设饲料加工及销售、正大农产品深加工与销售、正大湖南区养殖和食品事业线总部及销售中心
2	湖南顺新金属制品科技有限公司	特种金属材料生产加工基地	开福区	新建	项目有效用地面积5.19公顷，建筑面积约4.6万平方米，建设金属材料生产加工厂房和配套设施
续建项目（7个）					

起止年限	项目预估总投资（万元）	2020 年预估投资（万元）	资金来源	2020 年主要建设内容	开 / 竣工月份
—	—	—	—	—	—
2020—2022	99378	—	自筹	完成可研批复	—
2019—2021	7000	—	市区财政	完成可研批复	—
2020—2021	12379	—	区财政及其他	完成可研批复	—
2019—2021	200000	—	棚改自筹	完成可研批复	—
2019—2021	450000	—	棚改自筹	完成可研批复	—
2019—2022	18400	—	区财政	完成可研批复	—
2020—2023	21168	—	园区自筹	完成可研批复	—
2020—2023	6485	—	园区自筹	完成可研批复	—
2020—2023	5277	—	园区自筹	完成可研批复	—
2020—2021	5336	—	园区自筹	完成可研批复	—
2020—2023	12237	—	园区自筹	完成可研批复	—
—	10432593	1729800	—	—	—
—	412900	103100	—	—	—
—	50000	32000	—	—	—
2020—2022	30000	22000	自筹	完成土方开挖和部分基础施工	9 月
2020—2022	20000	10000	自筹	完成土方开挖和部分基础施工	6 月
—	362900	71100	—	—	—

续表18

序号	项目单位	项目名称	建设地点	建设性质	建设内容
1	湖南拓沃重工科技有限公司	拓沃重工工程机械生产基地	开福区	续建	项目有效用地面积3.26公顷，总建筑面积3.7万平方米，主建设3栋生产厂房及配套办公楼等，打造成集研发、生产、流配送于一体的现代工程机械制造基地
2	长沙罗莎食品有限公司	罗莎蛋糕企业总部及生产基地	开福区	续建	项目有效用地面积3.1公顷，总建筑面积3.2万平方米，主建设企业总部大楼及2栋生产厂房等
3	长沙佳海产业园建设投资有限公司	佳海工业园H1栋标准厂房	开福区	续建	项目有效用地面积2.55公顷，总建筑面积约9万平方米，要建设内容是建设H–1#、H1–2#2栋17层高层厂房和H 3#、H1–4#、H1–5#3栋6层标准厂房，打造中小企业产品产集聚中心
4	卓尔发展（长沙）有限公司	卓尔第一企业社区二期	开福区	续建	项目有效用地面积12.07公顷，总建筑面积28万平方米，要建设多层厂房、高层厂房及配套用房
5	湖南金霞国科投资有限公司	金霞国科城	开福区	续建	项目有效用地面积8.73公顷，总建筑面积18万平方米，主建设1栋孵化大楼、人才公寓及厂房
6	湖南御邦华安新科技材料有限公司	新型高分子吸能防护材料生产制造基地项目	开福区	续建	主要建设生产研发基地，用于工程研发，包括生产厂房、实室、检测室等
7	湖南高铁时代数字化科技有限公司	高铁时代数字科技生产研发中心扩建项目	开福区	续建	项目有效用地面积0.96公顷，总建筑面积1.86万平方米，要建设轨道交通仿真教学设备研发中心及配套设施等
（二）服务业项目25个，其中新建项目5个，续建项目20个					
新建项目（5个）					
1	湖南聚恒置业有限公司	聚恒集团总部基地	开福区	新建	项目总用地面积3万平方米，总建筑面积10.3万平方米，中地上建筑面积7.2万平方米，容积率3.99，绿地率30.02% 建筑密度29.5%。项目建设内容包括2栋高层办公建筑及商裙房，其中1#楼为23层办公主楼，3#楼设计为22层酒店办公楼，建筑高度均为99.9米。项目主要功能为办公、商及相关服务配套设施等
2	绿地地产集团长沙置业有限公司	绿地星城之心项目	开福区	新建	超高层A61地块拟打造380米超高层地标塔（长沙第二高楼产业、地标、景观、功能融合）、五星级酒店、国际服务式才公寓，超高层顶层打造云观光厅及云演播厅
3	湖南兴旺科技有限公司	兴旺科技总部基地项目	开福区	新建	总用地面积2.5万平方米，净用地面积1.7万平方米，总建面积11.5万平方米，拟建2栋塔楼，A塔高度119.98米塔高度99.98米，运营为兴旺科技总部基地及配套
4	湖南建工同创置业有限公司	湖南创意设计总部大厦项目	开福区	新建	用地面积2.07公顷，建筑面积9.9万平方米，包含创意设计商务办公、配套商业、省建筑科学研究院总部
5	绿地地产集团长沙置业有限公司	绿地V岛A8地块项目	开福区	新建	总建筑面积85万平方米，主要建设幼儿园、办公楼、商业地下室
续建项目（20个）					
1	湖南湘商置业投资有限公司	湘商大厦（滨江华尔街中心）	开福区	续建	项目占地面积0.67公顷，总建筑面积6.8万平方米。建设2超5A滨江精品写字楼（含高端服务型公寓、公馆）与高端品商业MALL

起止年限	项目预估总投资（万元）	2020 年预估投资（万元）	资金来源	2020 年主要建设内容	开 / 竣工月份
2019—2021	20000	10000	自筹	完成部分主体至地面 2 层	—
2019—2021	10000	2000	自筹	完成主体施工，启动装修	—
2019—2021	32200	15000	自筹	完成地下室施工	—
2019—2022	150000	25000	自筹	完成部分预制桩施工	—
2019—2021	140000	15000	自筹	完成部分装修，开展室外园林施工	—
2019—2021	5700	2100	自筹	实现投产	—
2019—2021	5000	2000	自筹	完成部分建设	—
—	7086340	998000	—	—	—
—	1422000	247000	—	—	—
2020—2024	72000	25000	自筹	完成土方开挖，启动基础作业	9 月
2020—2023	400000	50000	自筹	完成土方开挖，启动基础作业	9 月
2020—2021	80000	50000	自筹	完成护壁桩施工	9 月
2020—2021	70000	42000	自筹	完成地下室施工	9 月
2020—2023	800000	80000	自筹	部分主体施工至地面 4 层	6 月
—	5664340	751000	—	—	—
2017—2022	48000	26000	自筹	完成部分主体至地面 8 层	—

续表18

序号	项目单位	项目名称	建设地点	建设性质	建设内容
2	湖南福天置业有限公司	兴业总部办公大楼	开福区	续建	总建筑面积6万平方米，主要建设总部办公大楼
3	马栏山视频文创产业园管委会	马栏山视频文创产业园	开福区	续建	以湖南广电为依托，以数字视频为主导产业，项目与活动相结合，打造马栏山视频产业生态圈。项目方面，加大园区基础设施和道路交通建设，启动5G基站管网、实验室等共性技术平台建设，加快产业项目建设。加大招商引资力度，制定园区扶持政策，举办中国新媒体大会等行业顶尖赛事、发布马栏山指数，努力打造湖南乃至全国文化与互联网、互联网与实体经济的深度融合的新引擎、新高地和具有全国影响力的“文化+科技+”园区、全国媒体融合新地标，力争早日实现“北有中关村、南有马栏山”
4	湖南广播电视台	湖南广播电视台节目生产基地及配套设施建设项目	开福区	续建	项目由芒果体验馆、5个演播厅、1个多媒体艺术中心、主楼大楼、漂浮办公、2个报告厅、新媒体数据中心、能源中心、技术配套用房、公众参观通道及配套用房等组成，建筑面积22.7万平方米
5	湖南快乐阳光互动娱乐传媒有限公司	芒果TV视频基地	开福区	续建	总建筑面积3万平方米，包括办公楼、拍摄基地、录音棚、播室、影视制作中心、媒体资源（版权）库，芒果TV云存播放平台等
6	长沙北辰房地产开发有限公司	北辰国际会议中心	开福区	续建	项目占地面积2.9万平方米，总建筑面积20万平方米，包括国际会议中心、配套酒店和办公楼
7	湖南旷代房地产开发有限公司	五矿长沙live项目	开福区	续建	建筑面积40万平方米，主要建设商街、写字楼和酒店
8	湖南盛长安房地产开发有限公司	凯乐微谷	开福区	续建	建筑面积4万平方米，主要建设高科技企业和企业孵化中心、技术研发支持中心
9	国科高精科技有限公司	开福“双创”基地	开福区	续建	建筑面积2万平方米，主要建设高科技产业聚集区、企业孵化中心、技术研发支持中心
10	长沙视谷实业有限公司	中广天择总部基地	开福区	续建	用地面积4.73公顷，总建筑面积约26万平方米。主要建设中广天择总部大楼、演播厅、孵化器办公、酒店式办公、配套商业及地下车库
11	湖南华城旭悦置业有限公司	润和国际广场	开福区	续建	用地面积6.57公顷，总建筑面积26万平方米。主要建设酒店和商场
12	阳光城集团湖南公司	阳光城湘江宾馆项目	开福区	续建	项目占地面积2.58公顷，建筑面积16万平方米，主要建设酒店办公楼
13	长沙理想房地产开发有限公司	财富大厦	开福区	续建	总建筑面积4.56万平方米。地下3层，地上28层
14	湖南马栏山芒果实业有限公司	芒果马栏广场	开福区	续建	用地面积5.53公顷，包含文化产业、商务办公、配套商业、数据版权交易中心、视频内容制作基地、快乐购视频电商总
15	长沙宝瑞房地产开发有限公司	悦湖商业广场	开福区	续建	总建筑面积50万平方米，包含酒店、商业写字楼
16	湖南万事达房地产开发有限公司	万事达国际广场	开福区	续建	项目有效用地面积11.07公顷，总建筑面积约30万平方米，主要建设商业写字楼、酒店等

起止年限	项目预估总投资（万元）	2020 年预估投资（万元）	资金来源	2020 年主要建设内容	开 / 竣工月份
2019—2021	43500	5000	自筹	实现部分企业入驻运营	—
2018—2024	3000000	240000	自筹	推进鸭子铺立交等基础设施和部分产业项目建设	—
2016—2021	300000	50000	自筹	部分演播厅主体施工至地面 3 层	—
2017—2021	231900	30000	自筹	完善基地建设	—
2017—2021	182900	15000	自筹	开展幕墙施工	—
2016—2021	303000	25000	自筹	完成部分主体建设	—
2017—2021	90000	30000	自筹	完成装修，实现部分企业入驻运营	—
2017—2021	72240	5000	自筹	完成装修，实现部分企业入驻运营	—
2018—2023	180000	40000	自筹	完成部分主体至地面 4 层	—
2018—2022	400000	50000	自筹	部分楼栋主体实现封顶	—
2017—2022	160000	20000	自筹	部分主体实现封顶	—
2019—2021	25000	20000	自筹	主体施工至地面 10 层	—
2019—2022	300000	50000	自筹	开展地下室施工	—
2019—2024	120000	40000	自筹	开展地下室施工	—
2019—2022	200000	30000	自筹	完成部分土方作业，启动桩基施工	—

续表18

序号	项目单位	项目名称	建设地点	建设性质	建设内容
17	湖南马栏山商业管理有限公司	月湖文创小镇	开福区	续建	建筑面积2万平方米，发挥马栏山视频文创园的资源优势，入包括视频文创企业办公，影音制作和明星工作室等
18	万豪酒店管理公司	威斯汀酒店	开福区	续建	建筑面积3.8万平方米，主要建设星级酒店及配套用房
19	湖南粤海投资有限公司	宠物市场项目	开福区	续建	主要建设宠物市场及部分办公配套，总用地面积6.8万平方
20	湖南矿梦置业开发有限公司	五矿万境潇湘商业广场	开福区	续建	占地面积1.33公顷，总建筑面积6万平方米
（三）文化教育等社会事业项目5个，其中新建项目2个，续建项目3个					
新建项目（2个）					
1	长沙北辰房地产开发有限公司	开福区北辰实验小学及商业配套	开福区	新建	用地面积2公顷，建筑面积2万平方米，班级规模36个班部分配套商业
2	湖南宏吉置业有限公司	长郡开福中学（兴联中学）	开福区	新建	用地面积2.27公顷，建筑面积2.2万平方米，班级规模个班
续建项目（3个）					
1	长沙恒高紫荆开发有限公司	麓山高岭实验学校及商业配套	开福区	续建	总建筑面积4.4万平方米，初中18个班，小学36个班及配套商业
2	湖南江湾医疗产业发展有限责任公司	江湾生殖医院	开福区	续建	总建筑面积3万平方米，主要建设生殖医院及医疗设备的
3	湖南金隅阳光投资有限公司	金隅桃园配套小学及商业配套	开福区	续建	总建筑面积0.67万平方米，班级规模12个班及部分配套商
（四）商贸物流项目12个，其中新建项目2个，续建项目10个					
新建项目（2个）					
1	湖南夸特纳斯供应链管理有限公司	荷兰夸特纳斯集团·长沙国际食材集采集配加工中心	开福区	新建	项目有效用地面积9.95公顷，总建筑面积14万平方米，建设多层厂房、立体库及综合办公楼，打造中央厨房式国材加工中心、高端智能冷链储存分拣及新能源集采集配中食品安全质量大数据中心
2	湖南嘉德投资置业有限公司	湖南跨境电商生态产业基地二期	开福区	新建	项目有效用地面积6公顷，总建筑面积14.5万平方米，建设进出口商品展示交易中心，跨境电商生态产业基地，综合服务、外贸金融服务基地、外贸企业总部大楼，人才交流基地、会议交流会展中心，物流仓储及加工分装中心合配套等
续建项目（10个）					
1	湖南旺东物流有限公司	旺东现代物流产业基地	开福区	续建	项目主要建设1条长2.6千米铁路专用线、面积10万平货运堆场以及配套办公用房，打造一个集商品汽车整车及件运输、仓储、配送、交易于一体的铁路物流基地

起止年限	项目预估总投资（万元）	2020 年预估投资（万元）	资金来源	2020 年主要建设内容	开 / 竣工月份
2018—2021	22000	5000	自筹	完成部分装修改造	—
2019—2021	60000	22000	自筹	完成部分装修	—
2018—2021	35000	8000	自筹	完成部分主体建设	—
2018—2022	40000	40000	自筹	完成部分地下室施工，部分楼栋至地面 3 层	—
—	138510	52700	—	—	—
—	99000	27000	—	—	—
2020—2021	84000	17000	自筹	主体施工至地面 2 层	9 月
2020—2021	15000	10000	自筹	主体施工至地面 2 层	6 月
—	39510	25700	—	—	—
2019—2021	17700	12700	自筹	完成部分基础施工	—
2019—2021	6810	3000	自筹	完成装修，实现运营	—
2019—2021	15000	10000	自筹	完成地下室施工	—
—	979903	269000	—	—	—
—	119663	61000	—	—	—
2020—2022	100000	50000	自筹	启动建设	12 月
2020—2022	19663	11000	自筹	完成部分主体至地面 3 层	6 月
—	860240	208000	—	—	—
2019—2021	150000	50000	自筹	完成部分堆场建设	—

续表18

序号	项目单位	项目名称	建设地点	建设性质	建设内容
2	长沙深国际综合物流港发展有限公司	长沙深国际现代综合物流港二期	开福区	续建	项目有效用地面积4.42公顷，总建筑面积4.6万平方米，建设2栋双层仓库及附属设施
3	湖南家家红实业有限公司	家家红智慧冷链物流配送基地	开福区	续建	项目有效用地面积5.87公顷，总建筑面积8.9万平方米，建设3栋冷链仓储、1栋检测车间以及办公楼等，打造品牌饮水果罐头的区域性物流配送中心、分销中心和结算中心
4	长沙华升物流有限公司	万纬·香江高岭智慧物流园（万科·华升智慧物流基地）	开福区	续建	项目有效用地面积22.39公顷，总建筑面积21.8万平方米，要建设第4代高标准仓储设施、冷链物流设施和转运分拨基搭载智能物流管理系统，打造集约化、数字化、智能化“式”生态型服务物流平台
5	长沙湘通国际铁路港有限公司	长沙国际铁路港	开福区	续建	项目规划用地面积62.27公顷，总建筑面积23万平方米，要建设特货作业区、快运作业区、冷藏作业区、笨重作业区整车作业区、集装箱作业区专线、办公区、仓储及配套设
6	长沙平瑞冷链物流有限公司	平瑞医药电商产业园（平安·辉瑞医药电商产业基地）	开福区	续建	项目总建筑面积6.9万平方米，主要建设高标准双层仓库、链物流设施和配套办公用房，打造医药电商产业集聚中心
7	湖南瑞康康达健康产业开发有限公司	瑞康医疗大健康科技园	开福区	续建	总规划面积10公顷，总建设面积17.2万平方米，主要建康湖南现代医药健康品物流中心、瑞康湖南总部中心、瑞南现代医药物流中心、瑞康湖南大厦及医疗器械、健康产发、生产中心、其他医疗器械企业总部中心等
8	长沙耀兴置业有限公司	耀兴仓储基地项目	开福区	续建	总建筑面积6.8万平方米，分二期建设，主要建设仓储中办公楼、员工食堂及配套设施
9	湖南江天物流有限公司	国际母婴物流城	开福区	续建	项目有效用地面积4.27公顷，总建筑面积7万平方米，建设1栋交易展示中心和2栋物流仓库
10	湖南恩瑞投资开发有限公司	恩瑞物流产业园（恩瑞企业中心）	开福区	续建	项目有效用地面积6.67公顷，建设8万平方米标准厂房
（五）城市商业综合体项目2个，其中新建项目0个，续建项目2个					
续建项目（2个）					
1	富兴置业发展有限公司、长沙润置房地产开发有限公司、长沙隆熙致远房地产开发有限公司	金融商务区总部经济建设项目	开福区	续建	富兴世界金融中心二期：用地面积2.35公顷，总建筑面万平方米，主要建设公寓、办公大楼； 华润置地项目：项目用地面积2.8万平方米（2.8公顷），设集高档写字楼、高档公寓和商业裙楼于一体的大型商业项 华远华时代：A、B、C塔，裙房，地下室
2	湖南珠江实业投资有限公司	珠江好世界（悦界）商业综合体	开福区	续建	总建筑面积32.4万平方米，主要涵盖2层地下室、公寓及商

起止年限	项目预估总投资（万元）	2020 年预估投资（万元）	资金来源	2020 年主要建设内容	开 / 竣工月份
2020—2021	18000	10000	自筹	基础施工	—
2020—2022	30000	10000	自筹	完成土方开挖和部分基础施工	—
2019—2021	147000	40000	自筹	完成部分楼栋 1 层主体	—
2017—2021	210000	25000	自筹	办公楼主体封顶，完成部分装修	—
2017—2021	30000	4000	自筹	完成主体至 2 层	—
2019—2021	120000	30000	自筹	实现部分运营	—
2019—2021	8500	4000	自筹	完成仓库建设	—
2019—2021	45000	20000	自筹	完成部分装修，实现部分开业	—
2017—2021	101740	15000	自筹	完成部分装修	—
—	1814940	307000	—	—	—
—	1814940	307000	—	—	—
2018—2023	1641600	295000	自筹	富兴、华远等推进主体建设，华润等项目完成部分基础施工	—
2016—2023	173340	12000	自筹	完成正负零施工	—

开福区2020年省在区、

表19

序号	项目单位	项目名称	建设地点	建设性质	建设内容
44个，其中续建项目12个，新建项目22个，预备项目10个					
（一）城市基础设施项目15个，其中续建项目5个，新建项目10个					
续建项目（5个）					
1	长沙城投集团	湘雅路过江通道	岳麓区 开福区	续建	西起岳华路，东接芙蓉中路，全长4.18千米，包含隧道及地面道两部分。隧道定位为城市主干道，其中过江段为双向六车道，道后为双向四车道，匝道为单向单车道。项目包含隧道工程、工程（含人行天桥）、排水工程、管理用房、停车场、绿化工照明工程、交通设施工程、临时（含交通疏解、接水、接电、用地工程、设备采购以及安装工程等其他配套设施
2	长沙城投集团	东二环鸭子铺立交改造工程	开福区	续建	对东二环鸭子铺立交进行整体改造，拆除原有匝道桥和主桥人行新建东西双向匝道桥、主桥加宽和地面辅道
3	长沙城投集团	马栏山公园	开福区	续建	包括新建马栏山公园和公园景观东西道，总面积27公顷
4	长沙城投集团	马栏山视频文创产业园区域能源项目	开福区	续建	规划建设南北2个区域能源站及配套供能管网，因地制宜利用生能源及清洁能源为园区提供全覆盖高品质的集中供冷供热服务
5	长沙市公共工程建设中心	万家丽路220Kv电力隧道工程	开福区 芙蓉区 长沙县	续建	沿万家丽路西侧北起特立路，南至火炬路，电力隧道盾构段土分，长5.9千米
新建项目（10个）					
1	长沙城投集团	芙蓉路和湘雅路节点改造	开福区	新建	根据现有建设条件和远期轨道交通9号线的建设需要，设置芙上跨湘雅路的高架桥
2	长沙城投集团	鸭子铺路	开福区	新建	东二环到万家丽路，全长0.8千米，宽70米，城市主干道
3	长沙城投集团	西龙路	开福区 芙蓉区	新建	万家丽路至京港澳高速西辅道，全长3.4千米，宽46米，城市主
4	长沙城投集团	马栏山浏阳河人行景观桥	开福区	新建	根据马栏山片区城市设计，新建连接浏阳河两岸的人行景观桥
5	长沙城投集团	马栏山片区支一路等道路工程	开福区	新建	包括片区的支一路、支三路、支四路、支五路
6	长沙城投集团	马栏山信息港	开福区	新建	项目将以服务园区产业和企业为目标，积极打造满足园区发展的配套公共产业，按照“产业导入、服务先行”的原则，拟利业服务配套用地打造马栏山信息港，集人才交流、科技集成和交换、共享于一体的公共服务港。总用地面积2.4公顷，净用积2公顷，容积率2.0，限高24米，规划建筑面积4万平方米

市在区重大项目一览表

起止年限	项目预估总投资（万元）	本年预估投资（万元）	资金来源	年度主要建设内容	开 / 竣工月份
—	3805478	310063	—	—	—
—	1463095	194480	—	—	—
—	740232	98500	—	—	—
019—2023	526648	55000	市财政	完成河西始发井及后配套施工；完成盾构机生产并开始盾构掘进施工；基本完成河东接收井施工	—
019—2020	29853	10000	业主自筹	完成建设	12 月
019—2020	40000	20000	业主自筹	基本完成建设	12 月
019—2022	63000	6000	业主自筹	完成北区能源站土建工程及首批设备安装调试，根据片区开发适时启动南区能源站建设	—
017—2020	80731	7500	市财政、市轨道、市城投三家均摊	1.2020 年 3 月完成福元路—火炬路段盾构及配套工程； 2. 根据市政府指示，特立路口 1 号盾构井与长沙县电力隧道北延共井使用。预计 2020 年 10 月完成福元路—特立路段盾构及配套工程	—
—	722863	95980	—	—	—
019—2021	16000	5000	由市财政逐年安排	完成桥梁基础，部分下构，部分上构及部分道路拓改	12 月
020—2021	7000	3000	业主自筹	启动建设，完成部分路基和排水工程	6 月
020—2021	63000	20000	纳入道路两厢土地成本	启动建设，完成部分路基和排水工程	6 月
020—2021	5000	2000	业主自筹	启动建设，完成桥梁桩基建设	6 月
020—2020	5000	5000	业主自筹	完成建设	6 月
019—2022	50000	2000	业主自筹	启动建设，完成部分主体建设	1 月

续表19

序号	项目单位	项目名称	建设地点	建设性质	建设内容
7	长沙城投集团	沙河大桥二期	开福区	新建	湘江大道沙河大桥二期南起新港大道彩霞路口，分别与彩霞路、光路连接后，再上跨汤家湖路、新港铁路专用线和长重铁路专用止于沙河大桥一期工程桥梁预留口，全长 1173.8 米
8	交通集团 / 湘行建设公司	长益复线至兴联路大通道工程	望城区 开福区	新建	该项目位于长沙市城区北部三环（绕城高速）与二环之间，沿玚银星路、兴联路布置线位，西起银杉路以东 280 米，东至京广钅桥以西 210 米(省粮检站前)，主线长度 4.56 千米(其中道路段 646桥梁 952 米、隧道 2960 米，匝道长度 2729 米）。项目规划为均主干路，横断面采用主六辅四，道路宽度 54 米，主道设计速度千米 / 时，辅道设计速度 30 千米 / 时（过江隧道、跨芙蓉路高乡为双向六车道）
9	长沙市公共工程建设中心	第一垃圾场入场专用匝道工程	开福区	新建	为彻底解决东二环与福元路交界处周边群众投诉长沙市第一垃圾转处理场臭气扰民问题，设计在东二环建设长 180 米、宽 7 米的用入场匝道
10	长沙市公共工程建设中心	三馆一厅跨浏阳河人行桥工程	开福区	新建	位于新河三角洲，新建从三馆一厅向北跨浏阳河人行景观桥
（二）公路、水运、站场交通项目 5 个，其中续建项目 1 个，新建项目 3 个，预备项目 1 个					
续建项目（1 个）					
1	长沙交通集团（长沙新港公司）	长沙港霞凝港区三期工程	开福区	续建	新建 6 个泊位水工建筑物工程，港池疏浚及基槽挖泥工程，均及轨道梁、陆域形成土石方工程，生产与辅助建筑物 1.77 万平方供电照明、给排水、消防、环保、绿化、水土保持工程及装备备等
新建项目（3 个）					
1	长沙交通集团（长沙新港公司）	长沙新港（三期）铁路专用线工程	开福区	新建	新建专用线全长 4.48 千米路基，铺轨 7.7 千米，框架桥 4 座，通信号、信息及灾害监测工程，电力及电力牵引供电工程，堆场硬化万平方米，新建配套房屋总建筑面积为 3.6 万平方米等
2	长沙交通集团（置业公司）	湘雅路公共停车综合体	开福区	新建	完成片区棚改后建设地下公共停车场及配套，缓解湘雅医院停车问题
3	长沙交通集团（置业公司）	陈家湖公交站场综合开发	开福区	新建	建设地下公交停车场，并进行上盖物业开发
预备项目（1 个）					
1	长沙城投集团	霞凝货场扩建三期	开福区	预备	在霞凝货场（铁路新北站二期）既有用地中的汤加湖桥北头规划设 6.9 万平方米的综合服务区，在霞凝货场南边规划建设 13.5 万方米钢材建材交易市场
（三）保障性安居工程及片区改造开发项目 4 个，其中续建项目 2 个，新建项目 1 个，预备项目 1 个					
续建项目（2 个）					
1	长沙城投集团	黄兴北路棚户区改造工程	开福区	续建	项目改造范围北至三一大道，南到营盘路，西接湘江大道，东至芙蓉路
2	长沙城投集团	朝正垅“城中村”改造及环境整治工程	开福区	续建	项目位于开福区东端，改造范围北至三一大道，东临 75105 舟桥部西、南临浏阳河

起止年限	项目预估总投资（万元）	本年预估投资（万元）	资金来源	年度主要建设内容	开/竣工月份
020—2022	15000	5000	财政拨款	完成桥梁桩基及一期交通疏解	6月
018—2022	538663	50000	业主自筹	开展前期工作，完成可研、初步设计审批及土地征收、管线迁改、盾构井施工	12月
020—2020	3000	2980	从餐厨垃圾生态补偿费、城管专项、市财政等渠道安排	计划2020年12月份完成建设	1月
020—2023	20200	1000	市财政	完成前期工作，考虑到汛期无法施工，计划2020年10月启动建设	10月
—	351512	27200	—	—	—
—	70512	200	—	—	—
014—2021	70512	200	业主自筹	确保完成南片区土建主体工程建设	—
—	281000	27000	—	—	—
019—2021	51000	12000	业主自筹	完成铁路专用线线下工程及配套房建主体工程	10月
019—2022	130000	10000	业主自筹	完成部分地下公共停车场建设	9月
020—2022	100000	5000	业主自筹	启动建设	6月
—	—	—	—	—	—
020—2024	—	—	暂未明确资金来源	进行前期研究	—
—	1775723	13000	—	—	—
—	1735723	7000	—	—	—
011—2024	978065	2000	业主自筹	完成项目征收扫尾工作	—
012—2024	757658	5000	业主自筹	完成项目征地拆迁扫尾工作	—

续表19

序号	项目单位	项目名称	建设地点	建设性质	建设内容
新建项目（1个）					
1	长沙城投集团	马栏山人才公寓	开福区	新建	该项目定位为园区配套服务的市场化租赁型人才公寓，规划为商混合用地，总用地面积1.4公顷，净用地面积1.2公顷，容积率限高100米，商住比为1：9，规划建筑面积4.12万平方米（住宅面积3.7万平方米，商业面积0.42万平方米）
预备项目（1个）					
1	市国资集团	长沙市国有资产集团原湖药、保温瓶厂、四方坪旧货市场三宗土地"连片整合、市场搬迁、开发盘活"项目	开福区	预备	地块东临德雅路，南临浏阳河路，西临车站北路，北临金汇大酒华运通汽贸公司。实施三厂连片棚户改造开发建设

（四）社会民生项目16个，其中续建项目3个，新建项目7个，预备项目6个

序号	项目单位	项目名称	建设地点	建设性质	建设内容
续建项目（3个）					
1	长沙学院	长沙学院工程实验实训中心	开福区	续建	建设工程实验实训中心楼，地上5层，建筑面积2.2万平方米
2	长沙大学附属中学	长沙大学附属中学运动场所改造	开福区	续建	新建总建筑面积700平方米、5级看台及风雨跑道、主席台及网看台整体装修（含音响灯光）；足球场原铺装拆除外运，基础硬人工草皮铺装；标准400米跑道原铺装拆除外运，重新铺装，场灯光；4个室外篮球场原铺装拆除外运，重新铺装
3	长沙市第一医院	市第一医院新住院大楼建设项目	开福区	续建	项目总建筑面积7.5万平方米，其中地上建筑面积6.1万平方地下建筑面积1.4万平方米。地上26层，地下2层，6层裙楼技功能用房，标准层20层设20个护理单元，约1100张病床
新建项目（7个）					
1	长沙学院	长沙学院经管类专业实训中心	开福区	新建	建设经管类专业实训中心楼，地上6层，建筑面积1.9万平方米
2	长沙学院	长沙学院弘昱学生宿舍	开福区	新建	建设学生宿舍（约2500人规模），建筑面积2.5万平方米
3	长沙学院	长沙学院青年公寓（青年楼）拆除及笃行西路一期、二期工程	开福区	新建	道路总长约530米，路宽15米及道路两边的附属工程[停车坪、绿文化广场、青年公寓（青年楼）拆除]，根据实际情况分期建设
4	长沙市第一医院	市第一医院新住院大楼配套自理项目	开福区	新建	配套项目包括：新住院大楼智能化工程、办公家具、静脉配置中会议室设备及装修、液态氧、负压压缩空气系统、病理科检验气净化系统及台柜、标识标牌系统、充电桩、食堂、医院街装
5	长沙大学附属中学	长沙大学附属中学体育馆维修改造	开福区	新建	篮球馆墙壁、地面维修改造；体育馆室外平台改造；体育馆屋修改造
6	长沙学院	学院综合楼（老图书馆）改造工程	开福区	新建	将长沙学院老图书馆改造为教学综合楼，改造总建筑面积约1平方米。主要建设内容为外墙、内墙、屋顶、楼梯间、门窗、卫生间、消防设施、电梯、电气及照明、给排水的维修改造和环境改造等

起止年限	项目预估总投资（万元）	本年预估投资（万元）	资金来源	年度主要建设内容	开 / 竣工月份
—	40000	6000	—	—	—
019—2022	40000	6000	业主自筹	启动建设，完成部分主体建设	3 月
—	—	—	—	—	—
018—2022	100000	—	业主自筹	推进四方坪旧货市场整体关停及外迁工作，启动棚改征收	—
—	115381	39020	—	—	—
—	83561	22700	—	—	—
019—2020	9250	5800	中央预算内资金、生均拨款	完成工程室内外装饰及室外配套工程	12 月
019—2020	900	900	市财政	完成建设	12 月
016—2020	73411	16000	PPP（健康长沙）	项目竣工	12 月
—	31820	16320	—	—	—
020—2021	11000	5000	中央预算内资金、生均拨款	完成基础工程、主体结构封顶	4 月
019—2021	10000	1000	生均拨款	完成前期报建手续，达到开工条件	6 月
020—2021	1500	1000	生均拨款	完成前期报建手续及开工	6 月
2020—	5440	5440	业主自筹	项目竣工	4 月
2020—	400	400	市教育附加	完成建设	3 月
2020—	1000	1000	生均拨款	完成建设	7 月

续表19

序号	项目单位	项目名称	建设地点	建设性质	建设内容
7	长沙市第一医院	市第一医院变配电工程	开福区	新建	外线双电源引入、内部配电改造及新住院大楼变配电工程变更
预备项目（6个）					
1	长沙学院	学院东校区学生宿舍（一期）及食堂	开福区	预备	涉及用地面积5.1万平方米，其中包含5栋学生宿舍（建筑面积万平方米）、食堂1栋（建筑面积0.62万平方米）及操场、道路绿化、管网等室外附属工程
2	长沙市第一医院	市第一医院科研培训楼建设项目	开福区	预备	拟征收医院第7、8号栋宿舍（96户），建设科研培训楼。拟建科研培训楼建筑面积3.5万平方米，其中地上2.9万平方米，地下万平方米
3	长沙市第一医院	长沙市公共卫生救治中心建设项目	开福区	预备	北院（长沙市公共卫生救治中心）位于长沙市开福区捞刀河镇高村，占地11.13公顷。拟在公共卫生救治中心的东南侧向外延至青路征地3.33公顷，规划新建门急诊大楼和住院综合楼，总建筑积2万平方米
4	长沙血液中心	长沙血液中心业务综合楼	开福区	预备	项目总建筑面积3万平方米，地上建筑面积2.2万平方米，地下筑0.8万平方米
5	长沙市总工会（委托市公建中心建设）	长沙市第二工人文化宫维修改造项目	开福区	预备	对三栋楼的立面进行统一改造，对老剧场进行结构修复，对老原和培训楼的功能布局进行调整
6	湖南烈士公园管理处	烈士公园修缮改造项目	开福区	预备	建设民俗村消防通道，并在前期已整体提质改造基础上对公园内显存在短板的基础设施及生态环境进行必要的修缮改造

（五）生态环保项目4个，其中续建项目1个，新建项目1个，预备项目2个

序号	项目单位	项目名称	建设地点	建设性质	建设内容
续建项目（1个）					
1	长沙市排水有限责任公司、湖南北控水务发展有限公司	苏托垸污水处理厂一期工程	开福区	续建	新建10立方米/天处理规模，出水水质执行地表水准Ⅳ类标准
新建项目（1个）					
1	长沙市公共工程建设中心	杨家湾撇洪渠水系改造项目（3个子项）	长沙经开区、长沙县、芙蓉区、开福区	新建	1. 杨家湾撇洪渠两厢城市环境提质改造及明渠整治工程； 2. 内涝区域排水改造工程； 3. 京珠东辅道雨、污水管涵下游接入西龙路段排水工程
预备项目（2个）					
1	长沙市轨道交通集团有限公司	沙河停车场片区排水工程（排水箱涵、泵站等）	开福区	预备	沙河停车场配套排水工程及排水箱涵、泵站建设
2	长沙市公共工程建设中心	长沙市湘江东岸防洪综合改造项目子项：排水系统及管线改造工程	开福区 天心区	预备	湘江东岸（三汊矶大桥－猴子石大桥）排水系统及管线改造，包截污干管、污水提升泵站、截污设施等提标扩容

起止年限	项目预估总投资（万元）	本年预估投资（万元）	资金来源	年度主要建设内容	开 / 竣工月份
2020—	2480	2480	业主自筹	项目竣工	4 月
—	—	—	—	—	—
020—2023	15500	—	生均拨款	完成前期报建手续	—
021—2025	40000	—	PPP（健康长沙）	完成项目立项和可研批复	—
021—2025	50000	—	PPP（健康长沙）	项目前期论证及准备工作	—
020—2024	30000	—		项目前期论证及准备工作	—
019—2021	5000	—	总工会自筹、市财政补助	完成可研审批	—
2020—	—	—	暂未明确	前期论证	—
—	99767	36363	—	—	—
—	84767	31363	—	—	—
019—2020	84767	31363	PPP（健康长沙）	竣工验收，投入运营	—
—	15000	5000	—	—	—
019—2021	15000	5000	市、区（县）两级财政	完成部分截污干管改造、部分明渠整治	6 月
—	—	—	—	—	—
020—2024	24000	—	—	年底前完成前期手续，具备开工条件	—
2020—	101400	—	待明确	开展金霞污水厂纳污区排水系统提标改造总体技术方案研究	—

开福区湘江截污“回头看”问题排查清单

表20

序号	干/支流	问题描述	所在位置	整改措施	整改时限
1	干流	兴联路排口上游污水管错接	兴联路排口	已完成管网普查招标工作，正在办理合同签订等前期手续，预计9月份开工进场，进行雨污分流改造	2021年12月
2	干流	鹅秀路南排口片区污水管错接	鹅秀路南排口	已完成管网普查招标工作，正在办理合同签订等前期手续，预计9月份开工进场，进行雨污分流改造	2021年12月
3	干流	湘捞路排口上游截污不彻底、污水管错接	湘捞路排口	已完成管网普查招标工作，正在办理合同签订等前期手续，预计9月份开工进场，进行雨污分流改造	2021年12月
4	干流	中石化码头临时岸线使用证过期	金霞经济开发区	规范提升，完善手续，加强监管，防止非法作业	2020年9月
5	干流	湘之杰物流码头在尚未取得港口建设审批的情况下，私自修建涉水建筑，侵占湘江岸线	湘之杰物流码头	关闭拆迁、岸坡整理、复绿	2020年9月
6	干流	母山码头有白色泡沫及零星塑料瓶等垃圾	湘江母山码头段	立即打捞，加强日常巡河监管，督促街道、社区级河长履职尽责	2020年9月

开福区浏阳河截污“回头看”问题排查清单一览表

表21

序号	干/支流	问题描述	所在位置	整改措施	整改时限
1	干流	金色溪泉湾附近存在一处排口溢流	月湖街道金色溪泉湾小区	进行排口封堵，确保无污水溢流	2020年9月
2	干流	墙板厂泵站初期雨水污染	墙板厂泵站	设置智能调蓄池处置初期雨水	2020年9月
3	干流	浏阳河鸭嘴部分区域保洁有待加强，音乐节结束后部分堆物未及时清运	浏阳河月湖街道段	及时清理垃圾，加强清扫保洁	2020年9月
4	干流	陈家渡泵站段水面有枯枝及水草	浏阳河陈家渡泵站段	立即打捞，加强日常巡河监管，督促街道、社区级河长履职尽责	2020年9月

开福区捞刀河截污“回头看”问题排查清单一览表

表22

序号	干 / 支流	问题描述	所在位置	整改措施	整改时限
1	干流	双湾国际及周边小区雨污分流不到位，污水经芙蓉北路桥下管网直排捞刀河	秀峰街道双湾国际小区	对双湾国际及周边片区雨污分流及相关排水口综合整治	2021 年 12 月
2	干流	东二环桥下一处涵管溢流	洪山街道东二环桥下	对涵管进行封堵，并修复周边岸线	2020 年 9 月
3	支流	金竹河捞刀河社区段存在居民污水直排入河	金竹河与楚家湖交汇处	对散户污水进行收集，就近接入金竹河纳污干管	2021 年 6 月
4	支流	楚家湖支流沅丰坝、中岭和白霞撇洪渠末端污水直接入湖	楚家湖支流	采取末端截污措施，将污水收集至北二环纳污干管	2021 年 3 月
5	支流	楚家湖支流沅丰坝撇洪渠龙塘小区等周边小区雨污未分流	楚家湖支流	实施雨污分流改造，接入北二环污水干管	2021 年 3 月
6	支流	白沙河河面保洁不够彻底，河面还存在着浮藻、绿萍、水葫芦和垃圾等	白沙河沙坪街道段	成立专职乡级河道保洁队伍，实行专业化保洁管理，形成长效管护机制	2020 年 9 月
7	支流	金竹河新大塘社区、戴家河社区段居民非法占用水域滩池种菜	金竹河秀峰街道段	组织执法行动进行拆除	2020 年 9 月
8	干流	捞刀河和湘江交汇口，存在生活垃圾、水草和枯树等	捞刀河和湘江交汇口	立即打捞，加强日常巡河监管，督促街道、社区级河长履职尽责	2020 年 9 月

开福区沙河截污“回头看”问题排查清单

表23

序号	干 / 支流	问题描述	所在位置	整改措施	整改时限
1	干流	汤家湖路高排口存在出水超标问题	汤家湖路	对汤家湖路高排口存在的出水超标问题进行溯源、整治	2020 年 12 月
2	干流	沙河大桥段水面水葫芦较多	沙河大桥附近	立即打捞，加强日常巡河监管，督促街道、社区级河长履职尽责	2020 年 9 月

2020年开福区“一江三河”

表24

序号	流域	项目名称	建设性质	牵头单位	配合单位
1	湘江	湘捞路高排口污水溢流综合整治工程	新建	金霞发展集团	—
2	湘江	加快推进长沙市湘江东岸防洪综合改造项目——排水系统及管线改造工程，并完成小西门泵站改造	续建	市公共工程建设中心	区公共工程建设中
3	湘江	加强湘江干流排口日常监管；对旱季有污水排出的排口，要采取工程性措施进行整治	常态管理	区住建局	相关街道
4	湘江	完成湘江（长沙段）非法码头渡口专项整治	新建	区交通运输局	相关街道
5	捞刀河	夸特纳斯水系改造	新建	金霞发展集团	沙坪街道
6	捞刀河	苏坨路纳污干管	新建	金霞发展集团	捞刀河街道
7	捞刀河	福竹园小区污水整改工程	新建	金霞发展集团	沙坪街道
8	捞刀河	双湾国际及周边片区雨污分流及相关排水口综合整治工程	新建	区公共工程建设中心	秀峰街道
9	捞刀河	鹅秀南片区污水干管工程	新建	区公共工程建设中心	秀峰街道
10	捞刀河	小微水体示范片区创建项目	新建	沙坪街道 青竹湖街道 捞刀河街道 区农业农村局	—
11	捞刀河	冬修水利建设项目	新建	区农业农村局 相关街道	—
12	捞刀河	乡村振兴点建设项目	新建	沙坪街道	—
13	捞刀河	老旧化粪池疏浚改造和大型管道疏浚项目	新建	区市政中心	内城区相关街道
14	捞刀河	2020 年农安小区雨污分流改造项目	新建	区市政中心	捞刀河以北涉农街

流域综合治理项目表

项目概况	完成时限	任务来源
解决湘捞路高排旱季污水溢流问题	2020 年 12 月完成建设	—
排水管网、泵站提质改造	2020 年完成小西门泵站改造	2020 年市对区流域综治治理考核任务
—	全年坚持	2020 年市对区流域综治治理考核任务
—	2020 年 12 月完成建设	2020 年市对区流域综治治理考核任务
管道总长 762 米，管径 D2600~D2400	2020 年 12 月完成建设	2020 年开福区重大项目投资计划
长捞路口－苏托垸污水处理厂，管径 D300~D2400	2020 年 6 月 3 日前完成建设	2020 年开福区重大项目投资计划
污水管顶管，长 180 米，管径 DN1000	2020 年 9 月启动建设	2020 年开福区重大项目投资计划
对双湾国际排口污水排水综合整治，含铁路部分	2020 年 10 月启动建设	2020 年开福区重大项目投资计划
污水排水管道、排水检查井、止水帷幕、施工工作坑、攻井、沥青路面恢复以及其他附属工程等，含铁路部分	2020 年 12 月启动建设	2020 年开福区重大项目投资计划
少坪街道沙坪社区、青竹湖街道新源社区、捞刀河街道村创建小微水体管护示范区，建设内容为三级化粪池、隔油池、堆沤池、小型湿地等	2020 年 12 月完成建设	2020 年开福区重大项目投资计划
坪街道寒婆山、师古塘、鱼婆塘水库加固等，乌溪村加固，汉回、钟山村等山塘等水利设施加固护坡，双塘、村塘基围子加固。2. 捞刀河街道泗耳湖清淤以及护砌。山街道东塘水库泄水口、安全设施改造及生态治理等	2020 年 12 月完成建设	2020 年开福区重大项目投资计划
少坪街道乌溪、双湖村建设相应的基础设施、开展垃圾、村容村貌整治、环境绿化美化、水环境综合治理等	2020 年 12 月完成建设	2020 年开福区重大项目投资计划
辖区内严重破损、沉塌，影响居民正常生活的老旧化进行疏浚改造，约 85 处；2. 对筒车坝路等沿线重点、房建项目周边大于 DN400 的排水管、高排、检查井进行清淤	2020 年 9 月完成建设	2020 年开福区重大项目投资计划
鸿秀南组团等捞刀河以北片区农安小区存在雨、污管网混接情况实施整改	2020 年 12 月完成建设	2020 年开福区重大项目投资计划

续表24

序号	流域	项目名称	建设性质	牵头单位	配合单位
15	捞刀河	开展船舶防污染专项检查执法行动，强化对“僵尸船”和“三无船舶”的监管，确保船舶整治成果，防止问题反弹	常态管理	区交通运输局 区城管局	—
16	捞刀河	进一步完善捞刀河流域水量调度机制，实现全流域水资源统一调度管理，确保罗汉庄、石塘铺水文站实测流量分别不小于5.2立方米/秒、3.4立方米/秒	常态管理	区农业农村局	—
17	捞刀河	加强对捞刀河流域建成区排口的日常监管，实施排口整治和截污控源，确保建成区排口旱季污水不下河	常态管理	区住建局 区农业农村局 区市政中心	—
18	捞刀河	加强对已整改黑臭水体的监管，防止已整改黑臭水体反弹，全面消除黑臭水体	常态管理	区住建局	—
19	捞刀河	完成年度森林禁伐、封山育林、退耕还湿、幼林抚育、人工造林、湿地修复任务	常态管理	区农业农村局	—
20	捞刀河	完成苏托垸污水处理厂建设，并投产试运行	新建	长沙市排水有限责任公司 湖南北控水务发展有限公司	区住建局
21	捞刀河	完成苏托垸污水处理厂进厂干管、青竹湖片区纳污干管、沙坪纳污干管、金竹河两侧纳污干管建设	续建	金霞发展集团	青竹湖街道 秀峰街道 捞刀河街道
22	捞刀河	完成金竹河水系景观整治（红星美凯龙节点）及纳污体系建设	续建	金霞发展集团	相关街道
23	捞刀河	分批分阶段推进金霞开发区新建道路海绵城市建设	续建	金霞发展集团	相关街道
24	捞刀河	纸笔塘路东段、戴家河路西段（次干道六）、天井路南延线污水管网项目建设	新建	金霞发展集团	相关街道
25	捞刀河	周南中学片区雨污分流改造项目建设	新建	金霞发展集团	相关街道
26	捞刀河	长沙市第一医院北院、中岭小区排口整治项目建设	新建	区公共工程建设中心	相关街道
27	捞刀河	鹅秀路南段、彭家巷路污水管网项目建设	新建	金霞发展集团	相关街道
28	捞刀河	青环路、北二环南侧沅丰坝片区、鹅秀南片区污水干管项目建设	新建	金霞发展集团 区公共工程建设中心	区住建局 相关街道

项目概况	完成时限	任务来源
“僵尸船”和“三无船舶”监管、防止问题反弹	全年坚持	2020 年市对区流域综治治理考核任务
一步完善捞刀河流域水量调度机制，实现全流域水资源一调度管理，确保罗汉庄、石塘铺水文站实测流量分别不小于 5.2 立方米 / 秒、3.4 立方米 / 秒	全年坚持	2020 年市对区流域综治治理考核任务
戉区排口的日常监管，实施排口整治和截污控源，确保建成区排口旱季污水不下河	全年坚持	2020 年市对区流域综治治理考核任务
对已整改黑臭水体的监管，防止已整改黑臭水体反弹，全面消除黑臭水体	全年坚持	2020 年市对区流域综治治理考核任务
戉年度森林禁伐、封山育林、退耕还湿、幼林抚育、人工造林、湿地修复任务	2020 年 12 月完成建设	2020 年市对区流域综治治理考核任务
新建污水厂	按市里要求完成建设任务	2020 年市对区流域综治治理考核任务
新建污水厂纳污区干管	完成建设	2020 年市对区流域综治治理考核任务
道治理、清淤疏浚、生态修复、景观工程、公共厕所及管理用房建设等	2020 年 12 月完成建设	2020 年市对区流域综治治理考核任务
新建透水混凝土人行道、下沉式绿化带等	2020 年 12 月完成建设	2020 年市对区流域综治治理考核任务
污水管网建设，三段总长度 1.2 千米	2020 年 12 月完成建设	2020 年市对区流域综治治理考核任务
对周南中学周边道路实施雨污分流改造	2020 年 12 月完成建设	2020 年市对区流域综治治理考核任务
污水管网建设，两段总长度 2.1 千米	2020 年 12 月完成建设	2020 年市对区流域综治治理考核任务
污水管网建设，两段总长度 3.01 千米	2020 年 12 月底启动建设	2020 年市对区流域综治治理考核任务
新建青环路 DN1500 毫米污水管网 1.4 千米、北二环 1500 毫米污水管网 1.5 千米、鹅秀南片区 DN1200 毫米管网 1.2 千米	2020 年 12 月底启动建设	2020 年市对区流域综治治理考核任务

续表24

序号	流域	项目名称	建设性质	牵头单位	配合单位
29	捞刀河	捞刀河南岸岸线整治及市政工程（入湘江口至开福大道段）	续建	区公共工程建设中心	浏阳河街道
30	捞刀河	开福区捞刀河入江口段大堤整治工程	续建	区农业农村局	秀峰街道
31	捞刀河	金竹河下游楚家湖泵站段、甘咀托泵站与中干渠连接段整治项目	续建	区农业农村局	—
32	捞刀河	开福大道跨金竹河桥西侧排口整治工程	续建	区农业农村局	—
33	捞刀河	鹅秀南片区雨污分流改造项目	续建	金霞经济开发区	—
34	捞刀河	龙华山庄周边水体综合整治项目	新建	金霞经济开发区 区市政中心 区生态环境分局 区住建局	—
35	捞刀河 浏阳河	开福城区排水管网功能性排查项目	新建	区市政中心 金霞发展集团	—
36	捞刀河 浏阳河 沙　河	完成《长沙市浏阳河、捞刀河、沙河岸线保护和开发利用规划》编制	续建	长沙市水利局	区农业农村局 相关街道
37	浏阳河	对省自然资源厅遥感监测简报涉及问题进行核查整改	新建	区自然资源和规划分局	—
38	浏阳河	落实《关于进一步加强浏阳河流域排水设施监督管理的实施办法（暂行）》，切实强化流域范围各类排口监管，杜绝晴天溢流、被省级以上暗访督查通报等情形的发生	常态管理	区住建局 区生态环境分局	—
39	浏阳河	启动金霞污水处理厂扩建及提标工程建设（扩建12万吨/天规模，提标原18万吨/天规模，总处理规模达到30万吨/天，出水达到地表水准Ⅳ类标准）	续建	长沙市住建局 长沙中科成污水净化有限公司	区住建局
40	浏阳河	推进开福污水处理厂的扩建及提标改造工程建设（扩建15万吨/天规模，提标原30万吨/天规模，总处理规模达到45万吨/天，出水达到地表水准Ⅳ类标准）	续建	长沙市住建局 湖南鑫远水务有限公司	区住建局

项目概况	完成时限	任务来源
大道捞刀河大桥至开福大道跨捞刀河大桥沿线进行捞岸线整治和市政工程建设，含滨河北路南侧绿化带、绿化、金河路下穿匝道及京广线沿线堤防	2020 年 12 月完成建设	2020 年开福区重大项目投资计划
河入江口左岸 1200 米岸线整治，主要包括外坡修整、铺设沥青路面、二级平台修复等	2020 年 12 月完成建设	2019 年水污染防治项目
金竹河清淤、污水就地处理工程、生态修复工程等	2020 年 12 月完成建设	2019 年水污染防治项目
新建调节池、格栅井，安装职能一体化设备等	2020 年 12 月完成建设	2019 年水污染防治项目
推进鹅秀南片区市政管网雨污分流建设	2020 年 12 月完成建设	2019 年水污染防治项目
霞经济开发区加快该片区市政道路上雨污分流改造以速启动秀东路配套市政污水管网建设，对龙华山庄周体进行清淤疏浚内源治理；2. 区市政中心对兴联小区雨污分流不彻底问题进行工程性改造；3. 区生态环境对龙华山庄、极目楚天小区东侧挡墙污水直排自然环行为完成督促整改；4. 区住建局、区市政中心督促周业小区及企事业单位实施雨污分流及雨污错接、混接整改	2020 年 12 月完成建设	—
市政中心负责开福区范围内开福污水处理厂、长善垸处理厂纳污区排水管网功能性排查工作；2. 金霞发展负责开福区范围内新港、苏托垸污水处理厂纳污区排网功能性排查工作	2020 年 9 月完成建设	—
—	2020 年 12 月完成方案编制	2020 年市对区流域综治治理考核任务
—	全年坚持	2020 年市对区流域综治治理考核任务
—	全年坚持	2020 年市对区流域综治治理考核任务
扩建 12 万吨 / 天，总处理量达到 30 万吨 / 天	2020 年完成建设	2020 年市对区流域综治治理考核任务
扩建 15 万吨 / 天，总处理量达到 45 万吨 / 天	2020 年完成建设	2020 年市对区流域综治治理考核任务

续表24

序号	流域	项目名称	建设性质	牵头单位	配合单位
41	浏阳河	完成墙板厂污水泵站改造工程	新建	长沙市城区排水事务中心	区住建局
42	浏阳河	启动朝正垸污水泵站改造工作	新建	长沙市城区排水事务中心	区住建局
43	浏阳河	完成田心港泵站出水口附近的水质自动监测站建设	续建	区生态环境分局	—
44	沙河	加强建成区排口的日常监管，实施排口整治和截污控源，确保建成区排口旱季污水不下河	常态管理	区生态环境分局	—
45	沙河	加强对金霞片区污水收集工程（开福区）的日常监督，确保正常运行	常态管理	金霞经济开发区	—
46	“一江三河”	开福区泵站事故闸门项目	新建	区农业农村局	—
47	“一江三河”	按月定期开展水质监测，并出具水质监测报告	常态管理	长沙市生态环境局	区生态环境分局
48	“一江三河”	完成河道管理范围划界立碑工作	续建	区农业农村局	区自然资源和规划 相关街道
49	“一江三河”	推进“清四乱”常态化，完善长效管理机制，防止问题反弹，坚决遏制“四乱”问题增量	常态管理	区农业农村局	相关街道
50	“一江三河”	开展日常巡查（每月至少 1 次）及联合执法行动	常态管理	区生态环境分局 区农业农村局 区城管局 区交通运输局	相关街道
51	“一江三河”	建立并固化河道清理打捞保洁工作及考核机制、应急打捞机制、专项整治工作机制，保障河道保洁经费，加大河道保洁力度，全年开展河道集中清理整治行动不少于 4 次	常态管理	区农业农村局 区城管局	相关街道
52	“一江三河”	划定“一江三河”水域管理蓝线，完成河道管理范围自然资源生态空间统一确权登记，有条件的确权发证	续建	长沙市自然资源和规划分局	区自然资源和规划 相关街道

项目概况	完成时限	任务来源
墙板厂污水泵站出水总管流量计及自控更换	2020 年完成墙板厂污水泵站出水总管流量计及自控更换	2020 年市对区流域综治治理考核任务
新建污水管道、调蓄池	2020 年启动建设	2020 年市对区流域综治治理考核任务
新建监测站，功能包括水质自动检测、分析	2020 年 12 月完成建设	2020 年市对区流域综治治理考核任务
—	全年坚持	2020 年市对区流域综治治理考核任务
污水管网改造、新建	全年坚持	2020 年市对区流域综治治理考核任务
安全状况，选取秀峰街道戴家河、四方坪街道社家桥、浏阳河街道筒车坝泵站假装事故闸门	2020 年 12 月完成建设	2020 年开福区重大项目投资计划
定期开展水质检查，出具水质检查报告	全年坚持	2020 年市对区流域综治治理考核任务
安装界桩（包含公共界桩、一般界桩）、告示牌	2020 年 12 月完成建设	2020 年市对区流域综治治理考核任务
理乱堆、乱占、乱建、乱采问题，完善长效管理机制	全年坚持	2020 年市对区流域综治治理考核任务
—	全年坚持	2020 年市对区流域综治治理考核任务
—	全年坚持	2020 年市对区流域综治治理考核任务
—	2020 年 12 月完成河道管理范围自然资源生态空间统一确权登记	2020 年市对区流域综治治理考核任务

开福区众创空间、科技企业孵化器一览表

表25

序号	空间名称	运营单位	认定类型	认定时间
众创空间名单（24家）				
1	菁芒众创空间	湖南卡拉赞信息科技有限公司	国家备案	2017
2	草莓V视众创空间	湖南智创视通企业管理运营有限公司	国家备案	2020
3	易·创大学生众创空间	湖南嘉德投资置业有限公司	省级	2018
4	西班国际跨境电子商务大学生创业孵化空间	湖南西班优生活电子商务有限公司	省级	2018
5	芒果视频文创园	湖南芒果视界传媒有限公司	省级	2019
6	国科开福创新创业基地	国科高精科技集团有限公司	省级	2019
7	马栏山视频文创产业园创智园	湖南马栏山商业管理有限公司	省级	2019
8	创客周末	湖南职予者文化传播有限公司	省级	2019
9	中健众创空间	湖南中健众创创业服务股份有限公司	市级	2018
10	湘君众创空间	湖南和湘君行咨询有限公司	市级	2018
11	开福区融合众创空间	湖南喜韵隆高端科技集群孵化有限公司	省级	2020
12	湖南山河生物医学技术孵化中心众创空间	湖南山河生物医学技术孵化中心（有限合伙）	省级	2020
13	万科教育众创	长沙市万科商业管理有限公司	市级	2018
14	智汇开福·湘域创新创业基地	湖南国科启航科技发展有限公司	市级	2019
15	百川汇智慧商贸电商众创空间	湖南百川汇供应链管理有限公司	市级	2019
16	V谷众创	湖南喜安局商业管理有限公司	省级	2020
17	马栏山视频文创产业园弗彗谷	湖南弗彗谷传媒有限公司	省级	2020
18	天格众创空间	湖南天格物资贸易有限公司	市级	2020
19	马栏山视频文创产业园博创园	湖南博皓商业管理有限公司	市级	2020
20	开福区中小微企业科技创新中心	长沙市开福区中小微企业服务中心	市级	2020
21	五矿·旷物光廊青年手艺创客空间	长沙五矿商业管理有限公司	市级	2020
22	月湖文创小镇众创空间	湖南马栏山商业管理有限公司	市级	2020
23	马栏山直播产业基地	长沙天衍文化传播有限公司	市级	2020
24	海外人士外贸产业（长沙）基地	湖南华友时代企业管理服务有限公司	市级	2020
科技孵化器名单（3家）				
1	湖南山河生物技术医学孵化中心	湖南山河生物技术医学孵化中心	省级	2018
2	国科双创孵化基地	国科高精科技集团有限公司	市级	2019
3	智汇开福·湘域创新创业基地	湖南国科启航科技发展有限公司	市级	2020

开福区2020年区级科技计划项目立项一览表

表26

序号	项目名称	申报单位名称	项目类别	扶持金额（万元）
1	微小型超高动态接收机	湖南跨线桥航天科技有限公司	重点	15
2	普奇 –L 系列管道测漏仪的开发与应用	湖南普奇地质勘探设备研究院	重点	15
3	智能消火栓管理系统开发及应用	湖南克拉维智能设备有限公司	重点	15
4	12 位多通道高速 ADC 关键技术研究	湖南毂梁微电子有限公司	重点	15
5	数字化智能枪柜的研发及产业化	湖南鑫垒科技有限公司	重点	15
6	道路覆冰灾害智能监测预测预警系统	湖南胜昊软件科技有限公司	重点	15
7	医用耗材 SPD 供应链物流集采平台开发及应用	湖南德荣医疗健康产业有限公司	重点	15
8	海洋通探信息装备	湖南国科海防信息技术有限公司	重点	15
9	芒果 TV 高新互动视频创作平台项目	湖南快乐阳光互动娱乐传媒有限公司	重点	15
10	光纤地听器	长沙深之瞳信息科技有限公司	重点	15
11	EC2020 转向控制单元 ECU 智能化锡焊工艺及装备研制	长沙纽泰自动化科技有限公司	重点	15
12	火药高精度高速自动称量系统的研发	湖南摩铠智能科技有限公司	重点	15
13	基于光电技术的候鸟智慧生态监测跟踪平台研发与产业化	湖南宇正智能科技有限公司	重点	15
14	智慧医院移动信息综合服务应用平台建设	湖南雅煜信息科技有限公司	重点	15
15	高效可靠眼位跟踪技术研究	湖南海擎智能科技有限责任公司	重点	15
16	智慧安站综合管控平台的研发及应用	湖南善为科技有限公司	一般	10
17	智慧医疗云平台服务系统的研究及应用	长沙兴迈通信建设有限公司	重点	15
18	自动驾驶智能清扫车的研发	湖南拓沃重工科技有限公司	重点	15
19	拖发绞车研究与产业化	湖南天剑海洋工程设备有限公司	重点	15
20	智能液压控制系统的研发	湖南长重机器股份有限公司	重点	15
21	高抗撕裂弹性防爆涂层的研发与应用	长沙盾甲新材料科技有限公司	重点	15
22	水母繁育科普实验室	海底世界（湖南）有限公司	一般	10
23	湘科优良鱼类纳米增氧孵化技术的应用推广	湖南海博水产种业科技有限公司	重点	15
24	互联网 + 融合创新创业服务平台	湖南国科科技发展有限公司	重点	15
25	草莓 V 视视频文创产品技术创新平台建设与应用	湖南智创视通企业管理运营有限公司	重点	15
26	互联网 + 智慧物流建设项目	老百姓大药房连锁股份有限公司	重点	15
27	基于传统艾灸应用的便携式艾灸仪的研发及产业化	湖南馨创科技开发有限公司	重点	15
28	新型胸腔引流管的研制	湖南特瑞精密医疗器械有限公司	一般	10
合计				420

组织机构及负责人

中共长沙市开福区委员会

书　记　曹再兴
副书记　谢伟峰（2020.1任）
　　邹犇森（2020.6任）
常　委　李国军（挂职）
　　欧干军
　　蔡　冰
　　张春雄
　　舒全球
　　何惠凤（女）
　　晏成方
　　张贻龙
　　易文斌（2020.6任）

开福区人大常委会

主　任　许振勤
副主任　王颂交
　　李光华
　　袁剑英（女）
　　罗伟明
　　周桂林
党组副书记　袁政国（挂职）

开福区人民政府

区　长　谢伟峰（2020.1任）
副区长　蔡　冰
　　廖　勇
　　朱　江（女）
　　杨光华
　　李　扬
　　张胜良
　　胡珊珊（女，2020.9任）
　　易文斌（2020.6止）
副调研员　刘新兰
　　任新良
　　乐俊旺
　　陈世伟
　　桂志华
　　梁文胜
　　刘志勇
　　谢　勇
　　王宗飞（2020.12任）
　　刘树林（2020.12任）
　　唐绍金（2020.10止）
　　陈再武（2020.10止）
　　贺福明（2020.10止）

政协长沙市开福区委员会

主　席　熊建伟
副主席　杨　艳（女）
　　焦　灿
　　廖辉群（兼）
　　林永红（女）
　　鲁碧君（兼，女）

开福区纪律检查委员会
开福区监察委员会

纪委书记、监委主任
　　欧干军
纪委常务副书记、监委副主任
　　周朝旭
纪委副书记、监委副主任
　　许文杰
纪委常委、监委委员
　　刘　科
　　蔡　亮
　　彭　庆
　　莫红宇（女）
纪委常委　刘　曦（女）
　　张再军（2020.10任）
监委委员　陈广益
　　黄　粮
办公室主任　秦立泓
党风政风监督室主任
　　谭　娟（女）
信访室主任　沈　璋
案件监督管理室主任
　　何端泉
第一纪检监察室主任
　　黄文健
第二纪检监察室主任
　　陈　浩（2020.10任）
　　郑雄健（2020.10止）
第三纪检监察室主任
　　刘亚武
第四纪检监察室主任
　　周向东
第五纪检监察室主任
　　叶胜宇
纪检监察干部监督室主任
　　肖　霓
案件审理室主任
　　吴辉勇

马栏山视频文创产业园

书　记　邹犇森（2020.6任）
主　任　黎　明（2020.6任）
副主任　黄　燕（女）
　　蹇桂军
　　胡朝晖（挂职，2020.3任）
办公室主任　刘　飞
规划建设局局长
　　陶祝明
副局长　喻茂良
　　陈　铭
招商合作局局长
　　胡　斌
副局长　韩　哲（女）
产业发展局局长
　　邵　将
副局长　李劲松
财政局局长　李铁钊
行政审批服务局局长
　　饶　敏（女）

长沙金霞经济开发区

书　记　李国军
主　任　康镇麟
副主任　刘熙宇
　　曾　理
　　杨　智
青竹湖生态科技（产业）园党工委书记　吴正豪
青竹湖生态科技（产业）园管委会主任、开福高新区党工委（筹）书记　宋奇志
金霞保税物流中心党工委书记
　　裴文欢（女）
金霞保税物流中心管委会主任
　　侯凌新

金霞经开区党纪工委书记
陈晓成
开福高新区管委会（筹）主任
王晓文（2020.1任）
金霞经开区纪工委副书记
胡仕勇
金霞经开区办公室主任
赵潇枭（女，2020.10任）
刘玉娥（女，2020.10止）
金霞经开区企业党委专职副书记
王宇州（2020.1任）
金霞经开区招商合作局局长
吴新辉（2020.1任）
金霞经开区产业发展局局长
刘 斌（2020.1任）
金霞经开区规划建设局局长
王 璀
金霞经开区社会事务局局长
刘展宏（2020.1任）
金霞经开区财政分局局长
张迎霞（女）
金霞经开区纪检监察室主任
曾好斌
金霞经开区招商合作局副局长
胡 果（女）
金霞经开区产业发展局副局长
申云峰
熊向阳
金霞经开区规划建设局副局长
刘 三
金霞经开区社会事务局副局长
苏湘扬

长沙市洪山管理局

书 记 朱旭东
局 长 李 智
副书记 杨兴高
副局长 黄忠球
周春雷
尹显亮（2020.2任）
黄长科（2020.2止）
黄 勇
胡 波
纪检组组长 方 硕

综合管理科科长
苏建钧
办公室主任 陈 茂
财务科科长 王忠亮
综合管理科副科长
陈凤英（女）
办公室副主任
艾先进
凌高雄
建设管理科副科长
吴华东
黄 杰
郭正泉（2020.10任）
段立新（2020.10止）
经济发展科副科长
魏二龙（2020.10任）

长沙青竹湖生态科技（产业）园

书 记 吴正豪
主 任 宋奇志
产业发展局局长
周崇文
粟贵文
招商合作局局长
龙 琼（女）
社会事务局局长
王文辉
吴智勇

长沙金霞保税物流中心

书 记 裴文欢（女）
主 任 侯凌新
副主任 李 燕（女）
杨 丹（女）
纪工委书记、监察工委主任
欧文兵（2020.1任）
纪检组组长 王 湘（女，2020.1止）
办公室主任 凌洁茹（女，2020.10任）
谷向阳（2020.8止）
招商部部长 周桂平（女）
财务部部长 肖 亮（女，2020.10任）
刘宁湘（女，2020.11止）
办公室副主任
廖湘平

长沙园林生态园

书 记 宾小东（2020.1任）
主 任 樊 伟
纪委书记 李明星
副主任 王伊春
胡佐胜
欧阳芝（女）
符仕君（女）
人事科科长 刘 娟（女）
人事科副科长
陈 娟（女）
吴 宇（捞刀河街道挂职）
保卫科科长 邹京明
保卫科副科长
杨之盛
园林绿化科科长
谭 鸿
办公室副主任
裴杰华
监察室主任 谌 欣
经营科科长 彭 佳
经营科副科长
杨 斌（秀峰街道挂职）
计财科副科长
喻 皓

开福区委办公室

主 任 易文斌（2020.6任）
张春雄（2020.6止）
常务副主任 刘修平
副主任 喻 军
张 燚（兼）
周立辉（女）
胡恒帅（2020.10任）
李宏波（2020.10止）
接待服务中心主任
周玲利
办务会成员、区直机关工委常务副书记 张志成
纪检组组长 冯丹璐（女，2020.1任）
侯瑜芳（女，2020.1止）
区机要局副局长、区保密局副局长（兼） 董湘芬（女）
区委深改办专职副主任

朱洁桃
李朝理
区委督查室主任
徐　葱
区档案馆馆长
罗海嵩
副馆长　任少文
常　灿（女，2020.1任）

区委组织部

部　长　晏成方
常务副部长　任功胜
副部长　王　艳（女，兼）
杨柳艳（女）
陈　俐
两新工委书记
樊思源
离退休工委专职副书记
陶劲凯
党员教育管理中心主任、干部科科长　丁　磊
老干部局专职副局长
刘雪莲（女，2020.5任）
老干部活动中心主任
杨　昕（女，2020.5任）
两新工委专职副书记
陈思含（女，2020.10止）
基层党建办副主任、人才科科长
孙　鹏
绩效办副主任
陈治坤（2020.10任）
陈　刚（2020.10止）
非公有制经济组织和社会组织党工委副书记　陈　刚（2020.10任）

区委宣传部

部　长　舒全球
常务副部长　李亚雄
副部长　甘　芳（女）
易海军（2020.10任）
刘桐开（女，2020.10止）
文明办副主任
张婷婷（2020.10任）
贺　喜（2020.10止）
新闻中心主任
李　香（女）
未成年人思想道德建设工作中心主任　罗　银（女）

区委统战部

部　长　何惠凤（女）
常务副部长　王　凤（女）
副部长　刘　川
李　文
甘培虎（兼，2020.10任）
侨联主席　成　娟（女）

区委政法委

书　记　张春雄（2020.6任）
黎　明（2020.6止）
副书记　冯士文
袁亿华
汤伟平
林　实（女）
谢跃明
罗　毅
纪检组组长　梁　棵
政工室主任　浣花媛（女）
委　员　王小明
方雄辉
唐艳彬

区委编办

主　任　戴紫艳（女）
副主任　浣　赛（女）
郭朝军
机构编制电子政务中心主任
黄　意（女）

区委网信办

主　任　刘桐开（女，2020.10任）
副主任　周　严（女）
阳超斌

区委巡察办、巡察组

主　任　宋明明
副主任　张孟辉
孙斌彬（2020.10任）
组　长　艾延灿
曾跃文
王众思
机动组组长　刘　敏
副组长　杨　晓
刘　莎
汤叶峰
孙杨克
机动组副组长
陈建根

区人大及其常委会工作机构

副县级干部　李正元（女）
党组成员　李炳庚（2020.10任）
副调研员　吴劲松
王建兵
办公室主任　陈志兴
副主任　刘水清（女）
谭银花（女，2020.11任）

环境与资源保护委员会

主任委员　张　检（2020.11任）

法制委员会

主任委员　韦清燕

监察和司法委员会

主任委员　韦清燕（兼，2020.1任）

教育科学文化卫生委员会

主任委员　李少林（2020.1任）

农业与农村委员会

主任委员　杨　奔（女，2020.1任）

财政经济委员会

主任委员　陈　般（女，2020.1任）

预算工作委员会

主　任　陈　般（女，兼）
副主任　易　文（2020.3任）
副主任　王湘虹（女，2020.11任）

选举任免联络工作委员会

主　任　　张　华
副主任　　周剑兰（女，2020.3任）
副主任　　伍　毅（2020.3任，2020.11止）

社会建设委员会

主任委员　周　砾（女，2020.1任）

民族华侨外事委员会

主任委员　刘小鸥（女，2020.1任）

区政协办公室及各委

区政协办公室

秘书长　　李劲松
主　任　　谭　栋
副主任　　张　华
　　　　　李　文

提案委

主　任　　夏圣猛

经济科技和外事委

主　任　　李新民

文教卫体和文史委

主　任　　田承明

农业农村和人口资源环境委

主　任　　贺　滟（女）

委员学习联络委

主　任　　周庆辉（女）

社会法制和民族宗教委

主　任　　肖铁华

区人民法院

院　长　　戴智明
副院长　　文继光（2020.4任）
　　　　　王利兵（2020.4止）
　　　　　谌晓宇（2020.4任）
　　　　　周　舟（女，2020.4任）
　　　　　曹新凯（2020.4止）
　　　　　甘文韧（2020.4止）
党组成员　朱　礼
执行局局长　艾文博
政治部主任　胡继红（女）
审判委员会专职委员
　　　　　伍峥嵘（女）
　　　　　佘志明

区人民检察院

检察长　　杨　赞（2020.4任）
副检察长　黄中玮（2020.4任）
　　　　　廖耀群
　　　　　简绍恒（2020.4任）
　　　　　宋义平（2020.4止）
　　　　　刘　立（2020.4止）
党组成员　曾广军
政工室主任　郑　凯（2020.4任）
　　　　　黄　宇（女，2020.4止）
检察委员会专职委员
　　　　　王亚军
　　　　　盛　杰（2020.3任）

区人民政府办公室

主　任　　徐路明
副主任　　颜康明（2020.1任）
　　　　　曹　雄（兼）
　　　　　孟天知
　　　　　赵红胜（2020.10任）
　　　　　张文华
　　　　　卓宁波（2020.10止）
　　　　　杨建波（2020.10任）
　　　　　陈　逍（2020.1任）
　　　　　刘　畅（2020.10任）
　　　　　王治国（兼，2020.10止）
　　　　　杨夏女（女，2020.10止）
　　　　　莫　琳（2020.10止）
政府督查室主任
　　　　　卓宁波（2020.10任）
政府研究室专职副主任
　　　　　李长春（2020.10任）
纪检组组长　向　华（2020.1任）
　　　　　张正军（2020.10止）

区发展和改革局

局　长　　缪　舜
副局长　　申　波
　　　　　朱　群（2020.1任）
　　　　　李志强
　　　　　伍　勇（2020.10任）
　　　　　肖　亮（2020.10止）
两型办副主任
　　　　　宁双飞
重点办主任　任　凭

区教育局

局　长　　谭树茗
副局长　　谭广林
　　　　　王　平
　　　　　陈银芝（女，2020.10任）
　　　　　吴展鹏（2020.10止）
　　　　　龙　舟（女，2020.1止）
主任督学　毛建高
纪检组组长　陆跃宁

区科学技术局（科协）

局　长　　李红权
科协主席　侯瑜芳（女，2020.1任）
副局长　　梁　景
　　　　　张明蓉（女，2020.1任）
　　　　　杨　艳（女）
　　　　　谭红星（2020.2止）
科协副主席　郑晟晖

区工业和信息化局

局　长　　陈　新（2020.1任）
　　　　　王晓文（2020.1止）
副局长　　章异新
　　　　　王雄球
　　　　　陈　铭
党组成员　黄　杰

区民族宗教事务局

书　记　　潘　格
局　长　　彭　超
副局长　　夏大石（2020.10任）
　　　　　邓淼淼（女）
　　　　　李　玲（女，2020.10止）

区民政局

局　长　　陈朝晖（女，2020.10任）
　　　　　张　检（2020.10止）
副局长　　吴群辉（2020.10任）
　　　　　张金华（女，2020.10止）
　　　　　黄　拉
　　　　　刘　玄（女）
党组成员　肖文中

区司法局

局　长　　刘洪斌
党组成员　翁远斌
副局长　　胡　容（2020.10任）
　　　　　邹小华（女）
　　　　　黄永革（2020.10止）
　　　　　彭　娜（女）
　　　　　邵凤清（女）
政工室主任　龙　罡（女）

区财政局

局　长　　邹　畅（2020.10任）
　　　　　刘　勇（2020.11止）
副局长　　宁小群（女）
　　　　　严　霞（女）
　　　　　胡海飞（2020.1止）
纪检组组长　罗　丹（女）
总会计师　王晓莉（女）
财政评审中心主任
　　　　　陈　建（女）
国库集中支付中心主任
　　　　　汤　杰
财政统发工资中心主任
　　　　　高　萍（女）
财政事务中心主任
　　　　　李思思（女）

区人力资源和社会保障局

局　长　　王　艳（女，2020.10任）
　　　　　陈朝晖（女，2020.10止）
副局长　　周　惠（女）
　　　　　高成亮
　　　　　李印龙
　　　　　柳义军（2020.10任）
　　　　　曲立秋（女，2020.10止）
社会保险服务中心主任
　　　　　孔　飙
就业服务中心主任
　　　　　夏　颂（女）

区住房和城乡建设局（人民防空办公室）

局长、人防办主任
　　　　　王中柱
副局长　　黎伟军
　　　　　尹志伟
　　　　　熊更姣（女）
党组成员　明国强
　　　　　刘　杰
　　　　　周　波
　　　　　陈雪娅（女）
纪检组组长　刘鸿冰
总工程师　李　兵
建筑工程质量安全监督站站长
　　　　　黄毅胜（2020.10任）
　　　　　刘　芳（女，2020.10止）
城市建设监察大队队长
　　　　　赵　威
住房保障服务中心主任
　　　　　罗向好（女）

区交通运输局

书记、局长　骆　炬
副局长　　孙顺勇
　　　　　肖林生
　　　　　蒋向阳
　　　　　刘　平（女）

区农业农村局

局　长　　吕宏凯
总工程师　邹双七
纪检组组长　袁　晖（女）
副局长　　陈伏明
　　　　　范　卓
农办副主任　李　浩
动监所所长　张　兴（2020.10任）
　　　　　朱绪英（女，2020.10止）

区商务局

局　长　　龙　舟（女，2020.1任）
副局长　　傅驰景
　　　　　彭　葳（女）
　　　　　李　嶷（女）

区文化旅游体育局

局　长　　陈　迎（女，2020.10任）
　　　　　王　艳（女，2020.10止）
副局长　　陈　林
　　　　　陈鑫敏（女，2020.10任）
　　　　　邓雅心（女，2020.10止）
党组成员　郭云建
文化市场综合执法局局长
　　　　　龚　闯
文化市场综合执法局副局长
　　　　　黄建华
图书馆馆长　刘宇舟（2020.10任）
　　　　　张婷婷（女，2020.10止）
文化馆馆长　阎　慧（女）

区卫生健康局

书　记　　方云南
局　长　　廖紫君
副局长　　晏　强
　　　　　邓应荣
　　　　　李银华
　　　　　曲立秋（女，2020.10任）
　　　　　王湘虹（女，2020.10止）
计生协会常务副会长
　　　　　杨国慈
红十字会常务副会长
　　　　　曹群良
区计生协会专职副会长
　　　　　史春山（2020.2任）

区审计局

局　长　　潘建军
副局长　　张　平（女）
　　　　　姜喜瑜（2020.10任）
　　　　　唐宇翔（2020.10任）
　　　　　金小钢（女，2020.10止）
总审计师　肖亚琴（女）
政府投资审计中心主任

郑立雄（女）

区退役军人事务局

局　长　　张　澜（2020.10任）
　　　　　李建波（2020.10止）
副局长　　李　虔（2020.1任）
　　　　　彭一举
　　　　　彭　清

区应急管理局

书　记　　杨万红
局　长　　王　海
副局长　　李晓庆（女）
　　　　　薛宏杰
　　　　　欧阳丹
　　　　　黄　杰（2020.3止）
政工室主任　陈贻勤
总工程师　龙志福
党组成员　祖　向
应急事务中心主任
　　　　　袁润良（2020.10任）

区市场监督管理局（知识产权局）

书　记　　杨国华
局　长　　黄雅晖（女）
副局长　　黎　军
　　　　　宋世平
　　　　　谷任光
　　　　　戴海明
　　　　　刘金山
　　　　　沈　剑
　　　　　胡建军
　　　　　刘利军
　　　　　王登攀
　　　　　吴　韬

市场监督管理综合行政执法大队

副大队长　黄海花（2020.10任）
　　　　　杨　林（2020.10任）
　　　　　王阳娟（2020.10任）

区统计局

书　记　　王　湘（女，2020.1任）
局　长　　胡海飞（2020.1任）
　　　　　陈　新（2020.1止）
副局长　　胡纯洪
　　　　　谢　桦（女）
　　　　　唐宇翔（2020.10任）
党组成员　肖小冬（2020.10任）
统计普查中心主任
　　　　　周启元（女，2020.10任）
　　　　　肖小冬（2020.10止）

区城市管理和综合执法局

局　长　　杨知强
副局长　　胡　丹
　　　　　李晓峰
　　　　　雷　鸣
　　　　　尹洪辉
　　　　　安小龙
纪检组组长　曹桃平（女）

区城市管理综合执法大队

大队长　　杨知强
教导员　　何世林
副大队长　唐国胜
　　　　　廖国强
　　　　　蒋灵虎
　　　　　邓恒阳
　　　　　胡　剑

区市政设施维护中心

书　记　　黄　伟
主　任　　陈　峰
副主任　　刘正伟
　　　　　戴晓金
　　　　　郭天仆

区园林绿化维护中心

书　记　　李　智
主　任　　贺华勇
副主任　　吴建红
　　　　　才　源
　　　　　陈　越

区市容环境卫生维护中心

主　任　　周继元（2020.10任）
　　　　　陆学龙（2020.10止）
副主任　　苏建钧（2020.10任）
　　　　　陈　迪
　　　　　敖　沙（女）
　　　　　彭　斌（2020.1止）

区行政审批服务局

局　长　　彭　震
副局长　　张端华
　　　　　邓继龙
　　　　　李　万
　　　　　罗　洋（女）
政务服务中心主任
　　　　　李　婕（女，2020.5任）

区信访局

局　长　　曹　雄
副局长　　唐立志
　　　　　刘伏云
　　　　　陈　茂
　　　　　左建辉（2020.10任）（挂职）
　　　　　彭利元（2020.10止）

区医疗保障局

局　长　　沈继红（女）
副局长　　朱　静（女）
　　　　　朱海平
　　　　　彭佳颖（2020.10任）
　　　　　柳义军（2020.10止）

区城市人居环境局

局　长　　易松柏
副局长　　周　巍
　　　　　吴胜军
　　　　　王　特

区委党校

常务副校长　蹇敦波
副校长　　胡晓峰
　　　　　彭建如
办公室主任　黄　展（女）
教研室主任　肖　琴（女）

区机关事务中心

主　任　马子房
副主任　彭　斌（2020.1任）
　　　　姚　芳（女）
　　　　罗冰莉（女，2020.10任）
　　　　李　丹（2020.10止）

区征地服务中心

主　任　曹　希
副主任　李　艳（女）
　　　　杨科军

区金融事务中心

主　任　易德乾（2020.1任）
　　　　陈　旻（女，2020.1止）
副主任　文　琼（女）
　　　　王　红（女，2020.10任）
　　　　尹　超（女，2020.10止）
　　　　叶　盛（伍家岭街道挂职）

区数据资源中心

主　任　张金华（女，2020.10任）
　　　　张　澜（2020.10止）
副主任　张　纲（2020.3任）
　　　　宋　娜（女）
　　　　舒海进
　　　　肖道刚（2020.3止）

区物流与口岸服务中心

主　任　刘月娥（女，2020.10任）
　　　　严　禹（2020.10止）
副主任　张胜辉
　　　　胡晓宇（女，2020.1任）
　　　　黎佳乐（2020.1任）
　　　　朱妮莉（女，2020.1止）

区公共工程建设中心

主　任　肖　杨（2020.10任）
　　　　浣　琳（女，2020.10止）
副主任　周　宇（2020.10止）
　　　　彭　意
　　　　谭红星（2020.1任）
　　　　罗礼芳（女）
　　　　谭　鑫（2020.10任）
　　　　张明蓉（女，2020.1止）

区现代服务业发展中心

主　任　刘家伶
副主任　周　文
　　　　刘　芊（女，2020.1任）
　　　　冯丹璐（女，2020.1止）
　　　　刘江宇（通泰街街道挂职）

湖南金霞发展集团有限公司

董事长　范晓军
总经理　刘伟平
副总经理　杨启军
　　　　刘赛辉（女）
　　　　刘鹏举
　　　　尹　超（女，2020.10任）
纪委书记　张正军（2020.1任）
　　　　刘展宏（2020.1止）
监事长　黄　维

长沙开福城市建设区属国有企业投资有限公司

董事长　王晓阳
总经理　刘勇红
副总经理　吴建军
　　　　姜　慎
　　　　刘红南
　　　　张　杨
　　　　马　浩（2020.10任）
　　　　谭　鑫（2020.10止）
监事长　杨铃达
纪委书记　宁　帅（2020.10任）
　　　　马　浩（2020.10止）

长沙市大城北棚户区改造投资有限公司

董事长兼总经理
　　　　刘勇红
副总经理　吴建军
　　　　刘红南
　　　　杨　斌

区总工会

主　席　王辉君（女）
副主席　王晓工
　　　　张仕敏
纪检组组长　廖莺燕（女）

共青团开福区委员会

书　记　陈思含（女，2020.10任）
　　　　赵潇枭（女，2020.10止）
副书记　尹竹非（2020.1任）
　　　　陈　逍（女，2020.1止）
　　　　刘宇舟（挂职，2020.11止）
　　　　陈继辉（兼职，2020.11止）
　　　　张诗雨（兼职，2020.11止）
　　　　王　立（兼职，2020.11止）

区妇联

主　席　周海燕（女）
党组成员　李艳兰（女）
副主席　朱绪英（女，2020.10任）

区残联

理事长　易献明
副理事长　李树平
　　　　唐春华

区工商联（总商会）

主　席（会长）
　　　　鲁碧君（女）
党组书记（第一副主席、第一副会长）　甘培虎（2020.10任）
　　　　李　程（2020.10止）
副主席（副会长）
　　　　刘日欣
副主席（副会长）、秘书长
　　　　袁玉宝

区侨联

侨联主席　成　娟（女）
副主席　周　戈（兼）
　　　　魏玛丽（女，兼）
　　　　喻米玲（兼）
　　　　陈　伟（兼）
秘书长　姜　源

区公安分局

局　长　　　廖　勇
政　委　　　杨　忠
纪委书记　　刘海平
副局长　　　陈　洪
　　　　　　张哲辉
　　　　　　吴国旗
　　　　　　张志高
　　　　　　邓集锋
　　　　　　谢一纲
　　　　　　苏泗元
副局长兼政工室主任
　　　　　　许耀华

区税务局

局　长　　　谭　卫（2020.12任）
　　　　　　邓志荣（2020.12止）
副局长　　　陈学坚（2020.12止）
　　　　　　谭小卫（2020.12止）
　　　　　　侯才良
　　　　　　宋绍斌
　　　　　　邓康路（2020.2止）
　　　　　　肖晓华
　　　　　　方　勇
　　　　　　范建革
　　　　　　陈仕斌
　　　　　　田晞由
　　　　　　王中华
　　　　　　王立新
工会主席　　陈中笑（女）

区自然资源和规划分局

局　长　　　刘　军
副局长　　　黄　宏
　　　　　　邓朝晖
　　　　　　尹　忠
　　　　　　陈　立
　　　　　　张伏根
　　　　　　袁如良（2020.10止）
党组成员　　辜松柏
规划监察执法大队大队长
　　　　　　魏文玉
国土执法监察大队副大队长
　　　　　　孙银华
规划监察执法大队副大队长
　　　　　　李志强

区交警大队

大队长　　　何志华
教导员　　　张　佳
副大队长　　黄红社
　　　　　　刘志强
　　　　　　沈　冲
　　　　　　周智文

区消防大队

大队长　　　张　超
教导员　　　肖亚华（2020.3任）
　　　　　　苏　映（2020.3止）

区生态环境分局

局　长　　　熊　鹏（2020.10任）
　　　　　　肖　扬（2020.10止）
副局长　　　李鹤群
　　　　　　胡　为
　　　　　　邓集才
　　　　　　刘　声

望麓园街道

书　记　　　陈红升
主　任　　　谭尚丰
副书记　　　陈　磊
人大工委主任
　　　　　　莫　琳（2020.10任）
　　　　　　胡　容（2020.10止）
人大工委副主任
　　　　　　龚平彰（2020.10任）
　　　　　　陈冶坤（2020.10止）
纪工委书记　袁　烨（2020.10任）
　　　　　　张　博（2020.10止）
副主任、政协联络处主任
　　　　　　何爱民
副主任　　　任新臣
　　　　　　黄永忠
　　　　　　余松柏
组织委员　　罗　芬（女）

清水塘街道

书　记　　　曾　亮
主　任　　　文琬莹（女）
副书记　　　黄　巍
　　　　　　郑琛琛（挂职）
人大工委主任
　　　　　　孙艳文（女）
人大工委副主任
　　　　　　陈　军
副主任　　　廖连兵
　　　　　　荣佳平
　　　　　　肖军群（2020.1任）
　　　　　　欧文兵（2020.1止）
副主任、政协联络处主任
　　　　　　陈　阳
纪工委书记　兰　涛
组织委员　　袁　灿（女）

湘雅路街道

书　记　　　黄长科（2020.1任）
　　　　　　易福龙（2020.1止）
主　任　　　任　伟
副书记　　　杨贵忠
人大工委主任
　　　　　　曹　宇（2020.10任）
　　　　　　陈友俊（2020.5止）
副主任、政协联络处主任
　　　　　　陈芝社
副主任　　　粟拱华
　　　　　　侯胜台
　　　　　　范治东（2020.5任）
工委委员　　欧阳庆
纪工委书记　王启蒙
组织委员　　徐小妹（女）
人大工委副主任
　　　　　　刘　韧

伍家岭街道

书　记　　　黎　琴（女）
主　任　　　陈友俊（2020.5任）
　　　　　　尹显亮（2020.5止）
副书记　　　范文波
人大工委主任
　　　　　　甘浩文

纪工委书记　龙文彪
副主任、政协联络处主任
　　金星刚
副主任　谢险峰
　　李良军
　　侯佳乐（2020.10任）
　　赵红胜（2020.10止）
　　叶　盛（挂职）
组织委员　杨秋华（女）
人大工委副主任
　　周莎莎（女）

新河街道

书　记　梅文辉
主　任　张　武
副书记　杨　剑
人大工委主任
　　盘建华
副主任、政协联络处主任
　　彭小布
副主任　封新跃
　　聂义平
　　吴　怡（女）
纪工委书记　李　珊（2020.10任）
　　贺迎春（2020.10止）
组织委员　任洁琳（女）
人大工委副主任
　　张宇虹（女）

东风路街道

书　记　毛　毅
主　任　彭　礼
副书记　王伟华
副书记、政协联络处主任
　　常　青
人大工委主任
　　胡　蓉（女）
副主任　周飞跃
　　马雄辉
　　高小军
　　徐金刚（2020.10任）
　　夏大石（2020.10止）
纪工委书记　王律策
组织委员　金青山

通泰街街道

书　记　蔡　哲（女，2020.10任）
　　邓宜春（2020.10止）
主　任　王开文
副书记　吴展鹏（2020.10任）
　　易海军（2020.10止）
副书记、人大工委主任
　　杨夏女（女，2020.2任）
　　吴新辉（2020.2止）
副主任　毛善永
　　陈素婷（女）
　　周可佳（2020.10任）
　　刘江宇（挂职，2020.2任）
　　范治东（2020.5止）
副主任、政协联络处主任
　　魏先科
纪工委书记　李　维（女）
组织委员　胡溶容
人大工委副主任
　　刘胜昔

四方坪街道

书　记　殷建锋
主　任　杨　佳
人大工委主任
　　周　强
副主任、政协联络处主任
　　黄卫国
副主任　黄格男
　　罗战湘
　　成亚伶（女）
　　李　玲（女，2020.10任）
　　凌洁茹（女，2020.10止）
人大工委副主任
　　曾昭武
纪工委书记　滕双春
组织委员　张　颖（女）

芙蓉北路街道

书　记　张雄伟
主　任　王　丹
副书记　李东海
人大工委主任
　　黄伟斌

纪工委书记　龚莎莉（女）
副主任、政协联络处主任
　　雷元喜
人大工委副主任
　　张　磊（2020.10任）
　　陈鑫敏（女，2020.10止）
副主任　王晓文
　　唐爱民
　　李　丹（2020.10任）
　　黄　毅（2020.10止）
组织委员　蔡惠君（女）

洪山街道

书　记　朱旭东
主　任　尹显亮（2020.5任）
　　黄长科（2020.2止）
副书记　邱自力
人大工委主任
　　罗小红
纪工委书记　唐伟胜
副主任、政协联络处主任
　　古　波
副主任　朱有元
　　黄思敏（女）
　　苏　毅（女）
人大工委副主任
　　段立新（挂职）
组织委员　袁　露（女）

月湖街道

书　记　李　智
主　任　黄忠球
副书记　罗　坚（女，2020.10任）
　　申　波（2020.10止）
人大工委主任
　　黄　筠
纪工委书记　刘晓健
副主任、政协联络处主任
　　彭利元（2020.10任）
　　周可佳（2020.10止）
副主任　李东文
　　蔡民仕
　　周志格（2020.10任）
　　闵　蓍（女，2020.10任）

苏天添（2020.10任）
肖军群（2020.1止）
组织委员　罗　坚（女，2020.10止）
人大工委副主任
周志格（2020.10止）

浏阳河街道

书　记　杨兴高
主　任　周春雷
副书记、副主任、政协联络处主任　贺　喜（女，2020.10任）
吴群辉（女，2020.10止）
人大工委主任
李铜强
副主任　隆井江
刘学峰
朱妮莉（女，2020.2任）
贺迎春（2020.10任）
李　珊（2020.10止）
纪工委书记　严许锋
组织委员　陈怡彻（女）
人大工委副主任
阳　洁（女）

秀峰街道

书　记　浣　琳（女，2020.10任）
雷凌湘（2020.8止）
主　任　李建波（2020.10任）
曾君湘（2020.10止）
副书记　贺伟毅
人大工委主任
曾　嵘
纪工委书记　罗　军
副主任　刘　丹（女）
谢建阳
李　亮
姚　晶
龙海波
杨　斌（挂职，2020.10任）
组织委员　谢刚毅
人大工委副主任
龙海波

捞刀河街道

书　记　易福龙（2020.1任）
于文韬（2020.10止）
主　任　李宏波（2020.10任）
蔡　哲（女，2020.10止）
副书记　易建威
副书记、政协联络处主任
尹红霞（女）
人大工委主任
谢含滋
副主任　谢　俊
易　清
黄艳红（女）
纪工委书记　董　鹏
人大工委副主任
黄　兵
组织委员　吴　宇（挂职，2020.10任）
胡恒帅（2020.10止）

沙坪街道

书　记　邓宜春（2020.10任）
邹　畅（2020.10止）
主　任　胡　芳
副书记　谢俊灿
人大工委主任
陈　焰
副主任　王科林
梁为超
杜卫峰
伍　毅（2020.10任）
副主任、政协联络处主任
周先觉
纪工委书记　李启源（2020.10任）
杨建波（2020.10止）
组织委员　满一斐（女）
人大工委副主任
伍　勇（2020.10止）

青竹湖街道

书　记　孙铁龙
主　任　严　禹（2020.10任）
甘培虎（2020.10止）
副书记　周　密
副主任、政协联络处主任
袁　波（2020.3任）
张　纲（2020.3止）
人大工委主任
郑雄建（2020.10任）
张再军（2020.10止）
副主任　余　彬
刘昌成
黄　杰
人大工委副主任
严　湘（女，2020.3任）
陈贻勤（2020.3止）
纪工委书记　吴丽芳（女）
组织委员　袁　萍（女，2020.3任）
李　姣（女，2020.3止）

民革开福区工委

主　委　宋　娜（女）

民盟开福区工委

主　委　贺　滟（女）

民建开福区工委

主　委　顾　涛

民进开福区工委

主　委　彭　超

农工党开福区工委

主　委　谷任光

致公党开福区工委

主　委　胡海飞

九三学社开福区工委

主　委　章异新

开福区党外知识分子联谊会

会　长　廖紫君（女）

索 引

INDEX

说明

一、本索引把年鉴的条目（特载、大事记、人物、统计资料、附录除外）用主题分析方法，按汉语拼音字母顺序排列。

二、类目、专稿标题用黑体字表明。

三、索引名称后的阿拉伯数字表示内容所在的页码。

A

B

C

H

J

K

L

M

N

P

Q

R

S

T

W

X

Y

Z